KB000062

明文 中國 正史 大系

原文譯註

正史 三國志(一)
정 사 삼 국 지

(魏書 1)

西晉 陳 壽 著
(南朝)宋 裴松之 註
陳起煥 譯註

明文堂

繡像 三國志演義(수상 삼국지연의) – 上海 鴻文書局 印行
국립중앙도서관 소장

繡像 三國志演義(수상 삼국지연의) – 上海 鴻文書局 印行
국립중앙도서관 소장

繡像 三國志演義(수상 삼국지연의) – 上海 鴻文書局 印行
국립중앙도서관 소장

明文 中國 正史 大系

原文譯註

正史 三國志(一)

정사 삼국지

(魏書 1)

西晉 陳 壽 著
(南朝)宋 裴松之 註
陳起煥 譯註

明文堂

머리글

중국 고대 문명의 완성이라 하는 前, 後漢의 소멸과 함께 형성된 三國時代는 중국 역사에서 中世가 시작되는 변화와 성장의 시기였다. 그 시기에 급변하는 소용돌이 속에서 영웅들이 쏟아져 나왔고, 그들은 자기 역량을 뽐내며 각축했다.

西晉(서진) 陳壽(진수)의 正史《三國志》는 이 격변의 시대를 살아간 영웅이나 그 주변 사람들에 관한 역사 기록이다. 正史《三國志》는 後漢(東漢) 말기 黃巾賊(황건적)의 亂(서기 184)부터 西晉 司馬炎(晉 武帝)의 삼국 통일(서기 280년)까지 약 100년의 역사를 기록했다. 공식 朝代로는 魏 文帝〔曹丕(조비)〕의 黃初 원년(서기 220)부터 晉 武帝 太康 원년(서기 280)까지 60년간의 斷代史이다.

그 삼국의 鼎立(정립) 시기는 길지 않았다. 魏(위, 220-265년)와 蜀(촉, 221-263)은 불과 40여 년이었고, 吳(오, 222-280)도 그 수명이 60년을 채우지 못하고 晉(西晉)에 통합되었다. 이 삼국 정립의 시기는 後漢 이후 晉의 통일을 준비하는 중간 과정이었지만, 그 시대 정치와 사회 경제적 변화는 새 시대를 준비할 수 있을 만큼 역동적이었다.

《三國志》의 저자인 西晉(서진)의 陳壽(진수)는 蜀漢이 멸망한 뒤, 서진에 출사하면서 각고의 노력으로 正史《三國志》를 저술하였는데, 이는 紀傳體(기전체) 斷代史이며, 중국《二十四史》중 '前四史'에 속한다. 우리는 司馬遷(사마천)의《史記》, 班固(반고)의《漢書》, 그리고 范曄(범엽)의《後漢書》와 함께 보통 '四史'로 통칭한다.

그러나 우리나라에서는 章回小說《三國演義》가《三國志》라는 이름으로 크게 알려지고 유행하면서 正史《三國志》의 존재 자체가 가려졌고, 일반적으로 소설 내용을 역사적 사실로 착각하고 있는 실정이다.

우리가 역사를 배우고 읽는 목적은 '시대의 흐름'이라는 변화를 알고 그런 흐름 속에서 활동했던 인물의 행적을 통하여 교훈을 얻고 현실에 도움을 받으려는 뜻일 것이다.

역사적으로 得失과 成敗는 결국 사람이었다. 천하를 얻으려면 사람을 얻어야 하고〔得天下者得人〕, 천하를 다스리려는 자는 사람을 잘 써야 한다〔治天下者用人〕. 어쩌면 최고의 지도자는 자신의 한계를 알아서, 유능한 전문가에게 제 능력을 발휘할 수 있는 기회를 부여해야 한다. 陳壽의 正史《三國志》에 立傳한 335명의 행적을 통하여 우리는 이를 확인할 수 있다. '그들이 어떻게 살아왔는가?' 그들 생애 자체가 우리에게는 교훈일 것이다.

필자는《史記》讀解와 공부 방법을 同學에게 보여주기 위하여《史記講讀》을 편역했고《史記人物評》을 출간했었다. 그리고《十八史略》 원문을 역주하였으며, 이어《漢書》와《後漢書》의 紀傳 부분을 각각 全 10권으로 완역하였는데, 이는 우리나라에서 최초 국역 완간이기에 나름대로 큰 의미가 있을 것이다. 이어 中國正史 중 前四史를 完刊해야 한다는 요구에 부응하여 正史《三國志》를 완역하였다.

本 正史《三國志》는 明文堂의 中國正史大系 시리즈의 일환이다. 출판계의 온갖 어려운 여건을 무릅쓰고 이를 기획하고 출간하는 金東求 사장님께 깊은 謝意를 표한다.

2019년 5월

일러두기

1. 正史《三國志》역주는 北京 中華書局 간행《三國志》(全 5권, 11차 印本, 1992년)를 기본 텍스트로 활용하였다. 이는 標點(표점)이 찍혔고, 裴松之(배송지)의 註釋(주석)을 병기하였다.
   明文 中國正史 大系의 일부인 본《三國志》는《魏書》30권,《蜀書》15권,《吳書》20권의 原文을 수록하고 주석을 달았으며 국역하였다.

2. **|原文|**의 문단 구분과 구두점은 모두 기본 텍스트《三國志》를 준용하였다. 국명이나 부족명, 人名과 字, 지명, 특별한 구역이나 건축물, 왕조, 연호 등은 밑줄을 그었다.
   〈魏書〉9권〈諸夏侯曹傳〉에 '韓遂在顯親, 淵欲襲取之, 遂走' 라는 구절이 있다. 韓遂는 인명이고, 顯親(현친)은 지명이고, 淵은 夏侯淵이니 인명이고, 遂走의 遂는 韓遂이다. 인명과 지명 만이라도 밑줄을 그어 '韓遂在顯親, 淵欲襲取之, 遂走' 로 표시해 주면 그만큼 독해가 쉽다.〈魏書〉10권〈荀彧荀攸賈詡傳〉에서 '太祖就穀東平之安民, 糧少~' 이란 말이 있는데, 東平은 國名이고 安民은 작은 城 이름이다. 이 구절에 '東平之安民' 에 밑줄만 그어주면 처음보는 구절의 독해가 그만큼 쉬워진다. 《蜀書》 10권 〈劉封傳〉에 '今足下勉之, 無使狐突閉門不出' 라는 구절이 있는데 狐突(호돌)은 人名이다. 밑줄이 없어 人名인줄 모르고 해석을 했다면 분명한 오역일 것이다.

원문을 읽다보면 예상 밖의 뜻이 얼마든지 있다. '氐王千萬逃奔馬超' 에서 千萬은 氐族(저족) 우두머리의 이름이고, 馬超는《三國演義》에 나오는 장수이다. '大軍掩至百尺逼淩~' 에서 百尺은 지명이다. 原書의 列人(열인), 長離(장리), 興國(흥국) 등이 모두 지명인데, 당시 그런 지명에 ○○郡이라는 주석만 있어도 이해가 쉬울 것이나, 이런 지명에 대하여 陳壽나 裴松之는 아무런 주석을 첨가하지 않았다. 그러니 밑줄마저 없다면 그 문장 독해가 그만큼 혼란스러울 것이다.

밑줄은 이처럼 중요하다. 이런 밑줄이 없는 史書가 대부분이지만, 역자는 밑줄을 고집했다. 이는 原書를 공부해야 할 同學을 위한 배려이다.

3. 경전이나 書冊, 저서는《 》, 경전과 서책의 편명이나 제목을 붙일 수 있는 문장 또는 악곡 등은 〈 〉로 구분하였다. 경전의 인용구, 詔書, 上奏文, 書信, 書冊이나 文書의 내용은「 」로 표시하였다. 개인 열전에 수록된 문학작품이나 유명한 글의 제목은 〈 〉로 표시하였다.

삼국시대에도《五經》중에서도 특히《詩》,《書》,《易》과《論語》와《孟子》, 그리고《老子道德經》의 구절이나 내용은 政論이나 대화, 상주문에 그대로 인용되었다. 역자는 이런 경전의 출처를 꼭 찾아

출처를 주석으로 밝혔는데, 이런 경전을 읽고 공부해야만, 史書의 내용을 바르게 풀이할 수 있다는 뜻이다. 史書를 읽으려면 먼저 經書에 대한 소양이 있어야 한다.

4. 【註釋】은 아래와 같이 구성되었다.

○글자 뜻을 정확하게 설명하였고, 難讀(난독) 한자의 독음을 첨가했으며, 구절 풀이와 함께 필요한 문법적 설명을 첨가하였다.

《魏書》 9권. 〈諸夏侯曹傳〉의 〈曹爽傳〉에 《春秋》를 인용한 '君親無將, 將而必誅' 이란 말이있다. 여기서 君親은 主君과 父親이고, 將은 '逆亂(역란)', '반역하다' 는 뜻이다. 《漢書 叔孫通傳》에도 '人臣無將' 이란 말이 있다. 우리가 일반적으로 알고 있는 '將' 字에 '반역하다' 의 뜻이 실린 옥편은 많지 않다. 쉬운 글자이지만 큰 사전을 찾지 않으면 짐작도 못할 뜻이다.

《魏書》 12권, 〈崔毛徐何邢鮑司馬傳/崔琰傳〉에 '子卯不樂' 이란 말이 있다. 이는 殷 紂王(주왕)은 甲子日에 망했고, 夏 桀王(걸왕)은 乙卯日(을묘일)에 망했기에 子卯日은 불길한 날이라고 생각하여 國君은 그날 음악을 연주하지 않고 스스로 戒懼(계구)한다는 뜻이다.(《禮記 檀弓 下》). 이런 내용을 주석으로 설명하지 않는다면 읽어도 그 뜻을 모를 것이다.

○본서에 표시된 년도는 서기이고, 연호는 황제와 사용 기간, 그리고 서기로 환산한 년도를 기록하였다.

○인물에 대한 주석으로 입전된 자료를 소재를 밝혀 보다 상세하거나 필요한 내용을 찾아볼 수 있게 했다.

예 張飛(장비) - 《蜀書》 6권, 〈關張馬黃趙傳〉에 立傳.
楊脩(양수) - 《後漢書》 54권, 〈楊震列傳〉에 立傳.

○ 史書의 讀解에 지리적 이해가 뒤따르지 않는다면 내용을 제대로 파악할 수 없다. 지리적 근거가 없는 史書는 없다. 史書의 저자나 주석한 사람은 모두 지리적 관계나 주석을 중시했다. 陳壽의 正史 《三國志》는 他 史書에 비해 주석이 없으며 또한 裴松之(배송지)의 註도 연관된 내용과 史實에 대한 추가 보완에 주력했고 음훈이나 訓詁(훈고)가 거의 없다.

陳壽의 《三國志》에는 刺史部(牧), 侯國과 郡, 縣과 道, 山川, 關門에 대한 설명이나 보충이 없어 그 지명의 내역을 알기가 쉽지 않다. 사실 史書에 지명이나 인명에 대한 설명이 있어도 나중에 다시 그 지명이 나온다면 앞서 내용을 다 기억하지 못한다. 필자는 이에 대한 보충설명에 특별한 주의를 기울였다. 삼국시대는 후한의 연속이기에 행정제도나 관직, 지방제도 등에서 특별한 설명이 없으면 《後漢書》의 내용을 준용하였지만 서기 220년 이후에 관한 지명은 曹魏, 蜀漢, 東吳의 행정구역에 따랐다.

군 단위까지는 그 治所를 명시하여 지금 지도로 위치를 알 수 있게 도왔다. 縣 단위는 유명한 지명일 경우 현재의 지명을 병기하였다. 필자는 《삼국지》의 주석을 바탕으로 그 시대 지명을 현행 중국의 행정구역 명칭에 따라 '今 ○○省 ○○市 관할 ○○市(縣)' 이라고 표기하여 보통의 중국 지도로 그 위치를 정확하게 파악할 수 있게 했다.

또 현행 행정구역상의 지명과 현행 지도에서 찾기 쉽도록 '四川省 중부', '河北省 남부' 등을 밝혀 쉽게 찾도록 주석을 달았다.

○관직명이나 제도, 역사적 인물, 도량형에 대한 상세한 주석을 달아 본문 내용에 대한 이해도를 높였다.

○인용된 경전의 출처와 내용을 밝혔다.

64권, 《吳書》 19권, 〈諸葛滕二孫濮陽傳〉의 〈諸葛恪傳〉에서 諸葛恪(제갈각)이 陸遜(육손)에게 보낸 서신의 구절에 '저의 우매한 생각이지만 君子는 한 사람에게 모든 것을 다 잘하기를 바라지 않는다 하였으니, ~(愚以爲君子不求備於一人~)' 라는 말이 있다. 그냥 얼핏 번역하면 아무렇지도 않은 구절이다. 그러나 당시 거의 천재에 가까웠던 제갈각이 자신의 부친 연배의 육손에게 아무렇게나 서신을 올렸겠는가? 이는 《論語》의 한 구절을 인용하였다. 그렇다면 역자는 그런 내용을 아래와 같은 주석으로 밝혀주었다.

【註釋】 原文의 '君子不求備於一人' – 이는 《論語》를 인용한 말이다. 周 武王은 周公을 魯公에 봉했는데 周公은 국사가 많았고, 武王이 붕어하고 어린 成王이 즉위했기에 성왕을 보좌하느라고 魯에 부임하지 못하고, 대신 아들 伯禽(백금)을 보내 다스리게 하였다. 이에 周公이 아들 伯禽에게 말했다. "君子는 친척을 疎遠(소원)하게 대하지 않고, 大臣으로 하여금 신임을 받지 못한다 하여 원한을 갖게 하지 않는다. 그래서 옛 사람이나 友人은 죄를 짓지 않았기에 내쫓는 일도 없었다. 어떤 한 사람에게만 모든 것을 다 잘하기를 요구하지 않았다."《論語 微子》 周公謂魯公曰, "君子不施其親, 不使大臣怨乎不以. 故舊無大故, 則不棄也. 無求備於一人!"

관직을 가진 모두가 다 유능하거나 선량하지는 않을 것이다.

관리라도 모두 개성이 다르고 담당하는 업무의 난이나 내용이 같을 수도 없다. 군자는 그런 현실을 잘 알아 적당히 명령하고 기대하면서 업무를 잘 수행할 수 있도록 독려해야 한다. 책망이나 처벌만이 능사는 아닐 것이다.

本書에는 상소문이나, 서신, 또는 일상 대화 중 경전의 구절이 자연스럽게 활용되었다. 필자는 이런 구절에 대하여 그 경전의 출처를 밝히고 또 해설하였다. 그만큼 이 《三國志》의 번역은 번역 이상으로 독자의 상식과 史書 독해 능력의 향상, 그리고 사실 기록을 읽을 때 안목과 식견을 넓혀주는 부차적인 사명을 다 해야 한다.

5. ‖국역‖의 문단은 원문을 준용하였지만, 우리말 번역이 너무 길어 주제 파악이 어려운 경우 필요에 의거 마침표를 찍어 문장을 나누었다. 또 경우에 따라서 줄 바꾸기를 하였다.

6. 인명이나 지명의 우리말 표기는 다음과 같다.

ㅇ人名이나 地名의 우리말 표기에서 原註나 《後漢書辭典》과 《漢書辭典》에 발음에 관한 주석이 있으면 그에 따른 우리 音을 취했다.

例 ; 眭固의 경우 '眭는 申隨反' 이라는 주석이 있고, 우리 옥편에도 '姓 수' 가 있기에 '眭固(수고)' 가 맞지만, '움펑눈 휴' 字로 잘 통용되기에 '휴고' 라는 음도 병기하였다. 그러나 單福의 單은 '姓 선' 으로 널리 알려졌기에 '선복' 으로 표기했다. '단복' 으로 표기하면 이는 분명한 오류이다. 向도 '姓 상' 이다. 甄皇后의 甄

은 우리 옥편에 '질그릇 견' '성 견' 이니 '견황후' 가 맞다. 중국어 甄 音이 'zhēn' 이라 하여 '진' 이라 읽지 않는다.

○인명, 지명에 특별한 주석이 없으면, 우리나라에서 일반적으로 통용되는 음을 따랐다. 어려운 글자의 음에 관한 중국어 주석이 있어도 우리나라 옥편에 나오지 않는 音은 채택하지 않았다.

○흉노의 인명이나 호칭, 관직명은 音에 대한 漢字 주석을 우선 그대로 옮겼다. '冒頓' 은 '墨毒' 이라는 音讀에 의거, 우리말은 '묵독' 으로 표기하였다. 閼氏는 흉노 통치자인 單于의 正妻에 대한 칭호인데 '烟支' 라는 音讀에 의거 '연지' 로 표기하였다. 그러면서 '閼은 흉노 왕비 연, 가로막을 알. 氏는 支. 燕支, 燕脂로도 표기' 라 하여 보충설명을 첨가하였다.

7. 권말 부록으로 1) 삼국의 帝系表, 2) 삼국 年號 一覽, 3) 삼국의 大事 年表를 國別로 정리했다. 그리고 4) 立傳 인물 소개 자료, 5) 《晉書 陳壽傳》을 만들었다. 그리고 6) 立傳 人物 人名 索引을 수록했다.

8. 본 正史《三國志》는 魏書 3권, 蜀書 1권, 吳書 2권, 총 6권 전질로 明文中國正史大系의 일부로 기획, 출간되었고 각종 연구에서 1차 史料로 활용할 수 있도록 원문과 주석에 정확을 기했다.
연구를 위한 자료로써 필요하다고 요청한다면, 필자의 한글 파일을 일부라도 제공할 수 있음을 밝혀둔다.

참고도서

《三國志》: 晉 陳壽 撰. 宋 裴松之 注. 中華書局. 1992. (기본 Text)

《三國志集解》: 晉 陳壽 撰. 宋 裴松之 注. 淸 盧弼 集解. 二十五史 중 7권. 藝文印書館.

《後漢書辭典》: 張舜微 主編. 山東教育出版社. 1994.

《漢書辭典》: 倉修良 主編. 山東教育出版社, 1996.

《三國志 / 二十四史全譯》: 1-2冊. 范曄. 許嘉璐 主編. 漢語大詞典出版社, 2004.

《中國歷史地圖集》 3冊(三國, 晉): 中國社會科學院, 譚其讓 主編, 中國地圖出版社. 1982.

《後漢書, 三國志 硏究》: 二十四史硏究 叢書, 第 五卷. 張越 分卷主編. 中國大百科全書出版社. 2009.

《世說新語》: 南朝 宋 劉義慶 撰, 劉正浩 外 註釋. 臺北, 三民書局. 民國 85년(1996).

《三國志事典》: 沈伯俊 외 著, 정원기 외 譯. 현암사. 2010.

역자가 이용한 기본 工具書는 아래와 같다.

《明文大玉篇》; 明文堂. 서울. 2005.

《中文大辭典》; 中文大辭典編纂委 編纂. 中國文化大學出版部. 臺北. 1882.

《中韓辭典》; 高大民族文化硏究所. 高麗大學校. 서울. 1992.

《漢韓大字典》; 민중서림. 2011.

[차례]

《三國志》 槪觀

陳壽 著 / 裴松之 註

1. 時代 槪觀

중국의 역사적 흐름은 대체로 一治一亂이 되풀이되었다고 말할 수 있다.

西周의 건국과 봉건제에 의한 안정기가 있었고, 이어 春秋戰國時代라는 분란과 相爭의 시대가 이어졌다. 이들 戰國七雄 중 秦(진)이 中原을 통일한 뒤에, 前漢(前 206-서기 8년)과 新(서기 8-23년), 後漢(서기 25-220)의 통일과 안정기가 도래하였다.

황건적의 난(184년) 이후 쇠약해진 후한은 형식상 獻帝가 曹丕(조비)에게 禪讓(선양)하며 魏(위, 曹魏)의 통치시대가 열리자, 이어 蜀과 吳도 稱帝하면서 魏(220-265), 蜀(221-263), 吳(222-280)의 三國이 分立하였다. 魏는 蜀을 병합한 뒤 바로 晉(진, 西晉, 265-

316)으로 교체되었고, 晉이 吳를 병합하여 중국 천하는 다시 통일되었다(서기 280년).

그러나 晉은 八王의 亂(291-306)과 같은 내분과 匈奴(흉노), 鮮卑(선비), 氐(저), 羯(갈), 羌族(강족) 등 서북 여러 이민족의(五胡) 침입으로 멸망했다. 이에 司馬睿(사마예)가 강남에서 晉을 계승하여 東晋(동진, 317-420)을 건국했다.

西晉이 멸망한 뒤, 五胡族에 의한 16國의 흥망을 五胡十六國시대라 하는데, 이는 한때 北魏(386-534)에 의해 수습 통일되어 소위 胡漢 사회가 성립되었고, 이 무렵 江南에서는 宋(420-479), 齊(479-502), 梁(502-557), 陳(557-589)의 흥망 속에 貴族 사회가 뿌리를 잡았다.

華北 지역에서는 北魏 이후 東魏(534-550), 西魏(535-556)와 北齊(550-577), 北周(557-581)가 분립하는데, 이 시기를 남북조시대라 한다. 이어 北周를 이은 楊堅(양견)의 隋(수, 581-618)가 건국되어 중국을 통일하나 곧 唐(618-907)에 이어진다.

역사에서는 魏蜀吳의 삼국분립에서 隋의 통일까지 약 360여 년을 魏晉南北朝라 지칭한다. 그리고 宋, 齊, 梁, 陳을 南朝, 北魏 이후 隋의 이전 北周까지를 北朝라 지칭한다. 그리고 삼국의 吳 이후 - 東晋, 그리고 宋, 齊, 梁, 陳을 특별히 六朝라 지칭한다.

춘추 전국시대는 소년이 청년으로 성장하는 시기에 겪어야만 하는 成長痛(성장통)과 같은 혼란과 분열이었다. 그리고 나서 秦(진)과 漢(한)의 통일과 안정이 4백여 년 지속되었다. 물론 그 시기라 하여

儒家에서 말하는 태평성대는 아니었다. 백성의 생활이 안정되었던 昇平(승평)의 시기는 前漢의 경우 文帝와 景帝의 통치(文景之治)와 宣帝의 중흥기, 그리고 後漢에서 明帝와 章帝 시절이었다.

後漢 和帝와 安帝, 順帝 시기에 외척의 득세와 桓帝와 靈帝 시대의 환관의 발호로 후한은 거의 멸망할 지경에 이르렀다. 특히 靈帝 때 黃巾賊의 난(서기 184년) 이후 온 나라가 전쟁의 소용돌이에 휘말렸다. 獻帝(헌제) 재위 기간은 겨우 생명 연장 장치로 목숨만 유지하는 중환자와 다름없었다. 그런 혼란의 끝에 후한은 멸망했고 三國이 鼎立(정립)으로 이어진다.

삼국의 鼎立(정립) 이후 西晉의 일시적 통일 역시 불안정 시기였으며, 이후 南北朝 시대로 이어지며 혼란과 분열은 계속된다.

曹魏, 蜀漢, 東吳의 三國 시대는 263년 蜀漢 멸망, 265년 曹魏의 멸망과 西晉의 성립, 280년 東吳의 멸망으로 종결되는데, 이 시기의 역사 기록이 바로 西晉 陳壽(진수)의 《三國志》이다.

2. 《三國志》 著者

唐代부터 《史記》, 《漢書》, 《後漢書》를 三史라 지칭하였는데 이후 陳壽(진수)의 《三國志》를 포함하여 四史(前 四史)라 지칭하였다.

正史 《三國志》는 後漢(東漢) 말기 黃巾賊의 亂 발생(靈帝 中平 元年, 서기 184)부터 西晉 司馬炎(晉 武帝)의 삼국통일(太康 元年, 서기 280년)까지 약 100여 년의 역사를 기록했다. 공식 朝代로는 後漢 말기에서 시작하여, 魏 文帝〔曹丕(조비)〕의 黃初 원년(서기

220)부터 晉 武帝 太康 元年(서기 280년)의 東吳 멸망에 이르는 斷代史이다.

《三國志》 저자는 西晉(서진, 서기 265 - 316년)의 陳壽(진수, 233 - 297년, 字 承祚)인데, 당시 蜀漢 巴西郡 安漢縣(今 四川省 동부 南充市) 출신이고, 진수가 출생한 해는 後主 建興 11년(서기 233)이었다. 진수는 촉한에서 '觀閣令史'로 재직했는데, 당시 권신인 宦者令 黃皓(황호) 편에 서지 않아 여러 번 譴責(견책)을 당했다. 蜀漢이 멸망할 때(263년) 진수는 31세였다. 2년 뒤, 曹魏가 司馬炎에게 선양하자(서기 265년), 진수는 張華(장화)의 천거를 받아 佐著作郎(좌저작랑)으로 출사했고, 나중에 晉 武帝 泰始 10년(서기 274)에 陽平현령이 되어 재직하며《諸葛亮集》24편을 저술하여 조정에 상주하였다. 晉 武帝 太康 원년(서기 280), 東吳가 멸망할 때 48세의 진수는 삼국의 역사 기록을 정리하기 시작하여, 65권의《三國志》를 완성하였다.

장화는 이를 계기로 진수를 中書郎으로 천거하였다. 그러나 권력자 간에 암투로 長廣太守에 임명되자 진수는 모친 봉양을 핑계로 사직하고 귀향하였다. 나중에 杜預(두예)의 천거로 조정에 들어가 治書侍御史가 되었다. 그 뒤 진수는 太子中庶子가 되었으나 부임하지 못하고 병사하였다.(晉, 惠帝 元康 7년, 서기 297년). 진수에 관해서는 唐 房玄齡(방현령) 등의 合著인《晉書》82권〈陳壽傳〉을 통해 생애의 일부를 유추할 수 있다.[1]

1 陳壽는《三國志》이외에 益州의 地方史라 할 수 있는《益部耆舊傳》,《益部耆舊雜記》, 제갈량의 문집인《蜀相諸葛亮集》, 그리고《古國志》등의 저술도 남겼다.

陳壽는 蜀의 천문학자이며 문신인 譙周(초주, 201－270년)[2]의 제자로, 蜀漢이 멸망하기 전부터 蜀의 역사 기록을 수집하였지만, 曹魏나 東吳의 사실만큼 풍부할 수가 없었다.

《三國志》 이전에 魏(위)와 吳(오) 두 나라에는 역사 기록이 있었는데, 王沈(왕침)의 《魏書》와 魚豢(어환)의 《魏略》, 그리고 韋昭(위소)의 《吳書》가 있어, 陳壽는 이 모두를 기본 사료로 활용하였다. 그러나 蜀國은 역사 서술이 없었다. 그래도 진수는 직접 史料를 모아 《蜀書》를 완성하였다.

그리하여 본래 《魏書》 30권[3], 《蜀書》 15권, 《吳書》 20권, 그리고

---

2 譙周(초주, 201－270, 字 允南)는 六經과 天文에 밝은 蜀地의 大儒로 그 문하에 陳壽(진수), 李密(이밀), 杜軫(두진) 등의 제자가 있었다. 諸葛亮(제갈량)이 益州牧으로 있으면서 초주를 勸學從事로 등용했다. 諸葛亮 사후에 後主 劉禪(유선)은 태자 劉璿(유선)을 책립한 뒤 초주로 하여금 輔導케 하였다. 이후 中散大夫, 光祿大夫 등 여러 관직을 역임했다. 초주는 제갈량과 강유의 북벌에 반대하여 그 폐단을 지적하였는데, 炎興元年(서기 263년), 魏가 蜀漢을 공격하자 後主에게 투항을 권유하였고 뒷날 魏의 여러 관직을 역임하였다. 초주의 저서로 《古史考》 25편이 있는데, 이는 《史記》 중의 오류를 지적하고 정정한 내용이다. 초주는 《蜀書》 12권, 〈杜周杜許孟來尹李譙郤傳〉에 입전되었는데, 초주의 문장인 〈仇國論〉을 함께 수록했다.
《三國演義》에서 초주는 천문 점성가로 등장하며 第80回에서는 諸葛亮이 譙周와 유비를 황제로 옹립하는 일을 협의하고, 91回에서는 諸葛亮이 북벌을 준비할 때 天文을 보고 반대 의견을 개진하지만 받아들여지지 않는다.

3 삼국 각국의 기록을 본래 書라 하였고 志라고 부르지 않았지만 서진과 동진시대부터 〈魏書〉와 〈魏志〉가 통용되었다. 우리나라 부족국가 상황을 설명하면서 교사들은 그냥 《三國志 魏志 東夷傳》이라고 수업을 진행하나 東夷傳이 〈烏丸鮮卑東夷傳〉을 지칭하는 사실을 모르고 있다.
본서에서는 《三國志 魏書 武帝紀》 또는 《蜀書 先主傳》으로 표시했고, 차례 제목에서는 《三國志》의 권수(1권－65권), 〈제목〉, (魏書 1－30), (蜀書 1－15) (吳書 1－20)으로 표기하였다.

〈敍錄(서록)〉 1권이 있었지만, 뒷날 〈서록〉은 망실되었고[4], 北宋 眞宗 咸平 6년(1003)에 三書가 한 권으로 통합되어 《三國志》가 되었다.

3. 《三國志》의 편제

司馬遷의 《史記》는 紀傳體(기전체) 通史의 鼻祖(비조)이고, 班固의 《漢書》는 紀傳體 斷代史의 시작이며, 國別史의 시작은 左丘明의 《國語》까지 소급할 수 있는데, 陳壽의 《三國志》는 紀傳體 斷代國別史라고 분류할 수 있다. 《삼국지》를 一書로 보면 본기와 열전으로 구성되었고, 三書로 나눠 國別史로 보아도 紀傳 형식을 갖추고 있다.

《삼국지》가 曹魏와 蜀漢과 東吳의 국별사를 동시에 서술하였지만, 魏帝를 〈武帝紀〉와 〈文帝紀〉 등 本紀로 기록하고, 蜀漢은 〈先主傳〉과 〈後主傳〉, 東吳는 〈吳主傳〉과 〈三嗣主傳〉 등 열전으로 수록한 것은 漢-魏-晉으로 이어지는 정통 왕조의 계승이라는 정치적 수요에 따른 것으로 해석할 수 있다.[5]

4 《晉書 陳壽傳》에는 《三國志》가 65편이라 했고, (唐) 劉知幾(유지기)의 《史通 正史篇》에도 65편이라 하면서 〈敍錄〉을 언급하지 않았다. 그러나 《隋書 經籍志》에는 본서 65권 외 〈敍錄〉 1권이 있다 하였고, 《舊唐書 經籍志》에는 「正史類에 〈魏國志〉 30권, 僞史類에 〈蜀國志〉 15권, 〈吳國志〉 21권, 합계 66권.」이라 하여 〈敍錄〉의 존재를 언급하였으나, 현존하지 않는다.

5 왕조의 正統은 왕조 성립의 당위성이기에 당시로서는 아주 중차대한 문제였다. 뒷날 南宋 이후 漢의 정통을 蜀漢이 계승했다는 이론이 강했지만, 당시 晉에서는 魏는 漢의 정통을 계승하였고, 晉은 魏의 정통을 계승한 왕조라고 자처하였다. 때문에 魏의 正統을 부정하는 일은 晉의 정통에 대한 부정이기에 晉의 신하인 陳壽는 역사 서술에서 魏를 정통으로 서술하지 않을 수 없었다.

실제, 촉한과 동오의 경우 제목은 傳이지만 서술 체제는 本紀 기록과 같이 年號와 함께 編年(편년)에 의거 주요 사건을 빠짐없이 기록하였다.

《三國志》는 인물 위주의 本紀와 列傳, 곧 紀傳體 역사 서술의 기본인 紀傳만 있고 三史와 같이 제도와 관련한 〈書〉나 〈志〉[6] 그리고 〈表〉가 없기에 삼국시대의 지리, 경제, 典章制度에 관한 내용을 알 수가 없다.

陳壽는 晉代의 관원이었기에, 西晉에 禪讓(선양)을 한 曹魏를 정통(曹魏正統論)으로 인정하였다. 그래서 《魏志》에서 魏國의 황제를 本紀에 올렸으며, 생전에 帝號가 없던 曹操(조조)의 치적을 〈武帝紀〉로 기록하였다. 그래서 曹操는 처음부터 끝까지 太祖로 표기되었고, 조조에 관한 기록을 언급할 때는 〈武紀〉라 칭했다.

그러면서 稱帝했던 劉備(유비)는 《蜀志》 〈先主傳〉에 입전하였다. 마찬가지로 孫權은 《吳志》 〈吳主傳〉에 입전하였다. 그리고 《魏書》에서 劉備와 孫權의 稱帝 사실을 기록하지 않았고, 《蜀書》나 《吳書》에는 새 황제 즉위 사실을 魏의 연호로 기록하였다.[7]

曹魏의 皇帝와 皇后만 帝, 后라 칭하고, 촉한과 동오에 대해서는

6 書(志)의 저술은 관련 자료가 충분치 않다면 절대로 서술할 수 없는 至難한 과제라고 한다. 따라서 왕조로서의 수명도 짧고, 계속되는 전쟁에 각종 제도조차 정비되지 않은 삼국의 志에 관한 기록은 사실 불가능한 일이었다.

7 蜀漢 後主의 즉위에 대해서는 「後主襲位於成都, 時年十七, 尊皇后曰皇太后. 大赦, 改元. 是歲魏黃初四年也.」라 기록하였다. 東吳의 孫亮의 즉위에 대해서는 「太子卽尊號. 大赦, 改元. 是歲, 於魏嘉平四年也.」라고 기록했다. 또 촉한과 東吳 황제의 죽음을 '崩'이 아닌 '殂(죽을 조)' (夏四月癸巳, 先主殂於永安宮, 時年六十三.) 또는 '薨(죽을 훙)' 으로 기록하였다.

主, 夫人 또는 이름으로 표기한 것은 기전체의 本紀와 열전의 체제에 맞추려는 의도로 이해할 수 있다. 그러면서 촉한과 동오를 별책으로 구분한 것은 삼국의 竝列(병렬) 존재를 고려했다고 볼 수 있다.

魏 本紀는 〈武帝紀〉, 〈文帝紀〉, 〈明帝紀〉에 이어 시호가 없는 〈三少帝紀〉가 있고 蜀書와 吳書에는 〈先主傳〉과 〈後主傳〉, 그리고 〈吳主傳〉에 孫權을 입전하고 〈三嗣主傳〉에 孫亮(손량), 孫休(손휴), 孫皓(손호)를 입전했다.

魏書에는 〈后妃傳〉, 蜀書에는 〈二主妃子傳〉, 吳書에는 〈妃嬪傳〉을 입전했는데, 이는《史記》49권 〈外戚世家〉,《漢書》의 〈外戚傳〉과 〈元后傳〉의 계승이라 할 수 있다. 그리고《三國志》보다 늦게 이루어진 范曄(범엽)《後漢書》에서는 본기에 〈皇后紀〉 (上)(下)가 들어있는데 이런 서술편제는 정치 상황의 변화에 따른 적응과 변화라고 할 수 있다.

《漢書》의 〈韓彭英盧吳傳〉은 淮陰侯 韓信(한신), 彭越, 英布, 盧綰 등 무장으로 큰 공을 세워 제후 王이 되었으나 반역을 꾀했던 곧 그 끝이 좋지 않은 인물들을 하나의 傳으로 엮었다 이를 본떠,《삼국지》에도 28권, 〈王毌丘諸葛鄧鍾傳〉에 반역을 꾀했던 王淩, 毌丘儉(관구검), 諸葛誕, 鍾會 등을 한 권으로 입전하였다.

비슷한 성격의 부류나 직업적 인물에 대한 전기인 類傳으로《史記》에는 〈刺客列傳〉, 〈循吏列傳〉, 〈酷吏列傳〉 등 다양한 類傳이 있고,《漢書》에도 〈儒林傳〉, 〈循吏傳〉, 〈游俠傳〉, 〈酷吏傳〉, 〈佞幸傳〉, 영행전 등 다양한 유전이 있다. 그러나《三國志》에는 겨우 〈方

技傳〉이 있어 醫員, 相師, 점술사를 입전하였다.

삼국시대는 전쟁의 연속이었다. 때문에 삼국 열전의 주인공으로 무장이 主가 되었고 그들의 행적은 상세하다. 동시에 전략을 다루는 謀士에 대한 입전도 있지만, 상대적으로 유능한 문신에 대한 입전은 크게 눈에 띄지 않는다. 물론 유능한 지방관으로 훌륭한 치적을 남긴 인물에 대한 열전도 분명히 들어있다.

《三國志》의 서술 연대가 짧고 또 삼국으로 분할된 상태에서 사료의 부족은 외국전에서도 그런 상황을 이해할 수 있다. 《三國志》의 외국전은 《魏書 烏丸鮮卑東夷傳》뿐이다. 西域 여러나라와 교류가 있었지만 《漢書》 이후 曹魏에서 특기할 만한 내용이 사실상 없었다. 《三國志》보다 늦게 이루어진 《後漢書》에는 중국 주변 민족에 대하여 〈東夷列傳〉 등 6권의 열전이 있다. 〈동이열전〉에는 당시 한반도의 여러 나라와 일본에 대한 내용까지 상세히 서술하였다. 이외에 〈南蠻西南夷列傳〉, 〈西羌傳〉, 〈西域傳〉, 〈南匈奴列傳〉, 〈烏桓鮮卑列傳〉을 지어 外夷의 풍속과 생활을 그리고 후한관의 외교적 관계와 전쟁 등을 상술하였다.

진수의 《三國志》가 당시 통치자인 司馬氏의 이익을 옹호하기 위하여 다소의 곡필이 있다고 하지만, 그래도 曹魏나 孫吳의 대규모 토목공사에 따른 지나친 부역 동원이나 가혹한 刑政의 남발을 사실대로 직서하였다.

대체로 진수의 《三國志》의 내용이 비교적 간략하고 또 진수의 治學이 근엄하여 수집한 사료에서도 근거나 사실에 의심이 될 만한 내용은 기록하지 않았다. 예를 들어 《魏略》에서는 제갈량이 유비를 찾아가서 처음 상면한다고 서술하였지만, 진수는 〈出師表〉를 근거로 유비가 제갈량을 세 번 찾아가서 상면한 것으로 서술하였다. 제갈량의 南蠻(남만) 원정에 대해서도 불합리한 소설같은 내용에 대해서는 일체 인용하지 않고 「(後主, 建興) 3년(서기 225) 봄, 제갈량은 군사를 거느리고 남쪽 지방을 원정하여 그 가을에 모두 평정하였다. 군수물자는 각 郡에서 공급받았고 나라가 부유하고 풍요롭자, 군제를 정비하고 장졸을 훈련하며 동원할 때를 기다렸다.」[8]고 사실만을 기록했다.

진수는 인물 묘사에 뛰어난 장기를 보였는데 간략한 서술 속에서도 핵심을 잘 잡아 요체만을 서술하였기에 당시 상황을 충분히 잘 전달하고 있다. 예를 들어 《蜀書 先主傳》에 다음과 같은 묘사는 간략하지만 충분히 감동적인 문장이다.

「이 무렵 조조는 조용한 자리에서 유비에게 말했다.

"지금 천하 영웅은 使君(劉備)과 조조뿐이요. 원소 같은 자는 손에 꼽을 수도 없습니다."

유비는 식사하면서 수저를 놓치며 놀랐다.(是時曹公從容謂先主曰, "今天下英雄, 唯使君與操耳. 本初之徒, 不足數也." 先主方食, 失匕箸.)」[9]

그러나 《삼국지》 서술 내용이 간결하고 魏, 蜀, 吳의 史實 중 중복되는 내용이 없어 그 事實 관계 종합적 이해가 쉽지는 않다는 언

8 《蜀書 諸葛亮傳》- 三年春, 亮率衆南征, 其秋悉平. 軍資所出, 國以富饒, 乃治戎講武, 以俟大擧.

9 《三國演義》 21회 〈曹操煮酒論英雄〉 참조.

급도 있다.

4. 裴松之의 《三國志》 註釋

그러나 陳壽 死後 1백여 년에 南朝 宋(劉宋, 서기 420-479년) 文帝(재위 424-453년)는 裴松之(배송지, 372-451년, 향년 80세)[10]에게 명하여 注(註)를 보충케 하였는데 배송지는 이를 宋 文帝 元嘉 6년(서기 429년)에 완성하였다.

배송지의 字는 世期(세기)이며 河東 聞喜縣(今 山西省 남부 運城市 관할 聞喜縣) 출생인데 東晉과 劉宋의 史學家로 《三國志注》를 지었으며, 아들 裴駰(배인), 증손 裴子野(배자야)의 祖孫 三代가 '史學三裴' 라는 美稱을 들었다.

陳壽가 撰修(찬수)한 《三國志》는 내용이 精潔(정결)하지만 너무 간략하기에 裴松之가 作注하였는데, 裴松之는 약 140종의 각종 자료를 인용한 것으로[11] 알려졌다.

裴松之의 《三國志注》 중 《魏略》에서 인용한 내용이 가장 많다. 魏 郎中인 魚豢(어환)의 私撰(사찬) 史書인 《魏略》은 총 50권이었으나 지금은 전하지 않는다.

배송지가 인용한 주요 서적으로는, 王沈(왕침)의 《魏書》, 吳人의

10 裴松之(배송지, 372-451년, 字 世期)는 河東 聞喜縣 사람으로, 《후한서》의 저자 范曄(범엽, 398-445년)보다 연령적 선배이나 함께 劉宋 文帝의 조정에 출사했다. 범엽은 개국공신 范泰(범태)의 아들로 저명한 귀족자제였고 文辭가 뛰어났다.

11 《後漢書 三國志 硏究》 p.344. 柳詒徵의 〈三國志 裴註義例〉 附錄.

《曹瞞傳》, 郭頒(곽반)의《魏晉世語》, 孫盛의《魏氏春秋》 외 다수의 서책을 들 수 있다.

배송지가 주석하는데 적용한 원칙은 4가지였다.

첫째는 부족한 내용의 보완(一日補闕), 둘째는 상이한 내용을 기록, 보충(二日備異), 셋째는 허망한 내용을 바로잡고(三日懲妄). 넷째는 事案에 대한 변론(四日辯論)이라고 요약할 수 있다.

보통 史書의 註는 訓詁(훈고)와 여러 문물제도의 해설에 치중하였지만, 배송지의 주석은 陳壽 原著 내용의 보충과 보완에 치중한 점이 특징이라 할 수 있다. 즉 배송지는 이전《史記》,《漢書》,《後漢書》의 주석처럼 음훈이나 훈고 위주의 주석이 아니라 원전에 없는, 곧 누락된 자료를 보완했다는 특징이 있다. 물론 입전 인물 모두에 배송지의 注가 있지는 않다. 예를 들어《魏書》중 17권, 樂進(악진), 18권의 許褚(허저)와 典韋(전위), 24권, 孫禮(손례)와 王觀(왕관) 傳에는 배송지의 주가 없다. 이런 예는《蜀書》와《吳書》에서도 마찬가지이다.

중국 학자들이 中華書局 간행《三國志》點校本을 계산한 바에 의하면 陳壽의 正文이 약 36만여 字이고, 裴松之의 주석은 약 32만여 字로 알려졌다.

그리고《三國志注》에는 유명인의 적잖은 명문장이 수록되어 있는데, 예를 들면 建安七子의 文章이나 曹丕의《典論》과〈與吳質書〉, 曹植의〈洛神賦〉와〈銅雀臺賦〉, 諸葛亮의〈出師表〉, 曹操의〈短歌行〉, 李密(이밀)의〈陳情表〉등이 모두 배송지의 손을 거쳐 수록되었다. 이후에 나오는 鍾嶸(종영)의《詩品》과 隋唐 이후의《古文觀止》에도 배송지의《三國志注》의 문장을 수록하였다.

배송지는《後漢書》의 저자인 范曄(범엽, 398－445)보다 20여 세나 연상으로 같은 시대에 생존하였는데, 범엽은 국가 기록을 자료로 활용하여《後漢書》를 편찬하였다. 배송지는 陳壽의 저술을 바탕으로 거기에 필요한 자료를 수집 보충하였다.《후한서》와《삼국지》에 입전된 16명의 동일 열전을 비교하면 범엽의 사료가 2배 정도 많다고 한다.

陳壽의 正史《삼국지》에 나오는 인물이나 지명, 관직이나 제도에 관한 주석이 거의 없으며, 僻字(벽자)에 대한 音이 가끔 보일 뿐이다. 인물명이 나오더라도 그에 관한 주석이 없어 어느 시대 어떤 사람인지 바로 알 수가 없다. 특히나 각종 상소문 등에 인용된 상고시대 또는 漢代 인물의 이름을 그대로 기록하였으나 아무 설명이 없다.

지명에 대한 주석이 없어 행정상 군 단위의 지명인지, 아니면 현 또는 부대의 주둔지, 전투가 벌어진 장소인지 다른 자료를 찾아보기 전에는 알 수가 없다. 문제는 우리가 저자인 진수나 배송지만큼 학식이 모자른데 원인이 있다고 생각하며, 우리가 읽으면서 다른 서적이나 사전을 찾아야 한다.

더군다나 지명이나 인명 말고도 역사적 사실에 대한 보충 설명이나 주석이 없어《漢書》나《後漢書》를 읽지 않았다면 이해하기가 결코 쉽지 않다. 따라서 필자는 이번 완역에서 그런 내용을 주석으로 특별히 보완하였다.

5.《三國志》의 評價

《三國志》에는 典章制度와 그 운영을 서술한 〈志〉와 〈表〉가 없다. 唐朝의 房玄齡(방현령)이 엮은《晉書》의 〈陳壽傳〉에서는 진수가 '敍事에 뛰어나고 良史의 재능이 있다.(善敍事, 有良史之才.)' 고 하였다 그러나 진수는 일부 인물에 대해서는 사적 감정에 의거 폄하하거나, 晉朝 황실에 관련된 인물 서술에 곡필이나 粉飾(분식)하였다는 평가가 있다.

조조는 처음부터 끝까지 '曹公', '魏王' 또는 '太祖'라는 호칭으로 기록했다. 曹丕에 대해서는 즉위 이전 행적에도 '曹王' 또는 '文帝' 로 표기하였다. 이는 조조와 함께 생존했던 劉備(유비)에 대한 호칭을 '備', 그리고 즉위 이후에는 '先主' 라고 표기한 것과 대비된다. 또 東吳에 대해서는 孫權은 칭제 이후에도 끝까지 '權' 으로 표기했으며, 다음 황제 역시 전부 本名으로 표기하였다.

그리고 실제 諸葛亮과 司馬懿(사마의)의 대결에서 사마의의 열세나 상대적 무능에 대하여 상세한 서술을 회피하였는데, 이러한 서술은 공평한 기록이라 할 수 없다는 비판이 있다.

이는 제갈량이 馬謖(마속)을 처형했고, 그때 마속의 부관이던 진수의 부친도 함께 머리를 깎는 형〔髡刑(곤형)〕을 받았고, 진수 자신도 제갈량의 아들 諸葛瞻(제갈첨)에게 輕視되었기 때문이라고 한다.

비록 진수가 晉에 출사했다지만, 司馬懿를 처음부터 끝까지 '司馬宣王', 司馬師를 '司馬景王', 司馬昭를 '司馬文王' 이라 표기했는데, 이에 대해서는 후세 독자가 알아서 이해해야 한다.

또《三國志》에서는 劉備나 劉禪의 政權에 대해서는 '蜀'으로 지칭 서술하면서 蜀漢의 공식 국호인 '漢'을 표기하지 않은 것도 비판의 대상이 되었기에《三國志》인물의 褒貶(포폄)이 바르지 못하다는 평가를 받기도 한다.

그러나《三國志 魏書 烏丸鮮卑東夷傳》은 우리나라와 일본의 고대사에 관한 상당한 분량의 기록으로 우리나라와 일본 고대사 연구의 중요한 기초자료로 활용되고 있다.

6. 小說《三國演義》

元人 羅貫中(나관중, 1320 - 1400?)은 民間傳說과 話本을 참고하면서 陳壽의《三國志》와 裴松之(배송지)의 註釋을 근거로 자신의 才學과 傳聞에 의거 小說《三國志 通俗演義》를 지었다. 이는 후세에《三國演義》로 널리 알려졌는데, 우리나라에서는《三國演義》라는 명칭보다 소설《三國志》로 크게 알려졌다.

중국에서는 5·4운동 이후 많은 학자들이《삼국연의》의 사실 규명과 유비, 제갈량, 관우 등에 대한 재평가에 참여하였고, 胡適(호적, 후스)나 魯迅(노신, 루신)도《삼국연의》를 새롭게 해석하기도 했다. 미국인 애드가 스노우(Edgar Parks Snow)는 그의 저서《중국의 붉은 별, Red Star Over China, 1937》에서 毛澤東(모택동, 마오쩌뚱)은 교과서 밑에《삼국연의》숨겨 놓고 읽을 정도였다고 기록하고 있는데, 모택동은 개인적으로 曹操(조조)를 높이 평가했다.

《文史通義》의 저자인 清代의 사학자 章學誠(장학성, 1738－1801)은 그의 저서 《丙辰扎記(병진찰기)》에서 '《삼국연의》는 70%가 사실이고 30%가 허구(七實三虛)인데, 막 읽는 사람들은 어느 것이 사실이고 무엇이 허구인지 알지 못 한다.' 라고 말했다.

실제로 소설에서 가장 재미있고 뛰어난 부분은 오랜 전설이나 野史(야사) 傳奇(전기)의 영향을 받은 것으로 역사적 진실과는 거리가 있다. 그러나 소설은 소설이고, 작가의 창작이다. 史實의 기록만으로 역사소설이 이루어지지는 않는다. 다만 역사적 사실도 정확하게 알고 있으면서 역사소설에 관심과 재미를 갖는다면 더욱 좋을 것이라 생각한다.

그러나 역사적 事實도 엄밀하게 따지면, 기록자의 1차적인 취사선택을 거친 것이기에 100% 완벽한 사실이라고 단정할 수 없다. 또 기록자의 생각이나 평가에 따라 기록 내용도 달라질 수 있다는 것을 염두에 두어야 한다.

어떤 연구가는 《삼국연의》가 《삼국지》와 다르게 서술하는 유형에 대하여,

① 역사 사건의 발생 순서를 작가의 의도에 맞게 바꾸거나 다른 인물로 바꾸었고,
② 여러 개의 사건을 묶어 일관성 있는 이야기로 재구성하거나 단순화 시켰으며,
③ 다른 역사적 사건을 이용하거나 사건의 일부만을 재구성하며,
④ 사실을 일부러 비슷한 의미로 각색하거나 일부분을 특별

히 상세하게 서술하고,

⑤ 주제와 상관이 없다면 인물이나 행적을 과감하게 생략하는 등

여러 가지 방법으로 픽션(虛構)을 구성했다고 분석하였다. 그러나 그 픽션의 기법이 어떻든 《삼국연의》가 위대한 창작품이라는 사실을 누구나 인정할 것이다.

《三國志 魏書》
삼 국 지 위 서

(一)

1권 〈武帝紀〉(魏書 1)
(무제기)

| 原文 |

太祖武皇帝, 沛國譙人也, 姓曹, 諱操, 字孟德, 漢相國參之後. 桓帝世, 曹騰爲中常侍大長秋, 封費亭侯. 養子嵩嗣, 官至太尉, 莫能審其生出本末. 嵩生太祖.

| 국역 |

太祖 武皇帝[12]는 沛國(패국) 譙縣(초현)[13] 사람으로, 姓은 曹이고,

12 太祖 武皇帝 : **| 原文 |**의 太祖는 曹操(조조, 155-220년)이다. 後漢 靈帝 이후 獻帝 시대의 사적을 기록하면서 太祖라고 그대로 표기하면 혼동의 여지가 있어 **| 국역 |**에서는 曹操(조조), 曹公, 魏公, 魏王(위왕) 등으로 번역했고, 魏 건국(曹조 즉위) 이후와 관련된 부분에서는 太祖(武帝)로 표기하였다.

13 沛國(패국) 譙縣(초현)은, 今 安徽省(안휘성) 서북부의 亳州市(박주시).

이름은 操(조)[14]이며, 字는 孟德(맹덕)[15]인데, 前漢의 相國 曹參(조참)의 후손이었다.[16] (後漢) 桓帝(환제, 재위 146~168년) 때, 曹騰(조등)은 中常侍로 大長秋가 되어 費亭侯(비정후)에 봉해졌다.[17] (曹騰의) 養子인 曹嵩(조숭)이 후사가 되었고, (조숭의) 관직은 太尉(태위)에

14 《曹瞞傳》에 의하면 曹操(조조, 155-220년)는 一名 吉利(길리)이고 어렸을 字는 阿瞞(아만)이라고 했다. 阿는 行列(항렬)이나 兒名, 또는 姓 앞에 붙여 친근함을 나타낸다. 瞞은 속일 만. 吳에서는 조조를 曹瞞(조만)으로 표기한 기록도 있다. 王沈(왕침)의 《魏書》에 의하면 그 먼 조상 曹俠(조협)에 邾(주)에 봉해져서 戰國시대까지 이어오다가 楚에 의해 멸망되었으며 그 일족이 각지에 흩어지면서 일부가 沛(패)에 거주했었다. 조조는 身長 七尺에 가느다란 눈(細眼), 긴 구레나룻(長髥)로 《三國演義》에 처음 등장할 때는 騎都尉이었다. 조조는 《三國演義》에서 사실상의 主人公이다. 劉備나 諸葛亮, 孫權의 행적은 거의 曹操와 관련이 있다고 볼 수 있다. 小說에서 뿐만 아니라 歷史에서도 曹操는 劉備나 孫權보다 훨씬 큰 비중을 차지한다. 政治, 軍事的으로 중요한 인물일 뿐만 아니라, 뛰어난 詩人이었기에 中國文學史에도 등장한다. 曹操 직위는 漢 丞相, 작위는 魏王, 사후 시호는 武王. 曹丕(조비)가 稱帝 후 武皇帝, 廟號 太祖로 추존했다.

15 孟德(맹덕) : 字에는 형제 서열을 뜻하는 伯(孟) - 仲 - 叔 - 季가 많이 들어간다. 조조는 長男이었다.

16 漢 高祖가 홍기할 때 曹參(조참, ?-前 190)은 漢 개국공신. 공을 세워 平陽侯(평양후)에 봉해졌고 爵土를 세습했지만 단절되자 詔書에 의거 이어졌다. 漢 6년(前 201)에 齊王의 相에 임명되었다. 前 193년에 蕭何(소하)의 뒤를 이어 漢 승상이 되어 無爲의 정치를 구현하였다. '蕭規曹隨(소규조수)' 成語의 주인공. 《漢書》 39권 〈蕭何曹參傳〉에 立傳.

17 司馬彪(사마표)의 《續漢書》에 의하면, 曹騰(조등)은 曹節(조절)의 아들로, 젊어 黃門從官이 되었다. 順帝가 즉위하고 小黃門이 되었다가 中常侍(중상시)로 승진하여 大長秋가 되었다. 大長秋는 태후나 황후를 시중드는 관원, 후한에서는 환관으로 임용. 질록은 이천석이니 환관으로서는 상당한 고위직이다. 종친이 태후나 황후를 알현할 때 대장추를 경유했고, 종친에게 賞賜하는 일도 담당했다. 조등은 30여 년간 4명의 황제를 모시면서 많은 인재를 천거했다. 조등은 桓帝가 즉위한 이후에 先帝를 잘 모셨다 하여 費亭侯(비정후)가 되었고 特進(특진)의 加官을 받았다. 曹丕가 즉위한 이후 高皇帝로 추존되었다.

이르렀는데 아무도 그 출생의 本末을 아는 사람이 없었다. 조숭이 太祖(曹操)를 낳았다.[18]

| 原文 |

太祖少機警, 有權數, 而任俠放蕩, 不治行業, 故世人未之奇也. 惟梁國橋玄,南陽何顒異焉. 玄謂太祖曰, "天下將亂, 非命世之才不能濟也, 能安之者, 其在君乎!" 年二十, 擧孝廉爲郎, 除洛陽北部尉, 遷頓丘令, 徵拜議郎.

| 국역 |

太祖(曹操)는 젊어 機敏(기민)하고 눈치가 빨랐으며 권모술수가 많았고 협객 기질에 방탕한 생활을 했으며 바른 행실이나 학업에 힘쓰지 않았기에 사람들은 특별한 인재라 생각하지 않았다.[19] 다만

18 曹嵩(조숭, 字 巨高)은 司隸校尉(사예교위)가 되었다가, 靈帝 때 국가 재정을 담당하는 大司農으로 승진했고 이어 大鴻臚(대홍려)가 되었다가 崔烈(최열)의 후임으로 太尉가 되었다. 魏 文帝 黃初 元年(서기 221년) 조숭을 太皇帝로 추존하였다. 조숭은 본래 夏侯氏(하후씨)로 夏侯惇(하후돈)의 叔父였는데 曹騰(조등)의 양자로 입적했기에 그 본말을 아는 사람이 없다고 하였다.

19 조조는 젊어 매와 개를 데리고 사냥을 즐겼으며 멋대로 방탕한 생활을 하자, 그 숙부가 曹祟(조숭)에게 꾸짖도록 자주 말을 했다. 이에 조조는 숙부를 싫어했는데, 어느 날 길에서 숙부를 만나자 조조는 일부러 쓰러져 얼굴을 찡그리며 입을 찢는 척하였다. 숙부가 왜 그러느냐고 묻자, 조조는 갑자기 중풍 맞은 것 같다고 말했다. 숙부가 조숭에게 말했고, 조숭은 놀라 조조를 불렀다. 조숭이 "네가 중풍을 맞았다는데 이제 괜찮으냐?" 고 물었다. 조조는 시치미를 떼며 그런 일 없다고 대답하며, 숙부가 자신을 미워하여 험담한 것이라고 말했

梁國의 橋玄(교현)[20]과 南陽郡의 何顒(하옹)[21]은 조조를 특별하게 여겼다. 교현이 조조에게 말했다.

"천하가 혼란할 것이고, 세상을 건질만한 인재가 아니면 이를 수습할 수가 없으니, 아마 자네가 세상을 안정케 할 것이네."

조조는 나이 20세에 孝廉(효렴)으로 천거되어 郎官이 임용되었다가 洛陽 北部都尉가 되었고,[22] (東郡의) 頓丘縣(돈구현)[23] 현령으로 승진하였으며 나중에 조정에 불려와 議郎이 되었다.

다. 조숭은 의아했지만 이후 숙부가 전하는 조조에 관한 말을 믿지 않았다. 조조는 이후 마음껏 방탕할 수 있었다.

20 당시 橋玄(교현, 字 公祖)은 靈帝 때 三公과 太尉를 역임했다. 《後漢書》 51권, 〈李陳龐陳橋列傳〉에 立傳.

21 何顒(하옹)의 字는 伯求(백구)인데, 南陽郡 襄鄕縣 사람이다. 젊어 洛陽에 遊學하였다. 荀彧(순욱)을 보고 특이하다 생각하며 '王을 보좌할 인재(王佐才也)'라고 말했다. 《後漢書》 67권, 〈黨錮列傳〉에 立傳.
조조를 보고 난세의 영웅이라고 평한 사람은 許劭(허소)이다. 허소의 字는 子將인데 汝南郡 平輿縣 사람이다. 젊어서도 높은 명망과 지조가 있었고 人物評을 좋아했다. 조조가 미천할 때 늘 겸손한 말씨와 후한 예물로 자신의 미래를 점쳐달라고 했으나 허소는 조조의 인물됨을 낮게 평가하여 대답하지 않았는데, 조조가 어느 날 틈을 보아 허소를 협박하자, 허소는 할 수 없이 말했다. "君淸平之姦賊, 亂世之英雄.(君은 淸平한 시대에는 姦賊이나, 亂世에는 영웅이다.)" 이에 조조는 크게 좋아하며 돌아갔다.《後漢書》 68권, 〈郭符許列傳〉 참고.

22 조조는 낙양 북부도위가 되자 낙양 성문의 출입을 엄격하게 통제하였고 정문에 5색으로 구분한 몽둥이를 비치한 뒤 위법자는 지위 여하를 막론하고 법대로 처리하였다. 몇 달 뒤에 靈帝의 총애를 받는 환관 蹇碩(건석)의 숙부가 야간 통행금지를 어기자 바로 때려죽였다. 이에 감히 법령을 어기는 자가 없었고 총신들이 두려워하여 頓丘(돈구) 縣令으로 승진시켜 내보냈다.

23 (東郡의) 頓丘縣(돈구현) : 今 河南省 동북부 濮陽市(복양시) 관할 淸豐縣.

| 原文 |

光和末, 黃巾起. 拜騎都尉, 討潁川賊. 遷爲濟南相, 國有十餘縣, 長吏多阿附貴戚, 贓汙狼藉, 於是奏免其八. 禁斷淫祀, 奸宄逃竄, 郡界肅然. 久之, 徵還爲東郡太守, 不就, 稱疾歸鄉里.

| 국역 |

(靈帝) 光和 말년(서기 184년, 中平 元年)에, 黃巾賊(황건적)이 봉기하자[24] (조조는) 騎都尉가 되어 潁川郡(영천군)[25]의 황건적을 토벌하였다. (조조는) 濟南國[26]의 相이 되었는데, 제남국 관할 10여 縣의 많은 관리들이 權貴에 아부하면서 부정과 불법이 판을 치자, 조조는 이를 上奏하여 10에 8을 면직시켰다. 또 淫祀(음사)를 엄격히 단속하자 간악한 자들이 모두 도망하거나 숨어 郡內가 엄숙해졌다. 얼마 뒤 조정의 부름으로 낙양에 들어와 東郡太守에 임명되었

....

24 光和는 靈帝의 연호. 광화 7년을 中平 元年으로 改元. 中平은 靈帝의 4번째, 마지막 연호. 서기 184-188년. 서기 184년은 새로운 六十甲子의 시작, 갑자년이었다. 張角(장각 ?-184년)은 본래 낙방한 秀才였는데 入山採藥다가 南華老仙이라는 노인을 만나 동굴 안에 들어가 天書 3권을 받았고 그를 읽어 도통했다고 하였다. 장각은 '蒼天已死, 黃天當立. 歲在甲子, 天下大吉' 할 것이라 선동하면서 太平道를 창시하였다. 中平 원년(서기 184)에 張角은 동생 張寶(장보), 張梁(장량)과 신도를 거느리고 봉기하니, 이를 '黃巾之亂' 이라 하였다.

25 潁川郡(영천군)은 豫州 刺史部 소속 군명. 治所는 陽翟縣(양책현), 今 河南省 중부 許昌市 관할의 禹州市. 낙양과 연접하고 인구가 조밀한 큰 군이었다.

26 濟南國은 青州 관할 국명. 治所는 東平陵縣, 今 山東省 중북부 濟南市 관할 章丘市. 제후국의 相은 郡 태수와 동급, 질록 이천석. 조정에서 임명하여 파견하였다.

지만 부임하지 않고 병을 핑계로 鄕里로 귀향하였다.[27]

| 原文 |

頃之, 冀州刺史王芬,南陽許攸,沛國周旌等連結豪傑, 謀廢靈帝, 立合肥侯, 以告太祖, 太祖拒之. 芬等遂敗.

| 국역 |

얼마 후, 冀州刺史(기주자사)[28] 王芬(왕분), 南陽郡(남양군) 사람 許攸(허유),[29] 沛國(패국) 사람 周旌(주선) 등이 호걸들과 연결하여 靈帝(영제)를 폐위하고 合肥侯(합비후)를 옹립하려고 모의한 뒤에 이를 曹操에게 통고했는데, 조조는 제의를 거절하였다. 왕분 등의 모의는 결국 실패했다.

27 王沈의 《魏書》에 의하면 權臣이 조정의 정치를 전횡하자 조조는 바로잡을 수도 없고 같이 휩쓸릴 수도 없었으며 수년간 법을 엄격히 집행하여 여러 사람의 미움을 받았기에 화가 미칠 것을 염려하여 병을 핑계로 귀향한 뒤에 독서와 사냥을 하며 홀로 즐겼다고 하였다.

28 冀州刺史部 치소는 常山國 高邑縣, 今 河北省 石家莊市 高邑縣. 후한 말기에는 魏郡 鄴縣(업현)이었다. 魏郡, 鉅鹿郡, 常山國, 中山國, 安平國, 河間國, 淸河國, 趙國, 渤海郡을 관할하였다.

29 許攸(허유 ? - 204년, 字 子遠). 袁紹(원소)에게 방략을 건의했으나 받아들이지 않자 나중에 조조에 귀부하였다. 허유가 조조를 찾아오자 조조는 맨발로 달려나와 맞이했다. 원소 격파와 冀州 성 함락에 공을 세웠지만 그 공을 믿고 조조를 무시하다가 잡혀 처형되었다.

| 原文 |

金城邊章,韓遂殺刺史郡守以叛, 衆十餘萬, 天下騷動. 徵太祖爲典軍校尉. 會靈帝崩, 太子卽位, 太后臨朝. 大將軍何進與袁紹謀誅宦官, 太后不聽. 進乃召董卓, 欲以脅太后, 卓未至而進見殺. 卓到, 廢帝爲弘農王而立獻帝, 京都大亂. 卓表太祖爲驍騎校尉, 欲與計事. 太祖乃變易姓名, 間行東歸. 出關, 過中牟, 爲亭長所疑, 執詣縣, 邑中或竊識之, 爲請得解. 卓遂殺太后及弘農王. 太祖至陳留, 散家財, 合義兵, 將以誅卓. 冬十二月, 始起兵於己吾, 是歲中平六年也.

| 국역 |

金城郡의 邊章(변장)과 韓遂(한수)[30]가 凉州刺史(양주자사)와 郡守를 살해하고 반란을 일으켰는데 그 무리가 10여만 명이나 되었고 천하가 소란하였다. (조정에서는) 조조를 불러 典軍校尉[31]에 임명하였다. 마침 靈帝가 붕어하여 太子가 즉위하였고[32] 何太后가 臨朝

30 邊章(변장)은 金城郡에서 반란을 일으켜, 隴右(농우)에서 반역한 韓遂(한수, ?-215년, 一名 韓約, 字 文約)와 함께 三輔 지역을 노략질하였다.

31 靈帝(영제) 中平 5년(서기 188)에 기존 군영을 증원하거나 보충하여 재편한 西園八校尉의 하나. 上軍校尉, 中軍校尉, 下軍校尉, 典軍校尉, 助軍左校尉, 助軍右校尉, 左校尉, 右校尉. 총지휘 책임자는 上軍校尉인 小黃門 蹇碩(건석)이었다.

32 中平 6년(서기 189년)에 靈帝 붕어, 少帝(劉辨) 즉위, 何太后 청정. 中常侍 張讓이 何進을 살해. 袁紹는 환관 2천 명 살해. 董卓(동탁) 낙양 진입. 少帝 폐위, 劉協(獻帝)를 옹립. 동탁은 스스로 相國이 되었다.

聽政하였다. 大將軍인 何進(하진)[33]과 袁紹(원소)는 환관을 주살할 계획을 세웠으나 하태후가 수락하지 않았다. 이에 하진은 조서를 내려 董卓(동탁)[34]의 군사를 불러들여 하태후를 협박하려 했는데, 동탁의 군사가 洛陽에 들어오기 전에 하진은 (환관에게) 살해되었다. 동탁은 낙양에 들어와 少帝(劉辨)를 폐위하여 弘農王(홍농왕)에 봉하고, (그 동생인) 劉協(유협)을 황제로 옹립하자(獻帝) 京都가 크게 소란하였다. 동탁은 표문을 올려 조조를 驍騎校尉(효기교위)에 임명하고 함께 국사를 도모하려고 했다.

이에 조조는 姓名을 바꾸고 숨어 샛길로 동쪽으로 갔다.[35] (조조는) 關門(虎牢關)을 지나 中牟縣(중모현)[36]에 들렀는데, 중모현 亭長(정장)의 의심을 받아 중모현에 잡혔지만, 邑人 중에 조조를 아는

....

33 何進(하진. ?-189), 南陽 宛縣 출신, 본래 가축을 잡는 屠戶(도호) 출신, 이복 여동생이 입궁하여 靈帝의 황후가 되었다. 大將軍으로 錄尙書事 겸임. 환관 세력을 꺾겠다고 董卓(동탁)을 불러들인 장본인. 十常侍에게 피살. 《後漢書》 69권, 〈竇何列傳〉에 立傳. 河南尹은 국도 洛陽의 행정을 담당.

34 董卓(동탁. 141-192년), 涼州 隴西 臨洮人. 後漢 말 涼州 軍閥(군벌)이며 權臣, 포악한 행위로 역사상 가장 부정적 평가를 받는 인물. 《後漢書》 72권, 〈董卓列傳〉에 입전.

35 조조는 동탁의 파멸을 예상하고 향리로 도주하였다. 가는 도중에 친우인 成皐(성고)의 呂伯奢(여백사)의 집에 들렀는데 마침 여백사가 집에 없었다. 여백사의 아들과 그 빈객이 조조의 말과 병기를 탈취하려 하자 조조가 미리 손을 써 아들들을 죽였다. 이 부분은《三國演義》에는 다르게 묘사되었다. 조조는 여백사의 일족을 죽인 뒤에 비통한 심경으로 말했다. "차라리 내가 남을 버릴지언정 남이 나를 배신하게 둘 수는 없다!(寧我負人, 毋人負我!)" 이 말은 조조의 모진 성격이나 적극성을 말할 때 꼭 인용될 정도로 인구에 膾炙(회자)된다.

36 中牟縣(중모현)은 今 河南省 중부 鄭州市 관할 中牟縣, 河水 남안. 《三國演義》에서는 陳宮(진궁, ?-198년, 字 公臺)이 쫓기는 조조를 따라가려고 中牟(중모)縣令의 관직을 버린 사람으로 나온다. 진궁은 뒷날 조조를 떠나 呂布를 섬겼다.

사람이 있어 도움을 받아 풀려날 수 있었다. 동탁은 何太后와 弘農王을 살해하였다. 조조는 陳留郡(진류군)[37]에 와서, 家財를 흩어 義兵을 모아 동탁을 타도하려고 했다. 그해 겨울 12월에, (陳留郡) 己吾縣(기오현)에서 처음 (反董卓) 義兵을 일으켰는데 그때가 (靈帝) 中平 6년(서기 189년)이었다.

| 原文 |

初平元年春正月, 後將軍袁術, 冀州牧韓馥, 豫州刺史孔伷, 兗州刺史劉岱, 河內太守王匡, 勃海太守袁紹, 陳留太守張邈, 東郡太守橋瑁, 山陽太守袁遺, 濟北相鮑信同時俱起兵, 衆各數萬, 推紹爲盟主. 太祖行奮武將軍.

| 국역 |

(獻帝) 初平 원년(서기 190) 春 正月에 後將軍인 袁術(원술),[38] 冀州牧인 韓馥(한복),[39] 豫州刺史 孔伷(공주, 字 公緖, 陳留郡人, 伷는 투구

37 陳留(진류)는 兗州刺史部(연주자사부)의 군명, 治所는 陳留縣, 今 河南省 동부의 開封市.

38 袁術(원술, ?-199, 字 公路 – 後漢末, 三國 初期의 軍閥. 袁紹(원소)의 사촌 아우. 亂世에 稱帝했다가 반년을 못 견디고 피를 토하고 죽었다. 흉포하기가 董卓(동탁) 못지않았다. 《後漢書》 75권, 〈劉焉袁術呂布列傳〉에 立傳.

39 韓馥(한복) – 字는 文節, 潁川人. 冀州牧을 역임하며 반 동탁군에 합세. 뒷날 기주를 원소에게 빼앗기고 張邈(장막)에게 의지했는데 원소의 사자가 장막을 찾아와 귓속말을 나누자 자신을 죽이려는 줄 알고 변소에서 자살했다.

주. 冑와 同), 兗州(연주) 자사 劉岱(유대, 劉繇유요 兄), 河內太守 王匡(왕광, 字 公節, 泰山郡人), 勃海(발해) 태수 袁紹(원소),[40] 陳留 태수 張邈(장막),[41] 東郡 태수 橋瑁(교모, 字 元偉, 橋玄의 族子), 山陽 태수 袁遺(원유, 字 伯業, 원소의 從兄), 濟北相 鮑信(포신) 등이 모두가 동시에 기병하였고 각 군사는 수만 명이었으며 원소를 추대하여 맹주로 삼았다.[42] 조조는 임시(行, 代行) 奮武將軍(분무장군)[43]이 되었다.

| 原文 |

二月, 卓聞兵起, 乃徙天子都長安. 卓留屯洛陽, 遂焚宮室. 是時紹屯河內, 邈,岱,瑁,遺屯酸棗, 術屯南陽, 伷屯潁川, 馥

40 袁紹(원소, 153－202, 字 本初) － 後漢末 할거 세력의 하나. 전성기에 冀州, 幽州, 幷州, 靑州 등을 장악. 한때 가장 강성했으나 官渡之戰에서 曹操(조조)에게 패배 후 곧 울분으로 사망. 사람이 優柔寡斷하고 外寬內忌한 작은 그릇이었다. 本初(袁紹)가 명문거족의 후손이라 하지만 생김새만 그럴싸했지 無謀한 사람이었다. 원소가 公孫瓚(공손찬)과 싸워 겨우 이겼는데 그것은 공손찬이 스스로 붕괴되었기 때문이다. 원소가 田豐(전풍)이나 沮授(저수) 아니면 許攸(허유)의 계책을 단 하나라도 채택했었다면 원소는 패망하지 않았을 것이다. 참말로 어리석은 원소였다. 《魏書》 6권, 〈董二袁劉傳〉에 입전.

41 陳留 太守 張邈(장막)은 曹操, 袁紹와 모두 교제하였다. 黨錮의 화를 당한 名士 중 한 사람. 《後漢書》 67권, 〈黨錮列傳〉 참고.

42 關東에서 袁紹 중심 董卓 토벌군 형성되자. 동탁은 獻帝를 협박하여 長安으로 강제 천도하였다.

43 行奮武將軍 － 行은 代行, 攝行(섭행). 본직을 갖고 다른 일을 겸행. 하급 관직의 관리가 상급 관직을 임시 대행할 경우에 行~이라고 한다. 行大司馬. 行中郎將事, 行車騎將軍事 등이 그 예이다. 袁譚은 장자였지만 막내 袁尙이 후계자가 되자 형제간에 싸웠다. 원담은 조조에게 의존했지만 원담, 원희, 원상 모두 망하면서 원씨의 영화는 물거품이 되었다. 《後漢書》 74권, 〈袁紹劉表列傳〉 참고.

在鄴. 卓兵强, 紹等莫敢先進.

太祖曰, "擧義兵以誅暴亂, 大衆已合, 諸君何疑? 向使董卓聞山東兵起, 倚王室之重, 據二周之險, 東向以臨天下. 雖以無道行之, 猶足爲患. 今焚燒宮室, 劫遷天子, 海內震動, 不知所歸, 此天亡之時也. 一戰而天下定矣, 不可失也."

遂引兵西, 將據成皐. 邈遣將衛茲分兵隨太祖. 到滎陽汴水, 遇卓將徐榮, 與戰不利, 士卒死傷甚多. 太祖爲流矢所中, 所乘馬被創, 從弟洪以馬與太祖, 得夜遁去. 榮見太祖所將兵少, 力戰盡日, 謂酸棗未易攻也, 亦引兵還.

| 국역 |

(初平 元年) 2월, 동탁은 (關東에서) 반 동탁군이 擧兵했다는 소식을 듣고 天子(獻帝)를 데리고 長安으로 옮겨 가 도읍케 하였다. 동탁은 낙양에 남아 주둔하고 있었는데 나중에 낙양의 궁궐을 불태웠다. 이때 袁紹는 河內郡[44]에 주둔하였고 張邈(장막), 劉岱(유대), 橋瑁(교모), 袁遺(원유) 등은 (陳留郡) 酸棗縣(산조현)[45]에 주둔하였으며, 袁術(원술)은 南陽郡에 주둔하였고, 孔伷(공주)는 潁川郡(영천군)에, 韓馥(한복)은 (魏郡) 鄴縣(업현)[46]에 주둔하고 있었다. 그러나 동

44 河內郡의 治所는 懷縣(회현), 今 河南省 북부 焦作市(초작시) 관할 武陟縣(무척현).

45 酸棗(산조)는 陳留郡의 현명, 今 河南省 북부 新鄕市 관할 延津縣.

46 魏郡의 治所인 鄴縣(업현), 今 河北省 남부 邯鄲市(한단시) 관할 臨漳縣. 曹操가 魏公이 되고 魏王으로 있는 동안 조조 세력의 근거지였다.

탁의 군사가 강해 원소 등은 누구도 앞서 진격하는 이가 없었다.

이에 조조가 말했다.

"난폭한 무리를 죽이려 의병을 일으켰고 大軍이 모두 모였거늘 여러분들은 무엇을 걱정합니까? 동탁은 山東[47]에서 거병한 소식을 알고도 王室(皇室)의 重望을 믿고 二周(西周와 東周)의 험한 지형을 바탕삼아 동쪽으로 진출하여 천하 장악을 시도하면서, 무도한 동탁은 온 천하에 해악을 끼치고 있습니다. 궁궐을 불사르고 천자를 협박, 천도하여 온 천하가 두려워 떨면서 어디에 의지할지 모르는 지금은 하늘이 동탁을 멸망시킬 시기입니다. 우리가 단 한 번의 전투로 천하를 평정할 수 있으니 이를 놓쳐서는 안 될 것입니다."

그리고서 조조는 군사를 이끌고 서쪽으로 진격하여 (河南郡) 成皐縣(성고현)[48]에 주둔하였다. 장막은 장수 衛玆(위자)에게 군사를 내주어 조조를 돕게 하였다. 조조는 (河南尹) 滎陽縣(형양현)[49] 汴水(변수)에서 동탁의 장수 徐榮(서영)과 만나 전투를 벌였지만 이기지 못했고 죽거나 다친 士卒이 매우 많았다. 조조도 流矢(유시)에 맞았고 타던 말도 상처를 입었는데, 從弟인 曹洪(조홍)이 말을 조조에게 주어 밤을 틈타 도망칠 수 있었다. 서영은 조조의 군사가 소수인 줄 알고서도 종일 힘들게 싸웠지만, 酸棗縣(산조현)을 쉽게 공격할 수 없다 생각하여 군사를 인솔하여 돌아갔다.

47 山東은 崤山(효산, 함곡관이 있는 산)의 동쪽. 곧 關東. 지금의 山東省을 지칭하지 않음.

48 成皐(성고) – 河南尹(郡)의 현명. 今 河南省 중부 鄭州市 관할 滎陽市 서북 汜水鎭. 교통요지, 전략 요충지.

49 滎陽(형양)은 河南尹(郡)의 현명. 옛 漢 高祖와 項羽의 격전지. 교통과 군사의 요지, 今 河南省 중부 鄭州市 관할 滎陽市.

| 原文 |

太祖到酸棗, 諸軍兵十餘萬, 日置酒高會, 不圖進取.

太祖責讓之, 因爲謀曰, "諸君聽吾計, 使勃海引河內之衆臨孟津, 酸棗諸將守成皐, 據敖倉, 塞轘轅,太谷, 全制其險. 使袁將軍率南陽之軍軍丹,析, 入武關, 以震三輔. 皆高壘深壁, 勿與戰, 益爲疑兵, 示天下形勢, 以順誅逆, 可立定也. 今兵以義動, 持疑而不進, 失天下之望, 竊爲諸君恥之!"

邈等不能用.

| 국역 |

조조가 (陳留郡) 酸棗縣(산조현)에 갔을 때, 여러 군영의 병력이 10여만 명이나 되었지만 (장수들은) 날마다 술잔치를 벌이며 진격하지 않았다. 조조는 이를 질책하며 방책을 설명하였다.

"여러분들은 나의 계책을 따라야 합니다. 勃海太守(발해태수, 袁紹)께서는 河內郡의 군사와 함께 孟津(맹진)[50]으로 진출하고, 酸棗縣(산조현)에 주둔한 여러 장수는 成皐(성고)를 방어하며 敖倉(오창)[51]을 점거한 뒤에 轘轅關(환원관)과 太谷關(대곡관)을 막고 험지를 지켜야 합니다. 그리고 袁術(원술)장군은 南陽郡의 군사를 거느리고 丹(단)

50 孟津(맹진)은 黃河의 유명한 나루터 이름. 周 武王이 殷 紂王(주왕)을 토벌할 때 8백 제후가 모여 맹세한 곳. 今 河南省 洛陽市 북쪽의 孟津縣. 雒陽은 雒水의 북쪽이라는 뜻.

51 敖倉(오창)은 鴻溝(홍구)와 黃河의 합류지점인 滎陽城(형양성) 동북 敖山(오산)에 있는 군량 창고. 今 河南省 鄭州市 관할 滎陽市 동북. 楚漢戰 당시는 물론 後漢에서도 중요한 군량창고였다.

과 析(석)에 주둔한 뒤에 武關(무관)[52]으로 진출하여 三輔(삼보)[53]지역을 위협해야 합니다. 그리고 모든 장수들은 보루와 방벽을 높고 깊게 설치한 뒤에 (동탁의 군사와) 싸우지는 않고 疑兵(의병)을 늘려, 천하 형세가 順命으로 逆天者를 주살한다는 뜻을 강조하면 쉽게 평정할 수 있을 것입니다. 지금 대의에 입각하여 거병하고서도 懷疑(회의)하며 진격하지 않으니, 이는 백성들의 소망을 버리는 것이니, 여러 장군들은 부끄러운 줄을 알아야 합니다!

그러나 張邈(장막) 등은 조조의 뜻을 받아들이지 않았다.

| 原文 |

太祖兵少, 乃與夏侯惇等詣揚州募兵, 刺史陳溫,丹楊太守周昕與兵四千餘人. 還到龍亢, 士卒多叛. 至銍,建平, 復收兵得千餘人, 進屯河內.

劉岱與橋瑁相惡, 岱殺瑁, 以王肱領東郡太守. 袁紹與韓馥謀立幽州牧劉虞爲帝, 太祖拒之. 紹又嘗得一玉印, 於太祖坐中擧向其肘, 太祖由是笑而惡焉.

52 關中에 들어가는 주요 관문. 동 函谷關(함곡관), 남 武關, 서 散關(산관), 북 蕭關(소관)으로 둘러싸인 땅을 關中이라 한다. 武關은 今 陝西省 남부 商洛市 丹鳳縣 동쪽의 少習山 협곡에 있다. 漢 高祖는 이곳을 통과하여 관중에 들어와 秦王의 항복을 받았다.

53 三輔(삼보)는 京兆尹(경조윤)과 左馮翊(좌풍익), 右扶風(우부풍)으로 關中 땅, 長安 주변의 여러 縣을 다스리는 행정구역이며 행정책임자를 총칭하는 말.

| 국역 |

조조는 군사가 적어 곧 夏侯惇(하후돈)[54]과 함께 揚州(양주)에 가서 군사를 모았는데 양주자사 陳溫(진온), 丹楊(단양)[55] 太守 周昕(주흔)이 4천여 명을 내주었다. 조조가 그 군사를 거느리고 沛國(패국) 龍亢縣(용항현)[56]에 왔을 때 많은 사졸이 배반하였다. 조조는 銍縣(질현)과 建平縣(건평현)에서 다시 1천여 명을 모집하여 河內郡에 진격 주둔하였다.

(兗州刺史) 劉岱(유대)와 (東郡太守) 橋瑁(교모)가 서로 미워했는데 유대가 교모를 죽이자, 王肱(왕굉)은 東郡太守 직위를 수행하였다.

袁紹와 韓馥(한복)은 幽州牧인 劉虞(유우)를 황제로 옹립하려 했지만 조조는 이를 거부하였다.[57] 원소는 이전에 玉印을 하나 얻었었는데, 조조가 앉아 있을 때 옥인을 들어 팔뚝을 툭 친 다음에 보여주었는데, 조조는 원소를 비웃었고 이후로는 원소를 미워하였다.

---

54 夏侯惇(하후돈, ?-220) - 字 元讓(원양), 沛國 譙縣(今 安徽省 亳州市) 사람. 조조의 從兄弟. 조조가 가장 신뢰했던 사람. 조조 사후 몇 달 뒤 하후돈도 죽었다. 여포와 싸우면서 왼쪽 눈에 화살을 맞아 뒷날 '盲夏侯' 로 불렀다.《三國演義》18회 〈夏候惇拔矢啖睛〉에서는 "父精母血, 不可棄也!" 라면서 자신의 눈알을 씹어먹는 것으로 묘사되었다.《魏書》9권, 〈諸夏侯曹傳〉에 입전.

55 丹楊(丹陽)郡은 揚州刺史部의 군명. 治所는 宛陵縣(완릉현), 今 安徽省 동남부 宣城市.

56 沛國(패국)의 현명. 다음의 銍(질)과 建平(건평)도 모두 沛國의 현명.

57 曹操는 '董卓이 온 천하에 해악을 저지르는 이때 합심하여 저항을 해야 하며, 지금 황제가 어리고 미약하여 간신들이 설쳐대지만 (前漢) 昌邑王 같은 잘못도 없는데 황제를 교체한다면 천하를 어떻게 안정시킬 수 있겠느냐' 면서 반대하였다.

| 原文 |

二年春, 紹,馥遂立虞爲帝, 虞終不敢當. 夏四月, 卓還長安.

秋七月, 袁紹脅韓馥, 取冀州. 黑山賊于毒,白繞,眭固等十餘萬衆略魏郡,東郡, 王肱不能禦, 太祖引兵入東郡, 擊白繞於濮陽, 破之. 袁紹因表太祖爲東郡太守, 治東武陽.

| 국역 |

(初平) 2년(서기 191) 봄, 袁紹(원소)와 韓馥(한복)은 결국 劉虞(유우)를 황제로 옹립하였지만 유우는 끝내 감당하질 못했다. 여름인 4월에 동탁은 長安으로 돌아갔다.

秋 7월, 원소는 한복을 협박하여 冀州(기주)[58]를 차지하였다. 黑山賊(흑산적)[59] 무리인 于毒(우독), 白繞(백요), 眭固(수고, 휴고)[60] 등이 10여만 무리를 거느리고 魏郡(위군)과 東郡(동군)[61] 일대를 노략질하였

58 冀州자사부 치소는 常山國 高邑縣(今 河北省 서남부 石家庄市 高邑縣). 冀州자사는 魏郡, 鉅鹿郡, 常山國, 中山國, 安平國, 河間國, 淸河國, 趙國, 渤海郡의 兵馬를 감찰 지휘하였다.

59 본래 황건적 무리의 한 갈래인 흑산적의 우두머리는 博陵 사람 張牛角(장우각)이었는데 장우각이 전사하면서 張燕(本姓은 褚)을 후계자로 지명하자, 張氏를 칭하며 흑산적을 이끌었다. 장연은 '飛燕' 이라는 별명으로 통하면서 常山國, 趙郡, 中山國, 上黨郡, 河內郡 지역 산적의 무리와 相通하면서 '黑山賊' 으로 불렸다.

60 眭固(수고)는 인명. 眭는 움펑눈 휴(音 畦同, 밭두둑 휴). 姓 수(音 申隨反). '휴고' 로도 통용.

61 兗州(연주) 자사부 관할 東郡의 治所는 濮陽縣. 今 河南省 동북 濮陽市(복양시).

지만 王肱(왕굉)이 막아내지 못하자 조조가 군사를 이끌고 東郡에 진격하여 백요의 무리를 濮陽(복양)에서 격파하였다. 이에 원소는 표문을 올려 조조를 東郡太守에 임명케 하여 東武陽에서 다스리게 하였다.[62]

| 原文 |

三年春, 太祖軍頓丘, 毒等攻東武陽. 太祖乃引兵西入山, 攻毒等本屯. 毒聞之, 棄武陽還. 太祖要擊眭固, 又擊匈奴於夫羅於內黃, 皆大破之.

| 국역 |

(初平) 3년(서기 192) 봄, 조조는 (東郡) 頓丘縣(돈구현)에 주둔하고 있었는데, (黑山賊인) 于毒(우독) 등이 東武陽縣(동무양현)을 공격했다. 조조는 군사를 이끌고 서쪽 산악으로 진군하여 우독 등의 본거지를 공격하였다. 이에 우독 등이 소식을 듣고서는 동무양현을 포기하고 돌아갔다. 조조는 수고 등을 맞아 격파했고, 또 匈奴(흉노) 장수 於夫羅(어부라)[63]를 (魏郡) 內黃縣(내황현)[64]에서 공격하

62 東武陽은 東郡의 武陽縣, 今 山東省 서부 聊城市(요성시) 관할 莘縣(신현), 山東, 河北, 河南 三省의 경계. 東郡의 본래 治所는 濮陽縣(복양현. 今 河南省 동북 濮陽市)이었다.

63 於夫羅(어부라)는 흉노족 南單于(남선우)의 아들로, (靈帝) 中平 연간에 흉노의 군사를 이끌고 漢軍을 도왔다. 흉노 내부에서 반란이 일어나자 어부라는 南單于를 죽이고 그 군사를 이끌고 漢에 머물고 있었다. 마침 漢이 혼란하자 西河郡 일대에서 白波賊과 연합하여 太原郡, 河內郡 일대를 노략질하였다.

여 모두 대파하였다.

| 原文 |

夏四月, 司徒王允與呂布共殺卓. 卓將李傕,郭汜等殺允攻布, 布敗, 東出武關. 傕等擅朝政.

青州黃巾衆百萬入兗州, 殺任城相鄭遂, 轉入東平. 劉岱欲擊之, 鮑信諫曰,

"今賊衆百萬, 百姓皆震恐, 士卒無鬪志, 不可敵也. 觀賊衆群輩相隨, 軍無輜重, 唯以鈔略爲資, 今不若畜士衆之力, 先爲固守. 彼欲戰不得, 攻又不能, 其勢必離散, 後選精銳, 據其要害, 擊之可破也."

岱不從, 遂與戰, 果爲所殺. 信乃與州吏萬潛等至東郡迎太祖領兗州牧. 遂進兵擊黃巾於壽張東. 信力戰鬪死, 僅而破之. 購求信喪不得, 衆乃刻木如信形狀, 祭而哭焉. 追黃巾至濟北. 乞降. 冬, 受降卒三十餘萬, 男女百餘萬口, 收其精銳者, 號爲青州兵.

袁術與紹有隙, 術求援於公孫瓚, 瓚使劉備屯高唐, 單經屯平原, 陶謙屯發干, 以逼紹. 太祖與紹會擊, 皆破之.

---

64 內黃은 今 河南省 북부 安陽市 관할 內黃縣.

| 국역 |

여름인 4월, 司徒 王允(왕윤)[65]과 呂布(여포)[66]가 함께 董卓(동탁)을 살해하였다. 동탁의 部將인 李傕(이각)과 郭汜(곽사)[67] 등이 왕윤을 죽이고 여포를 공격하자, 여포는 패전하여 동쪽으로 武關(무관)을 빠져나가 도주했다.[68] 이각 등은 조정의 정사를 멋대로 했다.

青州(청주)[69]의 황건적 무리 1백만여 명이 兗州(연주)[70] 경내에 들어와 任城國 相인 鄭遂(정수)를 죽이고, 방향을 바꿔 東平國에 침입하였다. (兗州刺史) 劉岱(유대)가 황건적을 공격하려고 하자 (濟北

65 司徒는 前漢의 승상과 같은 직위. 王允(왕윤)은 并州 太原郡 祁縣(기현) 사람. 董卓을 刺殺하였지만 名士 蔡邕(채옹)도 죽여 민심을 잃었다. 동탁 잔당에게 왕윤이 피살되면서, 關中은 대 혼란에 빠졌다. 《後漢書》 66권, 〈陳王列傳〉에 立傳. 《三國演義》에서 王尹은 貂蟬(초선)의 義父, 초선은 呂布와 董卓의 反目을 유발, 呂布가 董卓을 살해한다. 초선은 분명 소설 속의 가공인물이다. 초선을 이용한 책략은 36計 중 美人計와 連環計(연환계)의 대표적 사례이다.

66 呂布(여포, 字 奉先)는 并州 五原郡 九原縣(今 內蒙古 黃河북안 包頭市 九原區) 출신이었다. 《後漢書》 75권, 〈劉焉袁術呂布列傳〉에 立傳. 《魏書》 7권, 〈呂布臧洪傳〉에 입전. 中國人의 俗談에 '人中呂布 馬中赤兎'(사람은 呂布, 말은 적토마)라는 말이 있다. 呂布는 그만큼 잘난 美男子였다. 董卓은 丁原의 義子인 呂布에게 大敗한다.

67 李傕(이각)은 郭汜(곽사), 張濟(장제) 등과 합작, 長安에 진출하여 獻帝를 협박하여 4년간 정치를 독단했다. 동탁이 살해된 뒤에 이각 등에게 반기를 들라고 건의한 참모는 賈詡(가후, 147–223)였다. 이각 일당은 내분으로 약해진 뒤에 조조에게 패망했다. 뒷날 가후는 張良, 陳平(진평)만한 재능을 발휘하며 曹操 제일의 참모로 활약했다.

68 동탁이 죽은 날은 4월 23일이고, 여포는 6월 초하루에 패주하였으니 대략 40일 정도였다.

69 青州자사부의 치소는 齊國 臨淄縣(임치현, 今 山東省 淄博市 臨淄區 임치구). 齊南國, 平原郡, 樂安國, 北海國, 東萊郡, 齊國 등을 지휘 감독.

70 兗州(연주)자사부는 山陽郡 昌邑縣이 치소이고, 陳留郡, 東郡, 東平國, 任城國, 泰山郡, 濟北國, 山陽郡, 濟陰郡 등을 지휘 감독했다.

相) 鮑信(포신)이 제지하며 말했다.

"지금 1백만 적도에 백성은 모두 두려워 떨고 있으며 사졸도 투지를 잃었으니 대적할 수가 없습니다. 황건적 무리의 움직임을 관찰하였다가 우리의 군에 輜重(치중) 물자가 없으니 그들 것을 빼앗아야 하니, 지금은 병력을 비축하면서 우선 방어만 해야 합니다. 황건적은 싸울 수도 없고, 또 우리를 공격할 수도 없기에 필히 흩어질 것이니 나중에 우리 정예 군사를 동원하여 험지를 근거로 삼아 적을 공격하면 격파할 수 있을 것입니다."

그러나 유대는 따르지 않았고 황건적과 싸워 결국 피살되었다.[71] 이에 포신은 연주의 관리 萬潛(만잠) 등과 함께 東郡에 와서 조조를 兗州牧(연주목)을 다스리도록 영입하였다. 그리고는 함께 진격하여 黃巾 무리를 (東平國) 壽張縣(수장현) 동쪽에서 공격하였다. 포신 등은 死力을 다해 싸워 전사하였고, (조조는) 황건적을 겨우 이겼다. (조조는) 현상금을 걸고 포신의 시신을 찾으려 했으나 찾지 못하자, 나무를 깎아 포신의 형상을 만들어 제사를 지내며 통곡하였다. 조조는 황건적을 濟北國까지 추격했다. 적은 투항했다. 겨울에 투항한 황건적의 사졸 30여만 명과 남녀 1백여만 중에서 정예병을 거두어 靑州兵이라고 불렀다.

袁術(원술)[72]은 평소에 원소와 사이가 안 좋았는데, 원술이 公孫

71 유대가 죽자 陳宮(진궁, ?-198년, 字 公臺)은 조조에게 兗州(연주)를 차지해야 한다고 건의하며 연주의 관리들을 설득하였다.

72 袁術(원술, ?-199, 字 公路)은 後漢末의 軍閥. 袁紹(원소)의 사촌 아우. 亂世에 稱帝했다가 반년을 못 견디고 피를 토하고 죽었다. 흉포하기가 董卓(동탁) 못지않았다. 《後漢書》 75권, 〈劉焉袁術呂布列傳〉에 立傳. 《魏書》 6권, 〈董二袁劉傳〉에 입전.

瓚(공손찬)[73]에게 도움을 청하자 공손찬은 劉備(유비)[74]를 高唐에 주둔케 하였고, 單經(선경)[75]은 平原郡(평원군)[76]에, 陶謙(도겸)[77]은 (魏郡) 發干縣(발간현)에 주둔케 하여 원소를 위협케 하였다. 조조는 원소와 함께 이들을 모두 격파하였다.

| 原文 |

四年春, 軍鄄城. 荊州牧劉表斷術糧道, 術引軍入陳留, 屯封丘, 黑山餘賊及於夫羅等佐之. 術使將劉詳屯匡亭. 太祖擊詳, 術救之, 與戰, 大破之. 術退保封丘, 遂圍之, 未合, 術走襄邑, 追到太壽, 決渠水灌城. 走寧陵, 又追之, 走九江. 夏,

---

73 公孫瓚(공손찬, ?-199년, 字 伯珪)은 劉備와 함께 盧植에게 사사. 袁紹와 北方 패권을 놓고 交戰하다가 建安 4년(서기 199)에 원소에 패배, 여동생과 처자를 먼저 목매어 죽이고 스스로 불타 죽었다. 《後漢書》 73권, 〈劉虞公孫瓚陶謙列傳〉에 입전. 《魏書》 8권, 〈二公孫陶四張傳〉에 입전.

74 劉備(유비, 161-223년, 字 玄德)는 涿郡 涿縣(今 河北省 중부 涿州市(탁주시), 北京市 서남 연접) 출신. 蜀漢 개국 皇帝, 시호 昭烈皇帝, 보통 先主로 지칭, 아들 劉禪(유선)은 '後主'로 지칭한다. 유비는 본래 독서를 좋아하지 않았고 評馬論犬하거나 음악, 화려한 의복 등을 좋아하였다. 신장 七尺五寸(약 173cm, 漢代 1척은 23.1cm), 팔이 무릎에 닿을 정도였다니 약간 기형에 大耳하여 '大耳兒'로 조롱당했다. 다른 사람을 잘 대우했고 喜怒의 감정을 안색에 나타내지 않았으며 豪俠義士와 잘 사귀었다. 《蜀書》 2권, 〈先主傳〉에 입전.

75 單은 성 선(音 常演切, 音 善). [參考] 지명으로 쓰일 때도 音 선. 單父(선보). 흉노왕 칭호인 單于(선우).

76 平原郡은 靑州 관할, 治所는 平原縣. 今 山東省 북부 德州市 관할의 平原縣.

77 陶謙(도겸, 132-194, 字는 恭祖) - 丹陽郡(縣, 今 安徽省 馬鞍山市 博望區) 사람. 《後漢書》 73권, 〈劉虞公孫瓚陶謙列傳〉에 立傳. 《魏書》 8권 〈二公孫陶四張傳〉에 입전.

太祖還軍定陶.

下邳闕宣聚衆數千人, 自稱天子. 徐州牧陶謙與共擧兵, 取泰山華,費, 略任城. 秋, 太祖征陶謙, 下十餘城, 謙守城不敢出.

是歲, 孫策受袁術使渡江, 數年間遂有江東.

| 국역 |

(獻帝 初平) 4년(서기 193) 봄, 조조는 (濟陰郡의) 鄄城縣(견성현)[78]에 주둔하고 있었다. 荊州牧(형주목)인 劉表(유표)[79]가 袁術(원술)의 糧道(양도)를 단절하자, 원술은 군사를 이끌고 陳留郡(진류군)에 진격하여 封丘縣(봉구현)에 주둔하였고, 黑山賊의 잔당 및 (흉노의) 於夫羅(어부라) 등은 원술과 연결되었다. 원술의 부장 劉詳(유상)은 匡亭(광정)이란 곳에 주둔하였다. 조조가 유상을 공격하자 원술이 구원하였지만, 조조는 원술을 대파하였다. 원술은 후퇴하여 封丘(봉구)를 지켰고, 조조가 원술을 포위 공격하였지만 점령하지는 못했는데, 원술이 襄邑(양읍)으로 도주하자 조조는 太壽(태수)란 곳까지 추격했고 강물을 터서 城을 공격했다. 이에 원술이 寧陵(영릉)이

---

78 鄄城縣(견성현)은, 今 山東省 서남부 菏澤市 甄城縣.

79 劉表(유표, 142－208, 字 景升)는 前漢 魯 恭王 劉餘의 후손, 劉表 신장 八尺餘, 온후 장대한 儒者의 풍모였으나 우유부단했다. 荊楚 지역을 옹유한 군벌로 荊州刺史이며 鎭南將軍의 직함을 갖고 있었으며 黨錮의 화를 당한 名士의 한 사람으로 《後漢書》에는 '八及(팔급)' 이라고 불렸다. 建安 13년(서기 208) 劉表가 죽고, 少子인 劉琮(유종)이 대를 이었으나 유종은 荊州를 들어 조조에게 투항하였다. 《後漢書》 74권, 〈袁紹劉表列傳〉 立傳. 《魏書》 6권, 〈董二袁劉傳〉에 입전.

란 곳으로 도주하자 조조는 또 추격했고 원술은 九江郡(구강군)[80]으로 도주하였다. 여름에 조조는 군사를 돌려 定陶縣(정도현)[81]에 주둔하였다.

下邳郡(하비군) 사람 闕宣(궐선)이 무리 수천 명을 모아 천자를 자칭하였다. 徐州牧인 陶謙(도겸)이 궐선과 함께 거병하여 泰山郡의 華縣(화현), 費縣(비현) 등을 차지한 뒤에, 任城國(임성국)을 공격하였다. 가을에 조조는 도겸을 원정하여 10여 성을 함락하였는데 도겸은 성을 방어하며 감히 맞서 싸우지 못했다.

이 해에 孫策(손책)[82]은 원술의 명을 받아 長江을 건넜고, 수년 만에 江東(강동)을 장악하였다.

| 原文 |

興平元年春, 太祖自徐州還, 初, 太祖父嵩, 去官後還譙, 董卓之亂, 避難琅邪, 爲陶謙所害, 故太祖志在復讎東伐.

---

80 九江은 揚州자사부 관할 군명. 治所는 陰陵縣, 今 安徽省 중동부 滁州市(저주시) 定遠縣 서북. 今 江西省 九江市가 아님.

81 兗州자사부 관할 濟陰郡의 治所인 定陶縣. 今 山東省 서남부 菏澤市 定陶區.

82 孫堅의 기반을 이어받은 孫策(손책, 孫權의 형)은 興平 원년(서기 194)에 강동을 차지하였으나 건안 5년(서기 200)에 26세에 죽었다. 손책은 豫章太守 華歆(화흠)의 항복을 받으며 세력을 키웠고, 자신을 曹操에게 모함한다고 吳郡太守 許貢(허공)을 죽였다. 그러나 사냥하던 중에 허공의 家客에게 습격당해 큰 부상을 당한다. 치료 과정에서 도사 于吉(우길)을 죽이나 손책은 그 虛像에 시달리다가 죽었다. 江東은 江左. 옛날에는 南面하는 황제가 볼 때 동쪽은 좌측이었다. 長江은 西에서 동쪽으로 흐르지만 일반적으로 南京 이동의 하류지역, 곧 손권 吳의 통치지역을 江東이라 통칭했다.

夏, 使荀彧,程昱守鄄城, 復征陶謙, 拔五城, 遂略地至東海. 還過郯, 謙將曹豹與劉備屯郯東, 要太祖. 太祖擊破之, 遂攻拔襄賁, 所過多所殘戮.

| 국역 |

(獻帝) 興平 元年(서기 194) 春, 曹操(조조)는 徐州에서 회군하였는데, 그전에, 조조의 부친 曹嵩(조숭)은 관직에서 물러나 고향 譙縣(초현)에 머물렀다. 董卓(동탁)의 난을 피하여 琅邪(낭야)에 옮겨갔다가 陶謙(도겸)에게 살해되어서,[83] 조조는 복수하려고 동쪽으로 徐州 지역 토벌에 나섰다.

여름에 조조는 荀彧(순욱)[84]과 程昱(정욱)[85]을 보내 (濟陰郡의) 鄄

83 조조의 부친 曹崇(조숭)은 일족을 거느리고, 조조가 있는 兗州(연주)로 가던 중에 徐州 관내를 통과한다. 도겸은 조숭을 호위하려고 都尉 張闓(장개)를 시켜 군사를 보냈는데, 그들이 조숭의 재물을 탐내어 泰山郡에서 살해하고 재물을 약탈한 뒤에 淮南(회남)지역으로 도주했다. 또 다른 기록에 의하면, 조조가 泰山太守 應劭(응소)에게 조숭 일족을 호위케 하였는데 응소의 군사가 도착하기 전에 陶謙이 은밀히 수천 군사를 보내 조숭 일족을 죽이고 재물을 약탈했다고 하였다. 조조는 도겸에게 모든 죄를 돌리고 서주 지역을 공격했고 서주 관내 몇 개 현의 백성을 모두 다 죽일 정도로 잔혹했다.

84 荀彧(순욱, 163-212, 字 文若)의 彧은 문채 욱. 빛나는 모양. 郁(성할 욱)으로도 표기. 荀子의 후손으로 조부 때부터 잘 알려진 가문이었다. 南陽郡의 何顒(하옹)은 사람을 잘 보기로 유명하였는데 순욱을 보고 특이하다 생각하며 '王을 보좌할 인재'라고 말했다. 曹操의 戰略家 겸 政治家. 曹操가 '나의 張子房이다(吾子房也)'라고 칭찬했다. 《後漢書》 70권, 〈鄭孔荀列傳〉에 입전. 《魏書》 10권, 〈荀彧荀攸賈詡傳〉에 입전.

85 程昱(정욱, 141-220년, 字 仲德) - 東郡 東阿縣 출신. 原名 程立, 泰山에 올라 해를 들어 올리는 꿈을 꾸었다 하여 조조가 '立' 위에 '日'을 보태어 程昱으로 개명해 주었다. 담략이 뛰어난 장수였지만 성격이 급박하여 다른 사람과 원만

城(견성)을 지키게 하고 다시 도겸을 원정하여 5개 현을 점령하고 東海 지역까지 살육을 감행했다. 조조는 군사를 거느리고 돌아오면서 郯縣(담현)을 지나왔는데, 도겸의 부장인 曹豹(조표)[86]와 劉備(유비)가 담현 동쪽에서 조조를 요격하였다. 조조는 그들을 격파하고 마침내 (東海郡) 襄賁縣(양분현)을 차지하였는데 조조의 군사는 여러 곳에서 많은 백성을 살육했다.

| 原文 |

會張邈與陳宮叛迎呂布, 郡縣皆應. 荀彧,程昱保鄄城, 范, 東阿二縣固守, 太祖乃引軍還. 布到, 攻鄄城不能下, 西屯濮陽. 太祖曰, "布一旦得一州, 不能據東平, 斷亢父,泰山之道乘險要我, 而乃屯濮陽, 吾知其無能爲也." 遂進軍攻之. 布出兵戰, 先以騎犯青州兵. 青州兵奔, 太祖陳亂, 馳突火出, 墜馬, 燒左手掌. 司馬樓異扶太祖上馬, 遂引去. 未至營止, 諸將未與太祖相見, 皆怖. 太祖乃自力勞軍, 令軍中促爲攻具, 進復攻之, 與布相守百餘日. 蝗蟲起, 百姓大餓, 布糧食亦盡, 各引去.

하지 못했다는 설명이 있다. 정욱은 나중에 郭嘉(곽가)를 조조에게 천거한다. 《魏書》 14권, 〈程郭董劉蔣劉傳〉에 입전. 《三國演義》에서 정욱은 10회에 처음 등장한다.

86 曹豹(조표) – 《三國演義》에서는 여포의 장인. 술을 못마신다고 장비에게 매질을 당했다.

| 국역 |

그 무렵, 張邈(장막)과 陳宮(진궁)[87]이 배반하여 呂布(여포)를 영입하자 여러 군현이 이에 호응하였다. 荀彧(순욱)과 程昱(정욱)은 (濟陰郡의) 鄄城(견성)을 근거로 范縣(범현)과 東阿縣(동아현)[88]을 固守하였기에 조조는 군사를 인솔하여 회군했다. 여포가 진격하여 견성을 공격하였지만 함락시키지 못하고 서쪽의 濮陽縣(복양현)에 주둔하였다.

이에 조조가 말했다.

"여포가 어쩌다가 州 하나를 차지하였지만, 東平縣(동평현)을 근거로 (任城國) 亢父縣(항보현)과 泰山郡을 연결하는 험지를 차단하고 험한 지형을 이용하여 나를 요격하지 않고서 그냥 濮陽(복양)에 주둔하고 있으니 여포의 무능을 알 수 있다."

그리고서는 진군하여 여포를 공격하였다. 여포가 맞아 싸우며 먼저 기병으로 (조조의) 靑州兵을 공격하였다. 靑州兵이 도주하면서 조조의 군진은 혼란에 빠졌고 조조의 말이 화공을 뚫고 나가다가 조조는 낙마하여 왼 손바닥에 화상을 입었다. 司馬인 樓異(누이)가 조조를 부축하여 말에 오르게 하여 조조는 탈출할 수 있었다. 조조가 군영에 아직 도착하지 않았을 때, 여러 장수들은 조조가 보이지 않자 모두 두려워 떨었다. 이에 조조는 자신이 직접 군사들을 위로

---

87 張邈(장막, ?-195년, 字 孟卓). 反 동탁군의 한 사람. 반복이 무상했다. 張邈(장막)은 曹操, 袁紹와 모두 교제하였다. 黨錮의 화를 당한 名士 중 한 사람. 《後漢書》 67권, 〈黨錮列傳〉 참고. 陳宮(진궁, ?-198년)의 字는 公臺(공대), 옻기는 조조를 따라가려고 中牟(중모) 縣令의 관직을 버렸던 사람. 조조를 떠나 여포를 섬겼다.

88 東阿는 東郡의 현명. 今 山東省 서부 聊城市(요성시) 東阿縣.

하면서 진중에 공격 준비를 재촉한 뒤에 다시 공격하였는데, 조조는 여포와 1백여 일을 맞서 싸웠다.

그 해에 蝗蟲(황충)이[89] 발생하여 백성이 크게 굶주렸는데 여포도 군량이 떨어지자 양편 모두 군사를 철수하였다.

| 原文 |

秋九月, 太祖還鄄城. 布到乘氏, 爲其縣人李進所破, 東屯山陽. 於是紹使人說太祖, 欲連和. 太祖新失兗州, 軍食盡, 將許之. 程昱止太祖, 太祖從之. 冬十月, 太祖至東阿.

是歲穀一斛五十餘萬錢, 人相食, 乃罷吏兵新募者. 陶謙死, 劉備代之.

| 국역 |

秋 9월, 조조는 鄄城(견성)으로 돌아왔다. 여포가 (濟陰郡) 乘氏縣(승씨현)[90]에 왔을 때, 그 縣人 李進(이진)에게 격파 당하자 동쪽으로 가서 山陽郡[91]에 주둔하였다. 이때 袁紹(원소)가 사자를 보내 조조에게 강화하자고 요청하였다. 조조는 최근에 兗州(연주) 일대를 잃었

89 蝗蟲(황충)은 메뚜기과 곤충의 총칭. 蝗은 누리 황. 방아깨비. 가뭄이 드는 해에 황충이 대량 번식하여 대 집단을 형성하여 이동하며 농작물을 먹어치우기에 그 피해가 매우 엄중했다.

90 乘氏縣은 濟陰郡의 현명. 今 山東省 서쪽 끝 荷澤市, 古稱 曹州. 《水滸傳》의 무대인 梁山泊(양산박)이 있던 곳.

91 山陽郡의 治所는 昌邑縣. 今 山東省 서남부 菏澤市 관할의 鉅野縣(거야현).

고 군량이 다하여 이를 받아들이려 했다. 그러나 程昱(정욱)이 조조를 제지하자 조조는 건의에 따랐다. 겨울인 10월, 조조는 東阿縣에 주둔하였다.

이 해에 곡식 1斛(곡)이 50여만 전으로 폭등했고 사람이 사람을 먹는 지경에 이르자 관리나 군사를 모집하지 않았다.

(興平 元年, 서기 194) 陶謙(도겸)이 죽자 劉備(유비)가 徐州牧이 되었다.

| 原文 |

二年春, 襲定陶. 濟陰太守吳資保南城, 未拔. 會呂布至, 又擊破之. 夏, 布將薛蘭,李封屯鉅野, 太祖攻之, 布救蘭, 蘭敗, 布走, 遂斬蘭等. 布復從東緡與陳宮將萬餘人來戰, 時太祖兵少, 設伏, 縱奇兵擊, 大破之. 布夜走, 太祖復攻, 拔定陶, 分兵平諸縣. 布東奔劉備, 張邈從布, 使其弟超將家屬保雍丘.

秋八月, 圍雍丘. 冬十月, 天子拜太祖兗州牧. 十二月, 雍丘潰, 超自殺. 夷邈三族. 邈詣袁術請救, 爲其衆所殺, 兗州平, 遂東略陳地.

是歲, 長安亂, 天子東遷, 敗於曹陽, 渡河幸安邑.

| 국역 |

(獻帝) 興平 2년(서기 195) 봄, 조조는 (濟陰郡 治所) 定陶縣(정도현)을 공격하였다. 濟陰太守 吳資(오자)가 남쪽 城을 확보하고 있어 함락하지 못했다. 그때 여포의 군사가 공격해오자, 조조는 여포를 격파하였다.

여름에, 여포의 部將인 薛蘭(설란)과 李封(이봉)은 (山陽郡) 鉅野縣(거야현)에 주둔하고 있었는데, 조조가 이들을 공격하자 여포가 설란을 구원하였지만, 설란이 패배하면서 여포는 도주했고, 마침내 설란 등을 죽였다. 여포가 다시 (山陽郡) 東緡縣(동민현)에서 陳宮(진궁)과 함께 1만여 군사를 거느리고 공격하자, 조조는 그때 적은 병력으로 매복하였다가 기습 공격하여 여포와 진궁을 대파하였다. 여포는 밤을 틈타 도주하였고 조조는 다시 공격하여 定陶縣(정도현)을 점령한 뒤에 군사를 나눠 여러 현을 점령케 하였다.

여포는 동쪽으로 달아나 劉備(유비)에 의존했고 장막도 여포를 따라갔는데, 장막은 그 동생 張超(장초)를 시켜 가솔을 거느리고 雍丘縣(옹구현)[92]을 지키게 하였다.

가을인 8월 조조는 옹구현을 포위하였다. 겨울인 10월 天子(獻帝)는 조조를 兗州牧(연주목)에 임명하였다. 11월 옹구가 함락되면서 장초는 자살했다. 장막의 삼족을 모두 죽여버렸다. 장막은 원술을 찾아가 의지하려 했으나 그 부하에게 피살당했다. 이에 연주 일대가 평정되었고 이어 동쪽으로 陳郡을 차지하였다.

이 해에 長安 일대가 혼란한 틈을 타서 헌제는 장안에서 탈출하

92 陳留郡의 雍丘縣(옹구현), 今 河南省 중부 開封市 관할 杞縣(기현).

였는데, 曹陽(조양)에서 (이각 등 추격 군에) 패전하면서 겨우 黃河를 건너 安邑縣(안읍현)[93]에 도착하였다.

| 原文 |

建安元年春正月, 太祖軍臨武平, 袁術所置陳相袁嗣降.

太祖將迎天子, 諸將或疑, 荀彧,程昱勸之, 乃遣曹洪將兵西迎, 衛將軍董承與袁術將萇奴拒險, 洪不得進.

汝南,潁川黃巾何儀,劉辟,黃邵,何曼等, 衆各數萬, 初應袁術, 又附孫堅.

二月, 太祖進軍討破之, 斬辟,邵等, 儀及其衆皆降. 天子拜太祖建德將軍, 夏六月, 遷鎭東將軍, 封費亭侯.

秋七月, 楊奉,韓暹以天子還洛陽, 奉別屯梁. 太祖遂至洛陽, 衛京都, 暹遁走. 天子假太祖節鉞, 錄尙書事. 洛陽殘破, 董昭等勸太祖都許.

九月, 車駕出轘轅而東, 以太祖爲大將軍, 封武平侯. 自天子西遷, 朝廷日亂, 至是宗廟社稷制度始立.

93 河東郡의 현명. 今 山西省 서남부 運城市 관할 夏縣.

| 국역 |

(獻帝) 建安 원년(서기 196)[94] 봄 정월, 조조의 군사는 (陳國) 武平縣(무평현)에 진출하였는데 袁術(원술)이 임명한 陳國의 相인 袁嗣(원사)가 투항하였다.

조조는 天子를(獻帝) 영입하려고 하였는데 많은 장수들이 의심을 품었지만 순욱과 정욱은 적극 권장하였다. 조조는 (從弟) 曹洪(조홍)[95]을 보내 군사를 거느리고 서쪽으로 가서 영접케 하였으나, 衛將軍 董承(동승)[96]과 원술의 부장인 萇奴(장노)가 험지를 막고 있어 조홍은 더 나아가질 못했다.

汝南郡[97]과 潁川郡(영천군) 일대의 黃巾賊 잔당인 何儀(하의), 劉辟(유벽), 黃邵(황소), 何曼(하만) 등은 각각 무리 수만 명을 거느리고 처음에는 袁術을 따르다가 나중에는 孫堅(손견)에 의부했었다.

2월에 조조가 진격하여 이들을 토벌하면서 유벽과 황소 등을 죽

---

94 建安 원년(서기 196) 봄 정월 癸酉日, 황제는 (河東郡) 安邑縣에서 上帝에게 郊祀를 올리고 온 나라의 죄수를 사면하고 建安(건안)으로 개원하였다. 가을 7월 甲子日, 어가가 洛陽에 도착하여 옛 中常侍인 趙忠(조충)의 저택에 머물렀다.

95 曹洪(조홍, ?-232년, 字 子廉) - 조조의 사촌이나 젊은 시절에 曹丕(조비)에게 돈을 빌려주지 않아 私怨으로 조비(文帝) 즉위 후에 하옥되었다. 卞太后(변태후)의 구원으로 면죄되었으나 출옥 후 서민으로 강등되었다. 조비가 죽고 明帝(曹叡)가 즉위한 뒤에 작위가 복구되었다. 대의를 따르고 조조를 지키는 등 충직했지만 금전에는 아주 인색했었다. 《魏書》 9권, 〈諸夏侯曹傳〉에 입전.

96 董承(동승)은 원래 董卓(동탁)의 사위인 牛輔(우보)의 部將. 靈帝의 생모 董太后의 조카, 獻帝 董貴人의 父親. 뒷날 曹操가 獻帝를 許昌에 데려다 놓고 정권을 장악했을 때 동승은 헌제 편에 선다. 동승은 조조를 제거하라는 헌제의 밀조를 받았으나 발각되어 建安 5년(서기 200)에 처형되었고 그 삼족도 모두 죽었다.

97 豫州 관할 汝南郡(여남군)의 治所는 平輿縣, 今 河南省 남부 駐馬店市 관할 平輿縣.

이자 하의 등 잔당은 모두 투항하였다. 헌제는 조조를 建德將軍에 임명하였고, 여름 6월에는 鎭東將軍으로 승진시켜 費亭侯(비정후)에 봉했다.

가을인 7월, 楊奉(양봉)과 韓暹(한섬)[98] 등이 천자를 모시고 洛陽으로 還都(환도)하였다. 양봉은 梁國(양국)에 주둔하였다. 조조가 마침내 洛陽에 들어가 도성을 호위하자 한섬 등은 도주하였다. 헌제는 조조에게 符節(부절)과 斧鉞(부월)을 하사하였고 尙書 업무를 총괄케 하였다.[99] 洛陽이 황폐하였기에 董昭(동소)[100] 등은 조조에게 (潁川郡) 許縣(허현)으로 천도할 것을 권유하였다.[101]

9월에, 황제의 어가가 轘轅關(헌원관)을 출발하여 동쪽으로 이동하자 조조는 大將軍이 되었고 武平侯(무평후)에 봉해졌다. 헌제가 장안으로 천도한 이후 조정의 정사는 날로 문란해졌는데 (許都에 도읍한 이후) 종묘사직의 여러 제도가 갖추어졌다.

98 楊奉(양봉)과 韓暹(한섬)은 長安에서 부터 이각, 곽사와 싸우면서 천자(獻帝)를 호위하였다. 그 공로로 한섬은 大將軍, 양봉은 車騎將軍이 되었다.

99 符節과 斧鉞(부월)을 하사한 것은 천자를 대신하여 軍權을 행사하라는 뜻이고, 錄尙書事는 조정의 인사권을 장악했다는 뜻이다. 또 조조는 스스로 사예교위가 되어 낙양 주변의 치안과 행정권도 장악하였다.

100 董昭(동소, 156－236년, 字 公仁)－濟陰郡 定陶縣人. 袁紹, 張楊, 曹操, 曹丕, 曹叡(조예)를 섬겼다. 《魏書》 14권, 〈程郭董劉蔣劉傳〉에 입전.

101 曹操는 '奉天子하며 諸侯를 호령' 하였다. 許는 潁川郡(영천군)의 현명이다. 曹丕는 '漢은 許에서 亡했으나, 魏는 許에서 昌盛한다(漢因許而亡, 魏因許而昌) 하여 許都를 許昌(허창)으로 개칭하였고 지금까지 사용되고 있다. 今 河南省 중앙부 許昌市.

| 原文 |

天子之東也, 奉自梁欲要之, 不及. 冬十月, 公征奉, 奉南奔袁術, 遂攻其梁屯, 拔之. 於是以袁紹爲太尉, 紹恥班在公下, 不肯受. 公乃固辭, 以大將軍讓紹. 天子拜公司空, 行車騎將軍. 是歲用棗祗,韓浩等議, 始興屯田.

| 국역 |

天子(獻帝)가 허도로 옮겨갈 때, 楊奉(양봉)은 주둔지 梁國[102]에서 헌제 일행을 탈취하려고 했지만 실행하지 못했다.

겨울 10월에, 조조(曹操, 武平侯, 大將軍)가 양봉을 정벌하자, 양봉은 남쪽으로 원술에게 달아났고, (曹操는) 梁國의 군영을 점거하였다. 이때 조정에서는 袁紹(원소)를 太尉에 임명하였는데, 원소는 班次(반차)가 曹操보다 아래인 것을 치욕이라 생각하여 받지 않았다. 이에 조조는 굳이 사양하면서 대장군 직위를 원소에게 양보하였다. 헌제는 조조를 司空(사공)[103]에 임명하면서 車騎將軍을 겸임케 하였다.

102 後漢 시대 梁國의 치소는 治所 睢陽縣(수양현), 今 河南省 동부 商丘市 睢陽區.

103 전한의 승상을 大司徒(대사도)로 개칭하여 大司馬(군사), 大司空(御史大夫, 監察, 丞相 부재 시에 승상의 직무 수행, 副丞相)과 함께 三公이라 칭했다. 後漢에서는 光武帝 때 大司徒 大司空의 大를 생략하였고, 大司馬를 太尉로 개칭하여 司徒, 司空, 太尉를 三公이라 하였다. 大將軍의 지위는 정치적 필요에 따라, 또 누가 차지하느냐에 따라 三公보다 위에 둘 때도 있었다. 그리하여 후한에서는 大將軍府, 太尉府, 司徒府, 司空府를 四府라 칭했다. 원소가 太尉를 받으려 하지 않자, 조조의 관직을 司空으로 낮춰 원소를 대우하려 한 것이나, 명칭의 高下가 아니라 조정의 실권을 조조가 장악하였으니, 원소가 大將軍인들 무슨 권한이 있겠는가? 원소가 어리석었다는 뜻이다.

이 해에 棗祗(조지)와 韓浩(한호) 등의 건의를 받아들여 처음으로 屯田制(둔전제)[104]를 시행하였다.

| 原文 |

呂布襲劉備, 取下邳. 備來奔. 程昱說公曰, "觀劉備有雄才而甚得衆心, 終不爲人下, 不如早圖之." 公曰, "方今收英雄時也, 殺一人而失天下之心, 不可."

張濟自關中走南陽. 濟死, 從子繡領其衆.

二年春正月, 公到宛. 張繡降, 旣而悔之, 復反. 公與戰, 軍敗, 爲流矢所中, 長子昂,弟子安民遇害. 公乃引兵還舞陰, 繡將騎來鈔, 公擊破之. 繡奔穰, 與劉表合.

公謂諸將曰, "吾降張繡等, 失不便取其質, 以至於此. 吾知

104 군량 자급을 위해 짓는 농사를 屯田이라 하였다. 전한 武帝 때 서역과의 교통을 위해 屯田校尉를 설치했었다. 후한에서는 서역도호의 속관으로 둔전을 관장하는 戊己校尉(무기교위)가 있었다. 둔전제는 兵農一致의 군사제도로 유사시 군량 수송의 불편을 해결하려는 취지로 군 부대 주둔지에서만 실행되었다. 후한 말 조조가 채택한 둔전제는 황건적 진압과정에서 노획한 農牛와 농기구를 유민에게 대여하여 許都 부근에서 농사를 짓게 하였는데, 이를 건의한 사람이 棗祗(조지, 屯田都尉, 陳留太守 역임)와 韓浩(한호)였다. 한호는 《삼국연의》에서 長沙太守 韓玄의 동생으로 등장하여 黃忠과 교전하다가 끝에 피살된다. 曹魏의 둔전제는 둔전을 民屯과 軍屯으로 대별할 수 있고, 전국 州郡에 이를 담당하는 田官(典農中郞將)을 설치하였다. 이는 이전의 군 부대 중심의 둔전과 달랐다. 曹魏의 둔전제는 국가 재정 확보와 軍卒 보충에 기여하여 曹魏의 안정적 발전을 가져왔다. 전농중랑장은 둔전지역의 민정과 생산 감독, 조세 징수 등을 담당하였고 질록은 二千石 태수와 같았다. 曹魏 멸망 직전(서기 264년)에 둔전 지역을 郡으로 승격시켰다.

所以敗. 諸卿觀之, 自今已後不復敗矣."

遂還許.

| 국역 |

呂布(여포)는 (徐州牧인) 劉備(유비)를 습격하여 下邳(하비)[105]를 탈취하였다. 유비는 도망쳐 조조를 찾아왔다. 정욱이 조조에게 말했다.

"유비를 살펴보면 雄才가 있고 민심을 잘 얻기에 결코 남의 밑에 있을 사람이 아니오니, 일찌감치 없애버리는 것이 좋을 것입니다."

그러나 조조가 말했다.

"지금은 인재를 모아야 할 때인데, 한 사람을 죽여 천하의 민심을 잃을 수도 있으니 그럴 수 없다."

張濟(장제)[106]는 關中에서 南陽郡[107]으로 도주했었다. 장제가 죽은 뒤 그의 조카 張繡(장수)가 그 무리를 거느렸다.

建安 2년(서기 197) 봄 정월, 조조가 (南陽郡) 宛縣(완현)에 진군하자, 張繡(장수)는 투항했는데 곧 후회하면서 다시 배반하였다. 조조가 장수와 싸웠는데 조조가 패전하면서 流矢(유시)에 맞았고, 조조의 장남인 曹昂(조앙)과 조카인 曹安民(조안민)이 전사했다.[108] 조

105 下邳縣(하비현)은, 今 江蘇省 북단 徐州市 관할의 睢寧縣(수녕현) 古邳鎭.

106 李傕(이각), 郭汜(곽사), 樊稠(번조), 張濟(장제) 등이 모두 동탁의 부장이었다. 이각 일당은 내분으로 약해진 뒤에 조조에게 패망했다.

107 형주목 관할의 南陽郡, 남양군의 治所는 宛縣(완현). 今 河南省 서남부 南陽市. 이곳은 후한 光武帝의 고향이라서 후한 초부터 특별히 관리한 大郡이었다.

108 조조가 타고 있던 말이 화살에 맞아 쓰러지자, 曹昂(조앙, 字 子脩)은 자신의

조는 군사를 이끌고 (南陽郡) 舞陰縣(무음현)에 주둔하였는데, 張繡(장수)가 기병을 거느리고 다시 노략질하자 조조가 격파하였다. 이에 장수는 (南陽郡) 穰縣(양현)으로 도주하여 (荊州牧인) 劉表(유표)와 합세하였다. 이에 조조가 여러 장수에게 말했다.

"내가 張繡(장수)의 투항을 받으면서 그 인질을 잡아두지 않았기에 이런 상황에 이르렀다. 나는 실패 원인을 알았다. 여러분이 다 보았지만, 이후로 나는 다시 이런 실패를 하지 않을 것이다."

그리고는 許都로 돌아왔다.

| 原文 |

袁術欲稱帝於淮南, 使人告呂布. 布收其使, 上其書. 術怒, 攻布, 爲布所破. 秋九月, 術侵陳, 公東征之. 術聞公自來, 棄軍走, 留其將橋蕤,李豐,梁綱,樂就. 公到, 擊破蕤等, 皆斬之. 術走渡淮. 公還許.

公之自舞陰還也, 南陽,章陵諸縣復叛爲繡, 公遣曹洪擊之, 不利, 還屯葉, 數爲繡,表所侵. 冬十一月, 公自南征, 至宛. 表將鄧濟據湖陽. 攻拔之, 生擒濟, 湖陽降. 攻舞陰, 下之.

말을 부친에게 주어 조조는 탈출할 수 있었다. 조앙은 劉부인 소생, 20권 〈文武世王公傳〉에 입전.

| 국역 |

袁術(원술)이 淮南(회남)에서 稱帝(칭제)하고, 사자를 보내 이를 呂布(여포)에게 알렸다.[109] 여포는 원술의 사자를 잡아놓고 그 문서를 조정에 올렸다. 이에 원술은 분노하며 여포를 공격했지만 여포에게 격파 당했다.

가을 9월에, 원술이 陳郡(진군)[110]을 공격하자 曹公이 (曹操) 동쪽으로 원술을 원정하였다. 원술은 曹操가 직접 진격한다는 말을 듣고 군사를 버리고 도주하면서 그 부장인 橋蕤(교유), 李豐(이풍), 梁綱(양강), 樂就(악취) 등을 남겨놓았다. 조조가 도착하여 교유 등을 격파한 뒤에 모두 처형했다. 원술은 淮水(회수)를 건너 도주하였고 조조는 許都로 돌아왔다.

조조가 (남양군) 舞陰縣(무음현)에서 회군한 이후 南陽郡 章陵縣(장릉현)[111] 등 여러 현이 다시 배반했는데, 張繡(장수)가 이를 차지하자, 조조는 曹洪(조홍)을 보내 장수를 공격했지만 이기지 못하고, 군사를 물려 (南陽郡) 葉縣(섭현)에 주둔하고 있었는데, 장수와 유

109 建安 2년(서기 197), 河內郡 사람 張炯(장형)이 조작한 符命에 의거 원술은 황제를 참칭했다. 원술은 九江郡 太守를 淮南尹이라 개명하고, 公卿과 百官을 임명했으며 천지신명에게 郊祀(교사)를 올렸다. 사자를 보내 呂布에게 참호(황제)를 통보하면서 아들과 여포 딸의 혼사를 추진했다.

110 (豫州 관할) 陳郡(國)의 治所는 陳縣, 今 河南省 중동부 周口市 관할 淮陽縣. 陳郡과 다른 (兗州 관할) 陳留郡의 治所는 陳留縣, 今 河南省 동부의 開封市. 陳郡은 陳留郡의 남쪽.

111 章陵縣(장릉현) – 今 湖北省 襄陽市(양양시) 관할 棗陽市(조양시)에 해당. 옛 舂陵孝侯 劉仁(유인, 光武帝의 큰 할아버지)이 이주해온 白水鄕을 舂陵縣(용릉현)이라 했었다. 광무제는 祖父와 父親의 묘를 昌陵이라 했다가 다시 章陵으로 개명하면서 용릉현을 장릉현으로 개명했다.

표의 공격을 자주 받았다.

겨울 11월에, 조조가 직접 남쪽을 정벌하며 (南陽郡) 宛縣(완현)에 이르렀다. 劉表의 부장인 鄧濟(등제)가 湖陽縣(호양현)에서 저항하자 공격하여 등제를 생포하였고 호양현은 투항하였다. 이어 무음현을 공격하여 점령하였다.

| 原文 |

三年春正月, 公還許, 初置軍師祭酒. 三月, 公圍張繡於穰. 夏五月, 劉表遣兵救繡, 以絶軍後. 公將引還, 繡兵來, 公軍不得進, 連營稍前.

公與荀彧書曰, 「賊來追吾, 雖日行數里, 吾策之, 到安衆, 破繡必矣.」

到安衆, 繡與表兵合守險, 公軍前後受敵. 公乃夜鑿險爲地道, 悉過輜重, 設奇兵. 會明, 賊謂公爲遁也, 悉軍來追. 乃縱奇兵步騎夾攻, 大破之.

秋七月, 公還許. 荀彧問公. "前以策賊必破, 何也?" 公曰, "虜遏吾歸師, 而與吾死地戰, 吾是以知勝矣."

| 국역 |

(獻帝 建安) 3년(서기 198) 春 正月, 曹公은 (曹操) 許都로 돌아왔고 처음으로 軍師祭酒(군사제주)[112]를 신설했다.

3월에, 조조는 張繡(장수)를 (南陽郡) 穰縣(양현)[113]에서 포위했다. 여름 5월, (荊州牧인) 劉表(유표)는 군사를 보내 張繡(장수)를 도와 (曹操) 군사의 배후를 절단하였다. 이에 조조는 군사를 되돌리려 했지만, 장수가 공격하여 돌아올 수도 없어서 각 군영을 연결시켜 조금씩 퇴각하였다. 이때 조조가 荀彧(순욱)에게 서신을 보내 말했다.

「賊徒(적도)가 우리를 추격해서 하루에 불과 몇 리 밖에 이동하지 못하지만, 내가 방책을 헤아려보더라도 安衆縣(안중현)에 도착하면 틀림없이 장수를 격파할 것이다.」

조조가 安衆縣에 도착했지만, 장수와 유표의 군사는 서로 협력하며 험지를 수비하고 있어 조조의 군사는 앞뒤로 적과 싸워야 했다. 조조는 밤에 참호 도로를 파서 군사물자를 이동시키고 군사를 매복시켰다. 다음 날 날이 밝자 적도들은 조조가 도망친 것으로 생각하면서 全軍을 동원하여 추격했다. 이에 조조는 매복시켰던 보병과 騎兵으로 협공케 하여 적을 대파하였다.

가을 7월에, 조조는 허도로 귀환했다. 순욱이 조조에게 물었다.

"앞서 말씀에 적을 틀림없이 격파할 수 있다 하셨는데, 무슨 이유였습니까?"

112 본래 祭酒(제주)는 年長者의 뜻. 박사 중 그 총책임자를 博士祭酒라 했고 황제의 시중 중 우두머리를 侍中祭酒(시중제주, 비상설직, 전한에서는 侍中僕射)라 했다. 三公府의 祭酒는 軍謀祭酒라 하였는데, 참모직이며 명예직이었고, 때로는 타인에 대한 존칭으로도 사용되었다. 지방 州牧에도 제주를 두었다. 軍師 역시 장군의 참모라 할 수 있다. 祭酒(좨주)는 고려 國子監과 조선 成均館 관직명의 우리나라식 讀音이다. 중국 관직명을 좨주로 읽어야 할 이유가 없다.

113 (南陽郡) 穰縣(양현)은 今 河南省 서남부 南陽市 관할 鄧州市.

그러자 조조가 말했다.

"적이 나의 퇴군을 막으니 우리는 死地에서 싸우게 되었기에 우리가 이길 것이라 생각하였다."

| 原文 |

呂布復爲袁術使高順攻劉備, 公遣夏侯惇救之, 不利. 備爲順所敗. 九月, 公東征布. 冬十月, 屠彭城, 獲其相侯諧. 進至下邳, 布自將騎逆擊. 大破之, 獲其驍將成廉. 追至城下, 布恐, 欲降. 陳宮等沮其計, 求救於術, 勸布出戰, 戰又敗, 乃還固守, 攻之不下.

時公連戰, 士卒罷, 欲還, 用荀攸,郭嘉計, 遂決泗,沂水以灌城. 月餘, 布將宋憲,魏續等執陳宮, 擧城降, 生禽布,宮, 皆殺之.

太山臧霸,孫觀,吳敦,尹禮,昌豨各聚衆. 布之破劉備也, 霸等悉從布. 布敗, 獲霸等, 公厚納待, 遂割青,徐二州附於海以委焉, 分琅邪,東海,北海爲城陽,利城,昌慮郡.

| 국역 |

呂布(여포)가 다시 袁術(원술)의 편이 되어 高順(고순)[114]을 시켜

114 高順(고순)은 청렴결백하고 위엄이 있으며 말 수가 적고 군사를 잘 거느려 승리가 많았다. 그러나 여포의 성격은 결정을 뒤집으며 행실이 무상하였다. 고

劉備(유비)를 공격케 하자 조조는 夏侯惇(하후돈)을 보내 유비를 구원케 하였지만 이기지 못했다. 유비는 고순에게 패배하였다.

9월에, 조조는 동쪽으로 여포를 공격하였다. 겨울 10월에, 彭城國(팽성국)[115]을 도륙하고, 그 相인 侯諧(후해)를 생포하였다. 조조가 下邳(하비)로 진격하자, 여포는 기병을 거느리고 역습하였다. 조조가 크게 승리하며 기병 장수 成廉(성렴)을 생포하였다. 하비성에 이르자 여포는 투항코자 하였다. 그러나 陳宮(진궁) 등이 투항을 저지시키고 원술에게 도움을 요청하면서 여포에게 출전을 권유했지만, 전투에서 또 패배하자 여포는 하비성을 굳게 지켰기에 조조가 공격했지만 함락시키지 못했다.

그때 조조는 계속되는 싸움에 사졸이 지쳐 돌아가려다가 荀攸(순유)[116]와 郭嘉(곽가)의 계책을 받아들여 泗水(사수)[117]와 沂水(기수)의 강물을 성 안으로 흘려보내게 하였다. 한 달이 넘어가게 되자, 여포의 장수 宋憲(송헌)과 魏續(위속) 등이 陳宮(진궁)을 생포한 뒤 성을 들어 투항하였고 생포한 여포와 진궁을 모두 죽여 버렸다.[118]

太山郡(泰山郡)의 臧霸(장패), 孫觀(손관), 吳敦(오돈), 尹禮(윤례),

순은 여포에게 자주 바른 말을 하였지만, 여포는 고순의 충성을 알면서도 실천하지 못했다. 《後漢書》 75권, 〈劉焉袁術呂布列傳〉 참고.

115 徐州 관할 彭城國(팽성국)의 治所는 彭城縣, 今 江蘇省 북부 徐州市. 前漢의 楚國.

116 荀攸(순유, 157 – 214) – 字 公達(공달). 순욱의 堂姪(당질). 曹操의 謀士. 曹操가 魏王일 때 尙書令 역임.

117 淮水의 지류, 山東省 泗水縣에서 발원하여 泗水縣, 曲阜市 및 兗州市(연주시) 濟寧市(제령시)를 통과한다. 沂水(기수)는 山東省 서남부를 흐르는 泗水의 左岸 지류이다.

118 《三國演義》 第十九回 〈下邳城曹操鏖兵 白門樓呂布殞命〉에서 여포는 조조

昌豨(창희)[119] 등은 각각 무리를 모았었다. 여포가 유비를 격파할 때 장패 등은 모두 여포를 따랐다. 이번에 여포가 패망하면서 장패 등을 생포하였지만 조조는 그들을 후대하였고, 나중에 青州와 徐州의 바닷가 지역에 대한 방어를 그들에게 위탁하였고 琅邪郡(낭야군), 東海郡(동해군), 北海郡을 분할하여 城陽郡(성양군), 利城郡(이성군), 昌慮郡(창려군)을 신설하였다.[120]

| 原文 |

初, 公爲兗州, 以東平畢諶爲別駕. 張邈之叛也, 邈劫諶母弟妻子. 公謝遣之, 曰, "卿老母在彼, 可去." 諶頓首無二心, 公嘉之, 爲之流涕. 旣出, 遂亡歸. 及布破, 諶生得, 衆爲諶懼, 公曰, "夫人孝於其親者, 豈不亦忠於君乎! 吾所求也." 以爲魯相.

| 국역 |

그전에, 曹公(曹操)이 兗州牧(연주목)이 되었을 때(서기 195), 東

에게 목숨을 구걸하였지만, 陳宮은 당당하게 죽었다.

119 昌豨(창희)는 太山(泰山) 일대의 도적 무리, 한때 여포에 소속되었다가 나중에는 유비를 도왔지만 조조에 의해 격파되었다.

120 城陽郡은 治所는 莒縣(거현, 今 山東省 莒縣)에서 東武縣(今 山東省 諸城市)로 옮겼다. 利城郡은 곧 폐군되었는데 治所는 利城縣(今 江蘇省 贛榆縣). 昌慮는 본래 東海郡 서부 지역의 현명이었다. 창려군은 建安 11년(서기 206)에 폐지되었다.

平國[121] 출신 畢諶(필심)을 別駕(별가)[122]에 임용했었다. 張邈(장막)이 반기를 들면서, 장막은 필심의 모친과 아우, 처자를 겁박하였다. 조조가 사임케 하고 보내면서 "卿의 노모가 저쪽에 잡혀있으니 떠나가도 좋다."고 말했다. 그러자 필심은 머리를 조아리며 딴마음이 없다고 하였고, 조조는 필심을 가상히 여기며 눈물을 흘렸다. 그러나 필심은 나중에 장막에게 의부했었다. 여포가 격파될 때 필심도 생포되었다. 여러 사람이 필심의 운명을 걱정하였는데 조조가 말했다.

"부모에게 효도하는 사람이라면 어찌 주군에게 충성하지 않으리오! 내가 살려주겠다!"

그리고는 필심을 魯國의 相[123]으로 임명하였다.

| 原文 |

四年春二月, 公還至昌邑. 張楊將楊醜殺楊, 眭固又殺醜, 以其衆屬袁紹, 屯射犬. 夏四月, 進軍臨河, 使史渙,曹仁渡河擊之. 固使楊故長史薛洪,河內太守繆尙留守, 自將兵北迎紹求救, 與渙,仁相遇犬城. 交戰, 大破之, 斬固. 公遂濟河, 圍射犬. 洪,尙率衆降, 封爲列侯, 還軍敖倉. 以魏種爲河內太守, 屬以河北事.

121 兗州 관할 東平國의 治所는 無鹽縣(무염현), 今 山東省 泰安市 관할 東平縣.
122 정식 명칭은 別駕從事(별가종사), 刺史(牧)의 屬吏. 衆事를(庶務) 담당.
123 제후국의 행정을 책임지는 相은 郡 太守와 동급으로 질록은 이천석이었다.

初, 公擧種孝廉. 兗州叛, 公曰, "唯魏種且不棄孤也." 及聞種走, 公怒曰, "種不南走越,北走胡, 不置汝也!" 旣下射犬, 生禽種, 公曰, "唯其才也!" 釋其縛而用之.

| 국역 |

(建安) 4년(서기 199) 봄 2월, 조조는 (兗州牧 治所인 山陽郡) 昌邑縣(창읍현)[124]에 돌아왔다. (大司馬) 張楊(장양)의 部將인 楊醜(양추)가 (建安 3년에) 장양을 죽였고, (黑山賊인) 眭固(수고)가 양추를 죽이고서 그 무리를 거느리고 袁紹(원소)의 부하가 되어 射犬(사견)[125]이란 곳에 주둔하고 있었다.

여름 4월에, 조조는 진군하여 黃河에 이르렀는데, 史渙(사환)과 曹仁(조인)[126]으로 하여금 황하를 건너 眭固(수고)를 공격케 하였다. 수고는 張楊(장양)의 옛 長史였던 薛洪(설홍)과 河內 太守인 繆尙(목상)을 남겨 방어하게 하면서 자신은 군사를 거느리고 북쪽으로 원소를 찾아가서 구원을 요청하였고, 사환과 조인은 함께 射犬城에서 합세하였다. 이어 眭固(수고)와 교전하여 대파한 다음에 수고를 죽였다. 조조는 황하를 건너 사견성을 포위했다. 설홍과 목상은 무리를 거느리고 투항하여 列侯에 봉해졌고, 조조는 군사를 敖倉(오창)에 주둔시켰다. 그리고 魏種(위종)을 河內太守로 삼아 河水 이북

124 兗州자사부의 치소, 山陽郡 昌邑縣. 今 山東省 濟寧市 관할 金鄕縣.

125 射犬(사견) – 마을 이름. 河內郡 野王縣(今 河南省 북부 焦作市 관할 沁陽市) 射犬聚(사견취).

126 曹仁(조인, 168–223년, 字 子孝)은 曹操의 堂弟, 曹魏 建國 後, 大司馬 역임. 《魏書》 9권, 〈諸夏侯曹傳〉에 입전.

을 다스리게 하였다.

그전에, 조조는 魏種(위종)을 孝廉(효렴)[127]으로 천거했었다. 兗州(연주) 일대가 배반할 때 조조가 말했다. "그래도 魏種(위종)만은 나를 버리지 않을 것이다."

그러나 나중에 위종이 도주했다는 소식을 듣고 조조가 분노하며 말했다.

"위종! 네가 남쪽 越 땅으로 가지 않고 북쪽 흉노 땅으로 도주하였으니 나는 너를 살려둘 수 없도다."

射犬城이 함락되면서 위종을 생포하였는데 조조가 말했다.

"그래도 그 재능이 아깝다!"

그리고 위종의 포박을 풀러주고 등용하였다.

| 原文 |

是時袁紹既並公孫瓚, 兼四州之地, 衆十餘萬, 將進軍攻許. 諸將以爲不可敵, 公曰,

"吾知紹之爲人, 志大而智小, 色厲而膽薄, 忌克而少威, 兵多而分畫不明, 將驕而政令不一, 土地雖廣, 糧食雖豐, 適足以爲吾奉也."

127 孝廉(효렴)도 選擧(인재 선발과 천거) 科目의 하나. 孝子와 廉吏란 뜻. 본래 二科이나 하나처럼 통칭. 전한 武帝 이후 入仕의 正道로 인식되었다. 後漢에서는 인구 20만을 기준으로 효렴 1인을 천거했다. 茂才(무재)도 漢 選擧 과목의 하나, 전한에서는 秀才, 後漢에서는 光武帝(名 劉秀)를 諱하여 茂才로 개칭했다.

秋八月, 公進軍黎陽, 使臧霸等入青州破齊,北海,東安, 留于禁屯河上. 九月, 公還許, 分兵守官渡.

冬十一月, 張繡率衆降, 封列侯. 十二月, 公軍官渡.

| 국역 |

그때, 袁紹(원소)[128]는 公孫瓚(공손찬)의 세력을 합쳐 四州의 영역을 차지하였고 그 군사가 10여 만이나 되었는데 곧 군사를 동원하여 許都(허도)를 공격할 계획이었다. 여러 장수가 원소에 같이 맞설 수 없다고 할 때, 조조가 말했다.

"내가 알기로, 원소는 사람됨이 뜻은 원대하나 지략이 없고, 표정은 엄격하나 담력이 없으며, 꺼리는 것이 많고 위엄은 없으며, 거느린 병력이 많아도 책략에 밝지 못하고, 그 장수는 교만하며 政令도 한결같지 않다. 그 넓은 땅과 풍족한 군량을 내게 준다면 딱 좋을 것이다."

가을인 8월에, 조조는 진격하여 黎陽縣(여양현)[129]에 주둔하였고, 臧霸(장패) 등을 시켜 青州에 들어가 齊國(제국)과 北海郡(북해군), 東安(동안) 등지를 격파하였으며, 于禁(우금)[130]을 남겨 黃河에 주둔케 하였다.

---

128 원소는 전성기에 冀州, 幽州, 幷州, 青州 등을 장악. 한때 가장 강성했으나 서기 200년 官渡之戰에서 曹操(조조)에게 패배 후 울분으로 곧 사망했다.

129 黎陽(여양) - 冀州 관할 魏郡의 縣名. 今 河南省 북부 옛 黃河 북안, 鶴壁市 관할 濬縣(준현). 이곳에서 官渡가 멀지 않다.

130 于禁(우금 ?-221, 字 文則)은 泰山 鉅平(山東省 泰安). 曹魏의 장수. 樊城(번성) 싸움에서 關羽(관우)의 水攻에 투항하여, 쓰디쓴 굴욕을 맛보았다. 《魏書》 17권, 〈張樂于張徐傳〉에 입전.

9월에, 조조는 일단 許都로 돌아왔고 군사를 나눠 官渡(관도)[131]를수비케 하였다.

겨울 11월에, 張繡(장수)가 무리를 거느리고 투항하여 열후에 봉해졌다.

12월에, 조조는 官渡(관도)에 주둔하였다.

| 原文 |

袁術自敗於陳, 稍困, 袁譚自青州遣迎之. 術欲從下邳北過, 公遣劉備,朱靈要之. 會術病死.

程昱,郭嘉聞公遣備, 言於公曰, "劉備不可縱." 公悔, 追之不及. 備之未東也, 陰與董承等謀反, 至下邳, 遂殺徐州刺史車胄, 擧兵屯沛. 遣劉岱,王忠擊之, 不克.

廬江太守劉勳率衆降, 封爲列侯.

| 국역 |

袁術(원술)은 陳郡(진군)에서 패전한 이후 점점 곤궁하였고 (원소의 아들) 袁譚(원담)은 靑州에서 군사를 보내 원술을 영접코자 하였다. 원술은 下邳(하비)의 북쪽을 지나가려 했으나, 조조가 劉備(유비)와 朱靈(주령)을 보내 중간에서 원술을 공격케 하였다. 그 즈음

131 官度(官渡) – 당시 魏郡 黎陽縣(여양현)의 지명. 今 河南省 중부 鄭州市 관할 仲牟縣(중모현). 황하 작은 지류의 나루터. 조조와 원소의 河北 패권을 결정지은 전투가 있었던 곳.

에 원술은 病死하였다.

程昱(정욱)과 郭嘉(곽가)[132]는 조조가 유비를 보냈다는 말을 듣고 조조에게 "劉備를 놓아줄 수 없습니다."라고 말했다. 조조는 후회했지만 따라잡을 수가 없었다.

유비는 동쪽으로 떠나가기 전에 몰래 (獻帝 董貴人의 父) 董承(동승) 등과 謀反을 계획했고, 下邳(하비)에 이르러서는 徐州刺史인 車冑(차주)를 살해한 뒤에 군사를 거느리고 沛國(패국)에 주둔하였다. 조조는 劉岱(유대)와 王忠(왕충) 등을 시켜 유비를 공격케 했지만 이기지 못했다.

廬江(여강) 太守인 劉勳(유훈)이 무리를 거느리고 투항하였고, 列侯에 봉해졌다.

| 原文 |

五年春正月, 董承等謀泄, 皆伏誅. 公將自東征備, 諸將皆曰, "與公爭天下者, 袁紹也. 今紹方來而棄之東, 紹乘人後, 若何?" 公曰, "夫劉備, 人傑也, 今不擊, 必爲後患. 袁紹雖有大志, 而見事遲, 必不動也." 郭嘉亦勸公, 遂東擊備, 破之, 生禽其將夏侯博. 備走奔紹, 獲其妻子. 備將關羽屯下邳, 復進攻之, 羽降. 昌豨叛爲備, 又攻破之. 公還官渡, 紹卒不出.

132 郭嘉(곽가, 170-207年, 字 奉孝) - 潁川郡 陽翟縣(今 河南省 禹州市) 출신, 본래는 袁紹(원소)의 휘하에 있었다. 몸이 허약했던 조조의 참모, 司空軍祭酒(요즈음으로 말하면 軍의 法務參謀). 《魏書》〈程郭董劉蔣劉傳〉에 立傳.

| 국역 |

(獻帝, 建安) 5년(서기 200) 봄 正月, 董承(동승)[133] 등의 음모가 누설되어 모두 처형되었다. 조조가 직접 동쪽으로 유비를 원정하려 할 때 여러 장수들이 말했다.

"지금 公과 천하를 다툴 자는 袁紹(원소)입니다. 지금 원소가 가까이 접근했는데 원소를 놔두고 동쪽을 원정하면 원소가 우리의 뒤를 기습하면 어찌 하시겠습니까?"

이에 조조가 말했다.

"劉備란 자는 人傑(인걸)이니 이번에 치지 않으면 뒷날 필히 後患(후환)이 될 것이다. 원소가 大志를 품었다지만, 결단이 느려 틀림없이 움직이지 않을 것이다."

郭嘉(곽가) 역시 조조에게 동쪽으로 유비 토벌을 권했는데, (조조는) 유비를 격파하고 유비의 부장 夏侯博(하후박)을 생포하였다. 유비는 원소에게 도주했고, (조조는) 유비의 처자를 사로잡았다. 유비의 장수 關羽(관우)[134]는 下邳(하비)에 주둔했었는데, (조조가) 다

133 《三國演義》 중 董承(동승)은 獻帝에게 충성을 다하는 大臣으로 묘사되었다. 헌제가 장안을 떠나 낙양으로 올 때 董承과 楊奉은 竭力 死戰을 벌려 헌제를 옹위한다. 조조가 국정을 농단할 때 헌제는 동승에게 혈서 密詔(밀조)를 보내 조조를 주살하고 漢室을 부흥하라고 당부한다. 이에 동승은 馬騰(마등), 유비(사실 아무 일도 하지 않았음) 등과 조조 모살을 계획하고, 나중에 太醫 吉平(길평)도 가담한다. 그러나 동승의 家奴가 이런 사실을 조조에게 알려 一家는 모두 주살된다.

134 關羽(162-219년, 字 雲長)는 河東郡 解縣(今 山西省 運城市). 建安 四年(199年), 漢壽亭侯(한수정후, 漢의 壽亭侯가 아님)에 봉해졌다. 관우는 忠義와 勇武의 形象으로 중국인에게 關公, 關老爺로 추앙받으며 武聖으로 文聖孔子와 나란한 명성을 누리고 있으며, 關聖帝, 關帝君, 關帝 등으로 불린다. 道教에서는 協天大帝, 伏魔大帝, 불교에서는 護法神將으로 '伽藍菩薩'로 불린

시 공격하자 관우는 투항하였다. 昌豨(창희)가 반역하여 유비를 도왔지만, 조조가 재 공격하여 격파하였다. 조조는 官渡로 돌아왔고, 원소는 끝내 군사를 움직이지 않았다.

| 原文 |

二月, 紹遣郭圖,淳于瓊,顏良攻東郡太守劉延於白馬, 紹引兵至黎陽, 將渡河. 夏四月, 公北救延. 荀攸說公曰, "今兵少不敵, 分其勢乃可. 公到延津, 若將渡兵向其後者, 紹必西應之, 然後輕兵襲白馬, 掩其不備, 顏良可禽也." 公從之.

紹聞兵渡, 卽分兵西應之. 公乃引軍兼行趣白馬, 未至十餘里, 良大驚, 來逆戰. 使張遼,關羽前登, 擊破, 斬良. 遂解白馬圍, 徙其民, 循河而西. 紹於是渡河追公軍, 至延津南. 公勒兵駐營南阪下, 使登壘望之, 曰, "可五六百騎." 有頃, 復白, "騎稍多, 步兵不可勝數." 公曰, "勿復白." 乃令騎解鞍放馬. 是時, 白馬輜重就道. 諸將以爲敵騎多, 不如還保營. 荀攸曰, "此所以餌敵, 如何去之!"

紹騎將文醜與劉備將五六千騎前後至. 諸將復白, "可上馬." 公曰, "未也." 有頃, 騎至稍多, 或分趣輜重. 公曰, "可

다. 민간신앙에서 관우 숭배는《三國演義》의 영향이라고 볼 수 있다.《三國演義》에서 關羽, 張飛, 馬超, 黃忠, 趙雲은 五虎上將이라 했다. 關羽는《蜀書》6권, 〈關張馬黃趙傳〉에 立傳.

矣." 乃皆上馬. 時騎不滿六百, 遂縱兵擊, 大破之, 斬醜. 良, 醜皆紹名將也, 再戰, 悉禽, 紹軍大震. 公還軍官渡. 紹進保陽武. 關羽亡歸劉備.

| 국역 |

2월에, 袁紹(원소)는 郭圖(곽도), 淳于瓊(순우경), 顔良(안량) 등을 보내 東郡 태수 劉延(유연)을 (東郡) 白馬縣[135]에서 공격케 하였고, 원소는 대군을 인솔하여 (魏郡) 黎陽縣(여양현)으로 와서 황하를 건너려 하였다.

여름 4월, 조조는 북쪽으로 劉延(유연)을 구원하였다. 이때 荀攸(순유)가 조조에게 말했다.

"지금 병력이 적어 적을 상대할 수 없으니 적의 세력을 분산시켜야 합니다. 公께서 延津(연진)에 도착하시어 군사를 도강케 하여 그 배후를 공격하는 척한다면 원소는 틀림없이 군사를 분산하여 서쪽으로 대응할 것이니, 그런 뒤에 경무장한 병력으로 (東郡) 白馬縣의 원소 군영에 예상치 못한 공격을 감행하면 적장 顔良(안량)을 사로잡을 수 있습니다."

조조는 순유의 건의를 따랐다. 원소는 조조의 군사가 도강하려 한다는 것을 알고 즉각 군사를 나눠 서쪽에서 대응하였다. 이에 조조는 군사를 인솔하고, 속도를 2배로 빨리 행군하여 白馬縣의 적진으로 진군하였는데, 군영 10여 리 전에 안량은 크게 놀라 나와 맞아 싸웠다. 조조는 張遼(장료), 關羽(관우)를 앞세워 공격케 하여 적을

135 白馬는 兗州 東郡의 현명. 今 河南省 동북 安陽市 관할 滑縣(활현).

격파하고 안량을 죽였다. 조조는 白馬縣의 포위를 해제하고 그 백성을 河水를 따라 서쪽으로 이동시켰다.

원소는 이에 河水를 건너 조조의 군사를 추격하여 延津(연진)의 남쪽까지 내려왔다. 조조는 군사를 독려하며 남쪽의 산기슭에 군영을 설치하였고 망루를 세워 적진을 관찰케 하였다. 초병이 보고했다. "기병이 5, 6백 명은 될 것 같습니다." 잠시 후 다시 "기병이 점점 많아지고 보병은 이루 다 셀 수도 없습니다."라고 보고하였다.

조조는 더 보고하지 말라고 지시한 뒤에 기병에게 말안장을 풀고 말을 쉬게 시켰다. 그러면서 白馬 군영에서 운반해온 輜重(치중) 물자를 길을 따라 이동시켰다. 여러 장수들은 적의 기병이 많으니 빨리 군영으로 되돌려 보내는 것이 좋겠다고 말했다.

이에 荀攸(순유)가 말했다.

"이는 적을 유인하는 미끼이거늘 왜 치워야 하겠는가!"

원소 기병 장수인 文醜(문추)와 劉備의 기병 5, 6천 명이 연이어 가까이 닥쳤다. 여러 장수들이 말했다. "말에 올라야 합니다." 그러나 조조는 "아직 아니다."라고 말했다.

잠시 후, 적의 기병이 점차 많아지면서 치중물자를 탈취하기 시작했다. 조조가 말했다. "이제 됐다." 이에 모두 말에 올라탔다. 그때 기병은 6백 명도 되지 않았지만 적을 공격하여 대파하면서 文醜(문추)를 죽였다.

안량과 문추는 모두 원소 진영의 명장이었지만 두 번 싸움에 모두 잡혀죽자 원소의 군사들은 두려워 떨었다. 조조는 군사를 官渡로 회군케 하였다. 원소는 (河南) 陽武縣(양무현)에 주둔했다. 관우는 유비에게 돌아갔다.

| 原文 |

八月, 紹連營稍前, 依沙塠爲屯, 東西數十里. 公亦分營與相當, 合戰不利. 時公兵不滿萬, 傷者十二三. 紹復進臨官渡, 起土山地道. 公亦於內作之, 以相應. 紹射營中, 矢如雨下, 行者皆蒙楯, 衆大懼. 時公糧少, 與荀彧書, 議欲還許.

彧以爲"紹悉衆聚官渡, 欲與公決勝敗. 公以至弱當至强, 若不能制, 必爲所乘, 是天下之大機也. 且紹, 布衣之雄耳, 能聚人而不能用. 夫以公之神武明哲而輔以大順, 何向而不濟!"

公從之. 孫策聞公與紹相持, 乃謀襲許, 未發, 爲刺客所殺.

汝南降賊劉辟等叛應紹, 略許下. 紹使劉備助辟, 公使曹仁擊破之. 備走, 遂破辟屯.

| 국역 |

8月, 袁紹(원소)는 陣營을 연계하여 조금씩 전진했고, 동서 수십 리에 걸쳐 砂丘(사구, 沙塠는 砂堆. 塠는 떨어질 퇴)에 의지하여 군진을 쳤다. 曹公(曹操) 또한 적과 상응하여 군영을 설치하고 전투를 벌였지만 이기지 못했다.

그때 조조의 군사는 1만 명이 안 되었고 10에 2, 3명이 부상자였다. 원소는 다시 군사를 이끌고 官渡 가까이에 진영을 설치하고 土

山을 쌓아올리며 地道를 파서 왕래하였다. 曹公 진영에서도 비슷하게 준비하며 서로 상응하였다. 원소가 曹公 진영에 화살을 비 오듯 쏘았기에 모두가 방패를 이고 다녔으며 군사들은 겁을 먹었다. 그때 조조의 진영에서는 군량도 부족하여 荀彧(순욱)에게 군량을 논의하는 서신을 보내고서 許都로 돌아가고자 했다.

그러나 순욱이 서신을 보내 말했다.

"원소는 전체 군사를 官渡에 집결시켜 公과 승패를 결판내려고 합니다. 公께서는 아주 약간 군사로 강한 군사를 상대하고 있으니 만약 적을 제압할 수 없다면 틀림없이 적에게 제압당할 것이니 지금이야말로 천하 쟁탈의 중대한 기회입니다. 게다가 원소는 그저 평범한 무리의 우두머리이며, 군사를 모았지만 제대로 활용하지 못하고 있습니다. 公의 神武와 明哲한 지혜에 천자의 이름으로 역도를 토벌 중이니 토벌할 수 없는 자가 어디 있겠습니까!"

조조는 순욱의 방책을 따랐다.

孫策(손책)[136]은 조조와 원소가 대치하는 것을 알고 許都를 습격하려 했지만 실행하기 전에 자객에게 살해되었다.

汝南郡에서 투항했던 도적 무리인 劉辟(유벽) 등이 조조를 배반하고 원소에 호응하며 許都 부근을 노략질하였다. 이에 원소는 劉

---

136 孫策은 200년 4월 사냥을 나갔다가 許貢(허공)의 자객의 기습을 받아 중상을 입었고, 곧 죽으니 26세였다. 許貢(허공, ?-197년?)은 후한 말 吳郡의 都尉와 태수를 역임. 손책에 의해 오군 태수직에서 쫓겨난 허공은 조정에 '손책을 중앙에 불러 통제해야 한다.' 고 상서하였다. 중앙에서 손책을 소환하자, 손책은 응하지 않으면서 상서를 한 허공을 찾아내 죽였다. 《三國演義》에서는 손책이 霸王(패왕) 項羽(항우)만큼 용감하다 하여 '小霸王' 이라고 칭송하였다. 孫權은 稱帝한 뒤에 손책을 長沙桓王(장사환왕)으로 추존하였다.

備를 시켜 유벽을 돕게 하였는데, 조조는 曹仁을 시켜 격파했다. 이에 유비는 도주했고, (조인은) 유벽의 근거지를 격파하였다.

| 原文 |

袁紹運穀車數千乘至, 公用荀攸計, 遣徐晃,史渙邀擊, 大破之, 盡燒其車. 公與紹相拒連月, 雖比戰斬將, 然衆少糧盡, 士卒疲乏. 公謂運者曰, "卻十五日爲汝破紹, 不復勞汝矣."

冬十月, 紹遣車運穀, 使淳于瓊等五人將兵萬餘人送之, 宿紹營北四十里. 紹謀臣許攸貪財, 紹不能足, 來奔, 因說公擊瓊等. 左右疑之, 荀攸,賈詡勸公. 公乃留曹洪守, 自將步騎五千人夜往, 會明至. 瓊等望見公兵少, 出陳門外. 公急擊之, 瓊退保營, 遂攻之. 紹遣騎救瓊. 左右或言 "賊騎稍近, 請分兵拒之." 公怒曰, "賊在背後, 乃白!" 士卒皆殊死戰, 大破瓊等, 皆斬之.

紹初聞公之擊瓊, 謂長子譚曰, "就彼攻瓊等, 吾攻拔其營, 彼固無所歸矣!" 乃使張郃,高覽攻曹洪. 郃等聞瓊破, 遂來降. 紹衆大潰, 紹及譚棄軍走, 渡河. 追之不及, 盡收其輜重圖書珍寶, 虜其衆.

公收紹書中, 得許下及軍中人書, 皆焚之. 冀州諸郡多擧城邑降者.

初, 桓帝時有黃星見於楚,宋之分, 遼東殷馗, 善天文, 言後五十歲當有眞人起於梁,沛之間, 其鋒不可當. 至是凡五十年, 而公破紹, 天下莫敵矣.

| 국역 |

袁紹의 군량을 운반하는 수천 량의 수레가 도착했는데, 조조는 荀攸(순유)의 방책에 따라 徐晃(서황)[137]과 史渙(사환)[138] 등을 보내 邀擊(요격)하여 대파하며 그 수레를 모두 불태워버렸다. 曹公과 원소가 몇 달간 대치하는 동안 계속된 전투에서 장수를 죽였지만 군사도 적고 군량도 다하면서 사졸이 모두 지칠 대로 지쳤었다. 이에 조조가 군량 운반 사졸들에게 말했다.

"내가 틀림없이 보름 안에 원소를 격파하여, 다시는 너희들을 힘들게 하지 않겠다."

겨울인 10월, 원소는 淳于瓊(순우경) 등 장수 5명에게 군사 1만 명을 주어 군량 운반 수레를 호송케 하였는데, 원소의 군영 40리 되는 곳에 숙영하였다.

원소의 謀士(모사) 許攸(허유)[139]는 평소 재물을 탐했는데 원소가

137 徐晃(서황, ?-227, 字 公明) - 曹魏의 유명 장수, 五子良將(張遼, 樂進, 于禁, 張郃, 徐晃)의 한 사람. 군기가 엄정하여 조조가 (前漢) 周亞夫(주아부)의 풍모가 있다고 칭찬했다.《魏書》17권, 〈張樂于張徐傳〉에 立傳.

138 史渙(사환, ?-209년, 字 公劉)은 豫州 沛國人, 曹操 휘하의 武將.《三國志》와《後漢書》에 입전되지 않았으나,《三國志》裴松之의 注에 기록이 있다.

139 원소는 이에 10만 정병과 1만 기병을 조련하여 허도를 공격할 계획을 세우고 審配(심배)와 逢紀(봉기)에게 軍務를 총괄케 하고 田豐(전풍), 荀諶(순심) 및 南陽郡 사람 許攸(허유)를 策士로 삼았으며 顔良(안량)과 文醜(문추)를 장수로

그 욕망을 채워주지 못하자, 조조에게 투항하며 순우경을 공격하라고 권유하였다. 조조의 측근은 허유의 말을 의심했지만, 荀攸(순유)와 賈詡(가후)[140]도 조조에게 공격을 권했다. 조조는 (사촌 동생인) 曹洪(조홍)을 남겨 지키게 한 뒤, 직접 5천 보병과 기병을 거느리고 밤에 이동하여 날이 밝을 무렵에 도착했다. 순우경은 조조의 군사가 적은 것을 보고 군영 밖에 진을 쳤다. 조조가 맹렬하게 공격하자 순우경은 군영 안으로 퇴각한 뒤에 반격하였다.

원소는 기병을 보내 순우경을 구원케 하였다. 조조의 측근이 모두 말했다. "적의 기병이 가까이 왔으니 군사를 나눠 저항해야 합니다."

그러자 조조가 화를 내며 말했다.

"적이 내 등 뒤에 오거든 다시 말해라!"

조조의 군사는 모두 죽기를 작정하고 공격하여 순우경을 대파하였다. 원소는 조조가 순우경을 공격하고 있다는 소식을 듣고 장자 袁譚(원담)에게 말했다.

삼았었다. 許攸(허유, ? - 204년, 字 子遠) - 허유가 조조를 찾아오자, 조조는 맨발로 달려 나와 맞이했다. 허유가 조조에게 군량이 얼마나 있느냐고 묻자, 조조는 1년 치가 있다고 대답했다. 다시 묻자, 반년 치, 한 달 치라고 대답하는 장면이 《삼국연의》에 나온다. 허유는 烏巢(오소, 烏巢澤. 地名, 今 河南省 북부 新鄕市 관할 原陽縣 동북)의 군량을 소각하라고 권유한다. 허유는 조조에게 원소 격파와 귀주성 함락에 공을 세웠지만 그 공을 믿고 조조를 무시하다가 잡혀 처형되었다.

140 賈詡(가후, 147 - 223)는 본래 동탁의 부하 이각의 참모, 이각은 郭汜(곽사), 張濟(장제) 등과 합작, 長安에 진출하여 獻帝를 협박하여 4년간 정치를 독단했다. 이각 일당은 내분으로 약해진 뒤에 조조에게 패망했다. 뒷날 가후는 張良, 陳平(진평)만한 재능을 발휘하며 曹操 제일의 참모로 활약했다.

"조조가 순우경을 공격하고 있으니 내가 조조의 본영을 점령하면 조조는 돌아갈 곳이 없을 것이다!"

그러면서 원소는 張郃(장합)과 高覽(고람) 등을 보내 曹洪(조홍)을 공격케 하였다. 그러나 장합 등은 순우경이 격파되었다는 소식을 듣고 결국 투항하였다. 원소의 군사는 완전히 무너졌고 원소와 원담은 군사를 버리고 황하를 건너 도주하였다.[141]

조조는 원소를 추격하지는 않았지만 군수물자와 많은 圖書와 보물을 노획했고, 패군을 포로로 잡았다. 조조가 습득한 문서에는 許都(허도)의 관리와 軍吏들이 보낸 서신이 있었지만 조조는 그것을 모두 불태웠다. 이에 冀州 내 여러 郡의 많은 城邑이 투항하였다.[142]

그전에 桓帝(환제) 때 黃星이 楚와 宋의 경계에 자주 보였는데, 천문에 밝은 遼東郡(요동군) 사람 殷馗(은규, 馗는 逵의 古字)는 '50년 뒤에 틀림없이 眞人이 梁(양)과 沛(패) 사이에 출현할 것이며 그 예봉을 당할 수 없을 것' 이라고 말했었다. 이때가 그 50년에 해당하였는데, 조조가 원소를 격파하자 천하에 감히 맞설 자가 없었다.

---

141 이것이 적은 군사로 대군을 격파했다는 서기 200년의 유명한 官渡 전투인데, 이 전투로 원소와 조조의 형세는 완전히 역전되었다.

142 원소와 아들 원담은 기병 8백 명과 함께 河水를 건너 북안의 (魏郡) 黎陽縣(여양현)에 가서 부장 蔣義渠(장의거)의 군영에 들어갔다. 원소의 군사들은 원소가 있는 곳을 알아 점점 다시 모여들었다. 남은 군중은 거짓 투항이라고 생각한 조조는 전후에 걸쳐 약 8만 명을 묻어 죽였다.

| 原文 |

六年夏四月, 揚兵河上, 擊紹倉亭軍, 破之. 紹歸, 復收散卒, 攻定諸叛郡縣. 九月, 公還許. 紹之未破也, 使劉備略汝南, 汝南賊共都等應之. 遣蔡揚擊都, 不利, 爲都所破. 公南征備. 備聞公自行, 走奔劉表, 都等皆散.

| 국역 |

(建安) 6년 여름 4월(서기 201), 조조는 황하 부근에 군사를 집결한 뒤에 倉亭(창정)에 주둔한 원소의 군사를 격파하였다. 원소는 (冀州로) 돌아간 뒤, 흩어진 군졸을 모아 반기를 들었던 여러 군현을 공격하여 평정하였다.

9월에, 조조는 許都로 귀환하였다. 원소가 격파되기 전에 원소는 유비를 시켜 汝南郡(여남군) 일대를 경략케 하였는데, 汝南의 도적 무리인 共都(공도) 등이 호응하였다. 조조는 蔡揚(채양)을 보내 공도를 공격케 하였지만 이기지 못하고 오히려 공도에게 격파 당했다.

조조가 남으로 유비를 정벌했다. 유비는 조조가 직접 원정한다는 사실을 알고 劉表(유표)에게 달아났고 공도 등은 모두 흩어졌다.

| 原文 |

七年春正月, 公軍譙, 令曰, 「吾起義兵, 爲天下除暴亂. 舊土人民, 死喪略盡, 國中終日行, 不見所識, 使吾悽愴傷懷. 其擧義兵已來, 將士絶無後者, 求其親戚以後之, 授土田, 官給耕牛, 置學師以敎之. 爲存者立廟, 使祀其先人, 魂而有靈, 吾百年之後何恨哉!」

遂至浚儀, 治睢陽渠, 遣使以太牢祀橋玄. 進軍官渡.

紹自軍破後, 發病歐血, 夏五月死. 小子尙代, 譚自號車騎將軍, 屯黎陽. 秋九月, 公征之, 連戰. 譚,尙數敗退, 固守.

| 국역 |

(建安) 7년(서기 202) 봄 정월, 조조는 譙縣(초현)에 주둔하고서 명령했다.

「나는 천하의 난폭자를 제거하려고 義兵을 일으켰다. 그러나 고향의 백성이 너무 많이 죽어 고향을 하루 종일 돌아다녀도 아는 사람을 볼 수 없으니 내 마음이 서글프기만 하다. 나의 거병 이후에, 후손이 끊어진 자가 그 친척으로 후대를 이으려 한다면 田土와 農牛를 지급하고, 학교를 세워 교육시킬 것이며, 생존한 자가 묘당을 지어 조상을 제사하게 한다면 그 영혼이 알 것이니 내가 죽은 뒤라도 무슨 여한이 있겠는가!」

그리고서는 (陳留郡) 浚儀縣(준의현)에 이르러 睢陽渠(수양거)[143]를 보수케 하였으며 사자를 보내 太牢(태뢰)로 橋玄(교현)[144]의 제사

143 睢陽渠(수양거, 浚儀渠) – 黃河에서 陳留郡 浚儀縣(준의현, 今 河南省 북동부 開封市)에 이르는 운하. 渠는 물도랑 거.

144 太牢(태뢰)는 牛, 豚, 羊을 다 바치면 太牢. 羊이나 돼지를 제물로 쓰면 小牢.

를 지내게 했다. 조조는 官渡(관도)로 진군하였다.

원소는 패전한 뒤에 병이 나서 피를 토했는데 (서기 202년) 여름 5월에 죽었다. 막내아들 袁尙(원상)이 대를 이었고, (장남) 袁譚(원담)은 車騎將軍을 자칭하며 (魏郡) 黎陽縣(여양현)에 주둔하였다. 가을인 9월, 조조가 원담을 원정하며 계속 싸웠다. 원담과 원상은 여러 번 패전하고 물러나 城을 굳게 지켰다.

| 原文 |

八年春三月, 攻其郭, 乃出戰, 擊, 大破之, 譚,尙夜遁. 夏四月, 進軍許. 五月還許, 留賈信屯黎陽.

己酉, 令曰, 〈司馬法 將軍死綏〉, 「故趙括之母, 乞不坐括. 是古之將者, 軍破於外, 而家受罪於內也. 自命將征行, 但賞功而不罰罪, 非國典也. 其令諸將出征, 敗軍者抵罪, 失利者免官爵.」

| 국역 |

(建安) 8년(서기 203) 春 3월, 조조가 (黎陽城의) 외곽을 공격했는데 원담과 원상이 出戰하자 대파하였고, 원담과 원상은 밤을 틈

橋玄(교현, 字 公祖)은 靈帝 때 三公과 太尉를 역임했다. 《後漢書》 51권, 〈李陳龐陳橋列傳〉에 立傳. 교현은 조조에게 "天下가 크게 어지러울 텐데 命世之才가 아니면 不能濟인데, 천하를 안정시킬 사람은 바로 당신이요."라고 말했다.

타 도주하였다. 여름 4월에, 조조는 (魏郡의) 鄴縣(업현)에 입성했다. 5월에, 許都로 돌아오면서 賈信(가신)을 남겨 黎陽(여양)을 수비케 하였다.

己酉日(기유일)에 새로운 軍 법령 〈司馬法 將軍死綏〉[145]을 발표하며 말했다.

「옛날 (趙나라) 趙括(조괄)의 모친[146]은 조괄의 패전에 연루되지 않아 (일족은) 살 수 있었다. 옛날의 장군은 전투에 나가 패전하면 그 가족도 죄에 연좌되어 처형되었다. 오늘 이후로 장군이 출정하여 공을 세웠을 경우 상을 내리지만, 패전을 벌하지 않는다면 바른 국법이 아니다. 장군이 출정하여 패전하면 벌을 받아야 하고 작전에 실패하면 관직과 작위를 박탈한다.」

| 原文 |

秋七月, 令曰, 「喪亂已來, 十有五年, 後生者不見仁義禮讓之風, 吾甚傷之. 其令郡國各脩文學, 縣滿五百戶置校官, 選其鄉之俊造而教學之, 庶幾先王之道不廢, 而有以益於天下.」

---

145 〈司馬法 將軍死綏〉의 司馬法은 司馬穰苴(사마양저)의 법, 곧 軍法. 綏는 편안할 수. 물러나다. 후퇴하다(綏, 卻也. 有前一尺, 無卻一寸). 장군이 臨戰하여 후퇴하면 처형할 수 있다는 법.

146 趙括(조괄, 約 前 310－260年)은 趙國의 名將 馬服君 趙奢(조사)의 아들이었다. 조왕이 조괄을 대장으로 삼으려 하자, 조괄의 모친은 '아들이 장수의 재목이 아니라' 고 극구 반대하였다. 나중에 조괄이 패전하더라도 가족을 죽이지 않는 조건으로 출정했다. 조괄은 패전하여 처형되었지만, 그 일족은 처형을 면했다.

八月, 公征劉表, 軍西平. 公之去鄴而南也, 譚,尙爭冀州, 譚爲尙所敗, 走保平原. 尙攻之急, 譚遣辛毗乞降請救. 諸將皆疑, 荀攸勸公許之, 公乃引軍還.

冬十月, 到黎陽, 爲子整與譚結婚. 尙聞公北, 乃釋平原還鄴. 東平呂曠,呂翔叛尙, 屯陽平, 率其衆降, 封爲列侯.

| 국역 |

가을 7월에, 법령을 발표하였다.

「喪亂(禍亂, 黃巾賊의 난) 이후 15년에 살아남은 자들이 仁義와 禮讓(예양)의 기풍을 따르지 않는 것을 내 심히 마음 아파하노라. 각 郡國에 전달하여 학문을(經典) 연수케 하며 縣에서는 5백 호 마다 校官을 두고 鄕의 우수한 인재를 골라 교육하여 先王之道를 폐하지 않는다면 온 천하가 크게 유익할 것이다.」

8월에, 조조는 劉表(유표)를 원정하려고 (汝南郡) 西平縣에 주둔하였다. 조조가 鄴縣(업현)을 떠나 남쪽으로 향하자, 袁譚(원담)과 袁尙(원상)은 冀州(기주) 땅을 놓고 싸웠는데, 원담은 원상에게 패하여 平原郡[147]으로 달아났다. 원상이 맹렬하게 공격하자 원담은 辛毗(신비)[148]를 조조에게 보내 투항하며 구원을 요청하였다. 여러 장수들이 그 진의를 의심하였지만 荀攸(순유)는 구원해야 한다고 권

---

147 靑州자사부 관할 平原郡 治所는 平原縣. 今 山東省 북부 德州市 관할의 平原縣.

148 辛毗(신비, ?-235? 字 佐治) – 潁川郡 陽翟縣(양책현, 河南省 禹州市) 출신. 毗 도울 비. 《魏書》 25권, 〈辛毗楊阜高堂隆傳〉에 立傳.

유하였다. 조조는 군사를 이끌고 돌아왔다.[149]

겨울 10월에, (魏郡) 黎陽(여양)에 도착한 조조는 아들 曹整(조정)과 원담의 딸의 결혼을 허락하였다. 원상은 조조가 북진한다는 소식을 듣고 (원담이 도주한) 平原郡을 버려두고 (冀州 魏郡) 鄴縣(업현)으로 돌아갔다. 東平國의 呂曠(여광)과 呂翔(여상)은 원상을 배반하고, (東郡) 陽平縣에 주둔하며 무리를 거느리고 조조에게 투항하여 列侯에 봉해졌다.

| 原文 |

九年春正月, 濟河, 遏淇水入白溝以通糧道. 二月, 尙復攻譚, 留蘇由,審配守鄴. 公進軍到洹水, 由降. 旣至, 攻鄴, 爲土山,地道. 武安長尹楷屯毛城, 通上黨糧道. 夏四月, 留曹洪攻鄴, 公自將擊楷, 破之而還. 尙將沮鵠守邯鄲, 又擊拔之. 易陽令韓範,涉長梁岐擧縣降, 賜爵關內侯.

五月, 毁土山,地道, 作圍塹, 決漳水灌城, 城中餓死者過半.

秋七月, 尙還救鄴, 諸將皆以爲 "此歸師, 人自爲戰, 不如避之." 公曰, "尙從大道來, 當避之. 若循西山來者, 此成禽耳." 尙果循西山來, 臨滏水爲營. 夜遣兵犯圍, 公逆擊破走

149 조조가 원소와 官渡戰을 치를 때, 劉表는 원소를 돕지 않았다. 곧 유표는 제 땅이나 지키려는 소극적 인물이기에 다음에라도 원정할 수 있고, 원담 형제 내분을 이용하여 원상을 토벌하면 實利가 크다는 점을 고려하여 조조는 원담을 구원키로 결정하였다.

之, 遂圍其營. 未合, 尙懼, 故豫州刺史陰夔及陳琳乞降, 公不許, 爲圍益急. 尙夜遁, 保祁山, 追擊之. 其將馬延,張顗等臨陳降, 衆大潰, 尙走中山. 盡獲其輜重, 得尙印綬節鉞, 使尙降人示其家, 城中崩沮. 八月, 審配兄子榮夜開所守城東門內兵. 配逆戰, 敗, 生禽配, 斬之, 鄴定. 公臨祀紹墓, 哭之流涕. 慰勞紹妻, 還其家人寶物, 賜雜繒絮, 廩食之.

| 국역 |

(建安) 9년(서기 204) 봄 정월, 조조는 河水를 건너 淇水(기수)를 막아 강물을 白溝(백구)로 통하게 하여 군량을 운반하였다.

2월, 袁尙이 다시 袁譚을 공격하면서, 蘇由(소유)와 審配(심배)[150] 등을 남겨 鄴縣(업현)을 수비케 하였다. 조조가 군사를 거느리고 洹水(원수)에 이르자 소유는 투항하였다. 조조는 鄴縣(업현)에 도착하여 성을 공격하며 土山을 만들고 참호를 팠다. (魏郡) 武安 縣長(현장)[151]인 尹楷(윤해)는 毛城(모성)에 주둔하면서 上黨郡[152]으로 통하는 糧道를 지키고 있었다. 여름 4월에, 조조는 曹洪(조홍)을 남겨 업현을 방어케 하고 직접 군사를 거느리고 윤해를 공격하여 격파한 뒤에 돌아왔다.

원상의 部將인 沮鵠(저곡)[153]은 (趙國의) 邯鄲縣(한단현)을 지키고

150 審配(심배, 字 正南)는 본래 원소의 심복이었다.
151 縣의 호구 수가 1만호 이상이면 縣令, 1만호 미만이면 縣長이라 구분하였다.
152 幷州 上黨郡의 治所는 長子縣. 今 山西省 동남부 長治市 관할 長子縣.
153 沮鵠(저곡)은 沮授(저수, ?-200)의 아들, 저수는 鉅鹿 廣平人, 본래 韓馥(한복)

있었는데, 조조가 공격하여 점령하였다. 易陽(역양) 縣令인 韓範(한범)과 涉縣(섭현) 縣長인 梁岐(양기)는 현을 들어 투항하여 關內侯(관내후)[154]의 작위를 받았다.

5월에, 조조는 土山과 地道를 허물고 성을 둘러싼 참호를 판 다음에 漳水(장수)의 물을 성안으로 흐르게 하자 성안에서 아사자가 절반이나 되었다.

가을인 7월, 원상이 군사를 돌려 鄴城을 구원하였는데 여러 장수들은 모두 "이번에 군사를 돌려 공격하는 것은 우리 백성과 싸우려는 것이니 피하는 것이 상책이다."라고 말했다.

이에 조조가 말했다.

"만약 원상이 大道로 진격해 온다면 응당 피해야 한다. 만약 西山(서산)을 따라 진격한다면 우리에게 생포될 것이다."

원상은 예상대로 西山을 따라 진격하여 滏水(부수) 연안에 군영을 설치하였다.

원상은 밤에 군사를 보내 조조의 군영을 공격하자 조조가 역습하여 격파하고 원상의 군영을 포위하였다. 군영을 다 포위하기도 전에 원상은 두려워했고, 예전 豫州刺史인 陰夔(음기)와 陳琳(진

의 관료, 후에 袁紹에 귀의, 袁紹의 謀臣으로 여러 방책을 건의했으나 채납되지 않았다. 원소가 패망하면서 曹操에게 사로잡혔으나, 조조의 招降을 거부, 탈출하려다가 잡혀 죽었다.

154 秦漢代의 일반 백성(평민)은 신분상 등급이 있었는데 1등급(公士)에서부터 8등급(公乘, 공승)까지는 일반 백성의 등급이다. 9등급 五大夫부터 18등급 大庶長까지는 官吏의 등급으로 요역이 면제된다. 19등급 關內侯(관내후)와 20등급 徹侯(列侯)는 爵位(작위)이다. 관내후는 작위를 받아 食邑을 소유하지만 통치를 할 권한은 없는 작위. 제후(列侯)는 주로 關東(山東)에 배치하였지만 관내후의 식읍은 關中에도 있었다.

림)[155]을 보내 투항하려 했으나 (조조는 원상의) 투항을 허락지 않으며 맹렬하게 포위 공격하였다. 이에 원상이 밤에 祁山(기산)으로 도망치자, 조조가 추격하였다. 원상의 부장인 馬延(마연), 張顗(장의) 등은 조조의 군진을 찾아와 투항하자 원상의 군사는 완전히 붕괴되었고, 원상은 中山國[156]으로 도주하였다.

조조는 원상의 군수물자를 모두 노획하였고 원상의 印綬(인수)와 符節(부절)과 斧鉞(부월)도 노획한 뒤에, 투항한 원상의 부하를 시켜 원상의 집에 보여주자 鄴城은 크게 혼란에 빠져 붕괴되었다.

8월에, 審配(심배)의 조카인 審榮(심영)이 밤에 성의 동문을 열어 조조의 군사를 불러들였다. 그러나 심배는 적을 맞아 싸우다가 패하면서 생포되었다가 (나중에) 참수되었고 鄴城은 평정되었다.

조조는 원소의 묘에 제사하면서 통곡하고 눈물을 흘렸다. 조조는 원소의 아내를 위로하고 그 가족과 보물을 돌려주었으며, 여러 비단과 솜 등을 하사하고 식량을 공급해주었다.

---

155 官渡의 싸움 전에 원소의 명에 의거 陳琳(진림, 字 孔璋)은 조조를 토벌하자는 격문을 지었다. 진림이 원소의 文士였기에 원소의 일방적 주장을 담았지만 名文은 명문이었다. 진림은 원소가 패망한 뒤 조조에게 귀부하였다. 조조가 물었다. "그대가 옛날에 本初(袁紹)를 위해 격문을 지었을 때 나의 죄상을 지적한 것이야 그렇다 치지만 어찌 나의 父祖까지 모욕했는가?" 그러자 진림은 '어쩔 수 없었다' 는 뜻으로 사죄하였다. 조조는 진림의 재주가 아까워 살려주었다.

156 (冀州 관할) 中山國의 治所는 盧奴縣. 今 河北省 직할 定州市, 保定市와 石家莊市 중간.

| 原文 |

初, 紹與公共起兵, 紹問公曰, "若事不輯, 則方面何所可據?" 公曰, "足下意以爲何如?" 紹曰, "吾南據河, 北阻燕,代, 兼戎狄之衆, 南向以爭天下, 庶可以濟乎?" 公曰, "吾任天下之智力, 以道御之, 無所不可."

九月, 令曰, 「河北罹袁氏之難, 其令無出今年租賦!」 重豪强兼倂之法, 百姓喜悅. 天子以公領冀州牧, 公讓還兗州.

公之圍鄴也, 譚略取甘陵,安平,勃海,河間. 尙敗, 還中山. 譚攻之, 尙奔故安, 遂並其衆. 公遺譚書, 責以負約, 與之絶婚, 女還, 然後進軍. 譚懼, 拔平原, 走保南皮. 十二月, 公入平原, 略定諸縣.

| 국역 |

그전에 원소와 조조가 함께 (동탁 토벌군을) 起兵하면서 원소가 조조에게 물었다.

"만약 일이 잘 풀리지 않는다면 어디를 점거하면 좋겠는가?"

이에 조조가 되물었다.

"足下(貴下)의 생각으로는 어디가 좋을 것 같습니까?"

"나는 남으로 河水에 의지하고 북으로는 燕(연)과 代(대, 代郡)[157]의 험지를 배경으로 戎狄(융적)의 무리를 아우르고 남으로 진출하며

157 幽州 관할 代郡의 治所 高柳縣. 今 山西省 북쪽 끝 大同市 관할 陽高縣.

천하를 도모한다면 거의 성취할 것이요."

조조가 말했다.

"내가 천하의 智者와 勇者를 등용하여 正道로 거느린다면 못할 일이 없을 것이요"

9월에, 조조가 명령을 내렸다.

「河北 지역은 袁氏의 학정을 겪었으니 금년의 租稅와 賦役을 면제한다.」

그러면서 강호들이 백성의 재물을 겸병하는 것을 엄히 다스리니 백성이 기뻐하였다.

헌제는 조조에게 冀州牧(기주목)[158]을 겸임토록 하였는데, 조조는

158 冀州牧(기주목) – 刺史, 牧 – 武帝 元封 5년(前 106년)에 전국을 13刺史部(자사부)로 나누고 刺史(자사)를 보내 지방관의 政敎 실적을 평가하고 冤獄(원옥)을 처리하였다. 자사는 황제의 명에 따라 매년 8월에 관할 군현을 순찰하며 6개 조항에 대하여 관리에 대한 조사와 치적을 확인하고 지역 호족을 감찰하며 연말에 어사대부의 속관인 御史中丞에게 그 내용을 보고하였다. 자사의 질록은 郡 太守(2천석)와 비교가 되지 않는 6백석이었고, 인원은 총 13명에 일정한 治所가 없었다. 成帝 綏和(수화) 원년(前 8)에 자사를 牧(목)이라 바꿔 부르고 질록도 2천석으로 올렸다. 哀帝 建平 2년(前 5)에 다시 자사라고 했다가, 元壽 2년(前 1)에 다시 牧이라 했다. 王莽(왕망) 시대를 지나 (後漢) 光武帝 建武 원년(서기 25) 다시 牧이라 했다가 본래 명칭 刺史로 돌아갔다. 후한의 자사는 前漢과 달리 固定된 治所가 있고, 그 직권은 지방관에 대한 감찰권과 함께 黜陟(출척)의 권한을 갖고 있어 太守의 확실한 上司였다. 자사는 다만 백성에 대한 통치 권한이 없기에 지방행정에 참여하지는 않았다. 따라서 자사부는 監察區였지 일반 행정기구는 아직 아니었다. 그러나 後漢 말에 가면 民政 권한까지 장악하여 확실한 지방 권력기구로 발전하게 된다. 靈帝 中平 5년(서기 188년)에 卿級 관리 중에서 선임하여 州牧을 설치. 牧은 간칭. 주의 軍과 政의 대권을 장악, 州의 최고 통치자가 되었다. 《後漢書》에서는 曹操(조조)가 袁尙(원상)을 대파하고 冀州(기주)를 평정한 뒤, 冀州牧(기주목, 冀州刺史)을 스스로 겸직했다고 하였으나 《三國志》에서는 獻帝가 임명한 것이라고 서술하였다.

사양하며 兗州牧(연주목)을 반환하였다.

조조가 鄴縣을 포위하자, 袁譚(원담)은 甘陵國(감릉국),[159] 安平國,[160] 勃海郡(발해군), 河間國(하간국)[161] 등을 차지하였다. 원상은 패전한 뒤에 中山國으로 돌아왔다. 그러자 원담은 원상을 공격했고, 원상은 다시 (涿郡, 탁군) 故安縣(고안현)으로 진격하여 고안현의 군사를 병합하였다.

이에 조조는 원담에게 서신을 보내어 약속을 위배를 비난하며 원담과 혼사를 파기하고 원담의 딸을 돌려보낸 뒤에, 원담을 공격하였다. 원담은 두려워하면서 平原郡을 버리고 南皮(남피)로 도주하였다. 12월에, 조조는 平原郡을 차지했고 여러 현을 평정하였다.

| 原文 |

十年春正月, 攻譚, 破之, 斬譚, 誅其妻子, 冀州平. 下令曰, 「其與袁氏同惡者, 與之更始.」

令民不得復私讎, 禁厚葬, 皆一之於法. 是月, 袁熙大將焦觸,張南等叛攻熙,尙, 熙,尙奔三郡烏丸. 觸等擧其縣降, 封爲列侯. 初討譚時, 民亡椎冰, 令不得降. 頃之, 亡民有詣門首

159 甘陵(감릉)은 冀州 관할 淸河國의 治所. 今 山東省 직할 臨淸市(河北省과 접경) 동북. 前漢의 淸河郡. 군국은 그 치소(도읍)은 縣名으로 통칭되었다.

160 冀州 관할 安平國의 治所는 信都縣. 今 河北省 衡水市 관할 冀州市. 前漢 信都郡(國) – 信都郡(後漢 23–72年) – 樂成國(72–122年) – 安平國(122–)으로 명칭이 바뀜.

161 冀州 관할 河間國의 治所는 樂成縣. 今 河北省 남동부의 滄州市 獻縣(헌현).

者, 公謂曰, "聽汝則違令, 殺汝則誅首, 歸深自藏, 無爲吏所獲." 民垂泣而去, 後竟捕得.

| 국역 |

(建安) 10년(서기 205) 봄 정월, 조조는 원담을 공격하였는데 원담과 그 처자를 죽여 冀州(기주)를 평정하였다. 그리고 명령을 내렸다.

「袁氏 일족과 함께 악행을 자행했던 자도 改過하면 새 사람이다.」

그리고는 백성에게 사적인 복수를 못하게 하였고, 厚葬(후장)을 금하며 모든 것을 법대로 처리하게 하였다.

이 달에 袁熙(원희, 袁紹의 二子)의 부장인 焦觸(초촉)과 張南(장남) 등이 반역하며 원희와 원상을 공격하자, 원희와 원상은 북방 三郡(漁陽郡, 右北平郡, 遼西郡)의 烏丸族(오환족)[162]이 사는 땅으로 달아났다. 초촉 등은 그 군현을 들어 투항했고, 모두 列侯에 봉해졌다.

그전에 원담을 토벌할 때 망치로 얼음을 깨는 데[163] 동원된 백성들이 노역을 거부하고 도망했는데, (조조는) 나중이라도 자수를 받아주지 말라고 명령했었다. 얼마 뒤에 도망친 백성의 우두머리가

162 烏丸(오환) – 북방 유목 민족의 하나. 본래 東胡族, 匈奴의 한 갈래로, 古丸, 烏桓으로도 표기. 烏桓山(오환산, 今 內蒙古自治區 동부, 遼寧省 서남부와 접경한 赤峰市 관할 阿魯科爾沁旗 이북에 소재. 곧 興安嶺 산맥 중부를 지칭)에서 부족 이름이 유래. 漢代에는 漁陽郡, 右北平郡, 遼西郡의 3郡 북쪽이 주 활동 지역이었다. 이들을 통제 감시하는 교위로 護烏桓校尉를 설치했다. 질록 比二千石. 陳壽의 《三國志 魏書》제 30권이 〈烏丸鮮卑東夷傳〉이다. 《後漢書 烏桓鮮卑列傳》은 陳壽(진수)의 《三國志 魏書 烏丸鮮卑東夷傳》보다 1백 년 뒤에 이루어졌기에 《三國志》의 내용을 바탕으로 했지만 약간의 차이가 있다.

163 겨울에 하천이 얼면 백성을 동원하여 얼음을 깨고 군량을 운반케 하였다.

관청에 자수하자 조조가 말했다.

"너희 자수를 받아주면 법령을 어기고, 법을 따르면 너희를 죽여야 하나니, 도망쳐 깊숙히 숨어살며 관리에게 잡히지나 말아라."

백성은 눈물을 흘리며 떠났지만, 결국은 잡혔다.

| 原文 |

夏四月, 黑山賊張燕率其衆十餘萬降, 封爲列侯. 故安趙犢,霍奴等殺幽州刺史,涿郡太守. 三郡烏丸攻鮮于輔於獷平.

秋八月, 公征之, 斬犢等, 乃渡潞河救獷平, 烏丸奔走出塞.

九月, 令曰,「阿黨比周, 先聖所疾也. 聞冀州俗, 父子異部, 更相毁譽. 昔直不疑無兄, 世人謂之盜嫂. 第五伯魚三娶孤女, 謂之撾婦翁. 王鳳擅權, 谷永比之申伯, 王商忠議, 張匡謂之左道, 此皆以白爲黑, 欺天罔君者也. 吾欲整齊風俗, 四者不除, 吾以爲羞.」

冬十月, 公還鄴. 初, 袁紹以甥高幹領幷州牧, 公之拔鄴, 幹降, 遂以爲刺史. 幹聞公討烏丸, 乃以州叛, 執上黨太守, 擧兵守壺關口. 遣樂進,李典擊之, 幹還守壺關城.

| 국역 |

여름인 4월, 黑山賊 잔당인 張燕(장연)이 그 무리 10여만 명을 거느리고 투항하여 列侯에 봉해졌다. 〔涿郡(탁군)〕 故安縣(고안현)의

趙犢(조독)과 霍奴(곽노) 등은 幽州(유주) 자사와 涿郡(탁군) 태수를 살해하였다. 三郡(漁陽郡, 右北平郡, 遼西郡)의 烏丸族(오환족)이 (漁陽郡) 獷平縣(광평현)의 鮮于輔(선우보)를 공격했다.

가을인 8월, 조조는 이들을 정벌하여 조독 등을 죽이고, 이어 潞河(노하)를 건너 獷平縣(광평현)을 구원하자 오환족은 국경을 넘어 도주하였다.

9월에, 명령을 내렸다.

「私黨을 결성하여 서로 패거리를 짓는 것은 옛 성인께서도 미워했었다. 내가 알기로 冀州(기주)의 습속은 父子가 따로 살면서 서로 비방하거나 헐뜯는다고 하였다. 옛날 直不疑(직불의)[164]는 兄이 없는데도 세상 사람들은 형수와 私通했다고 직불의를 헐뜯었다. 第五伯魚(제오백어, 第五倫)[165]는 3번의 결혼이 모두 孤兒 여인이었지만 장인을 구타했다는 비난을 들었다. 또 王鳳(왕봉)이 조정 권력을 휘두를 때, 谷永(곡영)[166]은 (周代의) 申伯(신백)에 비교할 만큼 충성을 다했다. 王商(왕상)[167]의 충직한 건의를 張匡(장광)은 左道라고 비난하였으니, 이 모두가 正義를(白) 不義라(黑) 하면서 하늘과 主君을 속인 것이다. 나는 이런 풍속을 바로잡고자 하니, 이런 4惡을 제거하

164 直不疑(직불의)는 漢 文帝 및 景帝의 신하. 吳楚七國亂 평정에 有功, 御史使大夫 역임. 《漢書》 46권 〈萬石衛直周張傳〉에 입전.

165 第五伯魚는 第五倫(제오륜), 第五가 성씨. 《後漢書》 41권, 〈第五鍾離宋寒列傳〉에 입전.

166 谷永(곡영, 前-1世紀-前 8年) - 前漢 成帝 때 대신, 《漢書》 85권 〈谷永杜鄴傳〉에 입전.

167 王商(왕상, ?-前 12년)은 前漢 大臣, 成帝 母后 王政君의 형제, 大司馬, 衛將軍, 大將軍 역임. 《漢書》 98권 〈元后傳〉 참고.

지 못한다면, 이는 나의 수치일 것이다.」

겨울인 10월에, 조조는 鄴縣(업현)으로 돌아왔다.

그전에 袁紹의 생질(甥)인 高幹(고간)은 并州牧(병주목)을 대행하였는데, 조조가 鄴縣을 정벌하자 고간은 투항하였고 그대로 刺史에 유임되었다. 고간은 조조가 오환족을 토벌 중일 때 并州(병주)에서 반역하면서 上黨郡 太守를 사로잡고 군사를 일으켜 壺關口(호관구)[168]를 장악했다. 조조는 樂進(악진)과 李典(이전)[169]을 보내 고간을 공격했지만, 고간은 호관성으로 돌아와 방어하였다.

| 原文 |

十一年春正月, 公征幹. 幹聞之, 乃留其別將守城, 走入匈奴, 求救於單于, 單于不受. 公圍壺關三月, 拔之. 幹遂走荊州, 上洛都尉王琰捕斬之.

秋八月, 公東征海賊管承, 至淳于, 遣樂進,李典擊破之, 承走入海島. 割東海之襄賁,郯,戚以益琅邪, 省昌慮郡.

| 국역 |

(建安) 11년(서기 206) 봄 정월, 조조가 (원소의 생질) 高幹(고간)을 원정했다. 고간은 소식을 듣고 別將을 남겨 守城케 하고 匈奴(흉

168 壺關(호관)은 上黨郡 壺關縣, 今 山西省 동남 長治市 관할 壺關縣.

169 樂進(악진)은 《魏書》 17권, 〈張樂于張徐傳〉에 立傳. 李典(이전)은 《魏書》 18권, 〈二李臧文呂許典二龐閻傳〉에 立傳.

노)를 찾아가 單于(선우)에게 구원을 요청했지만 선우가 수락하지 않았다. 조조는 3개월 간 壺關(호관)을 포위한 뒤에야 함락시켰다. 고간은 荊州(형주, 劉表)로 도망가다가 上洛縣(상락현) 都尉(도위)[170]인 王琰(왕염)에게 잡혀 죽었다.

가을인 8월, 조조는 동쪽으로 나아가 海賊인 管承(관승)을 정벌했는데, (城陽郡) 淳于縣(순우현)[171]에 이르러, 樂進(악진)과 李典(이전)을 보내 격파하자 관승은 섬으로(海島) 도주하였다. 東海郡의 襄賁縣(양분현), 郯縣(담현), 戚縣(척현)을 琅邪郡(낭야군) 소속으로 변경하고 昌慮郡(창려군)을 폐지하였다.

| 原文 |

三郡烏丸承天下亂, 破幽州, 略有漢民合十餘萬戶. 袁紹皆立其酋豪爲單于, 以家人子爲己女, 妻焉. 遼西單于蹋頓尤强, 爲紹所厚, 故尙兄弟歸之, 數入塞爲害. 公將征之, 鑿渠, 自呼沲入泒水, 名平虜渠. 又從泃河口. 鑿入潞河, 名泉州渠, 以通海.

170 郡尉를 전한 景帝 때 都尉로 개칭, 도위는 태수를 도와 郡의 군사 업무 담당. 질록은 比 2千石. 縣에도 도위를 두었다. 上洛(상락, 上雒)은 京兆尹 관하의 현명. 今 陝西省 남동부 商洛市 商州區. 상락현의 도위 王琰(왕염)은 高幹을 죽인 공로로 제후에 봉해졌다. 이에 그 아내는 왕염이 부귀해져서 첩실을 얻을 것을 걱정하여 통곡했다고 한다.

171 (城陽郡) 淳于縣(순우현)은 山東省 중동부 濰坊市 관할 安丘市.

| 국역 |

三郡(漁陽郡, 右北平郡, 遼西郡) 일대의 烏丸族(오환족)은 천하 혼란을 틈타 幽州(유주)[172]를 격파하고, 漢民 10여만 호를 차지했었다. 원소는 오환의 족장들을 單于(선우)[173]로 인정하면서 (袁氏) 가문의 딸들을 자기의 딸이라며 오환의 선우에게 아내로 주었다. 그중에서 遼西郡[174]의 單于(선우)인 蹋頓(답돈)[175]이 제일 강했고 원소가 특히 후대했었기에 원상과 원희 형제가 찾아가 의지하자, 답돈은 국경을 자주 넘어와 노략질을 했다.

조조는 군사를 거느리고 오환족을 정벌하면서 운하를 팠는데(鑿渠, 鑿은 뚫을 착. 渠는 도랑 거, 인공수로), 呼沲河(호타하)에서

172 유주자사부의 치소는 廣陽郡 薊縣(계현, 今 天津市 북부 薊州區)으로, 涿郡, 廣陽郡, 代郡, 上谷郡, 漁陽郡, 右北平郡, 遼西郡, 遼東郡, 玄菟郡, 樂浪郡, 遼東屬國 등을 감찰 지휘했다.

173 單于(선우)는 본래 흉노족의 왕을 부르는 칭호. 선우의 姓은 攣鞮氏(연제씨). 흉노는 유목이 본업이기에 국가의 수도가 없지만 선우의 직할지를 單于庭(선우정)이라 하였다. 전한 초기 강성했던 흉노는 武帝 이후 쇠약해졌고 宣帝 재위 중에는 呼韓邪單于(호한야선우, 재위 前 58－31) 때 흉노는 선우가 남북으로 갈라진다. 호한야선우는 前 51년에 장안에 와서 선우로서는 최초로 中原의 황제(宣帝)를 알현한다. 元帝 마지막 해인 竟寧(前 33년)에 또 한 번 장안에 와서 和親하고 유명한 王昭君(왕소군)을 데리고 돌아갔다. 後漢代에 흉노가 약해지면서 烏桓族(烏丸族)이 강성하여 후한을 괴롭혔다.

174 遼西郡의 治所는 陽樂縣. 今 遼寧省 북부 阜新市(부신시). 내몽고 접경.

175 蹋頓(답돈, ?－207년) － 후한 말 遼西郡에 거주하던 烏丸族의 추장, 獻帝 初平 년간에 丘力居(구력거) 선우가 죽고 아들 樓班(누반)은 나이가 어려, 무예가 뛰어난 조카인 답돈이 계승하여 선우가 되어 右北平, 漁陽, 上谷 三郡의 烏丸 부락을 통솔 호령하였다. 袁紹와 公孫瓚이 세력을 다툴 때, 답돈은 원소에 협력하며 공손찬을 공격하였다. 원소는 조정의 명령을 사칭하여 蹋頓 및 難樓(난루), 蘇僕延(소복연), 烏延(오연) 등에게 선우의 호칭과 인수를 하사하였다. 뒷날 누반이 장성하자, 답돈은 누반에게 양위하였다.

泒水(고수)까지 수로를 平虜渠(평로거)라고 불렀다. 또 泃河口(구하구)에서 潞河(노하)까지 물길을 내고 泉州渠(천주거)라 하여 바다로 통할 수 있었다.

| 原文 |

十二年春二月, 公自淳于還鄴. 丁酉, 令曰, 「吾起義兵誅暴亂, 於今十九年, 所征必克, 豈吾功哉? 乃賢士大夫之力也. 天下雖未悉定, 吾當要與賢士大夫共定之. 而專饗其勞, 吾何以安焉! 其促定功行封.」

於是大封功臣二十餘人, 皆爲列侯, 其餘各以次受封, 及復死事之孤, 輕重各有差.

| 국역 |

(建安) 12년(서기 207) 봄 2월, 조조는 淳于縣(순우현)에서 鄴縣(업현)으로 귀환하였다. 丁酉日에 명령을 내렸다.

「내가 포악한 자를 제거하려고 거병한 이후 지금까지 19년에, 정벌할 자를 모두 이겼으니 이 어찌 나의 功이겠는가? 바로 賢士나 대부의 功力이었다. 지금 천하가 완전 평정된 것은 아니지만, 내가 오로지 그 노고를 위로하지 않는다면 내 어찌 편안하겠나! 공적을 평가하여 작위를 내리기 바란다.」

이에 20여 명의 功臣을 분봉하니 모두 열후가 되었고 그 나머지도 순차적으로 작위를 받았으며, 전사자 후손의 요역을 면제하였는데[176] 경중에 따라 차등을 두었다.

| 原文 |

將北征三郡烏丸, 諸將皆曰, "袁尙, 亡虜耳, 夷狄貪而無親, 豈能爲尙用? 今深入征之, 劉備必說劉表以襲許. 萬一爲變, 事不可悔."

惟郭嘉策表必不能任備, 勸公行.

夏五月, 至無終. 秋七月, 大水, 傍海道不通, 田疇請爲鄕導, 公從之. 引軍出盧龍塞, 塞外道絶不通, 乃塹山堙谷五百餘里, 經白檀, 歷平岡, 涉鮮卑庭, 東指柳城. 未至二百里, 虜乃知之. 尙,熙與蹋頓,遼西單于樓班,右北平單于能臣抵之等將數萬騎逆軍.

八月, 登白狼山, 卒與虜遇, 衆甚盛. 公車重在後, 被甲者少, 左右皆懼. 公登高, 望虜陳不整, 乃縱兵擊之, 使張遼爲先鋒, 虜衆大崩, 斬蹋頓及名王已下, 胡,漢降者二十餘萬口. 遼東單于速僕丸及遼西,北平諸豪, 棄其種人, 與尙,熙奔遼東, 衆尙有數千騎.

---

176 復死事之孤의 復는 조세나 부역을 면제하다. 死事之孤는 전사자의 아들. 전쟁 고아.

初, 遼東太守公孫康恃遠不服. 及公破烏丸, 或說公遂征之, 尙兄弟可禽也. 公曰, "吾方使康斬送尙,熙首, 不煩兵矣."

九月, 公引兵自柳城還, 康卽斬尙,熙及速僕丸等, 傳其首. 諸將或問, "公還而康斬送尙,熙, 何也?"

公曰, "彼素畏尙等, 吾急之則並力, 緩之則自相圖, 其勢然也."

十一月至易水, 代郡烏丸行單于普富盧,上郡烏丸行單于那樓將其名王來賀.

| 국역 |

조조가 북으로 三郡(漁陽郡, 右北平郡, 遼西郡)의 烏丸族(오환족)을 정벌하려 하자 여러 장수가 모두 말했다.

"袁尙(원상)은 도망친 녀석이고, 夷狄(이적)들은 탐욕이 많고 (원상의) 핏줄도 아닌데 어찌 원상을 이용하겠습니까? 이번에 적진 깊이 원정하면 劉備(유비)는 틀림없이 劉表를 설득하여 許都를 습격할 것입니다. 만일 변고가 있으면 후회할 수도 없을 것입니다."

그러나 오직 郭嘉(곽가)만은 표문을 올려 (유표는) 유비를 신임하지 않을 것이라며 조조에게 원정을 권유하였다.

여름 5월, (右北平郡의) 無終縣(무종현)[177]에 도착했다. 가을 7월에, 큰 홍수로 바닷가 길이 不通했는데, 田疇(전주)[178]가 鄕導(향도, 길

177 右北平郡 無終縣은 今 天津市 북부의 薊州區(계주구). 右北平郡의 治所는 土垠縣(토은현). 今 河北省 북동부 唐山市 豊潤區.

178 田疇(전주)는 《魏書》 11권, 〈袁張涼國田王邴管傳〉에 立傳.

안내)를 자원하자 조조가 따랐다.

조조는 군사를 이끌고 盧龍塞(노룡새)를 지났는데 노룡새 밖의 도로가 불통하자 산허리를 자르고 계곡을 메워 5백 리 길을 새로 만들며 白檀(백단)을 지나고 平岡(평강)을 거쳐 鮮卑庭(선비족의 직할지)을 통과하여 동쪽의 (遼西郡) 柳城(유성)[179]에 이르렀다. 2백여 리를 남겨놓고 오환족이 조조의 원정을 알았고, 원상과 원희, 그리고 오환 선우인 蹋頓(답돈), 遼西 지역 單于인 樓班(누반), 右北平 지역 單于인 能臣抵之(능신저지) 등이 수만 기병을 거느리고 나와 맞섰다.

8월에, 조조는 白狼山(백랑산)에 올랐을 때 우연히 오환족과 조우하였는데, 그 군사가 매우 많았다. 조조의 군수물자는 후방에 있었고, 무장을 다 갖춘 병사는 많지 않아 측근들은 모두 두려워했다. 조조는 높은 곳에서 적진이 완전하지 못한 것을 보고 군사를 풀어 공격케 하였는데 張遼(장료)[180]를 先鋒(선봉)으로 삼아 습격하여 적진을

179 柳城(유성)은 遼西郡의 城池, 今 遼寧省 중부 朝陽市 서남.

180 張遼(장료, 170 전후 – 222년, 字 文遠) – 并州 雁門郡 馬邑縣 사람. 前漢 聶壹(섭일)의 후손, 원수를 피해 改姓했다. 曹魏의 유명한 五子良將(張遼, 樂進, 于禁, 張郃, 徐晃)의 첫째. 丁原, 董卓, 呂布 등을 섬겼다(侍從多主). 조조가 여포를 下邳(하비)에서 격파하자, 장료는 그 군사와 함께 투항하여 中郎將이 되었고 關內侯의 작위를 받았다. 장료는 여러 번 戰功을 세워 裨將軍이 되었다. 조조는 袁紹를 격파한 뒤 별도로 장료를 보내 魯國의 여러 현을 평정케 하였다. 《魏書》 17권, 〈張樂于張徐傳〉에 立傳.
《三國演義》 25회에서는 조조가 下邳(하비) 城外 土山에서 關羽를 포위했을 때 장료를 보내 귀순의사를 타진하고 '張文遠約三事' 했다. 관우와 장료는 서로 협조했고 결국 관우는 五關斬六將한 뒤에 순탄하게 유비에게 돌아간다. 袁氏 일족 정벌에 공을 세웠고, 서기 215년에 李典(이전), 樂進(악진)과 함께 적은 병력으로 合肥(합비)를 지키며 東吳 孫權의 대군을 무질렀고 손권을 거의 생포할 뻔했다.(《三國演義》 67회, 威震逍遙津).

완전히 붕괴시키면서 蹋頓(답돈) 선우와 많은 名王을 (部族長) 죽였으며, 오환과 漢族 20여만 명을 포로로 잡았다. 遼東의 선우인 速僕丸(속복환)과 遼西와 右北平의 여러 추장은 그 종족을 버리고 원상, 원희와 함께 遼東郡(요동군)[181]으로 달아났는데 기병이 그래도 수천 명이나 되었다.

그전에, 遼東太守인 公孫康(공손강)[182]은 거리가 먼 것을 믿고 (漢에) 不服했었다. 이번에 조조가 오환을 격파하자, 어떤 자는 결국 조조가 정벌에 나서서 원상 형제를 사로잡아야 한다고 말했다. 그러나 조조는 "나는 공손강에게 원상과 원소를 죽이게 할 것이지, 번거롭게 군사를 동원하지 않겠다." 고 말했다.

9월에, 조조는 군사를 거느리고 (遼西郡) 柳城(유성)에서 회군하였다. 공손강은 즉시 원상과 원희, 그리고 速僕丸(속복환) 등을 죽여 그 수급을 보내왔다. 어떤 장수가 조조에게 물었다.

"公께서 회군했는데도, 공손강은 왜 원상과 원희를 잡아 죽였습니까?"

조조는 "저들은 평소에 원상 등을 두려워했는데 내가 압박하면 그들은 힘을 모아 대항하지만 느슨하게 풀어주니 저들이 다투는 것은 당연한 형세이다."

181 遼東郡의 治所는 襄平縣, 今 遼寧省 중부 遼陽市. 後漢시대에는 遼東屬國도 있었다.

182 公孫康(공손강)은 遼東郡 사람으로 부친은 公孫度(공손도)이다. 공손도는 처음에 관리를 피해 玄菟郡(현도군)의 小吏였는데 차츰 승진하였다. 建安 9년에, 司空 曹操가 표문을 올려 공손도에게 奮威將軍을 제수하고 永寧鄉侯에 봉했다. 공손도가 죽자, 공손강이 후사가 되어 요동 일대를 차지하였다.

11월에, 조조가 易水(역수)[183]에 도착하자, 代郡 지역 烏丸族의 임시 선우인 普富盧(보부로), 上郡의 오환족 임시 선우인 那樓(나루) 등이 각각 名王을 거느리고 찾아와 하례하였다.

| 原文 |

十三年春正月, 公還鄴, 作玄武池以肄舟師. 漢罷三公官, 置丞相,御史大夫. 夏六月, 以公爲丞相.

秋七月, 公南征劉表. 八月, 表卒, 其子琮代, 屯襄陽, 劉備屯樊. 九月, 公到新野, 琮遂降, 備走夏口. 公進軍江陵, 下令荊州吏民, 與之更始. 乃論荊州服從之功, 侯者十五人, 以劉表大將文聘爲江夏太守, 使統本兵, 引用荊州名士韓嵩,鄧義等.

益州牧劉璋始受徵役, 遣兵給軍. 十二月, 孫權爲備攻合肥. 公自江陵征備, 至巴丘, 遣張憙救合肥. 權聞憙至, 乃走. 公至赤壁, 與備戰, 不利. 於是大疫, 吏士多死者, 乃引軍還. 備遂有荊州,江南諸郡.

183 易水는 河北省 中部 保定市 관할 易縣을 흐르는 하천. 前 227년, 荊軻(형가)가 秦王을 죽이러 갈 때 燕 태자 丹(단)과 高漸離(고점리)가 전별한 곳. 高漸離는 筑(축)을 타고, 荊軻는 노래를 불렀다. '소슬한 바람에 易水는 차가운데(風蕭蕭兮易水寒), 장사는 한 번 가면 돌아오지 못하리라(壯士一去兮不復還).' – 사나이의 悲壯(비장)이 이러하지 않겠는가!

| 국역 |

(建安) 13년(서기 208) 봄 정월, 조조는 鄴縣(업현)으로 돌아와서 玄武池(현무지)를 만들고 舟師(주사)를[184] (水軍) 훈련시켰다. 漢에서는 三公의 관직을 없애고 丞相(승상)과 御史大夫(어사대부)[185]를 설치키로 했다.

여름 6월에, 조조는 丞相(승상)[186]이 되었다.

가을 7월에, 조조는 남쪽으로 劉表(유표)[187]를 원정하려 출발했다. 8월, 유표가 죽고 그 아들 劉琮(유종)[188]이 代를 이은 뒤, 襄陽(양양)에 주둔하고 劉備(유비)는 南郡 襄陽縣(양양현) 樊城(번성)[189]에 주둔하였다.

9월에 조조가 (南陽郡) 新野縣(신야현)[190]에 당도하자 劉琮(유종)

184 원문의 以肄舟師의 肄는 익힐 이(習也). 舟師는 水軍.

185 전한 成帝 때 御史大夫를 大司空이라 개칭. 後漢에서는 大司空을 司空으로 개칭. 太尉, 司徒(丞相)과 함께 三公이라 並稱.

186 前漢初期, 蕭何(소하)가 丞相이었다가 相國으로 바뀌었다. 惠帝, 呂后, 文帝 초년에는 좌우 승상을 두었다. 그러다가 승상 1인을 두었다. 전한의 제후국도 초기에는 승상이라 칭하다가 나중에는 相이라 했다. 前漢 哀帝 元壽 2년에 丞相을 大司徒라고 부르다가 후한에서는 大를 뗀 司徒(사도)라 하였다. 이때 조조는 다시 승상 호칭을 부활시켰다. 《後漢書》에서는 조조가 스스로 승상이 되었다고 기록했다. 삼국의 蜀漢과 東吳도 승상을 두었다.

187 劉表 -《魏書》 6권, 〈董二袁劉傳〉에 立傳.

188 劉表에게는 長子 劉琦(유기), 小子 劉琮(유종)이 있었는데 유종이 후사가 되었다. 유비가 劉琮과 蔡瑁(채모)의 살해음모를 피해 的盧馬(적로마)를 타고 檀溪(단계)를 뛰어넘었다는 이야기는《三國演義》 34回에 나온다.

189 樊城(번성)은 보루, 작은 성 이름. 당시 襄陽郡, 今 湖北省 襄陽市 樊城區에 해당. 漢水 남안.

190 新野縣은, 今 河南省 서남부 白河 유역 南陽市 관할 新野縣. 예로부터 人傑地靈하다고 유명, 陰麗華(後漢 光武帝 劉秀의 아내)의 고향. '三請諸葛', '火燒新野' 등《三國演義》의 무대.

은 투항했고 유비는 夏口(하구)[191]로 달아났다. 조조는 江陵(강릉)[192]에 주둔하면서 명령을 내려 荊州(형주)의 관리와 백성이 모두 새롭게 시작한다고 말했다. 그러면서 荊州를 복속케 한 공로를 평정하여 15명을 제후에 봉했으며, 劉表의 대장이었던 文聘(문빙)을 江夏太守로 임명하여 荊州 본부 병력을 통솔케 하였고, 형주의 명사인 韓嵩(한숭), 鄧義(등의) 등을 등용하였다. 益州牧 劉璋(유장)은 조조의 명령에 따라 요역을 할 백성을 동원하여 조조의 군사를 도왔다.

12월에, 孫權(손권)은 유비를 위하여 合肥(합비)를 공격하였다. 조조는 江陵에서 유비를 공격하면서 (豫章郡) 巴丘(파구)란 곳에 이르러 張憙(장희)를 보내 합비를 구원케 하였다. 손권은 장희의 군사가 오는 것을 알고 바로 도주하였다.

조조는 赤壁(적벽)에서 유비와 싸웠는데,[193] 크게 불리하였다. 거기에 전염병이 크게 돌아 軍吏와 병졸로 죽는 자가 많아 군사를 이끌고 돌아왔다. 유비는 마침내 荊州(형주)와 長江 남쪽의 여러 郡을 차지하였다.

191 夏口(하구) – 漢水와 長江의 합류지점. 今 湖北省 武漢市 江夏區. 漢水(漢江)는 長江의 최대 지류이고 漢水 중 襄陽(양양) 이하를 특별히 夏水라고 불렀다. 長江에서 보면 夏水로 들어가는 입구. 今 湖北省 武漢市의 江夏區에 해당.

192 江陵은 荊州 관할 南郡의 治所, 今 湖北省 중남부 江漢平原에 위치한 荊州市 관할 江陵縣. 李白의 〈早發白帝城〉 詩의 「朝辭白帝彩雲間, 千里江陵一日還. 兩岸猿聲啼不住, 輕舟已過萬重山.」에 나오는 江陵.

193 서기 208년, 赤壁大戰은 魏와 吳의 싸움이었다. 형세가 약한 유비가 吳를 끌어들였다. 諸葛亮(孔明)이 孫權을 격분케 한 논쟁이나 孔明이 智激周瑜했다든지, 孔明借箭, 曹操賦詩, 諸葛祭風, 雲長義釋曹操 등 수많은 얘깃거리를 제공했다. 적벽 싸움의 장소가 어딘가에 대해서는 논의가 분분하다. 여러 이론을 근거로 1998年, 湖北省 蒲圻市(포기시)는 咸寧市 관할 赤壁市로 정식 개명하였다.

| 原文 |

十四年春三月, 軍至譙, 作輕舟, 治水軍.

秋七月, 自渦入淮, 出肥水, 軍合肥. 辛未, 令曰, 「自頃已來, 軍數征行, 或遇疫氣, 吏士死亡不歸, 家室怨曠, 百姓流離, 而仁者豈樂之哉? 不得已也. 其令死者家無基業不能自存者, 縣官勿絶廩, 長吏存恤撫循, 以稱吾意.」

置揚州郡縣長吏, 開芍陂屯田. 十二月, 軍還譙.

| 국역 |

(建安) 14년(서기 209) 봄 3월, 조조의 군대는 (沛國, 패국) 譙縣(초현)에 주둔하면서 작은 배를 만들어 수군을 훈련시켰다.

가을 7월에, 군대는 渦水(와수)[194]를 따라 淮水(회수)[195]로 이동한 뒤, 肥水(비수)[196]를 지나 合肥(합비)[197]에 주둔하였다. 辛未日에 명령을 발표하였다.

「근년 이래로 군대가 자주 출정하였고 때로는 전염병에 걸려 軍吏나 士卒이 죽어 돌아오지 못하기에 집집마다 원한이 쌓이고 백

---

194 淮河(淮水)의 지류 이름.

195 淮河(淮水)는 長江, 黃河, 그리고 지금은 황하의 물길이 되어 사라진 濟水와 함께 옛날에는 四瀆(사독)이라 불렸고, 지금은 中國 7大江河의 하나이다. 淮河는 河南省 桐柏縣에서 발원하여 河南, 湖北, 安徽, 江蘇 등 4省을 흘러 江蘇省 揚州市 三江營이란 곳에서 長江에 합류하는 全長 약 1,000km의 강이다.

196 古稱 肥水(비수)는 淮河의 한 支流. 지금은 보통 東淝河(동비하)라고 불린다.

197 合肥는 九江郡의 縣名. 今 安徽省(안휘성) 省會(省都)이며 최대 도시인 合肥. 安徽省 중앙부에 위치.

성들이 유랑하거나 흩어졌는데 仁者가 어찌 원해서 그랬겠는가? 부득이한 일이었다. 죽은 자의 가정에 産業 기반이 없어 살아갈 수 없는 戶口에 대하여 나라에서는(縣官)[198] 양식이 떨어지지 않게 도울 것이고 지방관은 구휼하고 위문하여 나의 뜻에 따라주기를 바라노라.」

揚州(양주) 각 군현의 태수나 현령을 임명하고 芍陂(작피)에서 屯田(둔전)을 시작하였다.

12월에, 군사는 譙縣(초현)으로 회군하였다.

|原文|

十五年春, 下令曰,「自古受命及中興之君, 曷嘗不得賢人君子與之共治天下者乎! 及其得賢也, 曾不出閭巷, 豈幸相遇哉? 上之人不求之耳. 今天下尙未定, 此特求賢之急時也. '孟公綽爲趙,魏老則優, 不可以爲滕,薛大夫.' 若必廉士而後可用, 則齊桓其何以霸世! 今天下得無有被褐懷玉而釣於渭濱者乎? 又得無盜嫂受金而未遇無知者乎? 二三子其佐我明揚仄陋, 唯才是擧, 吾得而用之.」

冬, 作銅雀臺.

198 縣官勿絶廩에서 縣官은 국가, 나라, 때로는 황제를 의미한다. 絶廩은 식량이 끊어지다. 廩은 곳집(창고) 름(늠).

| 국역 |

(建安) 15년(210년) 봄, (승상) 조조가 명령을 내렸다.

「예로부터 천명을 받거나 나라를 중흥케 한 군주가 賢人君子를 얻어 천하를 함께 다스리지 않은 사람이 어찌 있을 수 있었는가! 그런 인재를 얻을 때, 사는 마을을 떠나지도 않고서 어찌 요행히 만났겠는가? 이는 윗사람이 구할 나름이로다. 지금 천하가 안정되지 못하였으니 특히나 서둘러 인재를 구할 때이다. (孔子가 말한) '孟公綽(맹공작)[199]은 趙(조)와 魏(위) 같은 큰 나라의 대신으로 뛰어났었지만, 滕(등)과 薛(설) 같은 작은 나라의 大夫로서는 부족했다.' 만약 꼭 청렴해야만 등용할 수 있다 하면 齊 桓公(환공)이 어찌 패업을 이룰 수 있었겠나! 지금 세상이라 하여 (천민의 옷인) 褐(갈)옷을 입고 玉을 품고서 渭水(위수)에서 낚시를 하는 사람(呂尙, 姜太公)이 없겠는가? 또 형수와 私通하고 황금을 뇌물로 받고도 魏無知(위무지)[200] 같은 사람을 아직 만나지 못한 그런 사람이(前漢의 陳平),[201] 없단 말인가? 나를 보좌하는 여러분들(二三子)은 출신이 미천할 지라도 재능이 있는 사람을 천거한다면 내가 등용할 것이다.」

---

199 孟公綽(맹공작)은 魯의 대부, 孟孫氏의 일족. 《論語 憲問》에 孔子는 "若臧武仲之知, 公綽之不欲, 卞莊子之勇, 冉求之藝, 文之以禮樂, 亦可以爲成人矣." 라고 하였다. 공자가 존경했던 사람이다.

200 魏無知(위무지)는 一名 魏倩(위천), 漢王의 책사. 陳平을 추천한 공로로 고조로부터 큰 상을 받았으며 진평을 변호했다.

201 陳平은 형수와 私通했다고 소문이 났었고, 漢王(漢 高祖) 휘하에 와서도 뇌물을 받는 등 평판이 나빴다. 이에 한왕이 진평을 불러 이를 직접 확인하고서도 여전히 진평을 신뢰했다. 한왕은 진평의 능력을 중시하였지 도덕품성을 따져 등용하지는 않았다. 《漢書》 40권, 〈張陳王周傳〉에 입전.

겨울에, 銅雀臺(동작대)[202]를 지었다.

| 原文 |

十六年春正月, 天子命公世子丕爲五官中郎將, 置官屬, 爲丞相副. 太原商曜等以大陵叛, 遣夏侯淵,徐晃圍破之. 張魯據漢中, 三月, 遣鍾繇討之. 公使淵等出河東與繇會.

| 국역 |

(건안) 16년 봄 정월(서기 211), 天子는(獻帝) 曹公(曹操)의 世子(長子) 曹丕(조비)[203]를 五官中郎將에[204] 임명하였는데 관속을 두고

202 銅雀臺는 鄴城(今 河北省 邯鄲市 臨漳縣 三臺村)에 건립한 누각(210년). 조조의 아들 曹植(조식)이 〈銅雀臺賦〉를 지은 것은 建安 17년(서기 212)이었다. 《三國演義》에서 諸葛亮(제갈량)은 〈銅雀臺賦〉의 '攬二喬於東南兮, 樂朝夕之與共' 을 인용하여 吳의 周瑜(주유)를 격분케 하여 曹操와의 전쟁에 끌어들여 赤壁大戰(서기 208년)을 치른다. 이를 보면 《삼국연의》가 사건과 인물 또는 시기를 교묘하게 얽어 엮어낸 허구임을 알 수 있다.

203 曹丕(조비, 187-226년)는 曹操의 장남. 魏 文帝. 재위 220-226. 曹操의 長子 曹昂(조앙)은 庶出이었는데 張繡(장수)의 반란 중에 전사했다. 曹丕가 장남이고 아우 曹彰(조창)은 별명이 '黃鬚兒(황수아)' 로 勇將이었다. 삼남 曹植(조식)은 文學에 뛰어나 특히 글을 잘 지었으니 유명한 〈洛神賦〉가 있다. 조식은 조조의 총애를 받았지만 曹丕(조비)와의 爭位에 失敗하여 陳王으로 책립되었다. 《魏書》 19권, 〈任城陳蕭王傳〉에 입전.

204 五官中郎將은 후한의 관직명. 후한 光祿勳(中二千石, 皇帝宿衛, 宮殿門戶 경비 총책)의 속관으로 질록 比二千石의 五官中郎將, 左,右中郎將, 虎賁中郎將. 羽林中郎將 등을 두었다. 五官中郎將의 속관으로는 五官中郎(比6석). 五官侍郎(比4백석), 五官郎中(比3백석) 등이 있었는데 정원은 없고, 황제호위와 궁궐경비를 담당하였다.

승상을 보좌케 하였다.

太原郡의 商曜(상요) 등이 (太原郡) 大陵縣(대릉현)에서 반역하자, 夏侯淵(하후연)[205]과 徐晃(서황)을 파견하여 격파하였다. 張魯(장로)[206]가 漢中郡(한중군)에 웅거하였는데 3월에 鍾繇(종요)[207]를 보내 토벌하였다. 조조는 夏候淵 등을 河東郡에서 출발케 하여 鍾繇(종요)와 합세케 하였다.

| 原文 |

是時關中諸將疑繇欲自襲, 馬超遂與韓遂,楊秋,李堪,成宜等叛. 遣曹仁討之. 超等屯潼關, 公敕諸將, "關西兵精悍, 堅壁勿與戰."

秋七月, 公西征, 與超等夾關而軍. 公急持之, 而潛遣徐晃,朱靈等夜渡蒲阪津, 據河西爲營. 公自潼關北渡, 未濟, 超赴

205 夏侯淵(하후연, ?-219년, 字 妙才)은 沛國 譙縣(今 安徽省 亳州市) 출신. 수많은 전투에서 맹활약하여 '虎步關右, 所向無前' 이라고 했다. 建安 20년 이후 征西將軍이 되어 漢中을 지켰는데 劉備의 部將 黃忠에게 패전하여 피살되었다. 用兵에서는 경무장 병사로 급습을 좋아했고 무모할 정도로 도전적이었다. 평소에 의리를 지키며 강조하였다.《魏書》9권, 〈諸夏侯曹傳〉에 입전.

206 張魯(장로, ?-216년?, 245년?)는 五斗米道의 창립자 張陵(장릉, 張道陵)의 손자, 張衡(장형)의 아들. 天師道의 教主. 張道陵은 늘 호랑이를 타고 다녔으며 葛玄(갈현), 許遜(허손) 등과 함께 四大天師로 추앙된다. 한때 武將으로 漢中郡 일대를 장악했었다.《魏書》8권, 〈二公孫陶四張傳〉에 입전.

207 鍾繇(종요, 151-230년, 字 元常) - 豫州 潁川 長社縣 출신. 曹魏의 重臣, 유명한 서예가. 太傅 역임. 晉代 書法家 王羲之와 함께 '鍾王' 으로 불린다.《魏書》13권, 〈鍾繇華歆王朗傳〉에 立傳.

船急戰. 校尉丁斐因放牛馬以餌賊, 賊亂取牛馬, 公乃得渡, 循河爲甬道而南. 賊退, 拒渭口, 公乃多設疑兵, 潛以舟載兵入渭, 爲浮橋, 夜, 分兵結營於渭南. 賊夜攻營, 伏兵擊破之. 超等屯渭南, 遣信求割河以西請和, 公不許.

九月, 進軍渡渭. 超等數挑戰, 又不許. 固請割地, 求送任子, 公用賈詡計, 僞許之. 韓遂請與公相見, 公與遂父同歲孝廉, 又與遂同時儕輩, 於是交馬語移時, 不及軍事, 但說京都舊故, 拊手歡笑. 旣罷, 超等問遂, "公何言?" 遂曰, "無所言也."

超等疑之. 他日, 公又與遂書, 多所點竄, 如遂改定者, 超等愈疑遂. 公乃與克日會戰, 先以輕兵挑之, 戰良久, 乃縱虎騎夾擊, 大破之, 斬成宜,李堪等. 遂,超等走涼州, 楊秋奔安定, 關中平.

諸將或問公曰, "初, 賊守潼關, 渭北道缺, 不從河東擊馮翊而反守潼關, 引日而後北渡, 何也?"

公曰, "賊守潼關, 若吾入河東, 賊必引守諸津, 則西河未可渡, 吾故盛兵向潼關, 賊悉衆南守, 西河之備虛, 故二將得擅取西河, 然後引軍北渡, 賊不能與吾爭西河者, 以有二將之軍也. 連車樹柵, 爲甬道而南, 旣爲不可勝, 且以示弱. 渡渭爲堅壘, 虜至不出, 所以驕之也, 故賊不爲營壘而求割地. 吾順言許之, 所以從其意, 使自安而不爲備, 因畜士卒之力, 一旦擊之, 所謂疾雷不及掩耳, 兵之變化, 固非一道也."

始, 賊每一部到, 公輒有喜色. 賊破之後, 諸將問其故. 公答曰, "關中長遠, 若賊各依險阻, 征之, 不一二年不可定也. 今皆來集, 其衆雖多, 莫相歸服, 軍無適主, 一擧可滅, 爲功差易, 吾是以喜."

冬十月, 軍自長安北征楊秋, 圍安定. 秋降, 復其爵位, 使留撫其民人.

十二月, 自安定還, 留夏侯淵屯長安.

| 국역 |

이때에 關中의 여러 장수들은 종요가 자기들을 기습할 것이라 의심하였는데, 馬超(마초)[208]는 나중에 韓遂(한수),[209] 楊秋(양추), 李堪(이감), 成宜(성의) 등과 함께 배반하였다. (조조는) 曹仁을 보내 그들을 토벌케 하였다. 마초 등은 潼關(동관)[210]에 주둔하고 있었는데, 조조는 여러 장수들에게 "關西의 군사들은 정병으로 용감하니 굳게 지키면서 전투를 벌이지 말라."고 주의를 촉구하였다.[211]

---

208 馬超(마초, 176 - 222년, 字 孟起)는 馬騰(마등, ? - 212년, 字 壽成, 馬援의 후손)의 아들. 蜀漢 五虎將軍의 1人. 《蜀書》 6권, 〈關張馬黃趙傳〉에 立傳. 《三國演義》에서 조조는 "저 馬氏 애송이가 죽지 않으면 내 묻힐 자리가 없을 것이다.(馬兒不死, 吾無葬地矣.)"라고 말할 정도로 마초를 두려워했다.

209 韓遂(한수, ? - 215년, 一名 韓約, 字 文約)는 후한 말 涼州 출신 군벌의 한 사람.

210 潼關(동관)은 今 陝西省 동남부 渭南市 관할 潼關縣 북쪽의 관문, 北東쪽으로 黃河에 연접. 후한 建安 원년(196年)에 건립.

211 조조는 "전투는 내가 하는 것이지 적이 하는 것이 아니다. 적이 비록 長槍(장

가을 7월에, 조조가 서쪽으로 원정에 나서서 馬超 등과 관문을 끼고 양쪽에 주둔하였다. 조조는 마초 등을 견제 핍박하면서 은밀히 徐晃(서황), 朱靈(주령)[212] 등을 보내 밤에 몰래 蒲阪津(포판진)을 건너 河水 서쪽에 진을 치게 했다. 조조는 동관에서 북으로 하수를 건너는데 군사가 다 건너기도 전에 마초 등이 급박하게 공격하였다. 그러자 校尉인 丁斐(정비)가 미끼로 소나 말을 풀어놓자 적은 멋대로 소나 말을 잡으려 서둘렀고 조조는 河水를 건널 수 있었으며 河水를 따라 甬道(용도)[213]를 만들어 남진하였다.

적도는 물러나 渭水(渭河) 입구에서 저항하였는데 조조는 곳곳에 疑兵(의병)을 설치해 놓고 은밀히 군사를 배에 태워 渭水(위수)[214]를 따라 올라가 부교를 설치하고 군사를 건너보내 위수 남쪽에 군영을 설치케 하였다. 적군이 밤에 군영을 공격했으나 조조는 伏兵으로 격파하였다. 마초 등은 위수 남쪽에 주둔하면서 인편에 서신을 보내 황하를 경계로 講和(강화)를 요청했지만 조조는 허락지 않았다.

창)에 익숙하다지만 찌를 상대가 없을 것이니 여러분들은 그냥 지켜보기만 하라."고 말했다.

212 朱靈(주령, ?170-230년?, 字 文博) - 본래 원소 수하의 장수. 조조가 도겸을 공격할 때 주령은 조조에 귀부하였다. 建安 4년(서기 199)에 조조는 朱靈을 유비와 함께 보내 원술을 막게 했는데 마침 원술이 죽자, 유비는 조조의 군대를 가지고 서주를 차지한 다음에 반기를 들었다. 그리고 주령을 조조에게 돌려보냈다. 조조는 이에 주령을 죽이려 했지만 주변의 권유로 죽이지는 않았다. 이후 주령은 여러 차례 전공을 세웠고 열후가 되었는데 그 명성은 徐晃(서황) 등 보다 약간 아래였다. 《魏書》 17권, 〈徐晃傳〉 말미에 기록이 있다.

213 甬道(용도)는 길 양쪽에 담을 쌓은 비상 통로. 이때 조조는 수레를 이어 방책을 형성한 다음에 군사를 이동케 하였다.

214 渭水(위수)는 黃河의 가장 큰 지류.

9월에, 조조의 군사는 渭水를 건넜다. 마초 등이 자주 도전했지만 조조는 응전하지 않았다. 마초 등이 땅을 나누고 인질 교환을 제의하자, 조조는 賈詡(가후)의 계략에 의거 거짓으로 수락하였다.

그 무렵 韓遂(한수)가 조조에게 만나자고 요청했는데, 조조와 한수의 부친이 같은 해에 孝廉으로 천거를 받았고, 또 한수와는 비슷한 나이였기에 서로 만나 말을 나란히 하며 이야기를 했지만 군사에 관한 이야기는 없이 다만 京都의 옛 이야기를 하면서 손을 잡고 환담하며 웃었다. 헤어진 다음에 마초 등이 한수에게 "무슨 이야기를 했느냐?" 고 물었지만, 한수는 "특별한 이야기는 없었다." 고 말했다.

그러나 마초 등은 한수를 의심했다. 그 뒤에, 조조가 한수에게 서신을 보냈는데 여러 곳에 점으로 글자를 지워 마치 한수가 고친 것처럼 보였기에 마초 등은 한수를 더욱 의심하였다. 조조는 마초 등과 날짜를 정해 會戰하였는데 먼저 경무장 군사로 싸우다가는 나중에 중무장 기병으로 공격하여 대파하면서 成宜(성의), 李堪(이감) 등을 죽였다. 한수와 마초 등은 涼州(양주)로[215] 도주하였고, 楊秋(양추)는 安定郡(안정군)[216]으로 도주했기에, (조조는) 關中 지역을 모두 평정하였다. 여러 장수 중 한 사람이 조조에게 물었다.

"그전에 賊徒(적도)가 潼關(동관)에서 막을 때, 渭水 북쪽의 길에

---

215 涼州(양주)는 후한 13자사부의 하나. 後漢시대 양주자사부의 치소는 天水郡(漢陽郡) 隴縣(今 甘肅省 天水市 張家川回族自治縣에 해당). 양주자사부의 관할은 隴西郡, 漢陽郡, 武都郡, 安定郡, 北地郡, 武威郡, 張掖郡, 酒泉郡, 敦煌郡, 張掖屬國, 張掖居延屬國 등.

216 安定郡의 治所는 臨涇縣(임경현), 今 甘肅省 동부 慶陽市 관할 鎭原縣.

수비가 없이 비었는데도 우리가 河東郡(하동군)에서 左馮翊(좌풍익)을 공격하지 않고 동관에서 적과 맞서면서 시일을 끌은 다음에야 북쪽으로 하수를 건너 진격한 이유가 무엇입니까?"

이에 조조가 말했다.

"賊徒(적도)가 潼關(동관)을 지키고 있는데 우리가 河東郡으로 진격하면 적도는 여러 나루의 군사를 끌어들여 수비할 것이며, 그러면 우리가 西河(서하)[217]를 건널 수 없기에 나는 군사를 모아 潼關(동관)으로 진격하여 적이 한데 모여 남쪽을 수비케 하여 西河를 비우게 한 뒤에, 두 장수(徐晃, 朱靈)를 보내 서하를 건너 확보케 한 다음, 군사를 이끌고 북쪽에서 강을 건넜다. 적이 우리와 西河를 놓고 싸울 수 없었던 것은 장군 2명이 미리 건너가 있었기 때문이다. 그리하여 수레를 이어 울타리로 삼고 甬道(용도)를 통해 남쪽으로 진출하였다. (서로 대치하는 동안) 우리가 이길 수 없다는 형세와 허약한 병력을 적에게 보여준 것이다. 그리고 渭水(위수)를 건너간 다음에는 튼튼한 보루를 구축하고서 적이 도전하여도 응전하지 않은 것은 적을 교만케 한 것이며, 그 때문에 적은 보루를 축성하지도 않고서 (교만하게도) 땅을 갈라 강화를 요청하였다. 내가 그들 요구에 따라 허용한 것은 그 뜻을 따라주어 적이 안심하며 대비하지 않게 하였고, 또 우리 사졸의 역량을 비축하고서, 一朝에 적을 공격하였

217 西河는 黃河 상류의 한 부분. 今 寧夏回族自治區 銀川市 일대와 내몽고 지역에서 南에서 北으로 흐르는 황하를 지칭하나 여기서는 내몽고 지역에서 陝西省과 山西省의 경계를 이루면서 거의 직선으로 북에서 남으로 흐르는 황하를 지칭한다. 郡名으로 西河郡의 치소는 平定縣, 今 內蒙古 鄂爾多斯市 동쪽의 準格爾旗 서남.

는데, 이는 뇌성 벽력에 귀를 막을 새도 없는 것과 마찬가지이니 군사의 변화와 대응은 결코 한 가지가 아닐 것이다."

그전에 적군의 부대가 집결할 때마다 조조는 기뻐했다. 적을 격파한 뒤에 여러 장수들이 그 까닭을 물었다. 이에 조조가 말했다.

"關中(관중) 땅은 멀고도 넓은 땅인데 만약 적도가 험한 지형에 따라 웅거하면 정벌한다 하여도 1, 2년에 다 평정할 수 없다. 그런데 이번에 한 곳으로 모여들었으니 적의 숫자가 많다지만 서로 누구에게 소속된 것도 아니며, 또 그들 주동자도 없으니 일거에 쉽게 격멸할 수 있었기에 내가 기뻐했었다."

겨울인 10월, 조조의 군사는 長安에서 북으로 진격하여 楊秋(양추)[218]를 정벌하며 安定郡을 포위하였다. 양추가 투항하자 그 옛 작위를 회복시켜 주며 남아서 백성을 慰撫(위무)하게 하였다. 12월에, 조조는 安定郡에서 돌아왔고 夏侯淵(하후연)을 남겨 長安에 주둔케 하였다.

| 原文 |

十七年春正月, 公還鄴. 天子命公贊拜不名, 入朝不趨, 劍履上殿, 如蕭何故事. 馬超餘衆梁興等屯藍田, 使夏侯淵擊平之. 割河內之蕩陰,朝歌,林慮, 東郡之衛國,頓丘,東武陽,發幹, 鉅鹿之瘿陶,曲周,南和,廣平,任城, 趙之襄國,邯鄲,易陽以

218 楊秋(양추)는 魏 건국 후 文帝 黃初(황초) 연간에 討寇將軍으로 승진하였고, 臨涇侯(임경후)에 봉해졌으며 壽終하였다.

益魏郡.

冬十月, 公征孫權.

| 국역 |

(건안) 17년 봄 정월(서기 212), 조조는 (魏郡) 鄴縣(업현)으로 돌아왔다. 天子는 (獻帝) 조조가 황제를 알현할 때 이름을 아뢰지 않고 入朝하면서 종종걸음을 치지 않으며(不趨, 불추) 칼을 차고 신발을 신은 채 전각에 오를 수 있게 하여, (前漢) 蕭何(소하)의 전례를 따르도록 허용하였다.

馬超(마초)의 잔당인 梁興(양흥) 등이 藍田縣(남전현)에 모여들자 夏侯淵(하후연)을 보내 토벌 평정하였다.

河內郡의 蕩陰(탕음), 朝歌(조가),[219] 林慮縣(임려현), 東郡의 衛國(위국), 頓丘(돈구), 東武陽(동무양), 發幹縣(발간현), 鉅鹿郡(거록군)의 癭陶(영도),[220] 曲周(곡주), 南和(남화), 廣平縣(광평현), 任城國(임성국), 趙國(조국)의 襄國(양국), 邯鄲(한단), 易陽縣(역양현)을 할애하여 魏郡(위군)의 땅을 넓혀주었다.

겨울인 10월에, 조조는 孫權(손권)을 원정했다.

| 原文 |

十八年春正月, 進軍濡須口, 攻破權江西營, 獲權都督公孫

219 朝歌(조가) – 殷 멸망 당시의 도읍. 今 河南省 북부 鶴壁市 관할 淇縣.

220 癭陶(영도)는 鉅鹿郡의 현명. 今 河北省 邢台市 관할 平鄉縣.

陽, 乃引軍還. 詔書並十四州, 復爲九州. 夏四月, 至鄴.

五月丙申, 天子使御史大夫郗慮持節策命公爲魏公 曰,

「朕以不德, 少遭愍凶, 越在西土, 遷於唐,衛. 當此之時, 若綴旒然, 宗廟乏祀, 社稷無位, 群凶覬覦, 分裂諸夏, 率土之民, 朕無獲焉, 卽我高祖之命將墜於地. 朕用夙興假寐, 震悼於厥心, 曰 "惟祖惟父, 股肱先正, 其孰能恤朕躬?" 乃誘天衷, 誕育丞相, 保乂我皇家, 弘濟於艱難, 朕實賴之. 今將授君典禮, 其敬聽朕命.」

| 국역 |

(建安) 18년(서기 213) 봄 정월, (조조는) 濡須口(유수구)[221]에 진군하여, 孫權의 長江 서쪽 군영을 격파하고 손권의 都督(도독)인 公孫陽(공손양)을 생포하여 귀환하였다.

詔書(조서)를 내려 14州를 합병하여 (禹貢)[222] 9州를 복원하였다.

221 濡須口(유수구)는 今 安徽省 중부 巢湖市(소호시, 長江 북안). 曹魏와 東吳 손권의 싸움터, 213, 217, 222년에 대규모 결전이 있었다. 그전에 조조의 모사 荀彧(순욱)은 조조가 九錫을 받는 것에 찬동하지 않았다. 손권을 원정하는 조조를 따라 유수구에 왔는데 순욱은 병이 나서 壽春(수춘, 今 安徽省 淮南市 壽縣)에 머물렀다. 조조가 음식을 보내서 순욱이 받아 열어보니 아무것도 없는 빈 그릇이라서 순욱은 곧 약을 마시고 자살하였다. 나이는 50세였다.

222 〈禹貢〉은《尙書》의 篇名. 中國의 地理와 方物, 賦稅에 관한 내용을 기록했다. 夏왕조 禹王이 지은 것으로 되어있지만 周朝 戰國시대의 저작이라 알려졌다. 〈禹貢〉에서는 중국을 冀州, 兗州(연주), 青州, 徐州, 揚州, 荊州, 豫州, 梁州, 雍州(옹주)로 구분하였다. 〈우공〉의 梁州가 없는 대신 後漢에서는 益州가 들어갔다. 建安 18년(서기 213)에 조서를 내려, 후한 14자사부(司隸校尉部 포함) 중, 幽州와 幷州를 없애어 그 군국을 冀州에 소속시키고, 司隸校

여름 4월, 鄴縣으로 돌아왔다.

5월, 丙申日에 天子(獻帝)는 御史大夫인 郗慮(치려)[223]를 시켜 符節을 갖고 가서 策命으로 조조를 魏公으로 봉했다.[224]

「朕이 不德하여 어려서부터 우환과 재난(愍凶, 민흉)을 당하여 억지로 西土에 (長安) 갔다가 唐國[225]과 衛(위)로 옮겨 다녔다. 그때에 마치 깃발이 펄럭이듯 부딪혔고 宗廟에는 제사가 끊기고 社稷(사직)에는 神位가 없었으며 흉포한 자는 제위를 노렸고, 中原은 이리저리 갈렸으며 땅 위의 백성들을 다스릴 수도 없었으니, 우리 高祖께서 받으신 天命도 땅에 떨어질 것 같았다. 짐은 새벽부터 밤늦도록 잠을 잘 수도 없어 두려운 마음으로 말했다.

'나의 先祖와 先親, 조정의 대신으로 누가 짐을 가엽게 여겨 돌봐주겠는가?' 이에 하늘이 감동하시어 曹丞相을 낳고 기르시어 나의 황실을 보호하고 난관에서 구원케 하니 朕(짐)은 승상에 의지하였도다. 이제 승상에게 융성한 의례를 갖추나니 짐의 命을 경청하라.」

尉와 幷州를 없애고 그 군국을 雍州(옹주)에, 交州를 없애고 형주와 익주에 나눠 소속시켰다.

223 郗慮(치려, 字 鴻豫, 郗는 고을 이름 치)는 鄭玄에게 배웠고, 建安 초에 侍中을 역임. 조조가 승상일 때 치려는 어사대부였다. 華歆(화흠)이 伏皇后를 잡아갈 때, 치려는 헌제와 같이 있었다. 복황후가 살려달라고 애원할 때 헌제는 "郗公(치공), 天下에 이런 일도 있습니까!"라고 탄식했다.

224 이 策書는 尙書左丞인 潘勖(반욱, 字 元茂)의 저작으로 알려졌다.

225 唐은 堯國, 堯(陶唐氏).의 후손을(祁姓) 봉한 제후국, 今 山西省 남부 臨汾市(임분시) 관할 翼城縣에 해당. 나중에 周 成王이 唐國을 멸망시킨 뒤 그 일족을 계속 분봉하였고 일부가 나중에 今 河南省 唐河縣 일대에 옮겨 살았다.

| 原文 |

「昔者董卓初興國難, 群后釋位以謀王室, 君則攝進, 首啓戎行, 此君之忠於本朝也. 後及黃巾反易天常, 侵我三州, 延及平民, 君又翦之以寧東夏, 此又君之功也. 韓暹,楊奉專用威命, 君則致討, 克黜其難, 遂遷許都, 造我京畿, 設官兆祀, 不失舊物, 天地鬼神於是獲乂, 此又君之功也. 袁術僭逆, 肆於淮南, 懾憚君靈, 用丕顯謀, 蘄陽之役, 橋蕤授首, 稜威南邁, 術以隕潰, 此又君之功也. 回戈東征, 呂布就戮, 乘轅將返, 張楊殂斃, 眭固伏罪, 張繡稽服, 此又君之功也. 袁紹逆亂天常, 謀危社稷, 憑恃其衆, 稱兵內侮, 當此之時, 王師寡弱, 天下寒心, 莫有固志, 君執大節, 精貫白日, 奮其武怒, 運其神策, 致屆官渡, 大殲醜類, 俾我國家拯於危墜, 此又君之功也. 濟師洪河, 拓定四州, 袁譚,高幹, 咸梟其首, 海盜奔迸, 黑山順軌, 此又君之功也. 烏丸三種, 崇亂二世, 袁尙因之, 逼據塞北, 束馬縣車, 一征而滅, 此又君之功也. 劉表背誕, 不供貢職, 王師首路, 威風先逝, 百城八郡, 交臂屈膝, 此又君之功也. 馬超,成宜, 同惡相濟, 濱據河,潼, 求逞所欲, 殄之渭南, 獻馘萬計, 遂定邊境, 撫和戎狄, 此又君之功也. 鮮卑,丁零, 重譯而至, 單于白屋, 請吏率職, 此又君之功也. 君有定天下之功, 重之以明德, 班敘海內, 宣美風俗, 旁施勤敎, 恤愼刑獄, 吏無苛政, 民無懷慝. 敦崇帝族, 表繼絶世, 舊德前功,罔不咸秩, 雖伊尹格於皇天, 周公光於四海, 方之蔑如也.」

| 국역 |

「옛날 董卓(동탁)이 맨 먼저 國難(국난)을 일으킨 뒤로, 여러 제후들이 자기 직위를 버리고 황실을 도우려 하였는데, 魏公은(原文의 君, 曹操) 스스로 맨 먼저 의병을 일으키니, 이는 魏公의 本朝에 대한 충성이었다. 그 후로 黃巾賊들이 天道(天常)를 위배하며 나의 3개 州를 어지럽혀 그 폐해가 백성에게 미치자 魏公은 賊徒(적도)를 정벌하여 中原의 동쪽을 편안케 하였으니, 이는 魏公의 공적이었다.

韓暹(한섬)과 楊奉(양봉)이 제멋대로 위세를 부릴 때, 魏公은 그들을 토벌하여 난관을 극복하고 許都로 천도케 하여 짐의 도읍을 중건하고 여러 백관을 정비하였으며 단을 쌓고 제사를 지내어 지난날의 典章法度를 회복시켜 天地의 모든 신령이 평안하였으니, 이 또한 魏公의 공로였다.

袁術(원술)이 외람되이 반역하며 淮南에서 방자할 때 祖宗의 신령이 두려워했으나 魏公은 훌륭한 방략으로 蘄陽(기양)[226]의 싸움에서 (원술의 部將) 橋蕤(교유)를 죽이고 위엄을 떨쳐 남방으로 전진하여 원술을 패망케 하였으니, 이 또한 魏公의 공로였다.

이어 魏公은 군사를 거느리고 동방을 원정하여 呂布(여포)를 죽이고 군사를 돌려 조정에 돌아오자 (前 大司馬) 張楊(장양)이 죽은 뒤 일어난 眭固(수고, 휴고)를 죽였고, 張繡(장수)를 항복케 하니, 이 또한 魏公의 공로였다.

---

226 蘄陽之役(기양지역)은 蘄陽(기양)의 전투. 役은 소규모의 전쟁. 戰役.

袁紹(원소)가 天道를 문란케 하고 社稷(사직)에 危害(위해)를 가하면서 많은 군사를 거느리고 천하를 침범할 때, 조정의 王師는 많지 않고 또 허약하여 온 천하가 걱정하며 어찌할 바를 몰랐으니, 魏公은 큰 지조를 지켰고 그 至誠이 하늘에 닿았으며, 뛰어난 무예로 發奮(발분)하고 신통한 방책으로 官渡(관도)에 친히 臨戰(임전)하여 추악한 적도를 섬멸하여 짐의 나라를 추락의 위기에서 구출하니, 이 또한 魏公의 공적이었다.

魏公의 군사는 넓은 河水를 건너 북방 4개 州를 평정하였으니 袁譚(원담)과 高幹(고간) 등을 모두 梟首(효수)하였으며 海賊(해적)은 달아나 숨었고(奔迸 분병), 黑山賊(흑산적)을 귀순시켰으니, 이 또한 魏公의 공적이었다.

(북방) 三郡의 烏桓族(오환족)은 兩代에 걸쳐 횡행하였는데 袁尙(원상)이 이를 발판삼아 북쪽 변경을 핍박하자 魏公은 온갖 난관을 이겨내며[227] 한 번의 원정으로 박멸하니, 이 또한 魏公의 공적이었다.

(형주의) 劉表(유표)가 망령되이 반역하며 조정에 朝貢(조공)하지 않자 (魏公이 거느린) 王師는 바로 원정길에 올라 威嚴(위엄)을 먼저 알리자 (荊州) 8개 郡의 모든 邑城이 拱手(공수)하고 무릎을 꿇었으니, 이 또한 魏公의 공적이었다.

또 馬超(마초), 成宜(성의) 같은 악당들이 서로 결속하여, 河水와 潼關(동관)의 물가에 웅거하고 야욕을 드러내자, 위공은 이들을 渭水(위수) 남쪽에서 섬멸하며 수만 명 적도를 죽여 마침내 변경을 안

227 원문의 束馬縣車(속마현거)는 말을 묶어 절벽을 내리고 戰車를 밧줄로 끌어올리다. 원정의 어려움을 묘사한 말.

정시키고 戎狄(융적)을 慰撫(위무)한 것 역시 魏公의 공적이었다.

그리고 鮮卑(선비)와 丁零(정령)[228] 같은 종족이 2중 통역을 거치면서 사자를 보내오고 (흉노족) 白屋(백옥) 單于(선우)가 사자를 보내 稱臣(칭신) 朝貢(조공)한 것도 魏公의 공적이었다.

魏公은 천하를 안정시킨 공적에 훌륭한 品德으로 천하의 질서를 바로잡았고 미풍양속을 널리 보급하고 백성을 교화시켰고, 신중한 형벌로 백성을 긍휼히 여겨 관리의 가혹한 정사를 없애니 간악한 마음을 품은 백성이 없었다. 황족을 존숭하고 제후의 끊어진 대를 이어주고 전세에 이룬 공적을 표창하니 비록 伊尹(이윤)이 皇天을 보필하였고, 周公(주공)이 四海(천하)를 밝게 했다지만, 魏公의 공적보다 더 훌륭하지는 못할 것이다.」

| 原文 |

「朕聞先王並建明德, 胙之以土, 分之以民, 崇其寵章, 備其禮物, 所以藩衛王室, 左右厥世也. 其在周成, 管,蔡不靜, 懲難念功, 乃使邵康公賜齊太公履, 東至於海, 西至於河, 南至於穆陵, 北至於無棣, 五侯九伯, 實得征之, 世祚太師, 以表東海. 爰及襄王, 亦有楚人不供王職, 又命晉文登爲侯伯, 錫以二輅,虎賁,鈇鉞,秬鬯,弓矢, 大啓南陽, 世作盟主. 故周室之

228 丁零(정령, Dīnglíng) – 前 3세기에서 서기 5세기에 걸쳐 貝加爾湖(바이칼 호, 北海) 남방, 蒙古 高原 북부, 남 西伯利亞(시베리아)에서 활동했던 突厥(돌궐) 계통의 유목민. 匈奴의 별종이라는 주석도 있다. 丁令으로도 표기.

不壞, 緊二國是賴. 今君稱丕顯德, 明保朕躬, 奉答天命, 導揚弘烈, 綏爰九域, 莫不率俾, 功高於伊,周, 而賞卑於齊,晉, 朕甚恧焉. 朕以眇眇之身, 託於兆民之上, 永思厥艱, 若涉淵冰, 非君攸濟, 朕無任焉. 今以冀州之河東,河內,魏郡,趙國,中山,常山,鉅鹿,安平,甘陵,平原凡十郡, 封君爲魏公. 錫君玄土, 苴以白茅, 爰契爾龜, 用建冢社. 昔在周室, 畢公,毛公入爲卿佐, 周,邵師保出爲二伯, 外內之任, 君實宜之, 其以丞相領冀州牧如故.」

| 국역 |

「朕(짐)이 알기로, 先王께서는 공을 세우고 明德을 갖춘 자에게 토지와 백성을 나눠주고, 좋은 예복으로 공덕을 표창하며, 예물을 갖추게 하여 황실의 울타리로 삼고 主君을 보좌케 하였도다.

옛 周室이 흥성할 때, 管叔(관숙)과 蔡叔(채숙)[229]이 반기를 들자 환난을 먼저 진압하고 공적을 표창할 계획으로 邵康公(소강공)에게 齊太公(태공)의 封地를 지급하였으니, 동쪽으로는 東海에, 서쪽으로는 河水, 남으로는 穆陵(목릉), 北으로는 無棣(무체)에 이르기까지 五侯九伯을 모두 정벌케 하였고, 대대로 太師의 지위를 담당케 하여 東海 전 지역에 널리 알리게 하였다. 그리고 (東周) 襄王(양왕, 재위 前 652－619년)에 이르러, 楚人이 天子에게 공납을 이행치 않자, 晉 文公을(春秋五霸의 한 사람, 재위 前 636－628년) 제후의 우두머리로

229 管,蔡는 管叔(관숙)과 蔡叔(채숙). 周 武王(名 發)과 周公(名 旦)의 아우.

삼아, 二輅(이로, 大輅와 戎輅)와 虎賁(호분, 勇士), 鈇鉞(부월), 秬鬯(거창, 香酒), 弓矢(궁시, 활과 화살)를 하사하고 南陽(남양)의 땅을 크게 넓혀주어 대대로 盟主로 삼았었다. 그래서 周室이 붕괴되지 않은 것은 전적으로 齊와 晉(진) 두 나라의 힘이었도다.

이제 魏公의 뛰어난 공적과 덕행을 칭송하나니 전력을 다하여 짐의 안전을 지켜주고 천명을 받들며 큰 功業을 더욱 넓혀 九州를 안정시켜 순종하지 않는 자가 없게 할 것이니, (魏公의) 공덕은 伊尹(이윤)과 周公(주공)보다 더 나은데도 그 賞勳이 齊(제)나 晉(진)에 못 미치니 짐이 심히 부끄러운 뿐이다(恧은 부끄러울 뉵). 朕이 비록 微弱(미약)한 몸이나 億兆蒼生(억조창생)의 위에 있으면서 늘 (天子 자리의) 어려움을 마치 깊은 연못가를 지나듯 엷은 얼음을 밟는 것과 같다고 생각하고 있나니, 魏公의 도움이 아니라면 짐은 의지할 곳이 없도다.

이제 冀州의 河東, 河內, 魏郡, 趙國, 中山, 常山, 鉅鹿(거록), 安平, 甘陵(감릉), 平原의 총 10개 郡의 땅으로 魏公을 封하노라. 그리고 魏公에게 玄土(현토)를 白茅(백모)에 싸서 하사하며,[230] 이를 龜甲(귀갑)에 새겨두고 조상과 諸神을 제사토록 할지어다.

옛날 周室에서도 畢公(필공)과 毛公(모공)을 卿으로 근무케 하였고, 周公과 邵公(소공, 召公)을 太師와 太保의 二伯으로 삼아, 내외의 여러 일을 맡겼나니 魏公도 이를 본받아 시행하며, 丞相(승상)으로서 冀州牧을 전처럼 다스리게 하라.」

230 錫君玄土, 苴以白茅 – 제후를 封하는 의식의 하나로 그 방위에 속하는 색의 흙을 흰 띠(白茅, 백모)로 싸서 하사하였다. 君은 조조에 대한 존칭. 冀州는 許都의 북방이기에 검은색의 흙(縣土)을 하사하였다.

| 原文 |

「又加君九錫, 其敬聽朕命. 以君經緯禮律, 爲民軌儀, 使安職業, 無或遷志, 是用錫君大輅,戎輅各一, 玄牡二駟. 君勸分務本, 穡人昏作, 粟帛滯積, 大業惟興, 是用錫君袞冕之服, 赤舃副焉. 君敦尚謙讓, 俾民興行, 少長有禮, 上下咸和, 是用錫君軒縣之樂, 六佾之舞. 君翼宣風化, 爰發四方, 遠人革面, 華夏充實, 是用錫君朱戶以居. 君研其明哲, 思帝所難, 官才任賢, 群善必擧, 是用錫君納陛以登. 君秉國之鈞, 正色處中, 纖毫之惡, 靡不抑退, 是用錫君虎賁之士三百人. 君糾虔天刑, 章厥有罪, 犯關干紀, 莫不誅殛, 是用錫君鈇鉞各一. 君龍驤虎視, 旁眺八維, 掩討逆節, 折沖四海, 是用錫君彤弓一, 彤矢百, 玈弓十, 玈矢千. 君以溫恭爲基, 孝友爲德, 明允篤誠, 感於朕思, 是用錫君秬鬯一卣, 珪瓚副焉. 魏國置丞相已下群卿百寮, 皆如漢初諸侯王之制. 往欽哉, 敬服朕命! 簡恤爾衆, 時亮庶功, 用終爾顯德, 對揚我高祖之休命!」

| 국역 |

「또 魏公에게 九錫(구석)[231]을 하사하나니, 朕(짐)의 命을 경청하라.

231 九錫 – 국가에 아주 큰 공적을 쌓은 원로대신의 공덕을 표창하기 위해 내리는 9가지 물건. 車馬(말 여덟 필이 끄는 큰 수레 2종류), 衣服(王者의 옷과 신발), 樂絃(王者之樂), 朱戶(붉은 칠을 한 대문이 있는 집), 納陛(납승, 거처에 계단 설치), 虎賁(호분, 수문 군사), 斧鉞(부월, 도끼), 弓矢(붉은색과 검은색의 활과 화

이미 魏公(위공)이 예제와 형벌을 바로잡았고 백성이 지켜야 할 준칙을 마련하여 백성이 생업에 평안히 종사하며 다른 곳으로 이주하려는 마음이 없게 하였으니 이게 위공에게 大輅(대로)와 戎輅(융로, 戰車)를 각 1대씩 하사하며 검은 수컷 말 二駟(이사, 2×4, 8마리)를 하사하노라. 그리고 위공은 백성이 서로 도와 본분을 지키고 농사에 힘쓰게 할 것이며 곡식과 옷감을 비축케 하면 나라가 크게 융성할 것이니, 이에 위공에게 袞冕之服(곤면지복, 곤룡포와 면류관의 복장)과 붉은 신발을(赤舃, 舃은 신발 석) 같이 하사하노라. 위공은 겸손과 禮讓(예양)을 숭상하여 백성이 본받게 할 것이니 어른과 아이가 예를 따르고 상하 모두를 화목케 하여야 하니 위공에게 각종 악기와 六佾(육일)[232]의 舞樂(무악)을 하사하노라.

위공은 美風과 敎化를 사방에 널리 시행할지어니 먼 변방의 백성들까지도 改過自新케 하고 中原을 (원문의 華夏) 正氣로 채워야 하나니, 이에 위공에게 朱戶(대문을 붉게 칠한 집)에 거처토록 하노라. 위공은 명철한 지혜를 더욱 연마하며 堯舜(요순)도 어려워했던 현명한 인재 등용에 힘쓰면 모두가 善人을 천거할 것이니, 이에 위공에게 納陛(납폐, 계단을 설치)하여 오르내리도록 하사하노라. 위공은 국정의 대권을 장악하고 바른 안색(正色)으로 正中을 지키며, 미세한 惡이라도 몰리치지 않을 수 없나니, 이에 위공에게 虎賁(호분)의 용사 3백 명을 하사하노라. 위공은 천자의 법령을 엄히 실행해야

살), 秬鬯圭瓚(거창규찬, 香酒와 각종 제기) 등을 말한다. 본 策書에는 九錫을 하사하는 이유를 매 품목마다 설명하였다.

232 六佾(육일)은 6列×8人의 舞樂. 천자는 八佾의 舞樂을 공연할 수 있다. 佾은 춤추는 줄 일.

하나니 죄를 지은 자를 밝혀내고 국가 기강을 어지럽히는 자가 있다면 주살하지 않을 수 없나니, 이에 위공에게 鈇鉞(부월, 鈇 도끼 부, 작두, 鉞은 대형 도끼 월)을 각 하나씩 하사하노라. 위공은 龍馬처럼 내닫고 맹호처럼 사방팔방을 살펴 반역자를 토벌해야 하고 천하의 적을 무찔러야 하니, 이에 魏公에게 彤弓(동공, 붉은 칠을 한 활, 彤은 붉을 동) 한 자루와 彤矢(동시, 붉은 화살) 1백 개, 玈弓(노궁, 검은색 활) 10자루와 玈矢(노시, 검은색 칠을 한 화살) 1천 개를 하사하노라. 위공은 溫良恭儉(온량공검)을 바탕으로 효도와 우애의 덕을 베풀며 明知, 守信, 篤行(독행), 誠實로 짐을 감동케 하였나니, 이에 위공에게 秬鬯酒(거창주, 기장으로 담근 좋은 술) 한 통(卣는 술통 유)과 珪瓚(규찬, 옥 술잔)을 함께 하사하노라.

魏國에서는 승상 이하 여러 卿과 百官을 두어 漢初의 諸侯 王國과 같은 제도를 갖추도록 하라.[233] 위공은 封國에 부임하고 짐의 명을 삼가 실천하라! 아랫사람을 잘 고르고 백성을 긍휼히 여겨 많은 공적을 뚜렷하게 이루고 훌륭한 덕행을 성취하여 우리 高祖께서 받으신 아름다운 天命을 선양토록 하라!」[234]

233 漢初諸侯王之制 – 高祖가 형제와 아들을 봉한 同姓 제후와 異姓 제후인 王은 漢 중앙의 관제와 똑같은 제도를 갖추었었다. 중앙정부의 相國 蕭何(소하)처럼 제후국에도 상국을 두었다.

234 이런 책봉에 조조는 자신은 받을 수 없다고 사양하고, 그러면 온 조정의 신하가 서명하여 받아야 한다고 간청한다. 그러자 조조는 魏郡만을 봉지로 받겠다고 겸양을 내 보였다. 이런 겸양의 형식을 전한 말 王莽(왕망) 역시 그러했다. 사실 이로써 獻帝는 虛位의 황제가 되었다.

| 原文 |

秋七月, 始建魏社稷宗廟. 天子聘公三女爲貴人, 少者待年於國. 九月, 作金虎臺, 鑿渠引漳水入白溝以通河.

冬十月, 分魏郡爲東西部, 置都尉. 十一月, 初置尙書,侍中, 六卿. 馬超在漢陽, 復因羌,胡爲害, 氐王千萬叛應超, 屯興國. 使夏侯淵討之.

| 국역 |

가을인 7월에, 처음으로 魏國의 社稷과 宗廟를 건립하였다. 헌제는 魏公의 3명 딸을 貴人으로 맞이하였는데 어린 딸은 魏國에서 나이가 찰 때를 기다리게 했다.

九月에 金虎臺(금호대)를 건축했고 운하를 파고 漳水(장수)의 강물을 연결하여 白溝(백구)에서 河水와 연결시켰다.

겨울 10월, 魏郡을 東,西部로 나누고 각각 都尉[235]를 임명하였다. 11월 (魏國에) 처음으로 尙書[236]와 侍中(시중)[237], 그리고 六卿(6

235 都尉 – 각 郡에서 군사와 치안 관련 업무를 담당하며 태수보다 하위 직급인 郡 도위, 그리고 속국의 행정을 담당하는 屬國都尉가 있었다. 중앙에서 특수 임무를 수행하는 都尉로는, 예를 들어, 水衡都尉는 상림원을 감독하며 鑄錢(주전)과 황실의 재산을 관리하였다. 協律都尉 李延年(이연년)은 音樂 事務를 담당했다. 漢武帝는 奉車都尉, 駙馬都尉, 騎都尉를 신설하고 이를 三都尉라 하였는데 정원이 없는 직책이었다. 이들은 光祿勳(광록훈)의 속관으로 질록은 比二千石인데 奉車都尉(봉거도위)는 황제의 輿車를 담당했고, 駙馬都尉(부마도위)는 駙馬 담당(황제의 馬匹 관리), 騎都尉(기도위)는 황제를 호위하는 羽林騎兵 관련 업무를 담당하였다.

236 尙書令(상서령)은 少府의 屬官. 1인, 질록 千石. 前漢 武帝 때 환관으로 임용.

경)[238]을 두었다.

馬超(마초)는 漢陽郡[239]에 머물렀는데, 다시 羌族(강족)과 흉노의 침입을 받았고 氐王(저족 왕)[240]인 千萬(천만)의 부족이 반기를 들고 마초에 호응하자, 마초는 興國(흥국)이란 곳에 주둔하였다. 조조는 夏侯淵(하후연)을 보내 마초를 토벌케 하였다.

| 原文 |

十九年春正月, 始耕籍田. 南安趙衢,漢陽尹奉等討超, 梟其妻子, 超奔漢中. 韓遂徙金城, 入氐王千萬部, 率羌,胡萬餘騎與夏侯淵戰, 擊, 大破之, 遂走西平. 淵與諸將攻興國, 屠

나중에 中書謁者令으로 개칭. 전한 成帝 때 士人으로 임명. 황제에게 보고되는 서류관련 업무를 전담. 상서령의 속관으로 尙書僕射(상서복야, 1인, 질록 6백석)와 그 아래 尙書(6인, 질록 6백석)이 업무를 분담하였다. 荀攸(순유)가 魏國의 尙書令이었고 涼茂(양무)를 尙書僕射(상서복야), 毛玠(모개), 崔琰(최염) 등을 상서에 임용하였다.

237 侍中 – 侍中은 황제의 최측근 近侍官. 顧問應對 담당. 무 정원, 후한에서는 질록 比二千石의 實職. 그 우두머리가 侍中祭酒(시중제주, 비상설직, 전한에서는 侍中僕射). 어가 출행할 때 박식한 시중 1인이 參乘, 나머지는 후미에 수행. 中常侍(千石, 宦者, 比이천석으로 증액), 黃門侍郞(六百石, 환관이 아님), 小黃門(六百石, 宦者)을 거느렸다.

238 漢代에는 冢宰(총재), 司徒(사도), 宗伯(종백), 司馬, 司寇(사구), 司空(사공)을 六卿이라 칭한다는 주석이 있는데, 여기서는 여러 관리를 두고 업무를 분장했다는 뜻으로 해석할 수 있다.

239 漢陽郡은 天水郡을 개명한 郡으로, 治所는 冀縣(기현). 今 甘肅省 天水市 관할의 甘谷縣.

240 氐(저) – 古代 중국 서북부 소수 민족의 하나. 今 陝西省, 甘肅省, 四川省의 접경 지역이 주 활동무대. 匈奴, 鮮卑, 氐(저), 羯(갈), 羌(강)의 5胡의 하나.

之. 省安東,永陽郡.

安定太守毌丘興將之官, 公戒之曰, "羌,胡欲與中國通, 自當遣人來, 愼勿遣人往. 善人難得, 必將教羌,胡妄有所請求, 因欲以自利, 不從便爲失異俗意, 從之則無益事." 興至, 遣校尉范陵至羌中, 陵果教羌, 使自請爲屬國都尉. 公曰, "吾預知當爾, 非聖也, 但更事多耳."

| 국역 |

(건안) 19년(서기 214) 봄 정월, 처음으로 籍田禮(적전례)를 시행하였다. 南安郡(남안군)[241]의 趙衢(조구), 漢陽郡의 尹奉(윤봉) 등이 馬超(마초)를 토벌하고 그 처자를 죽여 梟首(효수)하자, 마초는 漢中郡[242]으로 도주하였다. 韓遂(한수)는 金城郡[243]으로 이주하여 氐王(저왕) 千萬의 군대에 소속되어, 羌族(강족)과 흉노의 1만여 기병을 거느리고서 夏侯淵(하후연)과 싸웠는데, 하후연이 공격하여 대파하자, 한수는 西平郡(서평군)[244]으로 도주하였다. 하후연과 여러 장수들이 興國縣(흥국현)을 공격하여 백성을 도륙하였다. 安東郡과 永陽郡을 폐지하였다.

241 南安郡은 後漢 靈帝 中平 5년(188年)에 漢陽郡을 분할하여 설치했다가 建安 19년(서기 214)에 폐군하여 隴西郡에 병합되었다. 치소는 獂道縣(원도현), 今 甘肅省 定西市 관할 隴西縣 서남.

242 漢中郡의 治所는 南鄭縣, 今 陝西省 서남부 漢中市.

243 金城郡의 治所는 允吾縣, 今 甘肅省 臨夏回族自治州 永靖縣. (省都인 蘭州市 서쪽).

244 西平郡의 治所는 西都縣, 今 青海省 동부 西寧市, 西都, 臨羌, 破羌, 安夷 4縣을 두었음. 汝南郡의 西平縣이 아님.

安定郡(안정군)[245] 太守 毌丘興(관구흥)[246]이 임지에 부임할 때, 조조가 관구흥을 훈계하였다.

"羌(강)과 胡族(호족, 흉노)은 中國(中原)과 왕래하려고 그들이 사람을 보내오겠지만, 우리는 신중히 대처하여 왕래를 하지 않도록 하라. 사실 善人은 얻기 어려우니, 나쁜 자들이 강족이나 흉노를 敎唆(교사)하여 분에 넘치는 것을 달라고 하여 이득을 취하려 할 것이니, 우리가 그들 요구에 응하지 않으면 그 자들은 실망하겠지만 우리가 응해 주더라도 아무런 이득이 없을 것이다."

관구흥이 부임하여 교위 范陵(범릉)을 강족에 파견하였더니, 범릉은 예상대로 강족을 부추겨 안정군의 屬國都尉가 되겠다고 자청하였다. 이에 조조가 말했다.

"내가 예상한 그대로이니, 내가 고명한 것이 아니라 나는 여러 가지를 경험으로 알고 있을 뿐이다."

▎原文▎

三月, 天子使魏公位在諸侯王上, 改授金璽, 赤紱,遠遊冠.

秋七月, 公征孫權. 初, 隴西宋建自稱河首平漢王, 聚衆枹罕, 改元, 置百官, 三十餘年. 遣夏侯淵自興國討之.

冬十月, 屠枹罕, 斬建, 涼州平. 公自合肥還.

245 安定郡의 치소는 臨涇縣(임경현), 今 甘肅省 慶陽市 관할 鎭原縣.
246 毌丘興(관구흥)은 인명. 毌丘(관구)는 複姓. 毌은 貫의 本字.

十一月, 漢皇后伏氏坐昔與父故屯騎校尉完書, 云帝以董承被誅怨恨公, 辭甚醜惡, 發聞, 后廢黜死, 兄弟皆伏法.

| 국역 |

3월에, 天子는 조조의 지위를 諸侯王보다 높여주었고, 金璽(황금 국새)로 교체해주었고 赤紱〔적불, 붉은 무릎 덮개, 蔽膝(폐슬)〕과 遠遊冠(원유관)을 하사하였다.

가을 7월에, 조조는 孫權(손권)[247]을 원정하였다.

그전에, 隴西郡 사람 宋建(송건, 宗建으로도 표기)이 河首 平漢王(하수 평한왕)을 자처하며, (隴西郡의) 枹罕縣(포한현)[248]에서 무리를 모아 改元하고 百官을 두어 30여 년을 내려왔다. 조조는 夏侯淵(하후연)을 보내 興國縣에서 송건을 토벌하였다.

겨울 10월, 枹罕縣(포한현)을 도륙하고 宋建을 참수하여 涼州(양주) 일대를 평정하였다. 조조는 合肥(합비)에서 돌아왔다.

11월에, 漢 (獻帝의) 皇后 伏氏(복씨)[249]가 그 부친, 前 屯騎校尉

---

247 孫權(손권, 182-252년, 222년 건국, 229년 칭제) - 孫策의 동생. 字 仲謀. 方頤(방이, 네모진 턱)에 大口(큰 입), 그리고 碧眼(벽안)에, 紫髥(자염)의 大貴之相을 타고났었다. 周瑜(주유)의 보필을 받았다.

248 枹罕(포한)은 隴西郡의 현명. 枹는 줄참나무 포. 북채 부(擊鼓杖).

249 伏皇后 - 獻帝의 첫 번째 皇后. 재위 195-214년. 부친 伏完(복완)은 사람됨이 침착 중후하면서 큰 뜻을 품고 있으며 不其侯(불기후)의 작위를 세습했고 桓帝의 陽安公主와 결혼하였고 관직은 侍中이었다. 伏皇后(복황후)는 동귀인은 죽은 이후 조조를 두려워하며 부친 伏完(복완)에게 글을 보내 조조의 잔악한 행위를 말하면서 은밀히 조조를 제거하라 하였다. 복완이 아무런 조치도 취하지 못했는데 建安 19년에 이 일이 누설되었다. 조조는 칙서를 위조케 한 뒤에 尙書令인 華歆(화흠)을 보내 궁에 들어가 복황후를 데려오게 하였다. 복

인 伏完(복완)에게 서신을 보내어 황제가 董承(동승)이 주살된 일과 관련하여 조조에게 원한을 갖고 있다고 하였는데 그 글이 매우 추악하였다. 이 일이 발각되어 伏皇后는 폐출되어 죽었고 그 형제 모두가 법에 의해 처형되었다.

❙原文❙

十二月, 公至孟津. 天子命公置旄頭, 宮殿設鍾虡. 乙未, 令曰,

「夫有行之士未必能進取, 進取之士未必能有行也. 陳平豈篤行, 蘇秦豈守信邪? 而陳平定漢業, 蘇秦濟弱燕. 由此言之, 士有偏短, 庸可廢乎! 有司明思此義, 則士無遺滯, 官無廢業矣.」

又曰, 「夫刑, 百姓之命也, 而軍中典獄者或非其人, 而任以三軍死生之事, 吾甚懼之. 其選明達法理者, 使持典刑.」

於是置理曹掾屬.

....

황후는 문을 닫고 벽속에 숨었지만 화흠에게 끌려나왔다. 그때 황제는 外殿에 있었는데 치려를 데리고 나와 정좌하였다. 복황후는 산발한 머리 그대로 맨발로 통곡하고 나가면서 작별인사를 하였다. "나를 다시 살려 줄 수도 없나요?" 황제가 말했다. "나 역시 내 목숨이 언제 끝날지 모른다오!" 그리고 치려를 돌아보며 말했다. "郗公(치공), 천하에 어찌 이런 일이 있을 수 있는가?" 결국 황후는 暴室(폭실)에 갇혔다가 죽었다. 복황후 소생 2명의 皇子도 모두 짐독으로 살해되었다. 복황후는 재위 20년이었고, 兄弟 및 宗族 1백여 명이 죽었으며 모친 등 19명을 涿郡(탁군)으로 이주시켰다. 《後漢書》 10권, 〈皇后紀 下〉에 입전.

| 국역 |

12월, 조조가 孟津(맹진)에 왔다. 天子(獻帝)는 조조의 儀仗(의장)에 旄頭(모두, 警衛 騎兵)를 두고, 궁전에 鍾虡(종거, 각종 악기 걸이) 설치를 허용하였다.

乙未日에 명령을 내렸다.

「바른 행실의 인재가 꼭 진취적 특성이 있지 않고, 진취적인 士人이 꼭 행실이 바른 것은 아니다. (漢 初) 陳平(진평)은 바른 행실로 알려진 사람이 아니었고, (戰國時代) 蘇秦(소진)이 어찌 신의만을 지켰는가? 그러나 진평은 漢朝의 기반을 다졌고, 소진은 약한 燕(연)을 구원하였다. 그렇다면 士人에게 조그만 단점이 있다 하여 어찌 아니 등용하겠는가! 담당 관리들은 이를 잘 생각하여 인재를 얻지 못하여 政事를 버리는 일이 없도록 하라.」

이어 명령하였다. 「형벌은 백성의 생명과 직결되니, 軍中에서 獄事(옥사)를 담당하는 적임자가 없어 三軍 군사들의 생명을 함부로 다루는지 심히 걱정이 된다. 法理에 밝은 자를 선임하여 재판을 주관토록 하라.」

이에 재판을 담당하는 관속을 임명하였다.

| 原文 |

二十年春正月, 天子立公中女爲皇后. 省雲中,定襄,五原,朔方郡, 郡置一縣領其民, 合以爲新興郡.

三月, 公西征張魯, 至陳倉, 將自武都入氐. 氐人塞道, 先遣張郃,朱靈等攻破之. 夏四月, 公自陳倉以出散關, 至河池. 氐王竇茂衆萬餘人, 恃險不服, 五月, 公攻屠之. 西平,金城諸將麴演,蔣石等共斬送韓遂首.

秋七月, 公至陽平. 張魯使弟衛與將楊昂等據陽平關, 橫山築城十餘里, 攻之不能拔, 乃引軍還. 賊見大軍退, 其守備解散. 公乃密遣解僄,高祚等乘險夜襲, 大破之, 斬其將楊任, 進攻衛, 衛等夜遁, 魯潰奔巴中. 公軍入南鄭, 盡得魯府庫珍寶. 巴,漢皆降. 復漢寧郡爲漢中, 分漢中之安陽,西城爲西城郡, 置太守, 分錫,上庸郡, 置都尉.

八月, 孫權圍合肥, 張遼,李典擊破之.

| 국역 |

(建安) 20년(서기 215) 봄 정월, 天子는 조조의 둘째 딸을 皇后로 맞이했다.[250] (漢 서북쪽의) 雲中, 定襄(정양), 五原, 朔方郡(삭방군)을 폐지하고, 郡마다 1개 현에서 백성을 다스리고 그런 현을 모아 新興

250 獻穆曹皇后(헌목조황후)의 諱(휘)는 節(절)인데, 曹操의 둘째 딸이다. 建安 18년, 조조는 자신의 세 딸 曹憲, 曹節, 曹華를 헌제에게 貴人으로 보내면서 어린 딸은 집에서 나이가 찰 때까지 기다리게 하였다. 伏皇后가 시해 당하였고 建安 20년에 曹節(조절)을 황후로 책립했다. 魏가 漢의 선양을 받은 뒤, 사자를 보내 황후의 璽綬(새수)를 돌려받으려 하자 曹皇后는 화를 내며 내주지 않았다. 이러하길 여러 번에 황후는 사자를 불러 들어오게 한 뒤에 친히 여러 번 꾸짖고 나서 황후의 印璽(인새)를 처마 아래로 집어던지고 눈물을 줄줄 흘리며 말했다. "하늘도 너희를 돕지 않을 것이다!" 황후 재위 7년이었고, 魏 건국 뒤에 曹황후는 山陽公夫人이 되었다. 41년 후, 魏 曹奐 景元 원년(서기 260)에 죽어 禪陵(선릉)에 합장하였다. 《後漢書》 10권, 〈皇后紀 下〉에 입전.

郡(신홍군)을 설치하였다.

3월에, 조조는 서쪽으로 張魯(장로)를 정벌하였는데, 조조가 陳倉(진창)[251]에 이르러, 직접 武都郡의 병력을 이끌고 氐族(저족)을 공격하였다. 저족이 도로를 차단하자, 조조는 먼저 張郃(장합), 朱靈(주령) 등을 보내 저족을 격파하였다.

여름 4월에, 조조는 陳倉을 떠나 散關(산관, 關中의 서쪽 관문)을 경유하여 河池(하지)에 왔다. 氐王(저왕)인 竇茂(두무)가 1만여 군사를 거느리고 험지를 근거로 불복하였는데, 5월에 조조는 저족을 공격하여 도륙하였다. 西平郡과 金城郡 지역의 장수인 麴演(국연), 蔣石(장석) 등이 함께 韓遂(한수)를 죽여 首級(수급)을 보내왔다.

가을인 7월에, 조조는 陽平關(양평관)[252]에 이르렀다. 張魯(장로)가 동생 張衛(장위)와 부장 楊昂(양앙) 등과 함께 양평관을 점거하고 산악지대에 10리에 걸쳐 築城(축성)하고 있어 공격하여도 함락시킬 수가 없자, 조조는 군사를 이끌고 돌아왔다. 적들은 대군이 물러난 것을 알고 수비를 풀어버렸다.

조조는 몰래 解懔(해표), 高祚(고조) 등을 보내 험지를 넘어 밤에 급습하여 대파하고 그 장수 楊任(양임)을 죽이고 張衛(장위)를 공격하자 장위 등은 밤을 틈타 도주하였고, 張魯(장로)는 군사가 궤멸되자 巴郡(파군)[253] 지역으로 도주하였다. 조조의 군사가 (漢中郡) 南鄭

251 陳倉(진창)은 右扶風의 縣名. 今 陝西省 서남부 寶鷄市 陳倉區. 渭水 북안.

252 당시 漢中郡 沔陽縣(면양현) 定軍山의 陽平關(양평관). 定軍山은 今 陝西省 남부 漢中市 서쪽 勉縣(면현)에 소재.

253 巴郡(파군)은 蜀郡(촉군)과 함께 보통 巴蜀이라 부른다. 巴郡의 治所는 江州縣, 今 重慶市 도심인 渝中區(투중구, 渝 本音 유)에 해당. 후한의 巴蜀 지역은 羌族이 거주하는 야만의 땅이었다.

縣(남정현)에 진입하여 장로 府庫(부고)의 재물을 모두 차지하였다.

이로써 巴郡(파군)과 漢中(한중) 땅이 모두 항복하였다. 漢寧郡을 다시 漢中郡으로 회복하고 漢中郡의 安陽과 西城(서성)을 분리하여 西城郡을 설치하였으며, 太守를 임명하였고 錫縣과 上庸縣(상용현)[254]을 분리하여 都尉를 설치하였다.

8월에, 孫權이 (九江郡) 合肥縣(합비현)을 포위 공격하자, 張遼(장료)와 李典(이전)이[255] 적을 격파하였다.

| 原文 |

九月, 巴七姓夷王朴胡,賨邑侯杜濩擧巴夷,賨民來附, 於是分巴郡, 以胡爲巴東太守, 濩爲巴西太守, 皆封列侯. 天子命公承制封拜諸侯守相.

冬十月, 始置名號侯至五大夫, 與舊列侯,關內侯凡六等, 以賞軍功.

十一月, 魯自巴中將其餘衆降. 封魯及五子皆爲列侯. 劉備襲劉璋, 取益州, 遂據巴中, 遣張郃擊之. 十二月, 公自南鄭還, 留夏侯淵屯漢中.

254 上庸縣(상용현)은 漢中郡의 현명. 今 湖北省 서북부 十堰市(십언시) 관할 竹山縣. 獻帝 建安 연간에, 漢中郡을 나눠 上庸郡을 설치하였다.

255 李典(이전, 180-215년, 字 曼成) - 兗州 山陽郡 鉅野縣(今 山東省 서남부 菏澤市 관할의 巨野縣) 출신. 원래 山陽郡 土豪, 《左傳》 등 群書 硏學. 儒將. 36세에 죽음. 文帝 曹丕 즉위 후 追謚는 愍侯(민후). 《魏書》 18권, 〈二李臧文呂許典二龐閻傳〉에 立傳.

‖ 국역 ‖

9월에, 巴郡(파군)의 七姓의 夷王(이왕, 羌族의 족장)인 朴胡(박호), 賨邑侯(종읍후)인 杜濩(두호) 등이 파군 지역의 강족과 賨民(종민, 賨은 종족 이름 종)을 거느리고 來附(내부)하였는데 이에 파군을 나누어 朴胡(박호)를 巴東郡 태수로, 杜濩(두호)를 巴西郡 태수로 임명하며 모두 列侯로 封했다. 천자가 조조에게 명하여 황제의 뜻을 받들어 제후, (郡) 太守, (侯國의) 相을 임명할 수 있는 권한을 부여하였다.

겨울인 10월에, 처음으로 名號侯에 이어 五大夫까지 작위를 설치하였는데, 이전의 列侯, 關內侯와 함께 총 6等[256]으로 軍功을 보상하였다.

11월, 張魯(장로)는 巴中의 잔당을 거느리고 투항하였다. 조조는 장로와 그의 五子를 모두 列侯에 봉했다.

劉備가 劉璋(유장)[257]을 습격하여 益州(익주)[258]를 차지한 뒤, 마침내 巴中에 자리를 잡자 (조조는) 張郃(장합)[259]을 보내 공격케 하였

256 秦漢代의 일반 백성(평민)은 신분상 등급이 있었는데 가장 높은 20등급 徹侯(列侯)와 19등급 關內侯는 작위이었다. 최하 1등급(公士)에서부터 8등급(公乘 공승)까지는 일반 백성, 9등급 五大夫부터 18등급 大庶長까지는 관리의 등급으로 요역이 면제된다. 그런데 이를 18급 名號侯(명호후), 17급 關中侯(관중후), 16급 關內外侯, 15급 五大夫로 하여 작위가 6등급이 된다. 名號侯(명호후)부터 五大夫까지는 食邑이 없는 虛封(허봉)이라는 주석이 있다.

257 劉璋(유장, 162－220년, 字 季玉)은 荊州 江夏郡 竟陵縣〔今 湖北省 潛江市(잠강시)〕 사람. 父親 劉焉(유언)의 지위를 계승하여 益州牧이 되었으나 劉備에게 패전하고 투항한 뒤, 익주를 떠나 나중에 荊州(형주)에서 죽었다. 劉璋은《蜀書》1권, 〈劉二牧傳〉에 立傳.

258 益州刺史部 치소는 廣漢郡 雒縣(낙현), 今 四川省 德陽市 관할 廣漢市에 해당. 郡名으로 益州郡 治所는 滇池縣(전지현), 今 雲南省 昆明市(곤명시) 관할 晋寧縣.

259 張郃(장합, ?－231年, 字 儁乂) － 郃은 고을 이름 합. 儁은 준걸 준. 乂는 벨 예,

다. 12월에, 魏公은 (漢中郡의 治所) 南鄭縣(남정현)에서 돌아오면서, 夏侯淵(하후연)을 남겨 漢中에 주둔케 하였다.

| 原文 |

二十一年春二月, 公還鄴. 三月壬寅, 公親耕籍田.

夏五月, 天子進公爵爲魏王.

代郡烏丸行單于普富盧與其侯王來朝. 天子命王女爲公主, 食湯沐邑.

秋七月, 匈奴南單于呼廚泉將其名王來朝, 待以客禮, 遂留魏, 使右賢王去卑監其國. 八月, 以大理鍾繇爲相國.

冬十月, 治兵, 遂征孫權, 十一月至譙.

| 국역 |

(建安) 21년(서기 216) 봄 2월, 조조는 鄴縣(업현)으로 돌아왔다. 3월, 壬寅日(임인일), 조조는 친히 籍田禮(적전례)를 거행했다.

여름 5월, 天子는 魏公의 작위를 魏王(위왕)[260]으로 올렸다.

어질 예. 冀州 河間國 鄚縣(막현, 今 河北省 중부, 滄州市 서북부의 任丘市)사람. 曹魏 五子良將 중 유일한 望族 출신. 追封 시호는 壯侯(장후), 韓馥(한복) 袁紹를 섬기다가 曹操에 귀부. 제갈량의 북벌을 잘 막아냈지만 결국 蜀과 전투 중 木門道란 곳에서 戰死했다.

260 魏王(위왕) – 漢 고조는 개국공신들과 개국 후 봉한 異姓諸侯王 외에 劉氏가 아니면 王이 될 수 없다고 서약하였다. 曹操가 魏王이 된 것은 고조의 약조를 어긴 것이나 獻帝로써는 어쩔 수 없는 조치였다. 헌제의 조서에 魏王은 상서

代郡(대군)의 烏丸族(오환족) 單于 대행 普富盧(보부로)와 그 侯王(후왕) 들이 입조하였다. 天子는 魏王(曹操)의 딸을 公主로 대우하여 식읍으로 湯沐邑(탕목읍)[261]을 하사하였다.

가을 7월, 匈奴의 南單于인 呼廚泉(호주천)이 그 名王(명왕, 부족장급)을 데리고 입조하였는데 魏國에서는 客禮로 대접하였고, 魏國에 머무는 동안 右賢王인 去卑(거비)로 하여금 흉노의 국사를 처리하게 하였다. 8월에, (魏國의) 大理인 鍾繇(종요)[262]가 相國이 되었다.

겨울인 10월, 군사를 훈련 점검하고 孫權을 원정하러 출발하여 11월에, 譙縣(초현)에 도착하였다.

| 原文 |

二十二年春正月, 王軍居巢, 二月, 進軍屯江西郝谿. 權在濡須口築城拒守, 遂逼攻之, 權退走. 三月, 王引軍還, 留夏侯惇,曹仁,張遼等屯居巢.

하여 3번 사양하였고, 헌제는 3번 사양을 불허한다고 회답하였다.

261 前漢 高祖의 고향인 沛縣(패현, 今 江蘇省 徐州市 沛縣)의 豊邑(今 江蘇省 徐州市 豊縣)에 대해서는 "패현을 湯沐邑(탕목읍)으로 삼을 것이고 백성의 부세를 면제하여 대대로 부과하지 않겠다.(其以沛爲朕湯沐邑, 復其民, 世世無有所與.)" 고 하였다. 황제의 딸인 公主의 식읍과 湯沐(탕목)을 위한 봉지는 邑이라 하는데, 縣과 함께 郡國의 하부 행정단위이다.

262 大理(大理寺)는 刑獄(형옥), 사법을 주관하고 심리하는 기관. 鍾繇(종요, 151-230년, 字 元常)는 豫州 潁川郡 사람. 曹魏의 重臣이며 著名한 書法家였다. 晉代 명필 王羲之(왕희지)와 함께 '鍾王' 으로 불린다. 《魏書》 13권, 〈鍾繇華歆王朗傳〉에 입전.

夏四月, 天子命王設天子旌旗, 出入稱警蹕. 五月, 作泮宮. 六月, 以軍師華歆爲御史大夫.

冬十月, 天子命王冕十有二旒, 乘金根車, 駕六馬, 設五時副車, 以五官中郎將丕爲魏太子.

劉備遣張飛,馬超,吳蘭等屯下辯, 遣曹洪拒之.

| 국역 |

(建安) 22년 봄 정월(서기 217), 魏王의 군사는 (廬江郡) 居巢縣(거소현)[263]에 주둔하였다가 2월에, 長江 서부 郝谿(학계)로 진군하였다. 孫權은 濡須口(유수구)에 성을 쌓고 저항하였는데, 魏王의 군사가 강하게 압박하자 손권은 물러났다. 위왕은 군사를 거느리고 돌아오면서 夏侯惇(하후돈), 曹仁(조인), 張遼(장료)[264] 등을 居巢縣(거소현)에 남겨놓았다.

여름 4월, 天子는 魏王에게 天子의 旌旗(정기)를 사용하고 출입 시 통행을 금지시켜도〔警蹕(경필)〕 좋다고 허락하였다. 5월에, 泮宮(반궁)[265]을 지었다. 6월에, 軍師인 華歆(화흠)[266]이 御史大夫가 되었다.

---

263 今 安徽省 중동부 巢湖市(소호시).

264 張遼(장료, 170年?-222年, 字 文遠)는 魏 五子良將의 첫째, 前將軍, 諡號는 剛侯. 孫權이 두려워했던 魏의 장수. 《三國演義》 중 '威震逍遙津' 의 주인공.

265 천자 도성의 明堂, 靈臺, 辟雍(벽옹)을 三雍(삼옹)이라 칭한다. 明堂은 皇帝가 政教의 大典을 행하는 건물로 朝會, 祭祀, 慶賞, 養老, 教學 등의 행사를 집행하는 곳이다. 靈臺는 본래 周 文王이 만들었다는 樓臺로 음양과 천문의 변화를 관측하는 곳이며, 3월과 9월에 鄕射禮를 거행했다. 天子의 누대는 靈臺, 諸侯는 觀臺라고 했다. 辟雍(벽옹)은 본래 周代의 중앙교육기관으로 太學이 소재한 곳이다. 전체적으로 둥근 모양(하늘을 상징)을 물(教化가 물처럼 흘

겨울 10월에, 天子는 魏王의 12줄의 면류관 착용과 六馬의 金根車(금근거)를 타고 五時의 副車[267]를 탈 수 있게 허용하였으며 五官中郎將인 曹丕(조비)를 魏 太子로 책봉하였다.

劉備가 張飛(장비),[268] 馬超(마초), 吳蘭(오란)[269] 등을 (武都郡) 下辯縣(하변현)에 주둔시키자, 魏王은 (사촌 동생인) 曹洪(조홍)을 보내 방어하였다.

| 原文 |

二十三年春正月, 漢太醫令吉本與少府耿紀,司直韋晃等反, 攻許, 燒丞相長史王必營, 必與潁川典農中郎將嚴匡討斬之.

러 널리 퍼지라는 뜻)이 두르고 있는 형상이다. 제후국의 교육기관이 있는 곳은 泮宮(반궁)이라고 했다.

266 華歆(화흠, 157－232)은 管寧(관녕, 158－241)과 함께 공부한 벗이었다. 화흠은 《三國演義》에서는 伏황후를 죽이는데 악역을 담당하였고 권세에 추종하는 악인으로 묘사되었다. 화흠은 獻帝가 제위를 曹丕에게 禪讓하는 과정에서 중요 역할을 했고 魏의 司徒, 太尉를 역임했다. 《魏書》 13권, 〈鍾繇華歆王朗傳〉에 입전. 管寧은 魏에 끝까지 출사하지 않았다. 화음이 勢利를 탐하는 것을 보고 자리를 갈라 앉고 단교하였다(割席斷交). 관녕은 《魏書》 11권, 〈袁張涼國田王邴管傳〉에 입전.

267 五時副車는 天子의 青, 赤, 黃, 白, 黑色의 수레. 五帝車.

268 張飛(장비, ?－221년, 字 益德, 《三國演義》에서는 翼德), 幽州 涿郡(今 河北省 保定市 관할 涿州市) 출신. 關羽와 함께 '萬人敵'으로 칭송받음. 蜀漢의 追謚는 桓侯(환후), 關羽, 馬超, 黃忠, 趙雲과 함께 입전. 《蜀書》 6권, 〈關張馬黃趙傳〉에 입전.

269 吳蘭(오란, ?－218年)은 본래 益州牧 劉璋(유장)의 부하였다가 유비의 부장이 되었다.

曹洪破吳蘭, 斬其將任夔等. 三月, 張飛,馬超走漢中, 陰平氐强端斬吳蘭, 傳其首.

夏四月, 代郡,上谷烏丸無臣氐等叛, 遣鄢陵侯彰討破之.

六月, 令曰,「古之葬者, 必居瘠薄之地. 其規西門豹祠西原上爲壽陵, 因高爲基, 不封不樹.《周禮》冢人掌公墓之地, 凡諸侯居左右以前, 卿大夫居後, 漢制亦謂之陪陵. 其公卿大臣列將有功者, 宜陪壽陵, 其廣爲兆域, 使足相容.」

秋七月, 治兵, 遂西征劉備, 九月, 至長安.

冬十月, 宛守將侯音等反, 執南陽太守, 刦略吏民, 保宛. 初, 曹仁討關羽, 屯樊城, 是月使仁圍宛.

| 국역 |

(건안) 23년(서기 218) 봄 정월, 漢의 太醫令 吉本(길본)[270]과 少府인 耿紀(경기),[271] 司直[272]인 韋晃(위황) 등이 반역하여 許都를 공격하면서 丞相府 長史[273]인 王必(왕필)의 군영을 소각하였는데, 왕필은

270 궁중 소요 각종 의복, 물자, 보화의 제조나 공급을 담당하는 부서가 少府이고 책임자 卿은 질록이 中二千石이다. 소부의 속관으로 각 令을 거느렸는데 의료 담당인 太醫令(1인, 질록 6백석)이 있고 그 아래 藥丞과 方丞 각 1인이 있었다.《삼국연의》의 吉平(길평)은 吉本의 변형 인물이다.

271 耿紀(경기, ?-218년, 字 季行). 耿은 빛날 경.

272 司直은 무제 때 처음 설치. 승상의 속관 중 우두머리. 승상의 업무를 보좌하였고, 질록은 比二千石. 光武帝 建武 11년 이후 司徒司直을 폐하고 司徒長史를 두었는데 조조가 승상이 되면서 사직을 다시 두었다.

273 長史는 丞相, 太尉, 公, 將軍, 太守의 속관, 승상의 장사는 승상의 비서실장격. 태수의 속관은 군사에 관한 일 담당. 질록 6백석~1천석.

潁川郡(영천군) 典農中郎將인 嚴匡(엄광)과 함께 그들을 토벌하고 참수하였다.

曹洪(조홍)이 (蜀의 장군) 吳蘭(오란)을 공격하여, 오란의 부장인 任夔(임기) 등을 죽였다. 3월에, 張飛와 馬超 등은 漢中郡(한중군) 지역으로 도주하였고, (廣漢郡) 陰平道(음평도)의 氐族(저족) 사람 强端(강단)이 오란을 죽여 그 수급을 보내왔다.

여름 4월에, 代郡(대군)과 上谷郡 지역의 烏丸人(오환인) 無臣氏(무신저) 등이 반역하자 鄢陵侯(언릉후)인 曹彰(조창)[274]을 보내 토벌 격파하였다.

6월에, 명령을 내렸다.

「옛날의 장례는 필히 척박한 땅을 골랐다. 지금 西門豹(서문표) 사당의 서쪽 고원을 잡아서 나의 壽陵(수릉)[275]을 조성하되 높은 곳을 수릉의 바닥으로 삼고 봉분을 쌓아올리거나 나무를 심지도 말라. 《周禮》에 冢人(총인, 塚人)이 王公의 묘지를 고르면 여러 제후의 무덤을 좌우에, 그리고 卿과 大夫의 무덤을 배후에 만들었으니, 漢의 法制에서도, 이를 陪陵(배릉)이라고 하였다. 公卿大臣이나 여러 장수 중 有功者를 나의 壽陵에 陪葬하되, 그 묘역을 넓게 잡아 충분히 수용토록 하라.[276]」

....

274 曹丕가 장남이고, 曹彰(조창, 189~223년, 字 子文)은 曹操의 第三子, 卞氏(변씨) 소생의 第二子, 曹操가 黃鬚兒(황수아)라 부르며 신임했던 아들. 《魏書》〈任城陳蕭王傳〉에 立傳.

275 漢代의 천자는 즉위하면, 곧 자신의 능원공사를 시작하였다. 능묘의 정식 이름은 사후에 정해지기에 살아서는 이를 壽陵(수릉)이라고 불렀다. 죽기 전에 壽衣를 짓는 데는 長壽를 기원하는 뜻이 들어 있다.

276 원문 '其廣爲兆域, 使足相容' 의 其는 명령의 뜻을 표시. ~하기 바란다.

가을 7월 군사를 점검 훈련한 뒤에 서쪽으로 劉備(유비)를 원정하러 출발하여 9월에, 長安(장안)에 도착하였다.

겨울 10월에, (南陽郡의 治所인) 宛縣(완현)의 守將인 侯音(후음) 등이 반역하며 南陽太守를 사로잡고, 관리와 백성을 약탈하고 宛縣(완현)을 점거하였다. 그전에 曹仁(조인)이 關羽(관우)를 토벌하며 樊城(번성)에 주둔하고 있었는데, 이 달에 曹仁을 시켜 宛縣(완현)을 포위 공격케 하였다.

| 原文 |

二十四年春正月, 仁屠宛, 斬音. 夏侯淵與劉備戰於陽平, 爲備所殺. 三月, 王自長安出斜谷, 軍遮要以臨漢中, 遂至陽平. 備因險拒守.

夏五月, 引軍還長安.

秋七月, 以夫人卞氏爲王后. 遣于禁助曹仁擊關羽. 八月, 漢水溢, 灌禁軍, 軍沒, 羽獲禁, 遂圍仁. 使徐晃救之.

九月, 相國鍾繇坐西曹掾魏諷反免.

冬十月, 軍還洛陽. 孫權遣使上書, 以討關羽自效. 王自洛陽南征羽, 未至, 晃攻羽, 破之, 羽走, 仁圍解. 王軍摩陂.

| 국역 |

(建安) 24년(서기 219) 봄 정월, 曹仁은 宛縣(완현)을 도륙하고

侯音(후음)을 죽였다.

夏侯淵(하후연)과 劉備가 (漢中郡 沔陽縣 定軍山의) 陽平關(양평관)에서 싸웠는데 유비가 하후연을 죽였다.[277] 3월에, 魏王은 長安에서 斜谷(사곡)을 통과하였는데, 魏軍은 험지를 지나 漢中을 압박하며 陽平關(양평관)에 이르렀다. 유비는 험지에 의거하여 저항하며 방어하였다.[278]

여름 5월에, 魏王은 군사를 거느리고 長安으로 회군하였다.

가을 7월에, 魏王 夫人 卞氏(변씨)[279]를 왕후로 책봉하였다. 魏王은 于禁(우금)을 보내 曹仁을 도와 關羽를 공격케 하였다. 8월, 漢水[280]가 범람하자 (관우는) 우금의 군영으로 물길을 돌려 우금의 군

---

277 夏侯淵은 定軍山에서 유비의 부장 黃忠(황충)에게 죽는다. 당시 漢中郡 沔陽縣(면양현) 定軍山의 陽平關(양평관). 定軍山은, 今 陝西省 남부 漢中市 서쪽 勉縣(면현). 근처에 있는 陽平關에서 싸웠다.

278 이때 조조는 진격할 수도 퇴각할 수도 없는 상황이었다. 鷄肋(계륵)이란 軍令의 뜻을 다른 관속들은 몰랐지만 楊脩(양수, 字 德祖, 太尉 楊彪의 아들)는 그 뜻을 알았다. 脩는 포 수. 육포. 닦을 수(治也) 익힐 수(習也)로 修와 같은 뜻으로 쓰일 때도 있지만 같은 字는 아니다. 본래 양수는 建安 연간에 효렴으로 천거되어 郎中이 되었다가 계속되는 전투에 군수 창고를 관리하는 主簿가 되었다. 양수는 두뇌가 우수하여 조조의 아들 曹丕(조비) 형제와 두루 친했다. 양수가 혼자 말했다. "雞肋(계륵)이란 먹자니 먹을 것이 없고 버리자니 아까운 것이니 조조는 철수할 계획을 세웠다." 조조는 예상대로 회군하였는데 자신의 뜻을 간파한 양수가 미웠고, 또 거기에 양수가 袁術(원술)의 생질이기에 후환을 염려하여 이를 구실로 죽여버렸다. 《後漢書》 54권, 〈楊震列傳〉에 立傳.

279 曹操의 原配 正室夫人인 丁夫人은 曹操와 反目으로 폐위되었고, 첩실이었던 卞氏(변씨)는 曹丕(조비), 曹彰(조창), 曹植(조식), 曹熊(조웅)의 생모로 조비가 등극하면서 조조는 武帝, 변씨는 武宣皇后로 추존되었다.

280 漢水(漢江)는 長江의 최대 지류, 陝西省 秦嶺(진령)에서 발원, 武漢市에서 長江에 합류. 漢族, 漢王, 국호 漢도 모두 漢水와 연관이 있다.

영은 물에 잠겼고, 우금은 관우에게 생포되었으며 조인도 포위되었지만 徐晃(서황)을 보내 구원케 하였다.

9월에, 相國인 鍾繇(종요)가 西曹掾(서조연)인 魏諷(위풍)[281]의 반역에 연루되어 면직되었다.

겨울인 10월, 魏王의 군사는 洛陽으로 돌아왔다. 孫權이 사자를 보내 관우 토벌에 협조하겠다고 상서하였다.[282] 魏王은 洛陽에서 關羽를 원정하려고 남하였는데 그러는 동안 서황이 관우를 공격 격파하자 관우는 패주하였고[283] 曹仁에 대한 포위를 풀었다. 魏王은 摩陂(마피)[284]에 주둔하였다.

| 原文 |

二十五年春正月, 至洛陽. 權擊斬羽, 傳其首.

庚子, 王崩於洛陽, 年六十六.

281 魏諷(위풍, ?-219년, 字 子京) - 鍾繇(종요)는 위풍을 불러 西曹掾에 임명하였다. 위풍은 대중을 현혹시키는 재능이 있었다. 建安 24년(서기 219) 曹操가 漢中을 정벌할 때 魏諷은 비밀리에 무리를 모아 鄴城에서 모반을 계획했다. 이에 가담했던 陳禕(진의)가 曹조에게 자복하자, 조비는 관련된 수십 명을 체포하여 처형하였고 相國인 鍾繇(종요)도 魏諷(위풍)의 반역에 연루되어 해임되었다.

282 손권은 이때 魏王에게 稱臣하면서 天命이 魏에 있다고 하였다. 魏王은 손권의 국서를 공개하였고, 신하들은 천명이 漢에서 떠났다며 魏王에게 順天順民해야 한다고 말했다.

283 관우가 荊州를 잃고 고립된 麥城(맥성)은, 今 湖北省 서부 宜昌市 관할 當陽市 兩河鎭이다.

284 摩陂(마피)는 저수지 이름. 今 河南省 중부 平頂山市 관할의 郟縣(겹현) 소재.

| 국역 |

(建安) 25년 봄 정월(서기 220), 魏王은 洛陽에 돌아왔다. 孫權은 관우를 격파하고 죽인 뒤 그 수급을 보내왔다.[285]

庚子日에, 魏王이 洛陽에서 66세에 죽었다(崩).[286]

| 原文 |

評曰, 漢末, 天下大亂, 雄豪並起, 而袁紹虎視四州, 强盛莫敵. 太祖運籌演謀, 鞭撻宇內. 攬申,商之法術, 該韓,白之奇策, 官方授材, 各因其器, 矯情任算, 不念舊惡, 終能總御皇機, 克成洪業者, 惟其明略最優也. 抑可謂非常之人, 超世之傑矣.

285 孫權이 關羽의 首級을 조조에게 보내자, 조조는 諸侯의 禮로 洛陽에 안장했는데, 머리가 안장된 곳을 보통 關琳(관림)이라 한다. 손권은 관우의 시신을 제후의 예로 當陽(당양)에 안장했고 사람들은 그곳을 關陵, 또는 當陽大王塚으로 부른다. 蜀漢은 成都에 關羽 衣冠冢을 만들었는데, 成都關羽墓라 부른다. 관우 고향인 山西省 運城 解州에는 解州關帝廟가 혼백이 깃든 곳으로 알려졌다.

286 曹操의 공식 작위는 魏王이니 제후왕의 죽음은 薨(죽을 훙)이다. 다만 뒷날 武帝로 추존되었기에 崩(무너질 붕)이라 기록했다. 《삼국연의》에서는 78회 〈治風疾神醫身死 傳遺命奸雄數終〉에 조조의 죽음이 묘사되었다. 조조는 자신의 진짜 무덤을 포함을 "72개의 疑塚(의총)을 만들어 후세 사람이 자신이 묻힌 곳을 알지 못하게 하라."고 유언하였다.(遺命設立疑塚七十二 勿令後人之吾葬處.) 이는 후인의 발굴을 두려워했기 때문이다.

| 국역 |

陳壽의 評論 : 漢末에 천하가 크게 혼란하자 영웅호걸이 일제히 봉기하였으니, 袁紹(원소)는 四州를 지배하며 虎視耽耽(호시탐탐) 천하를 노렸으니 그 강성에 맞설 자가 없었다. 太祖(武帝, 曹操)는 籌策(주책)과 謀略(모략)을 병행하며 천하를 정벌하였다.

조조는 申不害(신불해)와 商鞅(상앙)의 法術을 채용하였고, 韓信(한신)과 白起(백기) 뛰어난 戰術을 적용하였으며, 적임자를 골라 직책을 수여하고 능력에 맞게 등용하였으며, 감정을 잘 제어하면서도 지난날의 원한을 마음에 두지 않았기에 마침내 조정의 총체적 대권을 확실하게 장악하여 최후로 대업을 성취하였으니, 지혜와 책략이 가장 뛰어났었다. 조조는 평범한 사람이 결코 아니었으며 시대를 뛰어넘은 호걸이었다고 말할 수 있다.[287]

287 魏王의 공식 諡號는 武王이고, 二月 丁卯日에 高陵(고릉)에 장례했다. 曹操(155-220)는 소설《三國演義》의 중심 인물이다. '조조' 하면 곧바로 '권모술수' 가 연상되지만 뛰어난 전략가였고 성공한 정치인이었으며, 무엇보다는 當代의 우수한 시인이었다.《삼국연의》를 읽다보면 조조의 캐릭터는 매우 복잡다단하여 파악하기가 결코 쉽지 않지만, 유비나 손권과는 비교가 안 될 큰 그릇이었다고 말할 수 있다. 조조는 변화에 잘 적응했고 참모나 신하들이 그 역량을 발휘하도록 키워서 後漢 말기에 새로운 시대를 열었다. 조조의 인격에 대한 비판도 많지만 조조는 나름대로 미래를 내다보는 시각을 가졌던 인물이었고, 삼국에서 가장 뛰어난 지도자였다.
우리 속담의 '호랑이도 제 말하면 온다.' 와 같은 뜻으로, 중국인들은 '조조 이야기를 하면 조조가 온다.(講曹操, 曹操就到.)' 라고 말한다. 이처럼 조조는 중국인들에게 '화제의 대상' 이다. 조조는 자신이 처한 상황에 능동적으로 대처했으니 결코 수동적이지 않았다. 조조의 臨機應變(임기응변)은 '새로운 변화와 적응' 이다. 조조의 적극성은 세상과 맞서면서 풍파를 이기며 개척하는 출발점이었다. 물론 그 변화와 적극성이 항상 正道만은 아니었다. 漢末의 혼란 속에 정도만을 고집하는 그 자체가 변화와 적응은 아닐 것이다.

2권 〈文帝紀〉(魏書 2)
(문제기)

| 原文 |

文皇帝諱丕, 字子桓, 武帝太子也. 中平四年冬, 生於譙. 建安十六年, 爲五官中郎將,副丞相. 二十二年, 立爲魏太子. 太祖崩, 嗣位爲丞相,魏王. 尊王后曰王太后. 改建安二十五年爲延康元年.

| 국역 |

(魏) 文帝의 諱(휘)는 丕(비)[288]이며 字는 子桓(자환)으로, (魏) 武帝(曹操)의 太子이다. (後漢 靈帝) 中平 4년(서기 187) 겨울에, (沛

288 曹丕(187－226년)는 曹操와 부인 卞氏(변씨)의 장남. 8세에 글을 지었고 재주가 뛰어났고, 古今 經傳과 諸子百家에 두루 통했으며 騎射와 擊劍도 좋아했다.

國) 譙縣(초현)에서 출생했다.[289]

建安 16년(서기 211)에 五官中郎將에 副丞相이 되었다. 건안 22년(서기 217)에, 魏 태자로 책립되었다. 太祖(魏王 曹操)가 죽자, (曹조는 漢의) 승상 겸 魏王이 되었다. 王后(卞氏)를 王太后로 높이고 建安 25년(서기 220)을 延康(연강) 元年으로 改元하였다.

| 原文 |

元年 二月 壬戌, 以大中大夫賈詡爲太尉, 御史大夫華歆爲相國, 大理王朗爲御史大夫. 置散騎常侍,侍郎各四人, 其宦人爲官者不得過諸署令, 爲金策著令, 藏之石室.

初, 漢熹平五年, 黃龍見譙, 光祿大夫橋玄問太史令單颺. "此何祥也?" 颺曰, "其國後當有王者興, 不及五十年, 亦當復見. 天事恒象, 此其應也."

內黃殷登默而記之. 至四十五年, 登尙在. 三月, 黃龍見譙, 登聞之曰, "單颺之言, 其驗茲乎!"

己卯, 以前將軍夏侯惇爲大將軍. 濊貊,扶餘單于,焉耆,于闐王皆各遣使奉獻.

289 태어날 때, 青色 雲氣가 수레 덮개 모양으로 집을 종일 에워쌌다. 望氣者가 이를 至貴의 증거라며 人臣의 기운은 아니라고 말했다.

| 국역 |

(延康) 元年(서기 220) 2월 壬戌日(임술일), 大中大夫인 賈詡(가후)[290]가 太尉, 御史大夫인 華歆(화흠)이 相國이 되었고, (司法 담당관) 大理인 王朗(왕랑)[291]이 御史大夫가 되었다. 散騎常侍(산기상시)[292]와 侍郎을 각 4명씩 두었고, 宦人(宦者, 내시)로 관리가 된 자는 각 부서의 令(질록 6백석) 이상을 맡을 수 없다고 策書 명령을 철판에 새겨 石室에 보관케 하였다.

그전에, (後漢 靈帝) 熹平(희평) 5년(서기 176), 黃龍이 譙縣(초현)에 출현했었는데,[293] 光祿大夫인 橋玄(교현)이 太史令인 單颺(선양)[294]에게 물었다. "이는 무슨 祥瑞(상서)인가?"

이에 선양이 말했다. "그 沛國에서 뒷날 틀림없이 王者가 興起할

290 賈詡(가후, 147－223년, 字 文和)는 前漢 賈誼(가의)의 후손, 武威郡 姑臧縣(今 甘肅省 중부 武威市) 출신. 본래 董卓의 부하, 동탁이 살해된 뒤에 이각 등에게 반기를 들라고 건의했었다. 뒷날 曹操 제일의 謀士로 능력을 발휘했다. 《魏書》 10권, 〈荀彧荀攸賈詡傳〉에 立傳.

291 王朗(왕랑)은 《魏書》 13권, 〈鍾繇華歆王朗傳〉에 立傳. 漢의 舊臣이었지만 華歆(화흠)과 함께 조조의 출세를 적극 도왔고, 헌제에게 曹丕에게 禪讓(선양)할 것을 도왔다. 왕랑의 손녀가 司馬昭(사마소, 司馬懿의 아들)에게 출가하여 司馬炎(사마염) 형제를 낳으니 왕랑은, 곧 武帝 司馬炎(재위 265－290)의 외증조이다. 《三國演義》에서는 諸葛亮의 北伐 때, 王朗(왕랑)은 76세의 고령에도 불구하고 曹眞 등과 함께 祁山(기산)에서 제갈량과 맞서지만, 제갈량이 그의 불충을 꾸짖자 분통이 터져 말에서 떨어져 죽는다(武鄕侯罵死王朗).

292 散騎常侍는 황제의 측근 호위와 시중, 자문을 담당, 질록은 比二千石.

293 《後漢書》에는 (桓帝) 建和 元年(서기 147)과 靈帝 熹平 5년에 沛國 譙縣에 황룡이 출현했다는 보고가 있었다. 황룡 출현의 보고는 있지만, 출현한 황룡의 모습을 서술한 글은 없다.

294 單은 흉노 왕 칭호 선(單于, 音 蟬). 고을 이름 선(單父 선부, 常演絶, 音 善) 姓氏로 쓸 경우 선(周, 封地 單邑의 單이 성씨로 사용, 以邑爲氏, 音 善). 다만 可單氏, 阿單氏가 單氏로 쓸 경우는 단.

것이니, 50년 이내에 (이런 일을) 틀림없이 다시 보게 될 것입니다. 하늘의 일은(天事) 늘 길흉의 징조로 나타나는 것이고 이번 일 역시 應驗(응험)입니다."

그때 內黃(내황)[295] 사람 殷登(은등)은 묵묵히 이를 기록하였다. 그 45년 뒤 殷登(은등)은 살아있었다. 3월에, 黃龍이 譙縣에 출현하였는데, 소식을 들은 은등이 말했다.

"單颺(선양)의 말은 이번에도 맞았도다!"

己卯日(기묘일), 前將軍인 夏侯惇(하후돈)이 大將軍이 되었다. 濊貊(예맥)과 扶餘國(부여국)[296]의 왕과 (西域의) 焉耆(언기)와 于闐(우전)[297]의 왕이 각각 사자를 보내 토산물을 바쳤다.

❙原文❙

夏四月丁巳, 饒安縣言白雉見. 庚午, 大將軍夏侯惇薨.

五月戊寅, 天子命王追尊皇祖太尉曰太王, 夫人丁氏曰太王后, 封王子叡爲武德侯. 是月, 馮翊山賊鄭甘,王照率衆降,

295 魏郡 內黃縣, 今 河南省 북부 安陽市 관할 內黃縣.

296 濊貊(예맥)은 동이족의 이름. 夫餘國은 玄菟郡(현도군)에서 1천 리 떨어진 북쪽에 있다. 남쪽으로는 高句驪(고구려), 동쪽은 挹婁(읍루), 서쪽은 鮮卑族(선비족)과 연접했고, 북쪽에는 弱水(黑龍江)가 있다. 사방 2천 리이며 본래 濊族(예족)의 땅이었다. 《後漢書》 85권, 〈東夷列傳〉에 입전.

297 焉耆(언기)는 西域의 國名. 도성은 南河城인데 북쪽 西域長史 소재지까지는 8百里이고, 동쪽으로 낙양까지는 8,200里이다. 于闐(우전)은 于寘(우전), 또는 于窴(우치)로 표기. 西域의 王國 이름. 今 新疆省의 서남부 和田市 일대. 도읍은 西城(서성)인데 西域長史 소재지에서 5,300리이고, 낙양에서는 11,700리이다. 《後漢書》 88권, 〈西域傳〉에 입전.

皆封列侯.

酒泉黃華,張掖張進等各執太守以叛. 金城太守蘇則討進, 斬之. 華降.

六月辛亥, 治兵於東郊, 庚午, 遂南征.

| 국역 |

여름 4월 丁巳日(정사일), 饒安縣(요안현)[298]에서 白雉(백치, 흰 꿩)가 나타났다고 보고했다. 庚午日, 大將軍 夏侯惇(하후돈)이 죽었다.

5월 戊寅日(무인일), 天子(獻帝)가 魏王에게 命하여 (魏王 曹丕)의 할아버지인 太尉(曹嵩)를 太王(태왕)으로, 夫人 丁氏를 太王后로 추존하고, 王子인 叡(예, 曹叡)[299]를 武德侯(무덕후)로 봉했다.

이 달에, 左馮翊(좌풍익)[300]의 산적인 鄭甘(정감)과 王照(왕조)가 무리를 거느리고 투항하여 모두 列侯[301]에 봉해졌다.

酒泉郡의 黃華(황화), 張掖郡(장액군)[302]의 張進(장진) 등이 각각 郡

298 勃海郡(발해군)의 郡治는 南皮縣, 今 河北省 滄州市 관할 南皮縣. 요안현은 발해군의 현명.

299 曹叡 – 曹魏의 明帝. 《魏書》 3권, 〈明帝紀〉 참고.

300 京兆尹(경조윤)과 左馮翊(좌풍익), 右扶風(우부풍)은 長安 주변의 여러 縣을 나눈 행정구역이며 그 행정 책임자이다. 이를 특별히 三輔라고 칭했다. 전한부터 후한까지 존속했다. 左馮翊의 치소는, 今 陝西省 중부 西安市 高陵區.

301 列侯 – 後漢의 경우 王은 劉氏뿐이다. 왕은 郡 단위의 封地를 받는다. 列侯는 縣侯, 都鄉侯, 鄉侯, 都亭侯, 亭侯의 3(5)등급이 있었는데 모두 食邑을 받았다. 縣侯는 縣에 立國할 수 있으나(國 으로 호칭), 鄉侯와 亭侯는 立國하지 못하나 家臣을 거느릴 수는 있었다. 曹魏에서는 후한의 제도를 답습하였다.

302 酒泉, 張掖, 敦煌, 武威郡을 특별히 河西 四郡이라 통칭하는데, 전한 무제 때 영토를 확장하면서 신설한 郡이다. 酒泉郡의 治所는 祿福縣, 今 甘肅省 서북

의 태수를 사로잡고 반란을 일으켰다. 金城太守인 蘇則(소칙)[303] 이 장진을 공격하여 죽여버렸고, 황화는 투항하였다.

6월 辛亥日, 동쪽 교외에서 군사를 점검 훈련하고, 庚午日(경오일)에 남방 원정에 나섰다.

| 原文 |

秋七月庚辰, 令曰, 「軒轅有明臺之議, 放勳有衢室之問, 皆所以廣詢於下也. 百官有司, 其務以職盡規諫, 將率陳軍法, 朝士明制度, 牧守申政事, 縉紳考六藝, 吾將兼覽焉.」

孫權遣使奉獻. 蜀將孟達率衆降. 武都氐王楊僕率種人內附, 居漢陽郡. 甲午, 軍次於譙, 大饗六軍及譙父老百姓於邑東.

八月, 石邑縣言鳳皇集.

冬十月癸卯, 令曰, 「諸將征伐, 士卒死亡者或未收斂, 吾甚哀之. 其告郡國給槥櫝殯斂, 送致其家, 官爲設祭.」

부 酒泉市. 張掖郡(장액군)의 治所는 觻得縣(역득현, 今 甘肅省 張掖市). 甘肅省 河西走廊(하서주랑)의 중부에 위치. 변방 군에 살고 있는 소수민족을 중앙의 典屬國에서 관리했는데 武帝 때 屬國都尉(질록 比이천석)를 설치하여 투항한 이민족에 대한 행정을 맡겼다. 속국도위는 일부 현을 직접 통치했는데 권한은 군의 태수와 같았다. 장액군의 屬國都尉가 관할하는 북부지역을 나누어 張掖屬國(장액속국)으로 분리했다.

303 蘇則(소칙, ?-223年, 字 文師) - 扶風 武功縣(今 陝西省 咸陽市 武功縣)人. 《魏書》 16권, 〈任蘇杜鄭倉傳〉에 입전.

丙午, 行至曲蠡.

| 국역 |

가을인 7월 庚辰日(경진일)에, (魏王이) 명령을 내렸다.

「軒轅氏(헌원씨)[304]는 明臺(명대)에서 백성의 말을 들었고, 放勳(방훈)[305]은 衢室(구실, 衢는 네거리 구)에서 백성이 알고 싶은 말을 물었으니 이 모두가 백성들의 뜻을 널리 받아들인 것이다. 百官과 有司[306]들은 담당 직무와 規諫(규간)에 힘쓰고, 장수들은 軍의 紀綱(기강)을 확립하며, 조정의 관원은 법제를 명백히 하고, 지방관(牧守)은 정사를 잘 운용하며, 縉紳은(진신. 士大夫) 六經을 硏鑽(연찬)해야 하나니, 나는 앞으로 이를 살펴볼 것이다.」

孫權(손권)이 사자를 보내 공물을 헌상하였다. 蜀의 장수 孟達(맹달)[307]이 그 무리를 거느리고 투항하였다. 武都郡[308]의 氐王(저왕, 氐

304 黃帝 軒轅氏 – 중국인의 시조로 추앙받는 전설상의 인물. 黃帝, 顓頊(전욱), 嚳(곡), 堯, 舜 등 五帝의 첫째 인물《史記 五帝本紀》.

305 放勳(방훈)은 堯(요)의 이름. 陶唐氏.

306 有司 – 設官하고 담당 職務를 구분하기에 事有專司(그일을 전문으로 담당하는 자)의 뜻. 직분이나 성명을 명시하지 않은 官吏. 담당 관청이나 담당 부서의 뜻.

307 孟達(맹달, ?–228) 본래 益州 劉璋(유장)의 부하. 劉備가 蜀에 들어갈 때 유장은 맹달을 보내 유비를 영접케 했는데, 맹달은 유비에 귀부한다. 맹달은 江陵(강릉)을 수비했다. 건안 24년(서기 219년)에 孟達은 秭歸(자귀)에서 房陵(방릉)을 공격하고 이어 上庸(상용)까지 진격하여 劉封(유봉)과 합세한다. 關羽(관우)가 樊城(번성)에서 포위되었을 때 유봉과 맹달은 구원을 거절한다. 관우가 패전 후 전사하자 맹달은 문책이 두렵고, 또 유봉과 不和하여 바로 曹魏에 투항했다. 투항한 맹달은 魏에서 승진을 거듭하다가 文帝(曹丕)가 죽자 蜀으로 다시 돌아가려다 계획이 누설되어 司馬懿(사마의)에게 죽는다(서기 228). 《三國演義》에서는 제갈량의 1차 북벌 때 호응하려 했다고 묘사했는데

族 王)인 楊僕(양복)이 무리를 거느리고 內附(내부)하자, 漢陽郡에 거주케 하였다.

甲午日에 魏王의 원정군은 譙縣(초현)에 주둔하며(次)[309] 六軍과 초현의 父老와 백성들을 불러 성읍의 동쪽에서 크게 잔치했다.

8월, (常山郡의) 石邑縣(석읍현)에 봉황이 모였다고 보고했다.

겨울 10월 癸卯日(계묘일)에, (魏王이) 명령했다.

「여러 장수가 원정에 나서면서 사망한 士卒을 혹 수습하지 못한 것을 나는 심히 애통하노라. 각 郡國에 널리 알려 棺(관)[310]을 지급하여 시신을 거두고 본가에 보내되, 관아에서 제사도 지내도록 하라.」

丙午日에, (魏王은) 曲蠡(곡려, 위치 미상)에 행차하였다.

| 原文 |

漢帝以衆望在魏, 乃召群公卿士, 告祠高廟. 使兼御史大夫張音持節奉璽綬禪位, 冊曰,

「咨爾魏王. 昔者帝堯禪位於虞舜, 舜亦以命禹, 天命不於常, 惟歸有德. 漢道陵遲, 世失其序, 降及朕躬, 大亂茲昏, 群凶肆逆, 宇內顚覆. 賴武王神武, 拯茲難於四方, 惟淸區夏,

사실과 다르다. 맹달이 죽은 뒤에 제갈량의 北伐이 있었다.

308 武都郡은 涼州 관할. 治所는 下辨縣, 今 甘肅省 남부 隴南市 成縣.

309 次는 머물다(舍止也). 군사가 一宿할 경우 舍(사), 二宿할 경우 信, 二宿 이상은 次라고 한다.

310 원문 槥櫝(혜독) – 작은 관(小棺) 槥는 널 혜. 작은 관. 櫝은 함 독. 나무로 짠 궤.

以保綏我宗廟, 豈予一人獲乂, 俾九服實受其賜. 今王欽承前緒, 光於乃德, 恢文武之大業, 昭爾考之弘烈. 皇靈降瑞, 人神告徵, 誕惟亮采, 師錫朕命, 僉曰爾度克協於虞舜, 用率我唐典, 敬遜爾位. 於戲! 天之歷數在爾躬, 允執其中, 天祿永終. 君其祗順大禮, 饗茲萬國, 以肅承天命.」

乃爲壇於繁陽. 庚午, 王升壇卽阼, 百官陪位. 事訖, 降壇, 視燎成禮而反. 改延康爲黃初, 大赦.

| 국역 |

漢帝(獻帝)는 나라의 衆望이 魏國에 있는 것을 알고, 곧 여러 公卿과 士人을 불러 모아 (漢) 高祖의 묘당에 나아가 아뢰었다. 그리고 御史大夫를 겸임하는 張音(장음)에게 부절과 國璽(국새)와 인끈(綬)을 갖고 가서 (魏王에게) 禪位(선위)케 하였다. 그 詔書에서 말했다.

「아! 魏王이여! 옛날에 帝堯는 虞舜(우순)에게 선양하였고, 舜 역시 禹(우)에게 양위하였나니, 天命은 불변이 아니라 有德者에게 귀부하도다. 漢의 天命이 이제 衰敗(쇠패)하여 질서를 잃었고 짐에게 이르러서는 大亂으로 昏暗(혼암)하며 뭇 악인이 반역하였고 천하가 전복되었다. 그러나 (魏) 武王(曹操)의 神武에 의지하여, 사방의 난관을 극복하여 中原이 엄숙 청정해졌으며, 나의 漢 종묘를 지켜주고 안정케 하였으니, 이 어찌 나 혼자만의 평온이며 온 천하가 은덕을 입은 것이 아니겠는가! 이제 魏王(曹丕)은 先代의 위업을 계승하고 武王의 大德을 이어받아 文武의 대업을 회복하여 선친의 위대한 업적을 선양토록 하시오. 皇天(皇靈)께서 祥瑞(상서)를 내려 주시고, 백성과 諸神이 吉兆(길조)에 빛나는 광채를 베푸시니, 衆人이 朕(짐)에게 魏王의 기백과 도량이 堯舜과 같다고 말하니, 나는 堯의 법도를 따라서 이에 禪位(선위)하노라. 於戱(어희)라!

이제 皇天의 歷數(역수)는 그대의 몸에 있나니 中正을 지켜 天祿(천록)이 영원할 것이니라. 君은 大禮에 순응하고 萬國을 享有(향유)하며 上天의 명을 엄숙히 받도록 하시오.」

이에 (魏郡) 繁陽縣(번양현)[311]에 祭壇(제단)을 마련하였다. 庚午日(경오일)에, 魏王은 제단에 나아가 帝位에 오르니 百官이 모두 陪位(배위)했다. 大事를 마치고 제단을 내려와 횃불을 태워(燎, 화톳불 료) 天帝에 대한 禮를 올리고 돌아왔다.

(漢) 延康(연강)을 (魏) 黃初(황초)로 개원하고 大赦令(대사령)을 반포했다.(220년 10월)

原文

黃初元年十一月癸酉, 以河內之山陽邑萬戶奉漢帝爲山陽公, 行漢正朔, 以天子之禮郊祭, 上書不稱臣, 京都有事於太廟, 致胙, 封公之四子爲列侯.

追尊皇祖太王曰太皇帝, 考武王曰武皇帝, 尊王太后曰皇太后. 賜男子爵人一級, 爲父後及孝悌力田人二級. 以漢諸侯

311 魏郡 繁陽縣(번양현)은, 今 河南省 北部 安陽市 관할 內黃縣.

王爲崇德侯, 列侯爲關中侯. 以潁陰之繁陽亭爲繁昌縣. 封爵增位各有差. 改相國爲司徒, 御史大夫爲司空, 奉常爲太常, 郎中令爲光祿勳, 大理爲廷尉, 大農爲大司農. 郡國縣邑, 多所改易. 更授匈奴南單于呼廚泉魏璽綬, 賜青蓋車,乘輿,寶劍,玉玦.

十二月, 初營洛陽宮, 戊午幸洛陽. 是歲, 長水校尉戴陵諫不宜數行弋獵, 帝大怒, 陵減死罪一等.

| 국역 |

(魏 文帝) 黃初 원년(서기 220) 11월 癸酉日(계유일), 河內郡 山陽邑의 1만 戶로 漢帝(獻帝)를 山陽公으로 봉했는데, (山陽公 劉協은) 漢의 正朔(정삭, 曆法)을 그대로 사용하며 天子의 禮로 郊祭(교제)를 지낼 수 있고, 上書하더라도 臣이라 칭하지 않으며, 京都의 太廟(태묘)에 제사를 지내면 제육을 보내주기로 하였다.(致胙, 胙는 제사 지낸 고기 조).

산양공의 아들 4명을 列侯로 봉하였다.

(魏 황제의) 祖父인 太王(曹崇)을 太皇帝로, 先考인 武王(曹操)을 武皇帝로 추존하고, 王太后(卞氏, 曹丕의 生母)를 皇太后로 올려 모셨다. 전국의 男子(戶主)에게 작위 1級을, 부친의 뒤를 이은 아들과 孝悌(효제)나 力田으로 뽑힌 사람에게는 2級을 하사하였다.[312]

312 秦,漢代의 일반 백성(平民)은 신분상 등급이 있었는데, 1등급(公士)에서부터 8등급(公乘, 공승)까지는 일반 백성의 등급이다. 9등급 五大夫부터 18등급 大庶長까지는 官吏의 등급으로 요역이 면제된다. 19등급 關內侯와 20등급

漢의 諸侯王을 모두 崇德侯로 (강등하여) 호칭하고, (漢의) 列侯는 關中侯(관중후)라 하였다. 潁陰(영음)의 繁陽亭(번양정)을 繁昌縣(번창현)으로 승격시켰다. (여러 신하에게) 차등을 두어 작위를 올려 주었다.

相國을 司徒(사도)[313]로, 御史大夫를 司空(사공)으로, 奉常(봉상)을 太常(태상)[314]으로, 郎中令을 光祿勳(광록훈)[315]으로, 大理를 廷尉(정위)[316]로, 大農을 大司農(대사농)으로 개칭하였다. 郡國과 縣邑을 많이 고치거나 (소속, 관할 지역 등을) 바꿨다. 匈奴의 南單于인 呼廚泉(호주천)에게 魏의 인수와 國璽를 다시 내려 주었고 아울러 청색

徹侯(列侯)는 爵位(작위)이다. 백성은 작위를 사고팔았으며 일정 작위를 보유하면 사형을 면할 수 있었다. 국가에 경사가 있으면 수시로 백성에게 작위를 하사하였다. 男子는 각 家戶의 어른 가장. 孝悌(효제)와 力田은 모두 鄕職名. 漢 文帝는 '孝悌天下之大順也, 力田爲生之本也, 三老衆人之師也.' 라고 했다.

313 後漢의 경우 司徒(사도)는 公 1인. 백성과 관련한 업무를 총괄하는 丞相 격이었다. 백성 교화, 지방관의 치적 평가를 담당했다. 國政의 大疑나 大事에 관하여 太尉와 동격으로 협의, 상주하였다. 속관으로 長史 1인(질록 千石). 掾屬(연속) 31인, 令史 및 기타 속관 36인을 거느렸다.

314 太常은 종묘 제사 주관 및 사직 및 산천에 대한 국가의 제사, 국가의 교육 관련 업무를 주관.

315 光祿勳(광록훈) – 卿 1인, 질록 中二千石. 宮殿門戶를 宿衛, 각 낭관을 지휘감독, 덕행에 따라 승진과 퇴출의 인사를 담당. 郊祀에서 三獻을 담당. 속관 丞 1인은 질록 比千石. 光祿大夫도 광록훈의 속관. 무관으로 五官中郎將, 左中郎將, 右中郎將, 虎賁中郎將, 羽林中郎將, 奉車都尉, 駙馬都尉, 騎都尉 등은 모두 光祿勳의 속관으로 질록은 比이천석이다. 光武帝가 前漢에 비해 많이 감축했지만 그래도 광록훈의 속관이 제일 많았다.

316 後漢에서는 太常, 光祿勳, 衛尉, 太僕, 廷尉, 大鴻臚, 宗正, 大司農(조세 징수 및 국가 재정 담당), 少府를 九卿이라 칭했다. 질록 中二千石. 廷尉는 重 죄수에 대한 조사와 평결, 집행 담당. 郡國에서 올라오는 옥안에 대한 최종 평결도 담당. 洛陽에는 황제 명에 의한 詔獄(조옥)이 있었다.

수레 덮개와 수레와 가마(乘輿), 寶劍(보검), 玉玦(옥결)을 하사하였다.

12월, 처음으로 洛陽에 궁궐을 짓고, 戊午日에 洛陽에 행차하였다.

이 해에 長水校尉[317]인 戴陵(대릉)이 (황제가) 자주 수렵을 나가는 것은 옳지 않다고 간언을 올렸는데, 황제가 대노하였으며, 대릉은 사형에서 1등급을 감하는 형벌을 받았다.

| 原文 |

二年春正月, 郊祀天地,明堂. 甲戌, 校獵至原陵, 遣使者以太牢祠漢世祖. 乙亥, 朝日於東郊. 初令郡國口滿十萬者, 歲察孝廉一人, 其有秀異, 無拘戶口. 辛巳, 分三公戶邑, 封子弟各一人爲列侯. 壬午, 復潁川郡一年田租. 改許縣爲許昌縣. 以魏郡東部爲陽平郡, 西部爲廣平郡.

317 後漢에서는 五校尉를 두어 중앙 禁軍을 지휘케 하였는데 校尉의 질록은 比 2천석으로 고위 무관이다. 後漢 5교위는 前漢 8교위를 개편한 後漢 중앙군의 5개 부대이다. 屯騎校尉(驍騎校尉로 개명했다가 다시 복원), 越騎校尉(青巾左校尉로 개명했다가 다시 복원), 步兵校尉, 長水校尉, 射聲校尉를 지칭한다. 무관 지휘관으로 將軍 – 中郎將 – 校尉의 三級이 있는데, 단위 부대를 校라 하고 一校의 지휘관이 校尉이다. 후한에서 질록은 比二千石. 교위 아래에 丞과 司馬 등 속관을 두었다. 長水校尉는 흉노족 출신 기병 3,000명을 통솔하였고, 장수교위의 속관인 長水司馬는 질록 1천석이었다. 나머지 교위 병력은 7백 명이었다. 그 외에 城門校尉(낙양 12개 성문 수비를 담당)가 있었다.

| 국역 |

(黃初) 2년(서기 221년) 봄 정월, 天地 신명에 대한 郊祭(교제)와 明堂에서 제사를 지냈다. 甲戌日(갑술일)이 사냥을 나가 原陵(원릉)에 이르러 使者를 보내 太牢(태뢰)로 漢 世祖(光武帝, 劉秀)[318]의 제사를 지냈다. 乙亥日, 東郊에 나가 태양을 맞이했다(朝日, 祭日).[319]

그전에 각 郡國에 명하여 인구 10만 명이면 해마다 孝廉(효렴) 1인을 천거하지만, 특별히 우수한 자는 인구에 구애받지 않고 천거케 하였다. 辛巳日에, 三公의 식읍 호구를 나눠 그 자제 1인을 列侯로 봉했다. 壬午日, 潁川郡(영천군)[320]의 1년 田租(전조)를 면제시켰다(復). (潁川郡) 許縣을 許昌縣(허창현)[321]으로 개칭하였다. 魏郡(위군) 東部都尉의 관할 지역을 陽平郡으로, 西部都尉 관할 지역을 廣平郡(광평군)으로 개편하였다.

318 後漢 건국자 劉秀(유수, 前 5 – 서기 57년, 재위 서기 25 – 57년). 廟號는 世祖, 謚號(시호)는 光武皇帝. 光武帝의 무덤 原陵은, 今 河南省 洛陽市 관할 孟津縣에 위치.

319 禮에 天子는 春分에 朝日하고, 秋分에 夕月한다고 하였다. 정월에 교사를 지냈으면 다른 달에 朝日했을 터인데 몇 月인지 누락되었을 것이라는 주석이 있다.

320 潁川郡(영천군) – 치소는 陽翟縣(양책현), 今 河南省 許昌市 관할 禹州市. 조조가 처음 기병한 곳이며, 조조가 화북 패권을 잡게 된 官渡(관도)의 전투 이전에, 사방의 군현이 와해되고 원근의 군현이 원소의 눈치를 살폈지만, 영천군 백성만은 조조를 위해 싸우고 군량을 운반하였다. 漢 高祖가 關中 땅을 기반으로 일어났고 後漢 光武帝가 河內郡을 기반으로 홍기한 것처럼, 魏는 영천군을 기반으로 하겠다는 의미이다.

321 曹丕(조비)는 魏 건국 후, 洛陽에 定都한 뒤에, '漢은 許縣에서 망했지만 魏는 許에서 번창한다.(漢因許而亡, 魏因許而昌.)' 는 뜻으로, 許縣(許都)를 許昌으로 개칭하여 지금껏 사용되고 있다. 許昌市는 河南省 중앙부에 위치하며 人口 450만이 넘는 거대도시이다.

| 原文 |

詔曰, 「昔仲尼資大聖之才, 懷帝王之器, 當衰周之末, 無受命之運, 在魯,衛之朝, 教化乎洙,泗之上, 淒淒焉, 遑遑焉, 欲屈己以存道, 貶身以救世. 於時王公終莫能用之, 乃退考五代之禮, 脩素王之事, 因魯史而制《春秋》, 就太師而正《雅頌》, 俾千載之後, 莫不宗其文以述作, 仰其聖以成謀. 咨! 可謂命世之大聖, 億載之師表者也. 遭天下大亂, 百祀墮壞, 舊居之廟, 毀而不脩, 褒成之後, 絶而莫繼, 闕里不聞講頌之聲, 四時不睹蒸嘗之位, 斯豈所謂崇禮報功, 盛德百世必祀者哉! 其以議郎孔羨爲宗聖侯, 邑百戶, 奉孔子祀.」

令魯郡脩起舊廟, 置百戶吏卒以守衛之, 又於其外廣爲室屋以居學者.

| 국역 |

詔書를 내렸다.

「옛날 仲尼(중니, 孔子, 孔丘의 字)는 大聖의 재능을 갖추었고, 帝王의 器量을 품고 있었다. 그러나 周末 쇠퇴기를 당하여 천명을 받을 大運도 없었고, 魯에 잠시 봉직했을 뿐 衛國에서도 등용되지 못했으며, 洙水(수수)와 泗水(사수)[322] 일대에서 교화를 펴면서 처연히 奚

322 魯나라의 도성 曲阜(곡부)에서 20여 km 지점에 郰邑(추읍, 鄹, 陬로도 표기)이 있었다. 공자의 어머니 顔氏는 尼丘山(이구산)에 기도를 해서 공자를 낳았으며, 공자의 부친 별세 후에는 魯 도성 내의 闕里(궐리)로 이사했고 공자는 궐

기듯 떠돌았어도, 자신을 낮추며 道를 전승코자 했으며, 자신을 버려서라도 세상을 바로잡으려 하였다. 그때의 王公으로 누구도 공자를 등용하지 않자, 물러나 五代(堯, 舜과 夏 殷 周 三代)의 禮(制度)를 고찰하였고, 素王(소왕)[323]으로서 할 일을 다하였으며, 魯의 史書를 바탕으로 《春秋》를 지었고, 太師(樂師)에게 배웠으며, 《雅頌 (詩經)》을 바로잡아, 1천 년 후세 사람으로 하여금 그 학문을 宗主로 서술하지 않는 사람이 없으며, 성인으로 숭앙하지 않는 사람이 없게 하였다.

아!(咨! 탄식할 자) 공자는 가히 그 시대의 大聖이셨으며 억만년이 지나도록 師表(사표)가 될 분이로다. 지금 천하의 大亂을 당하여, 모든 사당과 예전의 廟堂(묘당)이 없어졌고, 부서졌는데도 고치지 못하고, 공자의 후손이 褒成侯(포성후)[324]에 봉해진 이후, 작위가 단절되어도 이어주지 않았으며, 闕里(궐리)에서는 (경전을) 講頌(강송)하는 소리를 들을 수 없고, 四時에 맞춰 지내는 제사의 神位[325]를 볼 수 없으니, 이래서야 어찌 崇禮하고 報功하며 盛德한 분을 百世에 이르도록 틀림없이 제사를 지낸다고 말할 수 있겠나! 議郎인 孔羨(공선)을 宗聖侯(종성후)로 봉하고 식읍 1백 호로 孔子의 제사를 받들

리에서 생활하였다. 이 근처에 洙水(수수)와 泗水(사수)가 있다. 그래서 尼丘(이구)와 洙泗(수사), 闕里(궐리)는 때로 공자의 代稱(대칭)으로도 쓰인다.

323 素王은 제왕에 오르지는 않았으나 王者의 덕을 갖춘 사람. 孔子를 지칭함.

324 漢 元帝는 공자 13世孫인 孔霸(공패)를 褒成君(포성군)에 봉하고 食邑 8백 호를 지급하여 공자의 제사를 받들게 했다. 漢 平帝는 공자의 16세 孔均(공균)을 褒成侯에 봉했으며, 後漢 明帝, 安帝도 그 후손에게 작위를 내렸다. 曹魏에서는 공자의 후손에게 宗聖侯의 작위를 세습케 하였다.

325 蒸嘗之位는 제사의 神位. 蒸은 겨울 제사 증, 질 증. 嘗은 가을 제사 상, 맛볼 상.

수 있게 하라.」

魯郡에 옛 묘당을 수리하고 百戶의 吏卒로 守衛(수위)하게 하였으며, 또 외곽의 건물을 넓혀 학자가 기숙할 수 있게 하였다.

▍原文▍

(春) 三月, 加遼東太守公孫恭爲車騎將軍. 初復五銖錢.

夏四月, 以車騎將軍曹仁爲大將軍. 五月, 鄭甘復叛, 遣曹仁討斬之. 六月庚子, 初祀五嶽四瀆, 咸秩群祀. 丁卯, 夫人甄氏卒. 戊辰晦, 日有食之, 有司奏免太尉, 詔曰, 「災異之作, 以譴元首, 而歸過股肱, 豈禹,湯罪己之義乎? 其令百官各虔厥職, 後有天地之眚, 勿復劾三公.」

秋八月, 孫權遣使奉章, 並遣于禁等還. 丁巳, 使太常邢貞持節拜權爲大將軍, 封吳王, 加九錫.

冬十月, 授楊彪光祿大夫. 以穀貴, 罷五銖錢. 己卯, 以大將軍曹仁爲大司馬. 十二月, 行東巡. 是歲築陵雲臺.

▍국역▍

(봄)3월, 遼東太守인 公孫恭(공손공)이 승진하여 車騎將軍[326] 이

326 後漢의 무관직으로는 大將軍 다음이 驃騎將軍(표기장군)이고, 그 다음이 車騎將軍, 거기장군 다음 지위가 衛將軍이며, 그 다음에 일반 장군이다. 거기장군은 정치 상황에 따라 三公보다 높거나 낮았다. 大將軍보다는 낮은 車騎將

되었다. 처음으로 五銖錢(오수전)[327]을 다시 주조하였다.

여름 4월, 車騎將軍인 曹仁이 大將軍이 되었다. 5월, (左馮翊좌풍익의 산적으로 투항했던) 鄭甘(정감)이 다시 배반하자 曹仁을 보내 토벌 참수하였다. 6월 庚子日, 처음으로 五嶽(5악)과 四瀆(4독)[328]에 제사를 지냈는데, 순차에 의거 각종 제사를 지내게 하였다. 丁卯日에 夫人 甄氏(견씨)[329]가 죽었다. 戊辰日(무진일) 그믐에 日食이 일어나자, 有司가 太尉를 면직시켜야 한다고 상주하자 詔書(조서)를 내렸다.[330]

軍이지만 三公(司徒, 司馬, 司空)과 같이 開府하고, 三公과 같은 儀衛(의위, 儀仗 겸 수위)를 받았다.

327 武帝 때 五銖錢(元狩 5년, 前 118년)을 처음 발행, 통용되었다. 왕망 때 폐지. 後漢에서 다시 통용. 화폐의 무게에 따른 이름(1兩은 15.5g, 1兩은 24銖(수). 1銖는 0.65g), 五銖錢(표면에 '五銖' 二字가 양각)은 隋代(수대)까지 통용되다가 唐 高祖 때(621년) 공식적으로 폐지되었다. 八銖錢, 三銖錢이 주조된 때도 있었다.

328 五嶽은 北岳(北嶽)인, 今 山西省의 恒山(항산, 常山), 西岳인 陝西省의 華山, 中岳인 河南省의 嵩山(숭산), 東岳인 山東省 泰山, 南岳인 湖南省 衡山(형산). 四瀆(사독, 瀆은 도랑 독)은 淮水(회수)를 東瀆, 長江(江은 본래 고유명사로 장강을 지칭)을 南瀆, 黃河(황하는 보통 河水로 통칭, 河는 본래 고유명사) 西瀆, 濟水를 北瀆이라 칭했는데, 황하의 물길이 여러 번 바뀌면서 濟水는 사라졌는데 지금 黃河의 下流가 원래 濟水의 물길이라고 한다.

329 文昭甄皇后(문소견황후. 183-221)는 名 不明, 魏 明帝 曹叡(조예)의 生母. 曹叡(明帝) 즉위 후 文昭皇后로 추존, 上蔡令 甄逸(견일)의 딸. 袁紹의 2子 袁熙의 처, 원소가 패망할 때(건안 9년), 曹丕(조비)가 그 미모에 반해 娶妻(취처). 황후가 되었다. 뒷날 文德皇后 郭氏가 조비의 총애를 받자 질투하여 賜死하였다. 조비는 견씨를 미워하여 '시신을 염할 때 머리를 풀어 얼굴을 가리고 쌀겨(糠)로 입을 채우라.' 고 했다는 逸話가 전한다. 甄은 질그릇 견, 성씨 견, 땅이름 견. 甄에 '진' 音이 있지만 성씨일때는 분명히 '견' 이다. 후백제 건국자도 甄萱(견훤)이다.

330 漢制度에 皇帝의 下書는 4종류로, 策書, 制書, 詔書, 誡勅(계칙)으로 구분한다. 策書는 1尺2寸의 編簡에 篆書(전서)로 年月日을 기록하는, 皇帝가 諸侯王

「災異의 발생으로 三公(元首)을 견책하는 것은 (사람의 잘못에) 팔다리를 탓하는 것과 같으니, 어찌 禹王과 湯王(탕왕)이 자신의 허물이라 탓한 것과 같겠는가? 百官은 모두 자신의 직무를 성실히 수행할 뿐이니 뒷날 천지에 재해가 일어난다 하여 다시는 三公을 탄핵하지 말라.」

가을인 8월, 孫權(손권)이 사신을 보내 국서를 올리면서 아울러 (생포했던) 于禁(우금) 등을 돌려보냈다. 丁巳日(정사일)에, 太常인 邢貞(형정)이 부절을 가지고 가서 孫權에게 大將軍 직함을 수여하고 吳王에 봉했으며 九錫(구석)을 하사하였다.

겨울인 10월, 楊彪(양표)[331]에게 光祿大夫를 수여하였다. 곡물 가격이 폭등하자 五銖錢 통용을 중지시켰다. 己卯日(기묘일)에 大將軍 曹仁은 大司馬가 되었다. 12월, 황제가 동쪽을 巡狩(순수)하였다. 이 해에 陵雲臺(능운대)[332]를 축조하였다.

에 대한 명령이다. 三公의 죄가 있어 면직시킬 때도 策書를 내리는데 隸書(예서)로 기록했다. 制書는 제도에 관한 명령으로 國璽(국새)를 찍어 封하고 尙書令의 인장으로 다시 한 번 봉하여 州郡에 반포한다. 詔書의 詔는 告의 뜻으로, 그 문장은 告某官云~으로 시작한다. 誡勅(誡勑, 계칙)은 刺史(자사)나 太守를 훈계하는 내용의 글이다.

331 楊彪(양표)의 字는 文先(문선)으로, 靈帝부터 獻帝에 걸친 大臣이었다. 조비는 漢 원로를 회유하는 뜻으로 양표에게 魏의 관직을 하사하였다. 그전에 아들 楊脩(양수)가 조조에게 피살되었는데 나중에 조조가 양표를 보고 물었다. "公은 어찌 이리 수척해졌습니까?" 이에 양표가 말했다. "金日磾(김일제)와 같은 先見之明이 없어 부끄럽지만, 어미 소가 송아지를 핥아주는 사랑은 아직 남았습니다."라고 말했고, 조조는 부끄러워했다. 양표는 나이 84세에 죽었다. 양표와 양수는《後漢書》54권,〈楊震列傳〉에 입전. 楊脩는《魏書》19권,〈任城陳蕭王傳〉참고.

332 陵雲臺(능운대)는 魏 文帝의 行宮. 遺址는, 今 河南省 중부 漯河市(탑하시) 郾城區(언성구).

| 原文 |

三年春正月丙寅朔, 日有蝕之. 庚午, 行幸許昌宮, 詔曰,

「今之計孝, 古之貢士也. 十室之邑, 必有忠信, 若限年然後取士, 是呂尙,周晉不顯於前世也. 其令郡國所選, 勿拘老幼. 儒通經術, 吏達文法, 到皆試用. 有司糾故不以實者.」

二月, 鄯善,龜茲,于闐王各遣使奉獻, 詔曰,

「西戎卽敍, 氐,羌來王,《詩》,《書》美之. 頃者西域外夷並款塞內附, 其遣使者撫勞之.」

是後西域遂通, 置戊己校尉.

三月乙丑, 立齊公叡爲平原王, 帝弟鄢陵公彰等十一人皆爲王. 初制封王之庶子爲鄉公, 嗣王之庶子爲亭侯, 公之庶子爲亭伯. 甲戌, 立皇子霖爲河東王. 甲午, 行幸襄邑.

夏四月戊申, 立鄄城侯植爲鄄城王. 癸亥, 行還許昌宮. 五月, 以荊,揚,江表八郡爲荊州, 孫權領牧故也. 荊州江北諸郡爲郢州.

閏月, 孫權破劉備於夷陵. 初, 帝聞備兵東下, 與權交戰, 樹柵連營七百餘里, 謂群臣曰, "備不曉兵, 豈有七百里營可以拒敵者乎! '苞原隰險阻而爲軍者爲敵所禽', 此兵忌也. 孫權上事今至矣." 後七日, 破備書到.

| 국역 |

(黃初) 3년(서기 222) 봄 정월 丙寅日 초하루, 日蝕(일식)이 있었다. 庚午日(경오일), 황제는 許昌(허창)의 궁궐에 행차하였다. 조서를 내렸다.

「오늘 날의 上計吏와 천거하는 효렴[333]은 옛날의 貢士(공사)와 같은 것이다. 10여 호의 작은 마을(十室之邑)에도 틀림없이 衷心(충심)을 가지고 신의를 지키는 사람이 있으니(必有忠信)[334] 만약 일정한 나이가 되어야 관리가 될 수 있다면 呂尙(여상, 姜太)이나 周晉(주진, 未詳) 같은 사람이 옛날에 세상에 나올 수 없었을 것이다. 각 군국에 알려 인재를 추천할 때 나이의 많고 적음에 구애받지 않도록 하라. 유학이나 경전에 밝고 관리로서 법규에 밝다면 누구나 채용토록 하라. 담당자가 고의로 부실한 자를 천거하는가를 규찰토록 하라」

2월에, (서역의) 鄯善(선선), 龜茲(구자), 于闐(우전)의 국왕이 각각 사자를 보내 공물을 헌상하였다. 이에 조서를 내렸다.

「西戎(서융)이 안정되었고 氐(저), 羌族(강족)의 왕이 내부하니, 이런 일을 《詩經》과 《書經》에서도 찬미하였다. 요즈음 西域(서역)의 外夷들이 모두 관문에 와서 來附(내부)하니 사자로 파견된 자들을 적당히 위무토록 하라.」

333 上計吏 – 각 郡國에서는 1년에 한 번씩 재정, 물가 등 치적을 통계로 작성하여 司徒府에 보고하고 심사를 받았다. 郡國의 재정 등 치적을 보고하러 장안에 보내는 관리를 上計吏라 하였고, 군국에서 孝廉(효렴)으로 천거하는 인재도 同行, 上京하였다.

334 《論語 公冶長》 子曰, "十室之邑, 必有忠信如丘者焉, 不如丘之好學也."

이후로 서역과 교통이 열리면서 戊己校尉(무기교위)[335]를 설치하였다.

3월 乙丑日, 齊公 曹叡(조예)를 平原王에, 황제의 아우인 鄢陵公(언릉공) 曹彰(조창) 등 11인을 왕으로 책봉했다. 옛 법제에 처음 책봉된 왕의 庶子(서자)는 鄕公(향공)에, 뒤를 이은 王(嗣王, 사왕)의 서자는 亭侯(정후)에, 그리고 公의 서자는 亭伯(정백)으로 봉했었다. 甲戌日에 皇子 曹霖(조림)을 河東王에 책봉하였다. 甲午日에 襄邑(양읍)[336]에 행차하였다.

여름 4월 戊申日, 鄄城侯(견성후) 曹植(조식)[337]을 鄄城王(견성왕)으로 봉했다. 癸亥日, 황제의 행차가 許昌宮으로 환궁했다. 5월, 荊州

335 漢의 서역 경영은 張騫(장건), 常惠(상혜), 鄭吉, 陳湯(진탕) 등의 노력과 경영으로 흉노를 서역에서 축출했다. 漢은 서역의 성곽국가와 관계를 강화하며 흉노에 대항하는 체제를 구축했다. 이들 성곽국가 관리는 西域都護(서역도호)가 담당했다.《漢書》70권,〈傅常鄭甘陳段傳〉참고. 前漢의 西域都護府는 烏壘城(오루성, 今 新疆維吾爾自治區 중앙부의 巴音郭楞蒙古自治州 관할 庫爾勒市의 서쪽 輪臺)에 있었다. 서역도호의 속관으로 副校尉, 丞, 司馬, 候, 千人 등이 있고 屯田 담당 校尉인 戊己校尉(무기교위)를 두었었다. 後漢에서는 班超의 서역 경영 이후(서기 91년) 龜茲國 영내의 它乾城(타건성, 今 新疆省 庫車 부근, 輪臺의 서쪽, 정확한 위치 미상)에 서역도호부를 두었다. 戊己(무기)는 十干의 중앙. 중앙은 土, 곧 황색. 이는 漢을 상징하고 흉노(北)를 제압한다는 뜻으로 택한 이름. 무기교위는 屯田校尉의 개칭. 서역도호의 속관으로 둔전을 관장했다.

336 襄邑은 陳留郡의 읍명. 郡國의 하부 행정조직인 縣, 侯國, 邑, 道는 병렬로 존재하였다. 邑은 황제 소생의 공주(皇女로 ○○公主로 봉은 받은 경우)의 식읍이다.(예, 豫州 潁川郡 舞陽邑). 道는 蠻夷(少數民族)의 거주 지역으로 예를 들면, 涼州 隴西郡 狄道(적도)와 같다. 이는 현 중국의 ○○族 ○○自治縣과 같다. 縣에 蠻夷가 많이 거주하면 道이고, 公主의 식읍이나 湯沐邑은 邑이라 호칭했다.

337 曹植(192-232, 字 子建)은 曹操 第四子, 卞氏 嫡出의 第三子, 曹魏의 著名詩人. '才高八斗(八斗之才)', '七步成詩' 의 주인공.

(형주), 揚州(양주)의 長江 남쪽 8郡[338]을 荊州(형주)라 하였는데, 이는 孫權이 형주목을 겸하기 때문이었다. 荊州의 江北 여러 군을 郢州(영주)라고 하였다.

閏月(윤월, 윤 5월), 孫權이 劉備를 夷陵(이릉)[339]에서 격파하였다. 그전에, 魏 文帝는 劉備가 군사를 거느리고[340] 동쪽으로 진격하여 손권과 교전하면서 7백여 리에 걸쳐 나무 방책으로 군영을 설치했다는[341] 말을 듣고 여러 신하에게 말했다.

"유비는 병법을 알지 못하나니 어찌 7백 리에 걸친 군영으로 적을 막을 수 있겠는가! '들판이나 습지 험한 곳을 포함하여 군영을 설치하는 자는 적에게 사로잡힌다.' 하였으니, 이는 병법에서 꺼리는 일이다. 손권의 보고가 곧 들어올 것이다."

그 7일 뒤 유비를 격파했다는 (吳의) 국서가 도착했다.

| 原文 |

秋七月, 冀州大蝗, 民飢, 使尙書杜畿持節開倉廩以振之. 八月, 蜀大將黃權率衆降. 九月甲午, 詔曰,

338 원문의 江表는 長江 밖. 洛陽에서 보면 장강 남쪽. 表는 바깥이라는 뜻.

339 夷陵(이릉)은 南郡의 현명. 今 湖北城 서남부 宜昌市 북쪽.

340 유비는 조비 즉위 소식을 듣고 獻帝가 피살된 줄 알고 복상하며 221년에 제위에 올랐다(章武元年). 이어 222년 관우와 장비에 대한 복수 일념으로 대군을 이끌고 長江을 따라 7백 리에 군영을 설치하였다. 이에 맞선 吳將 陸遜(육손)은 以逸待勞(이일대로)의 병법 교과서대로 맞섰다.

341 결국 222년에, 62세의 유비는 夷陵(今 湖北 宜昌시 북)과 猇亭(효정, 今 湖北 宜昌市 동남)에서 대패한다.

「夫婦人與政, 亂之本也. 自今以後, 群臣不得奏事太后, 后族之家不得當輔政之任, 又不得橫受茅土之爵. 以此詔傳後世, 若有背違, 天下共誅之.」

庚子, 立皇后郭氏. 賜天下男子爵人二級, 鰥寡篤癃及貧不能自存者賜穀.

| 국역 |

가을인 7월, 冀州(기주) 지역에 황충 피해가 심각하여 백성이 굶주리자 尙書 杜畿(두기)를 보내 부절을 가지고 가서 창고를 열어 賑恤(진휼)토록 했다.

8월에, 蜀의 대장 黃權(황권)이 군사를 거느리고 투항하였다.

9월 甲午日, 조서를 내렸다.

「婦人이 정사에 관여하는 것은 亂政(난정)의 원인이다. 지금부터, 모든 신하들은 太后에게 정사를 보고하지 말 것이며, 后族은 정사에 관여할 수 없으며, 또 봉토를 받는 작위를 마음대로 받을 수 없다. 이 조서를 후세에 전하고, 만약 어기는 자가 있다면 온 천하가 함께 誅滅(주멸)할 것이다.」

庚子日, 황후 郭氏(곽씨)[342]를 책립하였다. 온 나라의 男子(戶主)에게 작위를 2급씩 하사하였다. 홀아비나 과부, 질병이 심하거나 생존이 어려운 빈민에게는 곡식을 지급하였다.

342 황후 郭氏(곽씨) – 고아로 성장했으나 입궁하여 황후로 승격하였다. 부덕이 있고 지모와 미모에 춤 솜씨가 뛰어났으며, 조비보다 3년 연상이었으며 자식을 두지 못했다.

| 原文 |

冬十月甲子, 表首陽山東爲壽陵, 作終制曰,

「禮, 國君卽位爲椑, 存不忘亡也. 昔堯葬穀林, 通樹之, 禹葬會稽, 農不易畝, 故葬於山林, 則合乎山林. 封樹之制, 非上古也, 吾無取焉. 壽陵因山爲體, 無爲封樹, 無立寢殿, 造園邑, 通神道. 夫葬也者, 藏也, 欲人之不得見也. 骨無痛癢之知, 冢非棲神之宅, 禮不墓祭, 欲存亡之不黷也, 爲棺槨足以朽骨, 衣衾足以朽肉而已.

故吾營此丘墟不食之地, 欲使易代之後不知其處. 無施葦炭, 無藏金銀銅鐵, 一以瓦器, 合古塗車,芻靈之義. 棺但漆際會三過, 飯含無以珠玉, 無施珠襦玉匣, 諸愚俗所爲也.

季孫以璵璠斂, 孔子歷級而救之, 譬之暴骸中原. 宋公厚葬, 君子謂華元,樂莒不臣, 以爲棄君於惡. 漢文帝之不發, 霸陵無求也. 光武之掘, 原陵封樹也. 霸陵之完, 功在釋之, 原陵之掘, 罪在明帝. 是釋之忠以利君, 明帝愛以害親也. 忠臣孝子, 宜思仲尼,丘明,釋之之言, 鑒華元,樂莒,明帝之戒, 存於所以安君定親, 使魂靈萬載無危, 斯則賢聖之忠孝矣.

自古及今, 未有不亡之國, 亦無不掘之墓也. 喪亂以來, 漢氏諸陵無不發掘, 至乃燒取玉匣金縷, 骸骨並盡, 是焚如之刑, 豈不重痛哉! 禍由乎厚葬封樹.

'桑,霍爲我戒', 不亦明乎? 其皇后及貴人以下, 不隨王之

國者, 有終沒皆葬澗西, 前又以表其處矣. 蓋舜葬蒼梧, 二妃不從, 延陵葬子, 遠在嬴,博, 魂而有靈, 無不之也, 一澗之間, 不足爲遠.

若違今詔, 妄有所變改造施, 吾爲戮屍地下, 戮而重戮, 死而重死. 臣子爲蔑死君父, 不忠不孝, 使死者有知, 將不福汝. 其以此詔藏之宗廟, 副在尙書,秘書,三府.」

| 국역 |

겨울 10월 甲子日에, 首陽山(수양산)[343] 동쪽 땅을 잡아 壽陵(수릉)을 짓게 하면서 葬禮(장례)에 관한 조서를 내렸다.

「禮에 國君이 즉위하면 內棺(내관)[344]을 만들게 하였는데, 이는 죽음을 잊지 않으려는 뜻이었다. 옛날 堯帝는 穀林(곡림)에 장례했는데 그곳에 온통 나무를 심었고, 禹王(우왕)은 會稽(회계)에 묻혔는데 농부는 경작지를 옮기지 않았으니(백성을 이주시키지 않았다는 뜻), 곧 山林에 묻힌다면 산림과 같아야 한다. (봉분에) 나무를 심는 제도는 옛 전통이 아니기에 나는 따르지 않겠다. 나의 壽陵은 산 그대로의 모습에, 봉분에는 나무도 심지 말고, 寢殿(침전)[345]이나 園邑

343 首陽山은, 今 河南省 洛陽市 동쪽 30km 偃師市(언사시)에 있는 산, 해발 359m이니 높은 산은 아니다. '日出之初, 光必先及'이라 해서 얻은 이름. 伯夷, 叔齊가 고사리를 뜯어 먹은 산.

344 椑은 널(관) 벽, 궁 통 비. 여기서는 시신을 넣는 관. 天子나 諸侯의 관은 여러 겹인데 시신과 직접 닿는 관을 椑(벽)이라고 한다.

345 寢殿(침전) – 천자의 거처 앞에 朝廷이 있고 뒤쪽에 침전이 있는 것처럼, 죽은 뒤에 전면에 廟堂을 짓고 뒤쪽에 寢殿(침전)을 지었는데, 침전은 正殿이며 황제의 의관을 보관한 亡者의 생활공간으로 생각했다.

을 만들거나 출입하는 神道(신도)를 만들지 말라. 죽어 묻힌다는 것(葬)은 감추는 것(藏)이니 남이 볼 수 없게 하는 것이다. 유골은 통증이나 가려움(癢, 가려울 양)을 알지 못하고, 무덤(冢, 塚)은 귀신의 집이 아니며, 禮에도 墓祭를 지내지 않는 것은 살아서나 죽어서 욕됨이 없기를 바라는 것이며, 棺槨(관곽)을 쓰는 것은 뼈를 썩게 하고, (시신을) 옷과 이불로 싸서 살점을 썩게 하면 그뿐이다.

그래서 나는 농사도 지을 수 없는 땅을 골라 무덤을 만들어 세월이 흐른 다음에 내가 묻힌 곳을 감추고 싶을 뿐이다. 그러니 나를 묻으면서 무덤 안에 숯(葦炭)을 쓰지 말 것이며, 금은, 구리나 쇠붙이를 쓰지 말고, 모두 土器(瓦器)를 묻고, 옛날에 진흙 수레(塗車)나 볏짚으로 엮은 사람과 말을 묻은 뜻을(芻靈之義) 따르도록 하라. 다만 棺(관)은 옻칠(漆)을 3번하지만, 珠玉(주옥)을 입에 물리지 말고(飯含), 옥으로 지은 壽衣(珠襦)나 덮개(玉匣)를 쓰지 말 것이니, 이 모두는 우매한 풍습일 것이다.

(옛날 魯나라) 季孫氏(계손씨)가 죽어 璵璠(여번, 寶玉의 이름)으로 斂(염)을 하려 하자, 공자는 계단을 올라가 이를 저지하며 그런 일은 시신을 들판에 버리는 것과 같다고 하였다. 宋公을 厚葬하자 君子들은 華元(화원)과 樂莒(악거)는 신하의 도리를 다 하지 않았으며 주군을 사악에 빠뜨린 것이라고 비난하였다. 前漢 文帝의 무덤이 도굴당하지 않은 것은 霸陵(패릉, 文帝의 능 이름)에서 얻을 것이 없었기 때문이었다. (後漢) 光武帝 무덤이 도굴당한 것은 原陵(원릉, 광무제 능묘)에 나무를 심었기 때문이다. 霸陵(패릉)이 온전했던 것은 張釋之(장석지)의[346] 공로이며, (光武帝의) 原陵이 파헤쳐진 것은 (아들

346 張釋之(장석지)는 文帝와 景帝의 신하로 廷尉(정위)를 역임하며 공정한 판결

인) 明帝의 잘못일 것이다. 이를 보면 장석지는 주군에서 충성을 바쳐 이롭게 했고, 明帝는 부친을 위한다고 했지만 해를 끼쳤다. 忠臣과 孝子라면 응당 孔子(仲尼)와 左丘明(좌구명), 張釋之(장석지)의 말을 생각하고, 華元(화원)과 樂莒(악거), 그리고 明帝의 전례를 거울삼아서 主君과 先親을 편히 모시고 그 영혼이 만년이 지나도록 위험에 처하지 않게 하는 것이, 곧 賢聖한 者의 忠孝일 것이다.

예로부터 지금까지 멸망하지 않은 나라가 없고 도굴당하지 않은 왕공의 무덤이 없었다. 천하가 혼란한 이후로 漢朝에 도굴당하지 않은 능묘가 없고, 불타지 않은 玉匣(옥갑)이나 황금 수의가 없으며, 그 骸骨(해골) 또한 사라졌는데, 이는 마치 火刑을 당한 것과 같으니, 어찌 가슴이 아프지 않겠는가! 그런 災禍(재화)의 원인은 厚葬(후장)과 큰 봉분과 나무 때문일 것이다.

'(前漢의) 桑弘羊(상홍양)과 霍禹(곽우)[347]는 나를 훈계하는 거울(鑑戒)' 이라는 말이 확실하지 않은가? 皇后나 貴人 이하 王을 따라 封國에 가지 않은 자가 있다면 누구든 모두 강 건너 서쪽에 묻을 것이며 죽기 전에 묻힐 곳을 정하도록 하라. 舜(순)은 蒼梧山(창오산)[348]

을 내렸다. 무제 때 어떤 자가 高祖의 묘당에서 玉環을 훔쳤는데 장석지는 법대로 처형했다. 文帝는 그런 중죄에 일족을 멸하지 않는다고 화를 냈지만 장석지는 법 조항을 견지했다. 《史記 張釋之馮唐列傳》, 《漢書 張馮汲鄭傳》에 입전.

347 桑弘羊(상홍양 前 155-80年), 前漢 武帝의 신하. 무제의 빈번한 대외원정으로 재정이 궁핍하자, 소금과 철과 술을 국가에서 전매하고 均輸法을 시행하였다. 武帝 死後에 결국 전매제도를 폐지하였고, 상홍양은 燕王 劉旦 및 上官桀(상관걸)의 謀反 사건에 연루되어被殺되었다. 霍禹(곽우)는 전한 宣帝 때 霍禹(곽우, ?-前 66)는 權臣 霍光(곽광)의 아들, 前 66년 선제 폐위 음모가 발각되어 腰斬(요참)되었다. 《漢書 霍光金日磾傳》 참고.

348 蒼梧山(창오산)은, 今 湖南省 남부 永州市 관할 寧遠縣 소재.

에 묻혔지만, 二妃(堯의 두 딸 娥皇과 女英)는 같은 곳에 묻히지 않았으며, 延陵季子(연릉계자)[349]는 아들을 멀리 嬴(영)과 博(박) 사이에 묻었는데, 혼령이 있다면 가지 못할 곳이 없으니, 강물 하나 사이라면 멀다고 할 수 없을 것이다.

만약 이번의 詔令(조령)을 위배하거나, 함부로 개조하여 봉분을 만들고 나무를 심는 자가 있다면, 그것을 지하에 있는 나를 戮屍(육시)하고 또 육시하는 것이며, 죽은 자를 또 죽이는 것과 같을 것이다. 신하로 또 자식으로서 죽은 주군과 부친을 멸시하는 것이며, 不忠이고 不孝이니, 만약 死者가 이를 안다면 너희들에게 복을 내리지 않을 것이다. 이 조서를 宗廟(종묘)에 소장할 것이며 그 부본은 尙書省과 秘書省, 그리고 三公府에 보관하기 바란다.」

| 原文 |

是月, 孫權復叛. 復郢州爲荊州. 帝自許昌南征, 諸軍兵並進, 權臨江拒守. 十一月辛丑, 行幸宛. 庚申晦, 日有食之. 是歲, 穿靈芝池.

| 국역 |

이달에, 孫權(손권)이 다시 배반했다. 郢州(영주)를 다시 荊州(형

349 延陵季子(연릉계자)는 吳王 壽夢(수몽)의 막내아들, 季札(계찰). 두 번째 북쪽 여행할 때 아들이 동행했는데 돌아가는 길에 齊나라에서 아들이 갑자기 병사하여 현지에서 매장하였다. 《史記 吳太伯世家》 참고. 아들을 嬴(영)과 博(박) 중간에 묻었다는 말은 《禮記 檀弓 下》에 나온다.

주)로 고쳤다. 황제는 許昌에서 남쪽 원정을 출발하여 여러 부대가 함께 진격하였으며 손권은 長江에 의거하여 저항하였다. 11월 辛丑日에, 황제는 (南陽郡) 宛縣(완현)에 도착하였다. 庚申日 그믐에 日食이 있었다. 이 해에 靈芝池(영지지)를 팠다.

| 原文 |

四年春正月, 詔曰,

「喪亂以來, 兵革未戢, 天下之人, 互相殘殺. 今海內初定, 敢有私復讎者皆族之.」

築南巡臺於宛. 三月丙申, 行自宛還洛陽宮. 癸卯, 月犯心中央大星. 丁未, 大司馬曹仁薨. 是月大疫.

夏五月, 有鵜鶘鳥集靈芝池, 詔曰,

「此詩人所謂汚澤也. 〈曹詩〉 '刺恭公遠君子而近小人', 今豈有賢智之士處於下位乎? 否則斯鳥何爲而至? 其博擧天下俊德茂才,獨行君子, 以答曹人之刺.」

六月甲戌, 任城王彰薨於京都. 甲申, 太尉賈詡薨. 太白晝見. 是月大雨, 伊,洛溢流, 殺人民, 壞廬宅.

秋八月丁卯, 以廷尉鍾繇爲太尉. 辛未, 校獵於滎陽, 遂東巡. 論征孫權功, 諸將已下進爵增戶各有差. 九月甲辰, 行幸許昌宮.

| 국역 |

(黃初) 4년(서기 213) 봄 정월, 조서를 내렸다.

「천하가 혼란했던 이후로 전쟁이 그치지 않아 온 나라 사람들이 서로가 서로를 죽였다. 지금 나라가 안정되었는데 감히 사적으로 복수하는 자가 있다면 모두 멸족시킬 것이다.」

(宛縣에) 南巡臺(남순대)를 신축했다.

3월 丙申日, 宛縣에서 洛陽의 궁궐로 돌아왔다. 癸卯日(계묘일)에 달이 心宿(심수)의 중앙 大星의 구역에 들어갔다. 丁未日에 大司馬인 曹仁(조인)이 죽었다. 이 달에 전염병이 크게 유행했다.

여름 5월, 鵜鶘鳥(제호조)[350]가 靈芝池(영지지)에 모여들었는데, 이에 조서를 내렸다.

「이는 옛 詩人이 말한 汚澤鳥(오택조)이다. 《詩經 曹風》[351] 詩에 '恭公(공공)이 君子를 멀리하고 小人을 가까이 함을 풍자한다.' 고 하였으니, 지금 賢明한 智士가 하위에 있다는 뜻이 어찌 아니겠는가? 그렇지 않다면 이런 새들이 왜 모여들었겠는가? 천하에 덕행이 뛰어난 俊才나 행실이 돈독한 군자를 널리 천거하여 옛 曹나라 시인의 풍자에 응답토록 하라.」

6월 甲戌日, 任城王 曹彰(조창)이 京都에서 죽었다. 甲申日, 太尉인 賈詡(가후)가 죽었다. 太白星이 낮에 보였다. 이달에 큰 비가 내려 伊水(이수)와 洛水(낙수)가 범람하여 백성이 죽었고 가옥이 무너

350 鵜鶘科(學名, Pelecanidae), 鴮鸅(오택), 俗稱 塘鵝, Pelecanus(펠리카나)라고 번역.

351 《詩經 曹風》– 4수의 시가 현존한다. 曹는 武王이 紂王을 정벌한 뒤 아우 振鐸(진탁)을 봉한 나라로, 지금 山東省 荷澤市 일원에 있었다.

졌다.

가을인 8월 丁卯日에, 廷尉인 鍾繇(종요)가 太尉가 되었다. 辛未日에 (河南尹) 滎陽縣(형양현)에서 사냥을 하였고, 이어 동쪽을 순수하였다. 孫權을 정벌한 공적을 심사하여 여러 장군 이하 유공자에게 차등을 두어 작위를 높이거나 식읍을 추가하였다.

9월 甲辰日에, 許昌宮에 행차하였다.

| 原文 |

五年春正月, 初令謀反大逆乃得相告, 其餘皆勿聽治, 敢妄相告, 以其罪罪之. 三月, 行自許昌還洛陽宮.

夏四月, 立太學, 制《五經》課試之法, 置《春秋穀梁》博士. 五月, 有司以公卿朝朔望日, 因奏疑事, 聽斷大政, 論辨得失.

秋七月, 行東巡, 幸許昌宮. 八月, 爲水軍, 親御龍舟, 循蔡, 潁, 浮淮, 幸壽春. 揚州界將吏士民, 犯五歲刑已下, 皆原除之. 九月, 遂至廣陵, 赦青,徐二州, 改易諸將守.

冬十月乙卯, 太白晝見. 行還許昌宮. 十一月庚寅, 以冀州飢, 遣使者開倉廩振之. 戊申晦, 日有食之.

十二月, 詔曰,「先王制禮, 所以昭孝事祖, 大則郊社, 其次宗廟, 三辰五行, 名山大川, 非此族也, 不在祀典. 叔世衰亂, 崇信巫史, 至乃宮殿之內, 戶牖之間, 無不沃酹, 甚矣其惑也. 自今, 其敢設非祀之祭, 巫祝之言, 皆以執左道論, 著於令典.」

是歲穿天淵池.

| 국역 |

(黃初) 5년(서기 224) 봄 정월, 謀反(모반)이나 大逆(대역) 죄를 알게 되어 이를 고발하면 다른 죄는 묻지 않지만, 임의로(근거 없이) 무고한 자는 무고죄로 처벌하겠다는 법을 반포하였다. 3월, 황제가 許昌에서 낙양으로 환궁하였다.

여름 4월, 太學(태학)을 설립하고 《五經》을 평가하고 인재 선발하는 법을 제정하였으며 《春秋穀梁傳》의 博士[352]를 신설하였다. 5월에, 담당 관원(有司)[353]이 公卿 大臣이 매월 초하루와 보름날에 入朝하여 疑事를 상주하고 국가 대사에 관한 의견을 듣고 득실을 논하도록 건의하였다.

가을 7월에, 황제가 동쪽을 순수하면서 許昌의 궁궐에 행차하였다. 8월에, 수군을 조직하였으며 황제가 친히 龍舟를 타고 蔡河(채

352 漢 武帝 때(前 124) 太學을 처음 설치. 五經博士를 두고 교육했다. 後漢에서도 박사의 선임과 그 학식과 근무를 감독 평가하는 직책은 太常(종묘 제사 담당)이었다. 後漢에서는 五經 분야별로 14명의 박사(〈易〉 4人, 〈尙書〉 3人, 〈詩〉 3人, 〈禮〉 2人, 〈春秋〉 2人)를 두었다. 博士祭酒(前漢에서는 博士僕射)가 박사의 先任으로 代表格인데 질록은 6百石이었고, 다른 박사는 질록 比6百石이었다. 박사는 弟子의 교육을 담당하고 나라에 疑事가 있을 경우, 황제나 三公九卿의 자문에 응대하였다. 박사는 博士弟子(太學生, 太學의 학생)를 50명까지 둘 수 있었으나 나중에는 점차 늘어 前漢에서는 최고 3천 명에 달했으며, 後漢에서는 3만 명에 달했다고 한다. 太學生은 모든 身役이 면제되었다.

353 有司 – 設官하고 담당 職務를 구분하기에 '事有專司' 의 뜻. 직분이나 성명을 명시하지 않은 官吏. 담당 관청이나 담당 부서의 뜻.

하)와 潁水(영수)를 지나 淮水(회수)를 따라 壽春(수춘)[354]에 행차하였다. 揚州(양주) 관할 지역 내의 장군과 軍吏, 관리와 백성으로 5년간 복역하는 죄 이하를 범한 자 모두를 사면하였다. 9월에, 廣陵郡[355]에 이르러 靑州와 徐州의 죄수를 사면하고 장수와 태수 등을 인사이동 시켰다.

겨울 10월 乙卯日에, 太白星이 낮에 출현하였다. 황제가 許昌으로 환궁하였다. 11월 庚寅日(경인일)에, 冀州(기주)의 백성이 굶주리자 사자를 보내 나라의 창고를 열어 賑恤(진휼)하였다. 戊申日 그믐에 일식이 있었다.

12월, 조서를 내렸다.

「先王이 制禮한 것은 효도와 선조를 섬기려는 뜻이니 큰 제사로는 교제나 사직의 제사이고 다음이 종묘의 제사이다. 三辰(日, 月, 星)과 五行(火, 水, 木, 金, 土), 그리고 名山과 大川에 대한 제사는 여기에 해당하지 않으니 제사 의례가 없다. 지난 혼란 시기에 백성들이 무당을 혹신하여 심지어 궁궐 안의 창문 사이에도 술을 부어 올리며 제사하지 않는 곳이 없으니 그 미혹이 정말 심한 것이다. 오늘 이후로는 모실 수 없는 제사를 지내거나 무당의 말을 따르는 자는 모두 잡아 邪道(사도)로 판결할 것이니, 이를 법전에 기록하라.」

이 해에 天淵池(천연지)를 축조하였다.

354 淮南郡 壽春縣. 揚州牧의 치소. 今 安徽省 중부 淮南市 관할 壽縣.
355 廣陵郡 치소는 淮陰縣, 今 江蘇省 중서부 淮安市 淮陰區.

| 原文 |

六年春二月, 遣使者循行許昌以東盡沛郡, 問民所疾苦, 貧者振貸之. 三月, 行幸召陵, 通討虜渠. 乙巳, 還許昌宮. 幷州刺史梁習討鮮卑軻比能, 大破之. 辛未, 帝爲舟師東征.

五月戊申, 幸譙. 壬戌, 熒惑入太微.

| 국역 |

(黃初) 6년(서기 225) 봄 2월, 使者를 보내 許昌에서부터 동쪽으로 沛郡(패군, 沛國)까지 전 지역을 순행하며 백성의 疾苦(질고)를 묻고, 貧者를 구휼하거나 곡식을 대여하였다.

3월에, 황제가 召陵縣(소릉현)[356]에 행차하였고, 討虜渠(토로거)를 개통하였다. 乙巳日에 許昌으로 환궁하였다. 幷州(병주)刺史[357]인 梁習(양습)이 鮮卑族(선비족) 軻比能(가비능)을 공격하여 대파하였다. 辛未日에, 황제는 舟師를(水軍) 거느리고 東征하였다.

5월 戊申日, 譙縣(초현)에 행차하였다. 壬戌日, 熒惑星(형혹성)이 太微垣(태미원)에 들어갔다.

356 召陵縣(소릉현)은 나중에 汝南郡에서 潁川郡으로 소속이 바뀐다. 今 河南省 중부 漯河市(탑하시) 동쪽.

357 幷州(병주)의 治所는 太原郡 晉陽縣(今 山西省 太原市 서남). 병주 관내는 대략, 今 山西省 중부 및 북부 지역. 곧 曹魏의 서북방의 여러 군.

| 原文 |

六月, 利成郡兵蔡方等以郡反, 殺太守徐質. 遣屯騎校尉任福,步兵校尉段昭與青州刺史討平之. 其見脅略及亡命者, 皆赦其罪.

秋七月, 立皇子鑒爲東武陽王. 八月, 帝遂以舟師自譙循渦入淮, 從陸道幸徐. 九月, 築東巡臺. 冬十月, 行幸廣陵故城, 臨江觀兵, 戎卒十餘萬, 旌旗數百里.

是歲大寒, 水道冰, 舟不得入江, 乃引還. 十一月, 東武陽王鑑薨. 十二月, 行自譙過梁, 遣使以太牢祀故漢太尉橋玄.

| 국역 |

6월, 利成郡(이성군)의 병졸인 蔡方(태방) 등이 郡에서 반란을 일으켜 太守 徐質(서질)을 죽였다. 屯騎校尉인 任福(임복), 步兵校尉인 段昭(단소) 및 青州刺史를 보내 토벌 평정하였다. 그 협박을 받아 망명한 자는 모두 죄를 사면해 주었다.

가을인 7월, 皇子인 曹鑒(조감)을 東武陽王에 봉했다. 8월, 황제는 수군에 명령하여 譙縣(초현)을 출발하여 渦水(와수)를 따라 淮水에 진입하게 하였고, 황제 일행은 육로로 徐州에 행차하였다. 9월, 東巡臺를 축조하였다. 겨울인 10월, 황제는 廣陵 故城에 행차하여, 長江에 나아가 觀兵(관병, 閱兵)하였는데 군사 10여 만의 군영과 旌旗(정기)가 수백 리에 달했다.

이 해에 큰 추위가 닥쳐 水路가 얼어 배가 長江에 들어갈 수가 없어서 철수하였다.

11월에, 東武陽王 曹鑑(조감)이 죽었다. 12월, 譙縣에서 梁國[358]을 지나가면서 사자를 보내 太牢(태뢰)로 漢 太尉이었던 橋玄(교현)의 무덤에 제사를 올렸다.

| 原文 |

七年春正月, 將幸許昌, 許昌城南門無故自崩, 帝心惡之, 遂不入. 壬子, 行還洛陽宮. 三月, 築九華臺.

夏五月丙辰, 帝疾篤, 召中軍大將軍曹眞,鎭軍大將軍陳群, 征東大將軍曹休,撫軍大將軍司馬宣王, 並受遺詔輔嗣主. 遣後宮淑媛,昭儀已下歸其家. 丁巳, 帝崩於嘉福殿, 時年四十.

六月戊寅, 葬首陽陵. 自殯及葬, 皆以終制從事.

初, 帝好文學, 以著述爲務, 自所勒成垂百篇. 又使諸儒撰集經傳, 隨類相從, 凡千餘篇, 號曰《皇覽》.

| 국역 |

(黃初) 7년(서기 226) 봄 正月, 許昌縣(허창현)에 행차하려 했는데, 許昌城의 南門이 아무 까닭도 없이 저절로 붕괴되어, 황제는 마음이 꺼려 성 안에 들어가지 않았다. 壬子日에, 행차는 다시 낙양궁으로 돌아왔다. 3월에, 九華臺(구화대)를 준공했다.

358 梁國의 治所는 睢陽縣(수양현). 今 河南省 동쪽 끝 商丘市.

여름 5월 丙辰日에 황제는 병환이 위독하자, 中軍大將軍인 曹眞(조진),[359] 鎭軍大將軍인 陳羣(진군),[360] 征東大將軍인 曹休(조휴), 撫軍大將軍인 司馬宣王(사마선왕)[361]을 불러 함께 遺詔(유조)를 받고 嗣主(사주, 曹叡, 明帝)를 보필토록 했다.

後宮의 淑媛(숙원)과 昭儀(소의)[362] 이하 많은 여인을 본가로 돌려보냈다. 丁巳日, 황제가 嘉福殿(가복전)에서 붕어하니, 나이 40이었다. 6월 戊寅日에, 首陽陵(수양릉)에 장례했다. 빈소를 마련하는데서 장례까지 모든 절차를 황제의 장례 조서에 따라 처리하였다.[363]

그전에 황제는 文學을 좋아하여 저술에 힘썼으며 1백 편에 가까운 글을 남겼다.[364] 또 여러 유생으로 하여금 경전을 수집 편찬케 하

359 曹眞(조진)과 曹休(조휴)는《魏書》9권, 〈諸夏侯曹傳〉에 立傳.

360 陳羣(진군, 陳群)은《魏書》22권, 〈桓二陳徐衛盧傳〉에 立傳. ※ 한자에는 群과 羣처럼 部首의 위치나 모양이 바뀌어도 통용되는 글자가 있다. 중국에서 출판되는 책에도 이런 경우가 많다. 陳群과 陳羣이 같은 책에서도 다르게 표기되지만 모두 통한다. 이런 예는 裏－裡, 裴－裵, 鑑－鑒, 讎－讐(원수 수), 慙－慚(부끄러울 참), 匯－滙(물 모일 회) 등 매우 많다.

361 司馬懿(사마의, 179－251년, 字 仲達)－魏의 장수로 曹操, 曹丕, 曹叡, 曹芳의 四代君主를 섬겼고 나중에 '高平陵의 變'으로 曹魏의 권력을 장악했다. 曹操는 사마의를 싫어했고 '狼顧之相'이라면서 뒷날 조씨 일가를 휘두를 것을 염려했고, 이를 아들 曹丕에게 알려줬으나 조비는 사마의와 관계가 좋았고 지켜주었다. 조비가 재위 중 사마의의 작위는 安國鄕侯에 그쳤다. 司馬炎이 晉을 건국한 뒤 宣文侯로 추존했다가 宣皇帝라는 시호를 받았다.

362 漢初에는 황후 외에 后妾은 모두 夫人, 또는 美人이라 했고 女官의 등급 구분이 없었다. 이후 차츰 세분화되었는데,《漢書 外戚傳》에 의하면 황후 아래로 昭儀(소의) 이하 14등급이 존재했다. 淑媛(숙원)은 漢代에는 존재하지 않은 칭호이다.

363 배송지의 주석에는 鄄城侯 曹植(조식)이 지은 장문의 誄文(뇌문)을 수록했다.

364 魏 文帝 曹丕(조비)는 어려서부터 文學을 좋아하여 詩, 賦(부)에 특별한 성취를 이루었는데, 특히 五言詩에 능하였고 칠언시도 남겼는데, 현재 〈燕歌行〉

여 종류별로 편찬케 하니 모두 1천여 편에 달했고, 이를 《皇覽》이라고 불렀다.

| 原文 |

評曰, 文帝天資文藻, 下筆成章, 博聞彊識, 才藝兼該. 若加之曠大之度, 勵以公平之誠, 邁志存道, 克廣德心, 則古之賢主, 何遠之有哉!

| 국역 |

陳壽의 評論 : (魏) 文帝는 천부적인 文才(文藻, 문조)를 바탕으로 下筆하면 成章하였고, 博聞强記(박문강기)하였으며 才藝를 겸비한 사람이었다. 만약 (그런 바탕에) 넓은 도량이 보태지고 公平한 誠心으로 힘쓰며, 高尙한 大志로 王道를 실천하고, 道德을 널리 폈더라면 고대의 어떤 賢主보다도 훨씬 훌륭했을 것이다!

등 40여 수가 전해온다. 부친 曹操 및 동생 曹植과 함께 三曹(삼조)로 통칭한다. 이외에 曹丕는 《典論》을 저술했는데, 그중 〈論文〉은 문학비평을 체계화한 글로 유명하다. 曹丕는 '蓋文章, 經國之大業, 不朽之盛事(文章의 經國의 大業이며 不朽의 큰일이다)' 라 하여 文學의 역사적 價値와 중요성을 인정하였다.

3권 〈明帝紀〉(魏書 3)
(명제기)

| 原文 |

明皇帝諱叡, 字元仲, 文帝太子也. 生而太祖愛之, 常令在左右. 年十五, 封武德侯, 黃初二年爲齊公, 三年爲平原王. 以其母誅, 故未建爲嗣.

七年夏五月, 帝病篤, 乃立爲皇太子. 丁巳, 卽皇帝位, 大赦. 尊皇太后曰太皇太后, 皇后曰皇太后. 諸臣封爵各有差. 癸未, 追謚母甄夫人曰文昭皇后. 壬辰, 立皇弟蕤爲陽平王.

| 국역 |

明皇帝의 이름은 叡(예)[365]이고, 字는 元仲(원중)으로, 文帝(丕)의

365 魏 明帝 曹叡(조예, 204－239년, 재위 226 －239년, 字 元仲, 叡는 밝을 예) －조예

太子이다. 태어나면서부터 太祖(曹操)가 늘 곁에 두고 귀여워하였다. 15세에 武德侯에 봉해졌고, (文帝) 黃初 2년(서기 221) 齊公에, 3년에 平原王이 되었다. 그 모친이 賜死(사사)되었기에 사당을 세울 수도 없었다.[366]

(黃初) 7년 여름 5월, 文帝의 병이 위중하자 曹叡(조예)를 황태자로 책봉했다. 丁巳日(정사일)에 皇帝로 즉위하고 大赦(대사)하였다. 皇太后(曹操의 卞氏)를 太皇太后, 皇后(曹丕의 郭氏)를 皇太后로 올렸다. 여러 신하의 봉작을 차등을 두어 올려주었다. 癸未日, 생모 甄夫人에게 文昭皇后라는 시호를 올렸다. 皇弟 曹蕤(조유)를 陽平王에 책립하였다.

| 原文 |

八月, 孫權攻江夏郡, 太守文聘堅守. 朝議欲發兵救之, 帝曰, "權習水戰, 所以敢下船陸攻者, 幾掩不備也. 今已與聘相持, 夫攻守勢倍, 終不敢久也."

先時遣治書侍御史荀禹慰勞邊方, 禹到, 於江夏發所經縣兵及所從步騎千人乘山擧火, 權退走.

도 詩文에 뛰어났지만 曹操나 曹丕만 못했다. 明帝 死後에 曹芳(조방)은 허수아비 황제였고 결국 司馬懿(사마의)의 高平陵之變 이후 魏國의 大權은 司馬氏의 수중에 들어갔다. 《魏書》 3권, 〈明帝紀〉 입전.

366 조예는 甄氏 소생, 황후 견씨가 서기 221년에 죽은 뒤, 無子한 황후 郭氏가 조예를 돌보았고 조예 역시 모후로 섬겼다. 조예가 즉위한 뒤, 생모 견씨를 文昭甄皇后(문소견황후)로 추존했다.

| 국역 |

8월, 孫權(손권)이 江夏郡[367]을 공격하자, 태수인 文聘(문빙)[368]은 굳게 지켰다. 朝議에서 군사를 내어 구원하자고 하였으니 황제가 말했다.

"손권은 水戰에 익숙한데도 감히 下船하여 육지 공격을 하였는데 이는 불의의 엄습이고, 공격하려면 수비의 2배가 되어야 하거늘, 결국 오래 가지는 못할 것이다."

이에 앞서 (明帝는) 治書侍御史인 荀禹(순우)를 보내 변방을 위로케 하였는데, 순우가 강하군에 도착하여 각 현을 지나면서 수천의 보병과 기병이 산에서 횃불을 올리자, 손권은 물러났다.

| 原文 |

辛巳, 立皇子囧爲淸河王. 吳將諸葛瑾,張霸等寇襄陽, 撫軍大將軍司馬宣王討破之, 斬霸, 征東大將軍曹休又破其別將於尋陽. 論功行賞各有差.

冬十月, 淸河王囧薨. 十二月, 以太尉鍾繇爲太傅, 征東大將軍曹休爲大司馬, 中軍大將軍曹眞爲大將軍, 司徒華歆爲太尉, 司空王朗爲司徒, 鎭軍大將軍陳羣爲司空, 撫軍大將軍

367 江夏郡 치소는 安陸縣, 今 湖北省 중부 孝感市 雲夢縣.

368 文聘(문빙, 생졸년 미상, 字 仲業)은 본래 유표의 부장이었다. 《魏書》 18권, 〈二李臧文呂許典二龐閻傳〉에 立傳.

司馬宣王爲驃騎大將軍.

| 국역 |

辛巳日, 皇子인 曹冏(조경, 冏은 빛날 경)을 淸河王에 책립했다. 吳의 장수 諸葛瑾(제갈근)[369]과 張霸(장패) 등이 襄陽縣(양양현)[370]을 노략질하자, 撫軍大將軍인 司馬宣王(司馬懿)이 토벌 격파하며 장패를 죽였고, 征東大將軍인 曹休(조휴)는 또 吳의 別將을 尋陽(심양)에서 격파하였다. 각각 차등을 두어 論功行賞(논공행상)하였다.

겨울인 10월, 淸河王 曹冏(조경)이 죽었다. 12월, 太尉인 鍾繇(종요)가 太傅(태부)가 되었고, 征東大將軍인 曹休(조휴)가 大司馬, 中軍大將軍인 曹眞(조진)이 大將軍, 司徒인 華歆(화흠)이 太尉,[371] 司空인 王朗(왕랑)이 司徒, 鎭軍大將軍인 陳羣(진군)이 司空, 撫軍大將軍인 司馬懿(사마의)가 驃騎大將軍이 되었다.

---

369 諸葛瑾(제갈근, 174 - 241년, 字 子瑜) - 琅琊郡(낭야군) 출신, 三國時期 東吳의 政治家 겸 武將, 諸葛亮(제갈량)의 친형, 族弟인 諸葛誕(제갈탄)은 魏에 출사했다. 제갈근은 太傅 및 大將軍을 역임했고, 제갈근의 아들 諸葛恪(제갈각)은 東吳의 太傅 및 丞相을 역임했다. 諸葛瑾은 公私가 分明하여 아우 諸葛亮과 오랫동안 헤어져 있으면서 제갈근이 촉에 사신으로 가서 공무만을 논했지 私的 만남이 없었다. 《吳書》 7권, 〈張顧諸葛步傳〉에 입전. 諸葛恪은 《吳書》 19권, 〈諸葛滕二孫濮陽傳〉에 입전.

370 南郡 襄陽縣, 今 湖北省 북부 襄陽市(襄樊市를 襄陽市로 개명).

371 太尉(태위) - 公 1인. 나라의 兵事와 무장의 功課를 평정하고 치적에 따른 상벌을 주관. 모든 郊祀(교사)에서 亞獻(아헌)을 담당. 주요 국사에 관하여 司徒, 司空과 함께 논의. 황제에 대한 간쟁을 담당. 光武帝 建武 27년에 대사마를 太尉로 개칭. 속관으로는 長史 1인, 질록 1千石. 부서 내 실무 총괄 지휘.

| 原文 |

太和元年春正月, 郊祀武皇帝以配天, 宗祀文皇帝於明堂以配上帝. 分江夏南部, 置江夏南部都尉. 西平麴英反, 殺臨羌令,西都長, 遣將軍郝昭,鹿磐討斬之.

二月辛未, 帝耕於籍田. 辛巳, 立文昭皇后寢廟於鄴. 丁亥, 朝日於東郊.

夏四月乙亥, 行五銖錢. 甲申, 初營宗廟. 秋八月, 夕月於西郊.

冬十月丙寅, 治兵於東郊. 焉耆王遣子入侍. 十一月, 立皇后毛氏. 賜天下男子爵人二級, 鰥寡孤獨不能自存者賜穀. 十二月, 封后父毛嘉爲列侯. 新城太守孟達反, 詔驃騎將軍司馬宣王討之.

| 국역 |

太和 元年(서기 227)[372] 봄 정월, 郊祀(교사)를 지내고 武皇帝(曹操)를 上天에 配享(배향)하여 明堂에 제사하고, 文皇帝(曹丕)를 上帝에 配享(배향)하였다. 江夏郡의 南部를 분할하여 江夏 南部都尉를 설치하였다. 西平郡(서평군)[373]의 麴英(국영)이 반기를 들고, 臨羌 縣

372 魏 明帝의 첫 번째 연호 太和(227－232年) 青龍(233－236년), 景初(237－239年).

373 涼州 西平郡 治所는 西都縣, 今 青海省 동부 西寧市. 西都, 臨羌, 破羌, 安夷의 4縣을 관장.

令과 西都 縣長을 죽이자, 將軍 郝昭(학소)와 鹿磐(녹반)을 보내 토벌 참수하였다.

2월 辛未日, 황제가 籍田(적전)을 親耕(친경)하였다. 辛巳日, 文昭皇后(甄氏)의 寢廟(침묘, 침전과 묘당)를 鄴縣(업현)에 지었다. 丁亥日, 東郊에 나가 祭日했다.

여름 4월 乙亥日에, 五銖錢(오수전)을 발행하였다. 甲申日, 宗廟 공사를 시작하였다. 가을인 8월, 西郊에 나가 祭月하였다.

겨울인 10월 丙寅日, 東郊에서 군사를 훈련하였다. (西域) 焉耆王(언기왕)이 아들을 보내 入侍(입시)케 하였다. 11월, 皇后 毛氏(모씨)[374]를 책립하였다. 온 나라의 男子(戶主)에게 각각 작위를 2급씩 하사하였고, 鰥寡孤獨(환과고독)과 생존이 어려운 자에게는 곡식을 지급하였다. 12월, 황후의 부친 毛嘉(모가)를 列侯에 봉했다. 新城郡 태수인 孟達(맹달)이 반역하자, 조서로 驃騎將軍 司馬宣王(司馬懿)를 보내 토벌하였다.

‖原文‖

二年春正月, 宣王攻破新城, 斬達, 傳其首. 分新城之上庸, 武陵, 巫縣爲上庸郡, 錫縣爲錫郡.

蜀大將諸葛亮寇邊, 天水, 南安, 安定三郡吏民叛應亮. 遣大

---

374 毛皇后(?-237년) - 魏明帝 曹叡의 첫 번째 황후. 毛氏는 天生麗質하여 美貌로 動人하였다. 그 부친은 수레를 제작하는 미천한 匠人이었다. 黃初 7년(서기 226), 曹叡가 太子가 되면서 毛氏는 太子宮에 들어와 각별한 총애를 받았다.

將軍曹眞都督關右, 並進兵. 右將軍張郃擊亮於街亭, 大破之. 亮敗走, 三郡平. 丁未, 行幸長安. 赦繫囚非殊死以下. 乙巳, 論討亮功, 封爵增邑各有差. 五月, 大旱.

六月, 詔曰, 「尊儒貴學, 王敎之本也. 自頃儒官或非其人, 將何以宣明聖道? 其高選博士, 才任侍中常侍者. 申敕郡國, 貢士以經學爲先.」

秋九月, 曹休率諸軍至皖, 與吳將陸議戰於石亭, 敗績. 乙酉, 立皇子穆爲繁陽王. 庚子, 大司馬曹休薨.

冬十月, 詔公卿近臣擧良將各一人. 十一月, 司徒王朗薨. 十二月, 諸葛亮圍陳倉, 曹眞遣將軍費曜等拒之. 遼東太守公孫恭兄子淵, 劫奪恭位, 遂以淵領遼東太守.

| 국역 |

(太和) 2년(서기 228) 봄 정월, 司馬懿(사마의)가 新城郡(신성군)을 공격하여 孟達(맹달)을 죽여 그 首級을 보내왔다. 新城郡의 上庸(상용), 武陵(무릉), 巫縣(무현)을 분할하여 上庸郡을 설치하고,[375] 錫縣(석현)[376]은 錫郡(석군)으로 승격시켰다.

蜀의 大將 諸葛亮(제갈량)[377]이 변경을 노략질하자, 天水, 南安, 安

---

375 荊州 관할 上庸郡은 228年에 설치했다가 230年에 폐군, 237年 다시 설치했다가 곧 폐군한 뒤, 259년에 다시 설치하였다. 錫郡은 228年에 설치했다가 237年에 폐지하였다. 上庸郡은, 今 湖北省 서북쪽 끝 十堰市(십언시) 관할 竹山縣 서남.

376 錫縣은, 今 陝西省 동남부 安康市 관할 白河縣.

377 諸葛亮(제갈량, 181-234년, 字 孔明) - 중국 역사상 걸출한 정치가이며 전략

定의 3군의 관리와 백성이 배반하며 제갈량에게 호응하였다. 大將軍 曹眞(조진)을 보내 武關(무관) 우측의 군대를 독려하여 진격케 하였다. 右將軍인 張郃(장합)이 제갈량을 街亭(가정)[378]에서 공격하여 크게 격파하였다. 제갈량은 敗走하였고, 三郡은 평정되었다. 丁未日에 황제는 長安에 행차하였다.

여름 4월 丁酉日에, 황제는 낙양으로 환궁하였다. 죄수 중 목을 자르는 사형 이하의 죄수를 사면하였다. 乙巳日, 제갈량을 토벌한 공적을 논하여 차등을 두어 작위를 내리거나 식읍을 늘려주었다. 5월에, 큰 가뭄이 들었다.

6월에, 조서를 내렸다.

「유학을 존중하고 교육을 중시하는 것은 王道와 教化의 근본이다. 요즈음 儒官(학관) 중에 간혹 적임자가 아니라 하니, 장차 어찌 聖道를 밝힐 수 있겠는가? 博士를 선임하면서 그 재능이 侍中이나 常侍를 담당할 수 있는 자를 선임하기 바란다. 각 군국에 엄히 알려 인재를 선발하면서 經學을 우선토록 하라.」

가을 9월에, 曹休(조휴)가 군사를 거느리고 晥縣(환현)[379]에 도착하여, 吳將 陸議(육의, 陸遜)와 石亭(석정)에서 싸웠지만 패전하였다.[380]

....

가, 문장가, 徐州 琅琊郡(낭야군) 출신. 南陽郡에 이주, 독서. 臥龍先生으로 통칭. 劉備의 三顧茅廬(삼고모려) 후 출사. 諸葛亮의 작위는 武鄕侯, 후주 劉禪(유선)을 보좌. 전후 5차 북벌, 五丈原에서 죽음. 시호는 忠武. 보통 諸葛武后로 통칭. 中國의 傳統 개념상 충신과 智者의 대표. 제갈량은 227年과 228년에 두 차례 〈出師表〉를 올리고 북벌에 나섰다.

378 街亭(가정)은, 今 甘肅省 남부 天水市 관할 秦安縣 隴城鎭(농성진)에 해당.

379 揚州 자사부 廬江郡(여강군)의 晥縣(환현) – 今 安徽省 서남부 晥河 상류 安慶市 관할 潛山縣.

380 실제로는 吳將 周魴(주방)의 주모면밀한 유인술에 조휴가 걸려들었다. 《吳書》 15권의 〈周魴傳〉에 자세한 기록이 있다.

乙酉日, 皇子인 曹穆(조목)을 繁陽王(번양왕)에 책립하였다. 庚子日에 大司馬 曹休(조휴)가 죽었다.

겨울 10월에, 조서로 公卿과 近臣은 良將을 각 1인씩 천거케 하였다. 11월, 司徒(사도)인 王朗(왕랑)이 죽었다. 12월, 諸葛亮(제갈량)이 陳倉(진창)을 포위하자, 曹眞(조진)이 將軍 費曜(비요) 등을 보내 막게 하였다.

遼東太守[381]인 公孫恭(공손공)의 조카인 公孫淵(공손연)[382]이 공손공의 지위를 겁탈하였는데 결국 공손연에게 遼東太守직을 수행케 하였다.

| 原文 |

三年夏四月, 元城王禮薨. 六月癸卯, 繁陽王穆薨. 戊申, 追尊高祖大長秋曰高皇帝, 夫人吳氏曰高皇后.

秋七月, 詔曰, 「禮, 王后無嗣, 擇建支子以繼大宗, 則當纂正統而奉公義, 何得復顧私親哉! 漢宣繼昭帝後, 加悼考以皇號. 哀帝以外藩援立, 而董宏等稱引亡秦, 惑誤時朝, 既尊恭皇, 立廟京都, 又寵藩妾, 使比長信, 敍昭穆於前殿, 並四位於東宮, 僭差無度, 人神弗祐, 而非罪師丹忠正之諫, 用致丁,傅焚如之禍. 自是之後, 相踵行之. 昔魯文逆祀, 罪由夏父, 宋

381 幽州 관할 遼東郡, 治所는 襄平縣. 今 遼寧省 중부 遼陽市.

382 公孫淵(공손연, ?-238년, 字 文懿)은 公孫康의 조카, 公孫晃의 동생. 공손강을 내쫓고 요동태수가 되었다.

國非度, 讖在華元. 其令公卿有司, 深以前世行事爲戒. 後嗣萬一有由諸侯入奉大統, 則當明爲人後之義. 敢爲佞邪導諛時君, 妄建非正之號以干正統, 謂考爲皇, 稱妣爲后, 則股肱大臣, 誅之無赦. 其書之金策, 藏之宗廟, 著於令典.」

| 국역 |

(太和) 3년(서기 229) 여름 4월, 元城王인 曹禮(조례)가 죽었다. 6월 癸卯日(계묘일), 繁陽王(번양왕) 曹穆(조목)이 죽었다. 戊申日, (明帝는) 大長秋였던 高祖父(曹騰, 조등)[383]를 高皇帝로, 夫人 吳氏를 高皇后로 추존했다.

가을인 7월, 조서를 내렸다.

「禮에 王后(王侯)가 아들이 없으면 (嫡子가 아닌) 支子(지자) 중에서 골라 大宗을 계승케 하였는데, 응당 정통을 계승하며 公義(公道)를 받들어야 하나니, 어찌 私親을 돌볼 수 있겠는가! 漢 宣帝가 昭帝(소제)를 계승한 뒤에, 생부 劉悼(유도)에게 황제의 호칭을 추서하였다. (前漢) 哀帝는 제후의 신분에서 황실 적통을 계승 즉위하였는데, 董宏(동굉) 등은 망한 秦나라의 전례를 인용하여 당시 조정의 여론을 오도하면서 (哀帝 생부를) 恭皇(공황)이라 추존하고 長安에 묘당을 건립하였다. 또 藩王의 姬妾(희첩, 애제의 생모 丁氏와 祖母

---

383 長秋宮은 皇后가 거처하는 궁궐이다. 景帝 때부터 태후나 황후를 시중드는 환관을 大長秋라 하였다. 질록 이천석의 환관의 직분이었다. 종친이 태후나 황후를 알현할 때 대장추를 경유했고, 종친에게 賞賜하는 일도 담당했다. 대장추였던 曹騰(조등)의 양자가 曹嵩(조숭)이었고, 조숭의 아들이 曹操였다. 曹操가 明帝의 祖父이니, 조등은 명제의 高祖父가 된다.

傅氏)을 長信宮에 거처하게 하였고, 宗廟 前殿에서 (생부 恭皇과 漢成帝의) 昭穆(소목)의 차서를 바꾸었으며, 東宮에서는 四位〔丁氏와 傅氏(부씨), 皇太后와 太皇太后〕를 동열에 배열케 하였으니, 이런 僭越(참월)과 無度로 人神이 복을 받지 못하였으며, 師丹(사단) 같은 사람의 忠正한 諫言을 비난하고 형벌에 처하여 결국 丁氏와 傅氏는 그 능묘를 불태우는 화를 당하였다. 그런 뒤로도 (漢朝에서는) 그런 일이 계속 이어졌다. 옛날 魯 文公은 제사를 거꾸로 모셨으니 그 죄는 夏父弗忌(하보불기)에 있었으며, 宋國에서 國君을 법도대로 장례하지 않은 허물은 華元(화원)에 있었다. 이에 公卿이나 有司로 하여금 前世의 前例를 鑑戒(감계)로 삼도록 하라. 황제의 후사를 정하면서 만약 諸侯에서 大統을 이어갈 경우 황위 계승자로서의 도리를 분명히 밝혀 실천해야 할 것이다. 감히 망령되이 아첨으로 황제의 뜻을 따르거나 함부로 바르지 못한 호칭으로 정통을 침해한다거나 私親에게 皇의 칭호를, 先妣에게 后의 칭호를 부여한다면 조정의 주요 大臣들이 그런 자를 주살하며 용서하지 말지어다. 이 조서를 金策에 기록하여 宗廟에 보관할 것이며 法令典章에 기록하기 바란다.」

| 原文 |

冬十月, 改平望觀曰聽訟觀. 帝常言 "獄者, 天下之性命也." 每斷大獄, 常幸觀臨聽之.

初, 洛陽宗廟未成, 神主在鄴廟. 十一月, 廟始成, 使太常韓暨持節迎高皇帝,太皇帝,武帝,文帝神主於鄴, 十二月己丑至, 奉安神主於廟. 癸卯, 大月氏王波調遣使奉獻, 以調爲親魏大月氏王.

| 국역 |

겨울인 10월, 平望觀을 聽訟觀(청송관)으로 이름을 바꿨다. 황제는 늘 "판결에 백성들의 목숨이 달려있다." 고 말했었다. 큰 옥사를 판결할 때마다 황제는 늘 청송관에 행차하여 재판을 지켜보았다.

그전에, 洛陽의 宗廟가 완성되지 않았기에 神主는 鄴縣(업현)의 종묘에 모셨다. 11월, 묘소가 완공되자 太常인 韓暨(한기)에게 부절을 주어 업현에 가서 高皇帝(명제의 고조), 太皇帝(증조), 武帝(曹操, 조부), 文帝(曹丕, 先親)의 신주를 모셔오게 하여, 12월 己丑日에, 낙양 종묘에 도착하였다. 癸卯日(계묘일)에, 大月氏王(대월지왕)[384] 波調(파조)가 사신을 보내 토산물을 헌상하자, 파조를 親魏大月氏王(친위대월지왕)으로 책봉하였다.

384 月氏(월지, yuèzhī)는 甘肅省 일대에서 유목생활을 하던 티베트 계통의 부족인데, 흉노의 공격을 받아 서쪽 伊犁河(이리하) 지역으로 이동한 월지는 大月氏, 甘肅省과 青海省 일대에 남은 월지족은 小月氏라 칭했다. 大月氏는 실크로드의 서쪽 끝에서 동서 무역으로 번성하였다. 大月氏國(대월지국)은 전한시기에도 서역도호부에 복속하지 않았다. 後漢시대의 도읍은 藍氏城(남씨성) -《漢書》에는 監氏城(감씨성). 지금의 阿富汗(아프가니스탄) 북부 지역에 해당. 《後漢書》 88권, 〈西域傳〉에 입전.

| 原文 |

四年春二月壬午, 詔曰,「世之質文, 隨敎而變. 兵亂以來, 經學廢絶, 後生進趣, 不由典謨. 豈訓導未洽, 將進用者不以德顯乎? 其郎吏學通一經, 才任牧民, 博士課試, 擢其高第者, 亟用. 其浮華不務道本者, 皆罷退之.」

戊子, 詔太傅三公, 以文帝《典論》刻石, 立於廟門之外. 癸巳, 以大將軍曹眞爲大司馬, 驃騎將軍司馬宣王爲大將軍, 遼東太守公孫淵爲車騎將軍. 夏四月, 太傅鍾繇薨. 六月戊子, 太皇太后崩. 丙申, 省上庸郡.

秋七月, 武宣卞后祔葬於高陵. 詔大司馬曹眞,大將軍司馬宣王伐蜀. 八月辛巳, 行東巡, 遣使者以特牛祠中嶽. 乙未, 幸許昌宮. 九月, 大雨, 伊,洛,河,漢水溢, 詔眞等班師.

冬十月乙卯, 行還洛陽宮. 庚申, 令,「罪非殊死聽贖各有差.」十一月, 太白犯歲星. 十二月辛未, 改葬文昭甄后於朝陽陵. 丙寅, 詔公卿擧賢良.

| 국역 |

(太和) 4년 봄 2월 壬午日(서기 230), 조서를 내렸다.

「이 세상 풍조의 質朴과 浮華(부화)는 교화에 따라 변할 수 있다. 오랜 兵亂 이래로 經學이 廢絶(폐절)되었고 功名을 이루려는 후생들은 경전의 硏學에 힘쓰지 않았다. 이 어찌 訓導의 未洽(미흡)이 아니겠으며, 앞으로 덕행이 우수한 인재의 등용이 어렵지 않겠는가? 지금 낭관 중에서 一經이라도 능통하다면 바로 목민관에 임명하고 博士들의 인재 선발에서도 높은 등급자들을 우선 등용토록 하라. 그러면서 浮華(부화)하여 經學과 正道에 힘쓰지 않는 자들은 모두 파면 퇴출토록 하라.」

戊子日에, 太傅(태부)[385]와 三公에게 명하여, 文帝의 《典論》을 刻石(석각)하여, 조정의 정문 밖에 세우게 하였다. 癸巳日(계사일)에, 大將軍 曹眞(조진)이 大司馬가 되고, 驃騎將軍 司馬宣王(司馬懿)이 大將軍, 遼東太守 公孫淵(공손연)은 車騎將軍이 되었다.

여름 4월, 太傅(태부) 鍾繇(종요)가 죽었다. 6월 戊子日, 太皇太后가〔曹操 부인 卞氏(변씨)〕가 죽었다. 丙申日, 上庸郡(상용군)을 폐지하였다.

가을 7월에, 武宣卞后(조조의 부인)를 高陵(고릉)에 祔葬(부장, 합장)하였다. 大司馬 曹眞, 大將軍 司馬懿(사마의)에게 蜀을 토벌케 명했다.

8월 辛巳日, 동쪽을 순수하면서, 使者에게 特牛(公牛, 수소)로 中嶽〔嵩山(숭산)〕에 제사케 하였다. 乙未日, 許昌宮에 행차하였다. 9월에, 큰 비가 내려 伊水(이수), 洛水, 河水, 漢水 등이 범람하여 曹眞등에 군사를 거느려 돌아오게 하였다.

---

385 太傅(태부)는 三公보다 상위직. 황제의 자문 담당. 太師 太保 太傅를 上公이라 하여 三公보다 상위의 명예직. 후한에서는 太傅만 두었는데, 朝政에 참여하나 常設職은 아니었다. 황제가 새로 즉위하면 태부를 두어 錄尙書事를 겸임케 하다가 죽으면 다른 사람을 임명하지 않았다. 太子太傅(질록 中二千石이나 太常보다 하위직)는 별도 직책. 德義로 제후 왕을 보좌하는 제후국의 太傅는 질록 2천석의 영광된 직위였다.

겨울 10월 乙卯日, 황제가 洛陽宮으로 환궁하였다. 庚申日에, 법령으로 「목을 잘라 처형하는 사형(殊死) 이외의 죄수가 차등을 두어 속전으로 속죄」하게 하였다.

11월에, 太白星이 歲星(세성) 구역에 들어갔다.

12월 辛未日, 文昭甄后(문소견후)를 朝陽陵에 改葬(개장)하였다. 丙寅日, 공경에게 賢良方正한 인재를 천거케 하였다.

| 原文 |

五年春正月, 帝耕於籍田. 三月, 大司馬曹眞薨. 諸葛亮寇天水, 詔大將軍司馬宣王拒之. 自去冬十月至此月不雨, 辛巳, 大雩.

夏四月, 鮮卑附義王軻比能率其種人及丁零大人兒禪詣幽州貢名馬. 復置護匈奴中郎將.

秋七月丙子, 以亮退走, 封爵增位各有差. 乙酉, 皇子殷生, 大赦.

| 국역 |

(太和) 5년(서기 231) 봄 정월, 황제는 籍田(적전)을 친경했다. 3월, 大司馬인 曹眞(조진)이 죽었다. 諸葛亮(제갈량)이 天水郡[386]을 노

386 後漢의 漢陽郡을 曹魏에서는 雍州 관할 天水郡으로 개명했다. 郡治는 冀縣(기현), 今 甘肅省 동부 天水市 관할 甘谷縣. 산하 18개 현을 관할, 일부 현을 인근 군으로 소속을 수시로 변경했고, 魏末에는 冀, 上邽, 顯親, 成紀, 西, 阿

략질하자, 대장군 司馬懿(사마의)에게 막도록 명했다. 지난 해 10월부터 이 달까지 비가 내리지 않아 辛巳日(신사일)에 기우제를 크게 지냈다(雩는 기우제 우).

여름 4월, 鮮卑族(선비족)의 附義王 軻比能(가비능)[387]이 그 종족을 거느리고서, 丁零族(정령족)[388]의 大人(族長)인 兒禪(아선)과 함께 幽州(유주)에 와서 名馬를 바쳤다. 다시 護匈奴中郎將(호흉노중랑장)[389]을 설치하였다.

가을인 7월 丙子日에, 제갈량이 퇴각했고, (유공자에게) 차등을 두어 작위를 봉하고 지위를 올려주었다. 乙酉日에, 皇子 曹殷(조은)이 출생했고 온 나라 죄수를 사면했다.

陽, 新陽의 7縣을 관장하였다.

387 軻比能(가비능, ?-235년) - 三國 시기 鮮卑의 수장. 용맹하고 재물을 탐하지 않아 大人(首領)이 되었다. 중국인 범법도망자들을 받아들여 선비족을 혁신하였다. 조조에 협조적이었고, 曹조는 附義王에 책봉하였다. 이후 가비능은 크게 강성했다. 나중에 幽州刺史 王雄(왕웅)이 보낸 刺客 韓龍이 軻比能을 죽이고 그 동생을 수령으로 세웠다.

388 丁零(정령, Dīnglíng) - 前 3세기에서 서기 5세기에 걸쳐 貝加爾湖(바이칼 호, 北海) 남방, 蒙古 高原 북부, 남 西伯利亞(시베리아)에서 활동했던 突厥(돌궐) 계통의 유목민. 匈奴의 별종이라는 주석도 있다. 丁令으로도 표기.

389 護匈奴中郎將(호흉노중랑장) - 전한 武帝 때부터 중랑장을 흉노에 사신으로 보냈는데, 이것이 정례가 되어 使匈奴中郎將이라는 명칭이 사용되었다. 후한에서는 질록 비이천석의 使匈奴中郎將을 설치하여 幷州(병주) 일대의 南匈奴를 관할, 보호케 하였다. 주둔지는 西河郡 美稷縣(今 內蒙古 鄂爾多斯市 관할 準格爾旗 서북)이었다. 後漢의 武官은 將軍 - 中郎將 - 校尉의 三級이었다. 후한에서는 영역 내 이민족을 관리하고 이민족의 침입에 대비하기 위하여 護羌校尉(호강교위, 1인, 比二千石. 西羌族 관련 업무 담당), 護烏桓校尉(호오환교위, 1인, 比二千石. 투항한 烏桓族을 관리. 오환족 내침에 대비)를 두었었다.

| 原文 |

八月, 詔曰,「古者諸侯朝聘, 所以敦睦親親協和萬國也. 先帝著令, 不欲使諸王在京都者, 謂幼主在位, 母后攝政, 防微以漸, 關諸盛衰也. 朕惟不見諸王十有二載, 悠悠之懷, 能不興思! 其令諸王及宗室公侯各將適子一人朝. 後有少主,母后在宮者, 自如先帝令, 申明著於令.」

冬十一月乙酉, 月犯軒轅大星. 戊戌晦, 日有蝕之. 十二月甲辰, 月犯鎭星. 戊午, 太尉<u>華歆</u>薨.

| 국역 |

8월, 조서를 내렸다.

「옛날의 제후가 기일을 정해 천자에게 입조한 이유는 친족 간에 우의를 돈독히 하고 제후국간의 협조와 친화를 위한 뜻이었다. 先帝께서 법령을 제정하여 제후 왕들이 도읍에 머물지 못하게 한 뜻은 나이 어린 주군이 재위하고 모후가 섭정할 경우에 제후의 세력이 도읍에서 성장하는 것을 미연에 방지하려는 뜻이니, 이는 나라의 성쇠와 관련이 있다. 朕(짐)이 여러 왕들을 만나보지 못한 지 12년이니, 그리운 마음에 어찌 생각하지 않을 수 있겠는가! 여러 왕과 종실, 公侯에게 전달하여 각각 適子(嫡子) 한 사람을 입조토록 하라. 이후로 비록 나이 어린 군주나 모후가 있더라도 先帝의 법령대로 할 것이니, 이를 법령 중에 분명히 기록하기 바란다.」

겨울 11월 乙酉日에, 달이 軒轅(헌원) 大星의 영역에 들어갔다. 戊

戊日(무술일) 그믐에, 日蝕(일식)이 있었다. 12월 甲辰日에, 달이 鎭星(진성)의 영역에 들어갔다. 戊午日에, 太尉 華歆(화흠)이 죽었다.

| 原文 |

六年春二月, 詔曰,

「古之帝王, 封建諸侯, 所以藩屛王室也.《詩》不云乎, '懷德維寧, 宗子維城.' 秦,漢繼周, 或强或弱, 俱失厥中. 大魏創業, 諸王開國, 隨時之宜, 未有定制, 非所以永爲後法也. 其改封諸侯王, 皆以郡爲國.」

三月癸酉, 行東巡, 所過存問高年鰥寡孤獨, 賜穀帛. 乙亥, 月犯軒轅大星.

夏四月壬寅, 行幸許昌宮. 甲子, 初進新果於廟. 五月, 皇子殷薨, 追封謚安平哀王.

秋七月, 以衛尉董昭爲司徒. 九月, 行幸摩陂, 治許昌宮, 起景福,承光殿.

冬十月, 殄夷將軍田豫帥衆討吳將周賀於成山, 殺賀. 十一月丙寅, 太白晝見. 有星孛於翼, 近太微上將星. 庚寅, 陳思王植薨. 十二月, 行還許昌宮.

| 국역 |

(太和) 6년(서기 232) 봄 2월, 조서를 내렸다.

「고대의 帝王이 分封하여 제후국을 세운 이유는 왕실의 울타리로 삼으려 했다. 《詩》에서도 말하지 않았는가? '가슴의 仁德으로 나라를 편안케 하니, 同姓의 제후는 나라의 성곽이다.' 周를 계승한 秦(진)과 漢(한)은 제후국을 약화시키거나 강화하였는데 두 나라 모두 中正에서 벗어났었다. 大魏의 創業 이후 여러 제후국을 봉한 것은 時宜(시의)에 따르는 것이나 아직 정해진 제도는 없다. 이제 제후 왕에 대한 규정을 제정하되 郡을 제후 왕국의 기준으로 제정하기 바란다.」[390]

3월 癸酉日, 동쪽을 巡狩(순수)하며, 가는 곳마다 노인과 鰥寡孤獨(환과고독)을 存問(존문)하고 곡식과 비단을 하사하였다. 乙亥日, 달이 軒轅(헌원) 大星의 영역에 들어갔다.

여름 4월 壬寅日, 許昌宮에 행차하였다. 甲子日, 햇과일을 종묘에 진상하였다. 5월, 皇子인 曹殷(조은)이 죽었는데, 安平哀王이라는 시호를 追封했다.

가을 7월, 衛尉(위위)[391]인 董昭(동소)[392]가 司徒(사도, 승상)가 되었

390 漢 高祖가 건국한 이후 큰 제후국은 여러 개의 郡을 봉지로 주었기에 漢 중앙정부보다 제후국의 경제규모가 더 큰 경우도 있었다. 결국 이런 모순은 景帝 때 吳楚七國亂의 遠因(원인)이 되었다. 이후 역대 황제는 異姓諸侯를 王에 봉하지 않았고, 皇子를 王으로 봉하더라도 郡 단위 규모를 넘지 않았다. 나라에 큰 공을 세운 신하의 봉국을 國이라 호칭하였지만 그 규모는 縣 단위에 그쳤다. 魏에서도 제후 王이라도 그 영역이 郡 단위를 벗어나지 않게 하라는 뜻이었다.

391 後漢의 衛尉(위위)는 卿 1인, 질록 中二千石. 中央軍인 北軍 지휘. 北宮 각 출입문 경비, 宮門의 衛士를 지휘, 宮中의 각종 서무도 담당하였다. 丞 1인(질

다. 9월 摩陂(마피)[393]에 이르렀고, 許昌宮을 수리했으니 景福(경복)과 承光殿(승광전)을 지었다.

겨울인 10월, 殄夷將軍(진이장군) 田豫(전예)[394]가 군사를 거느리고 (東吳에서 바닷길로 요동군을 찾아가던) 吳 장수 周賀(주하)를 成山(성산)[395]에서 공격하여 주하를 죽였다.

11월 丙寅日, 太白星이 낮에 출현하였다. 어떤 별이 翼宿(익수)를 가로질러, 太微垣(태미원) 上將星에 접근하였다. 庚寅日(경인일), 陳思王인 曹植(조식)이 죽었다. 12월에, 황제의 행차는 許昌宮으로 돌아왔다.

| 原文 |

青龍元年春正月甲申, 青龍見郟之摩陂井中. 二月丁酉, 幸摩陂觀龍, 於是改年, 改摩陂爲龍陂, 賜男子爵人二級, 鰥寡孤獨無出今年租賦. 三月甲子, 詔公卿擧賢良篤行之士各一人.

록, 比千石). 公車司馬令, 南宮衛士令, 北宮衛士令, 左右都候가 모두 衛尉의 속관이었다.

392 董昭(동소, 156-236년, 字 公仁) - 濟陰郡 定陶縣人. 袁紹, 張楊, 曹操, 曹丕, 曹叡(조예)를 섬겼다. 魏書 〈程郭董劉蔣劉傳〉에 立傳.

393 摩陂(마피)는 호수 이름, 今 河南省 중부 平頂山市 관할의 郟縣(겹현) 소재. 陂는 비탈 피. 못, (물을) 막다.

394 田豫(전예, 171-252년, 字 國讓) - 오환과 선비족의 평정에 공을 세웠고, 그들의 존경을 받았으며, 청렴한 무신이었다. 幽州 漁陽郡 雍奴縣 출신.(今 天津市 武清區 동북). 《魏書》 26권, 〈滿田牽郭傳〉에 입전.

395 成山은, 今 山東省 威海市 榮成市 관할 成山鎭. 山東半島 끝부분.

夏五月壬申, 詔祀故大將軍夏侯惇,大司馬曹仁,車騎將軍程昱於太祖廟庭. 戊寅, 北海王蕤薨. 閏月庚寅朔, 日有蝕之. 丁酉, 改封宗室女非諸王女皆爲邑主. 詔諸郡國山川不在祠典者勿祠. 六月, 洛陽宮鞠室災.

| 국역 |

靑龍 元年(서기 233)[396] 봄 정월 甲申日, 靑龍이 (潁川郡의) 郟縣(겹현) 摩陂(마피)의 우물에 나타났다.

2월 丁酉日에, 황제는 摩陂(마피)에 행차하여 龍을 관찰하고서 연호를 바꾸었고 摩陂(마피)를 龍陂(용피)로 개명하였으며, 男子(戶主)에서 각각 작위를 2급씩 하사하였고, 홀아비나 과부, 고아나 자식이 없는 사람에게 금년 田租(전조)를 면제해 주었다.

3월 甲子日에, 조서를 내려 公卿은 현량하거나 행실이 돈돈한 인재를 각 1인씩 천거케 하였다.

여름 5월 壬申日, 조서로 太祖(曹操)의 廟庭(묘정, 廟堂)에서 대장군 故 夏侯惇(하후돈), 大司馬 曹仁(조인), 거기장군 程昱(정욱)을 제사하였다. 戊寅日, 北海王인 曹蕤(조유)가 죽었다. 5월 閏月(윤월) 庚寅日 초하루에, 日蝕(일식)이 있었다. 丁酉日, 宗室의 딸로 여러 제후왕의 딸이 아닌 경우에 모두 邑主(읍주)에 봉했다. 조서로 여러 군국의 산천에 사당이 없는 경우 제사를 지내지 못하게 하였다. 6월에, 洛陽宮의 鞠室(국실)에 화재가 있었다.

396 明帝의 2번째 연호, 서기 233–236년.

| 原文 |

保塞鮮卑大人步度根與叛鮮卑大人軻比能私通, 并州刺史畢軌表, 輒出軍以外威比能, 內鎭步度根. 帝省表曰, “步度根以爲比能所誘, 有自疑心. 今軌出軍, 適使二部驚合爲一, 何所威鎭乎?” 促敇軌, 以出軍者愼勿越塞過句注也. 比詔書到, 軌以進軍屯陰館, 遣將軍蘇尙,董弼追鮮卑. 比能遣子將千餘騎迎步度根部落, 與尙,弼相遇, 戰於樓煩, 二將敗沒. 步度根部落皆叛出塞, 與比能合寇邊. 遣驍騎將軍秦朗將中軍討之, 虜乃走漠北.

秋九月, 安定保塞匈奴大人胡薄居姿職等叛, 司馬宣王遣將軍胡遵等追討, 破降之.

冬十月, 步度根部落大人戴胡阿狼泥等詣并州降, 朗引軍還. 十二月, 公孫淵斬送孫權所遣使張彌,許晏首, 以淵爲大司馬樂浪公.

| 국역 |

변방을 방위하는 鮮卑族의 大人(族長)인 步度根(보도근)[397]과 반역한 선비족 大人인 軻比能(가비능)이 비밀리에 왕래하였는데, 并州刺史(병주자사)[398]인 畢軌(필궤)가 이를 보고하면서, 바로 군사를

397 步度根(보도근) – 後漢 末 三國 시대 鮮卑族의 首領. 전임 大人인 魁頭(괴두)의 아우. 보도근이 대인이 된 이후 선비족은 분열했다. 조조가 幽州(유주) 일대를 공략할 때 보도근은 토산물을 바치고 충성을 맹서하였다.

398 并州(병주) 治所는 晉陽縣(今 山西省 太原市 서남)이고, 관할 지역은 今 山西

거느리고 출정하여 밖으로는 가비능을 위협하고 대내적으로 보도근을 진압하겠다고 表文을 올렸다.

황제는 표문을 읽어본 뒤에 말했다.

"보도근은 가비능의 꾐에 넘어간 것 같다는 의심이 든다. 지금 필궤가 출정한다지만, 만약 저들 두 부족이 놀라 하나로 합쳐 저항한다면 어찌 진압하겠는가?"

그러면서 서둘러 필궤에게 명하여 군사가 출동하더라도 변경 요새의 句注山(구주산)을 넘어가지 말라고 명령하였다. 그러나 조서가 도착할 무렵에 필궤는 진격하여 陰館(음관)이란 곳에 주둔하면서 장군 蘇尙(소상)과 董弼(동필)을 보내 鮮卑族을 추격하였다. 가비능은 아들을 보내 1천여 기병을 거느리고 보도근 부락의 군사와 합세하면서, 소상과 동필과 조우하여 樓煩(누번)이란 곳에서 싸웠는데 두 장군은 패전하며 모두 전사하였다. 보도근의 부락은 모두 반기를 들고 국경을 넘어갔고 가비능과 합세하며 변경을 노략질하였다. 조정에서는 驍騎將軍(효기장군) 秦朗(진랑)을 보내 中軍을 거느려 진압케 하였고 선비족은 사막 북쪽(漠北)[399]으로 도주하였다.

가을 9월, 安定郡(안정군)[400] 국경을 지키는 흉노 大人 胡薄居姿職(호박거자직) 등이 반기를 들자, 司馬懿(사마의)가 將軍 胡遵(호준)

省의 중부 및 북부 일대였으며, 太原, 上黨, 樂平, 雁門, 新興의 5郡을 관할하였다. 黃初 2년(서기 221)에 西河郡을 설치했고, 靑龍 3년(서기 235)에 다시 朔方郡을 설치했지만 나중에 폐지하였다.

399 漠北은 사막 북쪽이란 뜻인데, 지금 내몽고나 몽고국 일대를 지칭한다. 구체적으로 어느 사막이나 어느 지명을 뜻하지는 않는다.

400 雍州 관할 安定郡(안정군)의 郡治는 臨涇縣, 今 甘肅省 鎭原縣 동남. 臨涇, 朝那, 烏氏, 三水, 高平, 彭陽 등 6縣을 관장하였다.

등을 보내 추격 토벌하여 투항케 하였다.

겨울인 10월, 步度根(보도근) 부락의 大人인 戴胡阿狼泥(대호아랑니) 등이 幷州(병주)에 와서 투항하자, 秦朗(진랑)은 군사를 이끌고 돌아왔다.

12월, 公孫淵(공손연)은 孫權이 파견한 사자 張彌(장미)와 許晏(허안)을 죽여 그 수급을 보내왔는데, 공손연은 大司馬로 樂浪公(낙랑공)이 되었다.

| 原文 |

二年春二月乙未, 太白犯熒惑. 癸酉, 詔曰, 「鞭作官刑, 所以糾慢怠也, 而頃多以無辜死. 其減鞭杖之制, 著於令.」

三月庚寅, 山陽公薨, 帝素服發哀, 遣使持節典護喪事. 己酉, 大赦. 夏四月, 大疫. 崇華殿災. 丙寅, 詔有司以太牢告祠文帝廟. 追謚山陽公爲漢孝獻皇帝, 葬以漢禮.

是月, 諸葛亮出斜谷, 屯渭南, 司馬宣王率諸軍拒之. 詔宣王, 「但堅壁拒守以挫其鋒, 彼進不得志, 退無與戰, 久停則糧盡, 虜略無所獲, 則必走矣. 走而追之, 以逸待勞, 全勝之道也.」

| 국역 |

(明帝 青龍) 2년(서기 234) 봄 2월 乙未日, 太白星이 熒惑星(형혹

성) 권역에 들어갔다. 癸酉日, 조서를 내렸다.

「관리에게 채찍질 형벌은 관리의 태만을 규찰하는 방법이지만, 요즈음에는 무고하게 죽는 경우도 있다. 채찍질이나 매질의 제도를 경감하여 이를 법령에 기록하기 바란다.」

3월 庚寅日에, 山陽公(後漢 獻帝)이 죽었는데, 황제는 소복으로 애도하며 사자를 보내 부절을 가지고 가서 喪事를 주관케 하였다. 己酉日에 죄수를 사면하였다.

여름 4월, 疫疾(역질)이 크게 유행하였다. 崇華殿(숭화전)에 화재가 발생했다. 丙寅日에, 조서로 有司가 太牢(태뢰)로 文帝의 묘당에 제사를 지내게 하였다. 山陽公에게 漢孝獻皇帝라는 시호를 올렸고 漢의 禮制로 장례했다.

이달, 諸葛亮이 斜谷(사곡)의 길을 따라[401] 출정하여 渭水(위수) 남쪽에 주둔하였는데, 司馬懿는 전 군사를 지휘하여 막았다. 사마의에게 조서를 내렸다.

「그냥, 견고한 성벽에 의지하여 방어하면서 적의 예봉을 꺾는다면 적은 공격해도 뜻을 이룰 수 없고, 물러난다 하여 싸울 수도 없으며, 오래 대치하면 군량이 다하고 아무것도 노획할 것이 없기에 틀림없이 패주할 것이다. 물러날 때 추격하거나, 쉬면서 적이 지치기를 기다리면 全勝할 것이다.」

401 제갈량의 5차 북벌. 제갈량은 漢中郡을 출발하여 斜谷(사곡)의 길을 따라 秦嶺(진령) 산맥을 넘어 오장원에 주둔하였다. 제강량과 사마의는 여기서 100여 일을 대치하였다.

| 原文 |

五月, 太白晝見. 孫權入居巢湖口, 向合肥新城, 又遣將陸議,孫韶各將萬餘人入淮,沔. 六月, 征東將軍滿寵進軍拒之. 寵欲拔新城守, 致賊壽春, 帝不聽曰,

“昔漢光武遣兵縣據略陽, 終以破隗囂, 先帝東置合肥, 南守襄陽, 西固祁山, 賊來輒破於三城之下者, 地有所必爭也. 縱權攻新城, 必不能拔. 敕諸將堅守, 吾將自往征之, 比至, 恐權走也.”

秋七月壬寅, 帝親御龍舟東征, 權攻新城, 將軍張穎等拒守力戰, 帝軍未至數百里, 權遁走, 議,韶等亦退. 群臣以爲大將軍方與諸葛亮相持未解, 車駕可西幸長安.

帝曰, “權走, 亮膽破, 大將軍以制之, 吾無憂矣.” 遂進軍幸壽春, 錄諸將功, 封賞各有差.

八月己未, 大曜兵, 饗六軍, 遣使者持節犒勞合肥,壽春諸軍. 辛巳, 行還許昌宮. 司馬宣王與亮相持, 連圍積日, 亮數挑戰, 宣王堅壘不應. 會亮卒, 其軍退還.

冬十月乙丑, 月犯鎭星及軒轅. 戊寅, 月犯太白. 十一月, 京都地震, 從東南來, 隱隱有聲, 搖動屋瓦. 十二月, 詔有司刪定大辟, 減死罪.

| 국역 |

(靑龍 2년, 서기 234) 5월, 太白星이 낮에 출현하였다. 손권이 침입하여 居巢湖(거소호)[402] 입구를 거쳐 合肥(합비)의 新城으로 향하면서 또 장수 陸議(육의, 陸遜)와 孫韶(손소) 등에게 각각 1만여 군사를 거느리고 淮水와 沔水(면수)로 진격케 하였다.

6월에, 征東將軍 滿寵(만총)[403]이 진군하여 적을 막았다. 만총은 新城郡(신성군)[404]을 수비하는 군사를 이용하여 적을 壽春縣(수춘현)으로 유인하려 했지만 황제는 허락하지 않으면서 말했다.

"옛날 漢 光武帝가 군사를 멀리 보내 略陽(약양)을 점거하였고, 결국 隗囂(외효)[405]를 패퇴시켰었다. 先帝(文帝)께서는 동쪽으로는 合肥(합비)와 남쪽으로는 襄陽(양양)을 지키면서, 서쪽으로는 祁山(기산)을 방어케 하였는데 적이 침입하여 이 세 곳에서 각각 패퇴한 것을 보면 꼭 차지해야 할 땅이 틀림없이 있는 것이다. 설령 손권이 新城(신성)을 공격한다 하여도 절대로 차지하지 못할 것이다. 여러 장수에게 굳건히 방어토록 지시를 할 것이며, 내가 직접 원정에 나서 그 지역에 이를 때면 아마 손권은 도주할 것이다."

402 居巢湖(거소호)는 九江郡 거소현의 호수, 今 安徽省 中部 安慶市 관할 桐城市 소재.

403 滿寵(만총, ?-242년, 字 伯寧) - 曹魏 武將, 신장 八尺. 청렴했던 장군. 《魏書》 26권 〈滿田牽郭傳〉에 立傳.

404 新城郡은 延康 元年(220年) 西城, 上庸, 房陵 3군의 일부를 합쳐서 설치한 郡. 郡治는 房陵縣, 今 湖北省 서북부 十堰市 관할 房縣.

405 隗囂(隗囂, 외효, ?-서기 33년) - 왕망 말기 今 甘肅省 동부 일대에 웅거. 후한 광무제에 대항하다가 公孫述의 편이 되어 후한 초에 광무제를 많이 괴롭혔다. 隗 험할 외, 성씨. 囂 떠드는 소리 효. 《後漢書》 13권, 〈隗囂公孫述列傳〉에 입전.

가을인 7월 壬寅日, 황제는 친히 龍舟를 몰아 동방 원정에 나섰고, 손권은 新城(신성)을 공격하였는데, 장군인 張穎(장영) 등이 힘껏 싸워 방어하였고 황제의 군사가 수백 리 지점에 왔을 때 손권은 도주하였고, (吳軍) 陸議(육의)와 孫韶(손소) 등도 역시 도주하였다. 여러 신하들은 大將軍(司馬懿)이 한창 제갈량과 대치를 지속하고 있으니 황제가 서쪽 장안으로 행차하기를 원했다. 그러자 황제가 말했다.

"손권이 도주하여 제갈량은 전의를 상실할 것이며, 대장군이 적을 제압할 것이라 나는 걱정하지 않는다."

그리고서는 군사를 거느리고 壽春縣에 행차하여 여러 장수들의 공적을 수록하고 차등을 두어 작위를 내리고 포상하였다.

8월 己未日에, 대규모로 군사를 사열한 뒤에 六軍에 잔치를 베풀었고, 사자를 보내 부절을 가지고 合肥, 壽春 등지의 부대를 위로케 하였다. 辛巳日, 황제는 許昌宮으로 돌아왔다.

司馬懿와 제갈량이 서로 여러 날을 포위 대치하면서 제갈량이 자주 도전하였지만 사마의는 견고한 보루 안에 있으면서 응전하지 않았다.[406] 마침 제갈량이 죽자[407] 蜀軍은 물러났다.

겨울 10월 乙丑日, 달이 鎭星 및 軒轅星(헌원성) 권역에 들어갔다. 戊寅日, 달이 太白星을 가렸다.

11월, 京都(낙양)에 地震(지진)이 일어났는데, 동남쪽에서 은은하

---

406 사마의와 제갈량이 대치했던 五丈原(오장원)은 今 陝西省 寶雞市 岐山縣(기산현) 성남 약 20km의 五丈原鎭에 해당. 오장원은 높이 約 120m, 東西 넓이 약 1km, 南北 약 3.5km정도의 黃土 高原이다.

407 諸葛亮은 234年 8月에 향년 54세로 죽었다.

게 울리는 소리가 들렸고 지붕의 기와가 흔들였다.

12월에, 조서를 내려 담당 관리가(有司) 大辟(대벽)[408]에 해당하는 법률을 심사하여 사형에 처하는 죄수를 줄이도록 했다.

| 原文 |

三年春正月戊子, 以大將軍司馬宣王爲太尉. 己亥, 復置朔方郡. 京都大疫. 丁巳, 皇太后崩. 乙亥, 隕石於壽光縣. 三月庚寅, 葬文德郭后, 營陵於首陽陵澗西, 如終制.

是時, 大治洛陽宮, 起昭陽,太極殿, 築總章觀. 百姓失農時, 直臣楊阜,高堂隆等各數切諫, 雖不能聽, 常優容之.

秋七月, 洛陽崇華殿災, 八月庚午, 立皇子芳爲齊王, 詢爲秦王. 丁巳, 行還洛陽宮. 命有司復崇華, 改名九龍殿. 冬十月己酉, 中山王兗薨. 壬申, 太白晝見. 十一月丁酉, 行幸許昌宮.

| 국역 |

(靑龍) 3년(서기 235) 봄 정월 戊子日(무자일), 대장군 司馬懿(사마의)는 太尉가 되었다. 己亥日, 朔方郡(삭방군)[409]을 다시 설치하였

408 大辟(대벽)은 死刑, 五刑의 하나.

409 후한시대 并州 관할 朔方郡의 治所는 臨戎縣(임융현), 今 內蒙古自治區 黃河 북안 巴彦淖爾市 서남부의 磴口縣(등구현). 建安 20年(서기 215), 흉노와 강

다. 낙양에 전염병이 크게 유행하였다. 丁巳日, 皇太后(文帝 황후)가 붕어했다. 乙亥日, 壽光縣(수광현)에 隕石(운석)이 떨어졌다.

3월 庚寅日에, 文德郭后를 장례했는데, (文帝의) 終制(종제)에 관한 조서대로 首陽陵(文帝의 능)의 하천 서쪽에 무덤을 조성하였다.

이 무렵, 洛陽宮을 크게 중건하면서 昭陽殿과 太極殿을 起工하고 總章觀(총장관)을 신축하였다. 백성들이 農時를 놓치자, 直臣인 楊阜(양부)와 高堂隆(고당륭)[410] 등이 각각 여러 번 간절한 충간을 올렸는데 황제는 받아들이지는 않았지만, 그들을 관용했다.

가을 7월, 洛陽의 崇華殿에 화재가 났고, 8월 庚午日에는, 皇子 曹芳(조방)[411]을 齊王(제왕)으로, 曹詢(조순)을 秦王으로 책봉했다. 丁巳日, 황제는 洛陽宮으로 돌아왔다. 有司에게 명하여 崇華殿을 복구케 하고 九龍殿으로 개명하였다.

겨울인 10월 己酉日에, 中山王 曹袞(조연)이 죽었다. 壬申日에, 太白星이 낮에도 보였다. 11월 丁酉日에, 황제는 許昌宮에 행차하였다.

| 原文 |

四年春二月, 太白復晝見, 月犯太白, 又犯軒轅一星, 入太

족의 침입으로 인구가 크게 줄자 曹操는 雲中, 定襄, 五原, 朔方郡을 폐지하고 太原郡의 북부에 新興郡을 설치하고 4개 군의 백성을 옮겨 살게 하였다. 그러다가 靑龍 3년(서기 235)에 다시 설치했으나 나중에 다시 폐군되었다.

410 楊阜(양부), 高堂隆(고당륭) – 《魏書》 25권, 〈辛毗楊阜高堂隆傳〉에 立傳. 高堂은 복성.

411 曹芳 – 《魏書》 4권, 〈三少帝紀〉에 記述.

微而出. 夏四月, 置崇文觀, 徵善屬文者以充之. 五月乙卯, 司徒董昭薨. 丁巳, 肅愼氏獻楛矢.

六月壬申, 詔曰,「有虞氏象而民弗犯, 周人刑錯而不用. 朕從百王之末, 追望上世之風, 邈乎何相去之遠? 法令滋章, 犯者彌多, 刑罰愈衆, 而奸不可止. 往者按大辟之條, 多所蠲除, 思濟生民之命, 此朕之至意也. 而郡國斃獄, 一歲之中尙過數百, 豈朕訓導不醇, 俾民輕罪, 將苛法猶存, 爲之陷阱乎? 有司其議獄緩死, 務從寬簡, 及乞恩者, 或辭未出而獄以報斷, 非所以究理盡情也. 其令廷尉及天下獄官, 諸有死罪具獄以定, 非謀反及手殺人, 亟語其親治, 有乞恩者, 使與奏當文書俱上, 朕將思所以全之. 其布告天下, 使明朕意.」

| 국역 |

(青龍) 4년(서기 236) 봄 3월, 太白星이 다시 낮에도 보였고, 달이 太白星을 가렸고, 또 軒轅(헌원)의 一星을 가렸다가 太微垣(태미원) 권역에 들어갔다가 나왔다.

여름 4월, 崇文觀(숭문관)을 설치하고 문장을 잘 짓는 자를 불러 모아 충원하였다. 5월 乙卯日에, 司徒인 董昭(동소)가 죽었다. 丁巳日, 肅愼氏(숙신씨)[412]가 楛矢(호시)를 헌상했다.

412 肅愼(숙신)은 夏代와 商代에 黑水(今 黑龍江) 및 松花江 유역 일대에서 생활하던 부족. 肅愼, 濊貊(예맥), 東胡를 옛 東北 三大民族이라고 불렀다. 楛矢(호시)는 화살대 나무로 만든 화살. 楛는 나무 이름 호. 화살대를 만드는 데

6월 壬申日, 조서를 내렸다.

「有虞氏(유우씨, 舜)[413]는 죄인의 옷에 표시를 하게 했는데도 백성은 죄를 짓지 않았고, 周에서는 범법자가 없어 형벌을 적용하지 않았다. 朕(짐)은 역대 선왕의 끝에서 선대의 훌륭한 기풍을 흠모하지만, 어찌 이리 현실은 멀기만 하단 말인가? 법령이 많아지면 범죄자는 더 많아지고, 다수가 형벌을 받았는데도 악행은 그치질 않는다. 지난번에 死刑(大辟)에 해당하는 조항을 많이 없애면서 백성의 생명을 구제하려 했는데, 이는 짐의 간절한 뜻이다(志意). 그런데도 郡國에서 처형 건수가 일 년에 수백 명이 넘으니, 짐의 訓導(훈도)가 醇正(순정, 純正)하지 않아 백성이 죄악을 경시하고, (나라는) 가혹한 법으로 백성을 함정에 빠트리는 것이 아니겠는가? 담당자는 사형의 완화 방법을 논의하여 관용과 법의 간략에 힘쓸 것이며, 범법자가 은전을 애원하거나 억울한 사정을 서술도 못한 채 처형된다면 이는 바른 법리나 은전을 베푸는 일이 아닐 것이다. 廷尉(정위)나 온 나라의 獄官(옥관, 판관)에게 명하여 사형에 해당하는 범죄는 근거를 다 갖춰 판정할 것이며, 모반이나 손으로 직접 살인한 자가 아니라면 판결 결과를 관련자에게 조속히 통보할 것이며, 감형을 애원하

사용. 肅愼(숙신)은 漢에서 南北朝 시대에 挹婁(읍루), 勿吉(물길) 등으로 표기되다가 隋唐 시대에는 靺鞨(말갈), 渤海國(발해국), 女眞(여진) 등으로 불렸다. 이미 舜 時代에 肅愼은, 今 山東省 일대에 거주하였으니 동이족의 일부이며 西周의 압력으로 북쪽으로 이동했을 것으로 추정한다. 東周와 戰國 시대를 거쳐 秦漢 시기에는 眞番(진번)으로 표기하였는데, 漢 四郡 중 眞番郡은 이들과 관련이 있으며 뒷날 女眞人은 이들을 지칭한다.

413 有虞氏(유우씨)는 五帝 중 舜의 政權(虞朝)를 지칭한다. 舜帝의 성은 姚氏(요씨)이고, 名은 重華, 有虞氏는 號이고, 舜은 謚號이다. 舜은 蒲阪(今 山西省 永濟市 蒲州 일대)에 도읍했었다.

는 경우에는 그 정황이나 관련 문서를 모두 상주하면 어떻게 은전을 베풀지 짐이 고려할 것이다. 이를 천하에 포고하며 짐의 뜻을 명백히 알리기 바란다.」

| 原文 |

秋七月, 高句驪王宮斬送孫權使胡衛等首, 詣幽州. 甲寅, 太白犯軒轅大星.

冬十月己卯, 行還洛陽宮. 甲申, 有星孛於大辰, 乙酉, 又孛於東方. 十一月己亥, 彗星見, 犯宦者天紀星. 十二月癸巳, 司空陳羣薨. 乙未, 行幸許昌宮.

| 국역 |

가을인 7월, 高句驪王(고구려왕) 宮(궁)[414]이 孫權의 사신 胡衛(호위) 등을 죽여 보낸 그 首級이 幽州(유주)에 도착했다. 甲寅日, 太白

414 高句驪王(고구려왕) 宮 - 高句驪 의 驪는 가라말 려(검은 털의 말). 우리나라에서는 高句麗, 高麗이다. 중국 주변의 이민족을 동물 이름으로 부르는 관습에 의거, 일부러 馬변의 驪을 써서 자신들의 우월감을 표현했을 것이다. 麗는 고울 려. 국명, 부족명, 현명. 일명 句驪, 高夷, 高離(고리). 《後漢書 東夷列傳》에서는 고구려 다음에 句麗를 별개의 국가로 나누어 설명하였는데, 이는 착오이다. 또 '句驪王宮' 이란 기록에서 宮은 이름인데 왕이 성씨를 기록 아니할 리 없고, 또 속명을 대외적으로 사용하지는 않았을 것이다. 고구려왕의 시호를 하나도 기록하지 않고 평민 이름을 쓰듯 俗名을 기록하였는데, 이는 적대의식의 발로라 생각하면 된다. 宮은 고구려 太祖王의 이름이다. 青龍 4년에는 고구려 東川王(재위 227 - 248년)이 재위 중이었다.

星이 軒轅(헌원)의 大星을 가렸다.

겨울 10월 己卯일, 황제가 洛陽宮으로 돌아왔다. 甲申日, 彗星(혜성)이 大辰星(대진성) 구역에 출현하였고, 乙酉日에도 동방에 혜성이 출현했다. 11월 己亥日, 혜성이 출현하여 宦官(환관)에 해당하는 天紀星 구역에 들어갔다. 12월 癸巳日(계사일)에, 司空인 陳羣(진군)이 죽었다. 乙未日에, 황제가 許昌의 궁궐로 돌아왔다.

| 原文 |

景初元年春正月壬辰, 山茌縣言黃龍見. 於是有司奏, 以爲魏得地統, 宜以建丑之月爲正. 三月, 定歷改年爲孟夏四月. 服色尙黃, 犧牲用白, 戎事乘黑首白馬, 建大赤之旂, 朝會建大白之旗. 改太和歷曰景初歷. 其春夏秋冬孟仲季月雖與正歲不同, 至於郊祀,迎氣,礿祠,蒸嘗,巡狩,蒐田,分至啓閉,班宣時令,中氣早晩,敬授民事, 皆以正歲斗建爲歷數之序.

| 국역 |

景初(경초) 원년 봄 정월 壬辰日(서기 237), (泰山郡) 山茌縣(산치현)에 黃龍이 출현했다고 보고했다. 이에 有司가 '魏國은 地統을 얻었기에 丑月(夏曆 12월)을 正月로 해야 한다.' 고 상주하였다.

3월에, 역법을 개정하고 연호를 바꿔 (靑龍 五年 三月을) 景初元年 孟夏 四月로 정했다. 또 服色은 黃色을 숭상하고, 제사용 犧

牲(희생)은 白色으로 하며, 軍事에서는 黑首의 白馬를 타며, 大赤(大紅)의 큰 기치를 세우며, 朝會에서는 大白의 깃발을 세웠다. 太和歷을 景初歷(경초력)으로 교체하였다(歷은 曆). 그 春夏秋冬의 四季와 孟, 仲, 季月이 正歲(夏曆)와 不同하더라도, (天地의 諸神에 대한) 郊祀(교사), (五方의 帝를 맞이하여 풍년을 기원하는) 迎氣(영기), (종묘의 봄 제사인) 礿祠(약사), (가을과 겨울의 제사인) 蒸嘗(증상), (사방을 순행하는) 巡狩(순수), (사냥하고 閱兵하는) 蒐田(수전), (춘분, 추분, 하지와 동지의) 分至에 성문의 啓閉(開閉), (계절에 따른) 時令의 반포, (節氣에 맞추려는) 中氣早晩(중기조만)과 敬授民事(백성에게 요역을 부과하는 일)는 모두 正歲(夏曆의 정월)과 斗建으로 (북두의 방향) 추산하는 순서에 따르기로 하였다.

|原文|

五月己巳, 行還洛陽宮. 己丑, 大赦. 六月戊申, 京都地震. 己亥, 以尙書令陳矯爲司徒, 尙書右僕射衛臻爲司空. 丁未, 分魏興之魏陽,錫郡之安富,上庸爲上庸郡. 省錫郡, 以錫縣屬魏興郡.

有司奏, 「武皇帝撥亂反正, 爲魏太祖, 樂用〈武始之舞〉. 文皇帝應天受命, 爲魏高祖, 樂用〈咸熙之舞〉. 帝制作興治, 爲魏烈祖, 樂用〈章斌之舞〉. 三祖之廟, 萬世不廟. 其餘四廟, 親盡迭毁, 如周后稷,文,武廟廟之制.」

| 국역 |

(景初 원년) 5월 己巳日, 황제는 洛陽宮으로 돌아왔다. 己丑日, 나라의 죄수를 사면하였다. 6월 戊申日, 京都(낙양)에 지진이 일어났다. 己亥日, 尙書令인 陳矯(진교)는 司徒가 되었고, 尙書 右僕射(우복야)인 衛臻(위진)[415]은 司空이 되었다. 丁未日, 魏興郡의 魏陽(위양), 錫郡의 安富(안부), 上庸縣(상용현)을 합쳐 上庸郡(상용군)[416]을 설치하였다. 錫郡(석군)을 폐지하고 錫縣(석현)은 魏興郡[417]에 포함시켰다.

有司가 상주하였다.

「武皇帝(曹操)는 혼란을 진정시켜 正常으로 바로잡고 魏 太祖가 되었으므로 제사의 禮樂으로 〈武始之舞〉를 채용하였습니다. 文皇帝(조비)는 天意에 부응하여 천명을 받아 魏 高祖가 되었으며, 예악은 〈咸熙之舞(함희지무)〉를 채용하였습니다. 지금 황제께서는 여러 제도를 정비하고 治道을 마련하였기에 魏 烈祖(열조)에 해당하며, 예악은 〈章斌之舞(장빈지무)〉를 채용해야 합니다. 이상 三祖(太祖, 高祖, 烈祖)의 묘당은 만세에 이르도록 훼철할 수 없습니다. 이 외의 다른 四廟는 친소에 따라 순차대로 교체토록 하여, (전체적으로) 周의 后稷(후직)과 文王, 武王의 廟祧(묘조, 祖廟)의 제도를 따라야 합니다.」

---

415 陳矯(진교)와 衛臻(위진) - 《魏書》 22권, 〈桓二陳徐衛盧傳〉에 立傳.

416 上庸郡은 明帝 太和 2년(서기 228) 설치했다가 폐군되었다가 景初 원년(서기 237)에 다시 설치했다. 正始 年間(240-249)에 폐군되었다가 甘露 4년(서기 259)에 다시 설치되었다. 치소는 上庸縣, 今 湖北省 북서부 十堰市(십언시) 관할 竹山縣 서남.

417 荊州 魏興郡은 黃初 2년(서기 221)에 처음 설치, 郡 治所는 西城縣, 今 陝西省 남부 安康市.

| 原文 |

秋七月丁卯, 司徒陳矯薨. 孫權遣將朱然等二萬人圍江夏郡, 荊州刺史胡質等擊之, 然退走. 初, 權遣使浮海與高句驪通, 欲襲遼東. 遣幽州刺史毌丘儉率諸軍及鮮卑,烏丸屯遼東南界, 璽書徵公孫淵. 淵發兵反, 儉進軍討之, 會連雨十日, 遼水大漲, 詔儉引軍還. 右北平烏丸單于寇婁敦,遼西烏丸都督王護留等居遼東, 率部衆隨儉內附. 己卯, 詔遼東將吏士民爲淵所脅略不得降者, 一切赦之. 辛卯, 太白晝見. 淵自儉還, 遂自立爲燕王, 置百官, 稱紹漢元年.

| 국역 |

(景初 원년) 가을 7월 丁卯日, 司徒인 陳矯(진교)가 죽었다. 孫權(손권)은 部將 朱然(주연) 등에게 군사 2만을 두어 江夏郡(강하군)을 포위하였는데, 荊州刺史인 胡質(호질)[418] 등이 반격하자, 주연은 물러났다.

그전에, 손권은 사자를 보내 바다 건너 高句驪(고구려, 高句麗)와 통교하면서 遼東郡(요동군)[419] 지역을 공격하려고 했다. (황제는) 幽州(유주) 자사인 毌丘儉(관구검)[420]을 보내 모든 군사와 鮮卑族(선비

418 胡質(호질) - 《魏書》 27권, 〈徐胡二王傳〉에 立傳.

419 유주 자사 관할 遼東郡은 後漢의 舊郡, 遼東 公孫氏가 차지. 郡治는 襄平縣, 今 遼寧省 중부 遼陽市. 襄平, 汶, 安市 등 12縣을 관장.

420 毌丘儉(관구검, ?-255) - 毌丘(관구)는 복성(毌은 貫의 本字, 毋(말 무, 금지사)가 아님. 正始 7년(서기 246) 玄菟郡(현도군)에서 출발하여 고구려 도읍 丸都

족)과 烏丸族(오환족)을 거느리고 요동군 남부에 주둔하면서 국서를 보내 公孫淵(공손연)을 소환하였다. 이에 공손연은 군사를 일으키며 반발하자, 관구검이 군사를 거느리고 나아가 토벌하였는데 마침 10여 일이나 큰 비가 내려 遼水(요수)가 크게 범람하였고 (황제는) 조서로 관구검에게 군사를 거느리고 돌아오게 하였다.

이에 右北平郡[421] 지역의 오환족 單于(선우)인 寇婁敦(구루돈), 遼西郡 지역의 오환족 都督인 王護留(왕호류) 등은 요동군에 머물면서 부족의 군사를 거느리고 관구검에게 협조하였다.

己卯日에, 조서를 내려 요동군의 장졸이나 관리, 백성 중에 공손연의 협박에 의거 부득이 투항했던 모두를 다 사면하였다.

辛卯日에, 太白星이 낮에도 나타났다. 공손연은 관구검의 소환을 받자 燕王으로 자립하고 백관을 임명하면서 紹漢(소한) 원년이라고 했다.

|原文|

詔青,兗,幽,冀四州大作海船. 九月, 冀,兗,徐,豫四州民遇水, 遣侍御史循行沒溺死亡及失財產者, 在所開倉振救之. 庚

城을 점령, 東川王은 옥저로 피난. (正元) 2년(서기 255) 봄, 鎭東將軍 毌丘儉(관구검)과 揚州刺史 文欽(문흠)이 반역했고, 大將軍 司馬景王(司馬師)이 토벌하였다. 도망간 관구검을 安風縣의 都尉가 죽여 수급을 낙양에 보내왔다. 《魏書》 28권, 〈王毌丘諸葛鄧鍾傳〉에 立傳.

421 右北平郡은 후한의 舊郡, 郡治는 土垠縣(토은현). 今 河北省 동북 唐山市 豐潤區. 土垠, 徐無, 無終, 俊靡 등 4縣을 관장.

辰, 皇后毛氏卒.

冬十月丁未, 月犯熒惑. 癸丑, 葬悼毛后於愍陵. 乙卯, 營洛陽南委粟山爲圜丘.

十二月壬子冬至, 始祀. 丁巳, 分襄陽臨沮,宜城,旍陽,邔四縣, 置襄陽南部都尉. 己未, 有司奏文昭皇后立廟京都. 分襄陽郡之鄀葉縣屬義陽郡.

| 국역 |

조서로 青州, 兗州(연주), 幽州(유주), 冀州 등 4州에 명하여 海船을 제조케 하였다. 9월에, 冀州, 兗州, 徐州, 豫州의 4개 州 백성이 수해를 당하자 侍御史를 보내 관내를 순행하며 익사한 백성과 재산을 잃은 자들을 조사하고 창고를 열어 진휼 구제케 하였다. 庚辰日에, 皇后인 毛氏(모씨)가 죽었다.[422]

冬 10월 丁未日에, 달이 熒惑星(형혹성) 권역에 진입하였다. 癸丑日(계축일), 明悼毛后를 愍陵(민릉)에 장례했다. 乙卯日에, 洛陽 남쪽 委粟山(위율산)에 圜丘壇(환구단)[423]을 조성하였다.

12월 壬子日 冬至(동지)에, 처음으로 제천하였다. 丁巳日에, (荊州) 襄陽郡(양양군)의 臨沮(임저), 宜城(의성), 旍陽(정양), 邔(기) 등 4개 현을 나눠 襄陽 南部都尉를 신설하였다. 己未日에, 有司가 文昭皇后(曹조의 첫 번째 황후 甄氏)의 묘당을 낙양에도 건립해야 한다고 상

422 明悼毛皇后 - 《魏書》 5권, 〈后妃傳〉에 立傳.

423 圜丘壇(환구단)은 天壇(천단)의 다른 이름. 祭天壇, 圜丘壇, 황제가 제천하는 곳.

주하였다. 襄陽郡의 鄀葉縣(약엽현)을 義陽郡[424]에 소속시켰다.

| 原文 |

二年春正月, 詔太尉司馬宣王帥衆討遼東. 二月癸卯, 以大中大夫韓曁爲司徒. 癸丑, 月犯心距星, 又犯心中央大星.

夏四月庚子, 司徒韓曁薨. 壬寅, 分沛國蕭,相,竹邑,符離,蘄,銍,龍亢,山桑,洨,虹十縣爲汝陰郡. 宋縣,陳郡苦縣皆屬譙郡. 以沛,杼秋,公丘,彭城豐國,廣戚, 並五縣爲沛王國. 庚戌, 大赦.

五月乙亥, 月犯心距星, 又犯中央大星. 六月, 省漁陽郡之狐奴縣, 復置安樂縣.

| 국역 |

(景初) 2년(서기 238) 봄 정월, 조서로 司馬懿(사마의)에게 군사를 거느려 遼東郡을 정벌케 하였다. 2월 癸卯日, 大中大夫[425]인 韓曁(한

424 義陽郡은 후한의 章陵郡, 郡治는 章陵縣, 今 湖北省 南陽市 관할 棗陽市(조양시) 남쪽. 수시로 개편과 폐군을 거듭하였다.

425 後漢의 모든 大夫는 光祿勳의 속관으로 光祿大夫, 太中大夫, 中散大夫, 諫議大夫가 있으며 정원이 없고 많을 때는 수십 명이나 되었다. 光祿大夫(질록 比2천석)는 여러 대부 중 가장 존귀한 자리이며 給事中이나 侍中 등의 加官을 받아 영향력이 매우 컸지만 後漢에서는 점차 閑職化했다. 太中大夫는 질록 比1천석에 정원은 없었다. 中散大夫(질록 6백석, 無 定員), 諫議大夫(질록 6백석, 無 定員), 議郎(질록 6백석). 모든 大夫나 議郎은 황제의 顧問과 應對를 담당. 常事(고정 직무) 없음. 황제 명에 따른 심부름. 각 제후에 조문, 위문을 담당, 제후국에 喪事가 있으면 광록대부를 보내 업무를 처리케 했다. 이는

기)는 司徒가 되었다. 癸丑日, 달이 心宿(심수)의 距星(거성) 권역에 진입했고 이어 心宿(심수)의 중앙 大星권역에 진입하였다.

여름 4월 庚子日, 司徒인 韓暨(한기)가 죽었다. 壬寅日에, 沛國의 蕭(소), 相, 竹邑, 符離(부리), 蘄(기), 銍(질), 龍亢(항룽), 山桑(산상), 洨(효), 虹(홍) 등 10개 현을 분리하여 汝陰郡(여음군)[426]을 설치하였다. 宋縣(송현)과 陳郡(진군)의 苦縣(고현)을 譙郡(초군)에 소속시켰다. 沛縣(패현), 杼秋(저추), 公丘縣, 彭城郡의 豐國과 廣戚(광척) 등 5현은 모두 沛王國의 소속이 되었다. 庚戌日에, 죄수를 사면하였다.

5월 乙亥日에, 달이 心宿(심수)의 距星(거성) 권역에 들어갔고, 또 中央의 大星 구역에 진입하였다. 6월에, 漁陽郡의 狐奴縣(호노현)을 폐지하고 다시 安樂縣(안락현)을 설치하였다.

| 原文 |

秋八月, 燒當羌王芒中, 注詣等叛, 涼州刺史率諸郡攻討, 斬注詣首. 癸丑, 有彗星見張宿. 丙寅, 司馬宣王圍公孫淵於襄平, 大破之, 傳淵首於京都, 海東諸郡平. 冬十一月, 錄討淵功, 太尉宣王以下增邑封爵各有差.

初, 帝議遣宣王討淵, 發卒四萬人. 議臣皆以爲四萬兵多, 役費難供. 帝曰, "四千里征伐, 雖云用奇, 亦當任力, 不當稍計役費." 遂以四萬人行. 及宣王至遼東, 霖雨不得時攻, 群

曹魏에서도 마찬가지였다.

426 豫州 관할의 汝陰郡의 治所는 汝陰縣, 今 安徽省 중부 阜陽市(부양시).

臣或以爲淵未可卒破, 宜詔宣王還. 帝曰, "司馬懿臨危制變, 擒淵可計日待也." 卒皆如所策.

壬午, 以司空衛臻爲司徒, 司隸校尉崔林爲司空. 閏月, 月犯心中央大星. 十二月乙丑, 帝寢疾不豫. 辛巳, 立皇后. 賜天下男子爵人二級, 鰥寡孤獨穀. 以燕王宇爲大將軍, 甲申免, 以武衛將軍曹爽代之.

初, 靑龍三年中, 壽春農民妻自言爲天神所下, 命爲登女, 當營衛帝室, 蠲邪納福. 飮人以水, 及以洗瘡, 或多愈者. 於是立館後宮, 下詔稱揚, 甚見優寵. 及帝疾, 飮水無驗, 於是殺焉.

| 국역 |

가을인 8월, 燒當羌族(소당강족)[427]의 王인 芒中(망중)과 注詣(주예) 등이 반란을 일으키자 涼州刺史(양주자사)가 여러 郡의 군사를 모아 공격하여 주예 등을 죽였다.

癸丑日에, 彗星(혜성)이 張宿(장수)에 나타났다. 丙寅日, 司馬懿가 (遼東의) 公孫淵(공손연)을 (요동군의 치소) 襄平縣(양평현, 今 遼寧省 遼陽市)에서 포위하여 대파하고 공손연의 수급을 낙양으로 보내왔

427 燒當羌(소당강) – 燒當(소당)은 羌族(강족)의 부족 이름. 燒當은 전한 元帝 때 족장의 이름이었는데 그 후손들이 부족명으로 사용. 원 근거지는 今 靑海省 동부 黃河 양안, 海南藏族自治州 동북부 貴德縣, 同仁縣 일대. 다른 강족에 비해 부유하고 인구도 많아 西部 일대에 널리 분포. 後漢에서 자주 반기를 들었다. 《後漢書》 87권, 〈西羌傳〉에 입전.

으며, 바다 건너 여러 군은 모두 평정되었다.

겨울 11월, 공손연을 토벌한 공적을 기록하였는데, 太尉인 사마의 이하 장졸에게 식읍이나 작위를 차등을 두어 하사하였다.

그전에, 황제가 사마의를 공손연 토벌에 출정시키면서 군사 4만 명을 출동시켰다. 이를 논의하는 신하들이 4만 명의 군사는 많은 편이며, 그 비용을 다 공급하기도 어렵다고 주장하였다. 이에 황제가 말했다.

"4천 리 밖의 정벌인데 아무리 奇計를 쓴다 하여도 역시 병력에 의거해야 하나니 병력이나 비용을 너무 계산해서는 안 될 것이다."

결국 4만 병력을 데리고 출정하였다. 사마의가 요동에 이르러 장마 때문에 적시에 공격할 수가 없자, 많은 신하들이 공손연을 끝내 토벌하지 못할 것이라 생각하여 조서로 사마의를 소환해야 한다고 말했다. 이에 황제가 말했다.

"사마의는 위기에 처해도 응변으로 제압할 것이니 공손연을 잡았다는 소식이 곧 들어올 것이다."

결국 모든 것이 예상대로였다.

壬午日,에 司空인 衛臻(위진)은 司徒가, 司隸校尉인 崔林(최림)은 司空이 되었다. 윤달에, 달이 心宿(심수)의 중앙의 大星 구역에 들어갔다.

12월 乙丑日에, 황제가 병석에 누웠다. 辛巳日에, 皇后를 책립하였다. 나라 안의 男子(戶主)에게 각각 작위를 2급씩 하사하였고, 鰥寡孤獨(환과고독)에게는 곡식을 지급하였다. 燕王인 曹宇(조우)[428]

428 曹宇(조우, ?-278, 字 彭祖) - 曹操의 아들, 環夫人 소생, 曹魏 마지막 황제 曹奐의 생부.

를 大將軍에 등용하였다가 甲申日에 면직시키고, 武衛將軍인 曹爽(조상)[429]이 후임이 되었다.

그전에, 青龍 3년에(서기 235), (淮南郡) 壽春縣의 農民의 妻가 스스로 天神이 자신에게 하강하였다 하여 登女(등녀)라 불렀는데, 응당 帝室을 호위할 것이며 邪氣(사기)를 물리치고 복을 줄 수 있다고 하였다. 그러면서 사람들에게 물을 마시게 하고 그물로 상처를 씻게 하여 간혹 치유된 사람도 있었다. 이에 後宮 내의 건물에 거처하게 했고, 황제는 조서를 내려 칭찬하면서 특별하게 대우하였다. 황제가 병이 나자, 등녀가 물을 마시게 하였지만 아무 효험이 없자 곧 죽여버렸다.

| 原文 |

三年春正月丁亥, 太尉宣王還至河內, 帝驛馬召到, 引入臥內, 執其手謂曰, "吾疾甚, 以後事屬君, 君其與爽輔少子. 吾得見君, 無所恨!"

宣王頓首流涕. 卽日, 帝崩於嘉福殿, 時年三十六. 癸丑, 葬高平陵.

429 曹爽(조상, ?-249. 字 昭伯)은 曹眞의 아들, 曹操의 侄孫(질손). 明帝의 유조를 받아 사마의와 함께 曹芳을 輔政하였지만 난폭하게 권력을 휘두르다가 司馬懿의 高平陵之變(서기 249년)으로 권력을 잃고 멸족되었다. 《魏書》 9권, 〈諸夏侯曹傳〉에 立傳.

| 국역 |

(景初) 3년(서기 239) 봄 정월 丁亥日, 太尉인 사마의가 회군하면서 河內郡에 도착하자, 황제는 驛馬를 보내 불러 내전으로 들어오자 사마의의 손을 잡고 말했다.

"내 병이 심하여 후사를 그대에게 부탁하노니, 그대는 曹爽(조상)과 함께 少子를 보필하라. 내 그대를 보았으니 아무 한이 없도다!"

사마의는 머리를 조아리며 눈물을 흘렸다. 바로 그날 황제는 嘉福殿에서 붕어했다. 나이는 36세였다. 癸丑日에, 高平陵(고평릉)에 장례했다.

| 原文 |

評曰, 明帝沉毅斷識, 任心而行, 蓋有君人之至概焉. 於時百姓彫弊, 四海分崩, 不先聿脩顯祖, 闡拓洪基, 而遽追秦皇, 漢武, 宮館是營, 格之遠猷, 其殆疾乎!

| 국역 |

陳壽의 評論 : 明帝는 침착하고 굳세며 결단력과 식견이 있어 마음 내키는 대로 행하여도 人君의 훌륭한 기개가 있었다. 당시는 백성의 살림이 매우 곤궁하고 천하가 四分五裂(사분오열) 되었는데, 먼저 선조의 좋은 치적을 빛내거나[430] 기반을 튼튼히 다지지 않고,

430 聿脩顯祖 - 聿脩(율수)는 先人의 덕을 이어받아 닦음. 聿은 붓 율. 닦다. 脩는 修.

秦始皇이나 漢 武帝의 행적대로 궁궐을 크게 짓거나 원대한 智謀를 이루고자 하였으니, 이는 (秦皇, 漢武의) 병폐와 거의 같을 것이다.

4권 〈三少帝紀〉(魏書 4)
(삼소제기)

❶ 少帝 曹芳

| 原文 |

齊王諱芳, 字蘭卿. 明帝無子, 養王及秦王詢, 宮省事祕, 莫有知其所由來者. 青龍三年, 立爲齊王. 景初三年正月丁亥朔, 帝甚病, 乃立爲皇太子. 是日, 卽皇帝位, 大赦. 尊皇后曰皇太后. 大將軍曹爽,太尉司馬宣王輔政.

詔曰,「朕以眇身, 繼承鴻業, 煢煢在疚, 靡所控告. 大將軍,太尉奉受末命, 夾輔朕躬, 司徒,司空,冢宰,元輔總率百寮, 以寧社稷, 其與群卿大夫勉勖乃心, 稱朕意焉. 諸所興作宮室之役, 皆以遺詔罷之. 官奴婢六十已上, 免爲良人.」

二月, 西域重譯獻火浣布, 詔大將軍,太尉臨試以示百寮.

| 국역 |

齊王 曹芳(조방, 232 - 274년, 재위 239 - 254년)의 字는 蘭卿(난경)이다. 明帝가 無子하여 齊王과 秦王(진왕) 曹詢(조순)을 養子로 삼았는데 궁내에 비밀이 많아 정확한 사유를 아는 사람이 없었다.[431]

靑龍 3년(서기 235)에 (曹芳을) 齊王으로 책립하였다. 景初 3년(서기 239) 정월 丁亥日 초하루, 황제(明帝)의 병이 위독하자 齊王을 皇太子로 책립하였다. 이날 바로 황제로 즉위하면서 온 나라의 죄수를 사면했다. (明帝의) 皇后를 皇太后로 높였다. 大將軍인 曹爽(조상), 太尉인 司馬宣王(司馬懿)이 정사를 보필하였다.

조서를 내렸다.

「짐은 微少(미소)한 몸(眇身, 묘신)[432]으로 크나큰 帝業을 계승하였지만 마음으로 걱정뿐이라서[433] 어찌할 바를 모르겠노라. 大將軍(曹爽)과 太尉(司馬懿)가 遺命(유명)을 받았으니 좌우에서 짐을 보필하고, 司徒와 司空, 그리고 여러 冢宰(총재, 部署長)나 元輔(元老)는 나라의 臣僚(신료)를 이끌어 사직을 안정시키고, 모든 卿(경)과 대부들도 충성으로 힘써주기를 바라노라. 지금 여러 곳에서 짓는 궁궐

431 明帝가 無子하여 養子를 데려다 어려서부터 궁 안에서 성장하였다. 曹芳(조방)은 任城王 曹楷(조해)의 아들이라는 설이 있지만 확인할 수 없다. 조방은 재위 16년으로 가장 오래 재위했지만, 첫 번째 허수아비 황제였다. 司馬師(사마사)의 정변으로 퇴출되었다.

432 眇身(묘신)은 제왕이 자신을 낮춰 지칭하는 말.

433 煢煢在疚(경경재구)의 煢煢은 근심하다(근심할 경). 외롭고 의지할 곳이 없다. 疚는 오래된 병 구.

공사는 遺詔(유조)에 따라 중지할 것이며, 60세 이상의 관노비를 양인으로 放免(방면)하기 바란다.」

2월에, 西域(서역)에서 2중 통역을 거쳐 火浣布(화완포)[434]를 헌상하였는데, 大將軍과 太尉가 직접 여러 신하들 앞에서 실험해 보라고 명령하였다.

| 原文 |

丁丑詔曰,「太尉體道正直, 盡忠三世, 南擒孟達, 西破蜀虜, 東滅公孫淵, 功蓋海內. 昔周成建保傅之官, 近漢顯宗崇寵鄧禹, 所以優隆雋乂, 必有尊也. 其以太尉爲太傅, 持節統兵都督諸軍事如故.」

三月, 以征東將軍滿寵爲太尉.

夏六月, 以遼東東沓縣吏民渡海居齊郡界, 以故縱城爲新沓縣以居徙民.

秋七月, 上始親臨朝, 聽公卿奏事. 八月, 大赦.

冬十月, 鎭南將軍黃權爲車騎將軍.

434 서역의 남쪽 바다에 있는 섬나라에서 만든다고 하는 火浣布(화완포)는 '불로 세탁하는 옷감' 이란 뜻인데, 흰색의 옷이 더러워지면 불 속에 집어넣어 깨끗하게 세탁한다는 장황한 주석이 있다.

| 국역 |

丁丑日에, 조서를 내렸다.

「太尉(司馬懿)는 正道를 지키며 正直無私하며, 三世(武帝, 文帝, 明帝)에 걸쳐 충성하였고, 南으로는 孟達(맹달, 蜀將으로 투항 후 반란)을 죽였으며 東에서는 公孫淵(공손연)을 멸망시켰으니, 그 공적은 온 나라에 미쳤다. 옛 周 成王은 太保와 太傅(태부)의 관직을 두었고, 근래 後漢의 顯宗(明帝)[435]은 鄧禹(등우)[436]를 높이 존중하였는데, 이는 才德이 출중한 신하를 반드시 존중해야 한다는 뜻이다. 이에 太尉를 太傅(태부)[437]로 임명하니 부절을 받아 군사를 지휘하며 모든 군사업무를 전처럼 감독하기 바란다.」

3월, 征東將軍인 滿寵(만총)[438]이 太尉가 되었다.

여름인 6월, 遼東郡 東沓縣(동답현)의 관리와 백성이 바다(渤海, 발해)를 건너 齊郡의 관내에 거주하였는데 원래의 縱城縣(종성현)을 新沓縣(신답현)으로 고치고 백성을 이사시켰다.

가을인 7월, 皇上[439]이 처음으로 조정에 나와 공경이 상주하는

---

435 後漢 2代 明帝(劉莊, 재위 서기 57 – 75년) – 顯宗은 廟號, 諡號는 孝明皇帝, 後漢 光武帝 劉秀의 四子, 생모는 미인으로 유명했던 陰麗華(음려화).

436 鄧禹(등우, 서기 2 – 58) – 南陽 新野人, 光武帝의 측근, 개국공신. 광무제가 蕭何(소하)처럼 믿을 수 있는 사람이라고 생각했다. 後漢 개국에 크게 기여하였으며 '雲臺二十八將' 의 첫째. 등우의 아들이 鄧訓, 등훈의 딸이 和帝의 황후인 鄧綏(등수)였다.

437 太傅(태부)는 三公보다 상위직. 황제의 자문 담당. 상설직은 아니었다.

438 滿寵(만총)은 《魏書》 26권, 〈滿田牽郭傳〉에 立傳.

439 조방은 正始 10년(서기 249년) 司馬懿의 高平陵之變으로 실권을 빼앗긴 이후 서기 254년에 강제 퇴위하여 황제로서의 시호가 없다. 史書에서는 魏 齊王 曹芳으로 통칭. 원문에서는 '上' 으로 표기. 그 당시 신하는 황제라 생각하였기에 '皇上' 으로 국역한다.

업무를 처리하였다. 8월에, 나라 죄수를 사면하였다.

겨울인 10월, 鎭南將軍인 黃權(황권)[440]은 車騎將軍이 되었다.

| 原文 |

十二月, 詔曰, 「烈祖明皇帝以正月棄背天下, 臣子永惟忌日之哀, 其復用夏正, 雖違先帝通三統之義, 斯亦禮制所由變改也. 又夏正於數爲得天正, 其以建寅之月爲正始元年正月, 以建丑月爲後十二月.”

| 국역 |

(경초 3년) 12월, 조서를 내렸다.

「烈祖 明皇帝는 정월에 천하를 버리고 붕어하셨으니, 臣子들은 오래도록 忌日(기일)을 기억해야 하나니, 이에 夏曆(夏正)을 다시 쓰고자 하는데, 이는 비록 先帝께서 三統의 대의를 통일한 뜻에 어긋나지만, 이 또한 禮制를 時宜에 맞게 변경하는 것이다. 또 夏曆 정월은 天時 正朔(정삭)의 시작이니, 夏曆의 새해 시작을 正始(정시) 元年 정월로 하고 夏曆의 12월은 지난 해의 12월로 정하기 바란다.」

440 黃權(황권, ?-240년, 字 公衡) – 본래 劉璋(유장)의 부하, 유비를 따라 東吳 원정에 나섰다가 패전하며 귀국 길이 막히자 魏에 투항했다. 《蜀書》 13권, 〈黃李呂馬王張傳〉에 立傳.

| 原文 |

正始元年春二月乙丑, 加侍中中書監劉放,侍中中書令孫資爲左右光祿大夫. 丙戌, 以遼東汶,北豐縣民流徙渡海, 規齊郡之西安,臨菑,昌國縣界爲新汶,南豐縣, 以居流民.

自去冬十二月至此月不雨. 丙寅, 詔令獄官亟平冤枉, 理出輕微, 群公卿士讜言嘉謀, 各悉乃心.

夏四月, 車騎將軍黃權薨.

秋七月, 詔曰, 「《易》稱損上益下, 節以制度, 不傷財, 不害民. 方今百姓不足而御府多作金銀雜物, 將奚以爲? 今出黃金銀物百五十種, 千八百餘斤, 銷冶以供軍用.」

八月, 車駕巡省洛陽界秋稼, 賜高年力田各有差.

| 국역 |

正始(정시)[441] 원년 봄 정월 乙丑日(서기 240), 侍中[442] 中書監인 劉放(유방), 侍中 中書令[443]인 孫資(손자)를 左, 右光祿大夫로 승진시

441 正始(정시, 240-249年 4월) - 曹魏 君主 魏 齊王 曹芳(조방)의 첫 번째 연호. 正始 10년(서기 249년) 4월에 嘉平(가평) 원년으로 개원했다.

442 侍中은 황제의 近侍官이다. 前漢에서 侍中은 정식 관직이 아니고 加官의 직명이었다. 後漢에서는 지위가 크게 상승하여 질록 比二千石의 實職으로 황제의 심복이었다. 顧問應對 담당. 정원은 없고, 그 우두머리가 侍中祭酒(시중제주, 비 상설직, 전한에서는 侍中僕射)이다. 어가 출행 시 박식한 시중 1인이 황제 곁에 參乘, 나머지는 후미에 수행하였다.

443 中書令 - 前漢의 中書는 환관으로 황제 측근에서 서류를 전담하는 관리였고 그 우두머리를 中書令이라고 하였는데 司馬遷 이후 학식이 뛰어난 인물 중,

켰다.

丙戌日, 遼東郡의 汶縣(문현)과 北豐縣의 백성이 떠돌다가 渤海(발해)를 건너와 齊郡(제군)의 西安, 臨菑(임치), 昌國縣 지역을 차지하자, 거기를 新汶縣(신문현)과 南豐縣(남풍현)으로 고쳐 유민을 정착시켰다.

지난 겨울 12월부터 이 달까지 비가 오지 않았다. 丙寅日에, 獄官(옥관)은 억울한 사안의 재판을 서둘러 심리하여 경미한 죄는 석방케 하였고, 公卿과 관리는 정직하고 공정한 업무처리로 성심을 다하라고 조서를 내렸다.

여름 4월, 車騎將軍 黃權(황권)이 죽었다.

가을 7월, 조서를 내렸다.

「《易》에서도 위를 덜어내어 아래를 이롭게(損上益下)[444] 하는 것을 칭송하였고, 절약하는 법제를 마련하여 재물을 낭비하지 않고 백성을 해치지 않아야 한다. 지금 백성의 생활이 궁핍한데도 황궁의 御庫(어고)에 金銀 제품이나 雜物이 가득하니 무엇에 쓰겠는가? 이번에 黃金이나 은제품 150여 가지 1,800여 근을 모두 녹여 軍用으로 공급하기 바란다.」

8월에, 車駕(어가)가 洛陽 부근의 가을걷이를 돌아보고 (鄕職인) 三老와 力田(역전)에게 차등을 두어 물품을 하사하였다.

腐刑을 받은 자를 임명하였다. 曹魏 이후로는 宮內圖書를 관리하는 직임으로 환관이 아닌 士人을 등용하였고, 점차 정책을 토론하는 기구로 발전하였고 책임자를 中書監, 부 책임자를 中書令이라고 하였다.

444 《易經》 風雷益(☴☳) 괘의 彖辭(단사)에 나오는 말.

| 原文 |

二年春二月, 帝初通《論語》, 使太常以太牢祭孔子於辟雍, 以顔淵配.

夏五月, 吳將朱然等圍襄陽之樊城, 太傅司馬宣王率衆拒之. 六月辛丑, 退. 己卯, 以征東將軍王淩爲車騎將軍.

冬十二月, 南安郡地震.

| 국역 |

(正始) 2년(서기 241) 봄 2월, 황제가 《論語》를 처음 通讀했는데, 太常[445]을 보내 辟雍(벽옹)[446]에서 太牢(태뢰)로 孔子를 제사하며 顔淵(안연)을 配享(배향)하였다.

여름인 5월, 吳將 朱然(주연) 등이 襄陽縣(양양현) 樊城(번성)을 포위 공격하자, 太傅(태부)인 司馬懿가 군사를 거느리고 방어하였다. 6월 辛丑日에, 적이 물러났다. 己卯日, 征東將軍인 王淩(왕릉)[447]이

445 太常(태상) - 나라의 禮儀와 종묘 제사와 각종 祭祀를 주관하며, 각종 의례나 행사, 제사에서 천자를 보좌한다. 또 博士의 선발과 관리업무도 관장하며, 황제의 능묘를 정기적으로 순찰하였다. 속관으로 차관인 丞(승) 1인(질록 比千石)이 있어 부서 내 업무를 관장하였다. 太史令, 博士祭酒, 太祝令, 太宰令, 大予樂令, 高廟令, 世祖廟令, 先帝陵의 陵園令, 食官令 등은 모두 太常의 속관이다.

446 辟雍(벽옹)은 본래 周代의 중앙교육기관. 太學이 소재한 곳. 전체적으로 둥근 모양(하늘을 상징)을 물(敎化가 물처럼 흘러 널리 퍼지라는 뜻)이 두르고 있는 형상. 제후국의 교육기관이 있는 곳은 泮宮(반궁)이라고 했다.

447 王淩(왕릉, 172-251년. 字 彦雲) - 曹魏의 장수, 董卓을 죽인 司徒 王允(왕윤)의 조카. 王淩은 《魏書》 28권, 〈王毌丘諸葛鄧鍾傳〉에 立傳. 嘉平 3년(서기 251) 太尉 王淩(왕릉)이 廢帝(폐제)하고 楚王 曹彪(조표)를 옹립하려고 모의했다 하여 太傅 司馬懿가 동쪽으로 왕릉을 토벌하였다. 5월에, 왕릉은 자살하였다.

車騎將軍이 되었다.

겨울 12월에, 南安郡[448]에서 지진이 일어났다.

| 原文 |

三年春正月, <u>東平王徽</u>薨. 三月, 太尉<u>滿寵</u>薨.

秋七月甲申, <u>南安郡</u>地震. 乙酉, 以領軍將軍<u>蔣濟</u>爲太尉.

冬十二月, <u>魏郡</u>地震.

| 국역 |

(正始) 3년(서기 242) 봄 정월, 東平王 曹徽(조휘)가 죽었다. 3월, 太尉 滿寵(만총)이 죽었다.

가을 7월 甲申日, 南安郡에 지진이 났다. 乙酉日, 領軍將軍 蔣濟(장제)[449]가 太尉가 되었다.

겨울 12월. 魏郡(위군)[450]에서 지진이 났다.

| 原文 |

四年春正月, 帝加元服, 賜群臣各有差.

448 曹魏에서 설치한 郡, 郡治는 獂道縣(원도현), 今 甘肅省 남부 定西市 관할 隴西縣 동남.

449 蔣濟(장제) – 《魏書》 14권, 〈程郭董劉蔣劉傳〉에 立傳.

450 魏郡의 치소는 鄴縣(업현), 今 河北省 남부 邯鄲市(한단시) 臨漳縣(임장현). 조조의 세력 근거지였다.

夏四月乙卯, 立皇后甄氏, 大赦. 五月朔, 日有食之, 旣.

秋七月, 詔祀故大司馬曹眞,曹休,征南大將軍夏侯尙,太常桓階,司空陳群,太傅鍾繇,車騎將軍張潦,左將軍徐晃,前將軍張遼,右將軍樂進,太尉華歆,司徒王朗,驃騎將軍曹洪,征西將軍夏侯淵,後將軍朱靈,文聘,執金吾臧霸,破虜將軍李典,立義將軍龐德,武猛校尉典韋於太祖廟庭.

冬十二月, 倭國女王俾彌呼遣使奉獻.

| 국역 |

(正始) 4년(서기 243) 봄 정월, 황제가 元服(冠禮)[451]을 거행했는데 모든 신하에게 차등을 두어 물품을 하사하였다.

여름 4월 乙卯日, 皇后 甄氏(견씨)[452]를 책립하고 나라 안의 죄수를 사면하였다. 5월 초하루에 일식이 있었는데 개기일식(旣)이었다.

가을인 7월, 조서로 故 大司馬인 曹眞(조진)과 曹休(조휴), 征南大將軍인 夏侯尙(하후상), 太常 桓階(환계), 司空 陳群(진군), 太傅(태부) 鍾繇(종요), 車騎將軍 張郃(장합), 左將軍 徐晃(서황), 前將軍 張遼(장료), 右將軍 樂進(악진), 太尉 華歆(화흠), 司徒 王朗(왕랑), 驃騎將軍 曹洪(조홍), 征西將軍 夏侯淵(하후연), 後將軍 朱靈(주령), 文聘(문빙), 執金吾(집금오) 臧霸(장패),[453] 破虜將軍(파로장군) 李典(이전), 立義將

451 元服은 加冠하다. 황제가 관례를 치르다. 元服은 성년의 衣冠. 元은 머리(首).

452 懷皇后(회황후) 甄氏(견씨) – (曹조의) 文昭甄皇后의 侄孫女. 조방의 총애를 받았으나 嘉平 3年(서기 251) 붕어. 《魏書》 5권, 〈后妃傳〉에 입전.

453 執金吾(집금오)는 秦의 中尉를 武帝 때 執金吾로 개칭. 吾는 禦(막을 어)의 뜻.

軍 龐德(방덕),[454] 武猛校尉 典韋(전위)[455]를 太祖(曹操)의 廟庭(묘정)에서 제사하였다.

겨울인 12月, 倭國女王 俾彌呼(비미호)[456]가 사신을 보내 공물을 헌상하였다.

兵器를 들고 非常에 대비한다는 뜻. 질록 中二千石(9卿과 동급). 궁성 외곽 경계를 순찰하고, 군사용 병기 공급, 수재나 화재 등 돌발 사태 대비하는 역할도 수행했다, 황제 행차 시에는 집금오 병력(緹騎 2백 인)이 의장대 역할을 하였는데, 후한 光武帝가 평민 시절에 "벼슬을 한다면 執金吾(집금오)를, 아내를 맞이한다면 陰麗華(음려화, 광무제의 황후)를 얻어야 한다.(仕宦當作執金吾, 娶妻當得陰麗華.)"라고 말할 정도였다. 臧霸(장패)는 《魏書》 18권, 〈二李臧文呂許典二龐閻傳〉에 立傳.

454 龐德(방덕, ?-219년, 字 令明) - 원래 馬超의 부하였다가 215년에 張魯(장로)를 따라 조조에 귀부하였다. 樊城에서 우금이 관우에 굴복할 때 방덕은 지조를 지켜 殉節했다. 《魏書》 18권, 〈二李臧文呂許典二龐閻傳〉에 입전.

455 典韋(전위)는 《魏書》 18권, 〈二李臧文呂許典二龐閻傳〉에 立傳. 서기 197년, 曹操가 荊州의 宛縣을 공격할 때 張繡(장수)가 投降하자 조조는 기뻐했다. 그러나 10여 일 후 장수가 조조를 배반하고 공격하자 조조는 위기에 봉착했는데, 이때 조조를 지켜 전사한 사람이 전위였다. 曹操는 舞陰(무음)으로 겨우 빠져나와 典韋의 전사 소식을 듣고 통곡했다. 조조는 전위의 무덤 근처를 지날 때마다 사람을 보내 전위를 제사했다.

456 邪馬臺國(야마대국)의 여왕 卑彌呼(비미호, 俾弥呼. 日語, ひみこ 히미꼬, 서기 170-248) - 야마대국의 소재지가 九州인지 본섬인지 여러 학설이 있다. 卑彌呼(비미호)라는 여자가 있었는데, 나이가 찼어도 결혼하지 않고 귀신의 도(鬼道)를 섬기면서 괴이한 방법으로 많은 사람을 속이자 여러 사람이 추대하여 왕으로 삼았다. 시녀가 1천여 명이나 되었지만 (비미호의) 얼굴을 본 사람이 거의 없었고, 남자 1인만이 음식을 올리고 명령을 전달하였다. 거처하는 宮室이나 樓觀과 城柵(성책) 곳곳에 병기를 지닌 군사가 지켰다는 기록이 《後漢書 東夷傳》에 있다.

| 原文 |

五年春二月, 詔大將軍曹爽率衆征蜀.

夏四月朔, 日有蝕之. 五月癸巳, 講《尙書》經通, 使太常以太牢祀孔子於辟雍, 以顔淵配, 賜太傅,大將軍及侍講者各有差. 丙午, 大將軍曹爽引軍還.

秋八月, 秦王詢薨. 九月, 鮮卑內附, 置遼東屬國, 立昌黎縣以居之.

冬十一月癸卯, 詔祀故尙書令荀攸於太祖廟庭. 己酉, 復秦國爲京兆郡. 十二月, 司空崔林薨.

| 국역 |

(正始) 5년(서기 244) 봄 2월, 조서로 大將軍 曹爽(조상)에게 군사를 거느리고 蜀漢을 정벌케 했다.

여름 4월 초하루, 日蝕(일식)이 있었다. 5월 癸巳日(계사일), (황제가) 《尙書》을 배워 통달하였다 하여 太常을 시켜 太牢(태뢰)로 辟雍(벽옹)에서 공자에게 제사를 올렸는데 顔淵(안회)를 配享하였으며, 太傅(태부)와 大將軍 및 侍講했던 박사들에게 차등을 두어 상을 내렸다. 丙午日에, 大將軍 曹爽(조상)이 군사를 거느리고 돌아왔다.

가을인 8월, 秦王인 曹詢(조순)이 죽었다. 9월에, 鮮卑族[457]이 內附

457 鮮卑族(선비족)은 東胡族의 한 갈래이다. 북방 유목민족인 東胡族은 鮮卑(선비)와 烏桓(오환)으로 분리되었다. 선비족은 後漢 시대에는 흉노의 지배하에 있었다. 鮮卑의 명칭은 鮮卑山에서 유래. 지금의 內蒙古 자치주 북쪽 지역과 몽고에서 주로 거주했다. 북흉노가 서쪽으로 빠져나간 자리를 선비족이 차지한 셈이다.

하였고 遼東屬國(요동속국)[458]을 설치하였으며 昌黎縣(창려현)[459]에 선비족을 모아 살게 하였다.

겨울 11월 癸卯日, 조서로 故 尙書令인 荀攸(순유)[460]를 太祖의 廟庭에서 제사케 하였다. 己酉日, 秦國을 회복시켜 京兆郡(경조군)이라 했다. 12월, 司空인 崔林(최림)이 죽었다.

| 原文 |

六年春二月丁卯, 南安郡地震. 丙子, 以驃騎將軍趙儼爲司空, 夏六月, 儼薨. 八月丁卯, 以太常高柔爲司空. 癸巳, 以左光祿大夫劉放爲驃騎將軍, 右光祿大夫孫資爲衛將軍.

冬十一月, 祫祭太祖廟, 始祀前所論佐命臣二十一人. 十二月辛亥, 詔故司徒王朗所作《易傳》, 令學者得以課試. 乙亥, 詔曰,「明日大會群臣, 其令太傅乘輿上殿.」

458 屬國은 유목민이 중국에 투항하여 부족 고유의 습속이나 명칭을 유지하며 거주하는 이민족 집단이다. 前漢에서는 安定, 上郡, 天水, 五原, 西河郡 등 5군에 속국을 설치하고, 무관인 屬國都尉가 행정을 담당하였으며 속국도위는 군수와 같은 임무를 수행했다. 이들을 관리하는 국가 업무는 典屬國이 담당했다. 後漢에서는 張掖屬國, 張掖居延屬國, 蜀郡屬國(漢嘉郡), 犍爲屬國(朱提郡), 遼東屬國 등이 있었다.

459 昌黎縣(창려현)은 今 遼寧省 중서부 錦州市(遼寧省 제 2의 대도시) 관할의 義縣.

460 荀攸(순유, 157 – 214, 字 公達) – 순욱의 堂姪(당질). 曹操의 謀士. 曹操가 魏王일 때 尙書令 역임.

| 국역 |

(正始) 6년(서기 245) 봄 2월 丁卯日, (涼州의) 南安郡에서 지진이 났다. 丙子日에, 驃騎將軍 趙儼(조엄)이 司空이 되었지만 여름 6월에, 조엄이 죽었다. 8월 丁卯日에, 太常인 高柔(고유)가 司空이 되었다. 癸巳日, 左光祿大夫 劉放(유방)이 驃騎將軍이 되었고, 右 光祿大夫 孫資(손자)는 衛將軍(위장군)이 되었다.

겨울 11월, 太祖 묘당에서 앞서 논의했던 佐命功臣(좌명공신) 21인의 祫祭(협제)를 지냈다. 12월 辛亥日에, 조서로 故 司徒 王朗(왕랑)이 저술한 《易傳》을 학자들에게 시험 보게 하였다. 乙亥日에, 조서를 내렸다.

「明日 신하의 大會에, 太傅(司馬懿)는 수레(輿)를 타고 전각에 오르도록 허용하겠다.」

| 原文 |

七年春二月, 幽州刺史毌丘儉討高句驪, 夏五月, 討濊貊, 皆破之. 韓那奚等數十國各率種落降.

秋八月戊申, 詔曰, 「屬到市觀見所斥賣官奴婢, 年皆七十, 或癃疾殘病, 所謂天民之窮者也. 且官以其力竭而復鬻之, 進退無謂, 其悉遣爲良民. 若有不能自存者, 郡縣振給之.」

己酉, 詔曰, 「吾乃當以十九日親祠, 而昨出已見治道, 得雨當復更治, 徒棄功夫. 每念百姓力少役多, 夙夜存心. 道路但當期於通利, 聞乃撾捶老小, 務崇脩飾, 疲睏流離, 以至哀嘆, 吾豈安乘此而行, 致馨德於宗廟邪? 自今已後, 明申敕之.」

冬十二月, 講《禮記》通, 使太常以太牢祀孔子於辟雍, 以顏淵配.

| 국역 |

(正始) 7년(서기 246), 봄 2월, 幽州刺史(유주자사) 毌丘儉(관구검)이 高句驪(고구려, 高句麗)를 원정하였고, 여름 5월에는 濊貊(예맥)을 격파하였다. 韓那奚(한나혜) 등 수십 개 나라에서 그 종족과 마을을 들어 투항하였다.

가을 8월 戊申日, 조서를 내렸다.

「저잣거리에서 팔려는(賣出) 관노비를 보면 나이가 모두 70세가 넘거나 아니면 피폐한 병자들이니 이런 사람들이 바로 곤경에 처한 백성일 것이다. 게다가 官府에서는 그 노동력이 없다고 관노를 팔아버리면 어디 오갈 데가 없을 것이니 그런 자들을 모두 양민으로 방면하도록 하라. 그리고 가난하여 생존이 어려운 백성은 나라에서(郡縣) 구제토록 하라.」

己酉日에, 조서를 내렸다.

「내가 지난 19일에 친히 제사에 참여하였고, 어제 또 도로를 정비하는 것을 보았으며, 또 비가 내린다면 다시 도로를 손질해야 하니 백성의 수고를 그냥 버리는 것이다. 백성의 일손은 적고 부역이 많은 것을 밤낮으로 마음에 걱정하노라. 道路는 다만 편리하라고 만들었지만 이 때문에 노인이나 젊은이를 매질해가면서 힘써 꾸민다면 백성은 피곤하여 떠날 수도 있으며 큰 슬픔에 탄식할 것이니, 내가 어찌 편안한 마음으로 도로를 지나 종묘에 가서 신령의 도움을 바랄 수 있겠는가? 오늘 이후로 이점을 각별히 유념하기 바란다.」

겨울 12월에, 황제가《禮記》강독을 마쳤고, 太常을 보내 太牢(태뢰)로 벽옹에 나아가 공자를 제사하면서 顔淵(안연)을 配享(배향)케 하였다.

| 原文 |

八年春二月朔, 日有蝕之. 夏五月, 分河東之汾北十縣爲平陽郡.

秋七月, 尙書何晏奏曰,

「善爲國者必先治其身, 治其身者愼其所習. 所習正則其身正, 其身正則不令而行. 所習不正則其身不正, 其身不正則雖令不從. 是故爲人君者, 所與游必擇正人, 所觀覽必察正象, 放鄭聲而弗聽, 遠佞人而弗近, 然後邪心不生而正道可弘也. 季末闇主, 不知損益, 斥遠君子, 引近小人, 忠良疏遠, 便辟褻狎, 亂生近暱, 譬之社鼠. 考其昏明, 所積以然, 故聖賢諄諄以爲至慮. 舜戒禹曰 '鄰哉鄰哉', 言愼所近也. 周公戒成王曰 "其朋其朋!" 言愼所與也.《書》云, '一人有慶, 兆民賴之.' 可自今以後, 御幸式乾殿及游豫後園, 皆大臣侍從, 因從容戲宴, 兼省文書, 詢謀政事, 講論經義, 爲萬世法.」

冬十二月, 散騎常侍諫議大夫孔乂奏曰,

「禮, 天子之宮, 有斫礱之制, 無朱丹之飾, 宜循禮復古. 今天下已平, 君臣之分明, 陛下但當不懈於位, 平公正之心, 審賞罰以使之. 可絶後園習騎乘馬, 出必御輦乘車, 天下之福, 臣子之願也.」

晏,乂咸因闕以進規諫.

| 국역 |

(正始) 8년(서기 247) 봄 2월 초하루, 日蝕(일식)이 있었다.

여름 5월, 河東郡[461]의 汾水(분수)[462] 이북 10개 현[463]을 분리하여 平陽郡(평양군)[464]을 만들었다.

가을인 7월, 尙書[465] 인 何晏(하안)[466]이 상주하였다.

461 河東郡은 後漢의 舊郡, 黃初 3년(서기 222)에 河東國, 225년에 廢國. 치소는 安邑縣, 今 山西省 서남부 運城市 관할 夏縣西. 安邑, 蒲阪 … 등 20개 현을 관리.

462 汾水(분수, 汾河)는 山西省人의 '母親河' 黃河의 가장 큰 지류가 渭水(위수)이고, 다음이 汾水河이다. 山西省의 가운데를 흘러 山西省의 省會(省都)인 太原市 남쪽을 지난 다음에 新絳縣에서 서쪽으로 꺾여 흘러 運城市 관할 河津市에서 黃河에 합류한다. 全長 710km.

463 平陽, 楊縣, 永安, 蒲子, 狐讘(호섭), 襄陵, 絳邑(강읍), 臨汾, 北屈, 皮氏 등 10縣.

464 平陽郡 치소는 平陽縣, 今 山西省 서남부 臨汾市(임분시).

465 尙書는 황제에 올라가는 문서를 담당(질록은 6백석). 尙書令이 그 책임자(질록 1천석) 尙書僕射(상서복야)는 질록 6백석. 상서령 부재 시 그 직무를 대행. 後漢에서는 侍曹尙書(公卿에 관한 문서 담당), 二千石曹尙書 2명(郡國二千石에 관한 업무), 民曹尙書(일반 관리에 관한 업무), 客曹尙書 2명(外國夷狄에 관한 업무 담당 - 南曹와 北曹로 구분). 총 6曹 6명에 그 아래 속관을 거느렸다. 僕射(복야)는 본래 秦의 관제로(僕, 主也) 본래 弓射 관련 업무 담당자

「나라를 잘 통치하는 자는 필히 먼저 자신을 수양하고, 자신을 수양하는 자는 측근을 신중하게 선택해야 합니다. 측근이 바르면 자신의 행실도 바르고, 행실이 바르면 명령하지 않아도 뜻대로 이루어집니다. 주변 사람이 不正하면 그 자신도 不正하고, 행실이 不正하다면 명령하더라도 백성이 따르지 않습니다. 이 때문에 백성의 군주는 正人을 골라 교유하며 바른 모습만을 보고 음탕한 음악(鄭聲)을 멀리하여 듣지 않으며, 아첨하는 자를〔佞人(영인)〕 멀리 하여 접근하지 못하게 합니다. 그런 연후에야 邪心(사심)이 일어나지 않고 正道를 넓힐 수 있습니다. 그러나 歷代 말기(季末)의 어리석은 군주는 무엇이 損益(손익)인가를 알지 못하여 君子를 멀리 배척하고, 小人을 가까이 하며, 忠良한 인재에게 疏遠(소원)하고, 아첨하는 소인을 총애하기에 禍亂(화란)은 측근에서 시작되는데, 이는 '토지신의 사당에 사는 쥐(社鼠)'[467]와 같습니다. 간신은 (主君이) 우매한지 아니면 총명한가를 오랜 기간 살펴 그에 따라 처신하기에 聖明한 군주는 정성을 다하여 깊이 사려해야 합니다. 舜(순)이 禹(우)에게 '군주의 近臣 중의 근신이로다.' 라고 말했으니, 이는 가까운 사

였는데, 복야는 주 담당자, 곧 우두머리란 뜻으로 각 분야별로 복야가 있었다. 侍中僕射, 尙書僕射, 謁者僕射 등이 그 예이다. 射 벼슬 이름 야.

466 何晏(하안, 195?-249년, 字 平叔) - 南陽郡 宛縣(今 河南省 南陽市) 출신. 후한말 大將軍 何進(하진)의 손자. 淸談 玄學家, 魏晉玄學의 대표자. 王弼(왕필)과 함께 '王何' 로 병칭. 高平陵之變에서 曹爽(조상) 등과 함께 사마의에게 피살되었다. 하안의 모친 尹氏가 曹操의 첩이었기에 조조의 저택에서 성장하였다. 何晏은 살결이 몹시 흰 미남이었다.

467 社鼠(사서)의 社는 토지신의 사당. 土地神 사당의 쥐는 神像 주변 깊숙한 곳에 숨어 함부로 잡아낼 수도 없다. 군주 최측근의 간신을 의미한다.

람에게 신중하라는 뜻입니다.[468] 周公(주공)은 成王(성왕)에게 "붕우여, 붕우여!"라고 한 말은 가까이 사귀는 사람에게 신중하라는 뜻이었습니다. 《書經》에도 '一人이 좋은 일을 하니 모든 백성이 도움을 받는다(一人有慶, 兆民賴之.)'[469]고 하였습니다. 그러하니 지금부터 폐하께서 式乾殿(식건전)에 행차하거나 後園에 노닐더라도 언제나 大臣이 侍從(시종)케 하시고, 한가히(從容) 술 마시며 즐기더라도, 文書를 열람하거나 政事를 도모하시며 경전을 익히고 배워 만대에 이르도록 모범을 보이셔야 합니다.」

겨울 12월에, 散騎常侍인 諫議大夫 孔乂(공예)[470]가 상주하였다. 「禮에 天子의 궁궐에는 서까래를 깎거나 다듬을 수 있지만 붉게 칠하여 장식하지 않는다고 하였으니 응당 禮制에 따라야 합니다. 지금 천하가 태평하고 君臣이 명분이 확실한 때이니, 폐하께서는 재위에 나태하실 수 없으며 공정심을 널리 펴시고 공정한 상벌을 시행하셔야 합니다. 後園에서 말을 타고 달리지 마시고 필히 輦(연)이나 수레를 타시고 외출하셔야만 천하 백성에게 복이 되며 또한 신하의 소원입니다.」

何晏(하안)과 孔乂(공예)는 함께 궁궐에 들어가 알현하고 간언을 올렸다.

……………

468 鄰哉鄰哉는 《書經 虞書 益稷》에 나오는 말. 帝曰, "吁! 臣哉鄰哉! 鄰哉臣哉!" 禹曰, "兪!"

469 一人有慶, 兆民賴之 - 《書經 周書 汝刑》의 구절.

470 孔乂(공예, 字 元儁) - 魯國人, 공자의 후손, 曹魏의 大鴻臚(대홍려) 역임.

| 原文 |

九年春二月, 衛將軍中書令孫資, 癸巳, 驃騎將軍中書監劉放, 三月甲午, 司徒衛臻, 各遜位, 以侯就第, 位特進.

四月, 以司空高柔爲司徒, 光祿大夫徐邈爲司空, 固辭不受.

秋九月, 以車騎將軍王淩爲司空.

冬十月, 大風發屋折樹.

| 국역 |

(正始) 9년(서기 254) 봄 2월, 衛將軍 中書令인 孫資(손자)가, 癸巳日에는 驃騎將軍 中書監인 劉放(유방)이, 3월 甲午日에는 司徒 衛臻(위진)이 각각 사임하고서 작위를 지닌 채 귀향했는데 직함은 特進(특진)[471]이었다.

4월, 司空인 高柔(고유)[472]를 司徒에 임명하고, 光祿大夫인 徐邈(서막)을 司空에 임명하려 했으나 고사하며 받지 않았다.

가을인 9월, 車騎將軍 王淩(왕릉)이 司空이 되었다.

겨울인 10월, 大風에 가옥이 날려가고 나무가 부러졌다.

471 特進(특진)은 列侯나 侯王, 공덕이 혁혁하거나 공로가 큰 원로신하에게 내려주는 관직명. 三公의 아래에 해당. 황제가 내리는 은총의 하나이며, 실무는 없다.

472 高柔(고유, 174-263년, 字 文惠)는 조조 이후 魏 5명의 황제에 출사. 曹魏의 시작과 끝을 전부 겪었던 대신. 《魏書》 24권, 〈韓崔高孫王傳〉에 立傳. 徐邈(서막, 171-249년, 字 景山)은 《魏書》 27권, 〈徐胡二王傳〉에 立傳. 徐邈은 蜀漢 接境하고 있는 涼州자사로 능력을 발휘했고, 술을 좋아했던 소탈한 인물이었다.

| 原文 |

嘉平元年春正月甲午, 車駕謁高平陵. 太傅司馬宣王奏免大將軍曹爽,爽弟中領軍羲,武衛將軍訓,散騎常侍彦官, 以侯就第. 戊戌, 有司奏收黃門張當付廷尉, 考實其辭, 爽與謀不軌. 又尚書丁謐,鄧颺,何晏,司隸校尉畢軌,荊州刺史李勝,大司農桓范皆與爽通姦謀, 夷三族. 語在〈爽傳〉. 丙午, 大赦. 丁未, 以太傅司馬宣王爲丞相, 固讓乃止.

夏四月乙丑, 改年. 丙子, 太尉蔣濟薨.

冬十二月辛卯, 以司空王淩爲太尉. 庚子, 以司隸校尉孫禮爲司空.

| 국역 |

嘉平(가평) 원년(서기 249), 봄 정월 甲午日, 황제가(曹芳) 高平陵(고평릉, 明帝의 능)을 참배하였다. 太傅(태부)인 司馬宣王(司馬懿)이 大將軍 曹爽(조상)과 조상의 동생인 中領軍[473] 曹羲(조희), 武衛將軍 曹訓(조훈), 散騎常侍인 曹彦(조언)의 관직을 파면하고, (曹爽 등은) 작위를 가지고 在家해야 한다고 상주하였다.[474]

473 中領軍(중령군)은 中護軍, 또는 中都護 등으로 호칭, 중앙 禁軍을 장악하고 무관의 선발과 인사 等의 실무를 관장.

474 황제 曹芳의 고평릉 참배에 曹爽의 일족이 모두 수행했는데 司馬懿는 낙양 성문을 봉쇄한 뒤에 (明帝의 두 번째 황후인) 皇太后 郭氏(곽씨)를 협박하여 조상 일족의 군권을 박탈하고 조상 일족을 주살하였다(高平陵의 變). 이로써 司馬懿는 曹魏의 전권을 장악했고, 曹芳은 완전한 傀儡(괴뢰) 황제가 되었다. 사마의가 상주한 글은《魏書》9권, 〈諸夏侯曹傳〉 중 〈曹爽傳〉에 수록되었다.

戊戌日에, 有司가 黃門인 張當(장당)을 체포하여 廷尉에 넘겨 사실을 조사케 하였는데 曹爽(조상)과 반역을 모의했다고 상주하였다. 또 尙書인 丁謐(정밀),[475] 鄧颺(등양), 何晏(하안), 司隸校尉인 畢軌(필궤), 荊州刺史인 李勝(이승), 大司農인 桓范(환범) 등이 모두 조상과 통모하였으니 이들의 삼족을 멸해야 한다고 상주하였다. 이는 〈曹爽傳, 諸夏侯曹傳〉에 수록했다. 丙午日에, 나라의 죄수를 사면하였다. 丁未日에, 司馬懿를 丞相(승상)에 임명했으나 사마의가 굳이 사양하자 그만 두었다.[476]

여름인 4월 乙丑日에 개원하였다(正始 → 嘉平). 丙子日, 太尉인 蔣濟(장제)가 죽었다.

겨울 12월 辛卯日, 司空인 王淩(왕릉)이 태위가 되었다. 庚子日, 司隸校尉인 孫禮(손례)[477]가 司空이 되었다.

| 原文 |

二年夏五月, 以征西將軍郭淮爲車騎將軍.

冬十月, 以特進孫資爲驃騎將軍. 十一月, 司空孫禮薨. 十二月甲辰, 東海王霖薨. 乙未, 征南將軍王昶渡江, 掩攻吳,

475 丁謐(정밀, ?-249년, 字 彦靖) - 後漢末 典軍校尉 丁斐(정비)의 아들. 大將軍 曹爽(조상)의 黨羽.

476 사마의는 10여 번이나 상서하여 승상 직위를 사양하였다. 또 조조의 例를 따라 九錫을 하사하려 했는데도 완강히 거부하였다.

477 蔣濟(장제)는 《魏書》 14권, 〈程郭董劉蔣劉傳〉에 立傳. 孫禮(손례)는 《魏書》 24권, 〈韓崔高孫王傳〉에 立傳.

破之.

| 국역 |

(嘉平) 2년(서기 250) 여름 5월, 征西將軍인 郭淮(곽회)가 車騎將軍[478]이 되었다.

겨울인 10월, 特進인 孫資(손자)가 驃騎將軍(표기장군)이 되었다. 11월, 司空인 孫禮(손례)가 죽었다. 12월 甲辰日, 東海王 曹霖(조림)이 죽었다. 乙未日, 征南將軍인 王昶(왕창)[479]이 長江을 건너 吳를 급습하여 격파하였다.

| 原文 |

三年春正月, 荊州刺史王基,新城太守陳泰攻吳, 破之, 降者數千口. 二月, 置南郡之夷陵縣以居降附. 三月, 以尙書令司馬孚爲司空.

四月甲申, 以征南將軍王昶爲征南大將軍. 壬辰, 大赦. 丙午, 聞太尉王凌謀廢帝, 立楚王彪, 太傅司馬宣王東征凌. 五月甲寅, 凌自殺. 六月, 彪賜死.

478 後漢의 경우 그 지위가 大將軍 - 驃騎將軍 - 車騎將軍 - 前, 後, 左, 右將軍 順이다. 車騎將軍은 上卿(九卿, 장관급)보다는 아래 직위이다. 후한에서는 반역이나 반란이 있으면 출정한 뒤, 상황이 종료되면 해임되었는데, 후한 말 이후로는 상설직이 되었다.

479 王昶(왕창, ?-259년, 字 文舒) - 太原 晋陽人, 驃騎將軍, 司空을 역임. 《魏書》 27권, 〈徐胡二王傳〉에 立傳.

秋七月壬戌, 皇后甄氏崩. 辛未, 以司空司馬孚爲太尉. 戊寅, 太傅司馬宣王薨, 以衛將軍司馬景王爲撫軍大將軍, 錄尚書事. 乙未, 葬懷甄后於太淸陵. 庚子, 驃騎將軍孫資薨.

十一月, 有司奏諸功臣應饗食於太祖廟者, 更以官爲次, 太傅司馬宣王功高爵尊, 最在上. 十二月, 以光祿勳鄭沖爲司空.

| 국역 |

(嘉平) 3년(서기 251) 봄 정월, 荊州(형주) 자사인 王基(왕기)와 新城郡(신성군) 太守인 陳泰(진태)가 吳를 공격 격파하였는데 투항자가 수천 명이나 되었다. 2월에, 투항한 자들을 南郡(남군)의 夷陵縣(이릉현)에 거주하게 하였다. 3월에, 尙書令인 司馬孚(사마부)[480]가 상서령이 되었다.

4월 甲申日, 征南將軍인 王昶(왕창)이 征南大將軍이 되었다. 壬辰日에 나라의 죄수를 사면하였다. 丙午日, 太尉 王淩(왕릉)이 廢帝(폐제)하고 楚王 曹彪(조표)를 옹립하려고 모의했다 하여 太傅 司馬懿가 동쪽으로 왕릉을 토벌하였다. 5월 甲寅日에, 왕릉은 자살하였다. 6월에, 조표를 賜死(사사)하였다.[481]

480 司馬孚(사마부, 180－272년. 字 叔達) － 河內郡 溫縣(今 河南省 북부 焦作市 관할 溫縣) 출신. 司馬懿의 동생. 西晉의 宗室, 魏朝의 司空, 太尉, 太傅 등 요직을 역임했다.

481 太尉 王淩(왕릉)과 그의 생질인 兗州刺史 令狐愚(영호우, 영호는 복성)는 황제 曹芳을 폐위하고 曹操의 子 楚王 曹彪(조표)를 옹립할 모의를 하였으나 누설되었고 사마의가 왕릉과 영호우의 삼족을 멸했다. 57세의 조표는 사약을 받고 죽었다.

가을 7월인 壬戌日, 皇后인 甄氏(견씨, 조방의 황후)가 붕어했다. 辛未日, 司空인 司馬孚(사마부)가 太尉가 되었다. 戊寅日, 太傅 司馬宣王(司馬懿)가 죽었고,[482] 衛將軍인 司馬景王(사마경왕, 司馬師)[483]이 撫軍大將軍(무군대장군)이 되어 尙書 업무를 총괄하였다(錄尙書事).[484] 乙未日, 懷甄后(회견후)를 太淸陵(대청릉)에 장례하였다. 庚子日, 驃騎將軍인 孫資(손자)가 죽었다.

11월, 有司가 太祖(武帝, 曹操)의 묘당에 배향한 여러 공신은 그 관직에 의거 순서를 정해야 한다고 상주하였는데 太傅인 司馬懿가 공과 작위가 가장 높다고 하였다. 12월에 光祿勳인 鄭沖(정충)이 司空이 되었다.

| 原文 |

四年春正月癸卯, 以撫軍大將軍司馬景王爲大將軍. 二月,

482 司馬懿(사마의, 179－251년)은 향년 73세로 병사하였다. 장례는 首陽山에 검소하게 마쳤다. 시호는 舞陽文侯(무양문후), 뒷날 舞陽宣文侯(무양선문후)로 추존. 264년에 아들 司馬昭(사마소)가 晉王(진왕)이 되자 사마의를 晉王으로 추존하며, 시호는 宣王(선왕)이라 했다. 孫子인 司馬炎이 칭제하며 西晉을 건국하자 皇帝로 추존하며 묘호를 高祖, 諡號를 宣皇帝라 하였다.

483 司馬景王은 司馬師(208－255년 字 子元)－司馬懿와 母 張春華의 長子. 司馬昭의 형. 西晉 開國君主 晉 武帝 司馬炎의 伯父.

484 錄尙書事(녹상서사)는 前漢의 領尙書事를 개칭한 것. 황제에게 올라가는 모든 문서업무를 주관하는 직책이 尙書臺의 尙書令이고, 상서령 이하 상서복야, 상서, 尙書郎 등은 모두 少府 소속이었다. 후한에서 尙書의 권한이 점차 강대하면서 국가 최고의 대신이 이 상서 업무를 감독하였다. 곧 錄尙書事는 宰相의 의미로 사용되었는데, 상서 업무를 감독한다는 뜻이지 직책을 직접 수행한다는 뜻은 아니다.

立皇后張氏, 大赦.

夏五月, 魚二, 見於武庫屋上.

冬十一月, 詔征南大將軍王昶,征東將軍胡遵,鎭南將軍毌丘儉等征吳. 十二月, 吳大將軍諸葛恪拒戰, 大破衆軍於東關. 不利而還.

| 국역 |

(嘉平) 4년(서기 252) 봄 정월 癸卯日, 撫軍大將軍인 司馬景王(司馬師)가 大將軍이 되었다. 2月, (曹芳의) 皇后 張氏(장씨)를 책립하고 나라의 죄수를 사면하였다.

여름인 5월, 물고기 2마리가 武器庫의 지붕 위에 있었다.

겨울인 11월, 조서로 征南大將軍인 王昶(왕창), 征東將軍인 胡遵(호준), 鎭南將軍 毌丘儉(관구검) 등에게 명하여 吳를 원정케 하였다. 12월, 吳의 大將軍인 諸葛恪(제갈각)[485]이 방어하면서 魏軍을 東關(동관)[486]에서 격파하자, (魏軍은) 이기지 못하고 회군하였다.

---

485 諸葛恪(제갈각, 203-253년, 字 元遜) - 三國 시대 東吳의 重臣인 諸葛瑾(제갈근)의 아들. 東吳의 權臣, 太傅, 大將軍을 丞相 역임. 孫權이 임종하며 태자 孫亮(손량)을 보좌하라고 당부했다. 魏의 대군을 잘 막아내어 명망을 누렸으나 나중에 專權하다가 처형되었다. 《吳書》 19권, 〈諸葛滕二孫濮陽傳〉에 立傳.

486 東關(동관)은 관문 이름. 今 安徽省 중동부 巢湖市(소호시) 巢縣 남쪽. 濡須山(유수산)에 위치.

| 原文 |

五年夏四月, 大赦. 五月, 吳太傅諸葛恪圍合肥新城, 詔太尉司馬孚拒之.

秋七月, 恪退還

八月, 詔曰, 「故中郎西平郭脩, 砥節厲行, 秉心不回. 乃者蜀將姜維寇鈔脩郡, 爲所執略. 往歲僞大將軍費禕驅率群衆, 陰圖闚覦, 道經漢壽, 請會衆賓, 脩於廣坐之中手刃擊禕, 勇過聶政, 功逾介子, 可謂殺身成仁, 釋生取義者矣. 夫追加褒寵, 所以表揚忠義. 祚及後胤, 所以獎勸將來. 其追封脩爲長樂鄉侯, 食邑千戶, 謚曰威侯, 子襲爵, 加拜奉車都尉, 賜銀千鉼, 絹千匹, 以光寵存亡, 永垂來世焉.」

自帝卽位至於是歲, 郡國縣道多所置省, 俄或還復, 不可勝紀.

| 국역 |

(嘉平) 5년(서기 253) 여름 4월, 나라의 죄수를 사면했다. 5월, 吳의 太傅(태부)인 諸葛恪(제갈각)이 (淮南郡) 合肥縣(합비현)의 新城(신성)을 포위하자, 조서로 太尉 司馬孚(사마부)를 보내 방어케 했다.

가을인 7월, 제갈각의 군사가 철수했다. 8월에, 조서를 내렸다.

「故 中郎인 (涼州) 西平郡의 郭脩(곽수)[487]는 지조를 지키고 바른

487 郭脩(곽수, ?-253년), 字 孝先. 一名 郭修,《三國志 後主傳》 및 〈費禕傳〉에는 郭循는 涼州西平郡 출신. 曹魏의 官員, 中郎將(故 中郎) 역임. 蜀漢 衛將軍

품행으로 忠心를 바꾸지 않았다. 얼마 전에 蜀將 姜維(강유)[488]가 脩郡(수군)을 침략할 때 포로로 잡혀갔었다. 곽수는 (蜀漢의) 大將軍 費禕(비위)에 잡혀 무리를 인솔하면서 몰래 기회를 노렸는데〔闚覦(규유)〕, (梓潼郡의) 漢壽縣에서 많은 사람들이 모여 회식할 때, 곽수는 좌중에 있다가 칼을 잡고 (蜀 대장군) 비위를 찔렀으니 그 용기는 聶政(섭정)[489]이나 傅介子(부개자)[490] 보다 뛰어났으며, 殺身成仁(살신성인)하고 생명을 버리고 대의를 택한(釋生取義) 사람이라고 말할 수 있다. 死後라도 포상하고 존숭하여 忠義를 알려야 한다. 곽수에게 長樂鄕侯(장락향후)에 食邑 1千戶에 諡號(시호)는 威侯(위후)로 追封하며, 아들이 작위를 세습하며 奉車都尉의 관직을 내리고 은 1천 鉼(병)과 비단 1천 필을 하사하여 산사람과 죽은 이에게 영광과 은총이 후세에 영원히 전해지기를 바라노라.」

황제(曹芳)가 즉위한 이후 금년까지 郡과 國, 縣과 道(도, 행정단위)의 설치와 폐지, 곧 다시 복원이 너무 많아 이루 다 기록할 수가 없었다.

....

姜維(강유)에게 포로로 잡혀 투항했다가 뒷날 蜀漢 大將軍 費禕(비위)를 찔러 죽였다.

488 姜維(강유, 202-264년, 字 伯約)는 蜀漢의 장수, 본래는 曹魏의 天水郡 中郎將, 촉한에 투항, 제갈량의 인정을 받았다. 諸葛亮 사후에 蜀漢의 軍權을 쥐고 전후 11차례나 伐魏에 나섰다. 司馬昭가 蜀漢을 멸망시킬 때, 姜維는 劍閣(검각)에서 鍾會(종회)를 막고 있었으나, 鄧艾(등애)가 陰平(음평) 小路로 成都를 함락시켰고 後主 劉禪(유선)의 투항을 받았다. 강유는 나중에 亂軍 속에서 62세로 죽었다. 《蜀書》 14권, 〈蔣琬費禕姜維傳〉에 立傳.

489 聶政(섭정, ?-前 397년)은 戰國시대의 자객. 《史記 刺客列傳》에 입전.

490 傅介子(부개자, ?-前 65년) - 전한의 武將, 昭帝 때 西域의 龜茲(구자), 樓蘭(누란)의 왕이 흉노와 연결하의 漢의 관리를 죽였는데 서역에 파견되어 누란왕을 죽였다. 《漢書 傅常鄭甘陳段傳》에 입전.

| 原文 |

六年春二月己丑, 鎭東將軍毌丘儉上言.

「昔諸葛恪圍合肥新城, 城中遣士劉整出圍傳消息, 爲賊所得, 考問所傳, 語整曰, "諸葛公欲活汝, 汝可具服." 整罵曰, "死狗, 此何言也! 我當必死爲魏國鬼, 不苟求活, 逐汝去也. 欲殺我者, 便速殺之."

終無他辭. 又遣士鄭像出城傳消息, 或以語恪, 恪遣馬騎尋圍跡索, 得像還. 四五人的頭面縛, 將繞城表, 敕語像, 使大呼, 言"大軍已還洛, 不如早降." 像不從其言, 更大呼城中曰, "大軍近在圍外, 壯士努力!" 賊以刀築其口, 使不得言, 像遂大呼, 令城中聞知. 整,像爲兵, 能守義執節, 子弟宜有差異.」

詔曰, 「夫顯爵所以褒元功, 重賞所以寵烈士. 整,像召募通使, 越蹈重圍, 冒突白刃, 輕身守信, 不幸見獲, 抗節彌厲, 揚六軍之大勢, 安城守之懼心, 臨難不顧, 畢志傳命. 昔解楊執楚, 有隕無貳, 齊路中大夫以死成命, 方之整,像, 所不能加. 今追賜整,像爵關中侯, 各除士名, 使子襲爵, 如部曲將死事科.」

| 국역 |

(嘉平) 6년 봄 2월 己丑日(서기 254), 鎭東將軍인 毌丘儉(관구검)이 상서하였다.

「그전에 (吳의) 諸葛恪(제갈각)이 合肥(합비)의 新城(신성)을 포위하였을 때, 성 안에서는 士卒 劉整(유정)을 보내 포위를 뚫고 소식을 알려했지만 적에게 사로잡혔는데, 적은 고문하면서 유정에게 말했습니다. "諸葛公이 너를 살려주려 하니, 너는 모두 自服(자복)하라!" 그러나 유정은 적을 꾸짖었습니다. "개자식아! 무슨 말이냐? 나는 죽어서라도 魏國의 귀신이거늘 구차하게 살아 너희를 따르지 않을 것이다. 나를 죽이려면 빨리 죽여라."

그러면서 끝내 다른 말을 하지 않았습니다. 그 다음에 또 鄭像(정상)을 성 밖으로 보내 소식을 알리려 했는데, 제갈각은 기마병을 보내 포위하고 추적하여 정상을 잡아갔습니다. 적은 4, 5명의 머리를 줄로 엮어 정상에 목에 두르고 新城의 성 밖을 돌아오게 한 뒤에 정상에게 주의를 준 뒤 "(吳의) 大軍이 이미 낙양을 포위하였으니 빨리 투항하는 것이 좋을 것이다."라고 소리 지르게 하였습니다. 그러나 정상은 그들 시킨 대로 말하지 않고 성을 향해 외쳤습니다. "우리의 大軍이 근처에서 적을 포위하려 하니 장사들은 힘을 내시오!" 그러자 적은 정상의 입을 칼로 찢어 말을 못하게 막았지만 정상은 소리쳐서 성 안에 소식을 알렸습니다. 劉整(유정)과 鄭像(정상)은 병졸이었지만 의리와 지조를 지켰으니 그 자제들에게 특별한 대우를 해줘야 합니다.」

이에 조서를 내렸다.

「고귀한 작위는 큰 공을 세운 사람을 포상하는 뜻이고, 후한 포상은 정의를 지켜 헌신한 사람을 높이 대우하는 것이다. 劉整(유정)과 鄭像(정상)은 징집된 병졸이었지만 명을 받아 여러 겹 포위와 예봉을 무릅쓰고 생명을 버리더라도 소식을 전하려 했다가 불행히도 잡혔지만 굳은 지조를 지켜 더욱 분개하면서 六軍의 大勢를 알려 성을 지키며 불안해하는 마음을 안정시켰으며 危難(위난)에 처해서도 지조와 함께 사명을 다하였다. 옛날에 (晉의) 解楊(해양)이란 사람은 楚나라에 붙잡혔지만 목숨을 버리면서도 두 마음을 품지 않았으며, 齊國의 路中大夫(노중대부)는 죽음으로써 사명을 다하였으니 그들을 유정, 정상 두 사람에 비하여 더 뛰어나지 않을 것이다. 이제 유정과 정상에게 關中侯의 작위를 추서하며 사졸의 명부에서 제외하며 그 아들이 작위를 세습케 하여 부대(部隊, 部曲)의 將領(장령)이 국가를 위해 순국한 경우와 같이 처리하라.」

| 原文 |

庚戌, 中書令李豐與皇后父光祿大夫張緝等謀廢易大臣, 以太常夏侯玄爲大將軍. 事覺, 諸所連及者皆伏誅. 辛亥, 大赦. 三月, 廢皇后張氏.

夏四月, 立皇后王氏, 大赦. 五月, 封后父奉車都尉王夔爲廣明鄉侯, 光祿大夫, 位特進, 妻田氏爲宣陽鄉君.

秋九月, 大將軍司馬景王將謀廢帝, 以聞皇太后. 甲戌, 太后令曰, 「皇帝芳春秋已長, 不親萬機, 耽淫內寵, 沈漫女德, 日延倡優, 縱其醜謔, 迎六宮家人留止內房, 毁人倫之敘, 亂男女之節, 恭孝日虧, 悖沇滋甚, 不可以承天緒, 奉宗廟. 使兼太尉高柔奉策, 用一元大武告於宗廟, 遣芳歸藩於齊, 以避皇位.」

是日遷居別宮, 年二十三. 使者持節送衛, 營齊王宮於河內重門, 制度皆如藩國之禮.

丁丑, 令曰, 「東海王霖, 高祖文皇帝之子. 霖之諸子, 與國至親, 高貴鄉公髦有大成之量, 其以爲明皇帝嗣.」

| 국역 |

(嘉平 6년 2월) 庚戌日(경술일), 中書令 李豐(이풍)과 皇后 父親 光祿大夫 張緝(장집)[491] 등이 대신들을 폐출하고 太常인 夏侯玄(하후현)을 大將軍이 되게 하려고 음모를 꾸몄으나 일이 발각되어 관련자들은 모두 법으로 주살하였다. 辛亥日에 죄수를 사면하였다. 三月에, 皇后 張氏를 폐출하였다.

여름 4월, 皇后 王氏를 책립하였고 죄수를 사면하였다. 五月에, 왕황후의 부친인 奉車都尉 王夔(왕기)를 廣明鄉侯에 봉하였고, 光祿大夫에 特進의 지위를 내렸고 (왕기의) 처 田氏는 宣陽鄉君(의양향군)에 봉하였다.

가을 9월, 大將軍 司馬景王(司馬師)이 (曹芳을) 폐위할 계획으로 이를 皇太后(明帝의 두 번째 황후인 郭氏)에게 아뢰었다. 甲戌日에 皇太后가 勅令을 내렸다.

491 張緝은 張既(장기)의 아들. 장기는 雍州와 涼州의 자사를 오랫동안 역임하며 서쪽 변방 안정에 큰 공을 세웠다. 《魏書》 15권, 〈劉司馬梁張溫賈傳〉에 입전.

「皇帝 芳(방)은 春秋가 이미 성인이지만 萬機(만기)를 親覽(친람)하지 않으면서, 전적으로 희첩만을 총애하고 여인의 淫樂(음락)만을 탐하면서 날마다 歌妓나 舞女를 불러들여 멋대로 추악한 짓을 일삼으며, 궁 안 六宮의 家人을 불러 內房에 머물게 하면서 인륜의 질서를 어지럽히고 남녀의 지조를 교란하였으며, 공경과 孝順의 마음을 날마다 훼손하는 등, 그 悖惡(패악, 悖浓 패혈)이 점차 심하졌기에 皇統(天緖)을 계승하거나 종묘 제사를 받들 수 없게 되었다. 이에 太尉 高柔(고유)로 하여금 책서를 받들어 제사용 소(一元大武)[492]를 宗廟에 바치고 고하여 曹芳을 齊의 번왕으로 삼아 皇位에서 물러나게 하노라.」

바로 이날 (曹芳을) 別宮으로 옮겨가게 하니, 나이는 23세였다. 사자가 부절을 갖고 호위하여 齊王의 宮을 河內郡 重門(중문)이란 곳에 짓도록 하였고, 기타 법제는 藩國(번국, 제후)의 禮에 따르게 하였다.

丁丑日에, 황태후가 칙령을 내렸다.

「東海王 曹霖(조림)은 高祖인 文皇帝(曹丕)의 아들이다. 조림의 여러 아들은 나라의 至親이며, 高貴鄕公 曹髦(조모)는 大成의 器量이니 明皇帝의 후사로 삼는다.」

492 一元大武는 종묘제사에 쓰는 소. 이때 元은 首의 뜻. 大武는 큰 발자국(武는 迹也). 소가 크면 발자국도 크다는 주석이 있다. 武는 跡(자취 적)의 뜻.

❷ 高貴鄕公 曹髦

| 原文 |

高貴鄕公諱髦, 字彦士, 文帝孫, 東海定王霖子也. 正始五年, 封郯縣高貴鄕公. 少好學, 夙成. 齊王廢, 公卿議迎立公. 十月己丑, 公至於玄武館, 群臣奏請舍前殿, 公以先帝舊處, 避止西廂, 群臣又請以法駕迎, 公不聽. 庚寅, 公入於洛陽, 群臣迎拜西掖門南, 公下輿將答拜, 儐者請曰, "儀不拜." 公曰, "吾人臣也." 遂答拜. 至止車門下輿. 左右曰, "舊乘輿入." 公曰, "吾被皇太后徵, 未知所爲!" 遂步至太極東堂, 見於太后. 其日卽皇帝位於太極前殿, 百僚陪位者欣欣焉.

詔曰, 「昔三祖神武聖德, 應天受祚. 齊王嗣位, 肆行非度, 顚覆厥德. 皇太后深惟社稷之重, 延納宰輔之謀, 用替厥位, 集大命於餘一人. 以眇眇之身, 託於王公之上, 夙夜祗畏, 懼不能嗣守祖宗之大訓, 恢中興之弘業, 戰戰兢兢, 如臨于谷. 今群公卿士股肱之輔, 四方征鎭宣力之佐, 皆積德累功, 忠勤帝室. 庶憑先祖先父有德之臣, 左右小子, 用保乂皇家, 俾朕蒙闇, 垂拱而治. 蓋聞人君之道, 德厚侔天地, 潤澤施四海, 先之以慈愛, 示之以好惡, 然後敎化行於上, 兆民聽於下. 朕雖不德, 昧於大道, 思與宇內共臻玆路. 《書》不云乎, '安民則惠, 黎民懷之.'」

大赦, 改元. 減乘輿服御, 後宮用度, 及罷尙方御府百工技巧靡麗無益之物.

| 국역 |

高貴鄕公(고귀향공)의 諱(휘)는 髦(모)[493]이고 字는 彦士(언사)인데, 文帝(曹丕)의 손자이며 東海定王 曹霖(조림)의 아들이다. 正始 5년(서기 244)에, 郯縣(담현, 東海國의 치소, 今 山東省 남부 臨沂市 관할 郯城縣)에 高貴鄕公으로 봉해졌다. 어려서부터 好學하였고 夙成(숙성, 夙은 일찍 숙)하였다. 齊王(曹芳)이 폐위되자, 公卿들이 고귀향공을 迎立(영립)하였다.

(서기 254년) 10월 己丑日, 고귀향공〔曹髦(조모)〕이 玄武館(현무관)에 도착하자 여러 신하들이 前殿(正殿)에서 머물러야 한다고 말했지만, 曹髦(조모)는 先帝가 계시던 곳이라면서 서쪽 건물에 머물렀으며, 또 신하들이 (황제의) 法駕(법가)를 타야 한다고 말했으나 조모는 따르지 않았다.

그 다음 날(庚寅日), 조모가 낙양에 입성하였는데 신하들이 西掖

493 曹髦(조모, 241-260년, 재위 254-260년. 연호 正元, 254-256, 甘露, 256-260). 髦는 긴털 모. 빼어나다. 조모는 나이가 어린 황제라서 허수아비와 같았고, 실권은 사마의의 아들인 司馬師와 司馬昭 형제가 장악하였다. 司馬師가 鍾會(종회)에게 曹髦의 능력을 물었더니, 종회는 "문장은 陳思王(曹植)과 같고 武才는 太祖(조조)와 같다.(文同陳思, 武類太祖.)" 고 대답하였다. 이에 司馬師는 조모에 대하여 경계와 감시를 강화하였다.
甘露 5년(서기 260) 5월에, 曹髦는 몇몇 신하를 불러 "사마소의 속셈은 길 가는 사람들이 다 알고 있다!(司馬昭之心, 路人皆知也!)" 라고 분개하며 당일 사마소를 토벌하려 했지만 그날 칼에 찔려 죽었다.

門(서액문) 남쪽에서 줄지어 절을 올리자, 조모는 수레에서 내려 답배를 하려 했는데 儐者(빈자, 앞에서 인도하는 자)가 "예의상 답배하지 않습니다."라고 말했다. 그러나 조모는 "나는 아직 신하(人臣, 제후의 한 사람)이다."라고 말하며 답배하였다.

수레가 멈추는 문에 도착하였다. 측근이 "그전에는 수레를 타고 들어 갔습니다."라고 말했다. 이에 조모는 "나는 皇太后의 부름을 받고 왔지만 아직 어찌될지 모른다!"라고 말했다. 조모는 걸어서 太極殿 東堂에 들어가 太后를 알현하였다. 바로 그날로 太極 前殿(정전)에서 즉위하였고, 陪位(배위)했던 모든 신하들이 마음으로 기뻐하였다.

황제가 조서를 내렸다.

「지난 三祖(武帝, 文帝, 明帝)께서는 神武와 聖德으로 天命에 순응하여 帝位를 받았도다. 齊王(曹芳)이 제위를 계승하였으나 방자한 행실이 법도에 맞지 않았고 덕행도 없었다. 皇太后께서는 사직에 대한 중책을 깊이 통감하시면서 재상의 보필과 황제 교체 의견을 받아들여 나에게 皇位를 계승토록 大命을 내리셨다. 짐은 微少(미소)한 몸〔眇身(묘신)〕으로 여러 王公의 윗자리에 앉았으니 밤낮으로 걱정 속에 祖宗의 遺訓(유훈)을 지켜가며 中興의 弘業(大業)을 이루지 못할까 두렵지만, 깊은 낭떠러지에 있는 듯 조심조심할 것이다(戰戰兢兢). 이제 나라를 보필하는 여러 公卿과 百官, 그리고 사방을 정벌하고 지키는 將領들은 모두 오랜 기간 쌓은 경험으로 帝室을 위해 충성하기 바란다. 先祖와 先父의 有德한 大臣에 의지하고, 측근의 하급자라도 皇家를 보위하여 경험이 없는 짐이지만 팔

짱을 끼고서도 나라를 다스릴 수 있도록(垂拱而治) 돕기 바란다. 짐이 알기로, 人君의 治國之道는 천지와 같은 두터운 덕행으로 四海를 고루 적실 수 있는 은택을 베풀면서 慈愛(자애)로 솔선하고 好惡(호오)를 분명히 한 연후에 위에서부터 교화를 실행하면 아래 백성이 따른다고 하였다. 짐이 비록 덕행이 부족하고 대도를 잘 모르지만 천하의 모든 백성과 함께 이 길을 갈 것이다. 《書經》에서도 '安民하려 仁愛를 베풀면 백성(黎民, 여민)이 따라온다.'[494]고 하였도다.」

나라 안 죄수를 크게 사면하였고 改元하였다(嘉平 → 正元). (皇帝 用) 수레와 복식과 後宮의 지출을 줄였으며, 尙方(상방)[495]과 御府(어부)에서 제조하는 각종 공예와 技巧(기교)의 장식품 등 무익한 물품 제조를 모두 폐지하였다.

| 原文 |

正元元年冬十月壬辰, 遣侍中持節分適四方, 觀風俗, 勞士民, 察冤枉失職者. 癸巳, 假大將軍司馬景王黃鉞, 入朝不趨, 奏事不名, 劍履上殿. 戊戌, 黃龍見於鄴井中. 甲辰, 命有司論廢立定策之功, 封爵,增邑,進位,班賜各有差.

| 국역 |

正元(정원) 원년 겨울인 十月 壬辰日(서기 254), 侍中에게 부절을

494 《尙書 虞書 皐陶謨(고요모)》「~知人則哲 能官人, 安民則惠 黎民懷之, ~」
495 尙方(상방)은 궁중에 필요한 각종 생활용구 공급 담당 부서.

주어 사방에 나눠 파견하여 풍속을 살피고 백성을 위로하며 억울한 일을 당했거나 생업을 빼앗긴 자를 살펴보게 하였다. 癸巳日(계사일)에, 大將軍 司馬景王(司馬師)에게 黃鉞(황월)[496]을 하사하였고, 入朝할 때 종종걸음으로 걷지 않고, 상주할 때 이름을 말하지 않으며 칼을 차고 신발을 신은 채 전각에 오를 수 있도록 허용하였다.

戊戌日, 黃龍이 (魏郡) 鄴縣(업현)의 우물에 출현하였다. 甲辰日, 담당 관원에게 명하여 황제의 廢立(폐립)과 사직 안정을 이룩한 공적을 심사하여 차등을 두어 작위를 봉하고 식읍을 늘려주거나 승진, 下賜(하사)하게 하였다.

| 原文 |

二年春正月乙丑, 鎭東將軍毌丘儉,揚州刺史文欽反. 戊寅, 大將軍司馬景王征之. 癸未, 車騎將軍郭淮薨. 閏月己亥, 破欽於樂嘉. 欽遁走, 遂奔吳. 甲辰, 安風縣都尉斬儉, 傳首京都.

壬子, 復特赦淮南士民諸爲儉,欽所詿誤者. 以鎭南將軍諸葛誕爲鎭東大將軍. 司馬景王薨於許昌. 二月丁巳, 以衛將軍司馬文王爲大將軍, 錄尙書事. 甲子, 吳大將孫峻等衆號十萬至壽春, 諸葛誕拒擊破之, 斬吳左將軍留贊, 獻捷於京都. 三

496 黃鉞(황월)은 황금 장식 도끼. 반역자를 처단하라는 의미. 假는 빌려주다. 권한을 수여하다.

月, 立皇后卞氏, 大赦.

夏四月甲寅, 封后父卞隆爲列侯. 甲戌, 以征南大將軍王昶爲驃騎將軍.

| 국역 |

(正元) 2년(서기 255) 봄 정월 乙丑日, 鎭東將軍 毌丘儉(관구검)과 揚州刺史 文欽(문흠)[497]이 반역했다. 戊寅日, 大將軍 司馬景王(司馬師)이 토벌하였다.

癸未日, 車騎將軍 郭淮(곽회)가 죽었다. 윤달 己亥日, 문흠을 樂嘉(낙가) 城에서 격파하였다. 문흠은 吳로 도주하였다. 甲辰日, 安風縣의 都尉[498]가 관구검을 죽이고 그 수급을 낙양에 보내왔다.

壬子日, 淮南郡의 관리나 백성으로 관구검과 문흠의 협박으로 협조했던 자들을 사면하였다. 鎭南將軍인 諸葛誕(제갈탄)[499]이 鎭東大將軍이 되었다. 司馬景王(司馬師)이 許昌(허창)에서 죽었다.[500]

2월 丁巳日, 衛將軍 司馬文王(司馬昭)[501]이 大將軍되어 錄尙書事

497 文欽(문흠, ?-258년, 字 仲若) - 豫州 譙郡 출신, 曹魏의 前將軍, 揚州刺史, 역임. 建安 24년(서기 219)에 魏諷謀의 모반에 연좌되어 치죄하여 사형 판결이 났으나 조조는 자신의 부장 文稷(문직)의 아들이라 하여 특별히 사면하였다. 관구검과 함께 모반한 뒤, 東吳로 도주하여 譙侯(초후)로 책봉되었다.

498 安風郡 安風縣(今 安徽省 중서부 六安市 부근)이 설치되었었다. 관구검의 반란이 실패한 뒤에 안풍군은 폐군되어 廬江郡에 소속되었다.

499 諸葛誕(제갈탄, ?-258년, 字 公休) - 諸葛豐의 후손, 諸葛亮(제갈량)과 諸葛瑾(제갈근)의 堂弟. 뒷날 壽春縣에서 반란을 일으켰다가 피살되었다.

500 司馬師는 毌丘儉과 文欽(문흠)의 亂을 진압한 뒤, 평소에 앓던 眼疾(안질)이 악화되어 許昌에서 병사했다.

501 司馬昭(사마소, 211-265년, 字 子上, 《三國演義》에서는 子尙) - 河內郡 溫縣(今

를 겸했다. 甲子日, 吳 大將 孫峻(손준) 등이 10만 대군을 거느리고 壽春縣을 공격하자 諸葛誕(제갈탄)이 방어하며 적을 격파하였으며 吳의 左將軍인 留贊(유찬)을 죽여 낙양에 수급을 헌상하였다.

3월에, 皇后 卞氏(변씨)를 책립하고 죄수를 사면하였다.

여름인 4월 甲寅日, 황후의 부친 卞隆(변륭)이 列侯가 되었다. 甲戌日, 征南大將軍 王昶(왕창)은 驃騎將軍이 되었다.

| 原文 |

秋七月, 以征東大將軍胡遵爲衛將軍, 鎭東大將軍諸葛誕爲征東大將軍.

八月辛亥, 蜀大將軍姜維寇狄道, 雍州刺史王經與戰洮西, 經大敗, 還保狄道城. 辛未, 以長水校尉鄧艾行安西將軍, 與征西將軍陳泰並力拒維. 戊辰, 復遣太尉司馬孚爲後繼.

九月庚子, 講《尙書》業終, 賜執經親授者司空鄭沖,侍中鄭小同等各有差. 甲辰, 姜維退還.

冬十月, 詔曰,「朕以寡德, 不能式遏寇虐, 乃令蜀賊陸梁邊陲. 洮西之戰, 至取負敗, 將士死亡, 計以千數. 或沒命戰場, 冤魂不反, 或牽掣虜手, 流離異域, 吾深痛愍, 爲之悼心. 其

河南省 河修 북쪽 焦作市 관할 溫縣) 출신, 司馬懿와 모친 張春華(장춘화)의 次子, 司馬師의 동생, 西晉 開國皇帝 武帝 司馬炎(사마염)의 부친. 蜀漢을 멸망시키고 曹魏의 권력을 완전 장악했다. 司馬炎은 曹魏의 마지막 황제 曹奐(조환)의 禪讓(선양)을 받아 칭제한 뒤에, 司馬昭를 晉 文帝로 추존했다.

令所在郡典農及安撫夷二護軍各部大吏慰恤其門戶, 無差賦役一年, 其力戰死事者, 皆如舊科, 勿有所漏.」

| 국역 |

(正元 2년, 서기 255) 가을인 7월, 征東大將軍 胡遵(호준)[502]은 衛將軍이, 鎭東大將軍인 諸葛誕(제갈탄)은 征東大將軍이 되었다.

8월 辛亥日, 蜀漢 大將軍 姜維(강유)가 (隴西郡) 狄道縣(적도현)[503]에 침입하였는데, 雍州刺史인 王經(왕경)이 강유와 洮西(조서, 臨洮縣 서쪽)에서 싸웠지만 왕경은 대패하고 철수하여 狄道城을 지켰다. 辛未日, 長水校尉인 鄧艾(등애)[504]가 安西將軍 대행이 되어 征西將軍 陳泰(진태)와 협력하여 강유를 막았다. 戊辰日에, 다시 太尉인 司馬孚(사마부, 司馬懿의 동생)를 보내 후원케 하였다.

9월 庚子日, (황제가) 《尙書》를 배워 마치자, 경전을 친히 가르친 司空 鄭沖(정충)과 侍中 鄭小同(정소동) 등에게 각각 차등을 두어 하사했다. 甲辰日에, 강유가 군사를 철수했다.

겨울인 10월, 조서를 내렸다.

「짐의 덕행이 부족하여 적들의 침략과 만행을 막지 못하였으니 촉한의 도적 무리가 변방을 어지럽혔고 洮西(조서, 洮水 서쪽) 전투에

502 胡遵(호준, ?-256) - 安定郡 臨涇縣人, 曹魏의 무장. 司馬懿의 心腹.

503 狄道縣(적도현)은 隴西郡의 치소, 今 甘肅省 남부 定西市 관할의 臨洮縣.

504 鄧艾(등애, 195-264년, 字 士載)는 曹魏 후기의 명장. 오랫동안 曹魏의 서쪽 변경에서 蜀漢 姜維와 경쟁, 뒷날 7백 리 陰平道를 지나 蜀帝 劉禪(유선)의 投降을 받는 奇功을 세워 太尉로 승진하였으나 종회의 모함으로 처형당했다. 가난했고 말을 좀 더듬었지만 사마의의 인정을 받았다. 《魏書》 28권, 〈王毌丘諸葛鄧鍾傳〉에 立傳.

서 패전하여 장졸이 수천 명이나 많이 죽었다. 전장에서 죽은 그 억울한 영혼이 돌아오지도 못하거나, 아니면 포로가 되어 끌려가 이국에 끌려 다닐 일을 생각하면 가슴이 저리고 슬프기만 하도다. 그런 전사자가 있는 군현에서는 둔전을 하는 관리나 이민족을 위무하는 二護軍 등 각 급의 지방관들이 그런 호구를 위무하거나 도와주고, 1년 치의 부역을 면제하며, 용감히 싸우다 전사한 자는 모두 옛 법도에 따라 대우하되 누락이 없도록 하라.」

| 原文 |

十一月甲午, 以隴右四郡及金城, 連年受敵, 或亡叛投賊, 其親戚留在本土者不安, 皆特赦之. 癸丑, 詔曰,

「往者洮西之戰, 將吏士民或臨陳戰亡, 或沈溺洮水, 骸骨不收, 棄於原野, 吾常痛之. 其告征西,安西將軍, 各令部人於戰處及水次鉤求屍喪, 收斂藏埋, 以慰存亡.」

| 국역 |

(正元 2년, 서기 255) 11월 甲午日, 隴山(농산) 우측의 四郡(隴西, 南安, 天水, 武都郡) 및 金城郡은 해마다 적의 침입을 받았는데 백성들은 도망가거나 적에게 투항하는 자가 많아서 본 거주지에 남아있는 친척들은 처벌될까 불안했는데 특별히 모두 사면 받았다.

癸丑日에, 조서를 내렸다.

「지난 날 洮西(조서, 洮水 서쪽) 싸움에서 전사한 장졸과 관리나 백성 중에 洮水(조수)에 익사하거나 들판에 버려진 수습하지 못한 시신에 짐은 늘 가슴 아팠다. 征西장군과 安西將軍은 각 부대에 명하여 전투했던 곳이나 강가 주둔했던 곳에서 시신을 수습하면 거두어 매장하고 생존 혹은 사자의 가족을 위로하도록 지시하라.」

| 原文 |

甘露元年春正月辛丑, 青龍見軹縣井中. 乙巳, 沛王林薨.
夏四月庚戌, 賜大將軍司馬文王袞冕之服, 赤舄副焉.

| 국역 |

甘露(감로) 원년 봄 정월 辛丑日(서기 256), 青龍이 (河內郡) 軹縣(지현, 今, 河南省 직할 濟原市, 河南省 북쪽, 山西省 접경)의 우물에 출현하였다.

乙巳日(을사일), 沛王 曹林(조림)이 죽었다.

여름 4월 庚戌日(경술일), 大將軍 司馬文王(司馬昭)에게 곤룡포와 면류관을 붉은 신발(袞冕)[505]과 함께 하사하였다.

505 袞冕(곤면)은 곤룡포와 면류관. 袞은 곤룡포 곤. 兗(바를 연, 강 이름 연)이 아님. 冕은 면류관 면. 舄은 신 석. 신발(鞋).

| 原文 |

丙辰, 帝幸太學, 問諸儒曰, "聖人幽贊神明, 仰觀俯察, 始作八卦, 後聖重之爲六十四, 立爻以極數. 凡斯大義, 罔有不備, 而夏有《連山》, 殷有《歸藏》, 周曰《周易》, 《易》之書, 其故何也?"

《易》博士淳于俊對曰, "包羲因燧皇之圖而制八卦, 神農演之爲六十四, 黃帝, 堯, 舜通其變, 三代隨時, 質文各繇其事. 故《易》者, 變易也, 名曰《連山》, 似山出內氣, 連天地也, 《歸藏》者, 萬事莫不歸藏於其中也."

帝又曰, "若使包羲因燧皇而作《易》, 孔子何以不云燧人氏沒包羲氏作乎?" 俊不能答. 帝又問曰, "孔子作〈彖〉, 〈象〉, 鄭玄作注, 雖聖賢不同, 其所釋經義一也. 今〈彖〉, 〈象〉不與經文相連, 而注連之, 何也?" 俊對曰, "鄭玄合〈彖〉, 〈象〉於經者, 欲使學者尋省易了也."

帝曰, "若鄭玄合之, 於學誠便, 則孔子曷爲不合以了學者乎?" 俊對曰, "孔子恐其與文王相亂, 是以不合, 此聖人以不合爲謙."

帝曰, "若聖人以不合爲謙, 則鄭玄何獨不謙邪?" 俊對曰, "古義弘深, 聖問奧遠, 非臣所能詳盡." 帝又問曰, "〈繫辭〉云 '黃帝, 堯, 舜垂衣裳而天下治', 此包羲, 神農之世爲無衣裳. 但聖人化天下, 何殊異爾邪?"

俊對曰, "三皇之時, 人寡而禽獸衆, 故取其羽皮而天下用足, 及至黃帝, 人衆而禽獸寡, 是以作爲衣裳以濟時變也."

帝又問, "乾爲天, 而復爲金, 爲玉, 爲老馬, 與細物並邪?"

俊對曰, "聖人取象, 或遠或近, 近取諸物, 遠則天地."

| 국역 |

(甘露 원년 4월) 丙辰日에, 황제가 太學에 행차하여 여러 유학자에게 물었다.

"聖人께서는 마음에(幽) 神明의 도움을 얻어 하늘을 우러러보고 땅을 굽어보아 처음으로 八卦(팔괘)를 지으셨고, 뒤에 오신 성인은 이를 겹쳐서 64卦를 지으셨으며, 爻辭(효사)를 지어 사물의 도리를 모두 설명하셨습니다. 이 모든 大義에는 (만물의) 이치를 설명하지 못한 것이 없으니, 夏(하)나라에서는 《連山(연산)》, 殷(은, 商)에서는 《歸藏(귀장)》, 周에서는 《周易(주역)》[506]이라 하였는데, 《易》의 이름이 다른 이유는 무엇 때문인가?"

이에 《易》 博士인 淳于俊(순우준)이 답변하였다.

"包羲(포희, 伏羲)는 燧皇(수황, 燧人氏)[507]의 그림을 보고 八卦를 제작하였고, 神農氏(신농씨)는 이를 발전시켜 64괘를 만들었는데, 黃帝(황제), 堯(요), 舜(순)은 그 변화에 통달하였고, 三代(夏, 殷, 周)에

506 《周禮 春官 大卜》에 《連山》, 《歸藏》, 《周易》을 三易(삼역)이라고 하였다. 이 三易의 八卦와 팔괘를 중복시킨 64괘는 모두 같다고 하였다.

507 燧皇은 燧人氏(수인씨) 中國 上古의 神話 속에서 불(火)을 처음으로 만들었던 사람, 또는 三皇의 한 사람. 華胥氏(화서씨)는 燧人氏의 妻. 伏羲(복희)와 女媧(여와)는 燧人氏의 자식.

서는 시대에 따라 변화하면서, 때로는 質朴(질박, 質)하거나 華美(화미, 文)한 것은 그 상황에 따라 달랐습니다. 그래서 《易》이란 변하는 것〔變易(변역)〕이며, 그 이름 역시 《連山》이라 한 것은 山에서 雲氣를 吐(토)하는 것 같이 天地에 이어진다는 뜻이며, 《歸藏(귀장)》은 萬事가 그 안에 저장되지 않은 것이 없다는 뜻입니다."

그러자 황제가 다시 질문하였다.

"包羲氏(伏羲氏)가 燧皇氏(수황씨)의 그림을 따라 《易》을 지었다면, 孔子는 왜 燧人氏 사후에 복희씨가 《易》을 지었다고 말하지 않았는가?"

이에 순우준은 답변하지 못했다. 황제가 다시 물었다.

"孔子께서 〈彖辭(단사)〉와 〈象辭(상사)〉를 지으셨고,[508] (後漢의) 鄭玄(정현)[509]이 注(註)를 지었는데, 비록 聖人(孔子)과 賢人(鄭玄)의 經과 傳의 뜻이 같지는 않아도 經義에 대한 해석은 같다고 볼 수 있다. 지금 〈彖傳〉과 〈象傳〉이 經文과 서로 연이어 있지는 않으나, 주석(彖辭, 象辭)이 연이어 있는 것은 왜 그러한가?"

이에 순우준이 대답하였다.

"鄭玄이 〈彖辭〉와 〈象辭〉를 經文에 합쳐놓은 것은 배우는 사람

508 〈彖(단)〉과 〈象(상)〉 - 《易經》은 64卦을 설명한 經(經文)과 경문을 보충 설명한 十翼(십익)으로 兩分한다. 경문에는 각 卦의 뜻을 설명한 卦辭(괘사)와 그 괘 안에서의 陰爻(음효 --, 六)와 陽爻(—, 九)가 갖는 의미를 설명한 爻辭(효사)가 있다. 그런데 이 64괘의 의미나 해석 방법 등에 관한 설명인 十翼(십익, 翼은 날개)은 彖傳(단전, 彖辭 上, 下. 64괘마다 단사가 있다), 象傳(상전, 象辭 上, 下. 64괘에 모두 상사가 있다). 繫辭傳(계사전, 上, 下), 文言傳, 說卦傳, 序卦傳, 雜卦傳을 지칭한다.

509 鄭玄(정현, 127-200년, 字 康成) - 訓詁學者, 兩漢의 經學을 집대성하였고 '經神' 이라는 별칭이 있다.

으로 하여금 쉽게 찾아보게 하려는 뜻이었습니다."

이에 황제가 말했다.

"만약 鄭玄(정현)이 이를 합쳐놓아 편하게 배우려 했다면, 공자는 배우는 사람을 위하여 왜 합치지 않았는가?"

순우준이 대답했다.

"孔子께서는 文王과 다르게 엮어 혼란이 있을까 걱정하여 합치지 않았으니, 합치지 않은 것은 聖人(孔子)의 겸양이라 할 수 있습니다."

황제가 다시 물었다.

"만약 聖人께서 不合을 겸양이라 생각했다면, 鄭玄은 왜 겸양을 생각하지 않았는가?"

순우준이 대답하였다. "古義는 넓고 깊으며(弘深), 폐하의 질문은 오묘하고 심원하여(奧遠) 제가 능히 상세한 답변을 드릴 수 없습니다."

황제가 또 물었다.

"〈繫辭〉에 쓰여 있기를 '黃帝, 堯, 舜은 의상을 입고 천하를 다스렸다.' 고 하였는데, 이는 伏羲(복희, 包羲)와 神農(신농)의 시대에는 의상이 없었다는 뜻이요. 그렇다면 성인께서 천하 백성을 교화하는데 왜 그런 차이가 있었는가?"

이에 순우준이 대답하였다.

"三皇의 시대에는 사람은 적었고 禽獸(금수)는 많았기에 그 깃털이나 모피가 백성에게 부족하지 않았지만, 黃帝 시대에 이르러 사람은 많아졌고 금수는 많지 않았기에 의상을 만들어 입어야 했으니, 의상을 만든 것은 시대의 변화에 맞춘 것입니다."

그러자 황제가 다시 물었다.

"乾(☰)은 하늘(天)을 뜻하며, 또 金과 玉, 그리고 老馬도 뜻하는데 하늘과 이런 여러 가지 사물을 왜 함께 의미하는가?"

순우준이 대답하였다. "聖人께서 (卦의) 여러 가지 형상을 취할 때 때로는 가깝거나 먼 것을 취하였는데, 가까운 것으로는 주변의 사물을, 멀리로는 하늘을 본뜬 것입니다."

| 原文 |

講《易》畢, 覆命講《尙書》. 帝問曰, "鄭玄曰 '稽古同天, 言堯同於天也.' 王肅云 '堯順考古道而行之.' 二義不同, 何者爲是?"

博士庾峻對曰, "先儒所執, 各有乖異, 臣不足以定之. 然〈洪範〉稱 '三人占, 從二人之言.' 賈,馬及肅皆以爲 '順考古道.' 以〈洪範〉言之, 肅義爲長."

帝曰, "仲尼言 '唯天爲大, 唯堯則之.' 堯之大美, 在乎則天, 順考古道, 非其至也. 今發篇開義以明聖德, 而舍其大, 更稱其細, 豈作者之意邪?"

峻對曰, "臣奉遵師說, 未喩大義, 至於折中, 裁之聖思."

次及四嶽擧鯀, 帝又問曰, "夫大人者, 與天地合其德, 與日月合其明, 思無不周, 明無不照, 今王肅云 '堯意不能明鯀,是以試用.' 如此, 聖人之明有所未盡邪?"

峻對曰, "雖聖人之弘, 猶有所未盡, 故禹曰 '知人則哲, 惟帝難之.' 然卒能改授聖賢, 緝熙庶績, 亦所以成聖也."

帝曰, "夫有始有卒, 其唯聖人. 若不能始, 何以爲聖? 其言 '惟帝難之' 然卒能改授, 蓋謂知人, 聖人所難, 非不盡之言也. 經云, '知人則哲, 能官人.' 若堯疑鯀, 試之九年, 官人失敍, 何得謂之聖哲?"

峻對曰, "臣竊觀經傳, 聖人行事不能無失, 是以堯失之四凶, 周公失之二叔, 仲尼失之宰予."

帝曰, "堯之任鯀, 九載無成, 汨陳五行, 民用昏墊. 至於仲尼失之宰予, 言行之間, 輕重不同也. 至於周公, 管, 蔡之事, 亦《尚書》所載, 皆博士所當通也."

峻對曰, "此皆先賢所疑, 非臣寡見所能究論."

次及 '有鰥在下曰虞舜', 帝問曰, "當堯之時, 洪水爲害, 四凶在朝, 宜速登賢聖濟斯民之時也. 舜年在旣立, 聖德光明, 而久不進用, 何也?"

峻對曰, "堯咨嗟求賢, 欲遜己位, 嶽曰 '否德忝帝位.' 堯復使嶽揚擧仄陋, 然後薦舜. 薦舜之本, 實由於堯, 此蓋聖人欲盡衆心也."

帝曰, "堯旣聞舜而不登用, 又時忠臣亦不進達, 乃使嶽揚仄陋而後薦擧, 非急於用聖恤民之謂也."

峻對曰, "非臣愚見所能逮及."

| 국역 |

《易經》에 관한 講論(강론)을 마치고, 다시 《尙書》를 강론하라고 황제가 명했다. 이어 황제가 물었다.

"鄭玄(정현)이 말한 '稽古同天(계고동천)은 堯와 하늘(天)의 뜻이 같다.' 는 뜻이고, 이에 관하여 王肅(왕숙)[510]은 '堯는 古道에 순응하고 고찰하여 실행하였다.' 고 하여 정현과 왕숙의 大義가 같지 않은데 어느 쪽이 옳은가?"

이에 博士인 庾峻(유준)이 답변하였다.

"先儒들의 견해는 각각 乖異(괴이, 差異)가 있으니, 臣이 시비를 판정하기에는 학식이 부족합니다. 그러나 (尙書의) 〈洪範〉[511]에 '세 사람이 점을 치면 두 사람의 말을 따르시오.(三人占, 從二人之言.)' 라고 하였는데, 賈逵(가규)[512]와 馬融(마융)[513]과 王肅(왕숙)이 모두 '順考古道라.' 고 하였습니다. 〈洪範〉의 구절대로라면 왕숙의 논의

510 王肅(왕숙, 195－56, 字 子雍)은 三國 시기의 經學大師로, 曹魏의 重臣인 王朗(왕랑)의 아들. 晉王 司馬昭(사마소)의 岳父(악부, 장인). 왕숙의 딸 王元姬가 司馬昭의 妻로 晉 武帝 司馬炎의 모친이다. 왕숙의 儒家의 六經에 대한 注釋은 남북조 시대까지 유학의 교재로 쓰일 정도였으며, 唐의 孔穎達(공영달)에게 영향을 끼쳤다.

511 《書經 周書 洪範》. 洪은 크다는 뜻. 範은 범도, 규범. 주 내용은 '洪範九疇(홍범구주)' 로 요약할 수 있으며 국정의 대 원칙을 피력하였다. 이는 箕子(기자)의 저작이라고 알려졌다.

512 賈逵(가규, 서기 30－101년, 字 景伯)는 후한의 經學家이며 天文學者. 삼국 曹魏의 賈逵(가규, 174－228, 字 梁道)는 本名 衢(구), 河東郡 襄陵縣人. 曹魏政權의 軍政奇才. 賈逵의 아들 賈充(가충)은 뒷날 西晉의 開國元勳.

513 馬融(마융, 79－166, 字 季長)은 伏波將軍 馬援(마원)의 侄孫, 후한의 經學者.

가 비교적 합리적이라고 생각합니다."

황제가 물었다.

"仲尼(중니, 孔子)는 '하늘(天)이 최대이기에, 堯도 하늘을 준칙으로 삼았다.' 고 하였다. 堯의 가장 큰 미덕은 하늘을 準則(준칙)으로 삼아 古代의 도리를 순응하고 고찰하였지만 그것이 至善은 아닐 것이다. 지금 首篇에서 의리를 闡明(천명)하고 성인의 덕행을 발양하지만 버리는 것은(舍, 捨) 크고 성인의 칭송은 작으니, 이는 주석한 사람의 뜻이라고 할 수 있는가?"

이에 유준이 답변하였다.

"臣이 스승의 학설을 따르지만 대의를 깨치지 못하였으며 그런(各家 주장의) 절충에 대해서는 폐하의 결단에 따르겠습니다."

다음으로 四嶽(사악)[514]이 鯀(곤)[515]을 천거한 내용에 이르러 황제가 또 물었다.

"위대한 인물은 그의 덕행이 天地와 합치하며 日月처럼 명철하다고 하였으니, 그 思考가 周密하며 아니 비추는 곳이 없다고 하였는데, 지금 王肅(왕숙)은 '堯가 鯀(곤)에 대하여 잘 알 수가 없어 한번 시험 삼아 등용하였다.' 고 해석하였으니 聖人도 그 총명이 未盡(미진)하다는 뜻인가?"

....

514 四嶽(사악, 四岳) – 상고 시대의 전설적 인물로 共工(공공)의 후손이라고 한다. 堯가 四嶽에게 후계자로서 누가 좋은가를 물었는데, 四嶽이 舜을 추천했고 그래서 舜이 遼의 후계자가 되었다고 한다. 舜이 연노한 뒤에 사악에게 다시 후계자를 물었더니 禹가 적임자라 하여 舜은 禹에게 傳位하였다. 《史記》에서는 四嶽을 四人이라 해석하였고 이구동성으로 舜을 추천했다고 해석하였다. 孔安國은 四嶽은 羲和(희화)의 아들 4인이라고 해석하였다.

515 鯀(곤, 字는 熙)은 黃帝의 후손, 顓頊(전욱)의 五世孫, 禹(우) 父親.

이에 庾峻(유준)이 답변하였다.

"聖人이 위대하다지만 미진한 부분도 있기에 禹(우)는 '사람을 안다는 것이 명철이며, 이렇게 하는 것은 임금이라 할지라도 어려운 일이라.' 고 하였지만[516] 결국에는 聖賢한 바탕이 드러나서 빛을 내며 공적을 이루기에 聖人이라 할 수 있습니다."

황제가 물었다.

"有始有卒(善始善終)해야만 聖人일 것이다. 만약 시작도 없다면 어찌 聖이라 하겠는가? '惟帝難之(帝堯도 어렵게 생각했다)' 라고 하였지만 결국 聖賢이 되었다 하였는데, 이처럼 知人을 聖人도 어렵게 생각했다면 그 생각이 극진하지 못했다는 뜻이다. 그래서 經文에서는 '사람을 아는 것은, 곧 지혜이니(知人則哲) 사람을 제자리에 쓸 수 있다(能官人)' 고 하였다. 만약 堯가 鯀(곤)의 능력을 의심하면서도, 9년이나 등용하여 시험하였다면 인재의 등용이 실패한 것이니, 어찌 (堯가) 聖哲하다고 말할 수 있는가?"

이에 유준이 대답하였다.

"臣이 經傳을 읽어보면, 聖人도 어떤 일에(行事) 실수가 없을 수 없으니, 그래서 堯는 四凶(사흉)[517]을 잘못 보았고, 周公(주공)은 두 동생(二叔, 管叔과 蔡叔)을, 공자는 제자 宰予(재여)[518]를 잘못 보았

516 《尙書 虞書 皐陶謨(고요모)》 '禹曰 吁! 咸若時 惟帝其難之. 知人則哲 能官人, 安民則惠, 黎民懷之. ~'

517 上古時代에 舜帝가 사방으로 방출한 4명의 凶神. 四凶에 관해서는 《尙書》와 《左傳》에 기록이 있지만 기록 내용이 같지는 않다. 《尙書 舜典》에 기록한 四凶은 共工(공공), 驩兜(환두), 鯀(곤, 大禹의 父親)과 三苗(삼묘)이다.

518 宰予(재여, 字는 子我)는 孔門十哲 중 言語에 뛰어났다. 낮잠을 자다가 공자한테 지적을 받았다. 뒷날 齊나라에서 대부로 근무하다가 田常(전상)의 난에 휘

습니다."

황제가 말했다.

"堯가 鯀(곤)을 신뢰했지만 9년간(九載) 성취가 없었고, 五行의 배열을 뒤죽박죽이 되었으며, 백성은 洪水에 함몰되었다. 이는 공자가 宰予(재여)를 잘못 본 것과 다르니 개인의 언행과는 그 경중이 같지 않다. 周公이 管叔(관숙)과 蔡叔(채숙)에 관한 일 또한《尙書》에 실렸으니 이를 박사들은 잘 알고 있을 것이다."

이에 유준이 대답하였다.

"이 모두 또한 先賢들도 잘 몰랐던 것이며, 臣은 식견이 부족하여 끝까지 논할 수가 없습니다."

다음에 '鯀(곤)이 신하로서 舜에게 말하기를' 하는 부분에 이르자 황제가 물었다.

"帝堯가 재위 중에 홍수의 피해가 컸고 조정에는 四凶이 있었으니, 이야말로 빨리 성현을 등용하여 백성을 제도해야 할 시기였다. 舜의 나이는 이미 30세였는데도(旣立), 또 堯의 성덕이 光明한데도 舜을 오랫동안 등용하지 못한 것은 무엇 때문인가?"

이에 유준이 답변하였다.

"堯도 탄식하며(咨嗟) 賢才를 얻어 자신의 지위를 넘겨주려 하였습니다만, 四嶽(사악)은 '우리는 덕행이 부족하여 제위에 합당치 않습니다.' 라고 말했습니다. 이에 堯는 다시 四嶽을 내보내 신분이 미천한 사람이라도 (유능한 자를) 천거하라고 하여 舜(순)을 천거 받

말려 일족이 주살 당했고 공자는 이를 부끄럽게 여겼다는 기록이 있다. 공자는 "君子不以言擧人, 不以人廢言."이라고 말했다.《論語 衛靈公》.

았습니다. 이렇듯 舜을 천거케 한 그 근본은 堯(요)이시니, 이는 아마도 聖人께서(堯) 백성의 소원을 이루려 한 것이라고 말할 수 있습니다."

이에 황제가 말했다.

"堯가 舜을 알고서도 등용하지 못했으며, 또 그때 충신들도 舜을 천거하지 않았으며, 사악에게 미천한 신분이라도 천거케 한 다음에야 (舜을) 천거 받았으니, 이는 聖明을 다하고 백성을 긍휼히 여긴 것은 아니라고 말할 수 있다."

그러자 유준이 말했다.

"이는 臣의 愚見으로 말씀드리기가 어렵습니다."

| 原文 |

於是覆命講《禮記》. 帝問曰, "'太上立德, 其次務施報.' 爲治何由而教化各異, 皆脩何政而能致於立德, 施而不報乎?"

博士馬照對曰, "太上立德, 謂三皇五帝之世以德化民, 其次報施, 謂三王之世以禮爲治也."

帝曰, "二者致化薄厚不同, 將主有優劣邪? 時使之然乎?"

照對曰, "誠由時有朴文, 故化有薄厚也."

| 국역 |

이어 《禮記》를 강론하라고 다시 명했다. 그리고 황제가 물었다.

"최상급은 (백성을 위하여) 立德하고, 그 다음은 은덕을 베풀기에 힘쓰나 보답을 바라지 않는다고 하였다. 백성을 다스리는데, 무슨 이유로 교화에 차이가 있는가?"

이에 博士인 馬照(마조)가 답변하였다.

"가장 훌륭한 군주(太上)가 立德한다고 한 것은 三皇과 五帝 시대에 덕으로 백성을 교화한 것이고, 그 다음은 널리 베풀었다고 한 말은 三王之世[519]에 禮를 근간으로 한 통치를 말합니다."

이에 황제가 물었다.

"二者(三皇五帝와 三王)의 교화에 치적이 같지 않다는 것은 군주의 우열이 있다는 뜻인가, 아니면 상황이 그러했다는 뜻인가?"

이에 마조가 답변하였다.

"실제로 시대에 따라 질박과 문채가 다르기에 교화의 성과도 그 厚薄(후박)이 다를 것입니다."

| 原文 |

五月, 鄴及上洛並言甘露降. 夏六月丙午, 改元爲甘露. 乙丑, 青龍見元城縣界井中.

秋七月己卯, 衛將軍胡遵薨. 癸未, 安西將軍鄧艾大破蜀大將姜維於上邽, 詔曰,

「兵未極武, 醜虜摧破, 斬首獲生, 動以萬計, 自頃戰克, 無

519 三王은 夏(大禹), 商(湯王), 周(武王, 文王)의 合稱.

如此者. 今遣使者犒賜將士, 大會臨饗, 飮宴終日, 稱朕意焉.」

八月庚午, 命大將軍司馬文王加號大都督, 奏事不名, 假黃鉞. 癸酉, 以太尉司馬孚爲太傅. 九月, 以司徒高柔爲太尉.

冬十月, 以司空鄭沖爲司徒, 尙書左僕射盧毓爲司空.

| 국역 |

(甘露 元年) 5월, (魏郡) 鄴縣(업현)과 (雍州 京兆郡의) 上洛縣(상락현)[520]에서 甘露(감로)가 내렸다고 보고하였다. 여름 6월 丙午日, 甘露(감로)로 개원하였다. 乙丑日에, 靑龍이 (魏郡) 元城縣[521]의 우물에 출현하였다.

가을 七月 己卯日, 衛將軍 胡遵(호준)이 죽었다. 癸未日, 安西將軍 鄧艾(등애)가 蜀大將 姜維(강유)를 (天水郡) 上邽縣(상규현)[522]에서 대파하였다. 이에 조서를 내렸다.

「우리 군사가 병력을 다 동원하지 않고서도 적병을 크게 격파하고 참수하거나 생포한 자가 수만 명이라니 요즈음 승전 중에도 이런 대승은 없었다. 이제 사자를 보내니 장졸에게 시상하고 큰 잔치를 차려 종일토록 음주하며 놀아 짐의 뜻에 맞춰주기 바란다.」

8월 庚午日에, 大將軍 司馬文王(司馬昭)에게 大都督의 칭호를 하사하고 업무를 상주하며 이름을 말하지 않는 특권과 黃鉞(황월)을 하사하였다. 癸酉日, 太尉 司馬孚(사마부)가 太傅(태부)가 되었다.

520 上洛縣은, 今 陝西省 商洛市 商州區.

521 魏郡 元城縣은, 今 河北省 남부 邯鄲市 館陶縣.

522 (天水郡, 漢陽郡) 上邽縣은, 今 甘肅省 동남부 天水市.

9월, 司徒 高柔(고유)는 太尉가 되었다.

겨울인 10월, 司空인 鄭沖(정충)이 司徒가 되었다, 尙書 左僕射(좌복야)인 盧毓(노육)[523]이 司空이 되었다.

| 原文 |

二年春二月, 靑龍見溫縣井中. 三月, 司空盧毓薨.

夏四月癸卯, 詔曰,「玄菟郡高顯縣吏民反叛, 長鄭熙爲賊所殺. 民王簡負擔熙喪, 晨夜星行, 遠致本州, 忠節可嘉. 其特拜簡爲忠義都尉, 以旌殊行.」

甲子, 以征東大將軍諸葛誕爲司空.

五月辛未, 帝幸辟雍, 會命群臣賦詩. 侍中和逌,尙書陳騫等作詩稽留, 有司奏免官. 詔曰,

「吾以暗昧, 愛好文雅, 廣延詩賦, 以知得失, 而乃爾紛紜, 良用反仄. 其原逌等. 主者宜敕自今以後, 群臣皆當玩習古義, 脩明經典, 稱朕意焉.」

乙亥, 諸葛誕不就徵, 發兵反, 殺揚州刺史樂綝. 丙子, 赦淮南將吏士民爲誕所詿誤者.

丁丑, 詔曰,「諸葛誕造爲凶亂, 盪覆揚州. 昔黥布逆叛, 漢祖親戎, 隗囂違戾, 光武西伐, 及烈祖明皇帝躬征吳,蜀, 皆所

523 盧毓(노육)은《魏書》22권,〈桓二陳徐衛盧傳〉에 立傳.

以奮揚赫斯, 震耀威武也. 今宜皇太后與朕暫共臨戎, 速定醜虜, 時寧東夏.」

己卯, 詔曰, 「諸葛誕造構逆亂, 迫脅忠義, 平寇將軍臨渭亭侯龐會, 騎督偏將軍路蕃, 各將左右, 斬門突出, 忠壯勇烈, 所宜嘉異. 其進會爵鄉侯, 蕃封亭侯.」

| 국역 |

(甘露) 2년 봄 2월(서기 257), 靑龍이 (河內郡) 溫縣(온현)[524]의 우물에 출현했다. 3월, 司空인 盧毓(노육)이 죽었다.

여름인 4월 癸卯日, 조서를 내렸다.

「玄菟郡(현도군) 高顯縣(고현현)[525]의 관리와 백성이 반란을 일으켜 縣長인 鄭熙(정희)를 살해했다. 백성인 王簡(왕간)은 정희의 시신을 짊어지고 밤낮으로 걸어 멀리 本郡까지 운구하였으니 그 충절이 가상타 할 것이다. 왕간을 忠義都尉에 임명하여 그의 남다른 선행을 표창하기 바란다.」

甲子日, 征東大將軍인 諸葛誕(제갈탄)을 司空에 임명했다.

5월 辛未日, 황제는 辟雍(벽옹)에 행차하였고 신하들에게 詩를 짓게 하였다. 侍中인 和逌(화유, 逌는 만족할 유)와 尙書인 陳騫(진건) 등은 시를 바로 짓지 않고 꾸물대었다. 이에 有司가 免官을 상주하

524 河內郡 溫縣은, 今 河南省 河水 북쪽 焦作市(초작시) 관할 溫縣. 司馬懿 司馬昭 父子의 고향.

525 玄菟郡(현도군)의 치소는 高句麗縣, 今 遼寧省 省會인 중북부 瀋陽市. 高顯縣은 今 遼寧省 북부의 鐵嶺市.

자 조서를 내렸다.

「짐이 우매하지만 그래도 文雅를 좋아하여 좋은 詩賦를 널리 구하여 시정의 득실을 알고 싶었던 것이나 이 때문에 분란이 생기는 일은 정말 원하는 바가 아니다. 시중인 화유 등에게 관용을 베풀라. 담당 관원은 이후로 더욱 신중할 것이며, 모든 신하들은 옛 서적의 큰 뜻을 이해하고 경전 연구에 노력하여 짐의 뜻에 부응하기를 바란다.」

乙亥日에, 諸葛誕(제갈탄)은 중앙의 徵召(징소)에 응하지 아니하며 군사를 일으켜 반기를 들고 揚州刺史인 樂綝(악침)[526]을 죽였다. 丙子日, 淮南郡의 將吏로 제갈탄에 협박당하여 과오를 범한 자들을 사면하였다.

丁丑日에, 조서를 내렸다.

「諸葛誕(제갈탄)은 반란을 일으켜 揚州(양주)를 공격하여 함락시켰다. 옛날 黥布(경포)[527]가 반역하자 漢 高祖가 친히 정벌하였고, (後漢의) 隗囂(외효)가 반역하자 光武帝가 서쪽을 정벌하였으며, 또 (本朝의) 烈祖 明皇帝 직접 吳와 蜀漢을 원정하신 것은 군주의 怒氣와 함께 威武(위무)를 크게 고양하였다. 이번에 응당 황태후의 명을 받아 짐이 토벌에 나설 것이니 속히 역도를 평정하여 華夏(中國)의 동방을 안정시키기 바란다.」

526 曹魏 五子良將의 한 사람인 樂進(악진)의 아들. 樂進은《魏書》17권, 〈張樂于張徐傳〉에 입전.

527 黥布(경포, 英布. ?-前 195년) - 秦末漢初의 장수. 項羽가 九江王에 봉했는데, 한 고조에 협력하여 淮南王이 되었다. 漢이 異姓 제후의 왕을 억압하자 영포는 불안을 느껴 서기 前 196년에 반란을 일으켰지만 고조에게 패망하여 도주했지만 처남에게 피살되었다.

己卯日에 다시 조서를 내렸다.

「제갈탄이 반란을 일으켜 忠義로운 자를 협박하자, 平寇將軍 臨渭亭侯인 龐會(방회)와 騎督偏將軍인 路蕃(노번)은 각각 左, 右軍을 지휘하여 적의 軍門을 돌파하며 충성과 용기로 훌륭한 공훈을 세웠다. 방회를 鄕侯로, 노번을 亭侯(정후)에 봉하기 바란다.」

| 原文 |

六月乙巳, 詔曰「吳使持節都督夏口諸軍事鎭軍將軍沙羡侯孫壹, 賊之枝屬, 位爲上將, 畏天知命, 深鑒禍福, 翻然擧衆, 遠歸大國, 雖微子去殷, 樂毅遁燕, 無以加之. 其以壹爲侍中車騎將軍,假節,交州牧,吳侯, 開府辟召儀同三司, 依古侯伯八命之禮, 袞冕赤舃, 事從豐厚.」

甲子, 詔曰,「今車駕駐項, 大將軍恭行天罰, 前臨淮浦. 昔相國大司馬征討, 皆與尙書俱行, 今宜如舊.」

乃令散騎常侍裴秀,給事黃門侍郎鍾會咸與大將軍俱行.

秋八月, 詔曰,「昔燕剌王謀反, 韓誼等諫而死, 漢朝顯登其子. 諸葛誕創造凶亂, 主簿宣隆,部曲督秦絜秉節守義, 臨事固爭, 爲誕所殺, 所謂無比干之親而受其戮者. 其以隆,絜子爲騎都尉, 加以贈賜, 光示遠近, 以殊忠義.」

九月, 大赦. 冬十二月, 吳大將全端,全懌等率衆降.

| 국역 |

(甘露 2년, 서기 257) 6월 乙巳日, 조서를 내렸다.

「吳의 使者로 持節都督이며 夏口(하구)[528]의 諸軍事鎭軍將軍인 沙羡侯(사선후) 孫壹(손일)은 敵國(吳)의 왕족의 한 사람이며, 上將의 지위에 있지만 천명의 두려움을 알고 인간의 화복을 깊이 깨달아서 분연히 무리를 거느리고서 대국인 우리나라에 歸降하였으니, 비록 微子(미자)가 殷(은)을 떠나고, 樂毅(악의)[529]가 燕(연)나라로 망명한 것도 이보다 더 하지는 않을 것이다. 孫壹(손일)을 侍中 겸 車騎將軍으로 삼아 符節(부절)을 주어 交州牧에 보임하고 吳侯(오후)로 봉하며 집부 부서를 설치하고 속관을 거느리며 儀制는 삼공과 같게 하고(儀同三司),[530] 옛날에(周代) 공을 세운 侯伯(후백)에 내리는 작위인 八命(팔명)에 해당하는 대우에, 禮服, 禮帽(예모)에 붉은 신발을 하사하고, 매사에 충분히 예우를 갖추기 바란다.」

甲子日에, 조서를 내렸다.

「이번에 짐이(車駕) (陳郡) 項縣(항현)[531]에 머물고 있지만 大將軍

528 夏口는 지명. 長江의 최대 지류인 漢水를 夏水라고도 부른다. 夏水가 長江에 합류하는 곳이 夏口이다. 今 湖北省 武漢市(武昌과 漢陽의 합칭). 지금의 중국이 성립되기 전에 漢口特別市가 있었다.

529 樂毅(악의, 생졸년 미상) – 燕國의 著名한 장군, 樂毅는 본국 趙를 떠나 燕에 망명하여 亞卿에 임명되어 燕 昭王을 보좌했으며, 齊國과 싸워 그간에 빼앗겼던 70여 城을 수복하여 昌國君에 봉해졌다. 齊에서는 燕에 反間計(반간계)를 폈고, 결국 악의는 다시 趙로 돌아갔고, 趙에서 죽었다.

530 儀同三司(의동삼사)는 加官(加號)의 한 가지, 儀制同於三司의 뜻. 儀同으로도 간칭. 大將軍보다는 낮은 車騎將軍이지만 三公(司徒, 司馬, 司空)과 같이 開府하고, 三公과 같은 儀衛(의위, 儀仗 겸 수위)와 대우를 받는다는 뜻.

531 (陳郡의) 項縣(항현)은, 今 河南省 동부 周口市 관할 沈丘縣.

(司馬昭)은 하늘을 대신하여 제갈탄을 토벌 중이라 앞서 진군하여 (廣陵郡) 淮浦縣에 주둔하고 있다. 옛날에 相國이나 大司馬가 원정에 나서면 尙書가 함께 수행하였으니 지금 옛 제도를 따르기 바란다.」

이에 散騎常侍인 裴秀(배수), 給事黃門侍郞인 鍾會(종회)[532]가 대장군을 수행하였다.

가을인 8월, 조서를 내렸다.

「옛날 燕(연)의 剌王(자왕)이 모반하자, 韓誼(한의) 등이 간언을 올리다가 죽었는데 漢朝에서는 한의의 아들을 높이 등용하였다. 諸葛誕(제갈탄)이 반역할 때, 主簿(주부)인 宣隆(선륭), 部曲督인 秦絜(진결) 등은 모두 절의를 지켜 반란에 앞서 강하게 제갈탄에게 충고하였지만 제갈탄에게 살해되었으니, 이는 比干(비간)[533]처럼 친족 관계도 없는데도 살해되었다고 할 수 있다. 이에 宣隆(선륭)과 秦絜(진결)의 아들을 騎都尉에 임명하고 상을 내려 특별한 그 忠義를 원근에 널리 알리기 바란다.」

9월에, 나라의 죄수를 사면하였다. 겨울 12월에, 吳 大將인 全端(전단)과 全懌(전역) 등이 무리를 이끌고 투항하였다.

532 鍾會(종회, 225－264, 字 士季)는 魏 太傅 鍾繇(종요)의 아들, 제갈탄 반란 진압에 참여. 滅蜀漢戰에서 姜維(강유)와 교전. 入蜀 後에 등애를 제거한 뒤 모반을 꾀하다가 피살. 부친을 닮은 명필로 유명,《易經》의 대가. 魏晉玄學의 한 사람.《魏書》28권,〈王毌丘諸葛鄧鍾傳〉에 立傳.

533 比干(비간)은 殷商의 宗室로 폭군 紂王(주왕)의 丞相으로 紂王 三大 忠臣의 한 사람. 공자는 殷의 微子(미자), 箕子(기자), 比干을 '殷의 三仁'이라고 하였다. 道敎界에서는 비간을 守財眞君, 文財眞君, 財祿眞君 등으로 호칭하며 財神으로 섬긴다.《論語 微子》微子去之, 箕子爲之奴, 比干諫而死. 孔子曰, "殷有三仁焉."

| 原文 |

三年春二月, 大將軍司馬文王陷壽春城, 斬諸葛誕.

三月, 詔曰,「古者克敵, 收其屍以爲京觀, 所以懲昏逆而章武功也. 漢孝武元鼎中, 改桐鄕爲聞喜, 新鄕爲獲嘉, 以著南越之亡. 大將軍親總六戎, 營據丘頭, 內夷群凶, 外殄寇虜, 功濟兆民, 聲振四海. 克敵之地, 宜有令名, 其改丘頭爲武丘, 明以武平亂, 後世不忘, 亦京觀二邑之義也.」

夏五月, 命大將軍司馬文王爲相國, 封晉公, 食邑八郡, 加之九錫, 文王前後九讓乃止.

六月丙子, 詔曰,「昔南陽郡山賊擾攘, 欲劫質故太守東里袞, 功曹應余獨身捍袞, 遂免於難. 余顚敗殞斃, 殺身濟君. 其下司徒, 署余孫倫吏, 使蒙伏節之報.」

辛卯, 大論淮南之功, 封爵行賞各有差.

| 국역 |

(甘露) 3년(서기258) 봄 2월, 대장군 司馬文王(司馬昭)은 壽春城을 함락하고 諸葛誕(제갈탄)[534]을 죽였다.

3월에, 조서를 내렸다.

534 諸葛誕(제갈탄)이 반역한 근거지 壽春에서는 조위 후기에 연속 반란이 일어났다. 이를 '壽春三叛', 또는 '淮南三叛'이라고 칭한다. 이는 司馬氏의 專政에 따른 반발이지만 본《위서》에는 그런 내용이 모두 생략되었다. 三反은 王凌의 반란(서기 251年 4월), 毌丘儉(관구검)과 文欽(문흠)의 반란(255年 1월) 諸葛誕의 반란(서기 257年 5月 - 58년 2월)인데 모두 司馬氏에게 평정되었다.

「옛날에 적을 무찌르면 그 시신을 모아 높은 봉분[535]을 만들었으니, 이는 반역을 징계하며 동시에 무공을 자랑하는 뜻이었다. 漢 孝武帝는 元鼎(원정, 前 116 – 111년) 연간에, 桐鄕을 聞喜縣(문희현)으로 이름을 바꾸었고, 新鄕縣을 獲嘉縣(획가현)으로 바꿔[536] 南越(남월) 평정을 기념하였다. 大將軍(司馬昭)은 친히 六軍〔六戎(육융)〕을 거느리고, 丘頭(구두)란 곳에 군영을 설치하여, 안으로는 群凶을 평정하고, 밖으로는 반역도당을 진멸하였으니 그 공적으로 백성은 구제되었고 그 명성은 천하에 떨쳤다. 반역자의 근거지를 무찌른 그곳에 좋은 이름이 있어야 하기에 丘頭를 武丘(무구)로 고쳐 난을 평정한 무공을 후세에 잊지 않게 하나니, 이는 시신을 쌓아올리고 (漢武帝가) 2 縣의 지명을 바꾼 뜻과 같을 것이다.」

여름인 5월, 大將軍 司馬文王(司馬昭)을 相國에 임명하였고, 晉公에 봉하였는데, 食邑은 八郡이었고 九錫(구석)을 하사하였지만, 사마소가 전후 9차례나 사양하기에 중지하였다.

6월 丙子日에, 조서를 내렸다.

「그전에 南陽郡에 산적이 들끓었는데 산적은 前 太守인 東里袞(동리곤)을 겁박하여 인질로 잡으려 했는데, (太守의 속관) 功曹(공조) 담당 應余(응여)만은 홀로 동리곤 막고 지켜 난관에서 벗어나게

535 원문의 京觀(경관)은 적군의 시신을 쌓아 올린 뒤에 흙을 덮어 만든 封墳(봉분).

536 漢 武帝는 元鼎 6년(전 111년) 겨울인 10월, 隴西, 天水, 安定郡의 騎士와 中尉, 그리고 河南과 河內郡의 사졸 10만 명을 동원하여 장군 李息과 郎中令 徐自爲가 거느리고 西羌族(서강족)을 평정하였다. (武帝가) 동쪽으로 緱氏縣(구씨현)에 행차하면서 左邑縣 桐鄕에 이르렀을 때 南越이 격파되었다는 소식을 듣고 좌읍현을 聞喜縣(문희현)으로 이름을 바꿨다. 봄에 汲縣(급현) 新中郞에 이르렀을 때 南越의 반역 주동자인 呂嘉(여가)의 首級을 받았는데, 汲縣을 獲嘉縣(획가현)으로 이름을 바꿨다.

하였다. 응여는 쓰러지는 곤경 속에서도 자신의 몸을 죽여 상관을 지켜낸 것이다. 이를 司徒(사도)에게 알려, 응여의 손자인 應倫(응륜)을 관리에 임명하여 죽음으로 주군을 지킨 절의를 보상토록 하라.」

辛卯日에, 淮南郡에서 제갈탄의 반역을 평정한 공적을 심사하여 차등을 두어 封爵하고 行賞하였다.

| 原文 |

秋八月甲戌, 以驃騎將軍王昶爲司空.

丙寅, 詔曰, 「夫養老興敎, 三代所以樹風化垂不朽也. 必有三老,五更以崇至敬, 乞言納誨, 著在惇史, 然後六合承流, 下觀而化. 宜妙簡德行, 以充其選. 關內侯王祥, 履仁秉義, 雅志淳固. 關內侯鄭小同, 溫恭孝友, 帥禮不忒. 其以祥爲三老, 小同爲五更.」

車駕親率群司, 躬行古禮焉. 是歲, 靑龍,黃龍仍見頓丘,冠軍,陽夏縣界井中.

| 국역 |

(甘露 3년) 가을 8월 甲戌日, 驃騎將軍(표기장군)인 王昶(왕창)이 司空이 되었다.

丙寅日에, 조서를 내렸다.

「노인을 공경봉양하고 교화를 진흥하는 것은 (夏, 殷, 周) 三代부터 계승된 불후의 전통이다. (나라에) 三老(삼로)와 五更(오경)[537]을 필히 임명하여 공경하면서 그분들의 건의를 수용하고 돈독한 언행을 기록하여 온 천하에 계승하고 發揚(발양)하게 하여 백성을 교화하였다. 응당 (삼로와 오경으로) 덕행이 뛰어난 분을 골라 선임하여야 할 것이다. 關內侯인 王祥(왕상)[538]은 인덕을 베풀고 정의를 실천하며 志向이 高雅하고 純粹專一한 분이다. 關內侯인 鄭小同(정소동)[539]은 溫良 恭儉 孝道 友諒하며 禮를 지켜 어긋나지 않았으니 왕상을 나라의 三老로, 정소동을 五更(오경)으로 모시도록 하라.」

황제가 친히 백관을 거느리고 古禮를 몸소 행하였다. 이 해에 靑龍과 黃龍이 (魏郡) 頓丘縣(돈구현), (南陽郡) 冠軍縣(관군현), (陳郡) 陽夏縣(양하현)[540] 지역의 우물에 출현하였다.

537 三老는 漢 高祖 때 설치한 鄕官이다. 백성 중에서 50세 이상으로 덕행이 있고 백성을 잘 이끌만한 자를 골라 三老로 삼아 鄕(향)마다 1인을 두었다. 향의 삼로 중에서 1인을 선발해서 縣의 三老로 임명하여 縣令, 縣承, 縣尉를 도와 백성을 교화하게 하였는데, 徭役(요역)과 防戍(방수)를 면제하였다. 三老는 '衆人之師'라 하여 매년 10월에 술과 고기를 하사하였다. 지방의 鄕官인 三老 외에 존경받을 만한 국가의 최고 元老로, 보통 三公을 역임한 사람 중에서 삼로를 선정하였다. 五更(오경, 五叟로도 표기. 叟는 늙은이 수)은 연노하고 致仕하고 경험(곧 五事인 貌, 言, 視, 聽, 思)이 풍부한 사람이란 뜻으로, 보통 지팡이를 짚지 않아도 되는 公卿 중에서 고른다는 주석이 있다. 황제가 年老한 三老와 更事致仕한 사람을 모시는 禮를 시행하는 것은 백성에게 孝悌를 널리 펴기 위한 뜻이었다.

538 王祥(왕상, 字 休徵)은 효자였는데 계모가 학대했지만 안색을 바꾸지 않았다. 나중에 계모가 한겨울에 물고기를 먹고 싶어하자, 왕상은 얼음을 깨고 옷을 벗고 물에 들어 가자 잉어가 저절로 뛰어 올랐다고 한다. 왕상은 30여 년이나 계모를 모시다가 계모가 죽자 50세가 넘어 처음 출사했다. 〈呂虔傳(여건전)〉, 《魏書》 18권, 〈二李臧文呂許典二龐閻傳〉 참고.

539 鄭小同(정소동, 193 - 258년, 字 子眞)은 後漢 經學大家 鄭玄(정현)의 손자.

540 陽夏縣은, 河南省 중동부 周口市 관할 太康縣.

| 原文 |

四年春正月, 黃龍二, 見寧陵縣界井中.

夏六月, 司空王昶薨.

秋七月, 陳留王峻薨.

冬十月丙寅, 分新城郡, 復置上庸郡. 十一月癸卯, 車騎將軍孫壹爲婢所殺.

| 국역 |

(甘露) 4년(서기 259) 봄 정월, 黃龍 2마리[541]가 (豫州 梁國) 寧陵縣(영녕현)[542]의 우물에 출현하였다.

여름 6월, 司空 王昶(왕창)이 죽었다.

가을 7월, 陳留王 曹峻(조준)이 죽었다.

겨울인 10月 丙寅日, (荊州의) 新城郡을 분할하여 다시 上庸郡(상용군)을 설치하였다. 11월 癸卯日, 車騎將軍인 孫壹(손일)[543]이 婢女(비녀)에게 살해되었다.

---

541 어떤 형태의 동물인지 모습에 관한 기록은 없다. 용의 빈번한 출현에 대하여 많은 사람들이 상서로운 징조라고 경하하였다. 그러나 젊은 황제 曹髦(조모)는 '용은 본래 君德의 化身으로 하늘이나 평원에 있어야 하나 땅속 우물에 출현하니, 이는 불길한 징조라 하면서 〈潛龍詩〉를 지어 탄식하였는데, 이를 읽은 司馬昭가 황제를 증오했다는 주석이 있다.

542 今 河南省 동쪽 끝 商丘市 관할 寧陵縣.

543 甘露 2년(서기 257) 6월의 詔書 참고.

| 原文 |

五年春正月朔, 日有蝕之. 夏四月, 詔有司率遵前命, 復進大將軍司馬文王位爲相國, 封晉公, 加九錫.

五月己丑, 高貴鄕公卒, 年二十.

皇太后令曰, 「吾以不德, 遭家不造, 昔援立東海王子髦, 以爲明帝嗣, 見其好書疏文章, 冀可成濟, 而情性暴戾, 日月滋甚. 吾數呵責, 遂更忿恚, 造作醜逆不道之言以誣謗吾, 遂隔絶兩宮. 其所言道, 不可忍聽, 非天地所覆載. 吾卽密有令語大將軍, 不可以奉宗廟, 恐顚覆社稷, 死無面目以見先帝. 大將軍以其尙幼, 謂當改心爲善, 殷勤執據. 而此兒忿戾, 所行益甚, 擧弩遙射吾宮, 祝當令中吾項, 箭親墮吾前. 吾語大將軍, 不可不廢之, 前後數十. 此兒具聞, 自知罪重, 便圖爲弑逆, 賂遺吾左右人, 令因吾服藥, 密因酖毒, 重相設計. 事已覺露, 直欲因際會擧兵入西宮殺吾, 出取大將軍, 呼侍中王沈, 散騎常侍王業, 尙書王經, 出懷中黃素詔示之, 言今日便當施行. 吾之危殆, 過於累卵. 吾老寡, 豈復多惜餘命邪? 但傷先帝遺意不遂, 社稷顚覆爲痛耳. 賴宗廟之靈, 沈, 業卽馳語大將軍, 得先嚴警, 而此兒便將左右出雲龍門, 雷戰鼓, 躬自拔刃, 與左右雜衛共入兵陳間, 爲前鋒所害. 此兒旣行悖逆不道, 而又自陷大禍, 重令吾悼心不可言. 昔漢昌邑王以罪廢爲庶人, 此兒亦宜以民禮葬之, 當令內外咸知此兒所行. 又尙書王經, 凶逆無狀, 其收經及家屬皆詣廷尉.」

| 국역 |

(甘露) 5년 봄(서기 260), 正月 초하루, 일식이 있었다.

여름인 4월, 有司에게 명하여 이전의 詔命(조명)을 실천하라고 하였고, 다시 大將軍 司馬文王(司馬昭)를 相國으로 삼아 晉公(진공)에 봉하고 九錫을 내렸다.

5월 己丑日, 高貴鄕公 曹髦(조모)가 죽었는데(卒, 사실은 피살),[544] 나이는 20세였다.

皇太后(明帝의 두 번째 황후인 郭氏)가 명령을 내렸다.

「내가 不德하여 가문의 불행을 겪고 있나니, 예전에 東海王의 아들 曹髦(조모)를 데려와 (明帝의 후사로 삼아) 즉위시킬 때 조모가

544 황제는 황제의 권위가 날마다 위축되자 분노를 참을 수 없었다. 황제는 侍中인 王沈(왕침), 尙書 王經(왕경), 散騎常侍인 王業(왕업) 등을 불러 말했다. "司馬昭의 속셈은 길을 가는 사람도 다 알고 있다(司馬昭之心, 路人所知也). 나는 더 이상 앉아서 이런 수모를 당할 수 없다. 오늘 당장 경들과 함께 출동하여 사마소를 토벌하겠다." 이에 王經이 옛 魯 昭公(소공)이 季氏를 토벌하려다가 패주하여 失國한 예를 들어 제지하였다. 그러나 황제는 "행동은 과감해야 한다. 죽는다 하여 무엇이 두렵겠는가? 그리고 꼭 죽어야 되는 것도 아니다!" 그리고는 태후에게 가서 이를 아뢰었다. 그러는 동안 왕침과 왕업은 이를 사마소에게 알렸고, 사마소는 대비하였다. 사마소는 궁중 노비 수백 명을 데리고 소리를 지르며 궁을 나서려 했다. 사마소의 동생 屯騎校尉인 司馬伷(사마주)가 궁의 동문에서 황제를 제지하였으나 많은 사람이 소리를 지르자 사마주는 돌아갔다. 中護軍인 賈充(가충)이 황제의 무리와 맞섰다 황제는 직접 칼을 빼들고 있었다. 太子舍人인 成濟(성제)가 사정이 급한데 어찌 해야 하는가를 물었다. 가충은 성제에게 황제를 찌르라고 말했다. 성제의 칼은 황제의 등을 뚫고 나왔다. 이날 벌어진 일에 대한 여러 기록은 서로 다르다. 하여튼 젊은 황제는 무모했다.

경서에 대한 주석과 문장을 좋아하는 것을 보고 큰 인물이 되리라 기대했었다. 그러나 性情은 사나웠고 날마다 더 심해졌다. 내가 자주 질책하자 나중에는 분노하고 성질을 부리며, 추악하고 悖惡(패악)한 말로 나를 무고하며 비방하여 결국 황제와 나는 멀어지고 말았다. 조모가 한 말은 사람이 차마 듣을 수 없었으며 하늘과 땅이 덮어버릴 수도 없는 말이었다. 나는 즉시 이런 말을 大將軍(司馬昭)에게 전하면서 (조모가) 종묘제사를 받들 수도 없으며 사직을 뒤엎을 것이라서 죽더라도 先帝를 뵐 면목이 없다고 하였다. 그러나 대장군은 조모가 아직 어리기에 응당 마음을 바꿔 착해질 것이라면서 여전히 나를 설득하였다. 그러나 이 아이(此兒)는 화를 내고 억지를 쓰며 소행이 더욱 나빠져서, 먼 곳에서 내 목에 명중하기를 축원하며 나의 궁으로 활을 쏘아 그 화살이 내 앞에 떨어진 적도 있었다. 나는 대장군에게 폐위하지 않을 수 없다고 전후 수십 번을 말했었다. 그러자 이 아이는 이를 듣고 자신의 중한 죄를 알기에 弑逆(시역)을 도모하여 내 측근에게 뇌물을 주어 내가 복용하는 약에 몰래 짐새의 독(酖毒)[545]을 넣으려 치밀하게 차근차근 계획을 진행하였다. 그러나 계획이 탄로 나자 직접 군사를 거느리고 西宮에 몰려와 나를 시해한 뒤에 더 나아가 대장군을 죽이려고 侍中인 王沈(왕침)과 散騎常侍인 王業(왕업), 尙書인 王經(왕경)을 불러 모은 다음 품속에서 평소에 준비한 조서를 보여주면서 오늘이라도 당장 시행하겠다고 말했다. 이때 나는 累卵(누란)보다 더 위태로웠다. 나는 늙은

545 鴆은 짐새 짐. 중국 남방에 사는 올빼미 비슷한 毒鳥로 살무사(蝮)를 잡아먹는 새. 짐새의 깃털을 술에 넣고 저으면 毒酒가 된다.

미망인(老寡)이니, 어찌 남은 목숨을 아까워하겠는가? 다만 先帝의 遺意를 성취하지도 못하고 사직이 전복되는 것이 마음의 痛恨(통한)이로다. 그러나 宗廟 神靈(신령)의 도움으로 왕침과 왕업은 즉시 달려가 大將軍에게 이를 알렸고, 대장군은 미리 대비를 하였는데, 아아이는 측근들을 직접 거느리고 雲龍門을 나서면서 戰鼓(전고)를 크게 치며, 몸소 칼을 빼들고 좌우의 잡인들과 함께 대장군의 진영으로 돌진하려다가 전방 장졸에게 살해되었다. 이 아이가 이미 悖惡(패악)과 不道를 저질렀고 스스로 大禍(대화)를 자초하였지만 나의 거듭되는 비통한 심정은 이루 다 말할 수가 없다. 옛 前漢의 昌邑王(창읍왕)[546]은 죄를 짓고 폐위당하여 서인이 되었었다. 이 아이 역시 서민의 예로 매장하고, 내외의 모든 사람으로 하여금 이 아이의 소행을 알게 하라. 또 尙書 王經(왕경)은 흉악무도하였으니, 왕경의 가속을 모두 잡아 廷尉(정위)에게 넘기도록 하라.」

‖原文‖

庚寅, 太傅孚,大將軍文王,太尉柔,司徒沖稽首言.

546 昌邑王은 劉賀(유하) - 昌邑 哀王 劉髆(유박, ?-前 87)은 武帝의 五子로 李夫人 소생이었다. 天漢 4年(前 97)에 昌邑王에 책립되었는데, 창읍국은 山陽郡을 개명한 것으로, 치소는 昌邑縣(今 山東省 菏澤市 관할의 鉅野縣)이었다. 그 아들 劉賀(유하, 前 92-59)는 5살에 창읍왕이 되었고, 19세인 前 74년, 霍光(곽광) 등에 의해 昭帝의 뒤를 이을 황제로 옹립되어 27일간 재위하였다. 그러나 그 행실에 문제가 많아 霍光(곽광) 등에 의거 축출되었고, 宣帝가 즉위하였다. 유하는 前 63년, 宣帝에 의해 海昏侯(해혼후)에 피봉되었다. 이는 《漢書》 63권, 〈武五子傳〉의 昌邑 哀王 〈劉髆傳〉과 68권, 〈霍光金日磾傳〉에 상세하게 수록되었다.

"伏見中令, 故高貴鄕公悖逆不道, 自陷大禍, 依漢昌邑王罪廢故事, 以民禮葬. 臣等備位, 不能匡救禍亂, 式遏奸逆, 奉令震悚, 肝心悼栗. 《春秋》之義, 王者無外, 而書'襄王出居於鄭', 不能事母, 故絶之於位也. 今高貴鄕公肆行不軌, 幾危社稷, 自取傾覆, 人神所絶, 葬以民禮, 誠當舊典. 然臣等伏惟殿下仁慈過隆, 雖存大義, 猶垂哀矜, 臣等之心實有不忍, 以爲可加恩以王禮葬之."

太后從之. 使使持節行中護軍中壘將軍司馬炎北迎常道鄕公璜嗣明帝後.

辛卯, 群公奏太后曰, "殿下聖德光隆, 寧濟六合, 而猶稱令, 與藩國同. 請自今殿下令書, 皆稱詔制, 如先代故事."

癸卯, 大將車固讓相國,晉公,九錫之寵. 太后詔曰, 「夫有功不隱, 《周易》大義, 成人之美, 古賢所尙, 今聽所執, 出表示外, 以章公之謙光焉.」

| 국역 |

(甘露 5년, 5월) 庚寅日, 太傅인 司馬孚(사마부), 大將軍 文王(司馬昭), 太尉인 司馬柔(사마유), 司徒인 鄭沖(정충) 등이 머리를 조아리며 (황태후에게) 말했다.

"삼가 故 高貴鄕公(고귀향공)은 悖逆(패역)과 不道(부도)[547]로 스스

547 不道는 大逆不道, 또는 大逆無道의 반역행위이다. 중앙집권 강화과정에서 不道罪의 범위는 계속 확대되어 大不敬(대불경), 誣罔主上(무망주상), 誹謗政

로 큰 재앙을 초래하였기에 漢 昌邑王의 죄악과 폐위의 전례를 따라 백성의 예로 장례하라는 (황태후의) 명령(中令)을 읽었습니다. 臣 등은 겨우 자리나 지키면서 이런 화란을 예방하거나 간악한 반역을 막지 못하였기에 (황태후의) 조서를 받고 두렵고 황공하며 마음이 참담하고 슬플 뿐입니다. 《春秋》의 대의에 '王者는 外域(외역)이 없다.' 하여 '襄王(양공)은 외출하여 鄭에 머물고 있다.' 고 기록하였는데, 그래서 모친을 모실 수 없기에 왕위에서 물러난 것이라 생각하였습니다. 지금 高貴鄕公(고귀향공)의 법도에 벗어난 방자한 행동은 사직을 위기로 몰았고, 스스로 엎어져 자멸하였고 백성과 신령으로부터 버림받았으니 사실 전례를 따를 수 있습니다. 그러나 臣들의 생각으로 殿下(전하, 황태후를 지칭)의 분에 넘치는 인자하신 은정에 의거 비록 대의에 어긋나나 불쌍히 여기시고, 또 臣들의 차마 그럴 수 없는 마음을 고려하여 왕의 禮로 매장할 수 있도록 은전을 베풀어주시기 바랍니다."

이에 태후가 승낙하였다.[548]

(황태후는) 지절을 가진 임시 中護軍 中壘將軍(중루장군)인 司馬炎(사마염)[549]을 사자로 보내 북으로 가서 常道鄕公(상도향공)인 曹璜

治(나라의 정치를 비방하다), 非議詔書(조서의 내용을 비난하다), 妖言惑衆(요언혹중), 漏泄省中語(관부에서의 업무 내용을 누설하다) 등도 부도 죄에 포함되는 경우가 많았다. 부도 죄는 夷三族(삼족을 죽여 없앰)의 重刑에 처했다.

548 (5월) 丁卯日에 高貴鄕公은 洛陽 서북 30리 되는 곳에 묻혔다. 백성들이 모여 "전날에 살해된 황제"라면서 얼굴을 가리고 슬피 울었다. 王禮를 갖춘 장례는 말뿐이었다고 裴松之는 기록했다.

549 司馬炎(사마염, 236-290. 字 安世), 사마소의 아들. 晉朝(西晉)의 건국자(재위 265-290년) 시호는 武皇帝.

(조황, 曹奐)을 明帝의 後嗣(후사)로 영입케 하였다.

辛卯日에, 여러 고관들이 황태후에게 상주하였다.

"전하의 성덕이 光隆(광륭)하시어 천하를 평안케 하오시니 하서를 '令'이라 호칭케 하고, 이는 藩國(번국, 제후국)에서도 같습니다. 오늘 이후로 전하께서 내리시는 문서를 모두 詔制(조제)라 하여 先代의 전례대로 시행하겠습니다."

癸卯日, 大將軍(司馬昭)이 相國의 직위와 晉公(진공)의 작위, 九錫(구석)의 은총을 모두 완강히 거부하였다. 이에 황태후가 조서를 내렸다.

「공훈을 세웠으면 감출 수 없나니, 이는 《周易》의 大義이며, (《論語》의) 남의 장점을 성취하게 하는 일이니, 이는 古賢들이 숭상하는 바이다. 지금 (대장군이) 견지하는 겸양을 中外에 널리 알려 대장군의 겸양과 영광을 높이도록 하라.」

| 原文 |

戊申, 大將軍文王上言,

「高貴鄕公率將從駕人兵, 拔刃鳴金鼓向臣所止. 懼兵刃相接, 卽敕將士不得有所傷害, 違令以軍法從事. 騎督成倅弟太子舍人濟, 橫入兵陳傷公, 遂至隕命. 輒收濟行軍法.

臣聞人臣之節, 有死無二, 事上之義, 不敢逃難. 前者變故卒至, 禍同發機, 誠欲委身守死, 唯命所裁. 然惟本謀乃欲上危皇太后, 傾覆宗廟. 臣忝當大任, 義在安國, 懼雖身死, 罪責彌重. 欲遵伊,周之權, 以安社稷之難, 卽駱驛申敕, 不得迫近輦輿, 而濟遽入陳間, 以致大變. 哀怛痛恨, 五內摧裂, 不知何地可以隕墜? 科律大逆無道, 父母妻子同産皆斬. 濟凶戾悖逆, 干國亂紀, 罪不容誅. 輒敕侍御史收濟家屬, 付廷尉, 結正其罪.」

太后詔曰, 「夫五刑之罪, 莫大於不孝. 夫人有子不孝, 尙告治之, 此兒豈復成人主邪? 吾婦人不達大義, 以謂濟不得便爲大逆也. 然大將軍志意懇切, 發言惻愴, 故聽如所奏. 當班下遠近, 使知本末也.」

六月癸丑, 詔曰, 「古者人君之爲名字, 難犯而易諱. 今常道鄕公諱字甚難避, 其朝臣博議改易, 列奏.」

| 국역 |

(甘露 5년, 5월) 戊申日, 大將軍 文王(司馬昭)이 상서하였다.

「高貴鄕公(曹髦, 조모)이 거느린 하인과 병졸들은 칼을 뽑아들고 金鼓(금고, 징)를 치며 臣이 있는 곳으로 몰려왔습니다. 臣은 수많은 兵器에 사람이 다칠까 두려워 장졸들에게 군령을 어기면 군법대로 처리하겠다고 알렸습니다. 기병 감독(騎督) 成倅(성졸)의 아우로 太子舍人인 成濟(성제)는 제멋대로 적진에 들어가 고귀향공을 찔렀고 결국 죽게 하였습니다. 이에 바로 成濟(성제)를 잡아 軍法을 집행하였습니다.

臣이 알기로, 人臣의 節操(절조)는 죽더라도 두 마음을 가질 수 없으며, 윗사람을 섬기는 大義에 난관에서 도피해서는 안 됩니다. 앞서 의외의 상황이 갑자기 일어났고, 재앙은 쇠뇌를 건드려 화살이 날아가듯 발생하였지만 臣은 이 몸이 죽더라도 황제의 처분을 기다려야 했습니다. 그러나 생각해보면 고귀향공은 본래 황태후를 시해하고 종묘를 뒤엎는데 있었습니다. 臣은 부끄럽게도 大任을 받았지만, 대의는 安國에 있었기에 이 몸이 죽는 것을 두려워했다면 그 책임은 더욱 무거울 것입니다. 臣은 伊尹(이윤)과 周公(주공)의 임기응변의 뜻에 따라 사직의 위난을 안정시키고자 즉시 장졸을 신칙하여 皇上의 수레에 접근하지 못하게 하였지만 成濟(성제)는 갑자기 무리를 뚫고 들어가 큰 변고를 저질렀습니다. 슬프고 참담하며 애통으로 내장이 모두 찢기며 어디서 이 몸을 버려 죽어야 할지 알 수 없었습니다. 법률에 大逆無道한 자는 그 父母妻子와 형제를 모두 참수해야 합니다. 成濟(성제)는 흉악하고 패역하였으나 국가 기강을 어지럽혔으니 그 죄는 주살하고도 남을 것입니다. 즉시 侍御史에게 성제의 가속을 잡아 정위에게 넘겨 그의 죄를 판결토록 하였습니다.」

이에 태후가 조서를 내렸다.

「五刑에 해당하는 죄악 중 不孝보다 더 큰 죄는 없다. 사람의 자식으로서 불효한다면 이를 고발하여 죄로 다스려야 하나니 이 아이가(高貴鄕公, 曹髦) 어찌 백성의 군주가 될 수 있겠는가? 나는 부녀자로 大義를 잘 모르지만 成濟(성제)가 대역죄를 지었다고는 생각하지 않는다. 그러나 大將軍의 志意가 아주 간절하고 올린 글에 슬픔이 아주 가득하여 상주한 그대로 수락하노라. 이를 원근에 널리 알려 사건의 本末(經過)을 바로 알리도록 하라.」

6월 癸丑日에, 조서를 내렸다.

「옛날에 人君은 범하기 어려우면서도 諱(휘)하기 쉬운 자를 골라 이름을 지었다. 지금 常道鄕公의 諱字(휘자, 이름)은 매우 쉬운 자라서 조신들과 널리 상의하여 바꾸고 순차에 따라 상주토록 하라.」

❸ 陳留王 曹奐

| 原文 |

陳留王諱奐, 字景明, 武帝孫, 燕王宇子也. 甘露三年, 封安次縣常道鄕公. 高貴鄕公卒, 公卿議迎立公.

六月甲寅, 入於洛陽, 見皇太后, 是日卽皇帝位於太極前殿, 大赦, 改年, 賜民爵及穀帛各有差.

| 국역 |

陳留王(진류왕)의 諱(휘)는 奐(환)[550]이고, 字는 景明(경명)이며, 武帝(曹操)의 손자로 燕王 曹宇(조우)의 아들이다. 甘露 3년(서기 258)에, (幽州 燕國의) 安次縣(안차현) 常道鄕公(상도향공)에 봉해졌다. 高

550 曹魏의 元帝 曹奐(조환, 246 – 302년, 奐은 빛날 환, 原名 曹璜, 字 景明)은 曹魏의 최후 황제, 재위 260 – 65년. 曹魏 멸망 후에 曹奐은 西晉의 陳留王(진류왕)에 봉해졌다. 曹魏가 망하기 전까지는 常道鄕公, 曹奐, 기록 내용에 따라 皇帝, 또는 皇上으로 국역한다. 조환은 晉 惠帝 太安 元年(서기 302)에 許昌에서 57세에 죽었고, 諡號는 元皇帝이다.

貴鄕公이 죽자, 公卿의 회의에서 상도향공을 영입하기로 결정했다.

6월 甲寅日에, 洛陽에 들어와 皇太后를 알현하고 그날 바로 太極前殿에서 황제로 즉위하고서 나라의 죄수를 사면하고 연호를 개원하고 백성에게 차등을 주어 작위와 곡식과 비단을 하사하였다.

| 原文 |

景元元年夏六月丙辰, 進大將軍司馬文王位爲相國, 封晉公, 增封二郡, 並前滿十, 加九錫之禮, 一如前奏, (詔)諸群從子弟, 其未有侯者皆封亭侯, 賜錢千萬, 帛萬匹, 文王固讓乃止.

己未, 故漢獻帝夫人節薨, 帝臨於華林園, 使使持節追謚夫人爲獻穆皇后. 及葬, 車服制度皆如漢氏故事.

癸亥, 以尙書右僕射王觀爲司空, 冬十月, 觀薨.

| 국역 |

景元 元年(서기 260), 여름 6월 丙辰日, 대장군 司馬文王(司馬昭)의 지위를 相國으로 올리고 晉公에 봉하고 식읍으로 2군을 더 늘려 전에 내린 식읍과 합하여 10郡으로 하였고 九錫의 예우를 내려 전에 상주한 것과 같이 하였으며, (조서로) 작위가 없는 同族(司馬氏)의 자제를 모두 亭侯에 봉하였고, 금전 1천만, 비단 1만 필을 하사케 하였으나 사마소가 굳이 사양하여 중지하였다.

己未日, 옛 漢 獻帝[551]의 황후 曹節(조절, 조조의 딸)이 죽었는데, 황제는 華林園(화림원)에 행차하였고(弔問), 부절을 가진 사자를 보내 헌제 황후를 獻穆皇后(헌목황후)로 추존하였다. 장례에 여러 가지 車服이나 제도를 모두 漢나라의 전례를 따랐다.

癸亥日에, 尙書右僕射(상서우복야)인 王觀(왕관)을 司空에 임명하였는데 겨울 10월에, 王觀(왕관)이 죽었다.

| 原文 |

十一月, 燕王上表賀冬至, 稱臣.

詔曰, 「古之王者, 或有所不臣, 王將宜依此義. 表不稱臣乎! 又當爲報. 夫後大宗者, 降其私親, 況所繼者重邪! 若便同之臣妾, 亦情所未安. 其皆依禮典處, 當務盡其宜.」

有司奏, 以爲「禮莫崇於尊祖, 制莫大於正典. 陛下稽德期運, 撫臨萬國, 紹大宗之重, 隆三祖之基. 伏惟燕王體尊戚屬, 正位藩服, 躬秉虔肅, 率蹈恭德以先萬國. 其於正典, 闡濟大順, 所不得制. 聖朝誠宜崇以非常之制, 奉以不臣之禮. 臣等平議以爲燕王章表, 可聽如舊式. 中詔所施, 或存好問, 准之義類, 則 '燕覲之敬' 也, 可少順聖敬, 加崇儀稱, 示不敢斥, 宜曰 '帝敬問大王侍御'. 至於制書, 國之正典, 朝廷所以辨

551 獻帝 재위는 189년 9월 – 220년 11월. 헌제는 234년 4월에 죽었다.

章公制, 宣昭軌儀於天下者也, 宜循法, 故曰 '制詔燕王'. 凡詔命,制書,奏事,上書諸稱燕王者, 可皆上平. 其非宗廟助祭之事, 皆不得稱王名, 奏事,上書,文書及吏民皆不得觸王諱, 以彰殊禮, 加於群后. 上遵王典尊祖之制, 俯順聖敬烝烝之心, 二者不愆, 禮實宜之, 可普告施行.」

十二月甲申, 黃龍見華陰縣井中. 甲午, 以司隸校尉王祥爲司空.

‖ 국역 ‖

(景元 元年, 서기 260) 11월, 燕王(연왕, 曹宇, 曹奐의 부친)이 表文을 올려 冬至를 하례하였는데 (表文에서) 稱臣(칭신)하였다.

이에 조서를 내렸다.

「옛날의 王者에게는 '신하로 대우할 수 없는 사람이 있다.' 하였으니, (燕)王은 앞으로 이 대의를 따라야 할 것이니, 표문에서 稱臣하거나 또 회보하지 말지어다. 대체로 大宗의 후사를 계승한 자는 자신의 친족관계를 낮추어야 하니 그만큼 계승한 大宗의 지위가 소중한 것이다! 그러나 (生父를) 臣妾과 같이 대우한다면, 이 또한 情理에도 편안치 않을 것이다. 지금 모든 의례를 주관하는 곳에서는 適宜(적의)한 방안을 강구하여야 할 것이다.」

이에 有司가 상주하여 말했다.

「禮에 조상 존숭이 가장 중요하며 제도에 국가의 법보다 더 큰 것은 없습니다. 폐하께서는 덕행과 本朝 運數의 相合을 고려하시며 만국을 위무하시며 대종의 重任을 이으며 三祖(武帝, 文帝, 明帝)의 기반을 더 융성케 해야 합니다. 삼가 생각하면, 燕王(연왕)은 종실 중존귀한 친족으로 藩國(번국, 제후국)이지만, 경건 엄숙한 태도를 견지하시며 공경의 미덕을 실천하여 만국의 모범이 되고 있습니다. 국가의 정법에서 국가를 안정케 하여 바른 도덕에 순응하기에 현재의 법규로 아무런 제재를 가할 수도 없습니다. 그러니 聖朝(朝廷)에서는 응당 보통 예법으로 대할 수 없으며, 신하로 대할 수 없는 禮(不臣之禮)로 받들어야 합니다. 臣 등은 燕王이 올린 章表를 評議하였는데, 先代의 禮(舊式)에 따라 허용해야 한다고 보았습니다. 황제께서 궁중에서 보내는 친필의 詔令(中詔所施)에서는 때때로 안부를 묻되(或存好問), 이와 비슷한 상황에도 이에 준해야 하니, 곧 '가족연회에서 존비를 따지는 禮敬〔燕覿之敬(연적지경)〕 같은 경우입니다. 그리고 점차로 皇上에 대한 경의에 따라 의례에 맞는 존칭을 사용하되 직접적인 호칭을 사용할 수 없으니 實例(실례)를 들자면 '황제는 삼가 대왕의 侍御(시어)에 묻노니' 와 같은 것입니다. 制書(제서)에 관련하여, 제서는 나라의 正典이며 朝廷에서 국가의 제도를 밝혀 천하에 법도를 널리 편 것이기에 응당 법제에 따라야 할 것이니, 응당 '연왕에게 조서로 알리나니(制詔燕王)' 라고 해야 합니다. 모든 詔命(조명), 制書(제서), 보고하는 문서(奏事), 上書 등에서 '燕王(연왕)' 이라고 써야 할 경우 문서 각 行의 앞에 나란히 쓸 수 있습니다. 宗廟에서 제사를 조력하는 일에서는 어떤 경우에도 王名을 칭할 수 없으며, 奏事(주사)나 上書, 文書 및 백성들은 누구든 (燕王의) 諱(휘)를 범할 수 없으며, 이로써 특별한 대우를 나타내어 다른 제후보다 특별하게 대우를 하는 것입니다. 이렇게 하여 위로는 조정의 법도 중 선조를 尊崇(존숭)하는 법제를 준수하고, 아래로는 황상의 敦厚(돈후)한 孝敬(효경)의 마음을 지킬 수 있으니, 위 아래로 잘못됨이 없다면 禮制에 적합한 것이니, 이를 널리 시행할 수 있다고 생각합니다.」

12월 甲申日, 黃龍이 (弘農郡) 華陰縣(화음현)[552]에 출현하였다. 甲午日에, 司隷校尉[553]인 王祥(왕상)이 司空이 되었다.

| 原文 |

二年夏五月朔, 日有食之. 秋七月, 樂浪外夷韓, 濊貊各率其屬來朝貢. 八月戊寅, 趙王幹薨. 甲寅, 復命大將軍進爵晉公, 加位相國, 備禮崇錫, 一如前詔, 又固辭乃止.

552 今 陝西省 동부, 渭河(위하) 하류, 渭南市 관할 華陰縣.

553 前漢의 司隷校尉는 처음에 중앙관서에서 사역하는 노예를 감독하는 직책이었다. 前漢 武帝 征和 4년(前 89)에 京師지역, 곧 三輔〔京兆尹, 右扶風, 左馮翊(좌풍익)〕와 三河(河東郡 河南郡, 河內郡) 및 弘農郡 등 7郡의 관리를 규찰하고 범법자를 다스리는 임무를 수행하도록 사예교위를 설치하였는데 13자사부와 같은 기능을 수행하였다. 질록은 二千石. 後漢의 司隷校尉는 질록 비이천석, 京師와 三輔의 백관, 외척, 제후, 태수를 규찰하고 1州(三輔 등 7郡)를 직접 감찰하여 그 권세가 당당했다. 建武 元年에 光武帝는 御史中丞(어사중승, 최고 감찰관), 司隷校尉(백관 규찰), 尙書令의 三官을 '三獨坐'라 호칭했는데, 이는 조회 시에 전용석에 혼자 앉는다는 뜻이다. 司隷校尉部의 치소는 洛陽. 東京 또는 司隷라고도 칭했다. 후한에서는 105개 郡을 사예교위부 등 13자사부에 소속시켜 지방을 관할 통제했다. 曹魏의 司隷는 河南尹, 河東, 河內, 魏郡, 弘農郡과 魏郡에서 분리한 陽平, 廣平 2郡, 그리고 平陽郡과 野王郡 및 原武郡 등 10개 郡, 101개 縣을 관할하였다.

| 국역 |

(景元) 2년(서기 261) 여름 5월 초하루, 日食이 있었다.

가을인 7월, 樂浪郡(낙랑군)[554] 밖의 이민족인 韓(三韓)과 濊貊(예맥)에서 그 무리를 거느리고 朝貢(조공)을 보내왔다.

8월 戊寅日, 趙王 曹幹(조간)이 죽었다. 甲寅日, 다시 大將軍에게 (司馬昭) 晉公(진공)의 작위를 올리고 직위를 相國으로 올리며 예를 갖춰 九錫을 하사하라고 명했지만 (司馬昭가) 완강히 사양하여 중지하였다.

| 原文 |

三年春二月, 青龍見於軹縣井中. 夏四月, 遼東郡言肅愼國遣使重譯入貢, 獻其國弓三十張, 長三尺五寸, 楛矢長一尺八寸, 石弩三百枚, 皮骨鐵雜鎧二十領, 貂皮四百枚.

冬十月, 蜀大將姜維寇洮陽, 鎭西將軍鄧艾拒之, 破維於侯和, 維遁走. 是歲, 詔祀故軍祭酒郭嘉於太祖廟庭.

| 국역 |

(景元) 3년 봄 2월(서기 262), 青龍이 (河內郡) 軹縣(지현)의 우물에 출현하였다.

여름인 4월, 肅愼國(숙신국)[555]에서 二重 通譯(통역) 사자와 함께

554 樂浪郡은, 朝鮮縣(今 朝鮮 平壤市 城區) 등 6개 현을 다스렸다.

555 肅愼(숙신)은 (青龍) 4년(서기 236)의 주석 참고.

朝貢(조공)하였는데, 숙신의 길이 3척5촌의 활 30張과 1尺8寸의 화살〔楛矢(호시)〕과 돌쇠뇌(石砮) 3백 매, 그리고 가죽, 뼈, 쇠, 기타 물건으로 만든 갑옷(鎧) 20벌(領), 또 담비 가죽 4백 장 등을 바쳤다고 遼東郡에서 보고하였다.

겨울인 10월, 蜀漢의 大將 姜維(강유)가 (隴西郡 臨洮縣 남쪽인) 洮陽(조양)을 침범하였는데, 鎭西將軍 鄧艾(등애)가 방어하면서 강유를 侯和(후화)란 곳에서 격파하자 강유는 도주하였다. 이 해에, 조서에 의거 故 軍 祭酒(제주)였던 郭嘉(곽가)를 조조의 사당에 함께 배향하였다.

| 原文 |

四年春二月, 復命大將軍進位爵賜一如前詔, 又固辭乃止.

夏五月, 詔曰,「蜀, 蕞爾小國, 土狹民寡, 而姜維虐用其衆, 曾無廢志. 往歲破敗之後, 猶復耕種沓中, 刻剝衆羌, 勞役無已, 民不堪命. 夫兼弱攻昧, 武之善經, 致人而不致於人, 兵家之上略. 蜀所恃賴, 唯維而已, 因其遠離巢窟, 用力爲易. 今使征西將軍鄧艾督帥諸軍, 趣甘松,沓中以羅取維, 雍州刺史諸葛緒督諸軍趣武都,高樓, 首尾蹵討. 若擒維, 便當東西並進, 掃滅巴蜀也.」

又命鎭西將軍鍾會由駱谷伐蜀.

秋九月, 太尉高柔薨.

冬十月甲寅, 復命大將軍進位爵賜一如前詔. 癸卯, 立皇后卞氏.

十一月, 大赦. 自鄧艾,鍾會率衆伐蜀, 所至輒克. 是月, 蜀主劉禪詣艾降, 巴蜀皆平.

十二月庚戌, 以司徒鄭沖爲太保. 壬子, 分益州爲梁州. 癸丑, 特赦益州士民, 復除租賦之半五年. 乙卯, 以征西將軍鄧艾爲太尉, 鎭西將軍鍾會爲司徒. 皇太后崩.

| 국역 |

(景元) 4년 봄 2월(서기 263), 大將軍(司馬昭)의 進位와 封爵과 九賜의 은전을 전과 같이 실행하라고 명했으나 또 굳이 사양하여 중지하였다.

여름 5월, 조서를 내렸다.

「蜀漢은 조그만 小國[556]으로 토지가 협착하고 백성도 적으나, 姜維(강유)는 그 군사를 강제 동원하며 끝까지 포기하지 않고 있다. 작년에 우리에게 격파된 뒤에도 여전히 沓中(답중)[557]에서 屯田(둔전)하면서, 羌族(강족)을 수탈하며 강제 노역을 그치지 않아 백성이 견디질 못하고 있다. 약자를 겸병하여 혼미한 적에 대한 공격이 군사적

556 蕞爾小國의 蕞爾(최이)는 작은 모양, 작을 최. 당시 삼국의 국력을 비교할 때, 행정구역인 州의 숫자는 曹魏, 孫吳, 蜀漢이 9 : 3 : 1이며, 총 人口는 4 : 2 : 1이고, 국가 전체 國力을 추정하면 6 : 2 : 1로 추정할 수 있다고 하였다.(《한국인을 위한 중국사》 신성곤, 윤혜영 지음. 도서출판 서해문집. 2005. p.129 인용.

557 沓中(답중)은 요새 이름. 당시 梓潼郡 陰平縣, 今 甘肅省 동남 隴南市 관할 文縣. 여기서 강유가 둔전했었다.

上策이고, 적을 공격하지만 공격당하지 않는 것이 兵家의 최상 전략일 것이다. 蜀漢이 믿고 있는 것은 오직 강유뿐이나 강유는 그 소굴에서 멀리 떠나 주둔하기에 그를 공격하기는 용이할 것이다. 이제 征西將軍 鄧艾(등애)는 모든 군사를 독려하여 甘松(감송)[558]과 沓中(답중)으로 빨리 진격하여 강유를 포위하고, 雍州刺史 諸葛緖(제갈서)[559]는 군사를 독려하여 武都郡(무도군)과 高樓(고루)로 신속히 진격하여 首尾(前後)를 공격하라. 만약 강유를 생포한다면, 곧바로 동서에서 함께 진격하여 巴郡(파군)과 蜀郡(촉군) 지역을 쓸어 없애도록 하라.」

그리고 또 鎭西將軍인 鍾會(종회)를 시켜 駱谷(낙곡)을 거쳐 蜀漢을 정벌케 하였다.

가을인 9월, 太尉인 高柔(고유)가 죽었다.

겨울인 10월 甲寅日, 大將軍의 進位와 爵位와 九錫의 하사를 전에 내린 조서와 같이 시행하라고 다시 명령했다. 癸卯日, 皇后인 卞氏(변씨)를 책립했다.

11월, 나라의 죄수를 사면하였다. 鄧艾(등애)와 鍾會(종회)가 군사를 거느리고 촉한을 원정했는데 가는 곳마다 매번 승리하였다. 이 달에 蜀主 劉禪(유선)[560]이 등애의 군영에 와서 투항하자 巴蜀(파촉)

558 甘松(감송)은 요새 이름. 今 甘肅省 남부 甘南藏族自治州 관할 迭部縣(질부현). 四川省과 접경, 九寨溝縣(구채구현)의 북쪽.

559 諸葛緖(제갈서, 生卒年 미상) - 毌丘儉(관구검) 叛亂 때 泰山太守로 관구검과 교전, 雍州刺史로 승진하여 滅蜀之戰에 참여하여 강유를 고립시켰다.

560 劉禪(유선, 207 - 271년, 字 公嗣) - 蜀漢 昭烈帝 劉備의 아들. 첩실 甘夫人 소생, 서자 중 연장자. 阿斗(아두). 蜀漢 最後皇帝, 보통 蜀漢 後主로 표기. 223 - 263년 재위. 본서 《蜀書》 〈後主傳〉에 立傳.

이 모두 평정되었다.

12월 庚戌日(경술일), 司徒 鄭沖(정충)이 太保가 되었다. 壬子日, 益州를 분할하여 梁州(양주)[561]를 설치하였다. 癸丑日(계축일), 益州(익주)의 관리와 백성을 하면하고 각부 부세의 절반을 5년간 면제시켰다. 乙卯日, 征西將軍 등애는 太尉가 되었고, 鎭西將軍 종회는 司徒가 되었다. 皇太后가 붕어했다.

| 原文 |

咸熙元年春正月壬戌, 檻車徵鄧艾. 甲子, 行幸長安. 壬申, 使使者以璧幣祀華山. 是月, 鍾會反於蜀, 爲衆所討. 鄧艾亦見殺. 二月辛卯, 特赦諸在益土者. 庚申, 葬明元郭后. 三月丁丑, 以司空王祥爲太尉, 征北將軍何曾爲司徒, 尙書左僕射荀顗爲司空. 己卯, 進晉公爵爲王, 封十郡, 並前二十.

丁亥, 封劉禪爲安樂公. 夏五月庚申, 相國晉王奏復五等爵. 甲戌, 改年. 癸未, 追命舞陽宣文侯爲晉宣王, 舞陽忠武侯爲晉景王. 六月, 鎭西將軍衛瓘上雍州兵於成都縣獲璧玉印各一, 印文似'成信'字, 依周成王歸禾之義, 宣示百官, 藏於相國府.

561 梁州(양주)는 曹魏 景元 4년(263년)에 後主 降魏 후에 益州의 巴郡 등 7郡을 분리하여 설치. 州治는 南鄭縣(今 陝西省 남서부 漢中市). 7郡 43縣을 관할했다.

| 국역 |

咸熙(함희) 원년(서기 264) 봄 正月 壬戌日에, 鄧艾(등애)가 檻車(함거)에 실려 낙양으로 압송되었다.[562] 甲子日, 황제가 (京兆郡) 長安縣(장안현, 今 陝西省 西安市)에 행차하였다. 壬申日, 使者를 보내 璧玉(벽옥)과 幣帛(폐백, 비단)으로 華山(화산)[563]에 제사를 지냈다. 이 달에 鍾會(종회)가 蜀에서 반역했지만 군사들에게 토벌 당했다. (그 뒤에) 鄧艾(등애) 역시 피살되었다.[564]

2월 辛卯日, 益州(익주)의 모든 관리나 백성을 사면했다. 庚申日, 明元 郭后(明帝의 황후 곽씨)를 장례했다. 3월 丁丑日, 司空인 王祥(왕상)이 太尉가 되었다, 征北將軍인 何曾(하증)이 司徒가 되었고, 尙書左僕射(상서좌복야)인 荀顗(순의)[565]가 司空이 되었다. 己卯日에 晉公(사마소)을 晉王에 봉했는데, 식읍은 十郡으로 전에 주어진 것과 합하면 20개 군이었다.

丁亥日, 劉禪(유선)을 安樂公(안락공)에 봉했다.[566]

562 종회가 촉한 後主의 항복을 받은 등애를 질시하여 모반죄로 무고하여 아들 鄧忠과 함께 함거에 실려 낙양으로 압송된다.

563 華山은 西嶽. 今 陝西省 渭南市 관할 華陰市의 남쪽에 위치. 최고봉, 2,155m.

564 종회의 모반이 평정된 뒤, 등애는 무죄로 풀려나지만 사적 원한을 품었던 옛 부하였던 田續(전속)에게 피살된다.

565 荀顗(순의, ?–274) – 荀彧(순욱)의 아들.《魏書》10권,〈荀彧荀攸賈詡傳〉참고.

566 촉한의 後主 劉禪(유선)은 조자룡이 전쟁터에서 목숨을 걸고 구해온 유비의 아들이다. 중국어 사전에서 '아두(阿斗 ādǒu)' 를 찾으면 '무능한 사람', '쓸모없는 사람' 이라는 해석이 나온다. 중국 속담에 '權勢 家門에 阿斗 있고, 한미한 가문에서 장원 나온다.(朱門出阿斗, 寒門出壯元.)' 라는 말이 있다. 또 '유아두 같이 못난 사람은 받들어 모실 수 없고, 두레박줄은 부축한다 해서 반듯하게 서지 않는다.' 라는 속담은 용렬하고 무능한 사람은 도저히 어쩔 수 없다는 뜻이다. 그리고 '아두의 軍師가 되느니, 차라리 잘난 사내를 도와 마

여름 5월 庚申日, 相國이며 晉王인 司馬昭가 五等爵[567]을 복구해야 한다고 주청하였다. 甲戌日에 개원하였다(景元 → 咸熙).

癸未日, 舞陽宣文侯(司馬懿)를 晉 宣王(선왕), 舞陽忠武侯(司馬師)를 晉 景王으로 추존하라고 명했다.

6월에, 鎭西將軍인 衛瓘(위관)이 雍州의 병졸이 成都縣(성도현)에서 획득한 璧玉과 玉에 새긴 인장 각 하나씩을 헌상하였는데, 인장의 글자는 '成信(성신)' 字와 비슷하여, 이를 周 成王이 嘉禾(가화)를 周公에 보낸다는 뜻으로 풀이하였는데, 이를 백관에게 두루 관람시킨 다음에 相國府(司馬昭의 집무처)에 보관케 하였다.

| 原文 |

初, 自平蜀之後, 吳寇屯逼永安, 遣荊,豫諸軍掎角赴救. 七月, 賊皆遁退. 八月庚寅, 命中撫軍司馬炎副貳相國事, 以同魯公拜後之義.

부가 되는 것이 낫다.' 라는 속담도 비슷한 의미이다. 이처럼 유비의 아들 아두가 중국인에게 '못난 사람' 이나 '못난 아들' 의 대명사가 된 것은 아마 전적으로《三國演義》때문일 것이다.

567 堯,舜 및 夏朝에서는 公, 侯, 伯, 子, 男의 五爵을 두었고, 商朝에서는 公, 侯, 伯의 작위가 있었고, 子와 男의 작위는 없었다. 漢에서는 황제의 아들을 王으로, 그리고 이성제후는 모두 列侯와 관내후로 단순화되었고, 관리와 백성은 18등급의 작위를 주었지만 실효는 매우 제한적이었다. 咸熙 元年(서기 264), 晉王 司馬昭의 주장으로 五等爵(오등작) 제도를 시행하였다. 晉王 司馬昭는 20개 군을 식읍으로 받은 王이었고, 군과 현 단위를 식읍으로 받은 왕이 있었다. 五等爵은 왕 아래 郡公, 縣公, 大國侯, 次國侯, 大國伯, 次國伯, 大國子, 次國子와 男爵의 九級으로 구분하였다.

癸巳, 詔曰, 「前逆臣鍾會構造反亂, 聚集征行將士, 劫以兵威, 始吐奸謀, 發言桀逆, 逼脅衆人, 皆使下議, 倉卒之際, 莫不驚慴. 相國左司馬夏侯和,騎士曹屬朱撫時使在成都, 中領軍司馬賈輔,郎中羊琇各參會軍事. 和,琇,撫皆抗節不撓, 拒會凶言, 臨危不顧, 詞指正烈. 輔語散將王起, 說 '會奸逆凶暴, 欲盡殺將士', 又云 '相國已率三十萬衆西行討會', 欲以稱張形勢, 感激衆心. 起出, 以輔言宣語諸軍, 遂使將士益懷奮勵. 宜加顯寵, 以彰忠義. 其進和,輔爵爲鄕侯, 琇,撫爵關內侯. 起宣傳輔言, 告令將士, 所宜賞異. 其以起爲部曲將.」

癸卯, 以衛將軍司馬望爲驃騎將軍.

| 국역 |

그전에, 蜀漢을 평정한 이후에, 東吳가 군사를 모아 (巴東郡) 永安縣(영안현)[568]을 핍박하자 荊州와 豫州의 각 군에서 군사를 보내 상호 호응하여 구원케 하였다. 7월, 吳의 군사가 모두 퇴각하였다. 8월 庚寅日, 中撫軍 司馬炎(사마염)을 相國의 직무 부 책임자로 발령 내었는데 魯公의 직무를 伯禽(백금, 周公의 아들)이 대행케 한 것과 같이 뜻이었다.

癸巳日(계사일)에, 조서를 내렸다.

「앞서 逆臣(역신) 鍾會(종회)가 반란을 꾸미면서 (蜀漢 정벌에) 동

568 巴東郡의 郡治인 永安縣, 今 重慶市 동북 奉節縣, 三峽水庫(Sānxiá 댐)가 있는 곳. 劉備가 이릉전투에서 패한 뒤 이곳(白帝城)에서 붕어했다.

원된 장졸을 모은 뒤에 군사적 위압을 가하며 반역의 음모를 드러내고 흉악한 말로 군사들을 협박하며 각자 뜻을 말하게 하였으니, 갑작스런 순간에 놀라고 두려워 떨지 않는 군사가 없었다. 이때 相國의 左司馬인 夏侯和(하후화)와 騎士曹屬인 朱撫(주무)는 마침 成都(성도)[569]에 출장 중이었으며, 中領軍의 司馬인 賈輔(가보), 郎中인 羊琇(양수) 등도 각각 鍾會(종회)의 군사업무를 돕고 있었다. 夏侯和(하후화)와 羊琇(양수), 朱撫(주무)는 등은 모두 굳은 절개를 굽히지 않았으며, 종회의 흉악한 말을 거부하면서 종회의 협박에 자신의 몸을 돌보지 않고 강직하고 준엄하게 맞섰다. 賈輔(가보)는 종회의 흉악한 말을 散將인 王起(왕기)에게 전하면서, '종회는 간악 흉포하여 장사들을 모두 죽이려 한다.' 고 하였고, 또 '相國(사마소)은 종회를 토벌하려고 벌써 30만 군사를 거느리고 서쪽으로 진군하고 있다.' 고 하여 상황을 전하면서 군사들의 마음을 격앙케 하였다. 그러자 王起(왕기)는 賈輔(가보)의 말을 모든 군사들에게 전달하여 마침내 장사들은 종회의 말에 의문을 품고 분발 격앙하였다. 이에 응당 그들의 확실한 은총을 하사하여 그들의 忠義를 표창하여야 한다. 이제 夏侯和(하후화), 賈輔(가보)에게 작위를 내려 鄕侯에 봉하고, 羊琇(양수)와 朱撫(주무)는 關內侯에 책봉토록 하라. 王起(왕기)는 賈輔(가보)의 말을 여러 장졸에게 전파하였으니 특별한 상을 내리고 部曲將으로 승진시키기 바란다.」

癸卯日, 衛將軍 司馬望(사마망)[570]은 驃騎將軍이 되었다.

569 成都는 蜀郡의 治所, 成都縣, 今 四川省 成都市.

570 司馬望(사마망, 205－271년, 字 子初) － 曹魏 및 西晉의 중신. 司馬孚(사마부)의 아들이니 司馬懿의 조카.

| 原文 |

九月戊午, 以中撫軍司馬炎爲撫軍大將軍.

辛未, 詔曰, 「吳賊政刑暴虐, 賦斂無極. 孫休遣使鄧句, 敕交阯太守鎖送其民, 發以爲兵. 吳將呂興因民心憤怒, 又承王師平定巴蜀, 卽糾合豪傑, 誅除句等, 驅逐太守長吏, 撫和吏民, 以待國命.

九眞, 日南郡聞興去逆卽順, 亦齊心響應, 與興協同. 興移書日南州郡, 開示大計, 兵臨合浦, 告以禍福. 遣都尉唐譜等詣進乘縣, 因南中都督護軍霍弋上表自陳. 又交阯將吏各上表, 言 '創造事業, 大小承命. 郡有山寇, 入連諸郡, 懼其計異, 各有攜貳. 權時之宜, 以興爲督交阯諸軍事, 上大將軍, 定安縣侯, 乞賜褒獎, 以慰邊荒'. 乃心款誠, 形於辭旨. 昔儀父朝魯, 《春秋》所美. 竇融歸漢, 待以殊禮. 今國威遠震, 撫懷六合, 方包舉殊裔, 混一四表. 興首向王化, 擧衆稽服, 萬里馳義, 請吏帥職, 宜加寵遇, 崇其爵位. 旣使興等懷忠感悅, 遠人聞之, 必皆競勸. 其以興爲使持節, 都督交州諸軍事, 南中大將軍, 封定安縣侯, 得以便宜從事, 先行後上.」

策命未至, 興爲下人所殺.

| 국역 |

(咸熙 원년) 9월 戊午日, 中撫軍 司馬炎(사마염)은 撫軍大將軍이

되었다.

辛未日에, 조서를 내렸다.

「吳賊들의 통치와 형벌은 포악잔혹하며 부역과 징세도 끝이 없다. 孫休(손휴)[571]는 鄧句(등구)를 사자로 交阯郡(교지군)[572] 太守에게 보내어 백성을 강제로 압송하게 하여 군사로 징발하게 하였다. 그러자 吳의 장수 呂興(여흥)은 민심에 따라 분노하였고 우리의 군사가 巴蜀(파촉)을 평정하자 즉시 호걸들을 규합하여 鄧句(등구) 등을 주살하고 (교지군의) 태수와 관리들을 축축한 뒤에 관리와 백성을 위무하면서 우리의 國命을 기다렸다.

九眞郡과 日南郡[573] 지역에서도 呂興(여흥)이 반역자를 배반하고 (曹魏의) 조정에 歸附한 소식을 듣고 한마음으로 향응하며 여흥과 협조하였다. 여흥은 日南郡 지역에 서신을 보내 大計를 설명하며 군사를 合浦郡(합포군)[574]에 모아 (曹魏로 귀부하는) 대의와 이득을 설득하였다. 여흥은 都尉[575] 인 唐譜(당보) 등을 (益州 興古郡의) 進

---

571 東吳의 황제 孫休(손휴, 235 - 264年, 字 子烈)는 孫權의 六子. 아우 孫亮(손량)의 뒤를 이은 3번째 황제(재위 258 - 264년). 손휴 다음은 동오의 마지막 황제 孫皓(손호, 재위 264 - 280년)이다.

572 交趾郡(교지군)은, 後漢의 舊郡으로, 郡治는 龍編縣, 今 越南社會主義共和國 河內市(하노이 시) 부근. 龍編縣, 安定縣 등 12개 현을 관장.

573 九眞郡과 日南郡은, 후한 이래의 舊郡으로 日南郡은 후한의 영역 중 최남단으로 지금의 월남국 중부 지역에 해당.

574 合浦는 交州의 郡名, 치소는 合浦縣. 合浦, 朱崖, 徐聞, 平山 등 4縣을 관장. 今 廣西壯族自治區 동남부 北海市 관할 合浦縣.

575 都尉는 군사 관련 업무 담당자의 관직명. 군사를 지휘하는 도위는 장군과 교위의 아래 직위. 군국의 도위는 태수나 상을 도와 군국의 군사, 치안 관련 업무를 수행했다. 변방군의 도위는 軍事와 政事를 겸했다.

乘縣(진승현)[576]에 보내면서 겸해서 南中都督護軍인 霍弋(곽익)에게 표문을 올려 자신의 뜻을 피력하였다. 또 交阯郡의 將吏도 각각 표문을 올려 '(呂興이) 새로운 일을 시작하였으니 상하 모두 그의 명을 따를 것이다. 郡에는 山寇(산구, 山賊)가 있고 여러 郡이 하나로 연결되었지만 서로 속셈이 달라 두 마음을 품을까 걱정이 된다. 그러나 상황에 따라 적의하게 변화 대응할 것이오니 여흥을 交阯의 諸 軍事를 감독할 수 있는 上大將軍에 임명하고, 定安縣侯에 책봉하여 변방 거친 땅을 위무할 수 있도록 특별한 표창을 애걸한다.' 고 말하였다. 이는 그들의 진정한 衷心(충심)으로 그들의 表文에 잘 들어있다. 옛날에 邾儀父(주의보)가 魯國에 입조하자, 이를 《春秋》에서 칭송하였다. 또 竇融(두융)[577]이 後漢에 귀부하자, (光武帝는) 특별히 우대하였다. 지금 우리의 國威가 원방에 떨치며 천하 사방을 안무 회유하고 있지만 이민족이 사는 지역까지 통일해야 한다. 呂興(여흥)이 먼저 王化를 받아들이고 무리를 거느리고 우리에게 복속하려고 만 리 밖에서도 대의를 지키며 관원과 장수의 직분을 자청하니, 응당 특별한 총애를 베풀고 작위를 내려 높여주어야 할 것이다. 이미 여흥과 그 무리의 민심이 충성하며 悅服(열복)하고 원방의 백성이 모두 따르니 필히 서로 다투어 勸勉(권면)할 것이다. 여흥에

576 進乘縣은, 今 雲南省 남동부 紅河哈尼族彝族自治州(蒙自市) 관할의 屛邊苗族自治縣(簡稱, 屛邊縣).

577 竇融(두융)은 왕망과 更始帝를 거쳐 서쪽 변방에서 입신하였다. 후한 초 河西 일대에 세력을 가진 토호로 오직 광무제에게 충성하였고 개국공신이었다. 두융은 다른 공신과 달리 관직을 오래 담당하였는데, 이는 두융의 특별한 처세술이었다. 《後漢書》 23권, 〈竇融列傳〉에 입전. 章帝 竇皇后(두황후, ?-97)는 竇融(두융)의 증손녀였다.

게 부절을 가진 사자를 보내 交州諸軍事의 都督 겸 南中大將軍에 임명하고 定安縣侯에 책봉할 것이며, 편의에 따라 업무에 종사하도록 할 것이며, 우선 실행한 다음에 뒤에 다시 보고하기 바란다.」

그러나 策命이 여홍에게 도착하기 전에 여홍은 부하에게 살해되었다.

| 原文 |

冬十月丁亥, 詔曰,

「昔聖帝明王, 靜亂濟世, 保大定功, 文武殊塗, 勳烈同歸. 是故或舞干戚以訓不庭, 或陳師旅以威暴慢. 至於愛民全國, 康惠庶類, 必先脩文教, 示之軌儀, 不得已然後用兵, 此盛德之所同也. 往者季漢分崩, 九土顚覆, 劉備,孫權乘間作禍. 三祖綏寧中夏, 日不暇給, 遂使遺寇僭逆歷世. 幸賴宗廟威靈, 宰輔忠武, 爰發四方, 拓定庸,蜀, 役不浹時, 一征而克. 自頃江表衰弊, 政刑荒闇, 巴,漢平定, 孤危無援, 交,荊,揚,越, 靡然向風. 今交阯僞將呂興已帥三郡, 萬里歸命, 武陵邑侯相嚴等糾合五縣, 請爲臣妾, 豫章廬陵山民擧衆叛吳, 以助北將軍爲號. 又孫休病死, 主帥改易, 國內乖違, 人各有心. 僞將施績, 賊之名臣, 懷疑自猜, 深見忌惡. 衆叛親離, 莫有固志, 自古及今, 未有亡徵若此之甚. 若六軍震曜, 南臨江,漢, 吳會之域必扶老擕幼以迎王師, 必然之理也. 然興動大衆, 猶有勞費, 宜告喩威德, 開示仁信, 使知順附和同之利. 相國參軍事徐紹, 水曹掾孫彧, 昔在壽春, 並見虜獲. 紹本僞南陵督, 才質開壯, 彧,孫權支屬, 忠良見事. 其遣紹南還, 以彧爲副, 宣揚國命, 告喩吳人, 諸所示語, 皆以事實, 若其覺悟, 不損征伐之計, 蓋廟勝長算, 自古之道也. 其以紹兼散騎常侍, 加奉車都尉, 封都亭侯, 彧兼給事黃門侍郎, 賜爵關內侯. 紹等所賜妾及男女家人在此者, 悉聽自隨, 以明國恩, 不必使還, 以開廣大信.」

丙午, 命撫軍大將軍新昌鄕侯炎爲晉世子. 是歲, 罷屯田官以均政役, 諸典農皆爲太守, 都尉皆爲令長, 勸募蜀人能內移者, 給廩二年, 復除二十歲. 安彌,福祿縣各言嘉禾生.

| 국역 |

(咸熙 원년) 겨울인 10월 丁亥日에, 조서를 내렸다.

「옛날의 聖帝나 明王은 禍亂(화란)을 평정하고 세상을 구원하며(靜亂濟世), 皇位에 安居(保大)하고 功績을 이루나니(定功), 文治와 武功의 방도가 다르지만(文武殊塗) 이룩한 치적은 같았을 것이다(勳烈同歸). 이 때문에 때로는 무력으로 정복하여 복종하지 않는 세력을 길들이고, 때로는 군대를 출동시켜 포악하거나 오만한 자들을 위엄으로 굴복시켰다. 백성을 사랑하고 나라를 보전하며 자애로 만물을 愛育하려면 무엇보다도 먼저 文敎를 닦고 법도와 예법의 시범을 보여야 하지만 어쩔 수 없어 무력을 동원하였으니, 이는 고상한 미덕을 갖춘 군왕에게도 마찬가지였다. 지난, 漢나라 말기에 지방 세력이 할거하면서 온 중국(九土, 九州)이 혼란에 빠졌고, 劉備(유비)와 孫權(손권) 같은 자가 그런 틈을 타서 환란을 일으켰다. 三祖(曹魏 武帝, 文帝, 明帝)께서는 中原(中夏)을 평정하시고 바쁜 政務에 한가한 겨를이 없었기에 賊徒(적도)들은 참람하게도 稱帝하면서 몇 代가 지나갔다. 다행히도 宗廟의 위엄과 신령에 의지하고 보좌하는 대신의 忠誠과 武勇으로 사방을 정벌하였으니 上庸郡[578]과 蜀郡(촉군)의 평정하는 戰役은 3개월을 넘기지 않고[579] 한 번 원정으로 끝냈다. 근래에 長江 이남(江表)의 정사가 문란해졌고 형벌이 어지럽고 참담하며, 巴郡과 漢中郡 일대도 평정되면서 東吳는 고립무원의 상태에 빠졌고 交州, 荊州, 揚州, 南越 지역까지도 형세에 순응하며 우리에게 쏠리고 있다. 이번에 交阯郡(교지군)의 賊將 呂興(여흥)은 이미 3개 郡을 인솔하여 만 리 밖에서 귀부하려 했으며 (荊州, 上庸郡 소속) 武陵縣(무릉현)의 邑侯의 相인 嚴(엄) 등은 5개 현을 규합하여 臣服(신복)하였으며 豫章郡(예장군)[580]의 廬陵縣(여릉현)의 백성은 무리로 거병하여 東吳에 반기를 들면서 助北將軍(조북장군)이라고 불렀다. 또 (東吳의 군주) 孫休(손휴)가 병사하고 장수가 교체되면서 내부적으로 상하가 乖離(괴리)되었고 백성들도 다른 마음을 갖게 되었다. 賊將인 施績(시적)[581]은 東吳의 명신이지만 懷疑(회의)를

578 上庸郡의 치소는 上庸縣, 上庸郡 치소, 今 湖北省 서북쪽 끝 十堰市(십언시) 관할 竹山縣 서남. 竹山縣 서남. 여기서는 今 湖北省 일대를 지칭하니, 당시 曹魏 蜀漢 東吳의 각축 지역이었다.

579 원문의 浹時(협시). 浹은 두루 미칠 협. 浹時는 한 계절(時, 3개월) 전부. 浹日은 10干이 한 회전하는 10일을 의미한다.

580 豫章郡의 치소는 南昌縣, 今 江西省 중북부 南昌市.

581 施績(시적, 朱績, ?-270년, 字 公緒) - 東吳의 장수.

품자 (東吳에서) 심하게 배척당하고 있다. 이처럼 백성이 반기를 들고 (손권 일족의) 親族마저도 이반하면서 굳은 지조를 가진 사람이 없으니 自古로 멸망의 징조가 이보다 더 심한 적이 없었다. 만약 우리 六軍이 위세를 떨치며 진격하여 남쪽 長江이나 漢水에서 진격한다면 吳나라 會稽郡(회계군) 지역에서도 어른을 부축하고 아이를 안고서 틀림없이 王師를 환영할 것이다. 그렇지만 대군을 동원하면 백성이 고생하고 많은 비용이 날 것이니, 응당 먼저 우리의 威德(위덕)을 널리 알리고 인자와 신의를 베풀어 吳의 백성으로 하여금 순리대로 귀부하고 동화하면 이롭다는 사실을 깨우쳐줘야 한다. 相國의 參軍事[582]인 徐紹(서소)와 水曹掾인 孫彧(손욱)은 예전에 壽春城(수춘성)에서 포로로 잡혀온 사람이었다. 徐紹(서소)는 본래 적국의 南陵都督(남릉도독)으로 재능과 바탕이 활달한 사람이었고, 孫彧(손욱)은 손권의 支屬(지속)으로 忠良하면서도 업무에 두각을 보였었다. 徐紹(서소)와 孫彧(손욱)을 함께 남쪽으로 돌려보내서 우리 조정의 威名을 널리 알리며 吳人을 깨우치게 하되, 모두 사실인 내용을 전파할 것이며, 만약 깨우쳐 협조하게 된다면 정벌의 비용을 들이지 않고도 원격 전략으로 승리를 거두는 것이니, 이는 자고로 가장 좋은 방략이라 할 수 있다. 徐紹(서소)에게 散騎常侍[583]를 겸직케 하고 奉車都尉[584]로 승진시켜 都亭侯에 봉하고, 孫彧(손욱)은 給事黃門

582 參軍事는 삼공이나 장군의 속관이며, 막료. 參軍으로 통칭.

583 散騎常侍(산기상시) – 황제 출행 시 측근 호위와 侍從 역할, 表文과 상주문을 관리. 질록 比二千石.

584 奉車都尉 – 前漢 武帝 때 처음으로 奉車, 駙馬, 騎都尉를 설치했다. 御車와 乘輿(승여), 馬匹을 관리했고, 질록은 比二千石이었다.

侍郎을 겸직케 하면서 關內侯의 작위를 하사하라. 徐紹(서소) 등에게 하사한 처첩이나 남녀 노비로 이곳에 머무는 자들은 徐紹(서소)의 처분에 따르게 하여 國恩을 분명히 하고, 뒷날 반환하지 않게 하여 조정의 신의를 널리 선양토록 하라.」

丙午日, 撫軍大將軍 新昌鄕侯 司馬炎(사마염)을 晉의 世子로 책립하였다. 이 해에 屯田官을 폐지하고 田租(전조)와 賦役(부역)에 대한 업무를 통일하였는데, (둔전의) 典農中郎將을 太守가 겸임하고 都尉를 현령이나 縣長이 담당케 하였으며, 蜀人의 內地 이주를 권장하여 (이주자에게는) 2년 치 양식을 지급하고 20년간의 賦稅를 면제케 하였다.

(酒泉郡의) 安彌縣(안미현)과 祿福縣(녹복현, 酒泉郡의 치소, 今 甘肅省 서부 酒泉市)에서 嘉禾(가화)[585]가 자라났다고 보고하였다.

| 原文 |

二年春二月甲辰, 朐忍縣獲靈龜以獻, 歸之於相國府. 庚戌, 以虎賁張脩昔於成都馳馬至諸營言鍾會反逆, 以至沒身, 賜脩弟倚爵關內侯.

夏四月, 南深澤縣言甘露降. 吳遣使紀陟,弘璆請和.

585 麒麟, 白雉, 醴泉, 嘉禾(가화), 甘露 등은 모두 태평성대의 祥瑞(상서)이다. 周成王 11년에 唐(당)이란 곳에서 한 줄기에서 두 이삭이 나온 벼(雙穗禾)가 자랐는데, 이를 成王에게 헌상하였다. 이에 周公은 〈嘉禾〉 詩를 지어 상서로운 일로 받아들였다. 《史記 魯周公世家》 참고.

| 국역 |

(咸熙) 2년(서기 265) 봄 2월 甲辰日, (巴東郡) 朐忍縣(구인현)[586]에서 靈龜(영귀)를 잡았다고 헌상했는데, 이를 相國府에 보내주었다. 庚戌日에, 虎賁 衛士[587]인 張脩(장수)는 그전에 成都縣에서 말을 달려 각 군영에 鍾會(종회)의 반역 사실을 알리다가 죽었는데, 張脩(장수)의 동생 張倚(장의)를 關內侯에 봉했다.

여름인 4월, (博陵郡의) 南深澤縣(남심택현)[588]에서 甘露(감로)가 내렸다고 보고하였다. 吳에서 使者 紀陟(기척)과 弘璆(홍구)를 보내 강화를 요청했다.

| 原文 |

五月, 詔曰, 「相國晉王誕敷神慮, 光被四海, 震燿武功, 則威蓋殊荒, 流風邁化, 則旁洽無外. 愍恤江表, 務存濟育, 戢武崇仁, 示以威德. 文告所加, 承風鄉慕, 遣使納獻, 以明委順, 方寶纖珍, 歡以效意. 而王謙讓之至, 一皆簿送, 非所以慰副初附, 從其款原也. 孫皓諸所獻致, 其皆還送, 歸之於王, 以協古義.」

586 巴東郡 朐忍縣(구인현)은, 今 重慶市 북동부 雲陽縣.

587 虎賁(호분)은 虎賁郎, 황제의 禁衛兵(1,500人). 虎賁中郎將(질록 比2천석)이 지휘. 호분은 꿩의 꽁지 깃털〔鶡尾(할미)〕을 꽂은 호위 勇士. 鶡(산새 이름 할)은 꿩보다 크고 성질이 사나워 끝까지 싸우는 새라고 한다.

588 南深澤縣(남심택현)은 博陵郡 소속, 博陵郡의 郡治는 博陵縣, 今 河北省 중서부 保定市 관할의 蠡縣(여현).

王固辭乃止. 又命晉王冕十有二旒, 建天子旌旗, 出警入蹕, 乘金根車,六馬, 備五時副車, 置旄頭雲罕, 樂舞八佾, 設鍾虡宮縣. 進王妃爲王后, 世子爲太子, 王子,王女,王孫, 爵命之號如舊儀. 癸未, 大赦.

秋八月辛卯, 相國晉王薨. 壬辰, 晉太子炎紹封襲位, 總攝百揆, 備物典冊, 一皆如前. 是月, 襄武縣言有大人見, 三丈餘, 跡長三尺二寸, 白髮, 著黃單衣, 黃巾, 柱杖, 呼民王始語云, "今當太平."

九月乙未, 大赦. 戊午, 司徒何曾爲晉丞相. 癸亥, 以驃騎將軍司馬望爲司徒, 征東大將軍石苞爲驃騎將軍, 征南大將軍陳騫爲車騎將軍. 乙亥, 葬晉文王.

閏月庚辰, 康居,大宛獻名馬, 歸於相國府, 以顯懷萬國致遠之勳.

| 국역 |

(咸熙 2년, 서기 265) 5월, 조서를 내렸다.

「相國인 晉王(司馬昭)은 신묘한 策謀를 널리 베풀어 천하가 그 은택을 받았으며, 큰 무공을 세워 그 위엄이 아주 먼 변방까지 미쳤고, 교화를 널리 펴니 그 潤澤(윤택)을 받지 않은 곳이 없었다. 長江 이남 지역의 백성까지 긍휼히 여겨 그들을 구제하고 양육하며 전쟁을 중지시키고 仁政을 구현하여 위엄과 덕행을 베풀었도다. 문서가 닿는 곳 어디서든 교화가 이루어졌고, 조정을 흠모하여 사자를 보내 공물을 헌상하였으며, 귀순의 의사를 밝히며 각지의 보물과 섬세 미묘한 珍品을 기꺼이 보내왔다. 그런데도 晉王은 겸양의 뜻으로 모두를 문서로 만들어 조정에 보냈으니, 이는 이제 막 歸附하는 자를 받아들되 그들의 성심을 따르려는 깊은 뜻이었다. (東吳의 君主) 孫晧(손호)가 헌상한 모든 것까지 모두를 晉王에게 반환 귀속시켜 古義에 부합케 하라.」

그러나 晉王이 고사하자 중지하였다. 황제는 晉王에게 12旒(류)의 면류관을 하사케 하였고, 천자의 旌旗(정기)를 세우게 하였으며, 출입할 때 백성의 통행을 통제하고 金根車를 六馬가 끌게 하였으며 五時에 맞춘 副車를 사용토록 허용하고, 길을 안내하는 기병과 앞서가는 旌旗(정기)를 세우게 하였으며, 八佾(팔일, 8行 64명)의 樂舞와 저택에 鍾虡(종거)를 세우게 허용하였다. 王妃를 높여 王后로, 世子를 太子로, 그 외의 王子, 王女, 王孫의 爵命과 호칭을 옛 의례에 맞춰 사용케 하였다. 癸未日에, 나라의 죄수를 사면하였다.

가을 8월 辛卯日에 相國인 晉王(司馬昭)이 죽었다.[589] 壬辰日, 晉태자 司馬炎(사마염)이 선친의 작위와 관직을 계승하였고(紹封襲位), 백관을 總領(총령)하였는데, 여러 儀仗(의장)과 器物이나 典籍(전적)과 簡册(간책) 등은 모두 (司馬昭와) 같게 하였다.

이 달에 (隴西郡 치소인) 襄武縣(양무현, 今 甘肅省 定西市 관할 隴西縣 東)에 大人(巨人)이 출현하였는데 거인은 신장이 3丈이 넘었고, 足跡(족적)이 3尺2寸에 白髮(백발)이었으며, 누런 單衣에 黃巾을 쓰고 지팡이를 들었는데, 王始(왕시)란 사람을 불러 "지금이 바로 太平

589 司馬昭는 54세를 一期로 病死하였다.

이다.”라고 말했다고 보고하였다.

9월 乙未日에, 나라의 죄수를 사면했다. 戊午日, 司徒인 何曾(하증)이 晉의 승상이 되었다. 癸亥日에, 驃騎將軍인 司馬望(사마망)이 司徒가 되었고, 征東大將軍 石苞(석포)가 驃騎將軍, 征南大將軍인 陳騫(진건)이 車騎將軍이 되었다. 乙亥日에, 晉 文王(司馬昭)을 장례했다.

閏月(윤월) 庚辰日에, (서역의) 康居國, 大宛國(대원국)에서 名馬를 헌상하였는데, 이를 相國府에 보내주어 萬國을 慰撫하여 먼 이국에서도 공물을 보내게 한 공적을 표창하였다.

| 原文 |

十二月壬戌, 天祿永終, 歷數在晉. 詔群公卿士具儀設壇於南郊, 使使者奉皇帝璽綬册, 禪位於晉嗣王, 如漢魏故事. 甲子, 使使者奉策. 遂改次於金墉城, 而終館於鄴, 時年二十.

| 국역 |

12월 壬戌日(咸熙 2년, 서기 265), 上天은 曹魏의 天祿을 영원히 종결케 하니, (왕조의) 歷數(역수)는 晉(진)으로 옮겨갔다. 조서를 내려 모든 公卿과 관원이 南郊에 의식을 거행한 高壇을 설치케 하고, 使者를 보내 황제의 國璽(국새)와 綬帶(수대)와 簡册(간책)을 받들고 皇位(황위)를 晉의 後嗣 王(司馬炎)에게 선양하였는데 後漢과 曹魏의 전례와 같았다. 甲子日, 使者를 보내 策書를 헌상하였다.

이에 曹奐(조환)은 金墉城(금용성)[590]에 나가 머물렀고, 나중에 (魏郡) 鄴縣(업현)에 거주하였는데, (선양할 때) 나이는 20세였다.[591]

| 原文 |

評曰, 古者以天下爲公, 唯賢是與. 後代世位, 立子以適. 若適嗣不繼, 則宜取旁親明德, 若漢之文,宣者, 斯不易之常准也. 明帝旣不能然, 情系私愛, 撫養嬰孩, 傳以大器, 託付不專, 必參枝族, 終於曹爽誅夷, 齊王替位. 高貴公才慧夙成, 好問尙辭, 蓋亦文帝之風流也. 然輕躁忿肆, 自蹈大禍. 陳留王恭己南面, 宰輔統政, 仰遵前式, 揖讓而禪, 遂饗封大國, 作賓於晉, 比之山陽, 班寵有加焉.

| 국역 |

陳壽의 評論 : 古代에 천하는 公的이며 賢人이 통치해야 한다고 생각하였다. 後代에 皇位를 세습하며 嫡長子(적장자)가 뒤를 이었다. 그러나 적장자가 계승할 수 없으면 덕을 갖춘 支親 중에서 선택하였으니, 漢의 文帝나 宣帝가 그러했으며 이는 결코 바뀔 수 없는 준거가 되었다.

590 金墉城은 洛陽 故城 서북에 있는 離宮의 이름. 歷代 廢主나 廢后의 거소로 이용되었다.

591 西晉에서는 曹奐을 陳留王에 봉했다. 진류왕은 (晉 惠帝 太安 元年 서기 302年) 나이 58세에 죽었는데, 시호는 元皇帝이다.

曹魏의 明帝는 그러하지 않았으니 사적인 정에 끌려 어린아이를 양육하여 大器(皇位)를 물려주었으며, 부탁을 받은 대신은 어린 황제 보필에 전념치 않았고, 방계의 친족이 끼어들면서 결국 曹爽(조상)은 피살되었으며, 齊王(曹芳)은 폐출되었다.

高貴鄕公(曹髦)의 才智는 夙成(숙성)했고, 학문과 文辭를 숭상하며 文帝(曹丕)의 풍모가 있었다. 그러나 경박하고 恣意(자의)에 격분하여 스스로 큰 화를 자초하였다.

陳留王(曹奐)은 얌전하게 南面했고 宰輔(재보, 丞相)가 정사를 통솔하였지만 옛 인습만을 따르다 보니 拱手(공수)하고 禪讓(선양)하였으니 결국 大國(西晉)의 책봉을 받고 손님이 되었는데, 그래도 (後漢의) 山陽公(獻帝)보다는 대우가 좋았다.

5권 〈后妃傳〉(魏書 5)
(후비전)

| 原文 |

《易》稱「男正位乎外, 女正位乎內, 男女正, 天地之大義也.」古先哲王, 莫不明后妃之制, 順天地之德. 故二妃嬪嬀, 虞道克隆, 任,姒配姫, 周室用熈, 廢興存亡, 恒此之由.

《春秋》說云 天子十二女, 諸侯九女, 考之情理, 不易之典也. 而末世奢縱, 肆其侈欲, 至使男女怨曠, 感動和氣, 惟色是崇, 不本淑懿, 故風教陵遲而大綱毀泯, 豈不惜哉! 嗚呼, 有國有家者, 其可以永鑒矣!

| 국역 |

《易經》에서 말했다. 「男子는 家外에 正位가 있고, 女子(아내)는

家內에 바른 자리에 있나니, 남녀의 正位는 天地의 大義이다.」[592]

고대의 현명한 君王은 后妃에 관한 제도를 분명히 제정하였으니 天地의 大德에 순응하지 않은 사람이 없었다. 그래서 二妃(堯帝의 두 딸, 娥皇과 女英)가 嬀水(규수)[593]로 출가시키자, 虞舜(우순)의 사업이 제대로 이루어졌으며, 太任(태임, 季歷의 아내, 文王의 모친)과 太姒(태사, 文王의 妃, 武王의 모친)가 姬姓(周室)에 출가하여 周 王室이 번성하였으니 (한 가문이나 나라의) 융성과 멸망 원인은 늘 남녀 관계에 있었다.

《春秋》의 기록에 의하면, 天子는 12명의 여인을 거느리고, 諸侯는 9명을 거느린다고 하였는데, 그 情理를 고려해보면 바뀔 수 없는 제도라 할 수 있다. 그러나 말세에 이르면 군주의 사치와 방종에 끝없는 음욕으로 바른 남녀 관계보다는 원한이 많아지고, 음양의 조화를 이루지 못하면서 미색만을 중시하고 인품의 미덕이나 후비의 근본을 따지지 않게 되어 풍속의 교화가 무너지고 인륜의 기강마저 허물게 되니, 이 어찌 애석하지 않겠는가!

嗚呼(오호)라! 나라나 제후의 가문에서는 이를 오래도록 귀감으로 삼아야 할 것이다.

592 《易經》 風火家人 卦(☴☲)의 彖辭(단사)에 나오는 말.

593 嬀水(규수) – 여기서는 山西省 남부 永濟縣 남쪽을 흐르는 黃河의 지류. 여기에 舜이 살고 있었다. 堯는 두 딸을 舜에게 출가시켰다. 舜은 堯의 두 딸을 아내로 맞은 뒤, 큰 일을 해낼 수 있었다는 뜻. 「釐降二女于嬀汭, 嬪于虞～.」《尙書 虞書 堯傳》.

| 原文 |

漢制, 帝祖母曰太皇太后, 帝母曰皇太后, 帝妃曰皇后, 其餘內官十有四等. 魏因漢法, 母后之號皆如舊制, 自夫人以下, 世有增損.

太祖建國, 始命王后, 其下五等. 有夫人, 有昭儀, 有倢伃, 有容華, 有美人. 文帝增貴嬪,淑媛,脩容,順成,良人. 明帝增淑妃,昭華,脩儀, 除順成官. 太和中始復命夫人, 登其位於淑妃之上. 自夫人以下爵凡十二等. 貴嬪,夫人, 位次皇后, 爵無所視, 淑妃位視相國, 爵比諸侯王, 淑媛位視御史大夫, 爵比縣公, 昭儀比縣侯, 昭華比縣侯, 脩容比亭侯, 脩儀比關內侯, 倢伃視中二千石, 容華視眞二千石, 美人視比二千石, 良人視千石.

| 국역 |

漢의 制度에 의하면, 황제의 祖母를 太皇太后, 황제의 모친을 皇太后, 황제의 妃를 皇后(황후)라 칭하였고, 그 외의 內官으로 14등급이 있었다.[594] 曹魏(조위)는 漢의 法制를 그대로 따랐는데, 母后의 호칭은

594 班固의《漢書》에는〈外戚傳〉(上, 下卷)이 있다. 이〈외척전〉에서 後宮(女官)의 등급을 설명하였다. 范曄(범엽)의《後漢書》에는 역대 황제의 本紀 다음에〈皇后紀〉(上, 下卷)이 있다.《漢書 外戚傳》에 수록된 14등급은 다음과 같다. 昭儀(소의, 丞相 대우, 원제 때 처음 설치)－倢伃(첩여, 上卿으로 대우, 무제 때 처음 설치)－娙娥(형아, 中二千石 대우)－傛華(용화, 眞이천석 대우)－美人(미인, 2천석 대우) －八子(팔자, 1천석 대우)－充依(충의, 1천석 대우)－七子(칠자, 8백석 대우)

漢의 舊制와 같았으나, 夫人 이하는 시대에 따라 가감이 있었다.

太祖(曹操, 武帝)가 魏國을 건립한 이후에 처음으로 王后를 책봉하였고, 이후에 5등급의 女官을 두었다. 5등급 女官은 夫人(부인), 昭儀(소의), 倢伃(첩여), 容華(용화), 美人(미인)이었다. 文帝(曹丕) 때 여기에 貴嬪(귀빈), 淑媛(숙원), 脩容(수용), 順成(순성), 良人(양인)의 등급이 있었다. 明帝(曹叡) 때에는 淑妃(숙비), 昭華(소화), 脩儀(수의)를 설치하고, 順成(순성)의 관명을 폐지하였다. 太和(明帝의 연호, 서기 227-232년) 연간에 처음으로 復命夫人(복명부인)을 두었는데, 그 위치는 淑妃(숙비)보다 상위였다. 夫人(부인) 이하 총 12등급이었다. 貴嬪(귀빈)과 夫人(부인)은 皇后의 다음 자리로 작위는 비교할 등급이 없으며, 淑妃(숙비)의 위치는 相國(상국)의 지위에 해당하고 작위는 諸侯王에 같았고, 淑媛(숙원)의 지위는 御史大夫와 동급에 작위는 縣公(현공)과 같았으며, 昭儀(소의)는 縣侯(현후), 昭華(소화)는 鄕侯, 脩容(수용)은 亭侯, 脩儀(수의)는 關內侯와 같았으며, 倢伃(첩여)는 中二千石[595]의 관리, 容華(용화)는 眞二千石, 美人(미인)은 比二

-良人(양인, 八百石 대우)-長使(장사, 6백석 대우)-少使(소사, 4백석 대우)-五官(오관, 3백석 대우)-順常(순상, 2백석 대우)-無涓(무연), 共和(공화), 娛靈(오령), 保林(보림), 良使(양사), 夜者(야자)는 모두 1백석 대우.

595 中二千石 - 漢代 9卿의 질록(관등에 따른 녹봉)의 하나. 漢代의 관리 녹봉(年俸)의 액수 단위는 곡식의 石(120斤)으로 정해졌다. 대장군과 三公은 질록은 1萬石, 고급 관리인 9卿은 中二千石. 지방 태수와 중앙의 고급 관원 二千石, 그 아래는 比二千石이었다. 史書에는 '眞二千石'이란 용어도 보인다. 縣令(大縣)은 千石, 縣長(小縣)은 四百石에서 三百石이었다. 前漢에서는 녹봉을 곡식으로 받지 않고 錢으로 받았는데 中二千石(月 180斛)은 매월 4만 전을 받았다. 後漢에서는 절반은 곡식으로, 다른 절반은 錢으로 받았다. 질록 二千石과 千石의 차이가 2배가 되는 것은 아니다. 後漢에서 백관의 봉록은 대략 다음과 같다.

千石, 良人(양인)은 1千石의 관리와 대우가 같았다.

❶ 武宣卞皇后

| 原文 |

武宣卞皇后, 琅邪開陽人, 文帝母也. 本倡家, 二十, 太祖於譙納后爲妾. 后隨太祖至洛. 及董卓爲亂, 太祖微服東出避難. 袁術傳太祖凶問, 時太祖左右至洛者皆欲歸, 后止之曰, "曹君吉凶未可知, 今日還家, 明日若在, 何面目復相見也? 正使禍至, 共死何苦!" 遂從后言. 太祖聞而善之.

建安初, 丁夫人廢, 遂以后爲繼室. 諸子無母者, 太祖皆令后養之. 文帝爲太子, 左右長御賀后曰, "將軍拜太子, 天下莫不歡喜, 后當傾府藏賞賜."

后曰, "王自以丕年大, 故用爲嗣, 我但當以免無教導之過爲幸耳, 亦何爲當重賜遺乎!" 長御還, 具以語太祖. 太祖悅

대장군과 三公은 月 350斛(곡, 10斗가 1斛, 20리터에 해당). 中二千石은 월 180곡이나 실제로는 9千錢과 米穀 72斛을 받았다. 眞二千石은 매월 6千5百錢과 米穀 36斛, 二千石은 월 120곡(6千錢과 米穀 35斛), 比二千石 월 100곡(5千錢과 米穀 34斛), 一千石 월 80곡(4千錢과 米穀 30斛), 六百石 월 70곡, 比六百石 월 50곡, 四百石 월 45곡, 比四百石 월 40곡, 三百石도 월 40곡, 比三百石 월 37곡, 二百石 월 30곡, 比二百石 월 27곡, 一百石 월 16곡, 斗食 월 11곡, 최하 봉급자인 佐史 월 8곡. (殤帝 延平(106년) 기준. 《後漢書》〈百官五〉의 참고).

曰, "怒不變容, 喜不失節, 故是最爲難."

| 국역 |

武宣卞皇后(무선변황후)[596]는 琅邪郡(낭야군)[597] 開陽縣 사람으로 文帝(曹丕)의 모친이다. 본래 倡家(창가, 歌舞藝人)였는데, 20세에 曹操가 譙縣(초현)에 있을 때 조조의 妾(첩)이 되었다. 변씨는 조조를 따라 낙양에 왔다. 董卓(동탁)이 作亂(작란)할 때, 조조는 微服(미복)으로 동쪽으로 피난하였다. 袁術(원술)이 (사람을 보내) 조조가 죽었다는 소식을 알려왔는데, 그때 조조와 함께 낙양에 왔던 측근이 모두 귀향하려고 하자, 변씨가 그들을 제지하며 말했다.

"曹君(曹操)의 길흉을 확실히 알 수 없는데, 오늘 귀향했다가 나중에 살아있다면 무슨 면목으로 다시 보겠습니까? 또 정말로 죽었다면 같이 죽는 것이 어찌 어렵겠습니까!"

결국 변씨의 말에 따랐다.[598] 조조가 알고서는 변씨를 칭찬하였다.

(漢 獻帝) 建安(건안, 서기 196 – 220) 初 무렵에, (본처) 丁夫人[599]을

596 魏武宣卞皇后(161 – 230, 卞氏, 名字 미상) – 卞은 조급할 변, 법 변. 曹操의 첩에서 정실로 승격, 曹丕, 曹彰, 曹植, 曹熊의 생모.

597 琅邪(낭야) – 琅邪郡(國), 徐州 관할 군명. 治所는 開陽縣, 今 山東省 남부의 臨沂市(임기시).

598 변씨는 지혜롭고도 검소했다. 언젠가 조조가 좋은 귀고리(名璫) 몇 벌을 변씨에게 주었는데, 변씨는 그 중간 정도 하나만을 골라가졌다. 조조가 까닭을 묻자, 변씨는 "가장 좋은 것을 고르면 욕심이고, 가장 나쁜 것을 고른다면 僞善(위선)이기에 중간 것을 골랐다." 고 말했다.

599 丁夫人(정부인, 생졸 미상) – 조조의 본처. 출산하지 못하여 妾 劉夫人이 출산한 曹昂(조앙)을 친자처럼 키웠다. 그러나 조앙이 197년에 張繡(장수) 토벌 전

내보내자 변씨가 정실이 되었다. 조조는 여러 서자 중 모친이 없는 자를 변씨가 양육하게 하였다. 文帝(曹丕)가 태자에 책봉되자 좌우 시중들이 卞后에게 축하하하며 말했다.

"將軍께서 太子가 되자 모든 백성이 기뻐하니 후비께 큰 상이 내릴 것입니다."

그러자 변후가 말했다.

"아들(丕)이 나이가 제일 위라서 魏王(曹操)께서 후사로 정한 것이니, 나는 다만 아들을 잘못 키웠다는 말만 안 들어도 기쁠 뿐이지 어찌 큰 상을 받을 수 있겠는가!"

좌우 시중이 이를 魏王에게 전하자 위왕이 기뻐하며 말했다.

"화가 나도 안색이 안 바뀌고, 기쁘다고 節度를 넘지 않나니, 이는 정말 어려운 일이다."

| 原文 |

二十四年, 拜爲王后, 策曰, 「夫人卞氏, 撫養諸子, 有母儀之德. 今進位王后, 太子諸侯陪位, 群卿上壽, 減國內死罪一

투 중에 조조를 구하고 전사했는데 정부인은 조조를 크게 원망하였다. 조조는 정씨를 본가로 돌려보냈다. 나중에 조조가 정씨를 다시 데려오려고 그 집에 갔을 때 정씨는 베를 짜면서 베틀에서 내려오지도 않았다. 조조가 정씨의 등을 어루만지며 "함께 수레를 타고 집으로 돌아갑시다."라고 말했지만, 정씨는 대꾸도 하지 않았다. 조조가 문을 나서며 "정말 돌아가지 않겠는가?"라고 물어도 정씨는 대답하지 않았다. 이에 조조는 탄식했다. "이제 정말 결별이다." 丁氏가 정실로 있는 동안 卞부인(卞皇后)을 박대하였다. 변부인은 정실이 된 뒤에도 늘 정씨의 안부를 물었다. 정씨가 죽었다는 소식에 변부인은 조조에게 정씨의 장례를 치러주라고 애써 권했고, 조조는 변부인의 말에 따랐다.

等.」

二十五年, 太祖崩, 文帝卽王位, 尊后曰王太后, 及踐阼, 尊后曰皇太后, 稱永壽宮. 明帝卽位, 尊太后曰太皇太后.

| 국역 |

(獻帝 建安) 24년(서기 219), 王后에 책봉되었는데 책서를 내렸다.

「夫人 卞氏(변씨)는 여러 아들을 양육하면서 母儀의 德行을 실천하였다. 이제 왕후로 봉하나니 太子와 諸侯들은 왕후를 모실 것이며, 여러 公卿은 祝壽(축수)하고, 나라 안 사형수의 죄를 1등급 감형하라.」

(建安) 25년(서기 220) 太祖(조조)가 붕어하고[600] 曹丕(조비)[601]가 魏王이 되자 왕후를 王太后로 존칭했고, 제위에 오르고 왕태후를 皇太后로, 거처를 永壽宮이라 했다. 明帝(曹叡)가 즉위하고서는 太后를 太皇太后로 받들었다.

| 原文 |

黃初中, 文帝欲追封太后父母, 尙書陳羣奏曰,

600 조조는 時年 66세였다. 《三國演義》에는 72개의 疑塚(의총)을 만들어 자신이 묻힌 곳을 알지 못하게 하라고 유언하였다.

601 曹丕(조비, 187-226년, 재위, 220-26) - 丕는 클 비. 조비의 魏를 曹魏라 통칭한다.

"陛下以聖德應運受命, 創業革制, 當永爲後式. 案典籍之文, 無婦人分土命爵之制. 在禮典, 婦因夫爵. 秦違古法, 漢氏因之, 非先王之令典也."

帝曰, "此議是也, 其勿施行. 以作著詔下藏之臺閣, 永爲後式."

至太和四年春, 明帝乃追謚太后祖父廣曰開陽恭侯, 父遠曰敬侯, 祖母周封陽都君及(敬侯)夫人, 皆贈印綬. 其年五月, 后崩. 七月, 合葬高陵.

| 국역 |

(文帝) 黃初 연간에, 文帝가 太后의 父母를 追封(추봉)하려 하자, 尙書인 陳羣(진군, 陳群)이 상주하였다.

"폐하께서는 성덕으로 천운에 감응하여 천명을 받으시어 創業하시고 제도를 혁신하시니 응당 후세의 法式이 되어야 합니다. 臣이 여러 典籍을 보았지만 부인에게 分土하여 작위를 내린 제도는 없었습니다. 禮制에 부인은 부군의 작위를 따릅니다. 그러나 秦에서 古法을 위반했고 漢室에서도 따랐지만, 이는 선왕이 명시한 제도가 아닙니다."

이에 文帝가 말했다. "이 논의가 옳으니 시행하지 말라. 그리고 이 조서를 기록하여 臺閣(대각)에 보관하며, 후대의 법식으로 삼으라."

그러나 (明帝) 太和 4년(서기 230) 봄, 명제는 太后의 祖父인 卞廣(변광)을 開陽恭侯(개양공후)로, 부친 卞遠(변원)을 敬侯(경후), 祖母

周(주)를 陽都君(양도군), 그리고 (敬侯의) 夫人을 봉하면서 모두 인수를 하사하였다. 그해 5월에 황태후 변씨가 붕어했고, 7월에 高陵(曹操의 능)에 합장하였다.

| 原文 |

初, 太后弟秉, 以功封都鄉侯, 黃初七年進封開陽侯, 邑千二百戶, 爲昭烈將軍. 秉薨, 子蘭嗣. 少有才學, 爲奉車都尉, 游擊將軍, 加散騎常侍. 蘭薨, 子暉嗣. 又分秉爵, 封蘭弟琳爲列侯, 官至步兵校尉. 蘭子隆女爲高貴鄉公皇后, 隆以后父爲光祿大夫, 位特進, 封睢陽鄉侯, 妻王爲顯陽鄉君. 追封隆前妻劉爲順陽鄉君, 后親母故也. 琳女又爲陳留王皇后, 時琳已沒, 封琳妻劉爲廣陽鄉君.

| 국역 |

그전에 太后의 동생인 卞秉(변병)은 공을 세워 都鄕侯(도향후)에 책봉되었는데, (文帝) 黃初 7년(서기 226) 開陽侯(개양후)로 승급되었는데, 식읍은 1,200호였고, 昭烈將軍이 되었다. 卞秉(변병)이 죽어 아들 卞蘭(변란)이 계승하였다.

卞蘭(변란)은 젊어서 才學이 있었고 奉車都尉였다가 游擊將軍이 되었으며 加官[602]으로 散騎常侍가 되었다. 卞蘭(변란)이 죽고 아들

602 加官이란 本職 외에 다시 더 받은 관직의 직함이다. 열후, 장군, 경대부나 낭

卞暉(변휘)가 계승하였다. 또 卞秉(변병)의 봉토를 나누어 卞蘭(변란)의 동생 卞秉(변병)의 작위를 계승케 하였고, 또 다른 동생 卞琳(변림)도 열후가 되었고 步兵校尉가 되었다.

卞蘭(변란)의 아들 卞隆(변륭)의 딸이 高貴鄕公(曹髦, 재위 서기 254－260)의 皇后가 되었고, 卞隆(변륭)은 황후의 부친으로 光祿大夫가 되었고, 지위는 特進이며 睢陽鄕侯(수양향후)에 봉해졌으며, 아내 王氏(왕씨)는 顯陽鄕君에 책봉되었다. 卞隆의 전처 劉氏는 황후의 생모였기에 順陽鄕君이 되었다. 卞琳(변림)의 딸 또한 陳留王(曹奐, 曹魏 마지막 황제)의 황후가 되었는데, 그때 변림은 이미 죽은 뒤였지만, 변림의 처 劉氏는 廣陽鄕君이 되었다.

❷ 文昭甄皇后

| 原文 |

文昭甄皇后, 中山無極人, 明帝母, 漢太保甄邯後也, 世吏二千石. 父逸, 上蔡令. 后三歲失父. 后天下兵亂, 加以饑饉, 百姓皆賣金銀珠玉寶物, 時后家大有儲穀, 頗以買之. 后年十餘歲, 白母曰, "今世亂而多買寶物, 匹夫無罪, 懷璧爲罪. 又

관 이상의 관직에서 가관을 받을 수 있었다. 가관의 칭호로 자주 보이는 것은 侍中, 左右曹, 諸吏, 常侍, 散騎, 給事中 등이 있다. 가관을 받은 신하는 황제의 신임을 받고 있다는 뜻이며, 권한이 강대한 內朝의 要職을 차지하였다. 給事中은 황제 측근에서 여러 잡무를 담당, 加官의 加官의 한 종류. 황제를 가까이 모실 수 있는 자리이다.

左右皆飢乏, 不如以穀振給親族鄰里, 廣爲恩惠也."

擧家稱善, 卽從后言.

| 국역 |

文昭甄皇后(문소견황후)[603]는 中山國 無極縣(무극현)[604] 사람으로, 明帝(조예)의 생모이며, 漢 太保 甄邯(견한)의 후손인데 집안 대대로 2천석의 고관을 역임했다. 부친 甄逸(견일)은 上蔡(상채)[605] 縣令이었는데 甄后가 3살 때 죽었다.

그 무렵 천하가 병란을 만났고 거기에 흉년이 들어서 백성들은 모두 금은이나 구슬 등 寶玉을 처분하였는데, 甄后의 집에는 곡식의 여분이 있었고 그런 곡식으로 금은보화를 사들였다. 그때 견후는 10여 세였는데 모친에게 말했다.

"지금 세상 사람들이 난리를 당할 때 우리는 보물을 사들이는데, 보통 백성이 지은 죄가 없더라도 보물을 갖고 있다면 허물이 됩니다. 또 주변 사람이 모두 굶주리니, 이 곡식을 친척과 향리에 나눠주어 널리 은혜를 베풀어야 합니다."

이에 집안 모두가 견후를 칭찬하면서 그 말에 따랐다.

603 文昭甄皇后(문소견황후, 183-221년) - 文帝 曹丕(조비)의 황후.

604 中山國은 冀州 관할, 군국명. 치소는 盧奴縣, 今 河北省 남부 省 직할 定州市. 無極縣은 중산국의 현명. 今 河北省 남서부 石家莊市 관할 無極縣.

605 上蔡는 豫州 관할 汝南郡의 현명. 今 河南省 중남부 駐馬店市 관할 上蔡縣, 李斯(이사)의 고향.

| 原文 |

建安中, 袁紹爲中子熙納之. 熙出爲幽州, 后留養姑. 及冀州平, 文帝納后於鄴, 有寵, 生明帝及東鄉公主.

延康元年正月, 文帝卽王位, 六月, 南征, 后留鄴. 黃初元年十月, 帝踐阼. 踐阼之後, 山陽公奉二女以嬪於魏, 郭后, 李, 陰貴人並愛幸, 后愈失意, 有怨言. 帝大怒, 二年六月, 遣使賜死, 葬於鄴.

| 국역 |

(獻帝) 建安(건안) 연간에, 袁紹(원소)가 둘째 아들 袁熙(원희)의 처로 견씨를 맞이했다. 원희가 幽州刺史가 나가 있을 때, 견씨는 남아서 시모를 모셨다. 冀州(기주)가 평정되면서, 曹丕는 鄴縣에서 견씨를 아내를 맞이했고[606] 총애하였는데, 견씨는 明帝(曹叡)와 東鄉公主(동향공주)를 낳았다.

延康(연강)[607] 원년(서기 220년) 정월에, (조조가 죽고) 조비가 魏王으로 즉위했고, 6월에, 조비가 남쪽을 원정할 때 견후는 鄴縣에

606 조조가 鄴縣을 공략하여 차지할 때, 조비는 먼저 袁尙(원상)의 저택에 진입하였는데, 어떤 여인이 산발하고 더러운 얼굴로 袁紹의 처 劉氏 뒤에 울며 서 있었다. 조비가 묻자, 유씨는 둘째 아들(袁熙)의 처라고 말했다. 그러면서 며느리의 머리를 묶고 수건으로 얼굴을 닦게 하자 미색이 絶倫(절륜)하였다. 그러자 유씨가 며느리에게 말했다. "죽을 걱정은 하지 않아도 된다!" 조비는 견씨를 맞이했고 또 총애했다.

607 헌제는 황제였고 曹조는 魏王이었다. 건안 26년(서기 220)을 조비가 延康으로 개원하였지만 헌제의 연호이다. 서기 220년 10월에, 조비는 헌제의 선양을 받고 黃初로 다시 개원했다.

남아있었다.[608]

黃初 원년(서기 220) 10월, 曹丕가 황제로 즉위했다. 文帝 즉위 후에 山陽公(漢 獻帝)은 두 딸을 조비에게 시집보냈고, 郭后(文帝의 2번째 황후), 李貴人, 陰貴人이 모두 (文帝의) 총애를 받자, 甄后(견후)는 더욱 실의에 빠지면서 원망을 많이 했다. 文帝는 大怒하였고, (黃初) 2년(서기 221) 6월에, 사람을 보내 甄后에게 사약을 내렸고 鄴縣에 장례했다.

| 原文 |

明帝卽位, 有司奏請追謚, 使司空王朗持節奉策以太牢告祠於陵, 又別立寢廟. 太和元年三月, 以中山魏昌之安城鄕戶千, 追封逸, 謚曰敬侯. 適孫像襲爵. 四月, 初營宗廟, 掘地得玉璽, 方一寸九分, 其文曰'天子羡思慈親.' 明帝爲之改容, 以太牢告廟.

又嘗夢見后, 於是差次舅氏親疏高下, 敘用各有差, 賞賜累鉅萬. 以像爲虎賁中郎將. 是月, 后母薨, 帝制緦服臨喪, 百僚陪位. 四年十一月, 以后舊陵庳下, 使像兼太尉, 持節詣鄴, 昭告后土, 十二月, 改葬朝陽陵.

608 여러 기록에 의하면 甄氏는 시어머니 卞后(曹操의 처)에게 효도했다. 그러나 조비의 미움으로 사약을 받아 죽었기에 사소한 기사는 기록하지 않았을 것이다.

像還, 遷散騎常侍. 青龍二年春, 追謚后兄儼曰安城鄉穆侯. 夏, 吳賊寇揚州, 以像爲伏波將軍, 持節監諸將東征, 還, 復爲射聲校尉. 三年薨, 追贈衛將軍, 改封魏昌縣, 謚曰貞侯. 子暢嗣. 又封暢弟溫, 韡, 艷皆爲列侯. 四年, 改逸, 儼本封皆曰魏昌侯, 謚因故. 封儼世婦劉爲東鄉君, 又追封逸世婦張爲安喜君.

| 국역 |

明帝(曹叡)가 즉위하자(서기 227), 有司가 (甄后에게) 시호를 추증해야 한다고 주청하자, 명제는 司空인 王朗(왕랑)에게 부절을 주어 책명을 받들고 太牢(태뢰)로 능에 제사를 올리게 하였고 침전과 묘당을 짓게 했다.

(明帝) 太和 원년(서기 227) 3월, 中山國 魏昌縣(위창현)[609]의 安城鄕 1천 호로 (견후의 선친) 甄逸(견일)을 책봉하며, 시호를 敬侯(경후)라 하고, 견일의 適孫(적손) 甄像(견상)이 작위를 세습케 했다.

4월에, 처음으로 종묘를 짓는데 땅을 파다가 사방 1寸9分의 玉璽(옥새)를 하나 발견했는데, 거기에 '天子는 慈親(자친)을 흠모한다.'라 문자가 쓰여 있었고, 명제는 모친을 생각하여 감동하면서 太牢(태뢰)로 이를 종묘에 고하였다.

또 명제는 전에 꿈에서 모친을 뵌 적이 있었는데, 이에 외가의 친소와 고하를 모두 초치하여 차등을 두어 관직을 수여하였는데 하사

609 魏昌縣(위창현)은, 今 河北省 서남부 石家莊市 서북의 深澤縣.

한 상금이 鉅萬(거만)에 이르렀다. (명제는) 甄像(견상)을 虎賁中郎將에 등용하였다. 이 해에 甄后의 모친이 죽자 명제는 緦麻服(시마복)으로 문상했는데 백관이 陪位(배위)하였다.

(太和) 4년(서기 230) 11월, 견후의 옛 능묘가 저지대라 하여 甄像(견상)을 太尉를 겸직케 하고 부절을 가지고 鄴縣에 가서 后土神에게 재사를 올리고, 12월에 甄后를 朝陽陵(조양릉)[610]에 개장하였다.

甄像(견상)은 낙양에 돌아와 散騎常侍(산기상시)로 승진하였다. 靑龍 2년(서기 234) 봄, 甄后의 오빠인 甄儼(견엄)을 安城鄕 穆侯(목후)로 추증하였다. 여름에, 吳의 군사가 揚州(양주)에 침입하자, 甄像(견상)을 伏波將軍(복파장군)으로 임명하여 부절을 가지고 원정에 참가한 여러 장군을 감독케 하였고 견상이 돌아오자 다시 射聲校尉가 되었다.

靑龍 3년(서기 235)에, 견상이 죽자 衛將軍을 추증하였고, 魏昌縣에 改封하면서 시호를 貞侯(정후)라 하였다. 아들 甄暢(견창)이 계승하였다. 또 견창의 동생인 甄溫(견온), 甄韡(견위), 甄艷(견염)도 모두 列侯가 되었다.

靑龍 4년, 견일과 甄儼(견엄)은 본래 安城鄕侯였는데, 魏昌侯라 改封하였고 시호는 예전과 같았다. 견엄의 本妻 劉氏를 東鄕君에, 또 甄逸의 본부인인 張氏를 安喜君이라 추봉하였다.

610 文帝 曹조의 능은 首陽陵이다.

| 原文 |

景初元年夏, 有司議定七廟. 冬, 又奏曰,

「蓋帝王之興, 旣有受命之君, 又有聖妃協於神靈, 然後克昌厥世, 以成王業焉. 昔高辛氏卜其四妃之子皆有天下, 而帝摯,陶唐,商,周代興. 周人上推后稷, 以配皇天, 追述王初, 本之姜嫄, 特立宮廟, 世世享嘗,《周禮》所謂 '奏〈夷則〉, 歌〈中呂〉, 舞〈大濩〉, 以享先妣' 者也. 詩人頌之曰, '厥初生民, 時維姜嫄.' 言王化之本, 生民所由. 又曰, '閟宮有侐, 實實枚枚, 赫赫姜嫄, 其德不回.'《詩》,《禮》所稱姬宗之盛, 其美如此. 大魏期運, 繼於有虞, 然崇弘帝道, 三世彌隆, 廟祧之數, 實與周同. 今武宣皇后,文德皇后各配無窮之祚, 至於文昭皇后膺天靈符, 誕育明聖, 功濟生民, 德盈宇宙, 開諸後嗣, 乃道化之所興也. 寢廟特祀, 亦姜嫄之閟宮也, 而未著不毁之制, 懼論功報德之義, 萬世或闕焉, 非所以昭孝示後世也. 文昭廟宜世世享祀奏樂, 與祖廟同, 永著不毁之典, 以播聖善之風.」

於是與七廟議並勒金策, 藏之金匱.

| 국역 |

(明帝) 景初(경초) 원년(서기 237) 여름, 有司가 七廟(칠묘)를 확정해야 한다는 논의를 했다. 겨울에, 이를 상주하였다.

「대체로 帝王의 興起(흥기)에는 天命을 받은 군왕이 있고, 또 賢

德을 갖춘 后妃와 신령이 도움이 있어 당대에 번창하고 王業을 성취하게 됩니다. 옛날에 高辛氏(고신씨)[611]는 점(卜)으로 四妃[612]의 아들을 얻어 천하를 차지할 수 있었으며, 이후 摯(지, 高辛氏의 長子), 陶唐(도당, 堯), 商(상), 周代(주대)에 걸쳐 번성하였습니다. 周人들은 后稷(후직)을 시조로 받들어 皇天에 配享(배향)하는데, 그 후직의 출생은 姜嫄(강원)[613]에서 시작되었기에 특별히 묘당을 건립하여 대대로 제사를 지내는데, 《周禮》에서는 '〈夷則〉의 악곡을 연주하고, 〈中呂〉를 노래하며, 〈大濩(대호)〉의 舞樂을 춤춰 돌아가신 모친을 제사한다.' 고 하였습니다. 그리고 시인도 칭송하는 시를 지어 '처음에 후직을 양육한 사람은 그의 모친 姜嫄(강원)이라.' 고 읊었으니,[614] 이는 왕이 이룩한 교화의 근본이 生民과 양육에서 시작하였다는 뜻입니다. 또 '(姜嫄의 묘) 閟宮(비궁)은 조용하고 튼튼하고 아름다우며, 밝고 밝은 강원은 그 德이 어긋나지 않았네.' 라고 하였습니다.[615] 《詩經》과 《周禮》에서는 (周室의) 姬姓(희성) 가문의 융성을 이처럼 미화하였습니다.

611 高辛氏(고신씨)는 五帝의 한 사람인 帝嚳(제곡)임. 中國歷史에서 전설적 인물. 號는 高辛氏. 帝嚳(제곡)은 어려서부터 德行에 총명하고 유능하였다. 15세에 帝 顓頊(전욱)을 도와 공을 세워 有辛(今 河南省 商丘市)에 봉해졌고 전욱 사후에 제위에 오르니, 나이 30세였다고 한다.

612 四妃는 正妃인 姜嫄(강원), 次妃인 簡狄(간적), 第三妃인 慶都(경도)와 四妃인 常宜(상선).

613 姜嫄(강원)은 后稷(후직)의 母親. 《史記 五帝本紀》에 의하면, 姜嫄(강원)은 帝嚳 高辛氏의 正妃인데, 들에서 거인의 발자국을 밟은 뒤에 임신하여 后稷(후직)을 출산했고 후직은 周의 시조가 되었다.

614 《詩經 大雅 生民》의 구절임. 「厥初生民, 時維姜嫄. 生民如何, 克禋克祀, 以弗無子. 履帝武敏歆, 攸介攸止, 載震載夙, 載生載育, 時維后稷.」

615 《詩經 魯頌 閟宮》의 구절. 閟는 문 닫을 비.

大魏(대위)의 運數는 有虞氏(유우씨, 舜)의 계승자로 제왕의 治國之道를 發揚(발양)하고 넓혀 三代를 거치면서 더욱 융성하였으며, 묘당의 수에 있어서도 실제로 周와 같을 것입니다. 지금 武宣皇后(曹操 부인 卞氏)와 文德皇后(曹丕 황후 郭氏)가 무궁한 복을 받으며 配享하고 있지만 文昭皇后(조비 첫째 황후 甄氏)는 上天의 신령한 符命을 받아 현명하신 황제(曹叡)를 출산 양육하시었으니 그 공적은 백성을 구제했고, 그 덕행은 우주에 가득 찼으며 후사를 낳고 길렀으니 이는 王道와 敎化의 興起라 할 수 있습니다. (甄皇后의) 寢殿(침전)과 廟堂에서 특별히 제사하는 것은 (周에서) 姜嫄(강원)을 閟宮(비궁)에서 제사하는 것과 같을 것이나 아직 확실한 법제를 마련하지 못하였는데, (甄皇后의) 공덕과 은덕의 대의를 論定한다면서 오래도록 지체된다면, 이는 효도를 밝혀 후세에 모범을 보여주지 못하는 것입니다. 世世代代에 이르도록 舞樂으로 제사를 모시는 祖廟와 함께 文昭황후의 묘당도 응당 영원히 변경할 수 없는 법제로 만들어야 하나니, 이로써 모친에 孝敬하는 미풍을 널리 펴야 할 것입니다.」

이에 본 건의와 七廟 건립에 관한 논의를 황금의 책명에 기록하여 金匱(금궤)에 보관케 하였다.

| 原文 |

帝思念舅氏不已. 暢尙幼, 景初末, 以暢爲射聲校尉, 加散騎常侍, 又特爲起大第, 車駕親自臨之. 又於其後園爲像母起觀廟, 名其里曰渭陽里, 以追思母氏也. 嘉平三年正月, 暢薨, 追贈車騎將軍, 諡曰恭侯, 子紹嗣.

太和六年, 明帝愛女淑薨, 追封諡淑爲平原懿公主, 爲之立廟. 取后亡從孫黃與合葬, 追封黃列侯, 以夫人郭氏從弟德爲之後, 承甄氏姓, 封德爲平原侯, 襲公主爵. 靑龍中, 又封后從兄子毅及像弟三人, 皆爲列侯. 毅數上疏陳時政, 官至越騎校尉.

嘉平中, 復封暢子二人爲列侯. 後兄儼孫女爲齊王皇后, 后父已沒, 封后母爲廣樂鄕君.

| 국역 |

明帝의 외숙에 대한 思念은 끝이 없었다. 甄暢(견창)이 아직 어렸는데도 景初(경초) 말년에 견창을 射聲校尉(사성교위)에 임명하였고, 散騎常侍(산기상서)의 직분을 加官(가관)으로 수여하였으며, 또 특별히 대 저택을 지어 주었고 황제가 친히 행차도 하였다. 그리고 그 後園에 甄像(견상)의 모친을 위한 묘당을 짓게 하였고, 그 마을을 渭陽里(위양리)로 개명하여 모친을 추모하였다. (齊王, 曹芳의) 嘉平(가평) 3년(서기 251) 정월에 견창이 죽자, 조정에서는 車騎將軍을 추증하고 시호를 恭侯(공후)라 하였으며, 아들 甄紹(견소)가 계승하였다.

(明帝) 太和 6년(서기 232)에, 明帝가 아끼는 딸 淑(숙)이 죽자, 淑(숙)을 平原懿公主(평원의공주)라는 시호를 내려주고, 淑(숙)의 묘당을 지었다. 그리고 甄황후의 죽은 從孫(종손)인 黃與(황여)와 합장케

하고서 황여를 列侯에 봉했으며, 夫人 郭氏(곽씨)의 從弟인 郭德(곽덕)을 황여의 후사로 삼아 甄氏(견씨) 성을 이어받게 하였고, 甄德(견덕)을 平原侯에 봉한 뒤 공주 淑(숙)의 작위를 계승케 하였다. (明帝) 青龍 연간에(서기 233-236년), 또 甄황후의 사촌오빠의 아들 甄毅(견의) 및 甄像(견상)의 동생 3인 모두 列侯가 되었다. 甄毅(견의)는 자주 時政에 관한 건의를 상소하였는데 관직은 越騎校尉(월기교위)[616]에 이르렀다.

(齊王 曹芳의) 嘉平(가평) 연간에(서기 249-254년), 다시 甄暢(견창)의 아들 2인이 열후가 되었다 그 뒤에 견황후의 오빠인 甄儼(견엄)의 孫女가 齊王(曹芳)의 皇后가 되었는데, 황후의 부친은 이미 죽었지만 황후의 모친을 廣樂鄕君(광락향군)에 봉했다.

❸ 文德郭皇后

| 原文 |

文德郭皇后, 安平廣宗人也. 祖世長吏. 后少而父永奇之曰, "此乃吾女中王也." 遂以女王爲字. 早失二親, 喪亂流離, 沒在銅鞮侯家. 太祖爲魏公時, 得入東宮. 后有智數, 時時有所獻納. 文帝定爲嗣, 后有謀焉. 太子卽王位, 后爲夫人, 及踐阼, 爲貴嬪. 甄后之死, 由后之寵也.

616 越騎校尉(월기교위) - 후한에서는 북군 5교위의 하나. 황궁 宿衛 감당. 질록 比二千石. 越騎는 越人騎兵이란 뜻. 校尉는 단위부대장.

黃初三年, 將登后位, 文帝欲立爲后, 中郎棧潛上疏曰,

「在昔帝王之治天下, 不惟外輔, 亦有內助, 治亂所由, 盛衰從之. 故西陵配黃,英娥降嬀, 並以賢明, 流芳上世. 桀奔南巢, 禍階末喜, 紂以砲烙, 怡悅妲己. 是以聖哲愼立元妃, 必取先代世族之家, 擇其令淑以統六宮, 虔奉宗廟, 陰敎聿修. 《易》曰, '家道正而天下定.' 由內及外, 先王之令典也. 《春秋》書宗人釁夏云, 無以妾爲夫人之禮. 齊桓誓命於葵丘, 亦曰 '無以妾爲妻'. 今後宮嬖寵, 常亞乘輿. 若因愛登后, 使賤人暴貴, 臣恐後世下陵上替, 開張非度, 亂自上起也.」

文帝不從, 遂立爲皇后.

| 국역 |

(文帝 曹丕의) 文德郭皇后(문덕곽황후)는 安平國 廣宗縣(광종현)[617] 사람이다. 그 조상은 대대로 관리 집안이었다. 郭皇后가 어렸을 때 부친 郭永(곽영)은 딸을 귀여워하며 "이 아이가 내 딸 중의 왕이다." 라면서 字를 '女王' 이라 했다. 그러나 어린 나이에 양친을 잃고 난리를 당해 유랑하다가 銅鞮侯(동제후)의 집에 婢女(비녀)가 되었다. 太祖(曹操)가 魏公(위공)일 적에 東宮의 비녀로 들어갔다. 곽씨는 매우 영리했고 때때로 그 건의가 받아들여졌다. 文帝가 후사로 확정된 것도 곽씨의 지모였다고 한다.

617 冀州 관할 安平郡의 郡治는 信都縣, 今 河北省 衡水市 冀州區. 廣宗縣은 今 河北省 남부 邢臺市 廣宗縣.

太子(曹丕)가 魏王으로 즉위하자 곽씨는 夫人이 되었고, 조비가 황제로 즉위하자 貴嬪(귀빈)이 되었다. (文帝) 甄皇后(견황후)의 죽음도 그 원인은 곽귀빈에 대한 총애 때문이었다.

(文帝) 黃初 3년(서기 222)에, 황후를 고를 때, 文帝는 곽귀빈을 황후로 책립하려 하자 中郞[618]인 棧潛(잔잠)이 상소하였다.

「옛날의 帝王이 천하를 다스리는데는 조정에서 대신의 보필뿐만 아니라 后妃(후비)의 內助도 있었으니, 治世와 亂世의 원인이나 흥성과 쇠망도 내조에 따라 달랐습니다. 그러했기에 西陵(서릉)의 여인은 黃帝와 결혼하였고, (堯의) 女英(여영)과 娥皇(아황)은 嬀水(규수)로 시집갔는데(舜의 아내가 됨), 모두가 현명하여 고대에 아름다운 이름을 남겼습니다.

(夏의) 桀王(걸왕)이 南巢(남소)로 쫓겨난 재앙은 末喜(말희)[619] 때문이었고, (殷) 紂王(주왕)은 砲烙(포락)[620]의 형벌로 妲己(달기)[621]를 기쁘게 했습니다. 이러했기에 聖哲한 군왕은 元妃를 신중히 선택하

618 中郞은 郞官의 하나. 황제 호위 무사. 질록 6백석. 棧潛(잔잠)은《魏書》25권, 〈辛毗楊阜高堂隆傳〉에 附傳.

619 末喜(말희)는 妺喜(말희)로도 표기, 有施氏 國君의 딸, 夏朝 17대 桀王(걸왕)의 寵妃(총비). 말희는 비단 찢는 소리를 좋아하여 걸왕은 그녀를 위해 많은 비단을 찢게 하였으며 각종 사치를 누리게 했다. 末喜는 중국 역사에서 紅顔禍水(홍안화수, '凡紅顔, 皆是禍水' 여인에 의한 국정파탄)의 첫 번째 實例이며, 이어 商代(殷)의 妲己(달기), 西周의 褒姒(포사)가 나왔다. 越王 勾踐(구천)이 范蠡(범려)를 통해 吳王 夫差(부차)에게 西施(서시)를 바쳤는데, 부차가 서시를 받아들이려 하자, 伍子胥(오자서)는 말희 등의 예를 들며 "美女者는 亡國之物이니 받아들여서는 안 됩니다."라고 건의하였다.

620 砲烙(포락)은 酷刑(혹형)의 일종, 刑者를 銅柱에 묶어두고 숯불로 피부를 태워 죽이는 형벌.

621 妲己(달기)는 酒池肉林의 놀이를 즐긴 여인.

였으니, 필히 선대의 世族之家에서 인품이 훌륭한 여인을 골라 六宮을 통할케 하였고 경건히 종묘 제사를 받들며 여인에 대한 교화의 모범을 보였습니다.

그래서 《易》에서도 '家道가 바로서야 천하가 안정된다'[622]고 하였습니다. 이렇듯 內에서 外로 파급시키는 것이 선왕의 훌륭한 제도였었습니다. 《春秋》에는 宗人 釁夏(흔하)가 '妾(첩)을 부인으로 삼는 禮가 없다.' 고 한 말을 기록하였습니다. 齊(제)의 桓公(환공)은 葵丘(규구)에서 '妾을 妻로 삼지 않겠다.' 고 맹서하였습니다. 지금도 후궁에서 총애를 받는 姬妾(희첩)의 대우가 거의 황후와 같습니다. 만약 총애한다 하여 황후의 지위에 오른다면 천인이 갑자기 귀인이 되는데, 臣은 뒷날 아랫사람이 윗사람을 능멸하게 되어 그 비행이 널리 확산될 것이니, 이는 혼란이 위에서 일어나는 것입니다.」

그러나 文帝는 따르지 않았고 결국 황후로 책립하였다.

| 原文 |

后早喪兄弟, 以從兄表繼永後, 拜奉車都尉. 后外親劉斐與他國爲婚, 后聞之, 敕曰,

「諸親戚嫁娶, 自當與鄉里門戶匹敵者, 不得因勢, 强與他方人婚也.」

622 《易經》 風火家人 卦(☴☲)의 彖辭(단사)에 나오는 말. 「父父子子, 兄兄弟弟, 夫夫婦婦 而家道正, 正家 而天下定矣.」

后姊子孟武還鄕里, 求小妻, 后止之. 遂敕諸家曰,「今世婦女少, 當配將士, 不得因緣取以爲妾也. 宜各自愼, 無爲罰首.」

| 국역 |

郭皇后는 일찍이 兄弟를 잃었기에, 從兄인 郭表(곽표)를 (부친) 郭永(곽영)의 후사로 삼고 곽표를 奉車都尉에 임명했다. 곽황후의 외사촌인 劉斐(유비)가 다른 諸侯 집안과 혼인하려 하자, 곽황후가 이를 알고 훈계하였다.

「모든 친척의 혼인은 향리에서 서로 비슷한 가문을 골라 하는 것이지 권세를 따라 먼 곳에 혼인하는 것이 아니다.」

곽황후 언니의 아들인 孟武(맹무)가 향리로 돌아와 小妻(妾)를 얻으려 하자, 곽황후가 이를 제지시켰다. 그리고 집안사람을 훈계하였다.

「지금 세상에 부녀가 많지 않으니 응당 장졸이 우선 결혼해야 하나니, 어떤 이유든지 첩을 얻을 수 없다. 응당 각자 조심하여 징벌을 먼저 받는 일이 없도록 하라.」

| 原文 |

五年, 帝東征, 后留許昌永始臺. 時霖雨百餘日, 城樓多壞, 有司奏請移止. 后曰, "昔楚昭王出遊, 貞姜留漸臺, 江水至, 使者迎而無符, 不去, 卒沒. 今帝在遠, 吾幸未有是患, 而便移止, 奈何?" 群臣莫敢復言.

六年, 帝東征吳, 至廣陵, 后留譙宮. 時表留宿衛, 欲遏水取魚. 后曰, "水當通運漕, 又少材木, 奴客不在目前, 當復私取官竹木作梁遏. 今奉車所不足者, 豈魚乎?"

| 국역 |

(黃初) 5년(서기 224), 文帝는 동쪽으로 吳를 원정했는데 郭황후는 許昌縣의 永始臺(영시대)에 머물고 있었다. 그때 장맛비가 1백여 일 계속되면서 城樓(성루)가 많이 붕괴되었는데, 有司가 다른 곳으로 거처를 옮겨야 한다고 말했다. 이에 곽황후가 말했다.

"옛날 楚 昭王이 사냥을 나갔을 때, 왕비 貞姜(정강)은 漸臺(점대)에 머물고 있었는데, 長江 물이 들어오자 사자가 모시러 왔지만 부절을 갖고 오지 않아 떠나지 못하다가 결국 익사하였다. 지금 황제께서 멀리 나가 계시고, 나는 그럴 염려도 없는데 어찌 마음대로 옮기겠는가?"

여러 신하들은 다시는 말을 꺼내지 못했다.

(黃初) 6년(서기 225), 文帝는 동쪽으로 吳나라 정벌에 나서 廣陵郡[623]에 주둔했고 곽황후는 譙宮(초궁)에 체류했었다. 그때 (從兄인) 郭表(곽표)가 황후를 宿衛(숙위)하면서 (운하의) 물을 막고 물고기를 잡았다. 이에 곽황후가 말했다.

"강물은 반드시 漕運(조운)에 이용해야 하고 또 목재도 부족하며 노비들이 눈앞에 널렸는데, 어찌 나라 소유의 대나무나 목재로 마

623 (徐州 관할) 廣陵郡의 郡治는 淮陰縣, 今 江蘇省 淮安市 淮陰區.

음대로 물을 막을 수 있나? 지금 奉車都尉(郭表)에게 어찌 물고기만 부족하겠나?"

| 原文 |

明帝卽位, 尊后爲皇太后, 稱永安宮. 太和四年, 詔封表安陽亭侯, 又進爵鄕侯, 增邑並前五百戶, 遷中壘將軍. 以表子詳爲騎都尉. 其年, 帝追謚太后父永爲安陽鄕敬侯, 母董爲都鄕君. 遷表昭德將軍, 加金紫, 位特進, 表第二子訓爲騎都尉. 及孟武母卒, 欲厚葬, 起祠堂, 太后止之曰, "自喪亂以來, 墳墓無不發掘, 皆由厚葬也. 首陽陵可以爲法."

青龍三年春, 后崩於許昌, 以終制營陵, 三月庚寅, 葬首陽陵西.

帝進表爵爲觀津侯, 增邑五百, 並前千戶. 遷詳爲駙馬都尉.

四年, 追改封永爲觀津敬侯, 世婦董爲堂陽君. 追封謚后兄浮爲梁里亭戴侯, 都爲武城亭孝侯, 成爲新樂亭定侯, 皆使使者奉策, 祠以太牢. 表薨, 子詳嗣, 又分表爵封詳弟述爲列侯. 詳薨, 子釗嗣.

| 국역 |

明帝(曹叡)가 즉위하고서 郭皇后를 皇太后로 받들어 올리고 거소를 永安宮이라 했다. 太和 4년(서기 230), 조서를 내려 郭表(곽표)를 安陽亭侯에 봉하며 鄉侯로 올리고 식읍 5백 호를 더 늘려주었으며 中壘將軍(중루장군)으로 승진시켰다. 곽표의 아들 郭詳(곽상)은 騎都尉가 되었다. 그 해에, 명제는 곽태후의 부친 郭永(곽영)에게 安陽鄉敬侯라는 시호를 추가하고 모친 董氏(동씨)를 都鄉君에 봉했다. 곽표는 昭德將軍으로 승진하고 金印紫綬(금인자수)에 지위는 特進이었으며, 곽표의 둘째 아들 郭訓(곽훈)은 騎都尉가 되었다. (곽황후 언니의 아들인) 孟武(맹무)의 모친이 죽어 厚葬(후장)에 祠堂을 지으려 하자 곽태후가 제지하며 말했다.

"전란 이후로 도굴되지 않은 분묘가 없었으니 모두가 후장했기 때문이다. (文帝의) 首陽陵을 본 받아야 한다."

青龍 3년(서기 235) 봄, 곽황후가 許昌에서 붕어하자 (文帝의) 終制(종제)에 의거 무덤을 썼다. 3월 庚寅日에, 수양릉 서쪽에 장례했다.

明帝는 곽표의 작위를 觀津侯로 올리고 식읍을 늘려 이전 1천 호에 5백 호를 추가했다. 곽상은 駙馬都尉로 승진했다.

(青龍) 4년(서기 236년), 郭永(곽영)을 觀津敬侯로 바꿔 봉하고, 곽영의 며느리인 董氏를 堂陽君에 봉했다. 황태후의 오빠인 郭浮(곽부)는 梁里亭戴侯로, 郭都(곽도)는 武城亭孝侯로, 郭成은 新樂亭定侯로 봉했는데 모두 사자가 책서를 받들고 가서 太牢(태뢰)로 제사하게 하였다. 郭表가 죽자 아들 郭祥(곽상)이 뒤를 이었고, 또 郭表의 封地를 나눠 곽상의 아우 郭述(곽술)을 열후에 봉했다. 곽상이 죽자 아들 郭釗(곽쇠)가 계승하였다.

❹ 明悼毛皇后

| 原文 |

明悼毛皇后, 河內人也. 黃初中, 以選入東宮, 明帝時爲平原王, 進御有寵, 出入與同輿輦. 及卽帝立, 以爲貴嬪. 太和元年, 立爲皇后. 后父嘉, 拜騎都尉, 后弟曾, 郎中.

初, 明帝爲王, 始納河內虞氏爲妃, 帝卽位, 虞氏不得立爲后, 太皇后卞太后慰勉焉.

虞氏曰, "曹氏自好立賤, 未有能以義擧者也. 然后職內事, 君聽外政, 其道相由而成, 苟不能以善始, 未有能令終者也. 殆必由此亡國喪祀矣!"

虞氏遂絀還鄴宮. 進嘉爲奉車都尉, 曾騎都尉, 寵賜隆渥. 頃之, 封嘉博鄕侯, 遷光祿大夫, 曾駙馬都尉. 嘉本典虞車工, 卒暴富貴, 明帝令朝臣會其家飮宴, 其容止擧動甚蚩騃, 語輒自謂'侯身' 時人以爲笑.

后又加嘉位特進, 曾遷散騎侍郎. 靑龍三年, 嘉薨, 追贈光祿大夫, 改封安國侯, 增邑五百, 並前千戶, 諡曰節侯. 四年, 追封后母夏爲野王君.

| 국역 |

(明帝 曹叡의) 明悼毛皇后(명도모황후)는 河內郡[624] 사람이다. (文

624 河內郡 치소는 懷縣(회현), 今 河南省 북부 焦作市(초작시) 관할 武陟縣(무척현).

帝) 黃初 연간(서기 220-226년)에 東宮에 뽑혀 들어왔는데, 明帝(曹叡)는 그때 平原王이었고, 毛氏를 총애하면서 출입에 수레나 연을 같이 타고 다녔다.

평원왕이 황제로 즉위하면서 모씨는 貴嬪이 되었다. 太和 원년(서기 227년)에 황후로 책립되었다. 毛황후의 부친 毛嘉(모가)는 騎都尉[625]가 되었고, 황후의 동생 毛曾(모증)은 郎中이 되었다.

그전에, 明帝가 평원왕으로 있을 때 처음에는 河內郡의 虞氏(우씨)를 왕비로 선택했으나 명제가 즉위한 뒤에 우씨가 황후로 책립되지 않자 太皇后인 卞太后(변태후, 조조의 妃)가 우씨를 위로했다. 그때 우씨가 말했다.

"曹氏는 출신이 미천한 황후를 좋아하니 대의에 근거하여 황후로 뽑힌 사람이 없습니다. 그렇지만 황후의 직분은 궁내를 관리하고 황제는 宮外 國政을 주관하는데, 이는 상호 보완하여야 하나 그 시작이 잘못되면 결과가 좋을 수도 없습니다. 아마도 이 때문에 나라가 망하고 종묘제사가 끊길 것입니다!"

虞氏는 결국 鄴縣의 궁궐로 폐출되었다. (황후의 부친) 毛嘉(모가)는 奉車都尉로, 동생 毛曾(모증)은 騎都尉로 승진했는데 총애와 賞賜가 융숭하였다. 얼마 뒤에 모가는 博鄉侯에 봉해지고 光祿大夫로 승진하였으며, 모증은 駙馬都尉(부마도위)가 되었다.

모가는 본래 수레를 만드는 匠人(장인)이었으나 갑자기 부귀를 누렸고, 명제는 朝臣들에게 그 집에 가서 마시고 놀라고 명하였는데 모가의 행동거지가 매우 어리석어 자신을 말할 때 '侯身(제후의 신

625 騎都尉는 羽林軍의 기병을 지휘하는 무관직. 질록 比二千石.

세)' 이라 하여 그때 사람들의 웃음거리가 되었다.

모황후는 또 모가의 지위를 特進(특진)으로 올렸으며, 모증은 散騎侍郎으로 승진했다. (明帝) 靑龍 3년(서기 235), 모가가 죽자 光祿大夫를 추증하였으며 安國侯로 改封하였고 이전의 식읍 1천 호에 5백 호를 보태주었고, 시호를 節侯라 하였다. 靑龍 4년, 毛황후의 모친 夏氏(하씨)를 野王君에 봉했다.

| 原文 |

帝之幸郭元后也, 后愛寵日弛. 景初元年, 帝遊後園, 召才人以上曲宴極樂. 元后曰 "宜延皇后." 帝弗許. 乃禁左右, 使不得宣. 后知之, 明日, 帝見后, 后曰, "昨日遊宴北園, 樂乎?" 帝以左右洩之, 所殺十餘人. 賜后死, 然猶加謚, 葬愍陵. 遷曾散騎常侍, 後徙爲羽林虎賁中郎將, 原武典農.

| 국역 |

明帝가 郭元后(곽원후)를 총애하면서 毛皇后에 대한 총애는 날로 식었다. (명제) 景初 원년(서기 237)에 명제가 後園에서 놀이를 하며, 才人(재인) 이상의 비빈과 함께 잔치가 아주 흥겨웠다. 元后가 "황후를 모시어야 한다."고 말했지만 명제는 허락하지 않았다. 그러면서 측근에게 이런 사실을 말하지 못하게 하였다.

그러나 毛황후가 이를 알았고, 다음 날 황제가 모황후를 만났을 때 모황후가 물었다. "어제 北園의 잔치는 즐거우셨습니까?" 명제는 측근에서 이를 누설했다 하여 10여 명을 죽였다. 그리고 毛황후에게 사약을 내렸지만 시호는 더 높였고 愍陵(민릉)에 장례했다.

毛曾(모증)은 散騎常侍로 승진했다가 뒤에 羽林虎賁中郎將으로 승진했으며 (河南尹의) 原武縣[626]에서 典農中郎將이 되었다.

❺ 明元郭皇后

| 原文 |

明元郭皇后, 西平人也, 世河右大族. 黃初中, 本郡反叛, 遂沒入宮. 明帝卽位, 甚見愛幸, 拜爲夫人. 叔父立爲騎都尉, 從父芝爲虎賁中郎將. 帝疾困, 遂立爲皇后. 齊王卽位, 尊后爲皇太后, 稱永寧宮, 追封謚太后父滿爲西都定侯, 以立子建紹其爵. 封太后母杜爲郃陽君. 芝遷散騎常侍,長水校尉, 立, 宣德將軍, 皆封列侯. 建兄德, 出養甄氏. 德及建俱爲鎭護將軍, 皆封列侯, 並掌宿衛. 値三主幼弱, 宰輔統政, 與奪大事, 皆先諮啓於太后而後施行. 毌丘儉,鍾會等作亂, 咸假其命而以爲辭焉. 景元四年十二月崩, 五年二月, 葬高平陵西.

626 原武郡은 본래 原武縣(今 河南省 新鄕市 관할 原陽縣)에 典農中郎將을 설치했었는데 (마지막 황제 曹奐) 咸熙 원년(서기 264)에 典農中郎將 관할 지역을 군으로 승격시켰다. 原武郡은 原武, 卷縣, 陽武의 3縣을 관할하였다.

| 국역 |

明元郭皇后(명원곽황후, 明帝의 두 번째 황후)는 西平郡[627] 사람인데, 대대로 河水 우측의(河西 지방) 大族이었다. (文帝) 黃初 연간에 西平郡에서 반란이 있었는데, 곽씨는 잡혀서 입궁하였다. 明帝가 즉위한 뒤로 곽씨를 총애하여 夫人이 되었다.

곽부인의 叔父인 郭立(곽립)은 騎都尉, 從父인 郭芝(곽지)는 虎賁中郎將이 되었다. 明帝의 병이 위독하자 결국 皇后에 책립되었다. (明帝의 태자) 齊王(曹芳)이 즉위하고서 곽황후를 皇太后로 높이고 거처를 永寧宮이라 하였으며, 郭皇太后의 부친 (故) 郭滿(곽만)은 西都定侯로 시호를 추증하였고, 郭立의 아들 郭建(곽건)이 그 작위를 세습하였다.

곽태후의 모친 杜氏(두씨)를 郃陽君(흡양군)으로 봉했다. 郭芝(곽지)는 散騎常侍 겸 長水校尉가 되었고, 郭立(곽립)은 宣德將軍이 되었으며 모두 列侯에 봉해졌다. 곽건의 형인 郭德(곽덕)은 甄皇后 집안의 양자로 입적했다. 곽덕 및 곽건도 모두 鎭護將軍이 되어 列侯에 봉해졌으며 함께 숙위군을 장악하였다.

이후 3명의 어린 황제(齊王 曹芳, 高貴鄕公 曹髦, 마지막 황제 曹奐)가 즉위하면서 재상과 원로의 정사와 고관 임명의 大事[628]를 모두 郭皇太后에게 아뢴 뒤에 시행하였다.

毌丘儉(관구검)과 鍾會(종회) 등의 반란 봉기조차 모두 곽황후의

627 西平郡의 郡治는, 今 青海省 동부 西寧市.

628 사마의가 曹魏의 실권을 장악한 이후 司馬師, 司馬昭 형제, 그리고 司馬炎의 권력 장악과 禪讓의 준비과정이 모두 곽황태후의 이름으로 실행되었으니 司馬氏의 꼭두각시 역할을 다 하였다.

명령을 빙자하였다. (曹奐의) 景元 4년(서기 263) 12월에 붕어했고, 5년 2월 高平陵 서쪽에 안장되었다.

| 原文 |

評曰, 魏后妃之家, 雖云富貴, 未有若衰漢乘非其據, 宰割朝政者也. 鑑往易軌, 於斯爲美. 追觀陳群之議, 棧潛之論, 適足以爲百王之規典, 垂憲範乎後葉矣.

| 국역 |

陳壽의 評論 : 曹魏 后妃의 가문이 비록 부귀를 누렸다지만, 漢나라 쇠퇴기의 황실 외척처럼 불법적 권위와 조정의 정사를 어지럽히지는 않았다. 과거의 교훈에 비춰 제도의 개선 등은 칭찬할 만했다. 陳群(진군)의 건의나 棧潛(잔잠)의 주장은 百代에 이르도록 君王의 준칙이 될 만하며 후세에서도 따라야 할 典範(전범)이라 할 수 있다.

6권 〈董二袁劉傳〉(魏書 6)
(동,이원,유전)

❶ 董卓

| 原文 |

董卓字仲穎, 隴西臨洮人也. 少好俠, 嘗遊羌中, 盡與諸豪帥相結. 後歸耕於野, 而豪帥有來從之者, 卓與俱還, 殺耕牛與相宴樂. 諸豪帥感其意, 歸相斂, 得雜畜千餘頭以贈卓.

漢桓帝末, 以六郡良家子爲羽林郎. 卓有才武, 旅力少比, 雙帶兩鞬, 左右馳射. 爲軍司馬, 從中郎將張奐徵幷州有功, 拜郎中, 賜縑九千匹, 卓悉以分與吏士. 遷廣武令, 蜀郡北部都尉, 西域戊己校尉, 免. 徵拜幷州刺史,河東太守, 遷中郎將, 討黃巾, 軍敗抵罪.

韓遂等起涼州, 復爲中郎將, 西拒遂. 於望垣硤北, 爲羌,胡數萬人所圍, 糧食乏絶. 卓僞欲捕魚, 堰其還道當所渡水爲池, 使水渟滿數十里, 默從堰下過其軍而決堰. 比羌,胡聞知追逐, 水已深, 不得渡. 時六軍上隴西, 五軍敗績, 卓獨全衆而還, 屯住扶風. 拜前將軍, 封斄鄕侯, 徵爲幷州牧.

| 국역 |

董卓(동탁)[629]의 字는 仲穎(중영)[630]으로, 隴西郡(농서군) 臨洮縣(임조현)[631] 사람이다. 젊어서 협객을 좋아했고 일찍이 羌族(강족)들과 함께 교유하면서 그 우두머리들 모두와 서로 알고 지냈다.

뒷날 동탁이 농사를 지으며 살 때, 강족의 우두머리로(豪帥) 동탁을 추종하는 자가 있어서 동탁의 집에 함께 돌아왔는데, 동탁은 농사짓는 소를 잡아 함께 마시며 즐겼다. 강족의 우두머리 여럿은 동탁의 호의에 감격했고, 돌아가서 여러 가축 1천여 마리를 함께 추렴하여 동탁에게 보내 주었다.

漢 桓帝(환제, 재위 146-168년) 말기에 河西 지역 六郡의 良家子를 羽林郞[632]으로 임용하였다. 동탁은 무예에 재능이 있고 힘이 세어[633]

629 董卓(동탁, 141-192년) - 涼州 隴西 臨洮人. 後漢 말 涼州 軍閥(군벌)이며 權臣, 포악한 행위로 역사상 가장 부정적 평가를 받는 인물. 《後漢書》 72권, 〈董卓列傳〉에 입전.

630 仲穎(중영) - 仲은 보통 둘째 아들을 지칭한다. 穎은 이삭 영. 동탁의 동생 董旻(동민)은 字가 叔穎(숙영)이다.

631 隴西臨洮 - 隴西는 군명, 臨洮(임조)는 현명. 今 甘肅省 定西市 관할 岷縣(민현).

632 後漢의 羽林郞은 황제의 호위 및 요새지 경비 담당. 질록 比삼백석.

남들보다 뛰어났으며 화살 통을 양쪽에 차고 말을 달리며 좌우 어느 쪽으로도 활을 쏠 수 있었다. 동탁은 軍의 司馬가 되었고, 中郎將 張奐(장환)이 幷州(병주)의 有功者를 뽑을 때 동탁은 郞中이 되어 상으로 비단 9천 필을 받았는데, 동탁은 비단을 다른 吏卒에게 모두 나눠 주었다.

동탁은 (雁門郡) 廣武 縣令으로 승진했다가 蜀郡의 北部都尉, 그리고 西域의 (둔전 담당관인) 戊己校尉(무기교위)[634]로 있다가 사직하였다. 동탁은 징소에 의거 幷州(병주) 자사가 되었고, 이어 河東太守로 전직했다. 다시 中郎將이 되어 黃巾賊을 토벌하였지만 패전하여 형벌을 받았다.

韓遂(한수)[635] 등이 涼州(양주)에서 거병하자, 동탁은 다시 中郎將이 되어 서쪽에서 외적 방어를 담당했다. 그런데 望垣硤(망원협)이란 곳의 북쪽에서 羌族(강족)과 흉노 수만 명에게 포위되었고 군량도 떨어졌다. 동탁은 거짓으로 물고기를 잡으려 한다면서 제방을 만들어 군사가 후퇴할 수십 리 길을 저수지로 만든 다음에, 비밀리에 군사를 제방 아랫 길로 철수한 다음에 제방을 터 놓았다. 강족과 흉노족이 이를 알고 추격했지만 물이 깊어 건널 수가 없었다. 그때 隴西郡 일대에 주둔했던 6개 군영 중 5개 군영이 패전하였지만, 동탁의 부대만 전원 무사히 귀환하여 右扶風(우부풍)에[636] 주둔하였다.

633 力少比 – 旅力(여력)은 힘. 旅는 膂, 膂는 등골뼈 여(려).

634 戊己校尉 – 戊己(무기)는 十干의 중앙. 중앙은 土, 곧 황색. 이는 漢을 상징하고 흉노(北)를 제압한다는 뜻으로 택한 이름. 무기교위는 屯田校尉의 개칭. 서역도호의 속관으로 둔전을 관장했다.

635 韓遂(한수, ? – 215년) – 一名 韓約, 字 文約. 후한 말 涼州 출신 군벌의 한 사람.

636 右扶風(우부풍) – 京兆尹, 左馮翊(좌풍익), 右扶風을 三輔(삼보)라 하여 행정구

동탁은 前將軍으로 승진했고 斄鄕侯(태향후)가 되었으며 조정의 부름을 받아 并州牧(병주목)[637]이 되었다.

| 原文 |

靈帝崩, 少帝卽位. 大將軍何進與司隷校尉袁紹謀誅諸閹官, 太后不從. 進乃召卓使將兵詣京師, 並密令上書曰,「中常侍張讓等竊幸乘寵, 濁亂海內. 昔趙鞅興晉陽之甲, 以逐君側之惡. 臣輒鳴鐘鼓如洛陽, 卽討讓等.」

欲以脅迫太后. 卓未至, 進敗. 中常侍段珪等劫帝走小平津, 卓遂將其衆迎帝於北芒, 還宮. 時進弟車騎將軍苗爲進衆所殺, 進,苗部曲無所屬, 皆詣卓. 卓又使呂布殺執金吾丁原, 倂其衆, 故京都兵權唯在卓.

| 국역 |

靈帝(영제)[638]가 붕어하고, 少帝(弘農王)이 즉위했다. 大將軍인 何

역 명칭이면서 관직명. 長安 일대의 치안 유지와 방어 담당, 郡 太守와 동급, 전한에서는 卿에 해당하는 中二千石의 질록을 받았다. 후한에서는 三輔 지역 명칭을 그대로 사용. 단 질록은 이천석으로 감액했다. 右扶風의 治所는 槐里縣, 今 陝西省 咸陽市 관할의 興平市.

637 并州牧 – 并州刺史. 치소는 太原郡 晉陽縣, 今 山西省 太原市 서남. 上黨郡, 太原郡, 上郡, 西河郡, 五原郡, 雲中郡, 定襄郡, 雁(鴈)門郡, 朔方郡을 감독. 후한의 서북 지역의 군사를 지휘.

638 靈帝(재위 168–189년, 22년) – 황제의 주색 탐닉과 황음무도, 宦官과 외척

進(하진)[639]과 司隸校尉인 袁紹(원소)[640]는 閹官(엄관, 환관)을 모두 죽일 계획을 세웠지만, 何太后가 수락하지 않았다. 이에 하진은 (幷州牧인) 동탁에게 군사를 거느리고 京師(洛陽)로 불러들이며 몰래 동탁에게 지시하여 上書하게 하였다. 이에 동탁이 상서했다.

「中常侍인 張讓(장양)[641] 등은 皇上의 총애를 믿고 천하를 혼탁하게 어지럽히고 있습니다. 옛날에 趙鞅(조앙)은 晉陽(진양)의 군사를

....

의 세력 싸움과 부패 무능, 연속되는 천재지변, 張讓(장양) 등 十常侍의 발호 등, 결국 張角의 黃巾賊의 亂(서기 184)이 일어났다. 桓帝 靈帝의 재위기간은 後漢의 암흑기였으니 諸葛亮(제갈량)도 그의 〈出師表〉에서 '嘆息痛恨於桓靈'이라고 말했다. 謚法(시법)에 '亂而不損曰 靈'이라고 했다. 연호는 建寧(168-172) → 熹平(173-178) → 光和(179-184) → 中平(185-189). 붕어할 때 34세였다. 皇子인 辯(변)이 황제로 즉위했는데, 나이는 17세였다. 劉辨(유변)은 靈帝 劉宏과 皇后 何氏의 嫡長子. 少帝라 통칭, 弘農 懷王(회왕)으로 강등. 光熹는 少帝(弘農王)의 연호. 서기 189년. 소제의 동생 劉協(유협)이 漢의 마지막 황제 獻帝이다.

639 何進(하진)은 靈帝 靈思何皇后의 이복 오빠. 남양의 屠戶(도호, 白丁) 何眞(하진)의 딸. 황후가 된 다음에 황후의 부친 故 何眞(하진)을 車騎將軍을 贈職하고 舞陽宣德侯로 추증하였다. 何進(하진, ?-189)은 아들. 하진은 大將軍이 되어 錄尙書事 겸임하며 영제 때 권력을 전담했다. 환관 세력을 꺾겠다고 董卓(동탁)을 불러들인 장본인. 十常侍에게 피살.

640 袁紹(원소, 153-202) - 字 本初, 後漢末 割據勢力의 하나. 전성기에 冀州, 幽州, 幷州, 靑州 등을 장악. 한때 가장 강성했으나 官渡之戰에서 曹操(조조)에게 패배 후 곧 울분으로 사망. 사람이 優柔寡斷하고 外寬內忌한 작은 그릇이었다. 《後漢書》 74권, 〈袁紹劉表列傳〉 立傳.

641 中常侍(중상시)는 환관의 직명. 황제 측근에서 시중하며, 고문 응대하고, 내궁에 출입할 수 있었다. 和帝 때 12명으로 늘렸는데 이들은 국정 전반을 관여했다. 질록 千石. 나중에는 比二千石으로 증액했다. 靈帝는 '張常侍(張讓)는 나의 爸爸(파파, 아버지)이고, 趙常侍(趙忠)는 나의 媽媽(마마, 어머니)'라 말할 정도로 환관을 존중, 총애하였다. 《三國演義》에 등장하는 十常侍는 張讓(장양), 段珪(단규), 趙忠, 封諝(봉서), 曹節, 侯覽(후람), 蹇碩(건석), 程曠, 夏惲(하운), 郭勝 등이다.

동원하여 主君 측근의 악인을 축출하였습니다. 臣(董卓)은 군사를 거느리고 洛陽으로 들어가 즉시 장양 등을 토벌하겠습니다.」

하진은 동탁을 불러 하태후를 협박할 계획이었다. 그러나 동탁이 도착하기 전에 하진은 환관에게 피살되었다. 中常侍인 段珪(단규) 등은 少帝(소제)를 협박하여 (황하의) 小平津(소평진)[642]으로 피신케 하였는데, 동탁이 군사를 거느리고 들어와 황제 일행을 北芒山(북망산) 기슭에서 찾아 환궁케 하였다. 그때 何進(하진)의 동생인 車騎將軍 何苗(하묘)도 하진의 군사들에게 피살되었는데, 하진과 하묘가 지휘하던 군대는 소속이 없어[643] 모두 동탁의 군영으로 들어갔다. 동탁은 또 여포[644]를 시켜 執金吾(집금오)인 丁原(정원)[645]을 살해한 뒤, 집금오의 군사를 병합했기에 京都의 兵權은 동탁 한 사람이 장악했다.

....

642 小平津 – 황하의 유명한 나루터 겸 관문, 今 河南省 洛陽市 관할 孟津縣 동북.

643 部曲은 군대의 편제, 대장군은 5部(각부의 지휘관은 校尉, 속관 軍司馬)를 거느렸고 部 아래 단위부대를 曲이라 했다(지휘관은 軍候). 曲 아래 단위가 屯(둔, 지휘관은 屯長)이다.

644 呂布(여포, ?-198년) – 董卓은 丁原의 義子인 呂布에게 大敗한다. 董卓의 참모 李肅(이숙)은 呂布와 同鄉人이었다. 《三國演義》에서 李肅은 呂布가 '勇而無謀하고 見利忘義하니' 金珠와 赤兎馬(적토마)로 회유할 수 있다고 말했다.

645 丁原(정원, 字는 建陽)은 거칠지만 용기가 뛰어났고 활을 잘 쏘았다. 執金吾(집금오)는 질록 中二千石. 집금오의 吾는 御(막을 어)의 뜻. 궁외 순찰과 어가 출궁 시에 淸道를 담당하며 황제의 의장대 역할을 담당했다. 수도 군사의 兵器 공급과 비상대기, 화재 예방 역할도 담당. 副職인 丞 1인, 질록 比千石. 緹騎(제기) 2백 명이 경비 및 의장대원. 속관으로 武庫令(1인, 질록 6백석, 兵器 관리)을 두었다.

| 原文 |

先是, 進遣騎都尉太山鮑信所在募兵, 適至, 信謂紹曰, "卓擁强兵, 有異志, 今不早圖, 將爲所制, 及其初至疲勞, 襲之可禽也."

紹畏卓, 不敢發, 信遂還鄕里.

於是以久不雨, 策免司空劉弘而卓代之, 俄遷太尉, 假節鉞虎賁. 遂廢帝爲弘農王. 尋又殺王及何太后. 立靈帝少子陳留王, 是爲獻帝.

卓遷相國, 封郿侯, 贊拜不名, 劍履上殿, 又封卓母爲池陽君, 置家令,丞. 卓旣率精兵來, 適値帝室大亂, 得專廢立, 據有武庫甲兵, 國家珍寶, 威震天下. 卓性殘忍不仁, 遂以嚴刑脅衆, 睚眦之隙必報, 人不自保.

嘗遣軍到陽城. 時適二月社, 民各在其社下, 悉就斷其男子頭, 駕其車牛, 載其婦女財物, 以所斷頭繫車轅軸, 連軫而還洛, 云攻賊大獲, 稱萬歲. 入開陽城門, 焚燒其頭, 以婦女與甲兵爲婢妾. 至於姦亂宮人公主. 其凶逆如此.

| 국역 |

이에 앞서, 何進(하진)은 騎都尉인 太山郡(泰山郡) 사람 鮑信(포신)[646]을 태산군에 보내 군사를 모집케 하였는데 포신이 돌아와 袁紹

646 鮑信(포신)은 獻帝 즉위 후에 濟北國 相 역임. 동탁 토벌군에 참여했다.

(원소)에게 말했다.

"동탁은 强兵을 거느렸고 딴마음을 품고 있기에 일찍 제거하지 않으면 곧 그에게 제압당할 것이니, 지금 낙양에 겨우 도착하여 피로할 때 급습하여 사로잡아야 합니다."

그러나 원소는 동탁을 두려워했기에 감히 움직이지 못했고, 포신은 향리로 돌아갔다.

이 무렵 오랫동안 비가 내리지 않아 책서로 司空 劉弘(유홍)을 면직시켰는데, 동탁은 후임자가 되었다가, 곧 太尉로 승진하여 符節(부절)과 斧鉞(부월)과 받고 虎賁(호분)의 군사를 설치하였다. 동탁은 마침내 少帝(劉辨)을 폐위하여 弘農王으로 강등시켰다. 이어 홍농왕과 何太后를 죽였다. 동탁은 靈帝의 막내아들 陳留王을 옹립하니, 이가 獻帝(헌제)[647]이다.

동탁은 相國으로 승진했고 郿侯(미후)[648]가 되었는데, 어전에서 이름을 말하지 않아도 괜찮았으며, 칼을 차고 전각에 오를 수 있게 허용하였다. 동탁의 모친을 池陽君으로 봉하고 家內에 근무하는 관리

647 동탁이 낙양에 도착하기 전에 하진은 환관에게 피살되었고, 虎賁中郞將 袁術(원술)이 南宮에 불을 지르며 환관을 죽이자 中常侍 段珪(단규) 등은 少帝와 陳留王(뒷날 헌제)를 협박하여 북궁을 나가 小平津(소평진)이란 곳으로 피난하였다. 동탁은 멀리서 불길이 솟는 것을 보고 급히 진격하여 날이 밝을 무렵에 낙양성 서쪽에 도착했는데 황제가 北芒山(북망산)으로 나갔다 하여 바로 가서 영접하였다. 少帝는 동탁의 군사가 갑자기 들이닥치자 겁에 질려 울음을 터트렸다. 동탁이 소제에게 출궁한 사유를 물었으나 (당시 14세인) 少帝는 울면서 대답을 못했지만, 陳留王(당시 9세)이 설명하여 경과를 들을 수 있었다. 동탁은 진류왕이 현명하다 여겼고, 또 董太后(동태후) 소생이기에 동탁은 동태후와 동족이라 생각하면서 황제를 폐하고 진류왕을 옹립하였다.

648 郿侯(미후) – 郿(미)는 右扶風의 郿縣, 今 陝西省 서남부 寶雞市 관할 郿縣.

로 令과 丞(승)을 임명하였다. 동탁은 정병을 거느리고 낙양에 들어왔고 황실이 大亂을 당하자 마음대로 황제를 폐위하고 옹립하였으며, 무기고의 각종 병기와 나라의 진기한 보물을 차지하여 그 위세는 천하에 진동하였다. 동탁은 잔인하고 포악한 성격에 엄한 형벌로 백성을 협박하였으며 아주 사소한 감정도 기어코 보복했기에 백성은 자신의 목숨을 보전할 수도 없었다.

그전에 동탁은 군사를 〔潁川郡(영천군)〕 陽城縣(양성현)에 파견했었는데, 마침 백성들이 土地 神社에 모여 있자 남자들을 모두 죽인 뒤, 백성의 수레에 납치한 부녀자와 약탈한 재물을 싣고 죽은 자의 머리를 수레 끌채에 매달은 채, 낙양에 돌아와 도적떼를 공격하여 대승을 거두었다며 만세를 불렀다. (낙양의) 開陽 城門으로 들어와 시신의 머리를 태우고 부하들에게 납치한 부녀자들은 婢女(비녀)나 첩으로 나눠주었다. 심지어 궁인과 공주를 간음하기도 하였으니 그 흉악한 패역 행위가 이와 같았다.

❙原文❙

初, 卓信任尙書周毖, 城門校尉伍瓊等, 用其所擧韓馥,劉岱,孔伷,張諮,張邈等出宰州郡. 而馥等至官, 皆合兵將以討卓. 卓聞之, 以爲毖,瓊等通情賣己, 皆斬之.

河內太守王匡, 遣泰山兵屯河陽津, 將以圖卓. 卓遣疑兵若將於平陰渡者, 潛遣銳衆從小平北渡, 繞擊其後, 大破之津北, 死者略盡. 卓以山東豪傑並起, 恐懼不寧.

| 국역 |

그전에, 동탁은 尙書인 周毖(주비)와 城門校尉인 伍瓊(오경) 등을 신임하였고 이들이 천거한 韓馥(한복), 劉岱(유대), 孔伷(공주), 張諮(장자), 張邈(장막) 등을 州나 郡의 책임자로 내보냈다. 그러나 韓馥(한복)[649] 등은 부임하여 군사를 거느리고 반동탁군에 가담하였다. 동탁은 이를 알고서 周毖(주비)와 伍瓊(오경) 등이 그들과 내통하며 자신을 이용했다며 모두 참수하였다.

河內太守인 王匡(왕광)은 泰山郡의 군사를 河陽津(하양진)에 주둔시켜 놓고 동탁 토벌에 나서려고 했다. 동탁은 약간의 군사를 보내 平陰(평음)이란 곳에서 황하를 도하하려는 듯 위장한 뒤에, 정예병력을 은밀히 小平津에서 북쪽으로 도하하여 왕광 군사의 후미를 공격하여 하양진 북쪽에서 대파하며 거의 모두를 죽여버렸다. 그러나 동탁은 山東[650]의 제후들이 한꺼번에 기병한 것이 두려워 마음이 편치 못하였다.

| 原文 |

初平元年二月, 乃徙天子都長安. 焚燒洛陽宮室, 悉發掘陵

649 尙書인 韓馥(한복)은 冀州刺史, 侍中 劉岱(유대)는 兗州刺史, 陳留郡의 孔伷(공주)는 豫州刺史, 潁川人 張咨(장자)는 南陽太守에 발탁되었다. 동탁이 친애한 사람들은 顯職에 등용되지 못하고 軍의 將校뿐이었다. (獻帝) 初平 원년에 韓馥(한복) 등은 부임한 뒤에 10여 명의 袁紹(원소) 사람과 함께 각각 擧兵하여 동탁 토벌에 동참하였다.

650 山東 – 西嶽인 華山, 또는 崤山(효산)의 동쪽, 關東과 동의어로 사용. 秦을 제외한 六國의 영역을 지칭. 今 山東省을 지칭하는 말이 아님.

墓, 取寶物. 卓至西京, 爲太師, 號曰尙父. 乘靑蓋金華車, 爪畫兩轓, 時人號曰竿摩車.

卓弟旻爲左將軍, 封鄠侯, 兄子璜爲侍中中軍校尉典兵, 宗族內外並列朝廷. 公卿見卓, 謁拜車下, 卓不爲禮. 召呼三臺尙書以下自詣卓府啓事.

築郿塢, 高與長安城埒, 積穀爲三十年儲, 云事成, 雄據天下, 不成, 守此足以畢老. 嘗至郿行塢, 公卿已下祖道於橫門外. 卓豫施帳幔飮, 誘降北地反者數百人, 於坐中先斷其舌, 或斬手足, 或鑿眼, 或鑊煮之, 未死, 偃轉杯案間, 會者皆戰栗亡失匕箸, 而卓飮食自若.

太史望氣, 言當有大臣戮死者. 故太尉張溫時爲衛尉, 素不善卓, 卓心怨之, 因天有變, 欲以塞咎, 使人言溫與袁術交關, 遂笞殺之. 法令苛酷, 愛憎淫刑, 更相被誣, 冤死者千數. 百姓嗷嗷, 道路以目. 悉椎破銅人,鐘虡, 及壞五銖錢. 更鑄爲小錢, 大五分, 無文章, 肉好無輪郭, 不磨鑢. 於是貨輕而物貴, 穀一斛至數十萬. 自是後錢貨不行.

| 국역 |

(獻帝) 初平 원년(서기 190)[651] 2월, 天子(헌제)를 데려가 長安(西京)에 도읍케 하였다. 동탁은 洛陽의 宮室을 소각하고, (황제의) 능

651 初平 – 獻帝의 첫 번째 연호. 서기 190 – 193년.

묘를 발굴하여 寶物을 탈취하였다. 동탁은 西京(長安)에 도착하여 太師(태사)[652]가 되었고 (황제의) 尙父(상부)라 호칭케 하였다. 동탁은 푸른색 수레 덮개를(靑蓋) 씌운 金華車(금화거)를 타고 행차하였고, 爪形(조형)을 그린 차양막에 (수레의) 양쪽에 깃발을 세웠는데(兩轓), 그때 사람들은 이를 竿摩車(간마거)[653]라고 불렀다.

동탁의 아우인 董旻(동민)은 左將軍이 되었고 鄠侯(호후)에 봉해졌으며, 동탁의 조카인 董璜(동황)은 侍中 겸 中軍校尉로 군권을 장악하였고, 그 宗族은 중앙의 조정과 지방의 요직을 차지하였다. 公卿이 동탁을 알현하려면 모두 수레 아래에서 배례하였는데 동탁은 답례도 하지 않았다. 동탁은 尙書臺(尙書令), 御史臺(어사대) 등 三臺의 尙書 이하 관원이 자신의 저택에 와서 업무를 보고케 하였다.

郿塢(미오)[654]를 축조하였는데, 높이가 長安城의 성벽보다 높았고, 곡식 30년 치를 보관하였다. 그러면서 동탁은 자신의 뜻이 이뤄지면 천하에 웅거하지만, 뜻을 성취하지 못하면 미오에서 여생을 마칠 것이라고 말했다.

언젠가 동탁이 郿塢(미오)에 돌아갈 때 공경들은 모두 장안성 橫

---

652 太師 - 太師. 太傅, 太保를 上公이라 한다. 三公보다 상위직이나 상설직은 아니다. 後漢에서는 三公 위에 太傅만 있었다. 동탁이 처음으로 太師란 칭호를 받은 셈이다.

653 덮개의 앞부분이 爪形(조형, 爪는 손톱 조)인 수레 차양막. 竿摩車의 竿摩(간마)는 매우 가깝다. 바싹 붙다는 뜻. 황제의 수레와 아주 비슷하다는 뜻.

654 郿塢(미오)는 동탁의 본거지인 右扶風 郿縣(미현, 今 陝西省 寶雞市 관할 眉縣)에 축조한 방어시설 겸 생활공간. 塢는 작은 둑 오. 낮은 성. 돈대 오, 마을 오. 여기서는 군사적 방어시설. 보통의 塢(오)는 높이가 1丈(사람 키 높이이니 쉽게 오를 수 없다), 둘레가 1里(400m)정도라 하였으니 직경이 100m 정도일 것이다. 그런데 동탁이 축조한 萬歲塢(만세오)는 높이가 7장이라니 그 크기와 넓이, 시설을 짐작할 수 있다.

門 밖에서 祖道(路祭)[655]를 지내고 전송하였다. 동탁은 휘장을 둘러치고 술자리를 마련하였는데, 北地郡에서 반역했던 수백 명을 유인한 뒤에 앉은 자리에서 먼저 그들의 혀를 자르거나 또는 손발을 절단하고, 눈알을 파냈으며 뜨거운 솥에 넣어 삶아 죽였는데 미처 죽지 않은 자는 음식상 사이에서 짓이겨 죽였다. 모인 사람 모두가 전율하며 젓가락을 잡지도 못했지만 동탁은 태연하게 술을 마셨다.

(天文 담당) 太史가 天象을 보고 나서 대신 중에 죽을 자가 있다고 보고하였다. 전임 太尉였던 張溫(장온)은 당시 衛尉(위위, 九卿의 하나)였는데, 평소에 동탁과 사이가 안 좋아 동탁은 원한을 품었는데 天變이 있다면 예방해야 한다면서 미리 다른 사람을 사주하여 장온이 袁術(원술)과 왕래한다고 말하게 하여 결국 장온을 매질하여 죽여버렸다.

동탁의 법령은 苛酷(가혹)하였고, 愛憎(애증)에 따라 함부로 형벌을 가했으며 서로 무고하게 하여 억울하게 죽은 자가 수천 명이나 되었다.

이에 백성들은 몰래 웅성대거나 길에서도 눈짓하면서 말을 하지 못했다. 동탁은 (장안성의) 銅人(동인)이나 鐘虡(종거) 등을 부수었고 五銖錢(오수전)을 녹여 버렸다. 그리고 다시 小錢(소전)을 주조하였는데 크기가 五分에 글자나 장식도 없는 좋은 재질이었는데, 가장자리 윤곽이 분명치 않았고 마모가 되지 않았다. 그러나 돈 가치가 없고 물가는 비싸 곡식 1斛(곡)[656]에 소전 수십 만이나 되었다.

655 祖道는 먼 길을 떠나는 사람의 무사여행을 빌며 路祭를 지낸 다음의 전별연.
656 斛 - 斛은 10말 들이 곡(10斗). 용량 단위. 당시 1斗는 2,000cc 정도. 1곡이면 약 2만 cc. 지금 우리나라 생수 1병이 1,800cc, 또는 2,000cc이다.

그래서 이후로는 錢貨가 유통되지 않았다.

| 原文 |

三年四月, 司徒王允,尙書僕射士孫瑞,卓將呂布共謀誅卓. 是時, 天子有疾新愈, 大會未央殿. 布使同郡騎都尉李肅等, 將親兵十餘人, 僞著衛士服守掖門. 布懷詔書.

卓至, 肅等格卓. 卓驚呼布所在. 布曰 "有詔." 遂殺卓, 夷三族. 主簿田景前趨卓屍, 布又殺之, 凡所殺三人, 餘莫敢動. 長安士庶咸相慶賀, 諸阿附卓者皆下獄死.

| 국역 |

(獻帝) 初平 3년(서기 192) 4월, 司徒 王允(왕윤), 尙書僕射(상서복야) 士孫瑞(사손서), 동탁의 부장 呂布(여포)는 동탁을 주살하기로 공모했다. 이때 天子(獻帝)의 질병이 다 나아 未央殿(미앙전)[657]에 모든 신하가 모였다.

여포는 同郡 출신 騎都尉인 李肅(이숙) 등을 보내 동탁을 모시게 했고, 동탁은 10여 명의 군사를 거느리고 입궐했는데, 호위 군사의 복장으로 위장한 무사로 掖門(액문)을 지키게 하였다.[658] 여포는 조

657 未央宮(미앙궁) – 前漢 長安城의 正宮. 未央은 끝이 없다는 뜻. 央은 다할 앙, 가운데 앙.

658 騎都尉 李肅(이숙)과 여포와 뜻을 같이하는 용사 10여 명이 衛士의 복장으로 北掖門(북액문) 안에서 동탁을 기다렸다. 동탁의 수레가 궁문 앞에 오자, 말

서를 품고 있었다.

동탁이 도착하자 이숙 등이 동탁을 공격했다. 동탁은 놀라 '여포는 어디 있는가?' 라고 소리쳤다. 여포는 "여기 조서가 있다." 라고 하고서는 동탁을 죽였고, 동탁의 三族을 박멸했다. 主簿인 田景(전경)이 동탁의 시신 앞으로 달려오자 여포가 바로 3명을 모두 죽이자 감히 움직이는 자가 없었다. 長安의 관리나 백성이 모두 함께 기뻐하였고[659] 그동안 동탁에 아부했던 자들을 모두 하옥하여 죽여버렸다.

❷ 李傕, 郭汜, 樊稠, 張濟

| 原文 |

初, 卓女婿中郎將牛輔典兵別屯陝, 分遣校尉李傕,郭汜,張

이 놀랐는지 움직이지 않고 뒷걸음질 쳤다. 이에 여포가 다가가 들어가라고 안내하여 문안에 들어섰다. 그러자 이숙이 창으로 동탁을 찔렀으나 동탁의 갑옷에 부딪쳐 어깨를 찌르자, 동탁은 수레에서 떨어지며 "여포는 어디 있는가?" 라고 소리쳤다. 그러자 여포는 "賊臣을 죽이라는 조서가 여기 있다." 라고 응답했다. 동탁이 큰소리로 욕을 했다. "강아지를 키워주었더니 감히 이런 짓을!" 말이 끝나기도 전에 여포는 동탁을 창으로 질렀고 병사들도 서둘러 동탁을 찔렀다.

659 장안 성내의 士女들은 구슬이나 장식품을 팔아 술과 고기를 사서 마시며 즐겼고, 사람들은 거리와 점포를 메웠다. 황보숭을 보내 郿塢(미오)에 있는 동탁의 아우 동민을 공격했고 그 모친과 아내와 아들딸을 죽이고 모두 멸족시켰다. 동탁의 시신은 거리에 버려졌다. 그때 날이 더울 때였고 동탁은 평소 뚱뚱하여 기름이 흘러내렸다. 시신을 지키는 관리가 심지에 불을 붙여 배꼽에 꽂았는데 날이 밝을 때까지 불이 꺼지지 않고 며칠 동안 계속 탔다. 동탁의 郿縣(미현) 塢(오)에는 황금이 2, 3만근, 은이 8, 9만근, 각종 비단과 여러 보배들이 산처럼 쌓여 있었다.

濟略陳留,潁川諸縣. 卓死, 呂布使李肅至陝, 欲以詔命誅輔. 輔等逆與肅戰, 肅敗走弘農, 布誅肅. 其後輔營兵有夜叛出者, 營中驚, 輔以爲皆叛, 乃取金寶, 獨與素所厚攴胡赤兒等五六人相隨, 逾城北渡河, 赤兒等利其金寶, 斬首送長安.

| 국역 |

그전에 동탁의 사위인 中郎將 牛輔(우보)는 군사를 거느리고 별도로 陝縣(섬현)[660]에 주둔하면서 校尉인 李傕(이각), 郭汜(곽사), 張濟(장제) 등을 파견하여 陳留郡(진류군)과 潁川郡(영천군)의 여러 현을 경략케 하였다. 동탁을 죽인 呂布는 李肅(이숙)을 (弘農郡) 陝縣(섬현)에 보내 詔命(조명)에 의거 牛輔(우보)를 죽이게 했다. 그러나 우보 등은 이숙의 군사를 맞아 싸웠고, 이숙은 패주하여 弘農郡으로 도주하자 여포는 이숙을 죽였다.

그 뒤에 우보의 군영에서 밤에 반기를 든 자가 있어 군영이 소란하자, 우보는 모두가 반란을 일으킨 줄 알고 바로 금은 보화를 챙겨 평소에 가깝게 지내던 攴胡赤兒(복호적아, 攴은 칠 복) 등 5, 6명만 데리고 성을 넘어 달아나 북쪽으로 황하를 건넜는데, 복호적아 등은 우보의 금은 보화를 탐내어 우보를 죽여 그 首級(수급)을 長安으로 보내왔다.

660 陝縣(섬현)은 弘農郡의 현명. 今 河南省 서쪽 三門峽市 陝州區.

| 原文 |

比傕等還, 輔已敗, 衆無所依, 欲各散歸. 旣無赦書, 而聞長安中欲盡誅涼州人, 憂恐不知所爲. 用賈詡策, 遂將其衆而西, 所在收兵, 比至長安, 衆十餘萬. 與卓故部曲樊稠,李蒙,王方等合圍長安城.

十日城陷, 與布戰城中, 布敗走. 傕等放兵略長安老少, 殺之悉盡, 死者狼籍. 誅殺卓者, 屍王允於市. 葬卓於郿, 大風暴雨震卓墓, 水流入藏, 漂其棺槨.

傕爲車騎將軍,池陽侯, 領司隸校尉,假節. 汜爲後將軍,美陽侯. 稠爲右將軍,萬年侯. 傕,汜,稠擅朝政. 濟爲驃騎將軍, 平陽侯, 屯弘農.

| 국역 |

李傕(이각)[661] 등이 돌아왔을 때 우포는 이미 죽었기에 그 군사는 의지할 데가 없어 제각각 흩어지려 했었다. 또 동탁의 옛 부하를 사면하겠다는 조서도 없었으며, 長安에서는 涼州(양주) 출신을 모두 죽여버린다는 소문도 있어, 근심과 두려움에 어찌할 바를 몰랐다. 이각 등은 賈詡(가후)[662]의 방책에 의거 그 무리를 거느리고 서쪽으

---

661 李傕(이각, ?-198년, 字 稚然. 傕은 사람 이름 각, 성 각) – 北地郡 출신. 漢末 群雄의 하나. 涼州 軍閥. 董卓 사후, 여포를 패퇴시키고 王允을 죽인 뒤 헌제를 끼고 4년간 정권 장악. 大司馬, 車騎將軍, 司隸校尉 역임. 勇猛 詭譎(궤휼)한 성격. 用兵에 능했고, 辯才가 있었다.

662 賈詡(가후)는 《魏書》 10권, 〈荀彧荀攸賈詡傳〉에 입전.

로 진격하면서 곳곳에서 옛 군사를 모았는데 長安에 이를 즈음에 군사가 10여만 명이 되었다. 그리고 동탁의 옛 부하인 樊稠(번조), 李蒙(이몽), 王方(왕방) 등과 합세하여 장안성을 포위하였다.

10일 만에 장안성을 함락시키고, 성 안에서 여포의 군사와 싸웠는데 여포는 패주하였다. 이각 등은 군사를 풀어 長安의 老少를 노략질하며 닥치는대로 모두 죽여 시신이 狼籍(낭자)하였다. 동탁을 죽인 자를 주살하고 王允(왕윤)의 시신을 거리에 방치했다.

동탁을 郿縣(미현)에 장례할 때 큰 바람에 폭우가 내리고 동탁의 묘에 벼락에 떨어졌으며 물이 무덤에 흘러들어 棺槨(관곽)이 떠다녔다.

이각은 車騎將軍에 池陽侯(지양후)가 되었고, 司隸校尉(사예교위)를 겸직하며 부절을 받았다. 郭汜(곽사)는 後將軍에 美陽侯(미양후)가 되었으며, 樊稠(번조)는 右將軍에 萬年侯(만년후)가 되었다. 이각과 곽사와 번조 등은 조정의 정사를 마음대로 휘둘렀다. 張濟(장제)는 驃騎將軍에 平陽侯(평양후)가 되어 弘農郡에 주둔하였다.

| 原文 |

是歲, 韓遂,馬騰等降, 率衆詣長安. 以遂爲鎭西將軍, 遣還涼州, 騰征西將軍, 屯郿. 侍中馬宇與諫議大夫种邵,左中郎將劉範等謀, 欲使騰襲長安, 己爲內應, 以誅傕等. 騰引兵至長平觀, 宇等謀洩, 出奔槐里. 稠擊騰, 騰敗走, 還涼州, 又攻槐里, 宇等皆死.

時三輔民尙數十萬戶, 傕等放兵劫略, 攻剽城邑, 人民飢困, 二年間相啖食略盡. 諸將爭權, 遂殺稠, 倂其衆. 汜與傕轉相疑, 戰鬪長安中.

傕質天子於營, 燒宮殿城門, 略官寺, 盡收乘輿服御物置其家. 傕使公卿詣汜請和, 汜皆執之. 相攻擊連月, 死者萬數.

| 국역 |

이 해에(初平 3년 서기 192), 韓遂(한수), 馬騰(마등)[663] 등이 투항하면서 군사를 이끌고 長安에 도착하였다. 이에 韓遂(한수)를 鎭西將軍으로 삼아 涼州(양주)로 돌아가게 했고, 馬騰(마등)은 征西將軍으로 郿縣(미현)에 주둔케 했다. 侍中인 馬宇(마우)와 諫議大夫인 种邵(충소), 左中郎將인 劉範(유범) 등은 마등이 장안을 공격하면 자신들도 내응하여 李傕(이각) 등을 죽이기로 모의했다. 마등이 군사를 이끌고 長平觀(장평관)[664]까지 왔지만, 馬宇(마우) 등은 모의가 누설되어 (右扶風의 治所인) 槐里縣(괴리현)으로 도주하였다. 이어 樊稠(번조)가 마등을 공격하자, 마등은 패전하여 涼州(양주)로 돌아갔고, 또 번조가 괴리현을 공격하자 馬宇(마우) 등은 모두 전사했다.

그때만 해도 三輔 지역에는 백성이 여전히 수십만 호가 있었는데 이각 등이 군사를 풀어 노략질을 하고 성읍을 공격하며 강탈하자

663 馬騰(마등, ?-212년) - 字는 壽成(수성), 右扶風 茂陵縣人, 馬援(마원)의 후손. 八尺이 넘는 신장에 신체가 매우 장대하였고 천성이 현명 온후하여 많은 사람의 존경을 받았다. 마등의 아들이 촉한의 馬超(마초, 176-222년 字 孟起)이다.

664 長平觀(장평관)은 長安 부근 지명(阪名也, 비탈 판).

백성은 굶주렸고, 2년 동안에 사람이 사람을 잡아먹어 거의 씨가 말랐다. 그런데도 여러 장수들은 권력을 다투어 결국 樊稠(번조)를 죽여 그 군사를 병합하였다. 곽사와 이각은 서로를 시기하여 장안성 안에서 전투를 벌였다.

이각은 天子(獻帝)를 군영 안에 인질로 잡은 뒤 궁궐과 성문을 불태웠고 관부를 노략질했고 수레와 복장 어용기물들을 모두 거두어 자신의 집에 쌓아두었다. 이각은 여러 고관을 곽사의 진영에 보내 강화를 요청했는데 곽사는 그들을 구금하였다. 이각과 곽사는 몇 달을 계속 싸웠는데 죽은 자가 수만 명이었다.

| 原文 |

傕將楊奉與傕軍吏宋果等謀殺傕, 事泄, 遂將兵叛傕. 傕衆叛, 稍衰弱. 張濟自陝和解之, 天子乃得出, 至新豐,霸陵間. 郭汜復欲脅天子還都郿. 天子奔奉營, 奉擊汜破之. 汜走南山, 奉及將軍董承以天子還洛陽.

傕,汜悔遣天子, 復相與和, 追及天子於弘農之曹陽. 奉急招河東故白波帥韓暹,胡才,李樂等合, 與傕,汜大戰. 奉兵敗, 傕等縱兵殺公卿百官, 略宮人入弘農. 天子走陝, 北渡河, 失輜重, 步行, 唯皇后貴人從, 至大陽, 止人家屋中.

奉,暹等遂以天子都安邑, 御乘牛車. 太尉楊彪,太僕韓融近臣從者十餘人. 以暹爲征東,才爲征西,樂征北將軍, 並與奉,承持政. 遣融至弘農, 與傕,汜等連和, 還所略宮人公卿百官, 及乘輿車馬數乘. 是時蝗蟲起, 歲旱無穀, 從官食棗菜. 諸將不能相率, 上下亂, 糧食盡.

奉,暹,承乃以天子還洛陽. 出箕關, 下軹道, 張楊以食迎道路, 拜大司馬. 語在〈楊傳〉. 天子入洛陽, 宮室燒盡, 街陌荒蕪, 百官披荊棘, 依丘牆間. 州郡各擁兵自衛, 莫有至者. 飢窮稍甚, 尙書郎以下, 自出樵採, 或飢死牆壁間.

| 국역 |

李傕(이각)의 부장인 楊奉(양봉)과 이각의 軍吏인 宋果(송과) 등은 이각을 주살할 모의를 했지만, 일이 누설되자 군사를 거느리고 이각에 반기를 들었다. 이각은 부하들의 반기로 점차 쇠약해졌다. 張濟(장제)는 陝縣(섭현)에서 돌아와 이각과 화해했고, 天子(獻帝)는 장안을 탈출하여 新豐(신풍)[665]과 霸陵(패릉)[666]의 중간까지 왔다. 郭汜(곽사)는 天子를 협박하여 다시 돌아가 郿縣(미현)에 도읍케 하려고 했다. 天子는 楊奉(양봉)의 군영으로 들어갔고, 양봉은 곽사를 공격하여 격파하였다. 곽사는 終南山으로 패주했고, 양봉과 將軍 董承(동승)은 天子를 모시고 낙양을 향해 출발하였다.

665 新豐은 京兆尹의 현명. 高祖 劉邦의 고향인 豐沛의 거리를 본떠 새로 조성한 마을. 今 陝西省 西安市 灞橋區(패교구) 舊劉家村 일대.

666 霸陵(패릉)은 漢 文帝의 능. 霸水 근처 산을 이용하여 능원을 조성했고 薄葬(박장)했기에 도굴당하지 않았다. 패릉은 당시 장안성 未央宮에서 동남으로 57km에 위치. 今 西安市 동쪽 白鹿原 부근. 宣帝의 능인 杜陵(두릉)과 함께 渭水 남쪽에 위치. 漢代의 다른 능은 위수 북쪽에 있다.

이각과 곽사는 천자를 내보낸 것을 후회하면서 다시 서로 화해하였고, 천자를 弘農郡의 曹陽(조양)이란 곳까지 추격해왔다. 양봉은 서둘러 河東郡의 옛 (黃巾賊 一派) 白波賊(백파적)의 무리인 韓暹(한섬)과 胡才(호재), 李樂(이락) 등을 불러 합세하여 이각과 곽사의 무리와 크게 싸웠다. 양봉은 패전했고, 이각 등은 군사를 풀어 公卿과 百官을 마구 죽였으며 宮人을 약탈하여 弘農郡으로 돌아갔다. 天子는 陝縣(섬현)을 거쳐 북으로 나가 황하를 건넜는데 각종 수레나 장비를 모두 버리고 걸어갔으며, 오직 皇后와 貴人만이 황제를 수행하였고, (河東郡) 大陽縣(대양현)[667]에 이르러 민가에 머물렀다.

양봉과 한섬 등은 결국 천자를 安邑縣[668]에 머물게 했고, 천자는 牛車를 타고 왔다. 太尉인 楊彪(양표),[669] 太僕인 韓融(한융) 등 近臣과 從者는 10여 명이었다. 한섬을 征東將軍, 胡才(호재)를 征西將軍, 李樂(이락)을 征北將軍에 임명했고, 양봉과 동승은 정사를 보좌했다. 그리고 韓融(한융)을 弘農郡에 보내, 이각, 곽사 등과 강화하였는데 이각 등은 그간 잡아놓았던 宮人이나 公卿 百官, 그리고 황제의 乘輿(승여)나 車馬 여러 대를 돌려보냈다.

이 해에 황충의 폐해가 컸고 날이 가물어 곡식이 없었고 수종하는 관리는 대추나 나물로 연명했다.

667 大陽縣(대양현)은 河東郡의 현명. 今 山西省 남부 運城市 관할 平陸縣, 황하 북안.

668 安邑縣은 河東郡의 치소, 今 山西省 남부 運城市 관할 夏縣(하현).

669 楊彪(양표, 142－225년, 字 文先) － 楊修(양수)의 父, 楊震(양진)의 증손, 양진 이후 4대에 걸쳐 후한의 太尉를 역임했다. 楊彪(양표)는 董卓(동탁)과 李傕(이각)이 설쳐대는 그 당시에 국정의 중책을 맡고 있었다. 《後漢書》 54권, 〈楊震列傳〉에 立傳.

장수들은 서로를 지휘하거나 거느릴 수가 없어 상하가 모두 혼란에 빠졌고 군량도 없었다. 양봉과 한섬 동승은 천자와 함께 낙양으로 돌아왔다. 箕關(기관)[670]을 거쳐, 軹道(지도, 軹縣)에 도착하자, (河內太守인) 張楊(장양, 張揚. ?-198년)이 식량을 준비하여 길에서 영접했고, (뒤에) 大司馬에 임명되었는데, 이는 〈楊楊傳 /《魏書》二公孫陶四張傳〉에 수록했다.

천자가 낙양에 입성하였지만 궁궐은 모두 불타 없어졌고 거리는 황폐했으며 百官은 가시덤불을 헤치며 나물을 뜯었고 언덕이나 담장에 기대어 쉬었다. 각 주군에서는 군사를 거느리고 자신만을 지켰고 아무도 천자를 도우러 오지 않았다. 굶주림에 점점 심해지자 尙書郎 이하 모두는 나무를 하고 나물을 채취하거나 담장 사이에서 굶어죽었다.

| 原文 |

太祖乃迎天子都許. 暹,奉不能奉王法, 各出奔, 寇徐,揚間, 爲劉備所殺. 董承從太祖歲餘, 誅.

建安二年, 遣謁者僕射裴茂率關西諸將誅傕, 夷三族. 氾爲其將五習所襲, 死於郿. 濟飢餓, 至南陽寇略, 爲穰人所殺, 從子繡攝其衆. 才,樂留河東, 才爲怨家所殺, 樂病死. 遂,騰

670 箕關(기관)은 관문명. 今 河南省 서북부 濟源市(省直轄縣級市)의 서북에 위치. 낙양시의 河水 건너편.

自還涼州, 更相寇, 後騰入爲衛尉, 子超領其部曲. 十六年, 超與關中諸將及遂等反, 太祖徵破之. 語在〈武紀〉.

遂奔金城, 爲其將所殺. 超據漢陽, 騰坐夷三族. 趙衢等擧義兵討超, 超走漢中從張魯, 後奔劉備, 死於蜀.

| 국역 |

太祖(曹操)는 천자를 모셔와 許縣에 도읍케 하였다(獻帝 建安 원년, 서기 196). 한섬과 양봉 등은 조정의 법도를 따르지 못하고 각자 도망 나가서 徐州와 揚州 일대에서 노략질을 하다가 劉備(유비)에게 살해되었다. 董承(동승)[671]은 조조를 1년여 동안 추종하다가 주살되었다.

(獻帝) 建安 2년(서기 197), 謁者僕射(알자복야)인 裴茂(배무)를 보내 關西의 여러 장수를 거느리고 이각을 죽였고 그 삼족을 멸했다. 郭汜(곽사)는 그의 부장 五習(오습)의 공격을 받고 郿縣(미현)에서 피살되었다. 張濟(장제)는 飢餓(기아)에 시달리다가 南陽郡 일대를 노략질했는데, (南陽郡) 穰縣(양현) 사람들에게 살해되었고 그의 조카 張繡(장수)가 그 무리를 거느렸다. 胡才(호재)와 李樂(이악)은 河東郡에 남았는데 호재는 원수에게 살해되었고 이악은 병사했다.

韓遂(한수)와 馬騰(마등)은 涼州(양주) 본거지로 돌아갔지만 서로

671 董承(동승)은 원래 董卓(동탁)의 사위 牛輔(우보)의 部將. 靈帝의 생모 董太后의 조카, 獻帝 董貴人의 父親. 뒷날 曹操가 獻帝를 許昌에 데려다 놓고 정권을 장악했을 때 동승은 헌제 편에 선다. 동승은 조조를 제거하라는 헌제의 밀조를 받았으나 발각되어 建安 5년(서기 200)에 처형되었고 그 삼족도 모두 죽었다.

침략질했으며, 뒷날 마등이 조정에 들어와 衛尉(위위)에 임명되자, 아들 馬超(마초)가 그 부대를 거느렸다. (建安) 16년(서기 211), 마초와 關中의 여러 장수, 한수 등이 반기를 들자 조조가 그들을 격파하였다. 이는 〈武帝紀〉에 수록했다.

한수는 金城郡(금성군)으로 도망했지만 그 부장에게 살해되었다. 마초는 漢陽郡을 점거했고 마등은 죄를 지어 삼족이 처형되었다. 趙衢(조구) 등이 義兵을 일으켜 마초를 토벌하자, 마초는 漢中郡으로 도주하여 張魯(장로)를 따르다가 나중에 劉備(유비)에게 의지하여 蜀(촉)에서 죽었다.

❸ 袁紹

| 原文 |

袁紹字本初, 汝南汝陽人也. 高祖父安, 爲漢司徒. 自安以下四世居三公位, 由是勢傾天下. 紹有姿貌威容, 能折節下士, 士多附之, 太祖少與交焉. 以大將軍掾爲侍御史, 稍遷中軍校尉, 至司隸.

| 국역 |

袁紹(원소)[672]의 字는 本初(본초)로, 汝南郡 汝陽縣[673] 사람이다.

672 袁紹의 사람됨을 가장 잘 파악한 사람은 아마 荀彧(순욱)일 것이다. 순욱은

高祖父인 袁安(원안)은 後漢의 (章帝 時) 司徒였다. 袁安 이후 4代에 걸쳐 3公의 자리에 올랐기에 그 가세가 천하를 압도하였다. 원소는 외모와 행동이 위엄이 있었으며 자신을 굽혀 아랫 사람을 대하였기에 추종하는 士人이 많았으며 曹操도 젊은 시절에 원소와 교제하였다. 원소는 대장군의 掾吏(연리)였다가 侍御史(시어사)가 되었고 점차 승진하여 中軍校尉를 거쳐 司隷校尉가 되었다.

|原文|

靈帝崩, 太后兄大將軍何進與紹謀誅諸閹官, 太后不從. 乃召董卓, 欲以脅太后. 常侍,黃門聞之, 皆詣進謝, 唯所錯置.

時紹勸進便可於此決之, 至於再三, 而進不許. 令紹使洛陽方略武吏檢司諸宦者. 又令紹弟虎賁中郎將術選溫厚虎賁二百人, 當入禁中, 代持兵黃門陛守門戶. 中常侍段珪等矯太后命, 召進入議, 遂殺之, 宮中亂. 術將虎賁燒南宮嘉德殿青瑣門, 欲以迫出珪等. 珪等不出, 劫帝及帝弟陳留王走小平津.

....

원소에 대하여 "보통 사람 중의 영웅이라서 사람을 모을 수는 있지만 등용하지 못하며, 원소의 외모로는 관대하나 내심은 시기하며, 일을 맡기고도 그 사람을 의심한다. 원소는 너무 신중하여 결단력이 없기에 늘 기회를 놓치며, 군사를 너그럽게 통솔하나 법의 기강을 세우지 못하고, 장졸은 많아도 등용하지 못한다. 원소는 조상의 덕을 보며 점잖게 지혜로운 척하며 명성이나 낚으려 한다."고 말했다. 《魏書》 10권, 〈荀彧荀攸賈詡傳〉 참고. 현대의 毛澤東은 "원소같은 사람은 모략은 많으나 결심이 없고, 모사를 꾸며도 결단이 없으며 果斷性이 없기에 결과적으로 官渡에서 패전하였다."라고 평했다.

673 汝陽縣은, 今 河南省 동부 周口市 관할 商水縣 서북.

紹既斬宦者所署司隷校尉許相, 遂勒兵捕諸閹人, 無少長皆殺之. 或有無鬚而誤死者, 至自發露形體而後得免. 宦者或有行善自守而猶見及. 其濫如此. 死者二千餘人. 急追珪等, 珪等悉赴河死. 帝得還宮.

| 국역 |

靈帝가 붕어하자(서기 189), 太后의 오빠인 大將軍 何進(하진)과 원소는 閹官(엄관, 환관)을 주살할 계획을 세웠으나 何太后는 허락하지 않았다. 그러자 하진은 바로 董卓(동탁)을 불러들여 하태후를 협박하려고 했다. 常侍와 黃門(황문) 등 환관이 이를 알고 모두 하진을 찾아가 사죄하며 선처를 기대했다.

그때 원소는 하진에게 바로 결정해야 한다며 두 번, 세 번을 말했지만, 하진은 허락치 않았다. 하진은 그러면서 원소에게 낙양의 지모가 있는 무관을 골라 모든 환관을 감시하게 시켰다. 또 원소에 사촌 동생인 虎賁中郎將 袁術(원술)에게는 온후한 虎賁(호분) 용사 2백명을 골라 궁중에 들어와 병기를 지니고 문호를 지키는 환관을 대체하게 하였다. 이에 中常侍인 段珪(단규) 등은 하태후의 명령이라는 거짓말로 하진을 궁 안으로 불러들여 죽여버리자 궁안이 혼란에 빠졌다.

원술은 호분 위사를 거느리고 南宮의 嘉德殿(가덕전) 青瑣門(청쇄문)에 불을 질러 단규 등을 내쫓으려 하였다. 그러나 단규 등은 궁에서 나오지 않고 황제(少帝)와 동생 陳留王(劉協, 헌제)를 협박하여 (황하) 小平津(소평진)으로 도주하였다.

원소는 환관의 천거로 임명된 司隸校尉 許相(허상)을 죽이고 군사를 동원하여 모든 환관을 닥치는 대로 잡아 노소를 불문하고 모두 죽여버렸다. 그중에는 수염이 없어 잘못 죽인 사람도 있었고, 자신의 몸을 보여주고 죽음을 면한 사람도 있었다. 환관 중에서, 혹 선행하며 분수를 지킨 자도 마찬가지로 죽음을 당했다. 이렇듯 마구 2천여 명이나 죽였다. 원소 등이 급박하게 단규 등을 추격하자, 단규 등은 모두 河水에 익사하였다. 그런 뒤에 少帝는 환궁했다.

|原文|

董卓呼紹, 議欲廢帝, 立陳留王. 是時紹叔父隗爲太傅, 紹僞許之, 曰, "此大事, 出當與太傅議." 卓曰, "劉氏種不足復遺." 紹不應, 橫刀長揖而去.

紹既出, 遂亡奔冀州. 侍中周毖,城門校尉伍瓊,議郎何顒等, 皆名士也, 卓信之, 而陰爲紹, 乃說卓曰,

"夫廢立大事, 非常人所及. 紹不達大體, 恐懼故出奔, 非有他志也. 今購之急, 勢必爲變. 袁氏樹恩四世, 門生故吏遍於天下, 若收豪傑以聚徒衆, 英雄因之而起, 則山東非公之有也. 不如赦之, 拜一郡守, 則紹喜於免罪, 必無患矣."

卓以爲然, 乃拜紹勃海太守, 封邟鄉侯.

| 국역 |

董卓(동탁)은 원소를 불러 少帝를 폐위하고 陳留王 옹립을 논의하려했다. 그때 원소의 숙부 袁隗(원외)는 太傅(태부)였는데, 원소는 거짓으로 수락하면서 말했다.

"이런 大事는 응당 태부와 상의해야 합니다."

이에 동탁이 말했다. "劉氏 종자는 남겨 놓을 수 없습니다."

그러나 원소는 호응하지 않고 칼을 빗겨 잡고 長揖(장읍)한 뒤에 나가버렸다.

원소는 나가자마자 바로 冀州(기주)로 도주하였다. 侍中인 周毖(주비), 城門校尉인 伍瓊(오경), 議郎인 何顒(하옹)[674] 등은 모두 名士였는데 동탁은 이들을 신임했는데, 이들은 은밀히 원소를 위해 동탁을 설득하였다.

"대체로 (황제의) 폐립과 같은 대사는 보통 사람과 논의할 일이 아닙니다. 원소는 일의 대요를 알지 못하기에 두려워서 도망쳤을 뿐이지 다른 뜻은 없을 것입니다. 지금 원소를 급히 잡아들이려 한다면 틀림없이 변고가 있을 것입니다. 원씨 일문은 4대에 걸쳐 은덕을 베풀었기에 문생과 옛 관리들이 천하에 널렸는데, 만약 호걸과 무리를 끌어모으면 영웅이 일어날 수도 있으며, 그렇게 되면 山東

674 何顒(하옹) – 《後漢書》 67권, 〈黨錮列傳〉에 立傳. 何顒(하옹)의 字는 伯求(백구)인데, 南陽郡 襄鄉縣 사람이다. 젊어 洛陽에 遊學하였다. 하옹은 비록 어린 나이였지만 郭林宗(곽림종, 郭太), 賈偉節(가위절, 賈彪) 등과 가까이 지냈고 이름이 太學에 널리 알려졌다. 하옹이 曹操(조조)를 처음 만나보고 탄식하였다. "漢家는 곧 망할 것이고 천하를 안정시킬 사람은 틀림없이 이 사람일 것이다." 조조는 이를 듣고 기뻐하였다. 조조를 '난세의 영웅'이라고 평한 사람은 許劭(허소)이다.

은 公이 소유할 수 없을 것입니다. 원소를 용서하고 태수 한 자리를 준다면 원소는 사면 받아 좋아할 것이니 다른 걱정은 안 해도 될 것입니다."

동탁도 그렇게 생각하면서 원소에게 勃海(발해) 태수를 제수하고 邟鄕侯(항향후)에 봉했다.

| 原文 |

紹遂以勃海起兵, 將以誅卓. 語在〈武紀〉. 紹自號車騎將軍, 主盟, 與冀州牧韓馥立幽州牧劉虞爲帝, 遣使奉章詣虞, 虞不敢受. 後馥軍安平, 爲公孫瓚所敗. 瓚遂引兵入冀州, 以討卓爲名, 內欲襲馥. 馥懷不自安.

會卓西入關, 紹還軍延津, 因馥惶遽, 使陳留高幹,潁川荀諶等說馥曰, "公孫瓚乘勝來向南, 而諸郡應之, 袁車騎引軍東向, 此其意不可知, 竊爲將軍危之."

馥曰, "爲之奈何?" 諶曰, "公孫提燕,代之卒, 其鋒不可當. 袁氏一時之傑, 必不爲將軍下. 夫冀州, 天下之重資也, 若兩雄並力, 兵交於城下, 危亡可立而待也. 夫袁氏, 將軍之舊, 且同盟也, 當今爲將軍計, 莫若擧冀州以讓袁氏. 袁氏得冀州, 則瓚不能與之爭, 必厚德將軍. 冀州入於親交, 是將軍有讓賢之名, 而身安於泰山也. 原將軍勿疑!"

馥素恇怯, 因然其計. 馥長史耿武,別駕閔純,治中李歷諫馥曰, "冀州雖鄙, 帶甲百萬, 穀支十年. 袁紹孤客窮軍, 仰我鼻息, 譬如嬰兒在股掌之上, 絶其哺乳, 立可餓殺. 奈何乃欲以州與之?"

馥曰, "吾, 袁氏故吏, 且才不如本初, 度德而讓, 古人所貴, 諸君獨何病焉!"

從事趙浮,程奐請以兵拒之, 馥又不聽. 乃讓紹, 紹遂領冀州牧.

| 국역 |

袁紹(원소)는 마침내 勃海郡(발해군)[675]에서 기병하고, 동탁 토벌을 준비하였는데, 이는 〈武帝紀〉에 수록했다. 원소는 車騎將軍을 자칭하며 盟約을 주도하였는데 冀州牧인 韓馥(한복)[676]과 함께 幽州牧인 劉虞(유우)를 황제로 옹립하려고 사자를 보내 유우에서 서신을 보냈지만, 유우는 감히 받으려 하지 않았다.[677]

675 勃海郡(발해군, 渤海郡)은 冀州 관할, 治所 南皮縣. 今 河北省 남동부 滄州市 관할 南皮縣.

676 韓馥(한복) – 字는 文節, 潁川人. 冀州牧을 역임. 뒷날 기주를 원소에게 빼앗기고 張邈(장막)에게 의지했는데, 원소의 사자가 장막을 찾아와 밀담을 나누자 자신을 죽이려는 줄 알고 자살했다.

677 劉虞(유우, ?–193년, 字 伯安) – 漢 종실의 일원이었고, 유능하고 인자한 지방관으로 이민족에게도 관대하였다. 靈帝 中平 초년(서기 184)에 黃巾賊이 반란하며 冀州의 여러 군을 공격 파괴하자, 유우는 甘陵國 相이 되었는데 난리를 겪은 백성을 위무하며 검소한 생활로 모범을 보였다. (初平) 2년, 冀州 자사인 韓馥(한복), 勃海(발해) 太守 袁紹(원소) 및 山東의 여러 장수들은 나이 어린 황제가 동탁의 핍박을 받고 있는데도 멀리 떨어진 곳이고 길도 막혀 황제의 안녕 여부도 알 수 없다면서 유우가 종실의 어른이니 유우를 옹립해야

그 뒤에 한복은 安平郡[678]에 주둔했다가 (幽州牧인) 公孫瓚(공손찬)[679]에게 패배했다. 공손찬은 군사를 이끌고 冀州(기주)에 들어왔는데 동탁을 토벌한다는 명분이었지만 내심은 한복을 기습 공격하려는 뜻이었다 한복은 근심하며 마음이 편치 않았다.

그때 동탁은 황제를 강요하여 長安으로 돌아갔고, 원소는 군사를 延津(연진)이란 곳에 주둔하고 있으면서, 한복이 두려워하는 것을 알고 陳留郡의 高幹(고간)과 潁川郡의 荀諶(순심) 등을 보내 한복에게 말했다.

"공손찬이 승세를 타고 남하하자 여러 군에서 호응하였고, 또 車騎引軍 원소가 동쪽으로 진출하였는데, 그 뜻을 잘 알 수는 없지만 장군에게는 위기인 것 같습니다."

이에 한복이 말했다. "어찌 하면 좋겠는가?"

그러자 순심이 말했다.

"公孫氏가 燕(연)과 代郡 일대의 군사와 결합한다면 그 예봉을 당할 수가 없습니다. 또 袁氏도 이 시대의 영걸이니 장군 휘하에 있지

한다고 논의하였다. 그러나 유우는 받지 않았다. 유우는 나중에 공손찬에게 살해되었다. 《後漢書》 73권, 〈劉虞公孫瓚陶謙列傳〉에 立傳.

678 安平郡(國)의 治所 信都縣. 今 河北省 남부 衡水市 관할 冀州市. 前漢 信都郡(國) - 信都郡(후한 23-72年) - 樂成國(72-122年) - 安平國(122-)으로 명칭이 바뀜.

679 公孫瓚(공손찬, ?-199년, 字 伯珪)은 劉備와 함께 盧植에게 사사. 公孫瓚은 유주자사로 자신의 부하를 자신의 멋대로 임용하였으니 嚴綱(엄강)을 冀州刺史, 田楷(전해)를 青州刺史, 單經(선경)을 兗州刺史로 삼았었다. 袁紹와 北方 패권을 놓고 交戰하다가 建安 4년(서기 199)에 원소에게 패배, 처자를 먼저 죽이고 스스로 불타 죽었다. 《後漢書》 73권, 〈劉虞公孫瓚陶謙列傳〉에 입전. 《魏書》 8권, 〈二公孫陶四張傳〉에 입전.

는 않을 것입니다. 장군의 冀州(기주)는 천하의 요지이기 때문에 만약 두 세력이 힘을 모아 장군의 성에서 싸운다면 위기와 멸망은 곧 닥칠 것입니다. 무엇보다 원씨는 장군과 오랜 교분이 있고 동탁 토벌 동맹을 맺었으니, 지금 장군을 위한 계책으로서는 기주를 원씨에게 양보하는 것이 가장 좋을 것입니다. 만약 원씨가 冀州를 보유하게 된다면, 공손찬은 원씨와 다툴 수 없으며 원씨는 틀림없이 장군을 크게 우대할 것입니다. 冀州를 친교 있는 원씨에게 넘겨주면, 장군은 현인에게 양보했다는 칭송을 들을 것으며 몸은 태산처럼 안전할 것이니 장군께서는 의심치 마십시오!"

한복은 평소에 겁이 많아(恇 겁낼 광, 怯 겁낼 겁) 그대로 따랐다. 한복의 長史인 耿武(경무), 別駕[680]인 閔純(민순), 治中[681]인 李歷(이력) 등이 한복에게 간언을 올렸다.

"冀州가 비록 외진 곳이라지만 군사가 백만이며 곡식은 10년을 버틸 수 있습니다. 원소는 뜨내기로 무력도 미약하여 우리에게 의지해야만 겨우 버티니 마치 팔에 안긴 어린아이마냥 젖을 먹이지 않으면 금방 굶어 죽을 것입니다. 어찌하여 한 州를 통째로 그냥 넘겨줄 수 있습니까?"

이에 한복이 말했다. "나는 袁氏 문하의 옛 관리이고 나의 재능은 本初(袁紹)만 못하며, 덕행을 헤아려 양보하는 것은 古人도 귀하게 여겼거늘 여러분이야 무슨 걱정이겠는가!"

680 別駕 – 州刺史, 州牧의 속관인 別駕從事史의 간칭. 자사의 최고위 속리. 자사와는 별도로 군현을 순시했다.

681 治中은 治中從事史의 약칭. 문서 담당관, 主簿.

從事[682]인 趙浮(조부)와 程奐(정환)이 무력으로 저지해야 한다고 말했으나 한복은 따르지 않았다. 곧 원소에 이양했고, 원소는 冀州牧이 되었다(初平 2년, 서기 191년).

| 原文 |

從事沮授說紹曰, "將軍弱冠登朝, 則播名海內, 値廢立之際, 則忠義奮發, 單騎出奔, 則董卓懷怖, 濟河而北, 則勃海稽首. 振一郡之卒, 撮冀州之衆, 威震河朔, 名重天下. 雖黃巾猾亂, 黑山跋扈, 擧軍東向, 則靑州可定, 還討黑山, 則張燕可滅, 回衆北首, 則公孫必喪, 震脅戎狄, 則匈奴必從. 橫大河之北, 合四州之地, 收英雄之才, 擁百萬之衆, 迎大駕於西京, 復宗廟於洛邑, 號令天下, 以討未復, 以此爭鋒, 誰能敵之? 比及數年, 此功不難."

紹喜曰, "此吾心也." 卽表授爲監軍,奮威將軍. 卓遣執金吾胡母班,將作大匠吳脩齎詔書喩紹, 紹使河內太守王匡殺之. 卓聞紹得關東, 乃悉誅紹宗族太傅隗等.

當是時, 豪俠多附紹, 皆思爲之報, 州郡蜂起, 莫不假其名.

682 從事 – 從事史의 간칭. 司隷校尉의 속관(정원 12인). 都官從事(百官 범법자 감찰), 功曹從事(서무 총괄), 別駕從事(사예교위 호위) 및 簿曹從事(부조종사, 경리회계 담당), 兵曹從事(사예교위 소속 병사 관리) 등이 있었다. 각 郡國에도 從事가 있었다.

馥懷懼, 從紹索去, 往依張邈. 後紹遣使詣邈, 有所計議, 與邈耳語. 馥在坐上, 謂見圖構, 無何起至溷自殺.

| 국역 |

(袁紹의) 從事인 沮授(저수)[683]가 원소에게 말했다.

"장군께서는 弱冠에 조정에 출사하시면서 海內에 명성을 날렸습니다. 황제를 폐하고 옹립할 때 忠義로 분발하시어 單騎로 빠져나오자 동탁은 두려워하였습니다. 장군께서 황하를 건너오자 勃海郡은 복속하였고 一郡의 군졸로 一州의 군사를 장악하시니, 위세는 황하와 북방에 떨쳤고 명성은 천하에 알려졌습니다. 이제 군사를 거느리고 東으로 진격하여 황건적을 소탕하고 돌아오면서 黑山賊의 張燕(장연)을 박멸하고 군사를 북쪽으로 돌려 공손찬을 필히 잡아야 하며, 북쪽의 戎狄(융적)에 위세를 가하면 匈奴(흉노)도 즉시 안정될 것입니다. 大河 북쪽 四州의 땅을 가로질러 영웅을 끌어 모으고 백만 군사를 거느린 뒤에 長安에서 황제를 영입하여 낙양의 宗廟를 다시 수복하고 천하를 호령하며 남은 잔당을 토벌해야 합니다. 이렇게 정벌한다면 누가 장군을 막을 수 있겠습니까! 여기까지 몇 년이 걸리겠지만 그 성공은 어렵지 않습니다."

이에 원소는 기뻐하며 말했다. "그것이 바로 내 뜻이요."

683 沮授(저수) - 人名. 鉅鹿郡 廣平縣人. 젊어서부터 大志에 謀略이 많았다. 본래 기주목 韓馥의 참모, 원소가 冀州를 차지하자 저수는 원소의 謀臣이 되었다. 처음에는 원소의 인정을 받았지만, 나중에 원소는 저수의 獻策을 不納했다. 저수는 조조가 원소의 대군을 격파할 때 포로가 되었다. 저수는 조조의 招降을 거부했고, 탈출하려다가 피살되었다.

원소는 즉시 표문을 올려 저수를 奮武將軍으로 삼아 여러 장수를 감독케 하였다.

동탁은 執金吾인 胡母班(호모반),[684] 將作大匠(장작대장)[685]인 吳脩(오수)를 시켜 조서를 가지고 가서 원소를 회유하게 했지만, 원소는 河內太守인 王匡(왕광)을 시켜 그들을 죽여버렸다.

동탁은 원소가 關東에 근거를 얻었다는 말을 듣고 원소의 일족과 (叔父인) 太傅 袁隗(원외) 등을 모두 죽였다. 그 무렵 많은 豪俠(호협)들이 원소에 귀부하였고 모두가 복수해야 한다고 생각하였으며 각 州郡에서 봉기하는 자들은 원소의 이름에 가탁하지 않는 자가 없었다.

韓馥(한복)은 원소에게 두려움을 느껴 멀리 떠나겠다 하고서 張邈(장막)[686]을 찾아가 의지하였다. 뒷날 원소가 장막에게 사람을 보냈고, 사자가 어떤 일을 숙의하면서 귓속말을 하였다. 한복은 그 자리에 있다가 자신에 대한 모의라 생각하여 곧 일어나 변소에 가서 자살하였다.

---

684 胡母班(호모반, 字 季皮) – 泰山郡人, 후한 말 黨錮의 名士 중 八廚(팔주)의 한 사람. 廚(주)란 재물로 다른 사람을 구원할 수 있는 사람이란 뜻.

685 將作大匠(장작대장)은 종묘와 궁궐 건축, 陵園의 토목공사를 주관하는 고급 관리(질록 이천석). 속관으로 左,右校令(질록 6백석)이 있었다.

686 張邈(장막, ?–195년 字 孟卓) – 邈은 멀 막. 黨錮의 화를 당한 名士 중 한 사람. 《後漢書》 67권, 〈黨錮列傳〉 참고. 陳留郡 태수 역임. 反 동탁군의 한 사람. 曹操, 袁紹와 모두 교제하였다. 반복이 무상했다.

| 原文 |

初, 天子之立非紹意, 及在河東, 紹遣潁川郭圖使焉. 圖還說紹迎天子都鄴, 紹不從.

會太祖迎天子都許, 收河南地, 關中皆附. 紹悔, 欲令太祖徙天子都鄄城以自密近, 太祖拒之. 天子以紹爲太尉, 轉爲大將軍, 封鄴侯, 紹讓侯不受. 頃之. 擊破瓚於易京, 倂其衆.

出長子譚爲青州, 沮授諫紹, "必爲禍始." 紹不聽, 曰, "孤欲令諸兒各據一州也." 又以中子熙爲幽州, 甥高幹爲幷州. 衆數十萬, 以審配,逢紀統軍事, 田豐,荀諶,許攸爲謀主, 顏良,文醜爲將率, 簡精卒十萬, 騎萬匹, 將攻許.

| 국역 |

그전에, 天子의(獻帝) 옹립은 원소의 뜻이 아니었기에, (천자가 長安에서 돌아오면서) 河東郡에 도착하자, 원소는 潁川郡(영천군) 사람 郭圖(곽도)를 사자로 보냈다. 곽도가 돌아와 원소에게 천자를 (魏郡) 鄴縣(업현)으로 영입하자 말했지만 원소는 따르지 않았다.

마침 曹操가 천자를 맞이하여 許縣에 定都하고 河南의 땅을 아우르자 關中 일대도 모두 귀부하였다. 이에 원소는 후회하면서 조조에게 말하여 천자를 (濟陰郡) 鄄城(견성)[687]에 도읍케 하여 자신에게

687 鄄城(견성) – 濟陰郡의 鄄城縣. 前漢이 설치한 현명. 戰國 名將 孫臏(손빈)의 고향, 今 山東省 서남부 菏澤市 관할 鄄城縣(견성현). 河南省 동북단 濮陽市와 접경. 甄은 질그릇 견. 밝다(明也).

가까이 하려고 했지만 조조가 거절하였다. 천자는 원소를 太尉에 임명했다가 大將軍으로 바꿔 임명했고 鄴侯(업후)에 봉했는데, 원소는 鄴侯를 사양하며 받지 않았다. 얼마 뒤에 원소는 공손찬을 (河間國의) 易京(역경)[688]에서 격파하고(建安 4년, 서기 199) 공손찬의 군사를 병합했다.

(원소가) 長子 袁譚을 靑州(청주)[689]에 (牧으로) 내보내자, 沮授(저수)가 원소에게 諫言했다. "이는 틀림없이 재앙이 될 것입니다." 그러나 원소는 듣지 않으면서 말했다.

"孤는(自稱 나) 여러 아들을 一州에 웅거하게 할 것이다."

그러면서 작은아들 袁熙(원희)를 幽州牧(유주목)에, 생질인 高幹(고간)에게 幷州(병주)를 통치케 하였다. 원소의 군사는 10만에 달했

....

688 易京(역경)은 (河間國) 易縣의 작은 성.(京은 人工 언덕, 자연적인 산언덕은 丘이다). 공손찬은 원소에게 밀리자, 좋지 않은 일이 일어날 수도 있다고 생각하여 높은 언덕에 거처하면서 쇠로 철문을 만들었다. 좌우의 측근을 내보내고 7살이 넘은 남자 아이는 아예 易京의 門에 들어올 수도 없었다. 오로지 여인들의 시중만을 받으면서 여러 가지 장부는 모두 물을 긷듯 두레박에 담아 올렸다. 부인에게 큰 소리로 말하기를, 연습시켜 공손찬의 명령을 전달케 하였는데 수백 보 떨어진 곳에서도 들을 수 있도록 명령을 선포하였다. 그러다 보니 빈객들은 소원해졌고 믿을 사람도 없었으며 謀臣과 猛將도 점차 흩어져버렸다. 이후 공손찬은 거의 전투에 나서지 않았다.
어떤 사람이 그 까닭을 묻자 공손찬이 말했다. "내가 옛날에 배반한 흉노족을 국경 밖으로 몰아내고, 孟津(맹진)에서 황건적을 소탕하였는데 그때는 천하를 내가 지휘하여 평정할 수 있다고 생각했었다. 그러나 지금은 겨우 싸워도 전투라 할 것도 없고 내가 결판할 정도가 아니니, 군사를 쉬게 하면서 농사를 지어 흉년을 구제하는 것이 더 나을 것이다. 병법에도 1백 개의 망루는 공격하지 말라고 하였다. 지금 나의 여러 군영과 망루가 1천 리에 걸쳐 있으니 비축된 군량 3백만 斛(곡)이나 먹으면서 천하의 변화를 기다릴 것이다."

689 후한의 靑州刺史部, 치소는 齊國 臨淄縣(임치현, 今 山東省 淄博市 臨淄區). 齊南國, 平原郡, 樂安國, 北海國, 東萊郡, 齊國 등을 관할했다.

으며, 審配(심배)와 逢紀(봉기)로 軍事 업무를 統轄(통할)케 하였고, 田豐(전풍), 荀諶(순심), 許攸(허유)를 謀主(모주)로, 顏良(안량)과 文醜(문추)를 장수로 삼았으며[690] 정병 10만을 뽑았고 군마 1만 필을 길러 許都를 공격할 계획이었다.

| 原文 |

先是, 太祖遣劉備詣徐州拒袁術. 術死, 備殺刺史車胄, 引軍屯沛. 紹遣騎佐之. 太祖遣劉岱,王忠擊之, 不克.

建安五年, 太祖自東征備. 田豐說紹襲太祖後, 紹辭以子疾, 不許. 豐擧杖擊地曰, "夫遭難遇之機, 而以嬰兒之病失其會, 惜哉!"

太祖至, 擊破備, 備奔紹.

| 국역 |

이에 앞서, 조조는 劉備(유비)를 徐州로 보내 袁術(원술)을 막게 하였다. 원술이 죽자, 유비는 서주자사 車胄(차주)를 죽이고, 군사를

690 審配(심배, 字 正南), 魏郡人. 逢紀(봉기, 字 符圖), 顏良(안량, ?-200년)은 원소의 武將. 안량은 관우에게 패전 피살. 文醜(문추)는 顏良의 원수를 갚는다고 나왔다가 관우에게 斬殺된다(《三國演義》). 이들에 대하여 순욱이 말했다. "원소의 군사가 많다지만 군법이 엄정하지 않고, 전풍은 강직하나 윗사람에게 잘 대들며, 허유는 탐욕에 부정이 많고, 심배는 고집에 무모하며, 逢紀는 과감하나 자신만을 내세우고, 안량과 문추는 필부지용이니 一戰으로 사로잡을 수 있다." 이는 모두 사실이었다.

이끌고 沛國(패국)에 주둔하였다. 원소는 기병을 보내 유비를 도왔다. 조조는 劉岱(유대)와 王忠(왕충)을 보내 유비를 공격케 했지만 이기지 못했다.

建安 5년(서기 200), 조조는 동쪽으로 나아가 유비를 공격했다. (원소의 謀士인) 田豐(전풍)[691]이 원소에게 조조의 후방(許都)을 습격해야 한다고 건의하였으나 원소는 아들이 병났다며 허락하지 않았다. 이에 전풍은 지팡이로 땅을 치며 말했다.

"다시 얻을 수 없는 기회를 만났는데도 어린애가 아프다며 기회를 놓치다니 안타깝다!"

조조가 유비를 격파하자, 유비는 원소한테로 달아났다.[692]

| 原文 |

紹進軍黎陽, 遣顔良攻劉延於白馬. 沮授又諫紹, "良性促

691 田豐(전풍, ?-200年, 字 元皓) - 하북 鉅鹿 출신. 冀州 別駕從事. 剛直하고 바른 말을 잘했다. 魏郡의 審配(심배)와 鉅鹿郡의 田豐(전풍)은 모두 정직한 사람이었으나 韓馥(한복)에게 인정을 받지 못했었다. 원소는 전풍을 별가종사에, 심배를 治中從事에 임명하고 크게 신임하며 능력을 중시하였다. 원소군이 패배하여 흩어질 때 여러 장졸들이 무릎을 껴안고 '만약 田豐이 있었다면 우리가 이 지경이 되지는 않았을 것이다.' 라며 울었다고 한다.
逢紀(봉기)는 원소에게 "전풍은 장군의 패망소식에 박수를 치며 좋아했습니다."라고 참언을 했다. 관도패전 후, 원소는 전풍을 처형했다. 조조는 전투 초기에 전풍이 출전하지 않았다는 말을 듣고 "원소는 必敗할 것이다."라고 말했다.

692 裴松之의 주석에는 袁紹가 陳琳(진림)을 시켜 짓게 하여 각 주군에 보낸 조조 토벌 격문이 실려있다. "蓋聞明主圖危以制變, 忠臣慮難以立權 ~"으로 시작하는 명문이지만 너무 長文이라서 번역은 생략한다.

狹, 雖驍勇不可獨任.” 紹不聽. 太祖救延, 與良戰, 破斬良. 紹渡河, 壁延津南, 使劉備,文醜挑戰. 太祖擊破之, 斬醜, 再戰, 禽紹大將. 紹軍大震.

太祖還官渡. 沮授又曰, “北兵數衆而果勁不及南, 南穀虛少而貨財不及北. 南利在於急戰, 北利在於緩搏. 宜徐持久, 曠以日月.”

紹不從. 連營稍前, 逼官渡, 合戰, 太祖軍不利, 復壁. 紹爲高櫓, 起土山, 射營中, 營中皆蒙楯, 衆大懼.

太祖乃爲發石車, 擊紹樓, 皆破, 紹衆號曰霹靂車. 紹爲地道, 欲襲太祖營. 太祖輒於內爲長塹以拒之, 又遣奇兵襲擊紹運車, 大破之, 盡焚其穀. 太祖與紹相持日久, 百姓疲乏, 多叛應紹, 軍食乏.

會紹遣淳于瓊等將兵萬餘人北迎運車, 沮授說紹, “可遣將蔣奇別爲支軍於表, 以斷曹公之鈔.”

紹復不從. 瓊宿烏巢, 去紹軍四十里. 太祖乃留曹洪守, 自將步騎五千候夜潛往攻瓊. 紹遣騎救之, 敗走. 破瓊等, 悉斬之. 太祖還, 未至營, 紹將高覽,張郃等率其衆降. 紹衆大潰, 紹與譚單騎退渡河. 餘衆僞降, 盡坑之. 沮授不及紹渡, 爲人所執, 詣太祖, 太祖厚待之. 後謀還袁氏, 見殺.

| 국역 |

원소는 (魏郡의) 黎陽縣(여양현)[693]으로 진군한 다음에, 顔良(안량)을 보내 (조조의 부장) 劉延(유연)을 白馬縣(백마현)[694]에서 공격케 하였다. 이에 沮授(저수)[695]가 또 원소에게 간언했다.

"안량은 성질이 급하고 도량이 좁아 비록 용감하나 홀로 일을 맡길 수 없습니다."

그러나 원소는 받아들이지 않았다. 조조는 유연을 구원하면서 안량과 싸워 안량을 죽였다.

원소는 황하를 건너 延津(연진) 남쪽에 군영을 설치한 뒤, 劉備와 文醜(문추)를 지켜 도전케 하였다. 조조가 원소군을 격파하고 문추를 죽였는데, 원소가 다시 도전하자 원소의 대장을 생포하였다. 이에 원소의 군사는 크게 동요했다. 조조는 官渡(관도)로 돌아왔다.

沮授(저수)가 또 원소에게 말했다.

"우리(北兵)의 군사가 많지만 결단력과 전투능력은 조조의 군사만 못하고, 조조의 군사는 군량과 물자가 우리보다 못합니다. 그래서 조조의 군사에게는 急戰이 유리하고 우리는 느긋한 공격이 유리합니다. 응당 천천히 지구전으로 시간을 끌어야 합니다."

---

693 黎陽(여양) - 冀州 관할 魏郡의 縣名. 今 河南省 북부 옛 黃河 북안, 鶴壁市 관할 濬縣(준현). 이곳에서 官渡가 멀지 않다.

694 白馬는 兗州(연주) 관할 東郡의 현명. 今 河南省 동북 安陽市 관할 滑縣(활현).

695 원소가 출정할 즈음에 沮授(저수)는 그 일족에게 재산을 흩어나눠주면서 말했다. "형세가 강하더라도 위엄이 있어야 하나니 세력을 잃으면 한 몸도 지킬 수 없으니 슬픈 일이로다." 그러면서 "원소의 군세가 강하다지만 조조는 현명한 지략에 천자를 끼고 있다. 우리가 공손찬을 이겼다지만 우리 군사도 지쳤으며 주군이 교만하니 우리는 패전할 것이다."라고 말했다.

그러나 원소는 받아들이지 않았다. 원소는 군영을 연결지으며 조금씩 전진하여 官渡 부근에서 전투를 벌렸는데, 조조의 군사는 不利하여 다시 방어벽 안으로 들어갔다.

이에 원소는 높은 망루를 짓고, 土山을 쌓아올리며 조조의 군영으로 활을 쏘자 조조의 군사는 모두 방패를 머리에 이고 다녀야 했기에 두려워떨었다. 그러자 조조는 돌을 날리는 發石車(발석거)를 만들어 원소의 누각을 모두 부수었는데 원소 진영에서는 이를 霹靂車(벽력거)[696]라고 불렀다.

원소는 땅굴(地道)을 파서 조조의 군영을 급습했다. 이에 조조는 군영 내에 긴 塹壕(참호, 도랑)를 파서 방어했으며, 또 기습하는 군사를 보내 원소의 군량 운반 수레를 대파하면서 그 군량을 모두 태워버렸다. 조조와 원소가 오래 대치하면서 (조조의) 백성은 크게 피폐하자, 조조를 배반하며 원소에 호응하였고 군량도 다하였다.

그 무렵 원소는 淳于瓊(순우경) 등을 보내 장병 1만여 명을 동원하여 북쪽에서 군량을 운반케 하였는데 이때도 沮授(저수)가 원소에게 말했다.

"장수 蔣奇(장기)를 보내 별도의 군사로 밖에서 호위케 하여 조조의 급습에 대비해야 합니다."

그런데도 원소는 또 따르지 않았다. 순우경의 군량수송 부대는 원소의 진영에서 40리 떨어진 烏巢(오소)란 곳에서 宿營(숙영)했다. 조조는 曹洪(조홍)을 남겨 본 군영을 지키게 한 뒤에 직접 5천 보병과 기병을 거느리고 밤을 틈타 몰래 접근하여 순우경을 공격했다.

696 霹靂車(벽력거) – 霹靂(벽력)은 벼락.

원소는 기병을 보내 구원케 하였지만 패주하였다. 조조는 순우경을 격파하고 모두 죽여버렸다.

조조가 회군하여 군영에 아직 도착하지 못했는데, 원소의 部將인 高覽(고람)과 張郃(장합) 등이 그 군사를 거느리고 투항했다. 원소의 군사는 완전 붕괴되었고, 원소는 (장남) 원담과 함께 단신으로 황하를 건너 패주하였다.[697]

조조는 거짓 투항한 원소의 군사를 모두 묻어 죽여버렸다. 저수는 원소를 따라 퇴각하지 못하고 사로잡혀 조조 앞에 끌려오자, 조조는 저수를 후대하였다. 뒷날 저수는 원소에게 되돌아가려다가 피살되었다.

| 原文 |

初, 紹之南也, 田豐說紹曰, "曹公善用兵, 變化無方, 衆雖少, 未可輕也, 不如以久持之. 將軍據山河之固, 擁四州之衆, 外結英雄, 內脩農戰, 然後簡其精銳, 分爲奇兵, 乘虛迭出, 以擾河南, 救右則擊其左, 救左則擊其右, 使敵疲於奔命, 民不得安業, 我未勞而彼已困, 不及二年, 可坐克也. 今釋廟勝之策, 而決成敗於一戰, 若不如志, 悔無及也."

紹不從. 豐懇諫, 紹怒甚, 以爲沮衆, 械繫之. 紹軍既敗, 或謂豐曰, "君必見重." 豐曰, "若軍有利, 吾必全, 今軍敗, 吾

697 이상이 원소와 조조의 세력이 역전된 官渡大戰이다.(건안 5년, 서기 200년)

其死矣."

紹還, 謂左右曰, "吾不用田豐言, 果爲所笑." 遂殺之. 紹外寬雅, 有局度, 憂喜不形於色, 而內多忌害, 皆此類也.

| 국역 |

그전에, 袁紹가 남으로 출발할 때, 田豐(전풍)이 원소에게 말했다.

"조조는 用兵을 잘 하고 용병에 변화가 많아 그 병력이 적다 하여 경시할 수 없으니 지구전이 가장 좋을 것입니다. 장군께서는 산하의 험한 지형에 四州의 많은 군사를 보유하였으니, 외부로는 영웅과 긴밀히 연결 짓고, 안으로 농사와 훈련을 병행한 뒤에 그 정예병을 뽑아 기습공격으로 적의 허점을 노려 공격하여 河南 일대를 흔들어 놓고, 적이 우측을 구원하면 우리는 좌측을 공격하여 적을 이리저리 지치게 하고, 백성이 생업에 종사할 수 없게 하면, 우리는 힘들이지 않고, 적을 지치게 하면 채 2년이 안되어 적을 꺾을 수 있을 것입니다. 지금 이렇게 당상에 앉아 이길 수 있는 방책을 버려두고 一戰으로 승패를 결정하려 하시는데, 만약 우리 뜻대로 되지 않으며 후회막급일 것입니다."

원소는 따르지 않았다. 그리고 전풍이 간절히 충고하자, 원소는 심하게 화를 내었고 군사의 사기를 저해한다며 원소를 형틀에 묶어버렸다. 원소군이 패전하자, 어떤 사람이 전풍에게 "당신은 틀림없이 중용될 것입니다."

그러자 전풍이 말했다.

"만약 승전했다면 틀림없이 살겠지만 이번에 패전했으니 나는 아마 죽을 것입니다."

원소는 돌아와서 측근에게 말했다.

"내가 전풍의 말을 따르지 않았으니 다른 사람이 비웃을 것이다."

원소는 결국 전풍을 죽였다. 원소는 겉으로 관대 文雅(문아)하고 도량이 넓으며 근심이나 기쁨을 얼굴에 나타내지 않았지만, 심성이 괴팍하여 남을 해치기가 대개 이런 식이었다.

| 原文 |

冀州城邑多叛, 紹復擊定之. 自軍敗後發病, 七年, 憂死.

紹愛少子尙, 貌美, 欲以爲後而未顯. 審配,逢紀與辛評,郭圖爭權, 配,紀與尙比, 評,圖與譚比. 衆以譚長, 欲立之. 配等恐譚立而評等爲己害, 緣紹素意, 乃奉尙代紹位. 譚至, 不得立, 自號車騎將軍. 由是譚,尙有隙. 太祖北征譚,尙. 譚軍黎陽, 尙少與譚兵, 而使逢紀從譚. 譚求益兵, 配等議不與. 譚怒, 殺紀.

太祖渡河攻譚, 譚告急於尙. 尙欲分兵益譚, 恐譚遂奪其衆, 乃使審配守鄴, 尙自將兵助譚, 與太祖相拒於黎陽. 自九月至二月, 大戰城下, 譚,尙敗退, 入城守. 太祖將圍之, 乃夜遁. 追至鄴, 收其麥, 拔陰安, 引軍還許.

太祖南征荊州, 軍至西平. 譚,尙遂擧兵相攻, 譚敗奔平原. 尙攻之急, 譚遣辛毗詣太祖請救. 太祖乃還救譚, 十月至黎陽.

| 국역 |

冀州 내 많은 城邑이 반기를 들었는데, 원소는 이들을 공격하여 다시 평정하였다. 원소는 (官渡의) 패전 이후 병이 났고 건안 7년(서기 202)에 근심하다가 죽었다.

원소는 막내아들 袁尙(원상)을 아꼈는데, 외모도 뛰어나 후계자로 생각했으나 드러내지는 않았다.[698] 審配(심배)[699]와 逢紀(봉기), 그리고 辛評(신평)과 郭圖(곽도) 등은 서로 권력을 다퉜는데 심배와 봉기는 원상의 편이었고, 신평과 곽도는 원담을 지지하였다. 군사들은 원담이 장자이기에 원담을 옹립하려 했다. 심배 등은 원담이 계승하면 신평 등이 자신을 해칠 것이라 생각하여 원소의 평소 뜻을 따라 원상을 원소의 후계자로 옹립하였다. 원담이 돌아왔으나 계승할 수가 없자 車騎將軍을 자칭했다. 이후로 원담과 원상은 사이가 벌어졌다.

조조는 북쪽으로 원담과 원상 정벌에 나섰다. 원담의 군사는 (魏郡) 黎陽縣(여양현)에 주둔하였고, 원상은 원담의 군사보다 열세였기에 봉기로 하여금 원담을 지원케 하였다. 원담이 더 많은 군사지원을 요청하자, 심배 등은 의논한 뒤에 군사를 지원하지 않기로 했다. 원담은 화가 나서 봉기를 죽여버렸다.

曹操가 황하를 건너 원담을 공격하자, 원담은 원상에게 긴급 지

698 원소의 처 劉氏가 특별히 원상을 총애했으나, 원소는 확실히 발표하지 못하고 죽었다. 원소의 처 유씨는 질투가 심해 원소가 죽자마자 원소의 후첩 5명과 그 일족을 모두 죽였다.

699 審配(심배 ?-204년, 字 正南) - 원소의 참모 剛正한 심성이었지만 才能은 有限했다. 원소에 충성을 다했다.

원을 요청하였다. 원상은 군사를 나눠 원담을 지원하려 했으나, 원담이 지원군을 병합할까 걱정이 되어 심배 등으로 鄴縣을 지키게 하고, 원상이 직접 군사를 거느리고 원담을 지원하여 조조와 (魏郡) 黎陽縣(여양현)에서 대치하였다. 9월부터 다음 해 2월까지 여양 주변에서 크게 싸웠는데 원담과 원상은 패전하고 성 안으로 물러나 지켰다. 太祖가 여양성을 포위하려 하자, 원담과 원상은 밤에 도주하였다. 조조는 鄴縣(업현)까지 추격하였고 익은 보리를 수확하며, (魏郡) 陰安邑(음안읍)을 점령한 뒤 許都로 회군하였다.

조조가 남쪽으로 荊州(형주) 정벌에 나서 군사가 西平郡에 이르렀다. 원담과 원상은 군사를 동원하여 서로를 공격하였는데, 원담은 패전하며 平原郡으로 도주하였다. 원상이 맹렬히 원담을 공격하자, 원담은 辛毗(신비)를 조조에게 보내 구원을 요청했다. 조조는 이에 원담을 구원하려고 회군하여 10월에 여양현에 도착했다.

| 原文 |

尙聞太祖北, 釋平原還鄴. 其將呂曠,呂翔叛尙歸太祖, 譚復陰刻將軍印假曠,翔. 太祖知譚詐, 與結婚以安之, 乃引軍還. 尙使審配,蘇由守鄴, 復攻譚平原.

太祖進軍將攻鄴, 到洹水, 去鄴五十里, 由欲爲內應, 謀洩, 與配戰城中, 敗, 出奔太祖. 太祖遂進攻之, 爲地道, 配亦於內作塹以當之. 配將馮禮開突門, 內太祖兵三百餘人, 配覺之,從城上以大石擊突中柵門, 柵門閉, 入者皆沒. 太祖遂圍之, 爲塹, 週四十里, 初令淺, 示若可越. 配望而笑之, 不出爭利.

太祖一夜掘之, 廣深二丈, 決漳水以灌之, 自五月至八月, 城中餓死者過半. 尙聞鄴急, 將兵萬餘人還救之, 依西山來, 東至陽平亭, 去鄴十七里, 臨滏水, 擧火以示城中, 城中亦擧火相應. 配出兵城北, 欲與尙對決圍.

太祖逆擊之, 敗還, 尙亦破走, 依曲漳爲營, 太祖遂圍之. 未合, 尙懼, 遣陰夔,陳琳乞降, 不聽. 尙還走濫口, 進復圍之急, 其將馬延等臨陳降, 衆大潰, 尙奔中山. 盡收其輜重, 得尙印綬,節鉞及衣物, 以示其家, 城中崩沮.

配兄子榮守東門, 夜開門內太祖兵, 與配戰城中, 生禽配. 配聲氣壯烈, 終無撓辭, 見者莫不嘆息. 遂斬之. 高幹以幷州降, 復以幹爲刺史.

| 국역 |

원상은 조조의 군사가 북진한다는 소식을 듣고 平原郡의 원담을 버려두고 鄴縣(업현)으로 돌아왔다. 원상의 부장인 呂曠(여광)과 呂翔(여상)이 원상을 배반하고 조조에 투항했는데, 원담은 다시 장군의 인수를 陰刻(음각)하여 여광과 여상에게 수여하였다. 이에 조조는 원담의 거짓을 간파하고 원담의 아들과 혼약을 맺어 원담을 안심시킨 뒤에 회군하였다. 원상은 심배와 蘇由(소유) 등으로 업현을 지키게 한 뒤 다시 平原郡의 원담을 공격하였다.

조조는 군사를 보내 업현을 공격하여 업현에서 50리 떨어진 洹水(원수)에 이르렀는데, 蘇由(소유)는 조조에 내응하려 했으나 일이 누설되었다. 소유는 심배와 성 안에서 싸웠지만 패전하고 조조의 군영으로 도망나왔다. 조조는 마침내 성 안을 공격하려고 땅굴을 팠는데 심배도 역시 성 안에서 참호를 만들어 방어하였다. 심배의 부장인 馮禮(풍례)가 작은 쪽문을 열고 조조의 군사 3백여 명을 불러들였는데, 심배가 이를 알고 성 위에서 큰 돌을 굴려 柵門(책문)을 부수면서 쪽문이 닫혔고, 성 안에 진격했던 자들은 모두 죽었다.

조조는 성을 완전히 에워싸는 둘레가 40리나 되는 참호를 파게 했는데, 처음에는 건널 수 있도록 얕게 팠다. 심배는 이를 보고 웃으면서 성문을 나서서 공격하지 않았다. 그런데 어느 날 갑자기 밤 사이에 넓이와 깊이가 2丈(장)이 되게 판 뒤에 漳水(장수)의 강물을 끌어들이자, 5월에서 8월까지 성 안에서는 굶어 죽는 자가 과반이나 되었다.

원상은 업현의 위급한 소식을 듣고 군사 1만여 명을 거느리고 구원하러 왔는데, 西山(서산)의 기슭을 따라 동쪽으로 진격하여 압현에서 17리 떨어진 陽平亭(양평정)을 거쳐 滏水(부수)에 도착하여 횃불로 성에 신호를 보내자, 업현의 성 안에서도 횃불을 올려 호응하였다. 심배가 군사를 거느리고 성의 북쪽으로 나아가 원상과 함께 조조의 군사를 포위하였다.

조조의 군사는 이들을 맞아 싸웠으나 패전하였고, 원상 역시 후퇴하여 漳水(장수)에 의지하여 군영을 설치하였지만, 조조 군사가 이를 포위하였다. 그러나 조조의 군사가 포위를 마치기도 전에, 원상은 두려워떨며 陰夔(음기)와 陳琳(진림)[700]을 보내 투항코자 했으나, 조조는 받아들이지 않았다. 원상은 다시 濫口(남구)로 도주하였는데, 다시 추격하여 바짝 포위하자 그 부장인 馬延(마연) 등은 군진에 와서 투항하자, 군사들은 모두 와해되었고 원상은 다시 中山國으로 도주하였다. 조조는 원상의 보급물자 등을 모두 회수하였고, 원상의 인수나 부월 및 의복 등을 거두어 원소의 집에 보여주자, 업현의 성 안은 저절로 붕괴되었다.

심배의 조카인 審榮(심영)은 東門을 지키고 있었는데 밤에 성문을 열고 조조의 군사를 받아들였는데, 심배는 성 안에서 싸우다가 생포되었다. 심배는 큰 소리치면서 끝까지 굽히지 않자, 이를 보며 탄식하지 않는 사람이 없었다. 심배는 처형되었다. (원소의 생질인) 高幹(고간)은 幷州(병주)를 들어 투항했는데, 조조는 고간을 다시 병주자사로 임용하였다.

‖原文‖

太祖之圍鄴也, 譚略取甘陵,安平,勃海,河間, 攻尙於中山. 尙走故安從熙, 譚悉收其衆. 太祖將討之, 譚乃拔平原, 並南皮, 自屯龍湊. 十二月, 太祖軍其門, 譚不出, 夜遁奔南皮, 臨

700 陳琳(진림, ?-217년, 字 孔璋) - 시인, 문장가. '建安七子' 의 한 사람. 曹丕(조비)는 그의 《典論 論文》에서 「지금 文人으로는 魯國의 孔融(공융, 字 文擧), 廣陵의 陳琳(진림, 字 孔璋), 山陽郡의 王粲(왕찬, 字 仲宣), 北海郡의 徐幹(서간, 字 偉長), 陳留郡의 阮瑀(완우, 字 元瑜), 汝南郡의 應瑒(응창, 字 德璉), 東平郡의 劉楨(유정, 字 公幹) 등 일곱 사람이 있다.」고 하였다.

清河而屯.

十年正月, 攻拔之, 斬譚及圖等. 熙,尙爲其將焦觸,張南所攻, 奔遼西烏丸. 觸自號幽州刺史, 驅率諸郡太守令長, 背袁向曹, 陳兵數萬, 殺白馬盟, 令曰, "違命者斬!" 衆莫敢語, 各以次歃.

至別駕韓珩, 曰, "吾受袁公父子厚恩, 今其破亡, 智不能救, 勇不能死, 於義闕矣. 若乃北面於曹氏, 所弗能爲也."

一坐爲珩失色. 觸曰, "夫興大事, 當立大義, 事之濟否, 不待一人, 可卒珩志, 以勵事君."

高幹叛, 執上黨太守, 擧兵守壺口關. 遣樂進,李典擊之, 未拔.

十一年, 太祖徵幹. 幹乃留其將夏昭,鄧升守城, 自詣匈奴單于求救, 不得, 獨與數騎亡, 欲南奔荊州, 上洛都尉捕斬之.

十二年, 太祖至遼西擊烏丸. 尙,熙與烏丸逆軍戰, 敗走奔遼東, 公孫康誘斬之, 送其首.

| 국역 |

曹操가 鄴縣을 포위할 때, 원담은 甘陵國(淸河國),[701] 安平郡, 勃海郡, 河間國 등을 점거하고, 中山國에서 원상을 공격했다. 원상은

701 淸河國의 治所는 甘陵縣. 郡國의 치소인 현명을 군국의 이름으로 통용하는 경우가 많다. 今 山東省 직할 臨淸市(河北省과 접경) 동북. 桓帝때 甘陵國으로 개명.

(涿郡) 故安縣(고안현)의 袁熙(원희)를 찾아가 의지했고, 원담은 원상의 군사를 모두 흡수하였다. 조조가 원담을 토벌하려 할 때는 원담은 平原郡[702]과 (勃海郡) 南皮縣을 병합했고 龍湊(용주)란 곳에 주둔하였다. 12월, 太祖는 원담의 군영 앞에 주둔했는데, 원담은 출전하지 않다가 밤에 南皮縣으로 도주했고 다시 清河國(甘陵國)에 주둔하였다.

(建安) 10년(서기 205) 정월, 조조는 원담의 군영을 공격 점령하고, 원담과 郭圖(곽도) 등을 죽였다.[703] 원희와 원상은 그 부장인 焦觸(초촉)과 張南(장남)의 공격을 받게 되자, 遼西郡 지역의 烏丸族(오환족) 거주지로 도주했다.

초촉은 幽州(유주) 자사를 자칭하면서 여러 郡의 太守와 縣令, 縣長 등을 모아 원씨를 버리고 조조를 섬기겠다면서 군사 수만 명을 모아놓고 白馬를 잡아 그 피로 맹서하면서 "명을 어기는 자는 죽이겠다!" 고 말하자, 감히 반대하는 자 없이 차례대로 피를 발라 맹서했다. 그러다가 別駕(별가)인 韓珩(한형)의 차례가 되자 한형이 말했다.

"나는 원씨 부자의 두터운 은혜를 입었는데, 지금 그 분이 망하는데 구원할만한 지략도 없거니와 죽을만한 용기도 없기에 의리를 이미 저버렸습니다. 그렇지만 내가 北面하여 조씨를 섬기지는 못하겠습니다."

---

702 平原(평원) – 郡, 國名. 치소는 今 山東省 북부 德州市 平原縣.

703 마지막 날, 원담은 출전하려 했으나 군사를 정렬시키기도 전에 격파되었다. 원담은 머리를 묶지도 못한 채 말을 타고 도주하였는데 추격자는 못 보던 사람이라 생각하여 뒤쫓았다. 원담이 말에서 떨어지며 추격자를 보고 말했다. "에이 참! 네가 나를 보내주면 너에게 부귀를 줄 수 있다." 그러나 말이 채 끝나기도 전에 목이 땅에 떨어졌다.

거기 참석한 모두가 한형을 걱정하여 안색이 하얗게 질렸다. 이에 초촉이 말했다.

"큰일을 하다 보면 응당 大義를 내세워야 하고 큰일의 성패 여부가 한 사람에게 달려있지는 않지만, 한형의 대의도 지켜야 하니 힘써 事君하시오."[704]

高幹(고간)이 반기를 들고 上黨郡 太守를 인질로 잡고, 거병하여 壺口關(호구관)[705]을 막았다. 조조는 樂進(악진)과 李典(이전)을 보내 호구관을 공격했지만 점거하지는 못했다.

(建安) 11년(서기 206), 조조는 고간을 정벌했다. 고간은 그 부장인 夏昭(하소)와 鄧升(등평)을 시켜 성을 지키게 하고, 자신은 직접 흉노를 찾아가 구원을 요청했지만 원병을 얻지 못하고 수행하는 기병 몇 명만을 거느리고 남쪽으로 달아나 荊州로 향했는데 (京兆尹) 上洛縣 都尉가 고간을 잡아 죽였다.[706]

(建安) 12년(서기 207), 조조는 遼西郡(요서군)의 烏丸族(오환족)을 공격하였다. 원상과 원희와 오환족은 조조의 군사와 싸워 패전하자 遼東郡[707]으로 달아났고, 요동군의 公孫康(공손강)은 원상과 원희를

704 韓珩〔한형, 字 子佩(자패)〕 - 珩은 노리개 형. 조조는 한형의 지조를 전해 듣고 높이 평가하며 여러 번 관직에 불렀지만 출사하지 않았고 집에서 죽었다.

705 壺口關(호구관) - 上黨郡 壺山(호산) 입구의 관문. 今 山西省 동남부 長治市 관할 壺關縣.

706 上洛(上雒)은 京兆尹 관할 현명, 후국명. 今 陝西省 남동부 商洛市 商州區. 상락현의 도위 이름은 王琰(왕염). 고간을 죽인 공로로 제후에 봉해졌다. 이에 그 아내는 고간이 부귀해져서 첩실을 얻을 것을 걱정하여 통곡했다고 한다.

707 遼西郡 - 治所는 陽樂縣. 今 遼寧省 북부 阜新市(부신시). 내몽고 접경. 遼東郡의 治所는 襄平縣, 今 遼寧省 중부 遼陽市.

유인해 죽인 뒤 그 수급을 보내왔다.[708]

❹ 袁術

| 原文 |

袁術字公路, 司空逢子, 紹之從弟也. 以俠氣聞. 擧孝廉, 除郎中, 歷職內外, 後爲折衝校尉,虎賁中郎將. 董卓之將廢帝, 以術爲後將軍, 術亦畏卓之禍, 出奔南陽.

會長沙太守孫堅殺南陽太守張諮, 術得據其郡. 南陽戶口數百萬, 而術奢淫肆欲, 徵斂無度, 百姓苦之. 旣與紹有隙, 又與劉表不平而北連公孫瓚, 紹與瓚不和而南連劉表. 其兄弟攜貳, 捨近交遠如此.

引軍入陳留. 太祖與紹合擊, 大破術軍. 術以餘衆奔九江, 殺揚州刺史陳溫, 領其州. 以張勳,橋蕤等爲大將軍. 李傕入長安, 欲結術爲援, 以術爲左將軍, 封陽翟侯, 假節, 遣太傅馬日磾因循行拜授. 術奪日磾節, 拘留不遣.

708 공손강은 원상과 원희를 생포한 뒤 차갑게 언 땅에 앉혀놓았다. 원상이 공손강에게 말했다. "죽기도 전에 차가워서 견딜 수 없으니 깔 자리 좀 주시오." 그러자 공손강이 말했다. "당신 머리가 이제 만 리 길을 가야 하는데 자리가 왜 필요하겠나?" 그리고는 바로 목을 잘라 許都로 보냈다.

| 국역 |

袁術(원술)[709]의 字는 公路(공로)로, 司空인 袁逢(원봉)의 아들이며 袁紹(원소)의 사촌동생이다. 협객 기질이 있어 소문이 났었다. 孝廉으로 천거되어 郎中을 제수받고, 내외의 여러 직책을 거쳤는데 뒷날 折衝校尉(절충교위)[710]와 虎賁中郎將(호분중랑장)[711]이 되었다. 董卓(동탁)이 少帝를 폐위하려 할 때, 원술을 後將軍으로 임명하였지만, 원술은 동탁의 화가 두려워 남양군으로 도주하였다.

그 무렵 長沙太守이 孫堅(손견)[712]은 南陽太守인 張諮(장자)를 죽였기에, 원술은 남양군을 차지할 수 있었다. 南陽郡의 호구 수는 백만이나 되었는데, 원술의 지나친 사치와 방자한 탐욕에 멋대로 부세를 징수하여 백성은 고통을 받았다. 원술은 이미 원소와 틈이 났고, 또 (형주자사) 劉表(유표)와도 사이가 나빴는데, 북쪽으로 公孫瓚(공손찬)과 연결되었는데, 원소는 공손찬과 불화하면서 남쪽으로 유표와 연합했었다. 형제는 이처럼 서로 딴마음을 갖고서 이웃을

709 袁術(원술, ?-199년. 字 公路) - 亂世에 稱帝했다가 반년을 못 견디고 피를 토하고 죽었다. 董卓(동탁)만큼 흉포했다. 袁逢(원봉)은 靈帝 光和 원년(서기 178)에 司空이 되었다.

710 靈帝(영제) 때 西園 8校尉를 두어 수도 주변 부대를 지휘케 하였다. 曹操는 驍騎校尉의 직함을, 袁術, 孫策, 夏侯惇(하후돈)은 折衝校尉의 직함을 받았었다.

711 後漢의 武官 중 지휘관으로는 將軍 - 中郎將 - 校尉의 三級이 있는데, 中郎將은 光祿勳(궁궐 수비 및 황제 호위)의 속관. 질록 比二千石의 武官. 五官中郎將, 左, 右中郎將, 虎賁中郎將, 羽林中郎將 외 使匈奴中郎將도 있었다.

712 孫堅(손견, 155 - 191년?, 字 文臺) - 吳郡 富春縣(今 浙江省 杭州市 富陽區) 출신. 東吳 세력의 기반을 마련한 孫策, 建國者인 孫權의 父親. 漢의 破虜將軍, 烏程侯. 領豫州刺史, 長沙太守 역임. 董卓을 토벌할 때 맨 먼저 낙양에 들어가 낙양의 황궁, 황릉을 정리하였다. 용모가 비범했고 활달했다. 손권이 칭제한 뒤에 武烈皇帝로 추존했다.

버리고 먼 곳과 교제하였다.

원술은 군사를 이끌고 陳留郡[713]에 진입하였다. 조조와 원소가 연합하여 원술의 군사를 대파하였다. 원술은 남은 군사를 이끌고 九江郡[714]에 진격하여 揚州刺史 陳溫(진온)을 죽이고 揚州를 차지하였다. 원술은 張勳(장훈), 橋蕤(교유) 등을 大將軍에 임명하였다.

(동탁의 부장이었던) 李傕(이각)이 長安을 점유하고서는 원술을 원군으로 삼으려고 원술을 左將軍에 임명하고, 陽翟侯(양책후)에 봉하면서 부절을 내려주고 太傅인 馬日磾(마일제)[715]를 보내 각지를 돌며 관작을 제수하였다. 그러나 원술은 마일제의 부절을 탈취하고 구류하며 보내주지 않았다.

| 原文 |

時沛相下邳陳珪, 故太尉球弟子也. 術與珪俱公族子孫, 少共交遊, 書與珪曰,

「昔秦失其政, 天下群雄爭而取之, 兼智勇者卒受其歸. 今世事紛擾, 復有瓦解之勢矣, 誠英乂有爲之時也. 與足下舊交, 豈肯左右之乎? 若集大事, 子實爲吾心膂.」

713 陳留郡의 治所는 陳留縣, 今 河南省 동부의 開封市.

714 양주자사부 관할 九江郡의 治所는 陰陵縣. 今 安徽省 중동부 滁州市(저주시) 관할 定遠縣 서북. 今 江西省 九江市가 아님.

715 馬日磾(마일제, 字 翁叔)는 馬融(마융)의 족손. 獻帝 때 太傅 역임. 나중에 袁術에게 모욕을 당하고 분을 못 참아 죽었다. 磾는 검은 돌 제.

珪中子應時在下邳, 術並脅質應, 圖必致珪. 珪答書曰,
「昔秦末世, 肆暴恣情, 虐流天下, 毒被生民, 下不堪命, 故遂土崩. 今雖季世, 未有亡秦苛暴之亂也. 曹將軍神武應期, 興復典刑, 將撥平兇慝, 清定海內, 信有徵矣. 以爲足下當戮力同心, 匡翼漢室, 而陰謀不軌, 以身試禍, 豈不痛哉! 若迷而知反, 尙可以免. 吾備舊知, 故陳至情, 雖逆於耳, 骨肉之惠也. 欲吾營私阿附, 有犯死不能也.」

| 국역 |

그때 沛國 相이던 下邳國(하비국)[716] 출신 陳珪(진규)는 옛날 太尉 陳球(진구)의 조카였다. 원술과 진규는 다같이 公族의 子孫으로 젊어서부터 교유했는데 원술이 진규에게 서신을 보냈다.

「예전에 秦(진)의 정치가 실패하자, 여러 群雄이 천하를 차지하려 다투었는데 결국 지혜와 용기를 가진 자에게 돌아갔습니다. 지금 천하가 혼란과 불안 속에 다시 瓦解(와해)되는 형세이니 진정 英明과 용기로 도모해야할 시기입니다. 나는 足下(족하)[717]와 오랜 교우가 있으니 어찌 左之右之할 수 있겠습니까? 만약 큰 일을 성취한다면 그대는 언제나 진심으로 나를 도와 주시오.」

그때 진규의 작은아들 陳應(진응)은 下邳(하비)에 있었는데, 원술은 진응을 협박하여 인질로 잡고 진규를 부르려 했다. 이에 진규가

716 徐州 관할 下邳國(하비국) 治所는 下邳縣. 今 江蘇省 徐州市 관할의 睢寧縣(수녕현) 古邳鎭.

717 足下 – 대등한 관계에서 또는 윗사람에게도 쓸 수 있는 경칭. 貴下.

답서를 보냈다.

「옛날 秦 末世의 잔혹방자하고 포악한 정치에 천하 백성은 그 해악을 감당할 수 없었고 결국은 흙더미처럼 무너지고 와해되었습니다. 지금이 비록 말세이긴 하지만 진나라 말기처럼 가혹포악한 亂政(난정)은 아직 없었습니다. 장군 曹操는 神武에다가 時運을 따르면서 국가의 법도를 회복하며, 포악한 악의 무리들을 제거하여 세상을 淸平하게 진정시키고 있으니, 이는 의심할 여지가 없을 것입니다. 내가 생각할 때 足下께서도 함께 한마음으로 협력하며 漢室을 돕고 부축해야지, 만약 불충한 음모를 가진다면 화가 몸에 미칠 것이니 어찌 마음이 아프지 않겠습니까! 비록 한때 미혹했더라도 正道로 되돌아간다면 화를 면할 것입니다. 족하의 옛 벗으로 나의 진심을 말하는 것이니, 비록 귀에 거슬리더라도 형제 같은 진정이라고 생각해 주십시오. 사욕에 아부할 수도 있지만 죽더라도 그렇게는 못할 것입니다.」

| 原文 |

興平二年冬, 天子敗於曹陽. 術會群下謂曰, "今劉氏微弱, 海內鼎沸. 吾家四世公輔, 百姓所歸, 欲應天順民, 於諸君意如何?"

衆莫敢對. 主簿閻象進曰, "昔周自后稷至於文王, 積德累功, 三分天下有其二, 猶服事殷. 明公雖奕世克昌, 未若有周之盛, 漢室雖微, 未若殷紂之暴也."

術嘿然不悅. 用河內張蚰之符命, 遂僭號, 以九江太守爲淮南尹. 置公卿, 祠南北郊. 荒侈滋甚, 後宮數百皆服綺縠, 餘粱肉, 而士卒凍餒, 江淮間空盡, 人民相食.

術前爲呂布所破, 後爲太祖所敗, 奔其部曲雷薄,陳蘭於灊山, 復爲所拒, 憂懼不知所出. 將歸帝號於紹, 欲至靑州從袁譚, 發病道死. 妻子依術故吏廬江太守劉勳, 孫策破勳, 復見收視. 術女入孫權宮, 子燿拜郎中, 燿女又配於權子奮.

| 국역 |

(獻帝) 興平 2년(서기 195) 겨울, 獻帝는 曹陽(조양)[718]에서 (이각에게) 쫓기고 있었다. 원술은 자신 휘하의 사람을 모아놓고 말했다.

"지금 劉氏는 미약하고 천하는 끓는 물과 같다. 나의 가문은 四世에 걸쳐 三公의 지위에 있어 백성에게 알려졌으니, 이제 天意와 民意에 따르려 하는데 諸君의 뜻은 어떠한가?"

그러나 아무도 대답하는 사람이 없었다. 이때 主簿(주부)인 閻象(염상)이 나서며 말했다.

"옛날 周는 后稷(후직)에서 文王에 이르기까지 덕을 베풀고 공을 세웠으며 천하의 3분의 2를 차지하고서도 殷(은)을 섬겼습니다. 明公이 비록 여러 대에 걸쳐 홍성하였지만 周만큼 번성하지 못했으며, 漢室이 미약하다지만 殷의 紂王(주왕) 같은 폭정은 없었습니다."

원술은 할 말이 없었고 기분이 좋지 않았다. 그러나 河內郡 사람

718 曹陽(조양) – 당시 弘農郡의 지명. 今 河南省 서쪽 三門峽市 부근.

張輔(장보)가 바친 符命(부명)에 의거 황제를 참칭하고서,[719] 九江郡 太守를 淮南尹(회남윤)이라고 개칭하였다. 이어 公卿을 임명하고 난, 북 교외에서 하늘에 제사를 지냈다.

원술의 荒淫(황음)과 사치는 극심하였고 후궁 수백 명이 비단 옷에 쌀밥과 고기를 먹었지만 사졸은 추위에 떨고 굶주렸으며 長江과 淮水 일대가 텅 비었고 사람이 사람을 먹었다.

원술은 그전에 여포에게 격파되었고 뒤에 조조에게 패전하였는데, 그 부장 雷薄(뇌박)과 陳蘭(진란)이 있는 灊山(첨산)이란 곳으로 도망나와 다시 저항하였지만 불안과 두려움에 어찌할 줄을 몰랐다. 원술은 帝號를 원소에게 바치고 자신은 靑州의 袁譚(원담)에게 의지하려 했는데 가는 도중에 병사하였다.[720]

원술의 처자는 원술의 옛 관리였던 廬江(여강) 太守인 劉勳(유훈)에게 의지했는데, 孫策(손책)이 유훈을 격파하자 다시 손책의 도움을 받았다. 원술의 딸은 孫權의 후궁으로 들어갔고, 원술의 아들 袁燿(원요)는 郎中이 되었으며, 원요의 딸은 손권의 아들 孫奮(손분)과 결혼했다.

719 원술은 도참서를 대충 읽어 '漢을 대신할 자는 응당 塗高(도고)이다.' 라는 말을 보고 자신의 이름과 字(公路)가 참서에 부합한다고 생각했다. 또 손견이 傳國의 國璽(국새)를 얻었다는 사실을 알고서는 손견의 아내를 감금하여 국새를 빼앗았다.

720 원술은 劉備에 막혀갈 수가 없어 다시 壽春(수춘)으로 돌아왔다. 6월에, 원술은 수춘에서 80리 떨어진 江亭(강정)이란 곳에 있었다. 대나무 평상에 앉았던 원술이 탄식했다. "袁術이 이 지경이 되었구나!" 그리고는 분개하며 피를 토하고 죽었다.

❺ 劉表

| 原文 |

劉表字景升, 山陽高平人也. 少知名, 號八俊. 長八尺餘, 姿貌甚偉. 以大將軍掾爲北軍中候. 靈帝崩, 代王叡爲荊州刺史. 是時山東兵起, 表亦合兵軍襄陽.

袁術之在南陽也, 與孫堅合從, 欲襲奪表州, 使堅攻表. 堅爲流矢所中死, 軍敗, 術遂不能勝表. 李傕,郭汜入長安, 欲連表爲援, 乃以表爲鎭南將軍,荊州牧, 封成武侯, 假節. 天子都許, 表雖遣使貢獻, 然北與袁紹相結.

治中鄧羲諫表, 表不聽, 羲辭疾而退, 終表之世. 張濟引兵入荊州界, 攻穰城, 爲流矢所中死. 荊州官屬皆賀, 表曰, "濟以窮來, 主人無禮, 至於交鋒, 此非牧意, 牧受吊, 不受賀也."

使人納其衆. 衆聞之喜, 遂服從. 長沙太守張羨叛表, 表圍之連年不下. 羨病死, 長沙復立其子懌, 表遂攻並懌, 南收零, 桂, 北據漢川, 地方數千里, 帶甲十餘萬.

| 국역 |

劉表(유표)[721]의 字는 景升(경승)으로, 山陽郡 高平縣[722] 사람이다.

---

721 劉表(유표, 142-208, 字 景升) - 前漢 魯 恭王 劉餘의 후손, 劉表 신장 八尺餘, 온후 장대한 儒者의 풍모였으나 우유부단했다. 荊楚 지역을 옹유한 군벌로 荊州刺史이며, 鎭南將軍의 직함을 갖고 있었으며 黨錮(당고)의 화를 당한 名

젊어서도 이름이 알려졌고 八俊(팔준)[723]이라 불렀다. 신장이 8척이 넘고(약 186cm 정도) 아주 위엄있는 외모였다. 대장군의 속관이었다가 北軍 中候가 되었다. 靈帝(영제)가 붕어했을 때, 王叡(왕예)의 후임으로 荊州刺史가 되었다. 이때 山東에서 (反 동탁 연합군이) 거병할 때 유표도 합세하면서 襄陽(양양)[724]에 주둔하였다.

원술이 南陽郡에 있을 때 원술은 孫堅(손견)과 合從(합종)하여, 유표의 형주를 빼앗으려고 손견을 시켜 유표를 공격했다. 그러나 손견은 流矢(유시)에 맞아 죽었고 패전했기에 원술은 끝내 유표를 이길 수가 없었다. 李傕(이각)과 郭汜(곽사)가 長安을 점거했을 때, 유표를 자기 편으로 끌어들이려고 유표를 鎭南將軍 겸 荊州牧으로 임명하고 成武侯(성무후)로 봉하고 부절을 하사하였다.

獻帝가 許都에 정착했을 때 유표는 비록 사자를 보내 공물을 헌

士의 한 사람으로《後漢書》에는 '八及(팔급)' 이라고 불렀다. 建安 13년(서기 208) 劉表가 죽고, 少子인 劉琮(유종)이 대를 이었으나 유종은 荊州를 들어 조조에게 투항하였다.《後漢書》74권, 〈袁紹劉表列傳〉 立傳.《魏書》6권, 〈董二袁劉傳〉에 입전.

722 山陽郡 高平縣은, 今 山東省 서남부 濟寧市 魚台縣 동북.

723 八俊은 후한 順帝 때 지방에 파견되어 지방관의 불법을 감시한 周擧(주거) 등 8명을 백성들이 八俊(팔준)이라 지칭했다. 靈帝 때 黨錮(당고)의 禍를 당한 명사를 분류하는 호칭으로 李膺(이응), 荀翌(순익), 杜密(두밀), 王暢(왕창), 劉佑(유우), 魏朗(위랑), 趙典(조전), 朱寓(주우)를 '八俊' 이라 칭하였다. 俊이란 뛰어난 사람이란 뜻이다. 이외에도 '八顧(팔고, 顧란 그 덕행으로 다른 사람을 이끌만한 사람이란 뜻)' 와 '八及(팔급, 及이란 능히 다른 사람을 이끌어 따라오게 할 사람이란 뜻)' '八廚(팔주, 廚란 재물로 다른 사람을 구원할 수 있는 사람이란 뜻)' 의 호칭이 있었다.《後漢書 黨錮列傳》에서는 劉表를 '八及' 의 한 사람으로 기록했다. 또 당시에 유표를 포함하여 陳翔(진상) 등 8명을 '八友' 라 불렀다는 기록이 있는데, 본문의 八俊은 '8명의 준수한 미남자' 의 뜻으로 해석할 수 있다.

724 襄陽(양양)은 荊州의 治所. 南郡의 縣名. 今 湖北省 북부의 襄樊市. 襄은 옷 벗고 밭을 갈 양, 오를 양, 땅이름 양.

상하였고, 북쪽으로 袁紹(원소)와 연결되었다. 治中인 鄧義(등희)[725]가 유표에게 간언을 올렸지만 유표가 받아들이지 않자, 등희는 병이라 사직한 뒤에 유표가 살아 있을 때는 出仕하지 않았다.

(董卓의 옛 부장) 張濟(장제)가 군사를 이끌고 荊州 경내에 들어와 穰城(양성)[726]을 공격하였지만 流矢(유시)에 맞아 죽었다.(건안 원년, 서기 196). 荊州의 관속들이 모두 이를 하례하자, 유표가 말했다.

"장제가 쫓겨 우리 땅에 들어왔는데 주인이 무례하다 하여 싸우게 되었지만, 이는 본래 나의 뜻이 아니었으며, 손님의 죽음에 나는 조문을 받아야지 축하받을 일은 아니다."

그러면서 장제의 부하들을 모두 받아들이게 했다. 장제의 부하들은 기뻐하며 모두 유표에게 복종하였다. 長沙[727] 太守인 張羨(장선)이 유표에 반기를 들자 유표는 長沙를 포위하여 1년이 넘도록 함락시키지 못했다. 마침 장선이 병사하자, 그 아들 張懌(장역)이 長沙郡은 다시 차지하였는데, 유표는 장사를 공격하여 장역의 군사를 합쳤으며, 이어 零陵郡과 桂陽郡[728]을 병합했고, 北으로는 漢水 유역을 병합하여 영역이 사방 수천 리였고, 군사가 10여 만이었다.[729]

725 鄧義(등희)는 유표가 원소와 결합하는 것을 반대했다.《後漢書 袁紹劉表列傳(下)》와《三國演義》에서는 鄧義로 기록되었다.

726 穰城(양성)은 南陽郡의 지명. 今 河南省 서남부 鄧州市 부근. 南陽郡도 형주목의 관할이었다.

727 長沙郡 治所는 臨湘縣, 今 湖南省 동북부 長沙市(湖南省 省會).

728 零陵郡 치소는 泉陵縣, 今 湖南省 서남부 永州市. 桂陽郡(계양군)의 治所는 郴縣(침현), 今 湖南省 남부 郴州市(침주시).

729 關西지역이나 兗州, 豫州 일대의 學士로 전란을 피해 형주에 들어온 사람들이 대략 1천여 명이나 되었는데(諸葛亮도 그런 사람 중의 하나였다.) 유표는 그들을 위무하고 구제하여 모두 자산을 형성할 수 있었다. 그리하여 유표는

| 原文 |

太祖與袁紹方相持於官渡, 紹遣人求助, 表許之而不至, 亦不佐太祖, 欲保江漢間, 觀天下變. 從事中郎韓嵩,別駕劉先說表曰,

"豪傑並爭, 兩雄相持, 天下之重, 在於將軍. 將軍若欲有爲, 起乘其弊可也, 若不然, 固將擇所從. 將軍擁十萬之衆, 安坐而觀望. 夫見賢而不能助, 請和而不得, 此兩怨必集於將軍, 將軍不得中立矣. 夫以曹公之明哲, 天下賢俊皆歸之, 其勢必擧袁紹, 然後稱兵以向江漢, 恐將軍不能御也. 故爲將軍計者, 不若擧州以附曹公, 曹公必重德將軍, 長享福祚, 垂之後嗣, 此萬全之策也."

表大將蒯越亦勸表, 表狐疑, 乃遣嵩詣太祖以觀虛實. 嵩還, 深陳太祖威德, 說表遣子入質. 表疑嵩反爲太祖說, 大怒, 欲殺嵩, 考殺隨嵩行者, 知嵩無他意, 乃止. 表雖外貌儒雅, 而心多疑忌, 皆此類也.

| 국역 |

조조와 袁紹가 한창 官渡(관도)에서 대치할 때, 원소는 유표에게 사람을 보내 도움을 요청하였는데, 유표는 허락했지만 군사를 보내

....

학교를 세우고 멀리까지 유학 인재를 찾아 모으자 綦母闓(기모개), 宋忠(송충) 등은《五經》章句를 편찬하며, 이를 '後定'이라 불렀다. 유표는 愛民養士하며 조용히 자신의 세력을 지켰다.

지는 않았고, 또 조조를 돕지도 않으면서 長江과 漢水 유역을 차지하고 천하 형세를 관망하였다.

이에 從事中郎인 韓嵩(한숭)과 別駕인 劉先(유선)[730]이 유표에게 말했다.

"지금 호걸의 상호 다툼 속에 (조조와 원소) 兩雄이 대치하면서 天子의 기대는 장군에게 쏠렸습니다. 만약 뜻이 있다면 이런 기회를 이용할 수 있지만, 아니면 유리한 쪽을 골라 따라야 할 것입니다. 장군은 10만 군사를 옹위하고 앉아서 성패를 관망하십니다. 현명한 사람을 보고서도 돕지 않고, 화해를 요청했는데도 받아들이지 않으면, 필히 양쪽의 원망이 장군에게 모일 것이고 중립을 지킬 수도 없을 것입니다. 조조는 명철하기에 유능한 인재들이 많이 모였으니 그 세력은 틀림없이 원소를 친 다음에 군사를 이쪽 漢水나 長江쪽으로 향할 것이니 장군께서 막기 어려울 것입니다. 지금 가장 좋은 방책은 형주를 들어 조조에 의지하는 것이며, 그렇게 되면 조조는 장군의 은덕을 중히 여겨 오랫동안 복록을 이어가며 후손에 전할 수 있으니 아마 이것이 가장 안전한 대책일 것입니다."

유표의 大將인 蒯越(괴월)[731]도 마찬가지로 유표에게 권유하였지만, 유표는 狐疑(호의)하면서 한숭을 조조에게 보내 허실을 알아보게 하였다. (허도에서) 돌아온 한숭은 조조의 威德(위덕)을 설명하면서

730 韓嵩(한숭, 字 德高)은 義陽縣人, 少好學하였고 빈곤에도 지조를 바꾸지 않았다. 劉先(유선, 字 始宗)은 零陵郡 출신. 博學强記했고 黃老를 좋아하였다.

731 蒯越(괴월, ?-214년, 字 異度)은 蒯良(괴량)의 아우. 외모가 뛰어났고 雄姿가 있었고 유표의 제일 謀士였다. 나중에 조조는 "형주를 차지한 것보다 괴월을 얻었기에 기쁘다."고 하였다.

유표에게 아들을 조정에 인질로 보내는 것이 좋다고 건의하였다. 유표는 조조를 위해 유세한다고 생각하여 크게 화를 내면서 한숭을 죽이려 했고, 한숭을 수행했던 자를 고문하여 죽인 다음에야 한숭이 다른 뜻이 없음을 알고 중지하였다. 유표의 외모는 文雅(문아)하지만 내심으로는 의심과 시기심이 많았으니 대개가 이런 식이었다.

|原文|

劉備奔表, 表厚待之, 然不能用. 建安十三年, 太祖徵表, 未至, 表病死.

初, 表及妻愛少子琮, 欲以爲後, 而蔡瑁,張允爲之支黨, 乃出長子琦爲江夏太守, 衆遂奉琮爲嗣. 琦與琮遂爲讎隙.

越,嵩及東曹掾傅巽等說琮歸太祖, 琮曰, "今與諸君據全楚之地, 守先君之業, 以觀天下, 何爲不可乎?"

巽對曰, "逆順有大體, 强弱有定勢. 以人臣而拒人主, 逆也. 以新造之楚而御國家, 其勢弗當也. 以劉備而敵曹公, 又弗當也. 三者皆短, 欲以抗王兵之鋒, 必亡之道也. 將軍自料何與劉備?"

琮曰, "吾不若也." 巽曰, "誠以劉備不足禦曹公乎, 則雖保楚之地, 不足以自存也. 誠以劉備足禦曹公乎, 則備不爲將軍下也. 願將軍勿疑."

太祖軍到襄陽, 琮擧州降. 備走奔夏口. 太祖以琮爲青州刺史,封列侯. 蒯越等侯者十五人. 越爲光祿勳, 嵩大鴻臚, 羲侍中, 先尚書令, 其餘多至大官.

| 국역 |

劉備(유비)가 형주로 유표를 찾아오자[732] 유표는 유비를 후대하였지만 등용하지는 못했다. 建安 13년(서기 208), 조조는 유표를 원정하였는데, 조조가 형주 관내에 들어오기도 전에 유표는 병사했다.

그전에, 유표와 부인 蔡氏(채씨)는 작은아들 劉琮(유종)을 사랑하여 후사로 정하려 했고, 蔡瑁(채모)와 張允(장윤)은 유종의 세력이었으며, 長子 劉琦(유기)는 江夏太守였는데[733] 군사들은 유종을 후사로 세우려 하였다. 이에 유기와 유종은 원수가 되었다.[734]

괴월과 한숭 및 東曹掾(동조연)인 傅巽(부손)[735] 등은 유종에게 조

---

732 建安 6년(서기 201), 劉備(유비)는 원소를 떠나 荊州로 도망 나왔다.

733 江夏는 荊州刺史部의 郡名. 治所는 西陵縣, 今 湖北省 동부 武漢市 新洲區. 유표의 장남 劉錡는 계모 채씨와 채모의 위협에 목숨조차 위태로웠다. 유기는 스스로 불안해하면서, 琅邪(낭야) 출신 諸葛亮(제갈량)에게 자신을 지킬 방책을 물었다. 제갈량은 처음에 대답하지 않았다. 후에 유기는 제갈량과 함께 높은 누각에 올라가서, 사다리를 치우게 한 뒤 제갈량에게 말했다. "오늘은 이제 하늘로 올라갈 수도, 또 땅으로 내려갈 수도 없으며 당신 입에서 나온 말은 내 귀로 들어올 것인데, 그래도 말씀 안 하시겠습니까?" 그러자 제갈량이 말했다. "君께서는 申生(신생)은 안에 있었기에 위험했고, 重耳(중이)는 밖에 있었기에 안전했던 故事를 모릅니까?" 유기는 말뜻을 깨닫고 은밀히 밖으로 나갈 궁리를 했다. 마침 유표의 부장인 江夏 太守 黃祖(황조)가 孫權(손권)에게 피살되자 유기는 그 후임으로 나갈 수 있었다.

734 유표가 병석에 누웠을 때 유기가 부친을 뵈러 들어왔지만, 채모와 장윤의 방해로 문안도 못하고 눈물을 흘리며 돌아갔다.

735 傅巽(부손, 생졸년 미상, 明帝 太和 연간에 죽었음, 字 公悌) - 雍州 北地郡 사람. 후한의 東曹掾, 魏國의 散騎常侍, 侍中, 尙書 역임.

조에 귀부할 것을 권유하자 유종이 말했다.

"지금 여러분과 함께 옛 楚(초)의 영역에서 先君(劉表)의 유업을 지켜야 하거늘 어찌 불가하단 말인가?"

이에 부손이 말했다.

"逆(역)과 順(순)에 따라 大體가 다르고, 强(강)과 弱(약)에 따라 세력이 정해집니다. 지금 人臣으로 人主에 거역한다면 이는 逆理(역리)입니다. 지금 옛 楚의 땅을 차지하고 나라를 지키지만 전체적인 형세를 감당할 수가 없습니다. 유비로 하여금 曹公에 막게 하여도 이길 수 없습니다. 지금 이 3가지가 모두 불리한 상태에서 한 조정의 군사에 대항한다면 이는 틀림없이 멸망의 길입니다. 장군께서는 유비와 비교하여 어떻다고 생각하십니까?"

이에 유종은 "나는 그보다 못합니다."라고 말했다.

다시 부손이 말했다. "정말로 유비가 조조를 막기에 부족하다면, 비록 楚의 영역을 지킨다 하더라도 自存할 수 없습니다. 만약 유비가 조조를 막아낼 수 있다면, 유비는 장군의 아래에 있지 않을 것입니다. 바라건대, 장군께서는 의심치 마십시오."

조조의 군사가 襄陽(양양)에 이르자 유종은 형주를 들어 투항했고, 유비는 夏口(하구)로 도주하였다. 승상 조조는 유종을 青州刺史에 임명하고 列侯에 봉했다. 괴월 등 15명이 열후가 되었다. 괴월은 光祿勳이 되었고, 韓嵩(한숭)은 大鴻臚(대홍려),[736] 鄧羲(등희)는 侍中,

736 大鴻臚(대홍려)는 漢 9卿의 하나. 九卿은 太常, 光祿勳, 衛尉, 太僕, 廷尉, 大鴻臚, 宗正, 大司農, 少府를 지칭한다. 질록 中二千石. 大鴻臚(대홍려)는 諸王의 入朝 시 접대와 諸侯의 封爵에 대한 업무, 歸義하는 蠻夷(만이, 소수민족)와 관련한 업무도 담당했다.

劉先(유선)은 尙書令이 되었으며 그 밖에 많은 사람이 大官이 되었다.

| 原文 |

評曰, 董卓狼戾賊忍, 暴虐不仁, 自書契已來, 殆未之有也. 袁術奢淫放肆, 榮不終己, 自取之也. 袁紹,劉表, 咸有威容, 器觀, 知名當世. 表跨蹈漢南, 紹鷹揚河朔, 然皆外寬內忌, 好謀無決, 有才而不能用, 聞善而不能納, 廢嫡立庶, 舍禮崇愛, 至於後嗣顚蹙, 社稷傾覆, 非不幸也. 昔項羽背范增之謀, 以喪其王業, 紹之殺田豐, 乃甚於羽遠矣!

| 국역 |

陳壽의 評論 : 董卓(동탁)의 흉폭하고 잔악한 만행과 가혹하고 잔인한 정치는 문자 기록이 있은 뒤로 처음이었다. 袁術(원술)은 사치와 荒淫(황음)과 방종으로 죽을 때까지도 영화를 누리지 못한 것은 自業自得의 惡果였다.

袁紹(원소)와 劉表(유표)는 두 사람 모두 위엄 있는 용모에 그럴싸한 器宇(기우, 器觀, 외모)로 當世에 이름이 났었다. 유표는 漢水 이남을 차지하였고, 원소는 河水 북쪽(河朔)에서 위세를 떨쳤지만, 두 사람 겉으로 관대하나 내심으로는 시기하였으며, 好謀하나 決斷이 없었고, 인재가 있어도 등용하지 못했으며, 善言을 듣고도 받아들이지 못했고, 적장자를 폐하고 어린 서자를 세웠으며, 예법을 무시하고 편애하였으니, 그 후계자가 몰락하고 社稷(사직)을 잃은 것은 결코 불행이 아니었다. 옛날에 項羽(항우)는 范增(범증)의 책모를 받아들이지 않아 그의 王業을 상실하였지만, 원소가 田豐(전풍) 같은 인재를 죽인 것은 항우보다 훨씬 더 나빴다.

7권 〈呂布臧洪傳〉(魏書 7)
(여포,장,홍전)

❶ 呂布

| 原文 |

呂布字奉先, 五原郡九原人也. 以驍武給幷州. 刺史丁原爲騎都尉, 屯河內, 以布爲主簿, 大見親待. 靈帝崩, 原將兵詣洛陽. 與何進謀誅諸黃門, 拜執金吾.

進敗, 董卓入京都, 將爲亂, 欲殺原, 倂其兵衆. 卓以布見信於原, 誘布令殺原. 布斬原首詣卓, 卓以布爲騎都尉, 甚愛信之, 誓爲父子.

布便弓馬, 膂力過人, 號爲飛將. 稍遷至中郎將, 封都亭侯. 卓自以遇人無禮, 恐人謀己, 行止常以布自衛. 然卓性剛而徧, 忿不思難, 嘗小失意, 拔手戟擲布. 布拳捷避之, 爲卓顧謝, 卓意亦解. 由是陰怨卓.

卓常使布守中閤, 布與卓侍婢私通, 恐事發覺, 心不自安.

| 국역 |

呂布(여포)[737]의 字는 奉先(봉선)으로, 五原郡 九原縣 사람이다. 용맹한 무예로 幷州(병주)에서 출사하였다. (幷州) 刺史이던 丁原(정원)[738]이 騎都尉(기도위)로 河內郡에 주둔할 때 여포를 主簿(주부)로 삼아 매우 가까이하며 후대하였다.

靈帝가 붕어하자, 정원은 군사를 거느리고 낙양에 들어왔다. 정원은 何進(하진)과 함께 환관을 주살할 계획을 세웠고 執金吾(집금오)가 되었다. 그러나 하진이 환관의 손에 죽었고, 낙양에 들어온 董卓(동탁)은 권력을 장악하려고 정원을 죽여 그 병력을 장악하려고 했다.

동탁은 여포가 정원의 신임을 받고 있는 것을 알고 여포를 꾀어

737 呂布(여포, 161－198, 字 奉先) － 幷州 五原郡 九原縣(今 內蒙古自治區 河水 北岸 包頭市 九原區) 사람. 중국인의 속담에 '人中呂布 馬中赤兎'(사람은 呂布, 말은 적토마)라는 말이 있다. 여포는 그만큼 잘난 미남자였다. 조조는 여포를 '狼子野心, 誠難久養'이라고 했으며, 荀攸(순유)는 '呂布勇而無謀라.'고 하였고, 程昱(정욱)은 여포를 '粗中少親하고 剛而無禮하니 匹夫之雄이라.'고 평했다. 范曄(범엽)은 《後漢書》 75권, 〈劉焉袁術呂布列傳〉에서 '그 어찌 지나치지 않았는가? 땅도 몸도 다 잃었다. 원술은 욕심으로 망했고 여포 역시 그래서 망했다.'라고 평했다.

738 丁原(정원, ?140－189년, 字 建陽) － 勇力있고 騎射를 잘했다. 何進(하진)의 천거로 執金吾가 되었다. 정원을 여포의 義父라고 한 것은 《三國演義》의 허구이다.

정원을 죽이게 했다. 여포가 정원을 죽이고 동탁을 찾아가자, 동탁은 여포를 기도위에 임명하고 크게 신임하며 父子 관계를 서약하였다.

여포는 기마와 弓射(궁사)에 뛰어났고 팔뚝 힘이 남보다 뛰어났기에 飛將(비장)이라 불렸다. 여포는 차츰 中郎將으로 승진했고 都亭侯(도정후)가 되었다.

동탁은 자신이 남을 무례하게 대했기에 남이 자신을 해칠까 두려워하며 어디를 가든 여포가 자신을 지키게 하였다.

그러나 동탁의 성질도 억세고 편협하여 화가 나면 뒷일을 생각지 않았으니, 언젠가는 조금 마음에 들지 않는다고 여포에게 창을 던졌다. 여포가 민첩하게 피하면서 동탁에게 사죄하자, 동탁도 화를 풀었다. 그러나 이후 여포는 동탁에게 감정을 가졌다.

동탁은 여포에게 자신의 집 中門을 지키게 하였는데, 여포는 동탁의 시녀와 사통한 뒤로 발각될까 두려워하며 불안하였다.

| 原文 |

先是, 司徒王允以布州里壯健, 厚接納之. 後布詣允, 陳卓幾見殺狀. 時允與僕射士孫瑞密謀誅卓, 是以告布使爲內應. 布曰, "奈如父子何!" 允曰, "君自姓呂, 本非骨肉. 今憂死不暇, 何謂父子?" 布遂許之, 手刃刺卓. 語在〈卓傳〉.

允以布爲奮武將軍, 假節, 儀比三司, 進封溫侯, 共秉朝政. 布自殺卓後, 畏惡涼州人, 涼州人皆怨. 由是李傕等遂相結還攻長安城.

布不能拒, 傕等遂入長安. 卓死後六旬, 布亦敗. 將數百騎出武關, 欲詣袁術. 布自以殺卓爲術報讎, 欲以德之. 術惡其反覆, 拒而不受. 北詣袁紹, 紹與布擊張燕於常山. 燕精兵萬餘, 騎數千.

布有良馬曰赤兔. 常與其親近成廉,魏越等陷鋒突陳, 遂破燕軍. 而求益兵衆, 將士鈔掠, 紹患忌之. 布覺其意, 從紹求去. 紹恐還爲己害, 遣壯士夜掩殺布, 不獲. 事露, 布走河內, 與張楊合. 紹令衆追之, 皆畏布, 莫敢逼近者.

| 국역 |

이보다 앞서 司徒 王允(왕윤)[739]은 거주하는 마을에서 힘이 세고 용맹한 여포를 후하게 대우했었다. 나중에 여포가 왕윤을 찾아왔고 동탁에게 거의 죽을 뻔 했다는 이야기도 하였다. 그때 왕윤은 僕射(복야)인 士孫瑞(사손서)와 동탁을 주살할 모의를 했고, 여포로 하여금 내응케 하였다. 여포가 "父子 사이에 어찌 그럴 수 있겠나?"라고

739 王允(왕윤, 137 - 192) - 王允은 여포를 이용하여 董卓(동탁)을 刺殺하였지만 名士 蔡邕(채옹)도 죽여 민심을 잃었다. 왕윤은 동탁 잔당에게 피살되었다. 太原郡 祁縣(기현) 출신. 기현은 今 山西省 중부 晉中市 관할 祁縣(기현). 唐의 詩佛인 王維(왕유), 晩唐詞人 溫庭筠(온정균),《三國演義》의 羅貫中(나관중)이 모두 祁縣(기현) 출신이다.《後漢書》66권,〈陳王列傳〉에 입전.《三國演義》에서는 왕윤은 貂蟬(초선)의 義父이고, 貂蟬은 여포와 동탁의 反目을 유발, 여포가 동탁을 살해한다. 초선은 가공인물이지만, 36計 중 美人計와 連環計의 본보기가 되었다.

말하자, 왕윤이 말했다.

"자네는 呂氏이니 본래 혈육관계가 아니다. 지금 언제 죽게 될지 모르면서 어찌 부자관계라 하는가?"

여포는 마침내 수락했고 동탁을 찔러 죽였는데, 이는 〈董卓傳〉에 기록했다.

왕윤은 여포를 奮武將軍(분무장군)에 임용했고 부절을 내려 주었으며, 三公과 같은 예우에 작위를 올려 溫侯(온후)에 봉했으며 조정의 정사에 참여케 하였다. 여포는 동탁을 살해한 뒤로 涼州 출신을 두려워했고, 涼州人들은 여포를 원망했다. 이 때문에 李傕(이각) 등은 서로 결탁한 뒤에 長安城을 공격하였다.

여포는 방어할 수가 없었고, 이각 등은 장안에 입성하였다. 동탁 死後 60여 일에 여포 역시 패망하였다.[740] 여포는 수백 명 기병을 거느리고 武關(무관)을 나서 袁術(원술)을 찾아가려고 했다. 여포는 동탁을 죽인 것이 원술의 원수를 갚아준 것이라 생각하여 원술이 자신에게 보답할 것이라 생각하였지만, 원술은 여포의 無常한 반복이 싫었기에 여포를 거절하였다. 여포는 북쪽으로 원소를 찾아갔고, 원소는 여포와 함께 常山郡의 張燕(장연)[741]을 공격하였다. 장연은 1만여 精兵에 수천 기병을 거느리고 있었다.

여포는 赤兎馬(적토마)[742]라는 좋은 말을 타고 다녔고, 가까운 측

....

740 동탁이 죽은 날은 4월 23일이고, 여포는 6월 초하루에 패주하였으니 대략 40일 정도였다.

741 張燕(장연, 生卒年 미상), 본명 褚燕(저연), 별명은 '飛燕', 常山 眞定人, 後漢 말 黑山賊(흑산적)의 우두머리. 나중에 조조에 귀부했다.

742 赤兎馬(적토마) – 서역에서 들어온 汗血馬(한혈마)로, 본래 동탁의 소유였다

근인 成廉(성렴), 魏越(위월) 등과 함께 적의 선봉을 격파하며 돌진하여 장연의 군사를 격파하였다. 여포는 더 많은 군사를 거느리려 했고, 휘하 군사를 풀어 노략질을 하자, 원소도 여포를 꺼려했다. 여포는 원소의 뜻을 알고, 원소에게 떠나겠다고 말했다.

원소는 자신을 해칠까 걱정하면서 장사를 보내 밤에 여포를 죽이려 했지만 뜻을 이루지 못했다. 사태가 드러나자, 여포는 河內郡 지역으로 달아나 張楊(장양)[743]의 무리와 합쳤다. 원소가 군사를 보내 여포를 추격케 하였지만 모두 여포를 두려워하여 감히 가까이 접근하려는 자가 없었다.

가 동탁이 여포를 회유하여 丁原을 죽이려고 여포에게 선물했다. 당시 사람들이 '人中有呂布, 馬中有赤兎.'라는 말을 했다. 董卓의 참모 李肅(이숙)은 呂布와 同鄕人이었다. 李肅은 呂布가 '勇而無謀하고 見利忘義하니' 金珠와 赤兎馬(적토마)로 회유할 수 있다고 말했다. 적토마를 묘사한 시구를 읽어보면 여포와 적토마를 상상할 수 있다.

奔騰千里蕩塵埃(千里를 치달리며 흙먼지를 쓸어가고),
渡水登山紫霧開(강물과 산을 넘고 오르니 짙은 안개도 걷힌다).
掣斷絲韁搖玉轡(고삐를 끊어내고 옥 재갈을 흔들어대니),
火龍飛下九天來(火龍이 먼하늘서 날아 내려왔도다).

여포가 죽은 뒤, 적토마는 조조의 차지가 되었다가 조조가 관우를 회유하려고 관우에게 선물로 주었다. 관우가 죽은 뒤 적토마는 東吳의 潘璋(번장)의 부장인 馬忠(마충)의 소유가 되었으나 적토마는 사료를 먹지 않고 아사했다는 이야기가 전한다.

743 張楊(장양, ?-198년, 字 稚叔) - 헌제가 장안에서 낙양으로 옮겨갈 때 하내태수인 장연은 헌제 일행에게 음식을 제공했다. 뒷날 大司馬 역임. 여포를 도와 조조에 항거하려다가 부하인 楊醜(양추)에게 살해되었다.

❷ 張邈

| 原文 |

張邈字孟卓, 東平壽張人也. 少以俠聞, 振窮救急, 傾家無愛, 士多歸之. 太祖,袁紹皆與邈友. 闢公府, 以高第拜騎都尉, 遷陳留太守. 董卓之亂, 太祖與邈首擧義兵. 汴水之戰, 邈遣衛茲將兵隨太祖.

袁紹旣爲盟主, 有驕矜色, 邈正議責紹. 紹使太祖殺邈, 太祖不聽, 責紹曰, "孟卓, 親友也, 是非當容之. 今天下未定, 不宜自相危也." 邈知之, 益德太祖.

太祖之徵陶謙, 敕家曰, "我若不還, 往依孟卓." 後還, 見邈, 垂泣相對. 其親如此.

| 국역 |

張邈(장막)[744]의 字는 孟卓(맹탁)으로, 東平郡 壽張縣 사람이다. 젊어서도 의협심으로 이름이 알려졌는데, 가난하고 위급한 사람을 구제하며 재산을 아끼지 않았기에 많은 士人이 그에게 歸附(귀부)하였다. 조조와 袁紹(원소) 모두가 장막과 친했다. 장막은 삼공부의 부름을 받아 騎都尉가 되었고 陳留(진류)[745] 太守로 승진하였다. 동탁의 亂에 즈음하여 조조와 장막은 맨 먼저 義兵을 일으켰다. 汴水(변수)

744 張邈(장막, ?-195년) - 字 孟卓. 陳留郡 태수 역임. 張邈(장막)은 反 동탁군의 한 사람. 반복이 무상했다. 邈은 멀 막.

745 兗州刺史部(연주자사부)의 군명. 治所는 陳留縣, 今 河南省 동부의 開封市.

의 전투에서[746] 장막은 부장인 衛茲(위자)를 보내 조조를 돕게 하였다.

원소는 반 동탁군의 맹주가 된 뒤에 교만해졌는데 장막은 이런 원소를 정식으로 질책하였다. 원소는 조조를 사주하여 장막을 죽이라 하였지만, 조조는 따르지 않으면서 원소를 비난하였다.

"孟卓(맹탁, 張邈)은 나의 친우이며, 장막의 是非는 당연히 받아들여야 합니다. 지금 천하가 미정이거늘 서로 위해를 가하는 것은 옳지 않습니다."

장막은 이를 알고 조조에 더욱 잘해 주었다. 조조는 陶謙(도겸)을 징벌하려 출정하면서 가족에게 당부하였다.

"내가 만약 돌아오지 못한다면 孟卓(맹탁)에게 가 의지하라."

뒷날 돌아온 조조는 장막을 만나 눈물을 흘리며 상대하였다. 조조와 장막의 친분이 이러했었다.

| 原文 |

呂布之捨袁紹從張楊也, 過邈臨別, 把手共誓. 紹聞之, 大恨. 邈畏太祖終爲紹擊己也, 心不自安. 興平元年, 太祖復徵謙, 邈弟超, 與太祖將陳宮,從事中郞許汜,王楷共謀叛太祖.

宮說邈曰, "今雄傑並起, 天下分崩, 君以千里之衆, 當四戰

746 동탁의 장수 徐榮(서영)과 만나 전투를 벌였지만 이기지 못했고 죽거나 다친 士卒이 매우 많았다. 조조도 流矢(유시)에 맞았고 타던 말도 상처를 입었는데, 從弟인 曹洪(조홍)이 말을 조조에게 주어 밤을 틈타 도망칠 수 있었다.

之地, 撫劍顧眄, 亦足以爲人豪, 而反制於人, 不以鄙乎! 今州軍東征, 其處空虛, 呂布壯士, 善戰無前, 若權迎之, 共牧兗州, 觀天下形勢, 俟時事之變通, 此亦縱橫之一時也."

邈從之. 太祖初使宮將兵留屯東郡, 遂以其衆東迎布爲兗州牧, 據濮陽. 郡縣皆應, 唯鄄城,東阿,范爲太祖守. 太祖引軍還, 與布戰於濮陽, 太祖軍不利, 相持百餘日. 是時歲旱,蟲蝗,少穀, 百姓相食, 布東屯山陽.

二年間, 太祖乃盡復收諸城, 擊破布於鉅野. 布東奔劉備. 邈從布, 留超將家屬屯雍丘. 太祖攻圍數月, 屠之, 斬超及其家. 邈詣袁術請救未至, 自爲其兵所殺.

| 국역 |

呂布가 원소를 떠나 張楊(장양)에게 가려고, 장막에게 들렀다가 헤어지면서 손을 잡고 서약하였다. 원소는 이를 전해 듣고 크게 후회하였다. 장막은 조조가 결국은 원소를 위해 자신을 공격할 것이라고 생각하며 불안에 떨었다.

(獻帝) 興平 원년(서기 194), 조조는 다시 도겸을 원정하였는데 장막의 동생 張超(장초)는 조조의 부장인 陳宮(진궁),[747] 從事中郎인 許汜(허사) 및 王楷(왕해) 등과 공모하여 조조에 반기를 들었다. 진궁이 장막을 설득하였다.

747 陳宮(진궁, ?-198년, 字 公臺)이 처음에 조조를 따랐다가 나중에 조조를 떠나 여포를 섬겼지만 여포가 잡혀 죽을 때 진궁은 당당하게 죽었다.

"지금 각지에서 영웅들이 봉기하며 천하는 분열되었습니다만, 장군께서는 1천 리 땅의 백성을 거느리고 사방을 쟁취할 수 있는 요지를 차지하였으니 칼을 잡고 사방을 노려본다면 만인의 호걸이 될 수 있는데, 도리어 다른 사람에 눌려 지내니 어찌 궁색하지 않습니까! 지금 兗州(연주)의 군사가 동쪽으로 도겸을 원정하느라고 비었는데, 여포는 용장으로 잘 싸우지만 갈 데가 없으니 임시로 불러들여 함께 연주를 차지한 뒤에 천하의 형세를 보아 가며 사태의 변화를 기다린다면 한 시대를 종횡으로 누빌 수 있을 것입니다."

장막은 진궁의 말을 따랐다. 조조는 처음에 진궁을 시켜 군사를 거느리고 東郡(동군)에 주둔케 하였는데, 진궁은 결국 동군의 군사를 거느리고 여포를 兗州牧(연주목)으로 맞이하며 濮陽(복양)[748]을 점거하였다. 이에 연주 관내의 郡縣이 모두 호응하였는데 다만 鄄城(견성), 東阿(동아), 范縣(범현)[749]만이 조조의 차지였다.

조조는 군사를 거느리고 돌아와 여포와 복양에서 싸웠지만 이기지 못했고 1백여 일을 대치하였다. 이 해에 날이 가물어 흉년에 황충의 폐해까지 겹쳐 곡식이 없어 백성이 백성을 먹었는데, 여포는 山陽郡에 주둔하고 있었다.

2년에 걸쳐 조조는 여러 성을 다시 수복하였고, 여포를 鉅野縣(거야현)에서 격파하였다. 그러자 여포는 동쪽으로 劉備(유비)한테로 달아났다. 장막은 여포를 따라가면서 동생인 張超(장초)에게 가속을 데리고 雍丘縣(옹구현)에 머물게 했다. 조조는 옹구현을 여러 달 포위한

---

748 東郡의 治所인 濮陽縣, 今 河南省 동북 濮陽市(복양시).

749 東郡의 현명. 河南省 동북 濮陽市 관할 范縣, 山東省 접경.

뒤에 성을 도륙하면서 장초와 장막의 가족을 모두 죽였다. 장막은 원술에게 도움을 요청하러 가다가 중간에 그 부하에게 살해되었다.

| 原文 |

備東擊術, 布襲取下邳, 備還歸布. 布遣備屯小沛. 布自稱徐州刺史.

術遣將紀靈等步騎三萬攻備, 備求救於布. 布諸將謂布曰, "將軍常欲殺備, 今可假手於術."

布曰, "不然. 術若破備, 則北連太山諸將, 吾爲在術圍中, 不得不救也." 便嚴步兵千,騎二百, 馳往赴備. 靈等聞布至, 皆斂兵不敢復攻. 布於沛西南一里安屯, 遣鈴下請靈等, 靈等亦請布共飮食. 布謂靈等曰, "玄德, 布弟也. 弟爲諸君所困, 故來救之. 布性不喜合鬪, 但喜解鬪耳."

布令門候於營門中擧一隻戟, 布言, "諸君觀布射戟小支, 一發中者諸君當解去, 不中可留決鬪." 布擧弓射戟, 正中小支. 諸將皆驚, 言"將軍天威也!" 明日復歡會, 然後各罷.

| 국역 |

유비가 동쪽으로 가서 원술을 공격하자, 여포는 下邳縣(하비현)[750]

---

750 서주자사부 관할 下邳國 治所는 下邳縣, 今 江蘇省 徐州市 관할의 睢寧縣(수녕현) 古邳鎭.

을 기습 공격하여 차지하였는데 유비는 돌아와 여포에 의지하였다. 여포는 유비를 小沛(소패, 沛縣)에 주둔케 했고, 여포는 徐州刺史를 자칭했다.

원술은 부장인 紀靈(기령) 등을 보내 보병과 기병 3만을 거느리고 유비를 공격케 하였고, 유비는 여포에게 구원을 요청했다. 여포의 여러 장수들이 여포에게 말했다.

"장군은 늘 유비를 죽이려 했었는데 이번에 원술의 손을 빌리면 됩니다."

그러나 여포가 말했다.

"그렇지 않다. 만약 원술이 유비를 격파하게 되면 북으로는 泰山郡의 여러 장수와 연결될 것이며, 나는 원술에게 포위되는 형세이니 유비를 돕지 않을 수 없다."

여포는 곧 보병 1천 명과 기병 2백 명을 정선한 뒤 유비를 구원하러 갔다. 기령 등은 여포가 달려온다는 소식을 듣고 유비를 다시 공격하지 못했다. 여포는 소패의 서남 쪽 1리 밖에 주둔한 뒤에 傳令(전령, 鈴)을 보내 초청했고 기령 또한 여포를 잔치에 초청하였다. 여포가 기령 등에게 말했다.

"玄德(현덕)은 나의 아우입니다. 내 아우가 여러분 때문에 고생한다기에 구원하려 왔소. 내 성질은 남과 싸우기를 좋아하지 않고 다만 싸움을 화해시키기를 좋아합니다."

그러면서 여포는 軍營의 문지기를 불러 창끝이 두 가닥으로 갈라진 창(戟, 극)을 세우게 한 뒤에 말했다.

"여러분들은 내가 저 창의(戟) 작은 가지를 쏘아 맞추는 것을 구경하되, 단 한 발에 맞추면 여러분은 화해하고서 떠나가고, 만약 맞추지 못하면 결전을 벌려도 좋습니다."

여포는 활을 들어 창을 쏘았고 작은 가지를 정확하게 맞추었다. 여러 장수는 모두 놀라면서 말했다.

"장군은 하늘이 내린 神威(신위)입니다."[751]

다음 날, 다시 모여 즐긴 다음에 각자 떠나갔다.

‖原文‖

術欲結布爲援, 乃爲子索布女, 布許之. 術遣使韓胤以僭號議告布, 並求迎婦. 沛相陳珪恐術,布成婚, 則徐,揚合從, 將爲國難.

於是往說布曰, "曹公奉迎天子, 輔贊國政, 威靈命世, 將徵四海, 將軍宜與協同策謀, 圖太山之安. 今與術結婚, 受天下不義之名, 必有累卵之危."

布亦怨術初不己受也, 女已在塗, 追還絶婚, 械送韓胤, 梟首許市. 珪欲使子登詣太祖, 布不肯遣. 會使者至, 拜布左將軍. 布大喜, 卽聽登往, 並令奉章謝恩.

登見太祖, 因陳布勇而無計, 輕於去就, 宜早圖之. 太祖曰, "布, 狼子野心, 誠難久養, 非卿莫能究其情也." 卽增珪秩中

751 이 장면은《三國演義》第16回〈呂奉先射戟轅門 曹孟德拜師淯水〉에 실려 있다.《三國演義》에서는 '溫侯神射世間稀, 曾向轅門獨解危.' 라고 읊었다.

二千石, 拜登廣陵太守. 臨別, 太祖執登手曰, "東方之事, 便以相付." 令登陰合部衆以爲內應.

| 국역 |

袁術은 여포와 결탁하여 다른 세력의 지원을 얻으려 자신의 아들과 여포 딸의 혼사를 원했고, 여포는 수락했다. 원술은 韓胤(한윤)을 사자로 보내 황제를 참칭한 일을 여포에게 알리면서 신부를 데려오게 하였다.

이에 沛國의 相인 陳珪(진규)는 원술과 여포의 혼사가 이뤄지면, 곧 (여포의) 徐州와 (원술의) 揚州(양주)가 合從(합종)하게 되고, 이는 나라에 재난이라 생각하여 여포를 설득하였다.

"지금 曹公(曹操)은 천자를 받들고 국정을 보필하여 명성과 위엄을 떨치면서 천하를 정복하려 하니, 장군께서는 조공에 협조하며 방책을 강구해야만 태산처럼 안정할 것입니다. 지금 원술과 혼사를 맺으면 의롭지 못하다는 천하의 평판을 들어 틀림없이 累卵(누란)의 위기에 처할 것입니다."

여포도 그전에 원술이 자신을 거부했던 원한이 있어 원술에게 가고 있던 딸을 쫓아가 파혼하면서 한윤을 체포한 뒤에 조조에게 보냈는데, 한윤은 許縣의 거리에서 梟首(효수)되었다. 앞서 진규는 아들 陳登(진등)을 조조에게 사자로 보내려 했으나 여포가 허락지 않았었다. 마침 조정에서 사자를 보내어 여포에게 左將軍을 제수하였다. 여포는 아주 좋아하며 즉시 진등을 보내 문서를 바치고 사은케 하였다.

진등은 조조를 만나보고 여포가 용맹하나 무모하며 거취를 경솔하게 결정하니 빨리 없애는 것이 좋다고 말했다. 이에 조조가 말했다.

"여포는 늑대같은 야심이 있어 오래 두고 볼 수는 없으니, 그대가 아니라면 그 속셈을 알 수가 없도다."

그러면서 진규의 질록을 (9卿과 같은) 中二千石으로 올려 주었고 진등에게 廣陵(광릉) 태수를 제수하였다. 진등이 떠날 때 조조는 진등의 손을 잡고 말했다.

"東方의 일은 모두 그대에게 맡긴다."

그러면서 진등에게 비밀리에 무리를 모아 내응케 하였다.

|原文|

始, 布因登求徐州牧, 登還, 布怒, 拔戟斫几曰, "卿父勸吾協同曹公, 絶婚公路, 今吾所求無一獲, 而卿父子並顯重, 爲卿所賣耳! 卿爲吾言, 其說云何?"

登不爲動容, 徐喩之曰, "登見曹公言, '待將軍譬如養虎, 當飽其肉, 不飽則將噬人.' 公曰, '不如卿言也. 譬如養鷹, 飢則爲用, 飽則揚去.' 其言如此." 布意乃解.

術怒, 與韓暹,楊奉等連勢, 遣大將張勳攻布. 布謂珪曰, "今致術軍, 卿之由也, 爲之奈何?"

珪曰, "暹,奉與術, 卒合之軍耳, 策謀不素定, 不能相維持, 子登策之, 比之連雞, 勢不俱棲, 可解離也."

布用珪策, 遣人說暹,奉, 使與己並力共擊術軍, 軍資所有, 悉許暹,奉. 於是暹,奉從之, 勳大破敗.

| 국역 |

애초에, 여포는 陳登(진등)을 통해 徐州牧에 임명되기를 원했는데, 진등이 돌아오자 여포는 화를 내며 창으로 几席(궤석)을 박살내며 소리 질렀다.

"자네 부친이 나에게 曹公과 협동해야 한다며 公路(袁術)와 파혼케 했는데, 지금 나는 얻은 것이 하나도 없지만, 자네 부자는 모두 높이 올랐으니, 나는 자네에게 이용만 당했다. 자네가 나를 위해 무슨 말을 했는가?"

진등은 표정을 바꾸지도 않고 천천히 여포에게 말했다.

"제가 조조에게 '장군을 대우하기는 마치 호랑이를 기르는 것과 같으니, 고기를 배불리 먹여 줘야지 그렇지 않으면 사람을 해칠 것입니다.' 라고 말했습니다. 그랬더니 조조가 말했습니다. '자네 말은 맞지 않다. 마치 사냥매를 기르는 것과 같아 배가 고파야 부릴 수 있지만 배가 부르면 날아가 버린다.' 그래서 일이 이렇게 되었습니다."

그러자 여포의 화가 풀렸다.

원술은 여포에게 대노하면서 韓暹(한섬), 楊奉(양봉) 등과 연합하였고, 대장 張勳(장훈)을 보내 여포를 공격케 하였다. 이에 여포가 진규에게 말했다.

"지금 당신 때문에 원술의 군대가 쳐들어오니 어찌 하겠는가?"

이에 진규가 말했다. "한섬과 양봉, 그리고 원술의 군대는 그냥 군사만 모아 놓았지 평소에 정해진 아무런 방책도 없으니 오래갈 수 없습니다. 내 아들의 방책에 따르면 저들은 그냥 한 줄에 묶어 놓은 닭과 같아 함께 지낼 수도 없으며 곧 흩어질 것입니다."

여포는 진규의 방책대로 한섬과 양봉에게 사람을 보내 힘을 합하여 원술의 군사를 공격하되 얻는 전리품을 모두 한섬과 양봉에게 주기로 하였다. 이에 한섬과 양봉이 따라 주었고 (원술의 대장) 장훈은 대패하여 격파되었다.

| 原文 |

建安三年, 布復叛爲術, 遣高順攻劉備於沛, 破之. 太祖遣夏侯惇救備, 爲順所敗. 太祖自徵布, 至其城下, 遺布書, 爲陳禍福. 布欲降, 陳宮等自以負罪深, 沮其計. 布遣人求救於術, 術自將千餘騎出戰, 敗走, 還保城, 不敢出. 術亦不能救.

布雖驍猛, 然無謀而多猜忌, 不能制御其黨, 但信諸將. 諸將各異意自疑, 故每戰多敗. 太祖塹圍之三月, 上下離心, 其將侯成,宋憲,魏續縛陳宮, 將其衆降.

布與其麾下登白門樓. 兵圍急, 乃下降. 遂生縛布, 布曰, "縛太急, 小緩之." 太祖曰, "縛虎不得不急也." 布請曰, "明公所患不過於布, 今已服矣, 天下不足憂. 明公將步, 令布將騎, 則天下不足定也."

太祖有疑色. 劉備進曰, "明公不見布之事丁建陽及董太師乎!" 太祖頷之. 布因指備曰, "是兒最叵信者."

於是縊殺布. 布與宮, 順等皆梟首送許, 然後葬之. 太祖之禽宮也, 問宮欲活老母及女不? 宮對曰, "宮聞孝治天下者不絶人之親, 仁施四海者不乏人之祀, 老母在公, 不在宮也."

太祖召養其母終其身, 嫁其女.

| 국역 |

(獻帝) 建安 3년(서기 198), 여포는 다시 반역하며 원술을 위하여 장수 高順(고순)을 보내 沛國 沛縣(패현)에서 유비를 공격 격파하였다. 조조는 夏侯惇(하후돈)을 보내 유비를 구원케 하였지만 고순에게 패배하였다. 이에 조조가 직접 여포 원정에 나서서 徐州城에 왔고, 여포에게 서신을 보내 禍福(得失)을 따지며 설득하였다.

여포는 조조에게 투항하려 했지만 陳宮(진궁) 등은 그동안 자신이 지은 죄가 크기에 투항을 저지하였다. 여포는 원술에게 사람을 보내 구원을 요청했고, 원술은 직접 1천여 기병을 거느리고 출전했지만 패주했고 돌아가 자신의 성을 지킬 뿐 감히 다시 나서질 못했다. 원술도 여포를 어떻게 돕질 못했다.

여포가 아무리 날쌔고 용맹하다지만 아무런 지모도 없으며, 또 시기심이 많아 자신의 무리를 제압하지 못하고 그저 장수만 믿을 수밖에 없었다. 그러나 여러 장수들은 제각각 딴 마음을 갖고 의심했기에 싸울 때마다 패전하였다. 조조가 참호를 파고 포위한 지 3달에 상하 사람의 마음이 흩어졌는데 그 부장인 侯成(후성), 宋憲(송헌), 魏續(위속) 등이 진궁을 결박하고 그 무리를 거느려 투항하였다.

여포와 그 휘하 장졸은 (徐州 下邳城) 白門樓(백문루)에 올라 싸웠다. 군사가 포위를 바짝 좁히자, 여포는 곧 투항하였다. 생포된 여포가 말했다.

"밧줄이 너무 조이니 좀 느슨하게 풀어 달라!"

이에 조조가 말했다.

"호랑이는 단단히 묶지 않을 수 없다."

여포가 말했다.

"明公의 골칫거리는 나였지만 이제 내가 굴복하였으니 온 나라에 걱정거리가 없을 것입니다. 공께서는 보병을 거느리고 내가 기병을 지휘하면 천하를 쉽게 얻을 수 있습니다."

이에 조조도 그렇게 할 눈치가 보이자 유비가 나서며 말했다.

"공께서는 여포가 丁建陽(丁原)과 董太師(董卓)를 어떻게 섬겼는지 잘 아시잖습니까?"[752]

이에 조조가 고개를 끄덕였다. 그러자 여포가 유비를 가리키며 말했다.

"저 애는 정말 믿을 수가 없구먼!"[753]

752 이 말에서 '不識丁董' 이라는 成語가 생겼는데, 뜻은 '일을 잘 알지 못하다.' '지식이 부족하다.' 는 뜻으로 쓰인다.

753 "是兒最叵信者." 是兒는 劉備. 叵는 옳지 못할 파(不可, 不定辭). 참지 못하다. 어렵다. 《三國演義》 第19回 〈下邳城曹操鏖兵 白門樓呂布殞命〉에서는 이렇게 묘사하였다. 「~ "是兒는 最無信者로다!" 조조가 여포를 목매달아 죽이라고 하자, 여포가 玄德을 돌아보며 소리 지른다. "大耳兒야! 轅門에서 射戟했던 때를 不記하는가?" 그때 한 사람이 소리를 질렀다. "呂布 匹夫야! 死則死耳어늘 何懼之有리오!" 衆이 視之하니 刀斧手에게 끌려 나오는 張遼(장료)였다. ~」

이에 여포를 絞死(교사)하였다. 여포와 진궁, 高順(고순) 등은 모두 그 목을 잘라 許都에 보냈다가 나중에 묻어 주었다. 조조는 생포된 진궁을 불러 노모와 딸을 어찌할 것인가 물었다. 이에 진궁이 말했다.

"孝로 天下를 다스리는 자는 남의 부모를 죽이지 않고, 四海에 仁을 베푸는 자는 남의 제사를 끊지 않는다고 들었소. 이제 노모는 公의 손에 달렸지 내게 있지 않습니다."

조조는 진궁의 모친을 죽을 때까지 봉양하고 딸을 결혼시켜 주라고 명령했다.

❸ 陳登

| 原文 |

陳登者, 字元龍, 在廣陵有威名. 又掎角呂布有功, 加伏波將軍, 年三十九卒. 後許汜與劉備並在荊州牧劉表坐, 表與備共論天下人, 汜曰, "陳元龍湖海之士, 豪氣不除." 備謂表曰, "許君論是非?" 表曰, "欲言非, 此君爲善士, 不宜虛言, 欲言是, 元龍名重天下."

備問汜, "君言豪, 寧有事邪?" 汜曰, "昔遭亂過下邳, 見元龍. 元龍無客主之意, 久不相與語, 自上大床臥, 使客臥下床."

備曰, "君有國士之名, 今天下大亂, 帝主失所, 望君憂國忘家, 有救世之意, 而君求田問舍, 言無可採, 是元龍所諱也, 何緣當與君語? 如小人, 欲臥百尺樓上, 臥君於地, 何但上下床之間邪?"

表大笑. 備因言曰, "若元龍文武膽志, 當求之於古耳, 造次難得比也."

| 국역 |

陳登(진등)[754]의 字는 元龍(원룡)으로, 廣陵郡[755] 일대에서 이름이 났었다. 또 진등은 여포를 견제한 공적으로 伏波將軍(복파장군)의 직함을 받았지만 나이 39세에 죽었다. 뒷날 許汜(허사)[756]란 사람이 劉備, 그리고 荊州牧인 劉表(유표)와 함께 천하의 인물에 대한 담론을 나누었는데, 허사가 말했다.

"陳元龍(陳登)은 그 性情이 매우 豪放(호방)하다지만 그 豪氣(호기)를 버리질 못했습니다."

그러자 유비가 유표에게 물었다.

"지금 許君의 논평이 맞는다고 생각하십니까?"

그러자 유표가 말했다.

754 陳登(진등, 생졸년 미상) - 《三國志》 29권, 〈方技傳〉의 華佗傳(화타전)에 생선회를 좋아하여 뱃속에 기생충이 가득한 사람으로 수록.

755 徐州 廣陵郡의 治所는 廣陵縣. 今 江蘇省 서남부 揚州市.

756 許汜(허사)는 여포의 謀士. 처음에는 兗州牧(연주목)인 조조의 從事中郞이었는데 나중에 여포에 귀부했다.

"허군의 의견이 틀렸다고 보면 善士인 이 사람이 虛言을 했을 리가 없고, 그 의논이 맞는다면 진등의 명성은 천하에 크게 알려질 것입니다."

이에 유비가 허사에게 물었다.

"진등은 호탕한 기질이라고 말했는데 무슨 근거가 있습니까?"

이에 허사가 말했다.

"옛날 난리를 만나 下邳(하비)를 지나가다가 元龍(陳登)을 만났습니다. 元龍은 主人으로서 나를 손님으로 초청하지 않았기에 오래 이야기를 못했습니다만, 자신은 큰 침상에 올라 자면서 손님을 작은 침상에 자게 하였습니다."[757]

이에 유비가 말했다.

"당신은 나라 안에 이름이 난 名士인데, 지금 천하가 혼란에 빠졌고, 황제는 제자리를 찾지 못한 상황입니다. 당신은 나라를 걱정하며 家事를 돌보지 않고 세상을 바로잡아야 하는데, 당신은 농토나 거처를 얻으려 하고, 쓸만한 말을 하지 않는다면, 바로 그런 점을 元龍이 싫어했는데, 무슨 특별한 연유가 있어 당신과 이야기를 나누겠습니까? 만약 소인이라 생각했다면 자신은 아주 높은 침상에 잘지언정, 당신 같은 사람은 땅바닥에 자게 했을 것이거늘 어찌 침상의 높낮이를 언급하겠습니까?"

이에 유표는 크게 웃었다. 그러자 유비가 이어 말했다.

"만약 元龍이 文武의 재능을 겸비하고 큰 뜻이 있었다면 古人의 행적을 본받으려 했을 것이니, 잠깐이라도 당신 같은 사람과 함께

---

757 주인과 손님의 소소한 예의범절에 구애받지 않는 陳登이라는 뜻으로 말했다.

하지 않았을 것입니다."

❹ 臧洪

| 原文 |

臧洪字子源, 廣陵射陽人也. 父旻, 歷匈奴中郎將,中山,太原太守, 所在有名. 洪體貌魁梧, 有異於人, 擧孝廉爲郎. 時選三署郎以補縣長, 琅邪趙昱爲莒長, 東萊劉繇下邑長, 東海王朗菑丘長, 洪卽丘長. 靈帝末, 棄官還家, 太守張超請洪爲功曹.

| 국역 |

臧洪(장홍)[758]의 字는 子源(자원)으로 廣陵 射陽縣[759] 사람이다. 부친 臧旻(장민)은 匈奴中郎將과 中山郡, 太原郡의 태수를 역임했는데 임지에서 명성이 높았다.

장홍은 체격이 월등하게 커서 다른 사람과 달랐으며 孝廉(효렴)으

758 臧洪(장홍, 160 - 196년) - 의리의 사나이. 부친 臧旻(장민)은 靈帝 때 장군으로 揚州刺史를 역임했다. 장홍은 처음에 원소에게 능력을 인정받았지만, 원소가 장막과 장초를 패망하도록 방치하자 원소와 관계를 끊었다.나중에 東武陽에서 원소의 공격을 받고 싸우면서 식량이 떨어지자 최후에 애첩을 죽여 그 국물을 부하 장졸과 함께 나눠 먹으면서 싸웠다는 사람.《三國演義》에는 등장하지 않는다.

759 廣陵 射陽縣은, 今 江蘇省 揚州市 관할 寶應縣 동북 射陽湖鎭에 해당.

로 천거되었다. 그 무렵 三署[760]에 뽑힌 낭관을 지방 縣長[761]에 보임하였는데, 琅邪郡(낭야군) 출신의 趙昱(조욱)은 莒縣(거현)의 현장, 東萊郡 출신의 劉繇(유요)[762]는 下邑 현장, 東海郡의 王朗(왕랑)은 菑丘(치구) 현장, 臧洪은 卽丘(즉구) 현장이 되었다. 장홍은 靈帝 말년에 관직을 버리고 귀가하였는데, 廣陵太守인 張超(장초)가 장홍을 초치하여 功曹[763]에 임명하였다.

| 原文 |

董卓殺帝, 圖危社稷, 洪說超曰, "明府歷世受恩, 兄弟並據大郡, 今王室將危, 賊臣未梟, 此誠天下義烈報恩效命之秋也. 今郡境尙全, 吏民殷富, 若動枹鼓, 可得二萬人, 以此誅除國賊, 爲天下倡先, 義之大者也."

超然其言, 與洪西至陳留, 見兄邈計事. 邈亦素有心, 會於酸棗, 邈謂超曰, "聞弟爲郡守, 政敎威恩, 不由己出, 動任臧

760 三署(삼서)는 光祿勳의 속관 중 五官中郞將(中郞三將의 우두머리, 질록 比二千石, 황제의 고급 시종관), 右, 左中郞將(궁전 숙위, 질록 比二千石)을 말한다. 郡國에서 孝廉으로 추천된 자는 처음에 이 三署의 낭관에 補任된다. 낭관은 中郞, 議郞, 侍郞, 郞中으로 구분하는데 定員이 없다. 낭관은 일단 관직의 출발점이라고 보면 된다.

761 1만호 이상의 縣은 縣令, 1만호가 안 되는 현은 縣長이라 칭했다. 현령의 질록은 1천석에서 6백석. 縣長의 질록은 5백석 - 3백석이었다.

762 《吳書》 4권, 〈劉繇太史慈士燮傳〉에 立傳.

763 郡, 縣의 功曹(공조)는 군 태수나 현령의 보좌관. 해당 지방 현지 관원 중 최고위직. 功曹掾, 功曹吏라 통칭. 유고시 태수나 현령을 대행하였다.

洪, 洪者何人?” 超曰, “洪才略智數優超, 超甚愛之, 海內奇士也.”

邈卽引見洪, 與語大異之. 致之於劉兗州公山, 孔豫州公緒, 皆與洪親善. 乃設壇場, 方共盟誓, 諸州郡更相讓, 莫敢當, 咸共推洪. 洪乃升壇操槃歃血而盟曰,

“漢室不幸, 皇綱失統, 賊臣董卓乘釁縱害, 禍加至尊, 虐流百姓, 大懼淪喪社稷, 翦覆四海. 兗州刺史岱, 豫州刺史伷, 陳留太守邈, 東郡太守瑁, 廣陵太守超等, 糾合義兵, 並赴國難. 凡我同盟, 齊心戮力, 以致臣節, 殞首喪元, 必無二志. 有渝此盟, 俾墜其命, 無克遺育. 皇天后土, 祖宗明靈, 實皆鑑之!”

洪辭氣慷慨, 涕泣橫下, 聞其言者, 雖卒伍廝養, 莫不激揚, 人思致節. 頃之, 諸軍莫適先進, 而食盡衆散.

| 국역 |

董卓(동탁)이 少帝(弘農王)를 살해하고 사직이 위기에 처하자 장홍이 (太守) 張超(장초)에게 말했다.

“明府(太守)께서는 대대로 조정의 은덕을 입어 형제가 大郡을 다스리고 계시는데, 지금 황실은 위기에 처했으나 賊臣(적신)을 처단하지 못하고 있으니, 지금이야말로 천하의 義烈(의열)이 報恩하며 목숨을 바칠 때입니다. 지금 郡內가 평온하고 관리와 백성이 부유하니 만약 북을 친다면 2만여 군사를 모을 수 있고, 이로써 國賊을 죽여 없앤다면 천하에서 최초의 봉기이니, 바로 대의의 실천입니다."

장초도 그렇게 생각하며 장홍과 함께 서쪽으로 陳留郡에 가서 형 張邈(장막)을 만나 계획을 논의했다. 장막 또한 평소에 그런 생각을 가지고 酸棗縣(산조현)[764]에서 만나자, 장막이 장초에게 물었다.

"아우가 군수로 재임하며 정사와 교화, 형벌과 은덕을 직접 다하지 않고 장홍에게 맡긴다고 들었는데, 장홍은 어떤 사람인가?"

이에 장초가 말했다. "장홍의 才略과 智謀(지모)는 저보다 훨씬 뛰어나기에 제가 매우 아끼는 천하의 奇才입니다."

장막은 즉시 장홍을 불러 만나 이야기를 나눈 뒤에 크게 놀랐다. 그러면서 兗州(연주) 자사인 劉公山(劉岱), 豫州 자사인 孔公緖(孔伷, 공주)를 불러들여 모두 장홍과 가까운 사이가 되었다. 그리고는 곧 제단을 마련한 뒤 맹서를 하려고 했으나 여러 태수나 자사가 서로 사양하고 감당할 수 없다면서 장홍을 추대하였다. 이에 장홍이 제단에 올라 맹서하는 희생의 피를 바르고 서약하였다.

"지금 漢室이 불행하여 황제 계승의 차례가 무너졌고, 賊臣인 동탁은 이를 틈타 해악을 자행하여 그 화가 至尊에 이르고, 백성 또한 학정에 시달리니 국가가 망하고 천하가 뒤집힐 것 같아 두렵기만 합니다. 이에 兗州刺史인 劉岱(유대), 豫州刺史인 孔伷(공주), 陳留太守인 張邈(장막), 東郡太守인 喬瑁(교모), 廣陵太守인 張超(장초)[765] 등은 義兵을 糾合(규합)하여 국난에 대처하겠습니다. 우리 모두가 함께 맹서하고 한 마음으로 힘을 모으며 신하의 지조를 지켜 죽을지언정

764 酸棗(산조)는 陳留郡의 현명. 今 河南省 북부 新鄉市 관할 延津縣.

765 이때의 맹서는 이 5명뿐이었다. 유표 같은 사람은 멀고 먼 형주에 있어 어찌 참여했겠느냐는 裴松之의 주석이 있다.

절대로 두 마음을 품지 않을 것입니다. 만약 이 맹서를 어긴다면 하늘이 그 목숨을 없애고 후손을 남겨 두지 않을 것입니다. 皇天(황천)과 后土(후토), 祖宗의 神靈께서 모두 이를 지켜보실 것입니다!"

장홍의 그 辭氣(사기)가 慷慨(강개)하여 모두가 눈물을 흘렸고 그 말을 들은 士卒과 마부까지 격양되어 모두가 지조를 지킬 것이라 생각하였다. 그러나 그 군사는 누가 먼저 어디를 공격한다고 나서는 자가 없었으며 군량이 다하자 각자 흩어졌다.

| 原文 |

超遣洪詣大司馬劉虞謀, 値公孫瓚之難, 至河間, 遇幽,冀二州交兵, 使命不達. 而袁紹見洪, 又奇重之, 與結分合好. 會青州刺史焦和卒, 紹使洪領青州以撫其衆. 洪在州二年, 群盜奔走. 紹歎其能, 徙爲東郡太守, 治東武陽.

| 국역 |

張超(장초)는 臧洪(장홍)을 大司馬인 劉虞(유우)에게 보내 협의하게 했는데, 마침 公孫瓚(공손찬)의 난이 있어 黃河 부근에서 幽州(公孫瓚)와 冀州(袁紹) 군대의 교전에 갇혀 使命을 달성할 수가 없었다. 원소는 장홍을 만나보고 특별히 대우하면서 친분을 맺었다. 그때 青州刺史인 焦和(초화)가 죽자, 원소는 장홍을 임시 青州자사로 임명하여 군사를 지휘케 하였다. 장홍은 2년 간 青州에 재임했는데 모든 도적이 달아나 버렸다. 원소는 장홍의 능력에 탄복하며 장홍을 東郡太守로 임명하여 東武陽縣[766]에서 근무케 했다.

| 原文 |

太祖圍張超於雍丘, 超言, "唯恃臧洪, 當來救吾." 衆人以爲袁,曹方睦, 而洪爲紹所表用, 必不敗好招禍, 遠來赴此. 超曰, "子源, 天下義士, 終不背本者, 但恐見禁制, 不相及逮耳."

洪聞之, 果徒跣號泣, 並勒所領兵, 又從紹請兵馬, 求欲救超, 而紹終不聽許. 超遂族滅. 洪由是怨紹, 絶不與通. 紹興兵圍之, 歷年不下. 紹令洪邑人陳琳書與洪, 喩以禍福, 責以恩義.

| 국역 |

조조가 張超(장초)를 雍丘縣에서 포위하자[767] 장초가 말했다.

"그래도 臧洪(장홍)은 틀림없이 나를 구원하러 올 것이다."

그러나 많은 사람들은 원소와 조조 간의 사이가 원만하며 장홍은 원소의 지방관으로 임용되었기에 장홍이 원소와의 좋은 관계를 깨면서 멀리 여기까지 구원하지 않을 것이라고 말했다. 그러자 장초

---

766 東武陽은 東郡의 武陽縣, 今 山東省 서부 聊城市(요성시) 관할 莘縣(신현), 山東, 河北, 河南 三省의 경계. 東郡의 본래 治所는 濮陽縣(복양현. 今 河南省 동북 濮陽市)이었다.

767 陳留郡의 雍丘縣(옹구현), 今 河南省 중부 開封市 관할 杞縣(기현). 장막과 장초 형제, 진궁, 여포 등이 조조에 반기를 들었기에 조조가 장초를 공격했다.

가 말했다.

"子源(臧洪)은 천하의 義士이니, 끝내 그 근본을 저버리지 않을 것이나 다만 견제를 당해 여기까지 못 올지 모르겠다."

장홍은 소식을 듣고 맨발로 통곡을 하고 소속 군사를 동원하면서 또 사람을 보내 원소에게 원병을 요청하며 장초를 구원하려 했지만 원소는 끝내 허락하지 않았다. 장초는 결국 멸족 당하였다. 장홍은 이에 원소에 원한을 품고 원소와 단절하였다.

이에 원소는 군사를 동원하여 장홍을 (東武陽縣에서) 포위하였는데 해가 바뀌도록 함락시키지 못했다. 원소는 장홍과 같은 고향 사람인 陳琳(진림)을 시켜 장홍에게 서신을 보내 화복을 論하면서 은의로 책망하였다.

| 原文 |

洪答曰,

「隔闊相思, 發於寤寐. 幸相去步武之間耳, 而以趣舍異規, 不得相見, 其爲愴悢, 可爲心哉! 前日不遺, 比辱雅貺, 述敘禍福, 公私切至. 所以不卽奉答者, 旣學薄才鈍, 不足塞詰.

亦以吾子攜負側室, 息肩主人, 家在東州, 僕爲仇敵. 以是事人, 雖披中情, 墮肝膽, 猶身疏有罪, 言甘見怪, 方首尾不救, 何能卹人?

且以子之才, 窮該典籍, 豈將闇於大道, 不達余趣哉! 然猶復云云者, 僕以是知足下之言, 信不由衷, 將以救禍也. 必欲算計長短, 辯諮是非, 是非之論, 言滿天下, 陳之更不明, 不言無所損. 又言傷告絶之義, 非吾所忍行也, 是以捐棄紙筆, 一無所答.

亦冀遙忖其心, 知其計定, 不復渝變也. 重獲來命, 援引古今, 紛紜六紙, 雖慾不言, 焉得已哉!」

| 국역 |

이에 장홍이 답서를 보냈다.

「오랫동안 헤어져 있으며 밤낮으로 생각하였습니다. 다행히 머무는 곳이 서로 멀지는 않지만 뜻과 취향이 서로 달라 만나지 못했지만, 이런 안타까움은 진심일 것입니다! 이런 세월에도 잊지 않고 서신을 보내 禍福과 利害를 피력해 주시니 公私에 깊은 감사를 드립니다. 바로 답신을 드리지 못한 것은 학식도 모자라고 우둔한 재능 때문이니 저에게 책문할 필요도 없을 것입니다.

또한 내 처자식도 家長을 따라 본가가 이곳 東州에 있지만, 나는 처자식에게 마치 남과 같은 사람이 되었습니다. 이런 정황에서 다른 사람을 섬기면서 나의 진심을 피력하고 肝膽(간담)을 다 드러낸다 하여도 더욱 소원해지며 허물만 짓게 되며, 좋은 말씀을 드린다 하여도 이상타 할 것이니, 제 자신을 제대로 지키지도 못하면서 어찌 다른 사람에게 관심을 가질 수 있겠습니까?

또 그대는 才學이 뛰어나고 典籍(전적)에 통달하였으니 어찌 大道를 모르겠습니다만, 나의 뜻을 이해 못할 것입니다. 그런데도 足下

께서 나에게 이런 저런 말씀을 하시니, 저로써 귀하의 뜻을 알겠지만 그것이 진심에서 나오기보다는 내가 겪을 재난에서 나를 구하려는 뜻이라고 생각합니다. 기어이 得失과 長短을 따져야 하고 是非와 曲直을 논한다면 언사가 세상에 가득 차서 말을 할수록 더욱 명확하지 않을 것이며, 말을 안 한다 하여 뜻을 감소하지도 않을 것입니다. 또 斷交와 傷害(상해)의 뜻을 표명하더라도 내가 참지 못할 것도 아니니 紙筆(지필)을 없애면서 답신을 보낼 필요도 없을 것입니다.

다만 足下께서 멀리서나마 나의 마음을 헤아리고 내 마음이 변할 수 없다는 것을 알아주기 바랍니다. 이번에 또 足下의 서신을 받았는데, 고금의 사례를 들어 종이를 여섯 장이나 가득 채웠으니 답신을 안 하고 싶지만 어찌 안 할 수 있겠습니까!」

| 原文 |

「僕小人也, 本因行役, 寇竊大州, 恩深分厚, 寧樂今日自還接刃! 每登城勒兵, 望主人之旗鼓, 感故友之周旋, 撫弦搦矢, 不覺流涕之覆面也. 何者? 自以輔佐主人, 無以爲悔. 主人相接, 過絶等倫. 當受任之初, 自謂究竟大事, 共尊王室. 豈悟天子不悅, 本州見侵, 郡將遘牖里之厄, 陳留克創兵之謀, 謀計棲遲, 喪忠孝之名, 杖策攜背, 虧交友之分.

揆此二者, 與其不得已, 喪忠孝之名與虧交友之道, 輕重殊塗, 親疏異畫, 故便收淚告絶. 若使主人少垂故人, 住者側席,去者克己，不汲汲于離友，信刑戮以自輔，則僕抗季札之志，不爲今日之戰矣．何以效之？昔張景明親登壇歃血，奉辭奔走，卒使韓牧讓印，主人得地．然後但以拜章朝主，賜爵獲傳之故，旋時之間，不蒙觀過之貸，而受夷滅之禍．

呂奉先討卓來奔，請兵不獲，告去何罪？復見斫刺，濱於死亡．劉子璜奉使踰時，辭不獲命，畏威懷親，以詐求歸，可謂有志忠孝，無損霸道者也．然輒僵斃麾下，不蒙虧除．僕雖不敏，又素不能原始見終，睹微知著，竊度主人之心，豈謂三子宜死，罰當刑中哉？實且欲一統山東，增兵討讎，懼戰士狐疑，無以沮勸，故抑廢王命以崇承制，慕義者蒙榮，待放者被戮，此乃主人之利，非遊士之願也．故僕鑑戒前人，困窮死戰．僕雖下愚，亦嘗聞君子之言矣．此實非吾心也．乃主人招焉．凡吾所以背棄國民，用命此城者，正以君子之違，不適敵國故也．是以獲罪主人，見攻踰時，而足下更引此義以爲吾規，無乃辭同趨異，非君子所爲休戚者哉!」

| 국역 |

「저는 하찮은 사람이라서 본래 고향을 떠나 봉직하다가 큰 州(兗州)에서 관직을 얻었고 (袁紹의) 특별한 은덕을 입었는데, 어찌 오늘 기꺼운 마음으로 接戰할 수 있겠습니까! 매번 城에서 군사를 지휘하며 主人(袁紹)의 깃발을 보거나 북소리를 들을 때면, 옛 벗(張

超)의 交分을 생각하고, 활과 화살을 매만질 때마다 나도 모르게 눈물을 흘리며 얼굴을 가리게 됩니다. 왜 그렇겠습니까? 이전에 主人(袁紹)을 보좌할 때는 어떤 후회도 없었습니다. 주인께서는 다른 누구보다도 저를 잘 대우하셨습니다. 나는 (東郡 태수로) 임명된 이후 국가의 대사를 분명히 알아 모두가 함께 왕실을 받들어야 한다고 생각했습니다. 어찌 천자께서 좋아하지 않으시어 兗州를 공격당하고, (兗州의) 張超가 옛 周 文王이 牖里(유리)의 獄(옥)에 갇힌 것 같은 위난을 당하였으며, 陳留郡이 무력을 써야 할 대상이 되었는지, 또 나의 구원 계획이 거절당하면서 忠孝의 명분도 잃고, 말 채찍으로 은인의 등을 때려야 하며, 交友의 명분도 잃게 될 줄은 어찌 알았겠습니까?

이 두 가지 원인을 헤아려 보면 어쩔 수 없다기보다는 忠孝의 명분을 상실하고 交友의 道를 훼손하는 것이 輕重(경중) 親疎(친소)가 달라지더라도 눈물을 흘리면서 단절하는 것만 못할 것입니다. 만약 主人이 조금씩 옛사람을 생각하여 옛 정으로 예우해 준다면, 비록 떠난 사람일지라도 克己하면서 떠나간 벗에 연연하지 않고 형벌을 받더라도 자신을 바로잡을 수 있을 것이니, 그렇게 되면 저는 (吳나라) 季札(계찰)의 높은 지조를 지켜 오늘 같은 전투를 벌이지는 않았을 것입니다. 이를 어떻게 증명하겠습니까? 전에 張景明(장경명)이 등단하여 歃血(삽혈)하고 맹서하였으며 명을 받아 사방으로 분주히 돌아다녀 마침내 (冀州牧인) 韓馥(한복)으로 하여금 인수를 사양하게 설득하여 主人(袁紹)은 冀州를 차지할 수 있었습니다. 그런 이후에 표문을 올려 천자에게 입조하겠다 하여 (主人은) 작위와 부절을 받았지만 (張景明은) 순식간에 잘못을 고칠 수 있는 기회도 받지 못한 채 滅門之禍(멸문지화)를 당했습니다.[768]

呂奉先(呂布)은 동탁을 주살한 뒤에 도망 나왔기에, 원병을 요청하였지만 얻지 못하여 主人의 곁을 떠나갔는데 무슨 죄가 있습니까? 다시 큰 공격을 받아 거의 죽음에 이르렀습니다. 劉子璜(유자황)은 사자로 나갔다가 기한을 넘겼다 하여 그 수고를 인정받지도 못하였으며, 주인의 명령을 어긴 것이 두렵고, 또 부모를 생각하여 거짓으로 귀향하겠다 하였으니, (유자황은) 충효를 실천할 뜻을 가진 것이 주인의 霸道에 아무런 손실도 없었습니다. 그러나 바로 주인의 휘하에서 뻣뻣하게 죽어야 했고 어떤 감명이나 용서도 바랄 수가 없었습니다.

제가 비록 현명하지는 못하고, 또 평소에 (主人 袁紹의) 출발 내용을 알거나 종말을 예측하지 못하고 속내를 모르며 主人의 心思를 잘 모르지만, 앞서 말한 3인이 왜 죽어야 했으며 그 형벌이 적절하다고 말할 수 있겠습니까? 사실 主人께서 山東(崤山 以東)의 땅을 하나로 평정하려고 군사를 모아 원수를 토벌한다면 戰士들의 狐擬(호의)를 걱정하고, 멈칫거리는 것을 막아 주며, 제후 왕의 명을 따르지 않더라도 천자의 명을 존중케 하고, 대의를 숭모하는 자에게 영광을 내리고, 기대를 저버리는 자를 처벌하는 일 등이 主人에게 이득이 되나, 유세하는 자들이 바라는 것은 아닐 것입니다. 그래서

768 袁紹는 張景明 등을 보내 冀州를 양보하도록 韓馥(한복)을 설득했었다. 그 외의 행적에 대해서는 미상이다. 특히 이런 서신은 당사자끼리 알고 있는 일을 간략히, 또는 상징적으로 언급하는 경우가 많아 후세 사람이 내용의 전모를 파악하기가 결코 쉽지 않다.

저는 옛사람의 작위를 거울삼아 아무리 곤궁한 지경에 처하더라도 죽기를 작정하고 싸울 것입니다. 내가 비록 下愚(하우)일지라도 일찍이 賢人君子의 말을 들은 바가 있습니다. 이는 나의 최초의 진심은 아닙니다. 다만 主人이 나를 이렇게 만들었습니다. 내가 내 성안의 백성을 다 포기할지라도, 또 내가 이 성에서 목숨을 버리는 것은 군자가 비록 도망을 치더라도 적국으로 갈 수 없기 때문입니다. 이 때문에 주인에게 죄를 짓더라도, 또 오랜 기간의 포위와 공격을 당하더라도, 그리고 足下가 그런 大義로 나의 준칙을 인증하더라도, 또 서신의 내용이 조금 달라지더라도, 그것이 군자의 기쁨과 근심의 원인이 될 수는 없을 것입니다!」

‖原文‖

「吾聞之也, 義不背親, 忠不違君, 故東宗本州以爲親援, 中扶郡將以安社稷, 一擧二得以徼忠孝, 何以爲非? 而足下欲吾輕本破家, 均君主人. 主人之於我也, 年爲吾兄, 分爲篤友, 道乖告去, 以安君親, 可謂順矣. 若子之言, 則包胥宜致命於伍員, 不當號哭於秦庭矣. 苟區區於攘患, 不知言乖乎道理矣.

足下或者見城圍不解, 救兵未至, 感婚姻之義, 惟平生之好, 以屈節而苟生, 勝守義而傾覆也. 昔晏嬰不降志於白刃, 南史不曲筆以求生, 故身著圖像, 名垂後世, 況僕據金城之固, 驅士民之力, 散三年之畜, 以爲一年之資, 匡困補乏, 以悅天下, 何圖築室反耕哉! 但懼秋風揚塵, 伯珪馬首南向, 張楊, 飛燕, 膂力作難, 北鄙將告倒縣之急, 股肱奏乞歸之誠耳. 主人當鑑我曹輩, 反旌退師, 治兵鄴垣, 何宜久辱盛怒, 暴威於吾城下哉?

足下譏吾恃黑山以爲救, 獨不念黃巾之合從邪! 加飛燕之屬悉以受王命矣. 昔高祖取彭越於鉅野, 光武創基兆於綠林, 卒能龍飛中興, 以成帝業, 苟可輔主興化, 夫何嫌哉! 況僕親奉璽書, 與之從事.

行矣孔璋! 足下徼利於境外, 臧洪授命於君親, 吾子託身於盟主, 臧洪策名於長安. 子謂餘身死而名滅, 僕亦笑子生死而無聞焉, 悲哉! 本同而末離, 努力努力, 夫復何言!」

| 국역 |

「내가 알기로는, 仁義를 지키는 자는 부모를 버리지 않고, 충성을 다하는 자는 主君의 뜻을 어기지 않는다 하였습니다. 그래서 동쪽으로 本州를 받들어 지원을 요청했었고, 중간에서 郡의 태수로서 사직을 안정케 하려는 뜻이었으니, 忠君과 孝親의 뜻을 함께 이루려는 나의 뜻에 무엇이 잘못되었습니까? 그러나 足下는 내가 근본을 경시하여 가문을 무너트리며 國君과 主人을 똑같이 생각한다고 하였습니다. 主人(袁紹)은 나에게 연령으로는 兄이지만 情分으로는 돈독한 友人이기에 뜻이 다르다면 떠난다고 아뢰는 것이 주군과 양친을 편히 모시는 길이며, 또 그것이 順理입니다. 만약 足下의 말 그대로라면 申包胥(신포서)는 응당 伍子胥(오자서)[769]에게 목숨을 바쳐야 하고, 秦(진)의 宮庭에서 (구원군을 보내 달라고) 통곡할 수도 없습니다.[770] 겨우 구구하게 환난을 물리쳤지만 이런 일이 도리에 어긋나는가를 정말 모르겠습니다.

足下나 或者(혹자)가 볼 때, 우리 성에 대한 (袁紹의) 포위가 풀릴 리가 없고, 또 구원군도 오지 않으니 姻親(인친) 관계의 情誼(정의)로

769 伍子胥(오자서, 前6世紀 - 前 484년) - 名은 員, 子胥(자서)는 字. 본래 楚國 사람. 伍子胥의 부친 吳奢(오사)와 형이 楚王에게 살해되자, 오자서는 吳로 피난하여 吳王 闔廬(합려, 闔閭)에 등용되었다. 오자서는 吳의 군대로 楚를 공격하여 수도를 함락시킨 뒤, 楚 平王의 墓를 파내 시신에 3백 대 매질을 하여 부친과 형의 죽음에 대한 원한을 분풀이했다. 오자서는 吳의 相國公이 되었다. 吳王 夫差가 繼位한 뒤에 오자서의 외교정책에 대한 불만과 참언을 믿어 오자서는 賜死되었다.

770 (楚의 大臣인) 申包胥(신포서)와 伍員(伍子胥, 오자서)는 본래 친구였다. 오자서가 楚國에서 도망치면서 신포서에게 말했다. "나는 기필코 다시 楚나라를 뒤집어 버리겠다." 그러자 申包胥가 대답했다. "뜻대로 하게나! 그대가 뒤엎어 버리면 나는 기필코 다시 부흥시키겠네!"
周 敬王 14년(前 506년), 오자서는 吳國의 군사를 동원하여 楚國을 공격했고 초나라의 도읍 郢(영)을 점령하자 楚 昭王(소왕)은 隨(수) 땅으로 도주하였다. 오자서는 楚 平王의 묘를 파내어 시신을 매질하였다. 신포서는 산속에 도망했다가 사람을 보내어 오자서에게 말했다. "그대의 복수가 어찌 이리 심한가! 내가 알기로, 사람이 많으면 하늘을 이길 수 있다지만, 하늘이 마음먹으면 인간을 파멸할 수도 있다고 하였네. 지금 그대는 平王의 옛 신하였었고 한 때는 北面하여 모셨는데, 지금 죽은 사람을 욕보이니 이것이 어찌 天道의 끝이 아니라 하겠는가!" 이에 오자서가 사자에게 말했다. "나를 위해 신포서에게 말해주게! 나는 지금 날은 저물고 갈 길은 멀으니(日暮途遠), 그래서 거꾸로 가면서 逆行하는 것일세." 뒷날 신포서는 秦의 궁정에서 7日 7夜를 울며 하소연하여 秦의 원군을 인솔하고 돌아와 吳의 군사를 물리쳤다. 楚 소왕은 신포서에게 封賞하려 했으나 신포서는 일족을 데리고 산속에 숨었다. 한마디로 신포서는 忠臣의 본보기였다.

또 평생의 호의를 생각하여 지조를 굽혀 구차하게 사는 것이 義를 지켜 멸망하는 것보다 낫다고 생각할 것입니다. 옛날에 晏嬰(안영)[771]은 칼날 앞에서도 뜻을 굽히지 않았고, 南史[772]는 曲筆(곡필)로 목숨을 얻으려 하지 않았기에 그들의 형상이 畫像(화상)으로 남았고 그 이름에 후세에 전해진 것인데, 하물며 내가 험고하고 튼튼한 성을 가지고 백성의 역량을 총 동원하고, 3년의 비축물자를 1년 만에 다 소비하면서, 또 곤궁과 궁핍을 견뎌 가며 천하 만민의 환심을 얻으려는 것이 어찌 백성이 집 짓고 살며 농사짓는 것과 같겠습니까! 다만 걱정하는 것은 가을바람에 먼지가 날리듯 伯珪(公孫瓚)의 군사가 남으로 향하고, 張楊(장양)과 飛燕(연비) 등 강한 무력을 가진 자가 作難(작난)한다면 북방의 장수들이 거꾸로 매달린 사람의 위급을 급보로 알릴 때, 主人의 측근은 주군을 떠나 귀향할까 걱정입니다. 主人은 응당 우리 같은 무리를 거울삼아 깃발을 돌려 군사를 철수한 뒤에 鄴城(업성)에서 군사를 훈련해야 하거늘, 어찌하여 이토록 오래 애써 분노하며 우리의 성 아래서 사납게 처신합니까?

足下는 내가 黑山賊의 도움을 기대한다고 비웃었지만, 어찌 黃巾賊과의 동맹은 생각하지 못했는가! 거기에 張燕(장연) 같은 무리들은 이미 천자의 책명을 받았습니다. 옛날 (漢) 高祖께서는 鉅野(거

771 晏嬰(안영, 前 578 – 500년, 字 仲) – 諡 平, 晏平仲, 晏子라 불림. 齊國의 명재상. 《史記 · 管晏列傳》 참고.

772 南史는 齊국의 史官. 姓名 미상. 前 548년, 齊國의 崔杼(최저)가 齊 莊公을 살해했다고 齊國의 太史가 기록했다. 그러자 최저가 태사를 죽였다. 태사의 다른 형제 두 사람이 모두 똑같은 기록을 남겼다. 물론 최저가 모두 죽였다. 태사의 族人이 이를 南史氏에게 이를 알렸다. 이에 남사씨도 죽간에 똑같은 기록을 써 가지고 궁으로 향했다.

야)에서 彭越을 받아들였고, 光武帝는 綠林(녹림)의 무리를 바탕으로 나라의 기틀을 세워 결국 천자의 자리에 올랐으며, 중흥을 이룩하고 제업을 성취하였으니 (袁紹가) 황제를 보필하며 교화를 진작시킨다면 무슨 혐의가 있겠습니까! 하물며 나는 천자의 璽書(새서)를 받고 백성을 다스리고 있습니다.

孔璋(陳琳)이여, 떠나시오! 족하가 바깥세상에서 명리를 탐하고 있지만, 나 臧洪(장홍)은 직접 황제의 책명을 받았으며, 족하가 盟主(袁紹)에 가탁했지만, 나 臧洪은 장안에서 책명을 받고 충성하는 것입니다. 족하가 내 몸이 죽고 이름도 없어질 것이라 말했지만, 나 역시 족하의 생사 역시 아무 명성도 없을 것이라고 비웃고 있으니, 슬프도다! 근본(志向)은 같지만 그 끝은 다르니 애써 노력하고 노력할 뿐, 무슨 말을 더 하겠는가!」

| 原文 |

紹見洪書, 知無降意, 增兵急攻. 城中糧穀以盡, 外無强救, 洪自度必不免, 呼吏士謂曰, "袁氏無道, 所圖不軌, 且不救洪郡將. 洪於大義, 不得不死, 今諸君無事空與此禍! 可先城未敗, 將妻子出."

將吏士民皆垂泣曰, "明府與袁氏本無怨隙, 今爲本朝郡將之故, 自致殘困, 吏民何忍當捨明府去也!"

初尙掘鼠煮筋角, 後無可復食者. 主簿啓內廚米三斗, 請中分稍以爲糜粥, 洪歎曰, "獨食此何爲!" 使作薄粥, 衆分歠之, 殺其愛妾以食將士. 將士咸流涕, 無能仰視者. 男女七八千人相枕而死, 莫有離叛.

| 국역 |

원소는 장홍의 답서를 읽고 항복할 뜻이 없다는 것을 알고 군사를 늘려 강력하게 공격하였다. 성 안에서는 양곡이 다 하였고 외부의 원군도 없기에 장홍은 죽음을 면할 수 없다는 것을 알고 軍吏와 사졸을 불러 말했다.

"袁氏가 무도하고 하는 일이 불충하며 나 같은 태수를 도우려는 뜻도 없다. 나 장홍은 대의를 지켜 죽지 않을 수 없지만, 지금 여러분들은 아무 잘못도 없이 공연히 이런 화를 당할 수 없다! 우리 성이 함락되기 전에 처자를 데리고 떠나도록 하라."

그러자 장교나 백성들이 모두 울면서 말했다.

"明府(太守)와 袁氏는 본래 틈이 나지 않았지만, 지금 本朝의 태수로서 이런 곤경을 겪고 계시니 우리 관리나 백성, 누가 태수를 버리고 어찌 떠나겠습니까!"

처음에는 쥐구멍을 파내고 (무기의) 가죽을 삶아 먹었지만 나중에는 먹을 것이 하나도 없었다. 主簿(주부)가 안 주방에 쌀 3斗가 있다고 아뢰면서 그 절반씩 죽을 끓여 올리겠다고 말했다. 이에 장홍이 탄식하며 말했다.

"나 혼자 그것을 먹어 무엇 하겠는가!"

그러면서 묽은 죽을 쑤어 모두가 나눠 마시게 하였으며, 장홍은 애첩을 죽여 장사들에게 먹게 하였다. 장사들은 모두 눈물을 흘리며 바로 보질 못했다. 성안의 남녀 7, 8천 명이 서로 엇갈려 누워 죽어 가면서 아무도 성을 떠나려 하지 않았다.

| 原文 |

城陷, 紹生執洪. 紹素親洪, 盛施幃幔, 大會諸將見洪, 謂曰, "臧洪, 何相負若此! 今日服未?" 洪據地瞋目曰,

"諸袁事漢, 四世五公, 可謂受恩. 今王室衰弱, 無扶翼之意, 欲因際會, 希冀非望, 多殺忠良以立姦威. 洪親見呼張陳留爲兄, 則洪府君亦宜爲弟, 同共戮力, 爲國除害, 何爲擁衆觀人屠滅! 惜洪力劣, 不能推刃爲天下報仇, 何謂服乎!"

紹本愛洪, 意欲令屈服, 原之, 見洪辭切, 知終不爲已用, 乃殺之.

洪邑人陳容少爲書生, 親慕洪, 隨洪爲東郡丞, 城未敗, 洪遣出. 紹令在坐, 見洪當死, 起謂紹曰,

"將軍擧大事, 欲爲天下除暴, 而專先誅忠義, 豈合天意! 臧洪發擧爲郡將, 奈何殺之!"

紹慚, 左右使人牽出, 謂曰, "汝非臧洪儔, 空復爾爲!"

容顧曰, "夫仁義豈有常, 蹈之則君子, 背之則小人. 今日寧與臧洪同日而死, 不與將軍同日而生!"

復見殺. 在紹坐者無不嘆息, 竊相謂曰, "如何一日殺二烈士!"

先是, 洪遣司馬二人出, 求救於呂布, 比還, 城已陷, 皆赴敵死.

| 국역 |

성이 함락되면서 원소는 장홍을 생포하였다. 원소는 평소에 장홍을 친애하였기에 휘장을 크게 둘러치고 여러 장수를 모은 뒤에 장홍을 불러 놓고 말했다.

"장홍, 나에게 어찌 이리 등을 돌리는가! 오늘도 불복하겠는가?"

장홍은 땅을 짚고 눈을 부릅뜨고서 말했다.

"모든 袁氏가 漢室을 섬겼으며, 4世에 5公을 역임하였으면 은덕을 받은 것이요. 지금 漢室이 쇠약한데도 보좌할 뜻은 없고 이런 틈을 이용하여 바랄 수 없는 것을 기대하면서 忠良한 인재를 많이 죽이고 간사한 자들을 등용하였소. 陳留 태수 張邈(장막)을 당신이 형으로 모시는 것을 내 눈으로 직접 보았으며, 나의 상관이었던 張超(장초) 역시 당신의 동생과 마찬가지거늘 함께 힘을 모아 나라의 해악을 제거해야 하는데, 어찌하여 여러 사람을 둘러세워 놓고 죽일 수 있겠는가! 안타깝게도 나 장홍의 힘이 약해 칼을 뽑아 천하의 원수를 갚지 못했거늘 어찌 굴복하라고 말하는가!"

원소는 본래 장홍을 아꼈기에 장홍을 굴복시킨 뒤에 용서하려 했지만 장홍의 말이 아주 간절한 것을 보고 끝내 자신이 이용할 수 없다 생각하여 결국 죽여버렸다.

장홍의 邑人인 陳容(진용)은 젊어 書生으로 장홍을 가까이 모시며 흠모하였고 장홍을 수행하여 東郡의 丞(승, 副職)이 되었다. 장홍은 성이 함락되기 전에 진용을 내보냈다. 원소는 진용을 불러 자리에서 장홍의 죽음을 보게 하였는데, 진용이 일어나 원소에게 말했다.

"장군은 대사를 꾸미며 천하의 포악한 자를 제거하겠다 하였지만, 오로지 忠義의 인재를 먼저 죽이기만 하니, 그래서야 하늘의 뜻이라 하겠습니까! 장홍을 발탁하여 태수로 임명했으면서 왜 죽입니까!"

원소는 부끄러워하면서 측근을 시켜 끌어내면서 진용에게 말했다.

"너는 장홍의 무리도 아니면서 공연히 죽을 짓을 하는구나!"

그러자 진용이 원소를 돌아보며 말했다.

"仁義가 어찌 늘 똑같은가? 인의를 실천하면 君子이고, 인의를 버리는 자는 소인이다. 오늘 차라리 장홍과 같은 날 죽을지언정, 장군과 같은 날에 살고 싶지 않습니다."

그리고 같이 처형되었다. 원소 주변의 모두가 탄식하면서 서로 은밀하게 말했다.

"어찌 하루에 烈士 두 사람을 죽일 수 있는가!"

이보다 앞서 장홍은 司馬 두 사람을 여포에게 구원을 요청하러 보냈는데 돌아와 보니 성은 이미 함락되었기에 두 사람 모두 적과 싸우다가 전사하였다.

| 原文 |

評曰, 呂布有虓虎之勇, 而無英奇之略, 輕狡反覆, 唯利是視. 自古及今, 未有若此不夷滅也. 昔漢光武謬於龐萌, 近魏太祖亦蔽於張邈. 知人則哲, 唯帝難之, 信矣!

陳登,臧洪並有雄氣壯節, 登降年夙隕, 功業未遂, 洪以兵弱敵强, 烈志不立, 惜哉!

| 국역 |

陳壽의 評論 : 呂布는 성난 호랑이[773]처럼 용감했지만, 영명하거나 기발한 전략이 없었고, 경솔 교활하며 반복이 무상하면서 오직 개인 이득만을 추구하였다. 예로부터 지금까지 이런 자들이 망하지 않은 경우가 없었다.

옛날 후한 光武帝는 龐萌(방맹)[774]을 잘못 보았고, 가깝게 魏 太祖(曹操) 역시 張邈(장막)을 잘못 보았다. '사람을 잘 보는 것이 지혜(知人則哲)' [775]라고 말하지만, 이는 황제에게도 어려운 일이라는 말은 사실이다!

陳登(진등)과 臧洪(장홍) 두 사람은 영웅의 기백과 굳센 지조가 있

773 虓虎之勇의 虓는 울부짖을 효. 용맹한 장수.

774 광무제의 平狄將軍(평적장군)인 龐萌(방맹, ?-서기 30년)은 겸손 온순하여 광무제의 신임을 받으며 侍中이 되었다. 광무제가 "六尺之孤를 맡길 수 있고, 百里 지방의 통치를 기대할 수 있는 사람이라." 하였지만, 나중에 建武 5년(서기 29) 楚郡太守 孫萌(손맹)을 죽이고 반역하였다.

775 '知人則哲' 은《尙書 虞書 皐陶謨(고요모)》의 구절. '禹曰 吁! 咸若時 惟帝其難之. 知人則哲 能官人, 安民則惠, 黎民懷之. ~'

었지만 진등은 젊은 나이에 일찍 죽었고, 장홍은 약한 군사로 강적과 맞서다가 장한 뜻을 실현하지 못했으니 안타까울 뿐이다!

8권 〈二公孫陶四張傳〉(魏書 8)
(이공손,도,사장전)

❶ 公孫瓚

|原文|

公孫瓚字伯珪, 遼西令支人也. 爲郡門下書佐. 有姿儀, 大音聲, 侯太守器之, 以女妻焉, 遣詣涿郡盧植讀經. 後復爲郡吏. 劉太守坐事徵詣廷尉, 瓚爲御車, 身執徒養. 及劉徙日南, 瓚具米肉, 於北芒上祭先人, 擧觴祝曰, "昔爲人子, 今爲人臣, 當詣日南. 日南瘴氣, 或恐不還, 與先人辭於此."

再拜慷慨而起, 時見者莫不歔欷. 劉道得赦還.

瓚以孝廉爲郎, 除遼東屬國長史. 嘗從數十騎出行塞, 見鮮卑數百騎, 瓚乃退入空亭中, 約其從騎曰, "今不衝之, 則死盡矣." 瓚乃自持矛, 兩頭施刃, 馳出刺胡, 殺傷數十人, 亦亡其從騎半, 遂得免.

鮮卑懲艾, 後不敢復入塞. 遷爲涿令. 光和中, 涼州賊起, 發幽州突騎三千人, 假瓚都督行事傳, 使將之. 軍到薊中, 漁陽張純誘遼西烏丸丘力居等叛, 劫略薊中, 自號將軍, 略吏民攻右北平,遼西屬國諸城, 所至殘破. 瓚將所領, 追討純等有功, 遷騎都尉. 屬國烏丸貪至王率種人詣瓚降. 遷中郎將, 封都亭侯, 進屯屬國, 與胡相攻擊五六年. 丘力居等鈔略青,徐,幽,冀, 四州被其害, 瓚不能御.

| 국역 |

公孫瓚(공손찬, ?-199년)의 字는 伯珪(백규)로, 遼西郡(요서군) 令支縣(영지현)[776] 사람이다. 공손찬은 郡의 門下書佐(문하서좌)였다. 훌륭한 외모에 美聲(미성)이라서 태수인 侯氏(후씨)가 큰 인물이라 생각하여 딸을 시집보냈다. 공손찬은 涿郡(탁군)의 盧植(노식)[777]을 찾아가 경전을 공부했다. 뒤에 다시 郡吏가 되었다. 遼西太守 劉氏가 업무상 죄를 지어 廷尉(정위)에게 소환될 때, 공손찬을 수레를 몰

776 令支縣은, 今 河北省 동북 唐山市 인근의 遷安市(副地級市). 公孫瓚은《後漢書》73권,〈劉虞公孫瓚陶謙列傳〉에 입전.

777 盧植(노식, ?-192년, 字 子幹) - 涿郡 涿縣(今 河北省 중부 涿州市, 북경시 서남 연접) 사람으로 鄭玄(정현)과 함께 馬融(마융)에게 배워 古今의 學門에 박통한 大儒이며 政治家, 軍事家, 經學家이다. 華北의 장수인 公孫瓚과 뒷날 蜀漢 昭烈帝 劉備(유비)도 盧植의 門下弟子였다.

며 모든 시중을 들었다. 劉太守가 (交州의) 日南郡(今 越南國 중부)으로 유배되자, 공손찬은 쌀과 제물을 가지고 北芒山(북망산)의 선조 묘에 가서 제사를 올리며 축원하였다.

“앞서 先祖의 아들로 태어나서, 나라의 신하가 되었다가 日南郡에 가게 되었습니다. 日南郡은 열대 瘴氣(장기)가 심한 곳이라 못 돌아올 수도 있어 선영에 하직 인사를 드립니다.”

그러면서 재배하고 복받쳐 슬피 울고 떠나니, 바라보며 탄식하지 않는 사람이 없었다. 태수와 공손찬은 출발 후, 도중에 사면을 받아 돌아왔다.

공손찬은 孝廉(효렴)으로 천거되어 郎官이 되었고 遼東屬國[778]의 長史[779]로 승진했다. 언젠가는 기병 수십 명을 거느리고 국경을 순찰하다가 수백 명의 鮮卑族(선비족) 기병을 만났는데, 공손찬은 비어 있는 亭(정)으로 일단 숨었다가 부하들에게 말했다.

“이번에 저들을 죽이지 않으면 우리가 모두 죽게 된다.”

그리고는 자루가 긴 창(矛)과 두 자루의 칼을 차고 적의 무리 속으로 돌진하여 적도 수십 명을 죽였지만 공손찬도 부하 절반을 잃고 탈출할 수 있었다. 선비족도 혼이 났기에〔懲艾(징애)〕 이후로 다시는 국경을 침범하지 못했다. 공손찬은 涿縣(탁현) 현령이 되었다.

778 遼東屬國 – 屬國은 漢에 투항하여 부족 고유의 습속이나 명칭을 유지하며 거주하는 이민족 집단. 前漢에서는 安定, 上郡, 天水, 五原, 西河郡 등 5군에 설치, 속국도위가 행정을 담당. 이들을 관리하는 국가 업무는 典屬國이 담당했다. 後漢에서는 張掖屬國, 張掖居延屬國, 蜀郡屬國(漢嘉郡). 犍爲屬國(朱提郡), 遼東屬國 등이 있었다.

779 長史는 丞相, 太尉, 公, 將軍, 太守의 속관, 승상의 장사는 승상의 비서실장격. 태수의 속관은 군사에 관한 일 담당. 질록 6백석~1천석.

(靈帝) 光和(서기 178-183년) 연간에 涼州(양주) 관내에 도적떼가(우두머리는 邊章) 일어나자, 공손찬은 幽州(유주)의 돌격기병(突騎) 3천 명을 거느리고 임시 都督으로 전권을 행사하라는 부절을 받았다. 공손찬의 군사는 (廣陽郡) 薊縣(계현)에 도착하였는데, 漁陽郡의 張純(장순)이 遼西郡 관내 거주하는 烏丸族(오환족)인 丘力居(구력거) 등을 유인하여 반기를 들고서, 계현을 노략질하고 장군을 자칭하였다. 장순은 관리와 백성을 협박하고 右北平郡과 遼西屬國의 여러 성을 공격하였는데 가는 곳마다 잔인하게 파괴하였다.

이에 공손찬은 거느린 군사로 장순을 토벌하는 공을 세워 騎都尉로 승진하였다. 遼西屬國 烏丸族의 貪至王(탐지왕)은 부족을 거느리고 공손찬에게 투항하였다. 공손찬은 中郎將으로 승진하며 都亭侯에 봉해졌고 屬國에 주둔하며 이민족들과 5, 6년간 싸웠다.

이 기간에 (오환족의) 丘力居(구력거)[780] 등의 침략으로 青州, 徐州, 幽州, 冀州 등 四州가 피해를 입었지만 공손찬은 이를 막아내지 못했다.

| 原文 |

朝議以宗正<u>東海劉伯安</u>既有德義, 昔爲<u>幽州</u>刺史, 恩信流

780 丘力居(구력거, 생졸년 미상) - 後漢 말년 遼西郡 오환족의 수령. 漢 靈帝 中平 4년, 漁陽郡 사람 張擧, 中山國 相 張純(장순) 등이 漢에 반기를 들고 丘力居와 결탁했다. 구력거는 彌天將軍에 安定王을 차칭하며 三郡 오환족의 원수가 되어 幽州, 冀州, 青州, 徐州 등 4주를 횡행했다. 《魏志》 卷 30, 〈烏丸鮮卑東夷傳〉에 입전.

著, 戎狄附之, 若使鎭撫, 可不勞衆而定, 乃以劉虞爲幽州牧.

虞到, 遣使至胡中, 告以利害, 責使送純首. 丘力居等聞虞至, 喜, 各遣譯自歸. 瓚害虞有功, 乃陰使人徼殺胡使. 胡知其情, 間行詣虞. 虞上罷諸屯兵, 但留瓚將步騎萬人屯右北平. 純乃棄妻子, 逃入鮮卑, 爲其客王政所殺, 送首詣虞. 封政爲列侯. 虞以功卽拜太尉, 封襄賁侯. 會董卓至洛陽, 遷虞大司馬, 瓚奮武將軍, 封薊侯.

| 국역 |

조정에서는 宗正[781]인 東海郡의 劉伯安〔伯安은 字, 劉虞(유우)〕[782]이 백성에게 베푼 德義가 많고 이전에 幽州(유주) 刺史를 역임하면서 은덕과 신의가 널리 알려졌으며 戎狄(융적)들도 유우에게 귀부하니, 만약 유우를 보내 鎭撫(진무)한다면 백성을 많이 동원하지 않고도

781 宗正 – 九卿의 하나. 황족 관리 책임자, 劉氏로 임명. 諸王의 嫡庶와 序列. 宗親의 遠近 관계, 종실 후손의 호적 관리, 질록, 中二千石. 종실로 髡刑(곤형, 머리를 깎는 형벌) 이상을 받은 자는 종정에게 보고되었다. 속관 丞 1인, 질록 比千石. 여러 公主家의 家令(질록 6백석)도 宗正 소속이었다.

782 劉虞(유우)의 字는 伯安(백안)으로, 東海郡 郯縣(담현) 사람이다. 조부 劉嘉(유가)는 光祿勳이었다. 유우는 처음에 孝廉으로 천거되었고 점차 승진하여 幽州刺史가 되었는데 백성과 東夷들이 그의 德化에 감화되어 鮮卑(선비), 烏桓(오환), 夫餘(부여), 穢貊(예맥)의 무리까지 모두가 수시로 朝貢(조공)하며 변경을 소란하게 하지 않아 백성은 유우를 칭송하며 좋아하였다. 업무상 과오로 관직을 떠났다. (靈帝) 中平 초년(서기 184)에, 黃巾賊이 반란하며 冀州의 여러 군을 공격 파괴하자, 유우는 甘陵國 相이 되었는데 난리를 겪은 백성을 위무하며 검소한 생활로 모범을 보였다. 유우는 宗正으로 승진했다. 《後漢書》 73권, 〈劉虞公孫瓚陶謙列傳〉에 입전.

평정할 수 있다고 하여 劉虞를 幽州牧에 임명하였다.

유우는 유주목으로 부임하자 사자를 오환족에게 보내 利害를 따져 설득하면서 張純(장순)을 죽여 수급을 보내라고 요구하였다. 丘力居(구력거) 등은 유우가 부임하자 좋아하면서 통역을 보내 귀부하겠다는 뜻을 전해 왔다.

공손찬은 유우의 공적을 음해하려고 은밀히 사람을 보내 오환족의 관리를 죽였다. 오환족은 그런 내용을 알고 몰래 유우에게 알렸다. 유우는 문서를 올려 각지의 군사를 모두 해산하였고, 공손찬만 보병과 기병 1만여 명을 거느리고 右北平郡에 주둔케 하였다.

장순은 처자식을 버리고 鮮卑族에게 도망쳤지만 그의 문객인 王政(왕정)에게 살해되었고 그 수급이 유우에게 도착했다. 조정에서는 왕정을 열후에 봉했다. 유우는 이런 공로로, 곧 太尉가 되었고 襄賁侯에 봉해졌다. 그 무렵 동탁이 낙양에 들어왔는데, 유우는 大司馬로 승진했으며, 공손찬은 奮武將軍(분무장군)이 되었고 薊侯(계후)에 봉해졌다.

|原文|

關東義兵起, 卓遂劫帝西遷, 徵虞爲太傅, 道路隔塞, 信命不得至. 袁紹,韓馥議, 以爲少帝制於奸臣, 天下無所歸心. 虞, 宗室知名, 民之望也, 遂推虞爲帝. 遣使詣虞, 虞終不肯受. 紹等復勸虞領尙書事, 承制封拜, 虞又不聽, 然猶與紹等連和.

虞子和爲侍中, 在長安. 天子思東歸, 使和僞逃卓, 潛出武關詣虞, 令將兵來迎. 和道經袁術, 爲說天子意. 術利虞爲援, 留和不遣, 許兵至俱西, 令和爲書與虞. 虞得和書, 乃遣數千騎詣和. 瓚知術有異志, 不欲遣兵, 止虞, 虞不可.

瓚懼術聞而怨之, 亦遣其從弟越將千騎詣術以自結, 而陰教術執和, 奪其兵. 由是虞,瓚益有隙. 和逃術來北, 復爲紹所留.

| 국역 |

關東(관동)에서 (反 董卓) 義兵이 봉기하자, 동탁은 황제(獻帝)를 겁박하여 서쪽 長安으로 옮겨갔는데, 황제는 劉虞(유우)에게 太傅(태부)를 제수하였으나 길이 막혀 책명이 전달되지는 못했다.

(당시 勃海太守인) 袁紹(원소)와 (冀州刺史인) 韓馥(한복)은 함께 의논하여 어린 황제가 간신에게 제압당했기에 천하 민심이 따르려 하지 않는다고 말했다. 그러면서 유우는 宗室이며 이름이 잘 알려졌고 민심이 그에게 쏠리니 유우를 황제로 추대하려고 했다. 유우에게 사람을 보냈지만 유우는 끝내 수락하지 않았다. 원소 등은 다시 유우에게 책명을 받아 尙書事를 감독케 하겠다고 권했지만 유우는 또 따르지 않았지만 원소 등과 연합키로 하였다.

그때 유우의 아들 劉和(유화)는 侍中으로 장안에 있었다. 헌제는 낙양으로 돌아가고 싶어서 유화를 시켜 거짓으로 동탁에게 도망가는 것처럼 몰래 武關(무관)을 빠져나가 유우에게 가서 유우로 하여금 군사를 거느리고 헌제를 영입하라고 시켰다.

유화는 유우에게 가는 도중에 (南陽郡의) 원술에게 들렀고 원술에게 천자의 뜻을 말했다.[783] 이에 원술은 유우를 자기편으로 끌어들이려고 유화를 억류시키면서 보내지 않았고 군사를 거느리고 서쪽으로 가라면서 유화의 서신을 유우에게 보냈다.

유우는 아들 유화의 서신을 받고, 수천 명의 군사를 보내 유화를 영입케 하였다. 그러나 공손찬은 원술의 다른 뜻을 알고서 군사를 보내지도 않으면서 오히려 유우를 억류하자 유우도 어쩔 수가 없었다.

공손찬은 원술이 이런 일을 알면 원한을 품을 것을 걱정하여 사촌동생인 公孫越(공손월)을 시켜 1천 기병을 보내 원술을 도우면서 유화를 계속 억류하라고 은밀히 종용하며, 유우의 군사를 탈취하려 했다. 그래서 유우와 공손찬은 더욱 사이가 나빠졌는데, 유화는 원술한테서 도망 나와 북쪽으로 가다가 다시 원소에게 억류되었다.

| 原文 |

是時, 術遣孫堅屯陽城拒卓, 紹使周昂奪其處. 術遣越與堅攻昂, 不勝, 越爲流矢所中死. 瓚怒曰, "余弟死, 禍起於紹." 遂出軍屯磐河, 將以報紹. 紹懼, 以所佩勃海太守印綬授瓚從弟範, 遣之郡, 欲以結援. 範遂以勃海兵助瓚, 破青,徐黃巾,

783 《後漢書》〈劉虞公孫瓚陶謙列傳〉에서는 원술이 劉和가 지나가는 것을 알아, 납치하고 강요하였다고 기록했다.

兵益盛, 進軍界橋.

以嚴綱爲冀州, 田楷爲青州, 單經爲兗州, 置諸郡縣. 紹軍廣川, 令將麴義先登與瓚戰, 生禽綱. 瓚軍敗走勃海, 與範俱還薊, 於大城東南築小城, 與虞相近, 稍相恨望.

| 국역 |

그 무렵, 원술은 孫堅(손견)을 보내 陽城(양성)[784]에 주둔하며 동탁을 막게 하였고, 원소는 周昂(주앙)을 보내 양성을 공격케 하였다. 이에 원술은 공손월과 손견을 보내 주앙을 공격케 했지만 이기지 못했고, 공손월은 流矢에 맞아 죽었다. 이에 공손찬은 분노하며 말했다.

"내 동생이 죽었는데, 이 모두가 원소 때문이다."

그러면서 공손찬은 군사를 출동시켜 磐河(반하)에 주둔케 하면서 원소에게 복수하려 했다. 원소는 두려워하며 자신이 차고 있던 勃海太守의 印綬(인수)를 공손찬의 사촌 동생인 公孫範(공손범)에게 보내면서 공손범을 자기 편으로 끌어들이려 했다.

그러나 공손범은 발해군의 군사를 거느려 공손찬을 도우면서 青州와 徐州 일대의 황건적 잔당을 격파하여 군사를 더욱 증강시키며 진군하여 界橋(계교)[785]에 주둔하였다.

784 陽城은 潁川郡(영천군)의 현명. 今 河南省 登封市 동남 告成鎭.

785 界橋(계교) – 鉅鹿郡 廣宗縣 界城橋, 今 河北省 남부 邢台市 관할 威縣 북쪽. (獻帝) 初平 3년(서기 192), 이곳에서 袁紹와 公孫瓚 冀州의 패권을 다툰 전투가 벌어졌다.

(공손찬은) 嚴綱(엄강)을 冀州刺史에, 田楷(전해)를 靑州刺史, 單經(선경)을 兗州(연주) 자사로 삼고 군현에 책임자를 임명했다. 원소의 군사는 (淸河國) 廣川縣(광천현)에 주둔하면서 부장 麴義(국의)를 선발대로 보내 공손찬과 전투를 벌였고, 嚴綱(엄강)을 생포하였다. 공손찬의 군사는 勃海郡 지역으로 패주하였고, 공손범과 함께 薊縣(계현)으로 돌아와 (계현의) 大城 동남에 小城을 축조하였는데, 劉虞(유우)와 가까운 거리라 점차 원한만 깊어졌다.

| 原文 |

虞懼瓚爲變, 遂擧兵襲瓚. 虞爲瓚所敗, 出奔居庸. 瓚攻拔居庸, 生獲虞, 執虞還薊. 會卓死, 天子遣使者段訓增虞邑, 督六州, 瓚遷前將軍, 封易侯. 瓚誣虞欲稱尊號, 脅訓斬虞. 瓚上訓爲幽州刺史. 瓚遂驕矜, 記過忘善, 多所賊害.

虞從事漁陽鮮于輔,齊周,騎都尉鮮于銀等, 率州兵欲報瓚, 以燕國閻柔素有恩信, 共推柔爲烏丸司馬. 柔招誘烏丸,鮮卑, 得胡,漢數萬人, 與瓚所置漁陽太守鄒丹戰於潞北, 大破之, 斬丹. 袁紹又遣麴義及虞子和, 將兵與輔合擊瓚.

| 국역 |

劉虞(유우)는 공손찬의 변란을 두려워하다가 마침내 擧兵하여 공손찬을 공격하였다. 그러나 유우는 공손찬에게 패전하고서 居庸縣

(거용현)[786]으로 도주하였다. 공손찬은 거용현을 공격하여 유우를 생포한 뒤 薊縣(계현)으로 돌아왔다.

그때 (長安에서는) 동탁이 피살되었는데, 天子는 사자 段訓(단훈)을 보내 유우의 식읍을 늘려 주며 (동북의) 6州를 감독케 하였으며, 공손찬을 前將軍으로 승진시키고 易侯(역후)에 봉했다. 이에 공손찬은 유우가 천자를 참칭했다고 무고하면서 (使者인) 등훈을 협박하여 유우를 죽이게 했다. 공손찬은 등훈을 幽州刺史에 임명했다. 공손찬은 나중에 교만 방자하였고 (남의) 잘못만을 기억하고 선행을 무시하며 많은 사람을 해쳤다.

그러나 유우의 從事인 漁陽郡 사람 鮮于輔(선우보)와 齊周(제주), 그리고 騎都尉인 鮮于銀(선우은) 등은 군사를 거느리고 공손찬을 보복 공격하였으며, 燕國 출신의 閻柔(염유)는 평소에 신의를 지키는 사람이었는데, (그전에) 여러 사람이 염유를 護烏丸校尉의 司馬로 추천했었다. 염유는 오환족과 선비족을 회유하여 胡人과 漢人의 군사 수만 명을 거느리고 공손찬이 임명한 漁陽太守인 鄒丹(추단)과 潞縣(노현) 북쪽에서 싸워 추단의 군사를 대파하고 추단을 죽였다. 이에 원소도 麴義(국의) 및 유우의 아들 劉和(유화)를 보내 군사를 거느리고 선우보와 합세하여 공손찬을 공격케 하였다.

786 居庸은 上谷郡의 현명. 이곳에 居庸關이 있다. 居庸關은 유명한 長城의 關門. 부근 八達嶺 長城과 함께 北京 서북방의 중요한 방어시설이었다.

| 原文 |

瓚軍數敗, 乃走還易京固守. 爲圍塹十重, 於塹裏築京, 皆高五六丈, 爲樓其上, 中塹爲京, 特高十丈, 自居焉, 積穀三百萬斛.

瓚曰, "昔謂天下事可指麾而定, 今日視之, 非我所決, 不如休兵, 力田畜穀. 兵法, 百樓不攻. 今吾樓櫓千重, 食盡此穀, 足知天下之事矣." 欲以此弊紹. 紹遣將攻之, 連年不能拔.

建安四年, 紹悉軍圍之. 瓚遣子求救於黑山賊, 復欲自將突騎直出, 傍西南山, 擁黑山之衆, 陸梁冀州, 橫斷紹後.

長史關靖說瓚曰, "今將軍將士, 皆已土崩瓦解, 其所以能相守持者, 顧戀其居處老小, 以將軍爲主耳. 將軍堅守曠日, 袁紹要當自退, 自退之後, 四方之衆必復可合也. 若將軍今舍之而去, 軍無鎭重, 易京之危, 可立待也. 將軍失本, 孤在草野, 何所成邪!"

瓚遂止不出. 救至, 欲內外擊紹. 遣人與子書, 刻期兵至, 擧火爲應. 紹候者得其書, 如期擧火. 瓚以爲救兵至, 遂出欲戰. 紹設伏擊, 大破之, 復還守. 紹爲地道, 突壞其樓, 稍至中京. 瓚自知必敗, 盡殺其妻子, 乃自殺.

| 국역 |

공손찬의 군사가 여러 번 패전하자, 공손찬은 결국 군사를 철수한 뒤, 易京(역경, 易縣에 축조한 人工 언덕)을 고수하였다. (공손찬은) 역경을 에워싼 10겹의 참호를 팠고, 그 참호 안에 인공 언덕을 만들었는데 모두 사람 키의 5, 6배 높이였다. 다시 그 위에 누각을 지었으며 중앙의 인공언덕을 易京(역경)이라 불렀는데 그 높이만 10丈(장)이었는데, 공손찬은 그 안에 머물렀고 비축한 곡식은 3백만 斛(곡)이나 되었다. 공손찬이 말했다.

"옛날 천하의 대사는 그 지휘 여부에 따라 결정되었으니 오늘날 내가 볼 때, 나에 의해 세상사가 판결나지 않을 것이니 군사 출동을 멈추고 열심히 농사를 지어 군량을 비축해야 한다. 병법에서도 1백 개의 많은 누각은 공격할 수 없다고 하였다. 지금 나의 누각은 1천여 겹이고, 이 군량이 다할 때쯤이면 천하대사가 어떻게든 판가름 날 것이다."

그러면서 공손찬은 원소가 피폐하여 망하기를 기다렸다. 원소가 장수를 보내 공격하였지만 해가 바뀌도록 함락시킬 수 없었다.

(獻帝) 建安 4년(서기 199), 원소는 모든 군사를 동원하여 공손찬을 공격하였다. 공손찬은 아들을 보내 黑山賊(흑산적)[787]의 도움을 요청케 하였고 자신도 돌격 기병을 거느리고 직접 출동하여 서남쪽의 산에 진지를 마련하고 흑산적의 군사와 함께 육로로 冀州로 진출하여 원소의 후방을 절단할 계획이었다.

(공손찬의) 長史인 關靖(관정)[788]이 공손찬에게 말했다.

787 黑山賊은 황건적의 잔당이었다. 黑山賊의 우두머리 張燕(장연)은 공손찬의 아들 公孫續(공손속)과 함께 10만 군사를 거느리고 공손찬을 구원하려 세 갈래로 진격하였다.

788 關靖(관정, 字 士起)은 太原人으로 본래 酷吏(혹리)였는데, 공손찬에 아부했고

"지금 장군께서 거느리던 군사들은 이미 모두 土崩瓦解(토붕와해) 하듯 무너졌고, 지금 여기를 방어하며 지키는 자들도 고향과 처자식을 그리면서 장군을 주군으로 섬기고 있습니다. 장군께서는 방어만 하면서 세월을 보내면 원소가 저절로 물러날 것이라 하지만, 원소가 물러난 뒤라도 사방의 세력은 틀림없이 다시 합쳐질 것입니다. 만약 지금 장군께서 여기를 버리고 떠난다면 (여기를 지키는) 군사는 重鎭(중진)이 없어 易京(역경)의 몰락은 바로 닥칠 것입니다. 장군께서 본거지를 잃고 지방에 고립된다면 무엇을 성취할 수 있겠습니까?"

결국 공손찬은 易京을 떠나지 않았으며, (아들과 함께) 흑산적의 원군이 도착하면 내외에서 합동으로 원소를 공격할 계획이었다. 공손찬은 사람을 시켜 아들에게 서신을 보냈고,[789] 정해진 날짜에 구

원대한 책모도 없었지만 공손찬의 신임을 얻었다. 關靖(관정)은 공손찬의 패망을 보고 한탄하였다. "앞서 장군의 출전을 만약 내가 막지 않았더라면, 혹 성공할 수도 있었을 것이다. 君子는 다른 사람을 위험에 처하게 했다면 그 어려움을 같이 나눠야 한다고 나는 들었는데, 나만 어찌 살 수 있겠는가!" 그리고서는 원소 군진으로 돌진하여 전사하였다.

789 《後漢書》〈劉虞公孫瓚陶謙列傳〉에는 공손찬이 아들에게 보낸 서신이 기록되었다. "옛날 周나라 말에 나라가 혼란하여 죽은 시신이 땅을 덮었으니, 이를 추측컨대 서로 믿지 못했기에 그렇게 되었을 것이다. 오늘 이런 상황을 나도 예상하지 못했었다. 원소의 공격은 마치 귀신과도 같아 사다리를 타고 나의 누각을 공격하고, 지상에서는 북과 호각이 진동하니, 하루하루가 다급하여 잠시라도 편히 쉴 틈이 없도다. 새도 막다른 골목에서는 사람의 품에 날아들고, 급류는 언덕을 넘기도 하나니, 너는 張燕에게 목숨을 내주더라도 달려가 나의 위급을 알리도록 하라. 父子는 天性이니 말을 하지 않아도 알리라. 우선 5천 鐵騎를 북쪽 저습지로 보내되 횃불을 신호로 알리면 나도 응당 성에서 출전할 것이니, 우리의 위세를 떨쳐 여기서 결사전을 펼 것이다. 그리하지 않는다면, 내가 죽은 뒤에 세상이 아무리 넓다 한들 네가 머물 곳이 없을 것이다."

원 병력이 도착하면 횃불로 신호하기로 약정하였다.

그러나 원소의 척후병이 그 서신을 가로챘고 정해진 날짜에 횃불로 신호를 보냈다. 공손찬은 구원병이 도착한 줄 알고 易京에서 나와 싸우려 했다. 원소는 복병으로 공손찬을 공격하여 대파하자, 공손찬은 다시 돌아와 방어했다. 원소는 땅굴을 파서 누대를 무너트리며 점차 중앙으로 접근하였다. 공손찬은 패망을 예견하고 처자를 모두 죽이고 자살하였다.[790]

| 原文 |

鮮于輔將其衆奉王命. 以輔爲建忠將軍, 督幽州六郡. 太祖與袁紹相拒於官渡, 閻柔遣使詣太祖受事, 遷護烏丸校尉. 而輔身詣太祖, 拜左度遼將軍, 封亭侯, 遣還鎭撫本州. 太祖破南皮, 柔將部曲及鮮卑獻名馬以奉軍, 從徵三郡烏丸, 以功封關內侯. 輔亦率其衆從. 文帝踐阼, 拜輔虎牙將軍, 柔度遼將軍, 皆進封縣侯. 位特進.

| 국역 |

(劉虞의 從事인 漁陽郡 사람) 鮮于輔(선우보)는 그 군사를 거느리고 조정의 명령을 수행하였다. (조정에서는) 선우보를 建忠將軍에

790 공손찬은 살아날 수 없다고 생각하여 자매와 처자를 전부 목 졸라 죽인 뒤 제 몸에 불을 질렀다. 그러나 원소의 군사가 서둘러 누대에 올라 공손찬의 머리를 잘랐다.

임명하여 幽州의 6개 郡을 관할케 하였다. 曹操가 원소와 官渡(관도)에서 대치할 때, 閻柔(염유)는 조조에게 사람을 보내 조조의 명을 받았고, 나중에 護烏丸校尉로 승진하였다.

그리고 선우보도 직접 조조에게 찾아와 左度遼將軍을 제수 받았으며 亭侯가 되었고 돌아와 幽州를 진무하였다. 조조가 南皮(남피)[791]에서 (원소 아들 袁譚을) 격파할 때, 염유는 군사를 거느리고 와서 鮮卑族이 헌상한 名馬를 바쳤고 이 때문에 나중에 조정의 부름을 받아 三郡(漁陽郡, 右北平郡, 遼西郡)의 烏丸族(오환족)을 평정하였고 그 공으로 關內侯에 봉해졌다.

선우보 역시 그 군사로 조조를 도왔다. 曹丕(조비)가 제위에 오른 뒤 선우보에게 虎牙將軍를 제수했으며, 염유는 度遼將軍이 되었으며 나중에 縣侯로 작위가 올랐고 지위는 特進이었다.

❷ 陶謙

| 原文 |

陶謙字恭祖, 丹陽人. 少好學, 爲諸生, 仕州郡, 擧茂才, 除盧令, 遷幽州刺史, 徵拜議郎, 參車騎將軍張溫軍事, 西討韓遂. 會徐州黃巾起, 以謙爲徐州刺史, 擊黃巾, 破走之. 董卓之亂, 州郡起兵, 天子都長安, 四方斷絶, 謙遣使間行致貢獻,

791 南皮縣은 勃海郡(발해군)의 郡治, 今 河北省 滄州市 관할 南皮縣의 현명.

遷安東將軍,徐州牧, 封溧陽侯.

是時, 徐州百姓殷盛, 穀米封贍, 流民多歸之, 而謙背道任情. 廣陵太守琊邪趙昱, 徐方名士也, 以忠直見疏, 曹宏等, 讒慝小人也, 謙親任之. 刑政失和, 良善多被其害, 由是漸亂. 下邳闕宣自稱天子, 謙初與合從寇鈔, 後遂殺宣, 並其衆.

初平四年, 太祖征謙, 攻拔十餘城, 至彭城大戰. 謙兵敗走, 死者萬數, 泗水爲之不流. 謙退守郯. 太祖以糧少引軍還.

興平元年, 復東征, 略定琅邪,東海諸縣. 謙恐, 欲走歸丹陽. 會張邈叛迎呂布, 太祖還擊布. 是歲, 謙病死.

| 국역 |

陶謙(도겸)[792]의 字는 恭祖(공조)로 丹陽郡 사람이다. 젊어 好學하였고, (太學의) 諸生이었다가 州郡에 출사하였으며 茂才(무재)로 천거되어 (濟北國) 盧縣(노현) 현령을 역임하였고, 幽州刺史로 승진했다가 조정의 부름으로 議郎을 제수받았으며, 車騎將軍 張溫(장온)의 軍事 參謀(司馬)로 서쪽으로 출정나가 韓遂(한수)[793]를 토벌하였다.

792 陶謙(도겸, 132 – 194, 字는 恭祖) – 丹陽郡(縣, 今 安徽省 馬鞍山市 博望區, 長江 남안, 江蘇省과 접경.) 사람. 《後漢書》 73권, 〈劉虞公孫瓚陶謙列傳〉에 立傳. 《魏書》 8권, 〈二公孫陶四張傳〉에 입전. 初平 4년(서기 193), 조조는 부친 曹嵩(조숭) 泰山郡에서 피살된 것을 도겸의 책임으로 돌리고 도겸을 공격하고 서주 지역에 살육을 감행했다. 興平 원년(서기 194)에 조조가 다시 徐州를 공격할 때, 도겸은 병사했다. 《三國演義》에서 도겸은 온화하고 바른 사람으로 묘사되었지만, 正史에서는 소인을 신임하며 刑政이 失和한 흉악한 사람이며 군자를 협박하며 백성의 재물을 편취하는 인물로 서술되었다.

793 韓遂(한수)는 隴右(농우)에서 반역한 뒤에 영제 때 金城郡에서 반란을 일으킨

그 무렵 徐州에서 황건적이 봉기하자, 도겸은 徐州刺史가 되어 황건적을 격파하였고, 황건적은 도주하였다. 동탁의 난에 각 州郡에서 거병하자, 헌제는 (강제로) 長安에 천도했는데, 사방이 단절되었지만, 도겸은 사자를 보내 샛길로 공물을 헌상하였으며, 그래서 安東將軍 겸 徐州牧으로 승진하였고 溧陽侯(율양후)에 책봉되었다.

그때 徐州의 백성들은 부유했고 식량이 풍족하여 각지의 유민이 많이 모여들었다. 그러자 도겸은 正道를 벗어나 멋대로 백성을 다스렸다. 廣陵太守인 琊邪郡(낭야군) 출신 趙昱(조욱)은 徐州 일대의 명사로 忠直했지만 도겸의 배척을 받았으며, 曹宏(조굉) 같은 참소하는 소인을 도겸은 신임하였다. 도겸의 형벌과 정치는 정당 온화하지 않았고 선량한 많은 백성은 폐해를 당하여 점차 혼란해졌다.[794]

下邳(하비) 사람 闕宣(궐선)은 천자를 자칭했는데, 도겸은 처음에 궐선과 야합하여 백성을 노략질하다가 나중에는 궐선을 죽여버렸고 그 무리를 흡수하였다.

邊章(변장)과 함께 三輔 지역을 노략질하였다.

794 도겸과 같은 郡人인 笮融(책융)은 무리 수백 명을 모아 도겸을 찾아가 의지했는데, 도겸은 책융을 시켜 廣陵, 下邳, 彭城의 運糧을 감독하게 하였다. 나중에 3군의 운량이 불가능하자 (그 곡식으로) 불교의 절을 크게 지었다. 위로는 金盤(承露盤)을 쌓아 올렸고, 아래로는 층층 누각을 지었으며 건물과 누각을 이어 지었는데 3천 명을 앉힐 수 있었으며 황금 칠을 한 불상을 만들고 채색 비단옷을 입혔다. 부처를 목욕시키는 날(사월 초팔일)에는 마시고 먹을 것을 준비하였는데, 길에 자리를 깔았고 음식을 먹거나 구경하는 사람이 1만여 명이 넘었다. 조조가 도겸을 공격하자 서주 일대가 불안하였는데 책융은 남녀 1만여 명과 말 3천 필을 가지고 廣陵郡으로 이동하였다. 廣陵太守인 趙昱(조욱)은 손님의 예를 갖춰 접대하였다. 책융은 광릉의 풍부한 재물을 탐내어 술김에 조욱을 죽이고 무리를 풀어 크게 노략질을 한 다음에 長江을 건너 남쪽 豫章郡으로 도주하였다. 그뒤 예장군으로 쫓겨온 劉繇(유요)에게 패전하여 살해되었다. 《吳書》 4권, 〈劉繇太史慈士燮傳〉의 劉繇傳(유요전) 참고.

(獻帝) 初平 4년(서기 193), 조조는 도겸을 원정하면서 (徐州 관내의) 10여 개 현을 빼앗았고, 彭城(팽성)에서 크게 무찔렀다. 도겸의 군사는 패주하였고 죽은 자가 수만 명이어서 泗水(사수)[795]가 흐르지 못할 지경이었다. 이에 도겸은 郯縣(담현)[796]으로 물러나 방어했다. 조조는 군량이 부족하여 군사를 철수했다.

(獻帝) 興平 원년(서기 194), 조조는 다시 동쪽을 원정하여 (徐州의) 琅邪郡(낭야군)과 東海郡의 여러 현을 평정하였다. 도겸은 두려워서 고향 丹陽縣으로 도주하려 했다. 마침 張邈(장막)이 반역하며 呂布를 영입하자, 조조는 돌아가 여포를 공격했다. 이 해에 도겸은 병사했다.

❸ 張楊

| 原文 |

張楊字稚叔, 雲中人也. 以武勇給幷州, 爲武猛從事. 靈帝末, 天下亂, 帝以所寵小黃門蹇碩爲西園上軍校尉, 軍京都, 欲以御四方, 徵天下豪傑以爲偏裨. 太祖及袁紹等皆爲校尉, 屬之. 幷州刺史丁原遣楊將兵詣碩, 爲假司馬.

靈帝崩, 碩爲何進所殺. 楊復爲進所遣, 歸本州募兵, 得千

795 泗水(사수)는 山東省 중부와 江蘇省 북부를 지나는 淮水의 지류. 대운하의 일부.
796 郯縣(담현) 東海郡의 치소. 今 山東省 臨沂市 관할 郯城縣(담성현).

餘人, 因留上黨, 擊山賊. 進敗, 董卓作亂. 楊遂以所將攻上黨太守於壺關, 不下, 略諸縣, 衆至數千人. 山東兵起, 欲誅卓.

袁紹至河內, 楊與紹合, 復與匈奴單于於夫羅屯漳水. 單于欲叛紹, 楊不從. 單于執楊與俱去, 紹使將麴義追擊於鄴南, 破之. 單于執楊至黎陽, 攻破度遼將軍耿祉軍, 衆復振. 卓以楊爲建義將軍,河內太守.

天子之在河東, 楊將兵至安邑, 拜安國將軍, 封晉陽侯. 楊欲迎天子還洛, 諸將不聽, 楊還野王. 建安元年, 楊奉,董承, 韓暹挾天子還舊京, 糧乏. 楊以糧迎道路, 遂至洛陽. 謂諸將曰, "天子當與天下共之, 幸有公卿大臣, 楊當捍外難, 何事京都?" 遂還野王. 卽拜爲大司馬. 楊素與呂布善. 太祖之圍布, 楊欲救之, 不能. 乃出兵東市, 遙爲之勢. 其將楊醜, 殺楊以應太祖. 楊將眭固殺醜, 將其衆, 欲北合袁紹. 太祖遣史渙邀擊, 破之於射犬城, 斬固, 盡收其衆也.

| 국역 |

張楊(장양, ? – 서기 198년)의 字는 稚叔(치숙)으로, 雲中郡[797] 사람이다. 장양은 武勇으로 并州에 출사하여 武猛從事가 되었다. 靈帝 말년에 천하가 혼란할 적에 영제는 총애하는 환관인 蹇碩(건석)[798]을

797 并州 雲中郡의 治所는 雲中縣, 今 內蒙古 呼和浩特市(內蒙古自治區 首府) 관할 托克托縣(黃河 북안).

798 蹇碩(건석)은 환관의 이름. 蹇은 다리를 절 건. 성씨. 《三國演義》에 등장하는

西園(서원)의 上軍校尉[799]에 임명하여 京都(洛陽)에 주둔케 하며 사방을 제어할 목적으로 天下의 豪傑(호걸)을 초빙하여 副將으로 삼았다. 그때 조조와 원소 모두 校尉가 되어 건석에게 예속되었다.

이때 幷州(병주) 刺史인 丁原(정원)은 장양에게 군사를 거느리게 하여 건석에게 보냈고, 장양은 (건석의) 假司馬(가사마)가 되었다.

靈帝가 붕어하고(서기 189년) 건석은 何進(하진)에게 살해되었다. 장양은 다시 하진의 명을 받아 幷州로 돌아와 군사를 1천여 명 모집하여 上黨郡[800]에 주둔하면서 그 일대의 산적들을 격파하였다.

하진이 패망한 뒤 동탁은 조정의 정치를 뒤집어 놓았다. 장양은 예하의 군사를 거느리고 壺關(호관)[801]에서 上黨太守를 공격하여 함락시키진 못했어도 여러 현을 공략하였고 군사는 수천 명으로 늘었다. 山東에서 동탁을 죽이려는 의병이 봉기했다.

원소가 군사를 거느리고 河內郡에 이르자, 장양은 원소와 연합하였고, 또 흉노의 單于(선우)인 於夫羅(어부라)는 漳水(장수)에 주둔하였다. 흉노선우가 원소에게 반역하려 했지만, 장양은 따르지 않았다. 그러자 흉노선우는 장양을 사로 잡아 가지고 퇴각하였는데 원

'十常侍' 의 한 사람.

799 西園에 8校尉를 설치하였는데 小黃門 蹇碩(건석)이 上軍校尉, 虎賁中郎將인 袁紹(원소)가 中軍校尉, 屯騎都尉인 鮑鴻(포홍)이 下軍校尉, 議郎인 曹操(조조)가 典軍校尉, 趙融(조융)이 助軍校尉, 淳于瓊(순우경)이 佐軍校尉였으며 그 외 左, 右校尉가 더 있었다. 영제는 건석이 건장하고 武略이 있다 하여 특별히 신임하여 元帥로 인정하였고 司隸校尉 이하 전군을 감독케 하니 大將軍도 그 아래에 속했다.

800 幷州 관할 上黨郡의 治所는 長子縣, 今 山西省 동남부 長治市 관할 長子縣.

801 壺關(호관, 壺口關)은 上黨郡 壺關縣. 壺山(호산) 입구의 관문, 今 山西省 長治市 壺關縣.

소는 부장인 麴義(국의)를 시켜 선우를 鄴縣(업현) 남쪽에서 추격하여 격파하였다.

그러자 선우는 체포한 장양을 데리고 黎陽縣(여양현)에 왔다가 度遼將軍(도료장군)인 耿祉(경지)의 군사에게 격파 당하였고, 원소군의 군세는 다시 떨쳤다. (이에 흉노선우 於夫羅는 장양을 풀어 주었고) 동탁은 張楊을 建義將軍 겸 河內太守에 임명하였다.

헌제가 (長安을 탈출하여) 河東郡에 왔을 때, 장양은 군사를 거느리고 安邑縣[802]에 와서 (獻帝 일행에게) 식량을 공급하자, 장양은 安國將軍을 제수 받았고 晉陽侯에 봉해졌다. 장양은 天子를 영입하여 낙양까지 모시려 하였지만, 여러 장수들이 반대하자 張楊은 野王縣(야왕현)[803]으로 돌아갔다.

建安 원년(서기 196), 楊奉(양봉)과 董承(동승), 韓暹(한섬) 등은 헌제를 모시고 舊京(낙양)으로 돌아왔지만 식량이 없었다. 이에 張楊은 식량을 가지고 도로에서 (헌제 일행을) 영입하였고 함께 낙양으로 들어왔다. 그리고서는 여러 장수에게 말했다.

"天子는 천하 백성과 함께 있어야 하나니 다행히 公卿大臣이 많이 있으니, 나 張楊은 응당 외적을 방어해야지 京都에서 무슨 일을 하겠는가?"

그리고서는 (河內郡) 野王縣으로 돌아갔다. 장양은 곧 大司馬를

802 安邑 – 河東郡의 治所인 安邑縣. 今 山西省 서남 運城市 관할 夏縣. 헌제는 소가 끄는 수레를 타고 安邑에 도착하였다. 이때 百官이 모두 굶주렸는데 河內太守 張楊(장양)이 수천 명을 동원하여 곡식을 날라 밥을 지어 먹게 하였다.

803 野王縣(야왕현)은 河內郡의 縣名, 今 河南省 북부 焦作市(초작시) 관할 沁陽市(심양시).

제수 받았다.

장양은 평소에 여포와 가까웠다. 조조가 (서주에서) 여포를 포위 공격할 때, 장양이 가서 구원하려 했지만 어찌할 수 없었다. 장양은 군사를 거느리고 東市(동시)에서 호응하는 형세를 취했다.

(建安 3년에) 그의 부장 楊醜(양추)는 장양을 죽이고 조조에 호응하였다. 張楊의 부장인 眭固(수고)[804]는 양추를 죽이고 그 무리를 거느렸으며 북쪽으로 원소에게 합세하려고 했다. 조조는 부장 史渙(사환)[805]을 보내 요격하여 眭固(수고)를 射犬城(사견성)[806]에서 격파하고 그 무리를 합쳤다.

❹ 公孫度

| 原文 |

公孫度字升濟, 本遼東襄平人也. 度父延, 避吏居玄菟, 任度爲郡吏. 時玄菟太守公孫琙, 子豹, 年十八歲, 早死. 度少時名豹, 又與琙子同年, 琙見而親愛之, 遣就師學, 爲取妻. 後

804 眭固(수고)는 인명. 眭는 움펑눈 휴. 姓는 수. '휴고'로도 통용. 黑山賊인 眭固(수고)는 양추를 죽이고서 그 무리를 거느리고 袁紹(원소)의 부하가 되어 射犬(사견)이란 곳에 주둔하였다.

805 史渙(사환, ?-209년, 字 公劉)은 豫州 沛國人, 曹操 휘하의 武將. 《三國志》와 《後漢書》에 입전되지 않았으나 裴松之의 注에 기록이 있다.

806 射犬(사견)은 마을 이름. 河內郡 野王縣(今 河南省 북부 焦作市 관할 沁陽市) 射犬聚(사견취).

擧有道, 除尙書郎, 稍遷冀州刺史, 以謠言免. 同郡徐榮爲董卓中郎將, 薦度爲遼東太守. 度起玄菟小吏, 爲遼東郡所輕.

先時, 屬國公孫昭守襄平令, 召度子康爲伍長. 度到官, 收昭, 笞殺於襄平市. 郡中名豪大姓田韶等宿遇無恩, 皆以法誅, 所夷滅百餘家, 郡中震慄. 東伐高句驪, 西擊烏丸, 威行海外.

初平元年, 度知中國擾攘, 語所親吏柳毅,陽儀等曰, "漢祚將絶, 當與諸卿圖王耳." 時襄平延里社生大石, 長丈餘, 下有三小石爲之足. 或謂度曰, "此漢宣帝冠石之祥, 而里名與先君同. 社主土地, 明當有土地, 而三公爲輔也." 度益喜. 故河內太守李敏, 郡中知名, 惡度所爲, 恐爲所害, 乃將家屬入于海. 度大怒, 掘其父冢, 剖棺焚屍, 誅其宗族.

分遼東郡爲遼西中遼郡, 置太守. 越海收東萊諸縣, 置營州刺史. 自立爲遼東侯,平州牧, 追封父延爲建義侯. 立漢二祖廟, 承制設壇墠於襄平城南, 郊祀天地, 藉田, 治兵, 乘鸞路, 九旒, 旄頭羽騎. 太祖表度爲武威將軍, 封永寧鄕侯, 度曰, "我王遼東, 何永寧也!"

藏印綬武庫. 度死, 子康嗣位, 以永寧鄕侯封弟恭. 是歲建安九年也.

| 국역 |

公孫度(공손도)의 字는 升濟(승제)로, 본래 遼東郡 襄平縣[807] 사람이다. 공손도의 부친 公孫延(공손연)은 관리를 피해 玄菟郡(현도군)[808]에 살고 있었는데 공손도는 현도군의 郡吏가 되었다. 그때 玄菟郡 太守인 公孫琙(공손역)의 아들인 公孫豹(공손표)는 18세에 일찍 죽었다. 공손도의 어렸을 적 이름도 역시 豹(표)였고, 공손역의 아들과 같은 나이라서 공손역은 공손도를 만난 뒤, 친애하면서 스승을 찾아 공부하게 했고 결혼도 주선해 주었다. 뒷날 공손도는 행실이 바른 자로(有道) 천거되었고 尙書郞을 제수 받았으며, 점차 승진하여 冀州刺史가 되었지만 그때의 謠言(요언)에 의해 면직되었다. 同郡 출신인 徐榮(서영)[809]은 董卓의 中郎將이었는데, 공손도를 遼東太守로 천거했다. 공손도는 현도군의 小吏에서 출발하였기에 요동군에서는 무시되었다.

이보다 앞서, 遼東屬國(요동속국)의 公孫昭(공손소)는 襄平(양평) 현령 직무대리였는데, 공손도의 아들 公孫康(공손강)을 伍長(오장)에 임명했었다. 공손도가 요동태수로 부임해서는 공손소를 잡아다가 襄平縣의 거리에서 매질로 죽여버렸다.

이에 요동군의 명문대족인 田韶(전소) 등은 오래 왕래하면서도 아

807 襄平縣은 遼東郡의 治所, 今 遼寧省 중부 遼陽市.

808 玄菟郡(현도군)의 치소는 高句麗縣, 今 遼寧省 省會인 중북부 瀋陽市. 고구려인의 저항으로 치소를 여러 번 옮겼고 영역도 축소되었다.

809 徐榮(서영, ?-192년) - 幽州 遼東 襄平人(一說 遼東 玄菟人). 董卓의 部將. 공손도를 동탁에 천거했다. 동탁 사후에 王允의 명령으로 李傕(이각)과 교전 중에 전사했다(初平 3년, 192년).

무것도 베풀지 않았다 하여 법으로 얽어 죽였고 그 일족 1백여 호의 씨를 말려 버리자 군민들이 모두 두려워 떨었다. 공손도는 동쪽으로 高句驪(고구려, 高句麗)[810]를 원정했고, 서쪽으로 오환족을 공격하여 그 위세가 국경 밖에도 알려졌다.

(獻帝) 初平 원년(서기 190), 공손도는 漢나라가 혼돈에 처하자, 평소에 친밀한 관리인 柳毅(유의)와 陽儀(양의) 등에게 말했다.

"漢室의 皇統이 곧 단절될 것이니 여러분과 같이 王位를 차지해야 한다."[811]

그때 襄平縣 延里(연리)의 마을 토지신 사당(社)에 길이가 1丈이 넘는 大石이 솟았고 그 아래에 3개의 작은 바위가 발(足)처럼 벌려져 있었다. 어떤 사람이 공손도에게 말했다.

"이는 前漢 宣帝의 冠石과 같은 상서이며 마을 이름이 先君(公孫延)과 같습니다. 社는 土地를 주관하니, 이는 土地(疆域)를 차지하며 三公의 보필을 받는다는 뜻이 분명합니다."

이에 공손도는 크게 기뻐했다.

전임 河內太守였던 李敏(이민)은 郡內에 이름이 널리 알려졌는데 공손도가 하는 짓이 밉고 또 해악을 당할까 걱정되어 가속을 거느리고 바다의 섬으로 이주하였다. 이에 공손도는 대노하면서 이민의 부친 묘를 파내어 관을 부수고 시신을 태웠으며 그 일족을 모두 죽여버렸다.

810 이때는 高句麗 故國川王이 재위했다(서기 179 – 197년).

811 공손도는 "讖書에 孫登이 천자가 되어야 한다고 하였으니, 나는 公孫이고 나의 字 升濟는 登과 같다." 고 말했다.

공손도는 遼東郡을 분할하여 遼西中遼郡(요서중요군)을 만들고 태수를 임명했다. 공손도는 바다를(渤海, 발해) 건너 東萊郡(동래군)[812]의 여러 현을 차지한 뒤에 營州刺史를 임명했다. 그리고 자칭 遼東侯에 平州牧(청주목)이 되었다. 부친 공손연을 建義侯라고 추봉했다. 공손도는 漢 二祖(高祖, 世祖 光武帝)의 묘당을 세웠고, 漢 制度를 본떠 襄平縣 城南에 제단을 쌓은 뒤 天地에 대한 郊祀(교사)를 지냈으며, 藉田(적전)과 治兵에 난새(鸞) 장식을 한 수레를 타고 9줄을 느린 면류관을 착용했으며 羽林 기병의 호위를 받았다.

조조는 표문을 올려 공손도를 武威將軍에 임명하고 永寧鄕侯에 봉했는데, 공손도는 "나는 요동의 왕인데 어찌 永寧鄕侯이겠나!"라고 말했다. 그리고는 인수를 武庫에 보관했다. 공손도가 죽자 아들 공손강이 계승했는데, (漢에서는) 永寧鄕侯의 작위로 동생 공손강을 봉했다. 이 해가 建安 9년(서기 204)이었다.

|原文|

十二年, 太祖征三郡烏丸, 屠柳城. 袁尙等奔遼東, 康斬送尙首. 語在〈武紀〉. 封康襄平侯, 拜左將軍. 康死, 子晃,淵等皆小, 衆立恭爲遼東太守. 文帝踐阼, 遣使卽拜恭爲車騎將軍,假節, 封平郭侯, 追贈康大司馬.

---

812 靑州 관할 東萊郡(동래군)의 치소는 黃縣, 今 山東省 동쪽 끝 烟臺市 관할 龍口市.

| 국역 |

(建安) 12년(서기 207), 조조는 三郡(漁陽郡, 右北平郡, 遼西郡)의 烏丸族(오환족)을 정벌하고 (遼西郡) 柳城(유성)[813]을 屠戮(도륙)하였다. (원소의 아들) 袁尙(원상) 등은 遼東郡으로 달아났는데, 公孫康(공손강)이 원상을 죽여 그 수급을 보내왔다. 이는《魏書》〈武帝紀〉에 수록했다.

(조조는) 공손강을 襄平侯(양평후)에 봉했고 左將軍에 임명했다. 공손강이 죽자, 아들 公孫晃(공손황)과 公孫淵(공손연)[814]이 모두 어리기에 여러 사람들은 (공손강의 아우인) 公孫恭(공손공)을 遼東太守로 세웠다.

文帝가 제위에 오르자(서기 220), 사자를 보내 바로 공손공을 車騎將軍으로 삼아 부절을 내려주고 平郭侯(평곽후)에 봉했으며, 공손강에게 大司馬를 추증하였다.

| 原文 |

初, 恭病陰消爲閹人, 劣弱不能治國. 太和二年, 淵脅奪恭位. 明帝卽位, 拜淵揚烈將軍,遼東太守. 淵遣使南通孫權, 往來賂遺. 權遣使張彌,許晏等, 齎金玉珍寶, 立淵爲燕王. 淵亦恐權遠不可恃, 且貪貨物, 誘致其使, 悉斬送彌,晏等首, 明帝

813 柳城(유성)은 遼西郡의 城池, 今 遼寧省 중부 朝陽市 서남.

814 公孫淵(공손연, ?-238년, 字 文懿)은 公孫康의 조카, 公孫晃의 동생. 요동태수.

於是拜淵大司馬, 封樂浪公, 持節,領郡如故. 使者至, 淵設甲兵爲軍陳, 出見使者, 又數對國中賓客出惡言.

景初元年, 乃遣幽州刺史毌丘儉等齎璽書徵淵. 淵遂發兵, 逆於遼隧, 與儉等戰. 儉等不利而還. 淵遂自立爲燕王, 置百官有司. 遣使者持節, 假鮮卑單于璽, 封拜邊民, 誘呼鮮卑, 侵擾北方.

二年春, 遣太尉司馬宣王征淵. 六月, 軍至遼東. 淵遣將軍卑衍,楊祚等步騎數萬屯遼隧, 圍塹二十餘里. 宣王軍至, 令衍逆戰. 宣王遣將軍胡遵等擊破之. 宣王令軍穿圍, 引兵東南向, 而急東北, 卽趨襄平. 衍等恐襄平無守, 夜走. 諸軍進至首山, 淵復遣衍等迎軍殊死戰. 復擊, 大破之, 遂進軍造城下, 爲圍塹.

會霖雨三十餘日, 遼水暴長, 運船自遼口徑至城下. 雨霽, 起土山,脩櫓, 爲發石連弩射城中. 淵窘急. 糧盡, 人相食, 死者甚多. 將軍楊祚等降.

八月丙寅夜, 大流星長數十丈, 從首山東北墜襄平城東南. 壬午, 淵衆潰, 與其子脩將數百騎突圍東南走, 大兵急擊之, 當流星所墜處, 斬淵父子. 城破, 斬相國以下首級以千數, 傳淵首洛陽, 遼東,帶方,樂浪,玄菟悉平.

| 국역 |

그전에, 公孫恭(공손공)은 陽物이 쪼그라드는 병에 걸려 閹人(엄인, 고자)이 되었고 병약하여 治國할 수가 없었다.

(明帝) 太和 2년(서기 228)에, 公孫淵(공손연)은 公孫恭을 협박하여 지위를 박탈하였다. 그전에 명제 즉위 후, 공손연은 揚烈將軍 겸 遼東太守가 되었다.

공손연은 사자를 보내 남쪽으로 孫權과 통교하였는데, 서로 왕래하며 예물을 주고받았다. 손권은 사자로 張彌(장미)와 許晏(허안) 등을 보내면서 金玉과 珍寶를 많이 보내주면서 공손연을 燕王(연왕)에 책봉하였다. 그러나 공손연은 너무 멀어 손권의 도움을 기대할 수 없고 여러 보물은 탐이 나기에 그 사자를 유인하여 장미와 허안 등을 죽인 뒤, 그 수급을 낙양에 보내자, 명제는 공손연에게 大司馬를 제수하고 樂浪公에 봉하였으며 부절을 내려주고 요동군을 전처럼 거느리게 하였다. 명제의 사자가 도착하자 공손연은 병기와 군진을 갖춘 뒤에 사자를 만났으며, 조정의 사자나 빈객에 관한 악담을 많이 하였다.

(明帝) 景初 원년(서기 237)에, 명제는 幽州刺史인 毌丘儉(관구검)[815] 등을 보내 국서를 가지고 가서 공손연을 소환케 하였다. 결국

815 毌丘儉(관구검, ?-255) - 毌丘(관구)는 복성〔毌은 貫의 本字, 毋(말 무, 금지사)〕가 아님. 正始 7년(서기 246) 玄菟郡(현도군)에서 출발하여 고구려 도읍 丸都城을 점령, 東川王은 옥저로 피난. (正元) 2년(서기 255) 봄, 鎭東將軍 毌丘儉(관구검)과 揚州刺史 文欽(문흠)이 반역했고, 大將軍 司馬景王(司馬師)이 토벌하였다. 도망간 관구검을 安風縣의 都尉가 관구검을 죽이고 그 수급을 낙양에 보내왔다. 《魏書》 28권, 〈王毌丘諸葛鄧鍾傳〉에 立傳.

공손연은 군사를 내어 관구검을 (遼東郡) 遼隧(요수)란 곳에서 맞아 싸웠다. 그러나 관구검은 (공손연을) 이기지 못한 채 돌아왔다. 이에 공손연은 자립하여 淵王이 되어 백관을 설치하고 관리를 임명하였다. 공손연은 부절을 가진 사자를 보내 선비족 單于(선우)에게 인수를 내려 주었고, 변방 백성을 책봉하며 선비족을 회유하여 (魏의) 북방을 침략케 하였다.

(明帝) 景初 2년(서기 238) 봄에, 명제는 太尉인 司馬懿을 보내 공손연을 정벌케 했다. 6월에, (사마의는) 요동군에 도착하였다. 공손연은 장군인 卑衍(비연)과 楊祚(양조) 등에게 보병과 기병 수만 명을 주어 遼隧(요수)에 주둔케 한 뒤에, 주변에 20여 리 참호를 팠다. 사마의의 군사가 들어오자 비연을 보내 싸우게 했다. 사마의는 부장인 胡遵(호준) 등을 보내 비연 등을 격파하였다. 사마의는 장졸을 시켜 참호를 판 뒤에 군사를 거느리고 동남으로 진군하다가 동북으로 급히 진격하여 襄平縣(양평현)을 급습하였다. 비연 등은 양평현에 수비군이 적어 지킬 수 없자 겁을 먹고 밤에 도주하였다. 사마의의 군사가 (襄平의 서남쪽) 首山(수산)이란 곳에 이르자, 공손연은 다시 비연 등을 보내 사마의의 군사와 결전을 벌였다. 사마의는 다시 비연을 대파하고 양평의 성 부근에 와서 주변에 참호를 팠다.

마침 장맛비가 30여 일 내리면서 遼水(遼河)[816]가 갑자기 범람하자 군수물자 운반선이 遼水 입구에서 양평현 아래까지 올라왔다. 장마가 그치자 사마의는 土山를 쌓아올리고 망루를 만들어 성 안으

816 遼河는 중국 동북 지역의 남부 전역에 걸친 大河로 그 유역이 河北省, 內蒙古, 吉林省, 遼寧省을 포함하며 主流가 1,390km에 달하고 流域 면적이 약 22만 평방 km에 달한다.

로 돌을 쏘아 날리고 쇠뇌를 발사하였다. 공손연은 위기에 몰렸다. 군량이 다하자 사람이 사람을 먹었고 너무 많은 사람이 죽었다. 이에 장군 楊祚(양조) 등은 투항했다.

8월 丙寅日 밤에, 크기가 수십 丈(장)이나 되는 流星이 首山의 동북으로부터 襄平城의 동남으로 떨어졌다. 壬午日에, 공손연의 군사가 궤멸하자, 공손연과 그 아들 公孫脩(공손수)는 수백 기병과 함께 포위를 뚫고 동남으로 달아났는데, 사마의의 대군이 급히 추격하여 流星이 떨어진 곳에서 공손연 부자를 참수했다.

요동성이 함락되면서 相國 이하 수천 명을 죽였고 공손연의 수급을 낙양에 보냈으며, 遼東, 帶方(대방),[817] 樂浪, 玄菟郡 등이 모두 평정되었다.

| 原文 |

初, 淵家數有怪, 犬冠幘絳衣上屋, 炊有小兒蒸死甑中. 襄平北市生肉, 長圍各數尺, 有頭目口喙, 無手足而動搖. 占曰, '有形不成, 有體無聲, 其國滅亡.'

始度以中平六年據遼東, 至淵三世, 凡五十年而滅.

817 帶方郡은 서기 204-313년 간에 낙랑군 남쪽에 존재했던 漢, 魏, 西晉의 군. 西晉 代에는 산하에 7개 현이 있었다고 하는데 治所나 영역에 대하여 정설이 없다.

| 국역 |

전에, 公孫淵(공손연)의 집에서는 괴이한 일이 자주 일어났는데, 망건을 쓰고 붉은 옷을 입은 개가 지붕에 올라갔었고, 불을 지펴 밥을 짓는데 어린아이가 시루 안에서 찐 채로 죽어 있었다. 襄平縣 북쪽 거리에서 고깃덩어리가 솟아났는데 길이와 둘레가 여러 자에 머리에 눈과 주둥이가 있으나 손발이 없이 흔들거렸다. 이를 점치니 '모양을 만들다가 완성하지 못했고, 몸뚱이는 있으나 소리가 없으니 나라가 멸망할 것이다.' 라고 하였다.

처음 公孫度가 (靈帝) 中平 6년(서기 189)에, 遼東郡을 차지한 후 公孫淵까지 3代 총 50년 만에 멸망했다.

❺ 張燕

| 原文 |

張燕, 常山眞定人也, 本姓褚. 黃巾起, 燕合聚少年爲群盜, 在山澤間轉攻, 還眞定, 衆萬餘人. 博陵張牛角亦起衆, 自號將兵從事, 與燕合. 燕推牛角爲帥, 俱攻癭陶. 牛角爲飛矢所中. 被創且死, 令衆奉燕, 告曰, "必以燕爲帥."

牛角死, 衆奉燕, 故改姓張. 燕剽捍捷速過人, 故軍中號曰飛燕. 其後人衆寖廣, 常山,趙郡,中山,上黨,河內諸山谷皆相通, 其小帥孫輕,王當等, 各以部衆從燕, 衆至百萬, 號曰黑山. 靈帝不能征, 河北諸郡被其害. 燕遣人至京都乞降, 拜燕平難中郎將.

是後, 董卓遷天子於長安, 天下兵數起, 燕遂以其衆與豪傑相結. 袁紹與公孫瓚爭冀州, 燕遣將杜長等助瓚, 與紹戰, 爲紹所敗, 人衆稍散. 太祖將定冀州, 燕遣使求佐王師, 拜平北將軍, 率衆詣鄴, 封安國亭侯, 邑五百戶. 燕薨, 子方嗣. 方薨, 子融嗣.

| 국역 |

張燕(장연)은 常山郡 眞定縣[818] 사람이다. 本姓은 褚氏(저씨, 솜옷 저)이다. 황건적이 봉기하자(서기 184년), 褚燕(저연)은 젊은이를 모아 群盜(군도)가 되어 山澤을 돌아다니며 노략질을 하다가 眞定縣으로 돌아왔는데 무리가 1만여 명이나 되었다.

(中山國) 博陵縣(박릉현)[819]의 張牛角(장우각) 역시 무리를 모아 將兵從事(장병종사)라 自號했는데 저연의 무리와 통합하였다. 저연은 장우각을 우두머리로 모시며 함께 癭陶縣(영도현)을 공략하였다. 장우각은 날아온 화살에 맞았다. 상처를 입고 죽으면서 무리들에게 褚燕(저연)을 받들라고 말했다.

"꼭 저연을 두목으로 모셔라."

818 張燕(장연, 生卒年 미상)의 본명 褚燕(저연), 별명은 '飛燕.' 常山郡 치소는 元氏縣. 今 河北省 石家莊市 관할 元氏縣. 眞定은 河北省 서남부 石家莊市 관할 定正縣. 趙雲(子龍)의 고향.

819 博陵縣은, 今 河北省 중부 保定市 관할 蠡縣(여현, 려).

장우각이 죽자 무리들은 저연을 받들었고, 저연은 성을 張氏로 바꾸었다. 張燕(장연)은 빠르고 민첩하기가 누구보다도 뛰어났기에 軍中에서는 飛燕(비연)으로 불렀다. 그 뒤로 무리는 점차 늘어났는데 常山, 趙郡, 中山, 上黨, 河內郡 지역 산속의 세력들이 서로 연결되었으며, 작은 우두머리인 孫輕(손경), 王當(왕당) 등이 각각 무리를 거느리고 장연을 추종하니 무리가 백만 명이나 되었고, 黑山이라고 불렀다.

靈帝의 조정에서는 흑산적을 정벌할 수가 없었고, 河水 북쪽의 여러 군이 모두 피해를 입었다. 장연은 사람을 낙양에 보내 투항하자, 조정에서는 장연에게 平難中郎將(평난중랑장)을 제수하였다.

그 뒤에, 董卓(동탁)이 헌제를 長安으로 데려가자 곳곳에서 봉기가 자주 일어났는데, 장연은 그 무리를 거느리고 호걸과 연결하였다. 원소와 공손찬이 冀州를 놓고 겨룰 때, 장연은 부장 杜長(두장) 등을 보내 공손찬을 도왔지만, 원소에게 패하자 무리들은 점차 흩어졌다.

조조가 冀州 지역을 평정하려 할 때 장연은 사람을 보내 조정의 군사를 돕겠다고 자원하였는데, 장연은 平北將軍을 제수 받고 무리를 거느리고 (魏郡) 鄴縣에 출동하여 安國亭侯에 봉해졌으며 식읍 5백호를 받았다.

장연이 죽자, 아들 張方(장방)이 계승하였다. 장방이 죽자, 아들 張融(장융)이 뒤를 이었다.

❻ 張繡

| 原文 |

張繡, 武威祖厲人, 驃騎將軍濟族子也. 邊章,韓遂爲亂涼州, 金城麴勝襲殺祖厲長劉雋. 繡爲縣吏, 間伺殺勝, 郡內義之. 遂招合少年, 爲邑中豪傑. 董卓敗, 濟與李傕等擊呂布, 爲卓報仇. 語在〈卓傳〉.

繡隨濟, 以軍功稍遷至建忠將軍, 封宣威侯. 濟屯弘農, 士卒飢餓, 南攻穰, 爲流矢所中死. 繡領其衆, 屯宛, 與劉表合. 太祖南征, 軍淯水, 繡等擧衆降. 太祖納濟妻, 繡恨之. 太祖聞其不悅, 密有殺繡之計. 計漏, 繡掩襲太祖. 太祖軍敗, 二子沒. 繡還保穰, 太祖比年攻之, 不克. 太祖拒袁紹於官渡, 繡從賈詡計, 復以衆降. 語在〈詡傳〉.

繡至, 太祖執其手, 與歡宴, 爲子均取繡女, 拜揚武將軍. 官渡之役, 繡力戰有功, 遷破羌將軍. 從破袁譚於南皮, 復增邑凡二千戶. 是時天下戶口減耗, 十裁一在, 諸將封未有滿千戶者, 而繡特多. 從征烏丸於柳城, 未至, 薨, 諡曰定侯. 子泉嗣, 坐與魏諷謀反誅, 國除.

| 국역 |

張繡(장수)는[820] 武威郡(무위군) 祖厲縣(조려현)[821] 사람으로, 驃騎將

820 張繡(장수, ?-207) – 동탁의 부하인 張濟의 조카. 후계자.

軍인 張濟(장제)의 族子이다. 邊章(변장)과 韓遂(한수) 등이 涼州에서 반기를 들었을 때, 金城郡의 麴勝(국승)은 조려현의 현장인 劉雋(유준)을 급습하여 죽였다. 이때 張繡(장수)는 縣吏였는데 틈을 노려 국승을 죽여버리자 郡內 사람들은 장수를 의인이라 생각하였다. 장수는 젊은이들을 모았고 지역의 호걸이 되었다. 동탁이 패망하자, 장제와 이각 등은 여포를 공격하며 동탁의 원수를 갚았는데, 이는〈董卓傳 / 董二袁劉傳〉에 실렸다.

장수는 張濟(장제)를 수행하면서 軍功으로 점차 승진하여 建忠將軍이 되었고, 宣威侯(선위후)에 봉해졌다. 장제는 弘農郡에 주둔하고 있었는데, 士卒이 飢餓(기아)에 시달리자 남쪽으로 내려와 穰縣(양현)[822]을 공략하다가 화살에 맞아 죽었다(建安 2년, 서기 197).

이에 장수는 그 무리를 거느리고 (南陽郡) 宛縣(완현)에 주둔하다가 劉表(유표)에 합세하였다. 조조가 남쪽을 원정하면서 淯水(육수)[823]에 주둔하자, 장수는 무리를 거느리고 조조에게 투항하였다. 그러나 조조가 張濟의 妻를 첩으로 거느리자,[824] 장수는 이에 원한을 품었다. 조조는 장수가 싫어하는 것을 알고 장수를 죽일 계획을 세웠다. 그러나 계획이 누설되었고 장수는 조조를 엄습하였다. 조

821 武威郡(무위군) 치소는 治所 姑臧縣, 今 甘肅省 중부 武威市. 祖厲縣(조려현)은, 今 甘肅省 중부 白銀市 靖遠縣 서남.

822 穰縣(양현)은, 今 河南省 서남부 南陽市 관할 鄧州市.

823 古稱 淯水(육수)의 지금 명칭은 唐白河, 또는 白河. 長江의 최대지류가 漢水(漢江)이고 한수의 지류가 唐白河. 南陽 분지를 흘러 漢水에 합쳐지는 300여 km의 강.

824 張濟의 遺孀(유상)인 鄒氏(추씨)는 장수의 숙모였다.

조는 패전했고 두 아들을 잃었다.[825]

장수는 무리를 이끌고 돌아와 穰縣(양현)을 지켰다. 조조는 해마다 장수를 공격했지만 이기지 못했다. 조조가 원소와 官渡(관도)에서 싸울 때, 장수는 賈詡(가후)의 계책에 따라 다시 무리를 거느리고 조조에 투항하였다. 이는 〈賈詡傳 / 荀彧荀攸賈詡傳〉에 수록했다.

장수가 투항하자, 조조는 장수의 손을 잡고 함께 잔치를 벌렸고, 아들 曹均(조균)을 장수의 딸과 결혼시켰고 장수에게 揚武將軍을 제수하였다. 官渡의 싸움에서 장수는 힘써 싸워 공을 세웠고 破羌將軍(파강장군)으로 승진하였다. 장수는 조조를 따라 袁譚(원담)을 南皮에서 격파하였는데 이에 따라 식읍을 늘려 총 2천 호가 되었다.

당시 온 나라에 호구가 감소하여 열에 하나가 남아 있어 여러 장수의 식읍에 1천 호에 못 미쳤는데 장수는 특별히 많았다. 장수는 조조를 따라 오환족을 정벌하려 柳城(유성)으로 출정하였으나 도착하지 못하고 죽었는데, 시호는 定侯(정후)였다. 아들 張泉(장천)이 후사가 되었지만 魏諷(위풍)[826]의 모반에 연루되어 侯國이 없어졌다.

825 조조는 패전하면서 流矢(유시)에 맞았고, 조조의 장남인 曹昂(조앙)과 조카인 曹安民(조안민)이 전사했다. 〈武帝紀〉 건안 2년.

826 魏諷(위풍, ?-219년, 字 子京) - 위풍은 대중을 현혹시키는 奸雄의 재능이 있었다. 鍾繇는 위풍을 불러 西曹掾에 임명하였다. 建安 24년(서기 219) 曹操가 漢中을 정벌할 때 魏諷은 비밀리에 무리를 모아 鄴城에서 모반을 계획했다. 이에 가담했던 陳禕(진의)가 曹조에게 자복하자 조비는 관련된 수십 명을 체포하여 처형하였다.

❼ 張魯

| 原文 |

張魯字公祺, 沛國豐人也. 祖父陵, 客蜀, 學道鵠鳴山中, 造作道書以惑百姓, 從受道者出五斗米, 故世號米賊. 陵死, 子衡行其道. 衡死, 魯復行之.

益州牧劉焉以魯爲督義司馬, 與別部司馬張脩將兵擊漢中太守蘇固, 魯遂襲脩殺之, 奪其衆. 焉死, 子璋代立, 以魯不順, 盡殺魯母家室. 魯遂據漢中, 以鬼道教民, 自號 '師君'.

其來學道者, 初皆名 '鬼卒'. 受本道已信, 號 '祭酒'. 各領部衆, 多者爲治頭大祭酒. 皆教以誠信不欺詐, 有病自首其過, 大都與黃巾相似. 諸祭酒皆作義舍, 如今之亭傳. 又置義米肉, 縣於義舍, 行路者量腹取足, 若過多, 鬼道輒病之. 犯法者, 三原, 然後乃行刑. 不置長吏, 皆以祭酒爲治, 民夷便樂之. 雄據巴,漢垂三十年.

漢末, 力不能征, 遂就寵魯爲鎭民中郎將, 領漢寧太守, 通貢獻而已. 民有地中得玉印者, 群下欲尊魯爲漢寧王. 魯功曹巴西閻圃諫魯曰, "漢川之民, 戶出十萬, 財富土沃, 四面險固. 上匡天子, 則爲桓,文, 次及竇融, 不失富貴. 今承制署置, 勢足斬斷, 不煩於王. 原且不稱, 勿爲禍先."

魯從之. 韓遂,馬超之亂, 關西民從子午谷奔之者數萬家.

| 국역 |

張魯(장로)[827]의 字는 公祺(공기)로, 沛國 豐縣(풍현)[828] 사람이다. 祖父인 張陵(장릉)[829]은 蜀에 머물다가 鵠鳴山(곡명산)[830]에서 道를 배웠고, 道書를 지어(造作하여) 백성을 현혹시켰는데, 장릉의 도를 배운 사람들은 모두 5斗의 쌀을 헌상하였기에 세상에서는 米賊(미적)이라고 불렀다. 장릉이 죽자, 아들 張衡(장형)이 그 道를 계승했다. 장형이 죽자, 아들 장로가 다시 계승했다.

益州牧인 劉焉(유언)[831]은 장로를 督義司馬(독의사마)에 임명하였

827 張魯(장로, ?-216년. ?245. ?259. 字 公祺) - 전한 張良(子房)의 먼 후손. 後漢末 五斗米道의 首領, 正一天師. 五斗米道 창립자인 張陵(張道陵)의 손자. 張衡(장형)의 아들. 보통 天師道의 教主라고 알려졌다. 황건적 난의 주범인 張角(장각, ?-184년)의 太平道와는 별개임. 장각의 아우 張梁(장량), 張寶(장보)와도 연관이 없다. 다만 장각은 부적을 태운 물을 마시게 하여 병을 고친다고 했다. 또 다른 사람 張脩(장수)는 《노자도덕경》을 외우게 하며 조용한 방에서 기도하여 병을 고치게 한다며 사람들을 끌어 모았다. 장로는 張脩의 영향을 많이 받았다고 한다.

828 豐縣(풍현)은, 今 江蘇省 북단 徐州市 豐縣. 蘇(江蘇省), 魯(山東省) 豫(河南省), 皖(安徽省) 등 4省의 접경. 허다한 歷史名人의 출생지였으며, 또 거주지였다.

829 張陵(장릉, 張道陵, 字 輔漢)은 道教의 일파인 正一道의 創始者, 五斗米道의 創始者. 도교에서는 그를 張道陵天師, 祖天師, 正一眞人 등으로 호칭. 늘 호랑이를 타고 다녔다고 전한다. 後漢 明帝 때 巴郡 江州縣令을 지냈고 이후 은거하며 장생술을 터득했다고 한다. 도교에서는 張道陵, 葛玄(갈현), 許遜(허손), 薩守堅(살수견)을 四大天師라고 칭한다.

830 鵠鳴山(곡명산)은 일명 鶴鳴山. 四川省 成都市 大邑縣 鶴鳴鄉, 成都에서 70km 거리.

831 劉焉(유언)의 字는 君郎(군랑)으로, 江夏郡 竟陵縣 사람으로 魯 恭王의 후손이다. 肅宗(章帝) 때 경릉현으로 이사했다. 유언은 젊어 州郡에서 근무했고, 宗室이라서 郎中이 되었다. 유언은 관직을 사임한 뒤 陽城山에 거처하며 학문에 전념하며 교수하였다. 賢良方正의 인재로 천거되었고, 차츰 승진하여 南陽太守, 宗正, 太常을 역임하였다. 《後漢書》 75권, 〈劉焉袁術呂布列傳〉에 입전.

고, 別部司馬인 張脩(장수)[832]와 함께 군사를 거느리고 漢中太守인 蘇固(소고)를 공격케 하였는데, 장로는 張脩를 기습 공격하여 죽인 뒤에 그 군사를 차지하였다.

劉焉(유언)이 죽자 아들 劉璋(유장)[833]이 익주목이 되었는데, 유장은 장로가 순종하지 않는다 하여 장로 모친의 일족을 다 죽여 버렸다. 이에 장로는 漢中郡에 머물면서 鬼道(귀도)로 백성을 교화한다면서 자칭 '師君' 이라 하였다.

장로를 찾아와 道를 배우는 자를 모두 '鬼卒(귀졸)' 이라고 불렀다. 道를 제대로 배워 신념을 가지게 되면 '祭酒(제주)' 라고 불렀다. 祭酒는 작기 자기 무리를 거느리게 되는데 큰 무리의 제주를 治頭大祭酒라 하였다. 장로는 누구든 성의와 신의를 지켜 거짓이나 남을 속이지 말라고 가르쳤는데, 병이 나면 스스로 자신의 과오를 自首케 하였으니 대체로 黃巾(황건)의 무리와 비슷하였다.

모든 祭酒는 義舍(의사)를 지어야 했는데, 의사는 지금의 亭(정)이나 驛舍와 비슷하였다. 또 의사안에 義米(의미)나 義肉(의육)을 준비

832 張脩(장수)는 後漢 巴郡(파군)의 妖巫(요무)로, 符水(부수)로 사람의 병을 고친다 했고, 병이 나은 사람은 쌀 五斗를 바치게 하였기에 '五斗米師' 라고 불렸다. 中平 원년(서기 184)에 황건적의 난이 일어나자 그 해 7월은 張脩는 군현을 점거하였다. 뒷날 益州牧인 劉焉(유언)은 張脩를 別部司馬에 임명했다. 劉焉은 獻帝 初平 2년(서기 191)에 장로와 장수를 보내 漢中太守인 蘇固(소고)를 죽이게 했다. 張魯는 漢中郡을 차지하자 張脩를 죽이고 그 군대까지 병합하였고 한중군을 漢寧郡으로 이름을 바꾸고 五斗米教를 개혁하였다. 裴松之는 注에서 張脩를 張衡(장형)의 착오라 하였지만 장형과 장수는 서로 다른 사람이다.

833 劉璋(유장, 162-220년, 字 季玉)은 부친 劉焉(유언)의 뒤를 이어 益州牧이 되었으나 庸劣(용렬) 柔弱(유약) 무능했다. 뒷날 劉備와 싸워 패전한 뒤, 益州를 넘겨주고 떠나는데, 荊州에서 병사했다.

해 두면 길을 가는 사람이 자기 먹을 만큼만 가져가게 하였는데, 만약 많이 가져간다면 鬼道의 작용으로 바로 병이 난다고 하였다.[834] 범법자는 3번까지는 용서한 뒤에 형벌에 처한다고 하였다. 張魯의 무리들은 두목이나 그 아래 관리를 두지 않고 모든 것을 祭酒가 처리하였는데 백성들이 편하다며 즐겨 따랐다. 장로는 巴郡과 漢中郡 일대에 30년 가까이 세력을 장악하였다.

후한 말기에 조정은 장로의 세력을 꺾을 수가 없어 결국 회유책으로 張魯를 鎭民中郎將(진민중랑장)에 漢寧太守(漢中太守의 개칭) 직무를 수행토록 임명하고 공물만 헌상케 하였다.

그때 땅에서 玉印을 캐낸 백성이 있었는데, 장로의 많은 부하들은 장로를 漢寧王으로 추대하려고 하였다. 그때 張魯의 功曹인 巴西(파서) 출신의 閻圃(염포)가 장로에게 바른 말을 하였다.

"漢中郡 民戶가 10만에 재물이 풍족하고 토지는 비옥할 뿐만 아니라 사방에 험한 지형입니다. 이를 바탕으로 위로 천자를 보필한다면 齊 桓公(환공)과 晉 文公과 같은 인물이 되거나, 그렇지 않으면 竇融(두융)[835]과 같이 부귀를 잃지 않을 것입니다. 지금 황제의 명을 받아 관제를 받아들여도 이 지역을 완전 장악할 수 있는데, 왕을 자칭하여 화를 자초할 필요가 없습니다."

장로는 그 말을 받아들였다. 韓遂(한수)와 馬超(마초)의 난에 關西

834 뒷날 毛澤東(모택동)은 장로의 義舍를 모든 백성이 기뻐하였으니, 이는 社會主義의 作風이라면서 중국의 사회주의는 오랜 전통이 있다고 말했다.

835 竇融(前 16 – 서기 62年) – 광무제의 치국에 적극 협력하였고 그 증손녀가 章帝의 竇皇后가 되었다. 竇氏 일문의 영화가 '一公, 兩侯, 三公主, 四二千石.'이라 하였다. 竇融(두융)은 《후한서》 23권, 〈竇融列傳〉에 입전.

지역의 백성이 子午谷(자오곡)[836]을 따라 漢中郡 지역으로 이주한 자가 수만 가구나 되었다.

| 原文 |

建安二十年, 太祖乃自散關出武都征之, 至陽平關. 魯欲擧漢中降, 其弟衛不肯, 率衆數萬人拒關堅守. 太祖攻破之, 遂入蜀.

魯聞陽平已陷, 將稽顙, 圃又曰, "今以迫往, 功必輕, 不如依杜灌赴朴胡相拒, 然後委質, 功必多." 於是乃奔南山入巴中. 左右欲悉燒寶貨倉庫, 魯曰, "本欲歸命國家, 而意未達. 今之走, 避銳鋒, 非有惡意. 寶貨倉庫, 國家之有." 遂封藏而去.

太祖入南鄭, 甚嘉之. 又以魯本有善意, 遣人慰喩. 魯盡將家出, 太祖逆拜魯鎭南將軍, 待以客禮, 封閬中侯, 邑萬戶.

836 子午谷은 關中과 巴, 蜀을 연결하는 남북 약 330km의 계곡 이름. 북쪽은 陝西省 長安縣 서남 秦嶺山에서 시작하여 남쪽 石泉縣에 이르는 길. 전한 말기, 왕망 시기에 개통되었다. 절벽과 계곡에 棧道(잔도)를 설치하여 통행이 가능하다. 이 子午谷보다 먼저 전국시대부터 뚫린 길이 褒斜谷(포사곡, 포야곡)인데, 褒谷(포곡)과 斜谷(사곡, 야곡)의 험로이다. 褒水(포수, 남쪽 漢水에 합류)와 斜水(사수, 야수, 북쪽 渭水에 합류)의 협곡을 褒斜谷(포사곡, '首尾 七百里', 약 250km)이라 하는데 이곳을 통과하는 人工 棧道(잔도)로 南의 漢中郡 褒城(포성)에서 시작하여 雞頭關, 馬道, 武休關, 武關驛과 斜谷(사곡)을 거쳐 陝西省 眉縣(미현)에 이르는 길이었다. 지금은 사용하지 않으나 그 유구가 곳곳에 남아 있다.

封魯五子及閻圃等皆爲列侯. 爲子彭祖取魯女. 魯薨, 謚之曰原侯. 子富嗣.

| 국역 |

(獻帝) 建安 20년(서기 215), 조조는 散關(산관)[837]을 출발하여 武都郡[838]을 거쳐 張魯 정벌에 나서서 陽平關(양평관)[839]에 도착하였다. 장로는 漢中郡을 들어 투항하려 했지만 그 동생인 張衛(장위)가 따르지 않으면서 무리 1만여 명과 함께 관문을 막고 저항하였다. 조조는 이들을 격파하고 蜀郡에 들어왔다.

장로는 陽平關이 이미 함락되자 항복하려 했지만 閻圃(염포)가 또 건의했다.

"지금 우리가 급하게 투항한다면 그 효과가 별로 없을 것이니, 杜濩(두관)을 朴胡(박호)에 보내 저항케 한 다음에 투항하여 稱臣(칭신)하는 것이 더 효과적일 것입니다."

그래서 장로는 終南山으로 달아나 巴中(파중)으로 들어갔다. 측근들은 창고의 보화를 다 소각하자고 했으나 장로가 말했다.

"본래 나라에 귀순하려고 했지만 뜻대로 되지 않았다. 지금 달아나 우선 그 예봉을 피하려는 뜻이니 악의는 없다. 보화나 창고의 군량은 모두 나라의 소유이다."

---

837 散關(산관)은 關中 땅 서쪽의 관문. 일명 大散關, 今 陝西 寶雞市 서남 17km, 大散嶺에 위치. 漢中郡으로 통하는 陳倉古道의 출발점.

838 涼州 관할 武都郡의 治所는 下辨縣. 今 甘肅省 남부 隴南市 成縣.

839 陽平關(陽安關)은 今 陝西省 漢中市 勉縣에 위치. 漢中盆地의 서북 門戶.

그리고서는 창고를 봉한 다음 떠나갔다.

조조는 南鄭縣[840]에 들어가 이를 아주 가상히 여겼다. 또 장로가 본래 善意를 갖고 있다 생각하여 사람을 보내 회유하였다.

장로가 장수와 가족을 모두 데리고 귀부하자, 조조는 장로를 맞이하여 鎭南將軍에 임명하고, 손님에 대한 예로 접대하였고 閬中侯(난중후)에 봉했으며, 식읍은 1만 호였다. 조조는 장로의 아들 5명과 閻圃(염포) 등을 모두 列侯에 봉했다. 또 아들 彭祖(팽조)와 장로의 딸을 결혼시켰다. 장로가 죽자, 시호는 原侯(원후)였다. 아들 張富(장부)가 뒤를 이었다.

| 原文 |

評曰, 公孫瓚保京, 坐待夷滅. 度殘暴而不節, 淵仍業以載凶, 秖足覆其族也. 陶謙昏亂而憂死, 張楊授首於臣下, 皆擁據州郡, 曾匹夫之不若, 固無可論者也. 燕,繡,魯舍群盜, 列功臣, 去危亡, 保宗祀, 則於彼爲愈焉.

| 국역 |

陳壽의 評論 : 公孫瓚(공손찬)은 易水(역수)의 언덕(보루, 易京)을 지키면서 자신의 패망을 기다렸다. 公孫度(공손도)는 잔인포악하며 절제가 없었고, 公孫淵(공손연)은 조상의 유업을 이어받아 흉악한

---

840 南鄭縣 – 今 陝西省 漢中市 南鄭區.

짓만 하였으니 그 일족을 覆滅(복멸)시켰을 뿐이다. 陶謙(도겸)은 우매하고 悖亂(패란)으로 걱정 끝에 죽었고, 張楊(장양)은 부하에게 피살되었는데, 州와 군을 차지하고 있었지만 필부만도 못했으니 論할 가치도 없는 사람이었다. 張燕(장연), 張繡(장수), 張魯는 群盜였지만 功臣의 반열에 올랐고, 위기를 벗어나고 일족의 제사를 지낼 수 있었으니 (공손찬 등) 다른 사람들보다는 조금 더 나은 셈이다.

9권 〈諸夏侯曹傳〉(魏書 9)
(제하후,조전)

❶ 夏侯惇

| 原文 |

夏侯惇字元讓, 沛國譙人, 夏侯嬰之後也. 年十四, 就師學, 人有辱其師者, 惇殺之, 由是以烈氣聞.

太祖初起, 惇常爲裨將, 從征伐. 太祖行奮武將軍, 以惇爲司馬, 別屯白馬, 遷折衝校尉, 領東郡太守.

太祖征陶謙, 留惇守濮陽. 張邈叛迎呂布, 太祖家在鄄城, 惇輕軍往赴, 適與布會, 交戰. 布退還, 遂入濮陽, 襲得惇軍輜重. 遣將僞降, 共執持惇, 責以寶貨, 惇軍中震恐. 惇將韓浩乃勒兵屯惇營門, 召軍吏諸將, 皆案甲當部不得動, 諸營乃定. 逡詣惇所, 叱持質者曰, "汝等凶逆, 乃敢執劫大將軍, 復慾望生邪! 且吾受命討賊, 寧能以一將軍之故, 而縱汝乎?" 因涕泣謂惇曰, "當奈國法何!" 促召兵擊持質者. 持質者惶遽叩頭, 言"我但欲乞資用去耳!" 浩數責, 皆斬之.

惇既免, 太祖聞之, 謂浩曰, "卿此可爲萬世法." 乃著令, 自今已後有持質者, 皆當並擊, 勿顧質. 由是劫質者遂絶.

| 국역 |

夏侯惇(하후돈)[841]의 字는 元讓(원양)으로, 沛國 譙縣(초현) 사람이며, 夏侯嬰(하후영)[842]의 후손이다. 14세에 스승을 찾아가 배우는데

841 夏侯惇(하후돈, ?-220년. 字 元讓)은 沛國 譙縣〔今 安徽省 亳州市(박주시)〕 출신, 曹操의 從兄弟(4촌). 夏侯는 복성. 漢 開國 功臣인 夏侯嬰(하후영)의 후손. 조조의 절대적 신임을 받았던 무장. 조조가 죽은 몇 개월 뒤에 죽었다. 그의 忠義는 후세에 미담으로 전해졌다. 하후돈은 조조의 절대 신임을 받으며 지위와 권한이 막강하였지만 생활은 늘 검소하였다. 하후돈의 인품은 고결하였지만 군사 지휘관으로서는 크게 성공하지 못하여 승리보다는 패배가 많았다. 그래서 조조는 하후돈을 최일선 지휘관으로는 내 보내지 않았다.

842 夏侯嬰(하후영, ?-前172년)은 漢朝 開國功臣, 보통 滕公(등공)이라 호칭. 嬰 어린아이 영. 하후영은 沛縣(패현)에서 말을 관리하며 수레를 몰았는데, 泗上亭長이던 劉邦과 친했다. 하후영은 나중에 임시 縣吏가 되었는데, 유방이 장난을 하다가 하후영을 다치게 했고, 다른 사람이 유방을 고발하였다. 유방은 그때 亭長으로 (관리였기에) 사람을 다치게 하면 무겁게 처벌을 받아야 했기에 고의로 하지 않았다고 말했고, 하후영이 이를 입증했다. 뒤에 위증죄로 하후영은 수백 대 볼기를 맞았지만 끝내 유방을 죄에서 벗어나게 했다. 하후영은 유방이 패현에서 봉기할 때부터, 늘 太僕(태복)으로 고조가 죽을 때까지 수행했으며, 태복으로 惠帝를 섬겼다. 孝惠帝와 高后는 하후영이 惠帝와 노원공주를 下邑에서 구해준 것을 은덕으로 생각하였는데, 하후영에게 궁궐 북쪽에 제일 좋은 집을 하사하며 '내 가까이 살라!' 하면서 특별히 존중하였다. 혜제가 죽자 하후영은 태복으로 高后를 섬겼다. 고후가 죽고 代王을 모

어떤 사람이 스승을 모욕하자 하후돈이 죽여버렸는데, 이에 그의 강렬한 성격이 널리 알려졌다.

조조가 처음 거병한 이후로 하후돈은 늘 조조를 보필하면서 함께 정벌에 나섰다. 조조가 奮武將軍 대행이었을 때 하후돈은 司馬가 되었고, 별도로 白馬縣[843]에 주둔했었고 折衝校尉(절충교위)로 승진했다가 東郡太守 직무를 수행했다.

조조가 陶謙(도겸)을 원정할 때, 하후돈을 남겨 濮陽(복양)을 지키게 했다. 張邈(장막)이 반기를 들고 呂布를 영입했는데, 조조의 가족은 鄄城(견성)에 있어, 하후돈은 경무장으로 견성에 가다가 여포와 조우하자 교전하였다. 여포가 물러나자 하후돈은 복양성에 들어갔는데, (여포는) 하후돈의 치중 부대를 급습하여 차지하였다. 여포는 부장을 거짓으로 투항한다며 하후돈에게 보냈고 여럿이 하후돈을 사로잡고 금은 같은 보화를 요구하자, 하후돈의 군영은 두려워 떨었다.

그때 하후돈의 부장인 韓浩(한호)는 군사를 거느리고 하후돈의 부대 맞은편에 주둔하면서 모든 장졸을 불러 무장을 갖춘 채 동요하지 말라고 지시하자 군영은 안정되었다.

이에 한호는 하후돈이 억류된 곳에 가서 인질로 잡은 군사들을 질책하였다.

"너희는 흉악한 반역으로 감히 대장군을 잡고 협박하는데, 너희가 다시 살 수 있겠느냐! 나는 반적을 토벌하라는 명을 받았으니 장

서울 때 하후영은 태복으로서 文帝를 옹립하였고 다시 태복이 되었으며, 시호는 文侯이었다.

843 白馬는 兗州 東郡의 현명. 今 河南省 동북 安陽市 관할 滑縣(활현).

군 한 사람 살리려고 너희들을 풀어주겠는가?"

그러면서 눈물을 흘리며 하후돈에게 말했다.

"국법을 따르지 않을 수 없습니다!"

그러면서 군사를 불러 인질범을 공격하게 하였다. 인질범들은 황급히 머리를 조아리며 말했다.

"우리들은 재물이나 좀 얻으면 떠나려 했습니다."

그러나 한호는 인질범을 하나하나 책망하며 모두 죽여버렸다. 하후돈을 풀려났고, 이를 전해들은 조조가 한호에게 말했다.

"卿의 이번 조치는 萬世의 법이 될 것이다."

그리고는 이를 법으로 기록케 했는데, 이후로 인질범을 공격할 때 인질의 생명을 고려하지 않았다. 이 때문에 인질범이 없어졌다.

| 原文 |

太祖自徐州還, 惇從征呂布, 爲流矢所中, 傷左目. 復領陳留,濟陰太守, 加建武將軍, 封高安鄕侯. 時大旱, 蝗蟲起, 惇乃斷太壽水作陂, 身自負土, 率將士勸種稻, 民賴其利. 轉領河南尹. 太祖平河北, 爲大將軍後拒. 鄴破, 遷伏波將軍, 領尹如故, 使得以便宜從事, 不拘科制.

建安十二年, 錄惇前後功, 增封邑千八百戶, 並前二千五百戶. 二十一年, 從征孫權還, 使惇都督二十六軍, 留居巢. 賜伎樂名倡, 令曰, "魏絳以和戎之功, 猶受金石之樂, 況將軍乎!”

二十四年, 太祖軍於摩陂, 召惇常與同載, 特見親重, 出入臥內, 諸將莫得比也. 拜前將軍, 督諸軍還壽春, 徙屯召陵. 文帝卽王位, 拜惇大將軍, 數月薨.

| 국역 |

조조가 徐州로 돌아오자, 夏侯惇은 조조를 따라 呂布 정벌에 나섰지만 流矢(유시)에 맞아 왼쪽 눈을 다쳤다.[844] 하후돈은 陳留郡과 濟陰郡의 太守가 되어 다스렸고,[845] 建武將軍의 加官을 받았으며 高安鄕侯가 되었다.

그때 날이 크게 가물었고 蝗蟲(황충) 떼가 발생하였는데, 하후돈은 太壽水(태수수)의 물을 막아 저수지를 만들면서 자신이 직접 흙을 져 날랐고 장졸을 격려하며 벼농사를 권장하여 백성을 이롭게 하였다. 이어 하후돈은 河南尹을 겸임하였다. 조조가 河北 일대를 평정한 뒤에 大將軍이 되었지만 나중에 사양하였다. 하후돈은 鄴縣을 점거한 뒤에, 伏波將軍으로 승진하였지만 하남윤의 겸직은 전과

844 그 당시 夏侯淵(하후연)도 하후돈과 함께 장군으로 같이 있었는데 군중에서는 하후돈을 '盲夏侯(맹하후)' 라고 불렀다. 하후돈은 그 말을 싫어했고 화가 나서 거울을 내팽개치곤 했다는 기록도 있다. 《三國演義》 18回에서는 여포의 부장 高順(고순)을 추격하다가 적장 曹性(조성)이 쏜 화살이 왼쪽 눈에 꽂히자 하후돈은 화살을 뽑는다. 눈알이 함께 뽑혀 나오자 '父精과 母血이니 버릴 수 없다!' 라고 소리치며 눈알을 씹어 삼킨 뒤, 창을 뽑아들고 추격하여 적장 曹性을 죽여 원수를 갚는다. 그러나 이는 「身體髮膚는 受之父母하였으니 不敢毁傷이 孝至始也라.」는 윤리의식에 바탕을 둔 완전 虛構이지만, 독자에게 강한 인상을 남겨 오래도록 人口에 膾炙(회자)되었다.

845 領은 상위 직급자가 하위 업무를 겸임하는 것.

같았는데 하후돈은 상황에 따라 직무를 수행하면서 직제에 얽매이지 않았다.

建安 12년(서기 207), 하후돈의 그간 공적을 평정하여 식읍을 1,800호 늘려주어 이전과 합하여 2,500호가 되었다. 건안 21년(서기 216), 孫權(손권)을 원정하고 돌아와서 하후돈은 26개 군영의 都督이 되어 (揚州 廬江郡의) 居巢縣(거소현)[846]에 주둔하였다.

(조조는 하후돈에게) 歌妓와 舞女를 보내주며 명했다.

"魏絳(위강)[847]은 戎人(융인)과 화해한 공적만으로도 金石의 악기들을 하사받았는데 하물며 장군에게야 더 말할 것이 없도다!"

(建安) 24년(서기 219), 조조는 摩陂(마피)에 주둔하고 있으면서 하후돈을 불러 수레를 같이 타면서 특별히 신임하였으며, 臥內(와내, 內殿)에도 출입할 수 있었으니 다른 장군 누구와도 비교될 수 없었다. 하후돈은 前將軍을 제수 받고 여러 군영을 감독하며 壽春縣(수춘현)으로 돌아왔다가 (汝南郡) 召陵縣(소릉현)으로 옮겨 주둔하였다. 文帝(曹丕)가 제위에 오른 뒤 하후돈은 大將軍을 제수 받았지만 몇 달 뒤에 죽었다.

| 原文 |

惇雖在軍旅, 親迎師受業. 性淸儉, 有餘財輒以分施, 不足

846 揚州 廬江郡 居巢縣은, 今 安徽省 중부 巢湖市.

847 魏絳(위강)은 春秋時代 晉國의 武將, 晉 悼公(도공), 晉 平公을 섬겼다. 魏昭子, 魏莊子로도 표기한다.

資之於官, 不治産業. 謚曰忠侯. 子充嗣. 帝追思惇功, 欲使子孫畢侯, 分惇邑千戶, 賜惇七子二孫爵皆關內侯. 惇弟廉及子楙素自封列侯.

初, 太祖以女妻楙, 卽淸河公主也. 楙歷位侍中尙書,安西鎭東將軍, 假節. 充薨, 子廙嗣. 廙薨, 子劭嗣.

韓浩者, 河內人. 沛國史渙與浩俱以忠勇顯. 浩至中護軍, 渙至中領軍, 皆掌禁兵, 封列侯.

| 국역 |

하후돈은 비록 軍中에 있었지만 스승을 모셔 학문을 닦았다. 본성이 청렴 검소하였고 남는 재물은 바로 부하들에게 나눠주거나 관청의 부족한 경비로 사용했으며 가산을 늘리지 않았다. 시호는 忠侯였다. 아들 夏侯充(하후충)이 뒤를 이었다.

文帝는 하후돈의 공적을 생각하여 하후돈의 자손을 모두 열후에 봉하고 하후돈의 식읍 1천 호를 나눠주었으며, 하후돈의 아들 7명과 2명의 손자에게 모두 關內侯의 작위를 하사하였다. 하후돈의 아우 夏侯廉(하후렴)과 하후돈의 아들 夏侯楙(하후무)는 그전에 列侯에 올랐었다.

그전에 조조는 딸을 하후무와 결혼시켰으니, 곧 淸河公主였다. 하후무는 侍中尙書와 安西鎭東將軍을 역임하며 부절을 받았다. 하후충이 죽자, 아들 夏侯廙(하후이, 廙는 공경할 이)가 계승하였다. 夏侯廙(하후이)가 죽자, 아들 夏侯劭(하후소)가 이어받았다.

韓浩(한호)란 사람은 河內郡 사람이다. 沛國의 史渙(사환)과 한호는 모두 충성스런 용맹으로 알려졌다. 한호는 中護軍을 역임했고, 사환은 中領軍이 되었는데 둘 다 禁兵을 지휘하였고 列侯에 봉해졌다.

❷ 夏侯淵

|原文|

夏侯淵字妙才, 惇族弟也. 太祖居家, 曾有縣官事, 淵代引重罪, 太祖營救之, 得免. 太祖起兵, 以別部司馬,騎都尉從, 遷陳留,潁川太守. 及與袁紹戰於官渡, 行督軍校尉. 紹破, 使督兗,豫,徐州軍糧, 時軍食少, 淵傳饋相繼, 軍以復振.

昌豨反, 遣于禁擊之, 未拔, 復遣淵與禁並力, 遂擊豨, 降其十餘屯, 豨詣禁降. 淵還, 拜典軍校尉. 濟南,樂安黃巾徐和, 司馬俱等攻城, 殺長吏, 淵將泰山,齊,平原郡兵擊, 大破之, 斬和, 平諸縣, 收其糧穀以給軍士.

十四年, 以淵爲行領軍. 太祖征孫權還, 使淵督諸將擊廬江叛者雷緖, 緖破, 又行征西護軍, 督徐晃擊太原賊, 攻下二十餘屯, 斬賊帥商曜, 屠其城. 從征韓遂等, 戰於渭南. 又督朱靈平隃麋,汧氐. 與太祖會安定, 降楊秋.

| 국역 |

夏侯淵(하후연)[848]의 字는 妙才(묘재)로, 夏侯惇(하후돈)의 집안 아우(族弟)이다. 曹操가 家鄕에 있을 때(출사하기 전), 잘못이 있어 관가의 처벌을 받아야 했는데, 하후연이 대신하여 자신의 죄라고 벌을 받았는데 조조가 나중에 손을 써서 형벌을 면케 하였다.

조조가 起兵하자, 하후연은 別部司馬나 騎都尉가 되어 수행하였고, 陳留郡과 潁川郡(영천군)의 태수를 역임하였다. 조조가 원소와 官渡(관도)에서 싸울 때, 하후연은 督軍校尉를 대행하였다. 원소가 격파되자, 하후연은 兗州(연주), 豫州, 徐州의 군량을 軍糧을 조달하였는데 그때 군량이 늘 부족했지만 하후연이 군량 공급이 이어져 군의 전력은 다시 강해졌다.

昌豨(창희)[849]가 반란을 일으켰을 때, 于禁(우금)을 보내 토벌하였으나 이기지 못하자, 다시 하후연을 보내 우금과 함께 창희를 공격하여 10개 군영을 격파하였고, 창희는 우금에게 투항하였다. 하후연은 회군하여 典軍校尉가 되었다.

(青州 관하의) 濟南郡, 樂安國의 黃巾賊 무리인 徐和(서화)와 司馬俱(사마구) 등이 縣城을 공격하여 官長이나 관리를 죽이자, 하후연은 泰山, 齊國, 平原郡의 군사를 거느리고 공격하여 서화를 죽이고 여

---

848 夏侯淵(하후연, ?-219년, 字 妙才)은 沛國 譙縣(今 安徽省 亳州市) 출신. 수많은 전투에서 맹활약하여 '虎步關右, 所向無前' 이라고 했다. 建安 20년 이후 征西將軍이 되어 漢中을 지켰는데, 定軍山에서 劉備의 部將 黃忠에게 패전하여 피살되었다. 用兵에서는 경무장 병사를 급습을 좋아했고 좀 무모할 정도로 도전하였다. 평소에 의리를 지키며 강조하였다.

849 昌豨(창희)는 太山(泰山) 일대의 도적 무리로, 한때 여포를 도왔고 나중에는 유비를 도왔지만 조조에 의해 격파되었다.

러 현을 평정하였고 그들의 곡식을 거두어 군량으로 공급하였다.

建安 14년(서기 209), 하후연은 임시 총 사령관이 되었다. 조조는 손권 원정에서 돌아와 하후연으로 하여금 여러 장군을 지휘하여 廬江郡(여강군)의 반적인 雷緖(뇌서)를 평정케 하였는데 뇌서가 평정되자, 다시 하후연을 征西護軍 대행으로 삼아 徐晃(서황)을 거느리고 太原郡의 賊徒를 평정케 하여 20여 군영을 공격 점령하였으며, 적의 장수 商曜(상요)를 죽이고 그들의 城을 도륙하였다. 韓遂(한수) 등을 토벌하며 渭水(위수) 남쪽에서 싸웠다. 또 朱靈(주령)을 독려하여 隃麋(유미)와 (右扶風) 汧縣(견현)의 氐族(저족)[850]의 무리를 평정한 뒤 조조와 安定郡[851]에서 합세하여 楊秋(양추)[852]의 투항을 받았다.

| 原文 |

十七年, 太祖乃還鄴, 以淵行護軍將軍, 督朱靈,路招等屯長安, 擊破南山賊劉雄, 降其衆. 圍遂,超餘黨梁興於鄠, 拔之, 斬興, 封博昌亭侯.

馬超圍涼州刺史韋康於冀, 淵救康, 未到, 康敗. 去冀二百餘里, 超來逆戰, 軍不利. 汧氐反, 淵引軍還.

850 氐(저) – 古代 중국 서북부 소수민족의 하나. 今 陝西省, 甘肅省, 四川省의 접경 지역이 주 활동무대. 匈奴, 鮮卑, 氐(저), 羯(갈), 羌(강)의 5胡의 하나.

851 涼州 安定郡의 治所는 臨涇縣(임경현). 今 甘肅省 동부 慶陽市 관할 鎭原縣.

852 본래 馬騰(마등)과 같은 부류의 할거 세력이었는데 조조에게 패전한 뒤, 曹魏에 투항하여 장군이 되었다.

十九年, 趙衢,尹奉等謀討超, 姜敘起兵鹵城以應之. 衢等譎說超, 使出擊敘, 於後盡殺超妻子. 超奔漢中, 還圍祁山. 敘等急求救, 諸將議者欲須太祖節度.

淵曰, "公在鄴, 反覆四千里, 比報, 敘等必敗, 非攻急也."

遂行, 使張郃督步騎五千在前, 從陳倉狹道入, 淵自督糧在後. 郃至渭水上, 超將氐羌數千逆郃. 未戰, 超走, 郃進軍收超軍器械. 淵到, 諸縣皆已降. 韓遂在顯親, 淵欲襲取之, 遂走. 淵收遂軍糧, 追至略陽城, 去遂二十餘里, 諸將欲攻之, 或言當攻興國氐. 淵以爲遂兵精, 興國城固, 攻不可卒拔, 不如擊長離諸羌. 長離諸羌多在遂軍, 必歸救其家. 若羌獨守則孤, 救長離則官兵得與野戰, 可必虜也. 淵乃留督將守輜重, 輕兵步騎到長離, 攻燒羌屯, 斬獲甚衆. 諸羌在遂軍者, 各還種落. 遂果救長離, 與淵軍對陳. 諸將見遂衆, 惡之, 欲結營作塹乃與戰.

淵曰, "我轉鬪千里, 今復作營塹, 則士衆罷弊, 不可久. 賊雖衆, 易與耳."

乃鼓之, 大破遂軍, 得其旌麾, 還略陽, 進軍圍興國. 氐王千萬逃奔馬超, 餘衆降. 轉擊高平屠各, 皆散走, 收其糧穀牛馬. 乃假淵節.

| 국역 |

(建安) 17년(서기 212), 조조는 鄴縣으로 귀환하면서, 하후연을 護軍將軍 대행으로 삼아 朱靈(주령)과 路招(노초) 등을 거느리고 長安에 주둔하여, 終南山의 산적인 劉雄(유웅)을 공격케 하여 그 무리를 투항케 하였다. 하후연은 韓遂(한수)와 馬超(마초)의 잔당을 (右扶風의) 鄠縣(호현)에서 포위 공격하여 점령하며 梁興(양흥)을 죽여 博昌亭侯(박창정후)에 봉해졌다.

마초가 涼州刺史인 韋康(위강)을 (漢陽郡) 冀縣(기현)[853]에서 포위하자, 하후연은 위강을 구원하려 출발하였지만, 하후연이 도착하기 전에 위강은 패망하였다. 하후연은 冀縣에서 2백여 리 떨어진 곳에서 마초와 싸웠는데 이기지 못했다. 또 (右扶風) 汧縣(견현)의 氐族(저족)이 반기를 들어 하후연은 회군하였다.

(建安) 19년(서기 214), 趙衢(조구)와 尹奉(윤봉) 등과 함께 마초 토벌을 계획하면서 姜敘(강서)는 (雁門郡) 鹵城縣(노성현)에서 하후연에 내응키로 했었다. 조구는 거짓으로 마초를 설득하여 姜敘(강서)를 공격케 한 뒤에 마초의 처와 자식을 모두 죽여버렸다. 이에 마초는 漢中郡 지역으로 달아났다가 다시 돌아와 祁山(기산)[854]을 포위하였다. 강서 등이 급하게 구원을 요청하자, 하후연의 여러 장수들은 조조의 지시를 받는 것이 좋겠다고 말했다. 이에 하후연이 말했다.

················

853 (漢陽郡, 天水郡) 冀縣(기현)은, 今 甘肅省 天水市 甘谷縣.

854 祁山(기산)은 諸葛亮의 북벌 중 '六出祁山(실제는 5회)' 한 곳. 今 甘肅省 남단 隴南市 관할 禮縣(예현). 祁連山(기련산)이 아님. 祁連山은 甘肅省과 靑海省에 걸친 대 산맥 이름이다.

"조조는 지금 (魏郡) 鄴縣에 계시니, 왕복 4천 리이나 되어 회답이 올 때쯤이면 강서 등은 틀림없이 패망할 것이니, 이는 위급을 해결할 방법이 아니다."

이에 군사를 출동시키면서 張郃(장합)으로 하여금 보병과 기병 5천을 선발대로 거느리고 (右扶風) 陳倉縣(진창현)[855]의 狹道(협도)로 진군케 하고, 하후연은 군량 수송을 감독하며 후미에서 행군하였다. 장합이 渭水(위수) 부근에 이르자, 마초가 거느린 氐族(저족)과 羌族(강족)의 수천 명 군사가 장합을 맞이하였다. 그러나 전투가 벌어지기도 전에 마초는 달아났고, 장합은 마초 군사의 각종 장비를 수습하였다. 하후연이 도착할 무렵에 이미 여러 현이 투항하였다. 韓遂(한수)는 (漢陽郡의) 顯親縣(현친현)이란 곳에 주둔했었는데, 하후연이 한수를 기습 공격하자, 한수는 패주하였다.

하후연은 한수의 군량을 거둬들이고, 추격을 계속하여 (漢陽郡의) 略陽城(약양성)[856]에 이르러 한수와 20여 리 떨어진 거리였는데 여러 장수가 한수를 공격하려 하자, 어떤 장수는 興國(홍국)이란 곳에 있는 氐族(저족)도 꼭 공격해야 한다고 말했다. 하후연은 한수가 精兵을 거느렸고 興國의 城이 견고하여 쉽게 함락시킬 수 없다고 생각하여 長離(장리) 지역의 여러 강족을 먼저 공격하는 것이 좋을 것이라 생각하였다. 한수의 병졸 중에는 장리의 여러 강족이 많이 있어 틀림없이 가족을 구하러 올 것이고, 만약 강족만이 수비한다면 고립될 것이고, 장리를 구원하러 온다면 하후연의 군사는 野戰

855 右扶風 陳倉縣은, 今 陝西省 서남부 寶雞市. 陳倉區. 渭水 북안.

856 (漢陽郡) 略陽縣(약양현)은, 今 陝西省 서남부 漢中市 관할 略陽縣. 嘉陵江 상류.

을 벌려야 하기에 틀림없이 포로로 잡을 것이라 생각하였다.

하후연은 장수를 남겨 치중 물자를 지키게 하고 경무장한 보병과 기병을 거느리고 장리에 도착하여 강족의 요새를 불태우고 많은 강족을 생포하였다. 그러자 한수에 소속된 강족들이 각자 자신들의 종족 마을을 구하려 돌아왔다. 이에 한수도 장리를 구원하러 진격하여, 하후연과 맞서 군진을 쳤다. 여러 장수들은 한수의 군사가 많은 것을 보고 걱정하여 군영에 참호를 파고 싸우려 하였다. 이에 하후연이 말했다.

"우리는 싸우러 1천 리를 달려 왔는데, 다시 참호를 판다면 사졸이 너무 지쳐서 오래 견딜 수가 없다. 비록 적의 무리가 많다지만 오히려 쉬울 것이다."

그리고 북을 치며 진격하여 한수의 군사를 대파하였고 각종 깃발을 노획하고 略陽城으로 돌아왔다가 다시 진격하여 興國의 城을 포위하였다. 저족왕 千萬(천만)은 馬超의 군영으로 도주하였고 나머지 군졸을 투항하였다. 하후연은 방향을 바꿔 高平(고평)과 屠各(도각)을 공략하자 모두 도주하였는데, 하후연은 그 군량과 牛馬를 거둬들였다. 이에 조정에서는 하후연에게 부절을 하사하였다.

| 原文 |

初, 枹罕宋建因涼州亂, 自號河首平漢王. 太祖使淵帥諸將討建. 淵至, 圍枹罕, 月餘拔之, 斬建及所置丞相已下. 淵別遣張郃等平河關, 渡河入小湟中, 河西諸羌盡降, 隴右平.

太祖下令曰,「宋建造爲亂逆三十餘年, 淵一擧滅之, 虎步關右, 所向無前. 仲尼有言, '吾與爾不如也.'」

二十一年, 增封三百戶, 並前八百戶. 還擊武都氐羌下辯, 收氐穀十餘萬斛. 太祖西征張魯, 淵等將涼州諸將侯王已下, 與太祖會休亭. 太祖每引見羌,胡, 以淵畏之. 會魯降, 漢中平, 以淵行都護將軍, 督張郃,徐晃等平巴郡. 太祖還鄴, 留淵守漢中, 卽拜淵征西將軍.

二十三年, 劉備軍陽平關, 淵率諸將拒之, 相守連年.

二十四年正月, 備夜燒圍鹿角. 淵使張郃護東圍, 自將輕兵護南圍. 備挑郃戰, 郃軍不利. 淵分所將兵半助郃, 爲備所襲, 淵遂戰死. 諡曰愍侯.

初, 淵雖數戰勝, 太祖常戒曰, "爲將當有怯弱時, 不可但恃勇也. 將當以勇爲本, 行之以智計, 但知任勇, 一匹夫敵耳."

| 국역 |

그전에, (隴西郡) 枹罕縣(포한현)의 宋建(송건)[857]은 涼州의 혼란을 틈타서, 河首平漢王(하수평한왕)을 자칭했었다. 조조는 하후연을 보내 여러 장수를 거느리고 송건을 토벌케 했다. 하후연이 도착하여

857 隴西郡 枹罕縣(포한현)은, 今 甘肅省 남서부 臨夏回族自治州(臨夏市). 宋建(송건, ?-214)은 (영제) 中平 원년(184) 황건적의 봉기와 뒤이어 이어지는 韓遂(한수)와 騰據(마등)의 涼州大亂을 이용하여 '河首平漢王'을 자처하며 30년 가까이 농서 일대에 할거했다.

포한현을 1달 넘도록 포위한 뒤에 성을 함락시키면서 송건과 송건이 임명한 승상 이하 관리를 참수하였다. 하후연은 별도로 張郃(장합) 등을 보내 (隴西郡) 河關縣(하관현)을 평정하고 황하를 건너 小湟中(소황중)[858]에 진입하자, 河西의 모든 강족이 투항하였고 隴右郡은 평정되었다.

이에 조조가 명령을 내려 말했다.

「宋建(송건)이 造亂하고 반역하기 30여 년이었지만 하후연이 일거에 멸망시켜 위엄을 隴右 일대에 떨치니 가는 앞길을 막을 자 없었다. 仲尼(중니, 孔子)가 말한 그대로 '나는 너만 못하느니라.[859]」

(건안) 21년(서기 216) 하후연은 식읍 3백 호를 더 받아 이전과 합하여 8백 호가 되었다. 하후연은 군사를 돌려 武都郡의 氐族(저족)과 羌族(강족)을 (武都郡) 下辯縣(하변현)[860]에서 격파하고 저족의 식량 10여만 곡을 거둬들였다.

조조가 서쪽으로 張魯(장로)를 정벌할 때, 하후연 등은 涼州의 여러 장수와 侯王의 장졸을 거느리고 조조와 休亭(휴정)이란 곳에서

858 湟中(황중)은 지역 이름. 今 青海省 동부 湟水 유역과 兩岸 일대. 羌族, 漢人, 月氏族이 잡거하는 지역. 今 青海省 동북부 西寧市 湟中縣. 湟水(河)는 一名 西寧河, 黃河 상류의 큰 지류. 青海省 祁連산맥에서 발원하여 東流하여 西寧盆地의 湟源, 西寧市, 樂都를 지나 代通河와 합류한 뒤 甘肅省 蘭州市에서 황하에 합류한다. 이 지역 거주 羌族을 湟中羌이라 통칭. 《後漢書》 87권, 〈西羌傳〉 참고.

859 공자가 子貢(자공)의 口辯(구변)을 칭찬한 말로 "弗如也, 吾與女弗如也."(나는 너처럼 말을 잘할 수가 없다.)라는 뜻인데, 이를 조조가 좀 다르게 표현하였다. 《論語 公冶長》 子謂子貢曰, "女與回也孰愈? 對曰, "賜也何敢望回? 回也聞一以知十, 賜也聞一以知二." 子曰, "弗如也, 吾與女弗如也." 女는 너(爾).

860 下辯(하변)은 武都郡의 治所 縣名. 今 甘肅省 남부 隴南市 관할 成縣.

합류하였다. 조조가 불러 만난 羌族과 胡人은 모두 하후연을 보면 두려워했다. 마침 장로가 투항하여 漢中郡 지역도 평정되었고, 하후연은 行都護將軍이 되어, 張郃(장합) 徐晃(서황) 등을 거느리고 巴郡(파군)을 평정하였다. 조조는 鄴縣으로 돌아가면서 하후연을 남겨 漢中을 방어케 하면서 바로 하후연에게 征西將軍을 제수하였다.

(建安) 23년(218), 劉備(유비)가 陽平關(양평관)[861]에 주둔하자, 하후연은 여러 장군을 거느리고 유비를 방어했는데, 1년이 넘도록 서로 대치하였다.

(建安) 24년 정월, 유비는 야간에 하후연 진영의 방어 울타리(鹿角, 鹿砦, 녹채)를 소각하였다. 하후연은 張郃(장합)을 시켜 동쪽을 방어케 하면서 자신은 경무장한 장졸과 함께 남쪽을 방어하였다. 유비가 장합과 싸웠는데 장합이 불리하였다. 이에 하후연은 군사를 절반 나눠 장합을 지원했는데 유비 군사의 급습으로 하후연은 전사했다. 시호는 愍侯(민후)였다.

그전에 하후연이 여러 번 전투에서 이겼지만 조조는 늘 훈계하였다.

"장군이라도 겁먹은 듯 나약할 때가 있어야지, 언제나 용기만으로 싸울 수 없다. 장수는 응당 용기가 바탕이나 지혜와 계략이 있어야지 용기만 믿는다면 그것은 필부의 용기이다."

861 陽平關(陽安關)은, 今 陝西省 漢中市 勉縣에 위치. 漢中盆地의 서북 문호, 白馬河와 漢水의 합류지점.

| 原文 |

淵妻, 太祖內妹. 長子衡, 尙太祖弟海陽哀侯女, 恩寵特隆. 衡襲爵, 轉封安寧亭侯.

黃初中, 賜中子霸, 太和中, 賜霸四弟, 爵皆關內侯. 霸, 正始中爲討蜀護軍右將軍, 進封博昌亭侯, 素爲曹爽所厚. 聞爽誅, 自疑, 亡入蜀. 以淵舊勳赦霸子, 徙樂浪郡. 霸弟威, 官至兗州刺史. 威弟惠, 樂安太守. 惠弟和, 河南尹. 衡薨, 子績嗣, 爲虎賁中郎將. 績薨, 子褒嗣.

| 국역 |

夏侯淵(하후연)의 아내는 조조 아내의 동생이었다. 하후연의 長子 夏侯衡(하후형)은 조조의 동생 海陽哀侯의 딸과 결혼하였는데 그 은총이 특별히 융숭하였다. 하후형이 작위를 이었고 安寧亭侯로 옮겨 봉해졌다.

文帝 黃初 연간에, 작은아들 夏侯霸(하후패)에게 작위를 하사하였고, 明帝 太和 연간에, 하후패의 4형제에게 모두 關內侯이 작위를 내렸다. 하후패는 (曹芳의) 正始 연간에(240 - 248년) 討蜀護軍右將軍이 되었고, 博昌亭侯로 작위를 올랐는데 하후패는 평소에 曹爽(조상)과 가까웠다. 하후패는 조상이 주살되었다는 소식에 스스로 두려워하며 蜀 땅으로 도주하였다. 그러나 夏侯淵의 옛 공적에 의거 하후패의 아들을 사면하여 樂浪郡에 옮겨 살게 하였다. 하후패의 동생 夏侯威(하후위)는 兗州(연주) 자사를 역임하였다. 하후위의 동

생 夏侯惠(하후혜)는 樂安太守가 되었다. 하후혜의 동생 夏侯和(하후화)는 河南尹이었다. 하후형이 죽자, 아들 夏侯績(하후적)이 계승하였고 虎賁中郞將이 되었다. 하후적이 죽자, 아들 夏侯褒(하후포)가 계승했다.

❸ 曹仁

| 原文 |

曹仁字子孝, 太祖從弟也. 少好弓馬弋獵. 後豪傑並起, 仁亦陰結少年, 得千餘人, 周旋淮,泗之間, 遂從太祖爲別部司馬, 行厲鋒校尉.

太祖之破袁術, 仁所斬獲頗多. 從征徐州, 仁常督騎, 爲軍前鋒. 別攻陶謙將呂由, 破之, 還與大軍合彭城, 大破謙軍. 從攻費,華,即墨,開陽, 謙遣別將救諸縣, 仁以騎擊破之.

太祖征呂布, 仁別攻句陽, 拔之, 生獲布將劉何. 太祖平黃巾, 迎天子都許, 仁數有功, 拜廣陽太守. 太祖器其勇略, 不使之郡, 以議郞督騎. 太祖征張繡, 仁別徇旁縣, 虜其男女三千餘人. 太祖軍還, 爲繡所追, 軍不利, 士卒喪氣, 仁率厲將士甚奮, 太祖壯之, 遂破繡.

| 국역 |

曹仁(조인)[862]의 字는 子孝(자효)로, 曹操의 4촌 동생(從弟, 堂弟)이다. 젊어서도 弓馬와 사냥(弋獵, 익렵)을 좋아했다. 뒷날 豪傑(호걸)이 並起(병기)하자, 曹仁 역시 젊은이들 1천여 명을 모아 淮水(회수)와 泗水(사수) 일대를 누볐으며 나중에 조조를 수행하며 別部司馬를 역임했고 厲鋒校尉(여봉교위)를 대행하였다.

조조가 원술을 격파할 때 조인은 많은 적을 죽였다. 조조를 따라 서주를 정벌할 때도 조인은 기병을 지휘하며 늘 선봉에 섰다. 조인은 陶謙(도겸)의 부장인 呂由(여유)를 별도로 격파하였고, 돌아와 彭城(팽성)에서 조조의 본대에 합류한 뒤에, 도겸의 군사를 대파하였다. 조조를 따라 費縣(비현), 華縣(화현), 卽墨縣(즉묵현), 開陽縣(개양현)을 공략했는데 도겸이 별장을 보내 여러 현을 구원하자, 조인은 기병으로 이들을 격파하였다.

조조가 呂布(여포)를 정벌할 때, 조인은 별도로 (濟陰郡) 句陽縣(구양현)을 점령하면서 여포의 별장인 劉何(유하)를 생포하였다.

조조가 황건 잔당을 평정하며 헌제를 영입하여 (潁川郡) 許縣(허현)에 定都할 때도, 조인은 여러 번 공을 세워 廣陽郡 太守에 임명되었다. 조조는 조인의 용기와 책략을 인정하며 郡 태수로 보내지 않고 議郞의 직책으로 기병을 감독 지휘케 하였다.

조조가 張繡(장수)를 정벌할 때, 조인은 별도로 주변의 현을 공격하

862 曹仁(조인, 168-223년, 字 子孝)은 曹熾(조치)의 아들. 조부인 曹褒(조포)는 潁川太守를, 부친 曹熾(조치)는 長水校尉를 역임했다. 曹操의 從弟(堂弟)이며 魏의 명장, 일찍부터 조조를 따라 원정과 각종 전투에 참여했다. 樊城(번성)의 싸움에서 관우의 水攻을 최후까지 방어했다. 대사마를 역임하였고 병사했다.

며 3천여 명의 남녀를 생포하였다. 조조의 군사가 철수하면서 장수의 공격을 받아 대군이 패전하며 사졸의 사기가 크게 저하했지만, 조인이 장졸을 격려 고무했는데, 결국 조조는 이에 힘입어 장수를 격파하였다.

| 原文 |

太祖與袁紹久相持於官渡, 紹遣劉備徇濦彊諸縣, 多舉衆應之. 自許以南, 吏民不安, 太祖以爲憂.

仁曰, "南方以大軍方有目前急, 其勢不能相救, 劉備以强兵臨之, 其背叛固宜也. 備新將紹兵, 未能得其用, 擊之可破也."

太祖善其言, 遂使將騎擊備, 破走之, 仁盡復收諸叛縣而還. 紹遣別將韓荀鈔斷西道, 仁擊荀於雞洛山, 大破之. 由是紹不敢復分兵出. 復與史渙等鈔紹運車, 燒其糧穀.

| 국역 |

조조와 원소가 官渡(관도)[863]에서 오랫동안 대치할 때, 원소가 劉備를 보내 (汝南郡) 濦彊縣(은강현) 등 여러 현을 공략케 하자 많은 군사가 유비에 호응하였다. 그러면서 許都 이남의 관리와 백성이

863 官渡(官度) – 魏郡 黎陽縣의 지명. 今 河南省 중부 鄭州市 仲牟縣(중모현) 황하의 작은 지류의 나루터. 조조와 원소의 河北 패권을 결정지은 전투가 있었던 곳.

불안해하자, 조조는 이를 우려하였다. 이에 조인이 말했다.

"지금 南方은 대군을 목전에 두고 위급한 상황이라서 서로 도울 수가 없는데, 유비가 강한 군사로 압박한다면 틀림없이 우리를 배반할 것입니다. 그러나 유비는 원소의 병력을 처음 지휘하여 아직 뜻대로 부릴 수 없으니 우리가 공격한다면 충분히 격파할 수 있습니다."

조조는 조인의 말을 옳게 여겨 기병을 거느리고 유비를 공격케 했는데, 조인은 유비를 격파하고, 반기를 들었던 여러 현을 수복한 뒤에 돌아왔다. 이에 원소는 별장인 韓荀(한순)을 보내 서쪽 통로를 차단케 하였는데, 조인은 한순을 雞洛山(계락산)에서 공격하여 대파하였다. 이 때문에 원소는 또다시 군사를 나눠 출병하지 못했다. 이어 조인은 史渙(사환) 등과 함께 원소의 군량 운반 부대를 공격했고 그 군량을 모두 소각하였다.

| 原文 |

河北既定, 從圍壺關. 太祖令曰, "城拔, 皆坑之." 連月不下. 仁言於太祖曰, "圍城必示之活門, 所以開其生路也. 今公告之必死, 將人自爲守. 且城固而糧多, 攻之則士卒傷, 守之則引日久. 今頓兵堅城之下, 以攻必死之虜, 非良計也."

太祖從之, 城降. 於是錄仁前後功, 封都亭侯.

| 국역 |

河北이 평정되고, 조인은 조조를 따라 (上黨郡 壺關縣의) 壺關(호관)을 포위하였다. 조조는 "城을 함락시키면 모두 묻어 죽여라."라고 말했다. 그러나 한 달이 지나도록 함락시키지 못했다. 이에 조인이 조조에게 말했다.

"城을 포위하더라도 活門을 보여주며 生路를 열어주어야 합니다. 지금 공께서는 필히 모두 죽인다 하니 적장이나 백성은 필사적으로 싸우고 있습니다. 성은 견고하고 군량도 넉넉한데, 우리는 공격이라 사상자가 많고 적은 수비만 하니 오래 걸릴 것입니다. 지금 우리가 견고한 성 밑에서 결사적인 적을 공격하는 것은 良策(양책)이 아닙니다."

조조는 조인의 말에 따랐고 성을 함락시켰다. 이에 조인의 여러 공적을 인정하여 都亭侯에 봉했다.

| 原文 |

從平荊州, 以仁行征南將軍, 留屯江陵, 拒吳將周瑜. 瑜將數萬衆來攻, 前鋒數千人始至, 仁登城望之, 乃募得三百人, 遣部曲將牛金逆與挑戰. 賊多, 金衆少, 遂爲所圍.

長史陳矯俱在城上, 望見金等垂沒, 左右皆失色. 仁意氣奮怒甚, 謂左右取馬來, 矯等共援持之. 謂仁曰, "賊衆盛, 不可當也. 假使棄數百人何苦, 而將軍以身赴之!"

仁不應, 遂被甲上馬, 將其麾下壯士數十騎出城. 去賊百餘步, 迫溝, 矯等以爲仁當住溝上, 爲金形勢也, 仁徑渡溝直前, 沖入賊圍, 金等乃得解. 餘衆未盡出, 仁復直還突之, 拔出金兵, 亡其數人, 賊衆乃退. 矯等初見仁出, 皆懼, 及見仁還, 乃嘆曰, "將軍眞天人也!" 三軍服其勇. 太祖益壯之, 轉封安平亭侯.

| 국역 |

조인은 조조를 따라 荊州(형주)를 평정했고, 征南將軍 대행으로 江陵(강릉)[864]에 주둔케 하여 吳將 周瑜(주유)[865]를 막게 하였다.

주유가 수만 군사를 거느리고 침공하면서, 그 선봉 수천 명이 조인을 공격하였는데, 조인은 성에 올라 적을 살펴본 뒤에 3백 명 선발대를 뽑아 牛金(우금)에게 주어 적에게 도전케 하였다. 다수의 적

864 江陵은 荊州 관할 南郡의 治所, 今 湖北省 중남부 江漢平原에 위치한 荊州市 관할 江陵縣. 李白의 〈早發白帝城〉 詩의 「朝辭白帝彩雲間, 千里江陵一日還. 兩岸猿聲啼不住, 輕舟已過萬重山.」에 나오는 江陵.

865 周瑜(주유, 175 – 210년, 字 公瑾)을 보통 '周郞' 이라는 애칭으로 부른다. 주유가 지휘한 赤壁之戰은 以少勝多의 전투로 유명하며, 이는 삼국 정립의 계기가 되었다. 이 적벽대전을 치룬 2년 뒤에 주유는 36세로 병사했다. 魯肅, 呂蒙, 陸遜과 함께 吳의 四大都督으로 불린다. 주유는 젊은 날에 일찍 출세했지만 언제나 謙虛 寬容하였으며 相貌가 堂堂했고 음률에도 정통하여 '曲有誤하면 周郞이 돌아 본다.' 는 말이 생겼다. 孫策과 孫權도 주유를 높이 예우했으며 아내 小橋(소교)는 國色이었고, 영웅과 國色 커플에 대한 후세 사람의 心願을 北宋 文豪 蘇軾(소식)은 〈念奴嬌〉와 〈赤壁懷古〉에서 형상화하였다. 小說 《三國演義》에서는 羅貫中이 제갈량의 재덕과 비범한 지혜를 드러내기 위하여 주유를 心胸이 狹隘(협애)하며 제갈량과 암투를 벌리는 인물로 묘사했다.

에 우금의 군사는 소수라서 결국 완전히 포위당했다.

그때 長史인 陳矯(진교)가 함께 성 위에서 바라보고 있었는데 우금의 군사가 곧 몰사할 것 같아 모두가 失色하였다. 조인은 분노가 크게 치밀어 오르면서 측근에게 말을 대령케 하며 진교 등과 함께 구원하려고 했다. 이에 측근들이 말했다.

"적의 강성하여 감당할 수 없습니다. 수백 명 군사를 잃는 것이 애석하지만, 그렇다고 장군께서 직접 출전할 수 없습니다."

그러나 조인은 갑옷을 입고 말에 올라 휘하 수십 기병을 거느리고 성문을 나섰다. 적에 1백여 보 가까이 접근하자, 참호 도랑이 있어 진교 등은 참호 도랑에서 멈춰 진교를 구원할 작전을 펴리라고 생각했지만, 조인은 지름길로 참호를 건너 직진하여 적의 포위를 뚫고 돌격하여 우금 등을 구출하였다. 그러나 일부가 탈출하지 못하자, 조인은 다시 돌진하여 우금의 병졸을 모두 구출하고 불과 몇 명을 잃었으며, 적은 퇴각하였다.

진교 등은 처음에 조인의 출격을 보고 모두 두려워 떨었지만 조인이 돌아오자 모두 탄식하며 "장군은 정말 하늘이 내신 분입니다."라고 말했다. 三軍은 조인의 용기에 감복하였다. 조조 또한 조인을 장하게 여겼고 安平亭侯로 바꿔 봉했다.

| 原文 |

太祖討馬超, 以仁行安西將軍, 督諸將拒潼關, 破超渭南. 蘇伯,田銀反, 以仁行驍騎將軍, 都督七軍討銀等, 破之. 復以仁行征南將軍, 假節, 屯樊, 鎭荊州. 侯音以宛叛, 略傍縣衆數千人, 仁率諸軍攻破音, 斬其首, 還屯樊, 卽拜征南將軍.

關羽攻樊, 時漢水暴溢, 于禁等七軍皆沒, 禁降羽. 仁人馬數千人守城, 城不沒者數板. 羽乘船臨城, 圍數重, 外內斷絶, 糧食欲盡, 救兵不至. 仁激厲將士, 示以必死, 將士感之皆無二. 徐晃救至, 水亦稍減, 晃從外擊羽, 仁得潰圍出, 羽退走.

| 국역 |

조조는 馬超(마초)를 토벌하면서, 조인을 安西將軍 대행으로 삼아, 여러 장수를 거느리고 潼關(동관)[866]에서 방어하게 하였으며, 마초를 渭水(위수) 남쪽에서 격파하였다.

이어 蘇伯(소백)과 田銀(전은) 등이 반역하자, 조조는 조인을 驍騎將軍 대행으로 삼아, 七軍을 지휘케 하여 전은 등을 격파하였다. 다시 조인을 征南將軍 대행으로 임명하여 부절을 내려주고 (南郡 襄陽縣) 樊城(번성)에 주둔하며 荊州(형주)를 지키게 하였다.

侯音(후음) 등이 (南陽郡) 宛縣(완현)에서 반기를 들고 주변의 여러 현에서 수천 명의 군사를 모으자, 조인은 군사를 인솔하여 후음을 격파한 뒤에 그 목을 벤 다음 돌아와 번성에 머물렀는데 조조는 바로 조인에게 征南將軍을 제수하였다.

關羽(관우)가 樊城(번성)을 공격했는데 마침 漢水가 크게 범람하

866 潼關(동관)은, 今 陝西省 渭南市 동남부 潼關縣 북쪽의 관문, 北으로 黃河에 연접. 후한 建安 원년(196年)에 건립.

여 于禁(우금) 등 七軍[867]이 모두 몰사했고 우금은 관우에게 투항하였다. 조인은 장졸 수천 명을 거느리고 번성을 지켰는데 물에 잠기지 않은 곳이 불과 몇 곳이었다. 관우가 배를 타고 공격하며 번성을 몇 겹으로 포위하여 내외의 모두가 연락이 끊겼고 식량도 바닥이 나려 했지만 구원병은 오지 않았다.

조인은 군사를 격려하고 필사의 의지를 장졸에게 보이자, 將士가 모두 감동하여 두 마음을 가진 자가 없었다. 마침 徐晃(서황)의 구원병이 도착하고 물도 점점 빠지면서 서황이 성 밖에서 관우를 공격하자 조인을 포위를 벗어날 수 있었고 관우도 퇴각하였다.

| 原文 |

仁少時不脩行檢, 及長爲將, 嚴整奉法令, 常置科於左右, 案以從事. 鄢陵侯彰北征烏丸, 文帝在東宮, 爲書戒彰曰, "爲將奉法, 不當如征南邪!"

及卽王位, 拜仁車騎將軍, 都督荊,揚,益州諸軍事, 進封陳侯, 增邑二千, 並前三千五百戶. 追賜仁父熾謚曰陳穆侯, 置守冢十家.

後召還屯宛. 孫權遣將陳邵據襄陽, 詔仁討之. 仁與徐晃攻破邵, 遂入襄陽, 使將軍高遷等徙漢南附化民於漢北, 文帝遣

867 7軍을 거느린 장수는 于禁(우금), 張遼(장료), 張郃(장합), 朱靈(주령), 李典(이전), 路招(노초), 馮楷(풍해) 등이었다.

使卽拜仁大將軍. 又詔仁移屯臨潁, 遷大司馬, 復督諸軍據烏江, 還屯合肥.

黃初四年薨, 謚曰忠侯. 子泰嗣, 官至鎭東將軍, 假節, 轉封甯陵侯. 泰薨, 子初嗣. 又分封泰弟楷,範, 皆爲列侯, 而牛金官至後將軍.

| 국역 |

曹仁은 젊어 행실이 바르지 않았지만, 나이를 먹어 장수가 되어서는 엄격하게 법령을 지키면서 늘 좌우에 법령을 놓아두고 법에 따라 업무를 처리하였다.

鄢陵侯(언릉후)인 曹彰(조창)[868]이 북으로 烏丸(오환)을 원정할 때, 文帝(曹丕)는 東宮이었는데 서신을 보내 "장군으로서 법을 따라야 하지만 그렇다 하여 征南將軍(曹仁)과 같아도 옳지는 않을 것이다!" 라고 조창을 훈계하였다.

曹丕가 제위에 올라서는 조인에게 車騎將軍을 제수하여 荊州, 揚州, 益州의 모든 군사 업무를 감독케 하였고 陳侯(진후)에 봉했으며 식읍 2천호를 보태어 전과 합해 3,500호가 되었다. 그리고 조인의 생부인 曹熾(조치)에게 陳穆侯라는 시호를 추증하였고 무덤을 수호하는 민가 10호를 두었다.

조인은 명을 받아 (南陽郡) 宛縣(완현)에 주둔하였다. 孫權이 장

868 曹丕가 장남이고, 曹彰(조창, 189 - 223년, 字 子文)은 曹操의 第三子, 卞氏(변씨) 소생의 第二子, 曹操가 黃鬚兒(황수아)라 부르며 신임했던 아들. 《魏書》 19권, 〈任城陳蕭王傳〉에 立傳.

군 陳邵(진소)를 보내 襄陽(양양)에 주둔케 하자, 조인에게 조서를 내려 토벌케 하였다. 曹仁과 徐晃(서황)은 진소를 격파하고 결국 襄陽에 입성하였으며 장군 高遷(고천) 등을 시켜 漢水 이남에서 귀부한 백성을 한수 북쪽으로 옮겨 살게 하였으며, 文帝는 사자를 보내 조인에게 大將軍을 제수하였다. 또 (文帝는) 조서를 내려 조인을 (潁川郡) 臨潁縣(임영현)에 옮겨 주둔케 했다가 大司馬로 승진시켜 모든 군사를 감독하며 烏江(오강)[869]에 주둔케 했다가 다시 (九江郡) 合肥縣[870]으로 옮기게 하였다.

曹仁은 黃初 4년(서기 223)년에 죽었는데, 시호는 忠侯였다. 아들 曹泰(조태)가 작위를 계승했고 鎭東將軍을 역임하며 부절을 받았고 甯陵侯(영릉후)에 옮겨 봉해졌다. 조태가 죽자, 아들 曹初(조초)가 계승하였다. 그러면서 조태의 식읍을 동생인 曹楷(조해)와 曹範(조범)을 열후에 봉했다. 그리고 牛金(우금)은 後將軍까지 승진하였다.

| 原文 |

仁弟純, 初以議郎參司空軍事, 督虎豹騎從圍南皮. 袁譚出戰, 士卒多死. 太祖欲緩之, 純曰, "今千里蹈敵, 進不能克, 退必喪威, 且縣師深入, 難以持久. 彼勝而驕, 我敗而懼, 以

869 烏江이란 명칭은 여러 곳이지만, 여기서는 項羽가 자결한 烏江. 今 安徽省 동부 長江 하류의 서북, 馬鞍山市 관할 和縣의 烏江浦(오강포).

870 合肥는 九江郡의 縣名. 今 安徽省(안휘성) 省會(省都)이며 최대 도시. 安徽省 중앙부에 위치.

懼敵驕, 必可克也."

太祖善其言, 遂急攻之, 譚敗. 純麾下騎斬譚首. 及北征三郡, 純部騎獲單于蹋頓. 以前後功封高陵亭侯, 邑三百戶.

從征荊州, 追劉備於長坂, 獲其二女輜重, 收其散卒. 進降江陵, 從還譙. 建安十五年薨. 文帝卽位, 追謚曰威侯. 子演嗣, 官至領軍將軍, 正元中進封平樂鄕侯. 演薨, 子亮嗣.

| 국역 |

曹仁의 동생 曹純(조순)[871]은 처음에 議郞으로 司空軍事의 업무를 담당하였고, 虎豹騎(호표기)를 감독하며 조조를 따라 (勃海郡의) 南皮縣(남피현)[872]을 포위 공격했다. (원소의 장남) 袁譚(원담)이 출전했는데 사졸이 많이 죽었다. 이에 조조는 공격을 완화하려고 했다. 이에 조순이 말했다.

"지금 적을 쫓아 1천 리를 왔지만 공격해도 이기지 못하고, 후퇴하면 군사의 위엄을 잃을 것이며, 또 소수가 적진 깊이 고립되어 오래 버틸 수도 없습니다. 적은 승리로 교만해졌고 우리는 두려워하지만 겁먹은 자가 교만한 자를 상대한다면 틀림없이 이길 수 있습니다."

871 曹純(조순, 170－210년, 字는 子和) － 曹仁의 동생. 14세에 喪父하고 曹仁과 別居했는데, 재물 관리를 잘했고 학문도 좋아하여 학사들이 조순을 많이 따랐다. 20세 이후 늘 조조를 수행하며 용맹으로 이름을 날렸다. 조조의 정예군인 '虎豹騎(호표기)'를 지휘했고, 유명한 장판파에서 유비의 군사와 싸웠다.

872 勃海郡(발해군)의 郡治 南皮縣, 今 河北省 滄州市 관할 南皮縣.

조조는 조순의 말을 옳게 여겨 강하게 공격하였고 원담은 패배했다. 조순 휘하의 기병이 원담의 목을 잘랐다. 이어 북쪽 三郡(漁陽郡, 右北平郡, 遼西郡)을 정벌하며 조순 휘하의 기병이 (烏丸族) 선우인 蹋頓(답돈)의 목을 잘랐다. 조순은 전후의 여러 공적으로 高陵亭侯가 되었고 식읍은 3백 호였다.

조순은 조조를 따라 荊州를 정벌하면서 유비를 長坂(장판)[873]에서 추격하여 (유비의) 두 딸과 군수 물자를 노획했고 흩어진 유비의 군졸을 끌어 모았다. 조순은 江陵을 함락시킨 뒤, (조조를 따라) 譙縣(초현)으로 돌아왔다.

(조순은) 建安 15년(서기 210)에 죽었다. 文帝가 즉위하여 조순에게 威侯(위후)의 시호를 추증했다. 아들 曹演(조연)이 후사가 되었고, 관직은 領軍將軍이었으며 (高貴鄕公 曹髦의) 正元 연간에(서기 254-255년) 平樂鄕侯에 봉해졌다. 조연이 죽고, 아들 曹亮(조량)이 뒤를 이었다.

❹ 曹洪

| 原文 |

曹洪字子廉, 太祖從弟也. 太祖起義兵討董卓, 至滎陽, 爲

873 南郡 當陽縣 長坂坡(장판파)의 전투. 曹操軍이 劉備軍을 추격, 격파한 싸움. 赤壁之戰의 前哨戰(전초전). 당양현은, 今 湖北省 서부 宜昌市 관할 當陽市(縣級市).

卓將徐榮所敗. 太祖失馬, 賊追甚急, 洪下, 以馬授太祖, 太祖辭讓, 洪曰, "天下可無洪, 不可無君." 遂步從到汴水, 水深不得渡, 洪循水得船, 與太祖俱濟, 還奔譙.

揚州刺史陳溫素與洪善, 洪將家兵千餘人, 就溫募兵, 得廬江上甲二千人, 東到丹楊復得數千人, 與太祖會龍亢.

太祖征徐州, 張邈擧兗州叛迎呂布. 時大饑荒, 洪將兵在前, 先據東平,范, 聚糧穀以繼軍. 太祖討邈,布於濮陽, 布破走, 遂據東阿, 轉擊濟陰,山陽,中牟,陽武,京,密十餘縣, 皆拔之. 以前後功拜鷹揚校尉, 遷揚武中郞將.

天子都許, 拜洪諫議大夫. 別征劉表, 破表別將於舞陽,陰葉,堵陽,博望, 有功, 遷厲鋒將軍, 封國明亭侯. 累從征伐, 拜都護將軍. 文帝卽位, 爲衛將軍, 遷驃騎將軍, 進封野王侯, 益邑千戶, 並前二千一百戶, 位特進, 後徙封都陽侯.

| 국역 |

曹洪(조홍)[874]의 字는 子廉(자렴)으로, 조조의 사촌 아우(從弟)이다. 조조가 동탁을 토벌할 의병을 일으켜 (河南) 滎陽(형양)에 와서 동탁의 부장인 徐榮(서영)에게 패전했다. 조조의 말이 부상을 당했

874 曹洪(조홍, ?-232년, 字 子廉) - 조조의 사촌이나 젊은 시절에 曹조(조비)에게 돈을 빌려주지 않아 私怨으로 조비 즉위 후에 하옥되었다. 卞太后(변태후)의 구원으로 면죄되었으나 출옥 후 서민으로 강등되었다. 曹조가 죽고, 明帝(曹叡)가 즉위한 뒤에 작위가 복구되었다. 대의를 따르고 조조를 지키는 등 충직했지만 금전에는 아주 인색했었다.

는데 적의 추격이 급박하자, 조홍은 자신의 말을 조조에게 주었다. 조조가 사양하자 조홍이 말했다.

"천하에 조홍은 없어도 되지만 형님이(主君) 없어서는 안 됩니다."

조홍은 조조를 따라 걸어서 汴水(변수)에 이르렀으나, 물이 깊어 건널 수가 없었는데 조홍이 강 주변에서 배를 구해 조조와 함께 건너 譙縣(초현)으로 돌아왔다.

揚州刺史인 陳溫(진온)은 평소에 조홍과 친했는데, 조홍은 家兵 1천여 명을 거느리고 진온을 찾아가 함께 모병하여 廬江郡(여강군)에서 上等 甲士 2천여 명을 모았고 丹楊郡(단양군) 지역에서 또 수천 명을 모아서 조조와 (沛國) 龍亢縣(용항현)[875]에서 합세하였다.

조조가 徐州를 정벌할 때, 張邈(장막)은 兗州(연주)에서 반기를 들고 呂布를 영입했다. 그때 큰 흉년이 들었는데, 조홍은 군사를 거느리고 선봉에 나서서 먼저 東平縣, 范縣(범현) 등을 점거하고 군량을 모아 조조에게 공급하였다.

조조가 장막과 여포를 濮陽縣(복양현)에서 격파하여 여포는 패주하였는데, 조홍은 東阿縣을 차지하였고 이어 濟陰, 山陽, 中牟(중모), 陽武, 京縣, 密縣 등 10여 개 현을 모두 점령하였다. 조홍은 전후의 여러 공적으로 鷹揚校尉가 되었다가 揚武中郎將으로 승진하였다.

獻帝가 許縣에 도읍하면서 조홍은 諫議大夫가 되었다. 조홍은 별도로 劉表(유표)를 원정하면서 유표의 別將을 舞陽(무양), 陰葉(음엽), 堵陽(도양), 博望縣(박망현)에서 격파한 공적으로 厲鋒將軍(여봉장군)

875 (沛國) 龍亢縣(용항현)은, 今 安徽省 중부 蚌埠市(방부시) 부근.

으로 승진하였고, 國明亭侯에 봉해졌다. 조홍은 여러 정벌에 참여하여 都護將軍이 되었다.

文帝(曹丕)가 제위에 오르자, 衛將軍이 되었다가 驃騎將軍(표기장군)으로 승진하였고, 野王侯(야왕후)로 작위가 올랐으며 식읍 1천 호를 더 받아 종전과 합하여 2,100호가 되었으며, 特進에 올랐으며 나중에 都陽侯로 옮겨 봉해졌다.

| 原文 |

始, 洪家富而性吝嗇, 文帝少時假求不稱, 常恨之. 遂以舍客犯法, 下獄當死. 群臣並救莫能得. 卞太后謂郭后曰, "令曹洪今日死, 吾明日敕帝廢后矣." 於是泣涕屢請, 乃得免官削爵土.

洪先帝功臣, 時人多爲觖望. 明帝卽位, 拜後將軍, 更封樂城侯, 邑千戶, 位特進, 復拜驃騎將軍. 太和六年薨, 諡曰恭侯. 子馥, 嗣侯. 初, 太祖分洪戶封子震列侯. 洪族父瑜, 脩愼篤敬, 官至衛將軍, 封列侯.

| 국역 |

그전에, 조홍은 부자였지만 몹시 인색했는데, 文帝(曹丕)가 젊었을 때 조홍에게 돈을 빌리려 했지만 조홍이 빌려주지 않아 늘 사감을 품었었다. 마침 조홍의 문객이 법을 어기자 조홍은 하옥되었고 사형이 확정되었다. 여러 신하들이 구원했지만 어쩔 수가 없었다. 이에 (文帝 生母) 卞太后(변태후)가 (文帝의 2번째 황후) 郭后(곽후)에게 말했다.

"오늘 曹洪을 죽게 한다면, 나는 내일 황제에게 말해 황후를 폐위시키겠다."

그러자 곽황후가 눈물을 흘리며 여러 번 간청하여, (조홍은) 면관되고 작위와 식읍을 박탈당했다.

조홍은 先帝(曹操)의 功臣이었기에 그때 사람들이 文帝의 조치에 불만이 있었다. 明帝가 즉위하자(서기 226), 조홍은 後將軍이 되었다가 樂城侯에 바꿔 봉해졌는데, 식읍은 1천 호에 지위는 特進이었고 다시 驃騎將軍이 되었다. 조홍은 (明帝) 太和 6년(서기 232)에 죽었는데, 시호는 恭侯(공후)였다. 아들 曹馥(조복)이 이어 제후가 되었다. 그전에 조조는 조홍의 식읍을 나눠 아들 曹震(조진)을 列侯에 봉했었다.

曹洪의 族父인 曹瑜(조유)는 수신하고 謹愼(근신)하며 성실 공경한 사람으로 衛將軍에 列侯가 되었다.

❺ 曹休

|原文|

曹休字文烈, 太祖族子也. 天下亂, 宗族各散去鄉里. 休年十餘歲, 喪父, 獨與一客擔喪假葬, 攜將老母, 渡江至吳. 以太祖擧義兵, 易姓名轉至荊州, 間行北歸, 見太祖. 太祖謂左右曰, "此吾家千里駒也." 使與文帝同止, 見待如子. 常從征伐, 使領虎豹騎宿衛.

劉備遣將吳蘭屯下辯, 太祖遣曹洪征之, 以休爲騎都尉, 參洪軍事. 太祖謂休曰, "汝雖參軍, 其實帥也." 洪聞此令, 亦委事於休. 備遣張飛屯固山, 欲斷軍後. 衆議狐疑, 休曰, "賊實斷道者, 當伏兵潛行. 今乃先張聲勢, 此其不能也. 宜及其未集, 促擊蘭, 蘭破則飛自走矣." 洪從之, 進兵擊蘭, 大破之, 飛果走.

太祖拔漢中, 諸軍還長安, 拜休中領軍. 文帝卽王位, 爲領軍將軍, 錄前後功, 封東陽亭侯. 夏侯惇薨, 以休爲鎭南將軍, 假節都督諸軍事, 車駕臨送, 上乃下輿執手而別.

孫權遣將屯歷陽, 休到, 擊破之, 又別遣兵渡江, 燒賊蕪湖營數千家. 遷征東將軍, 領揚州刺史, 進封安陽鄕侯.

| 국역 |

曹休(조휴)[876]의 字는 文烈(문열)이며, 조조의 일족 형제의 아들이다(族子). 천하가 혼란할 때, 宗族이 각각 향리를 떠나 흩어졌다. 조휴는 나이 10여 세에 부친을 여의고 다른 문객 한 사람과 장례하러

876 曹休(조휴, ?-228, 字 文烈)는 조조의 일족 형제의 아들(族子)이다. 조조가 '此吾家千里駒也!' 라고 칭찬했다. 千里駒는 千里馬. 《魏書》 9권, 〈諸夏侯曹傳〉에 입전.

가는 것처럼 꾸며 노모를 모시고 長江을 건너 吳郡으로 이주했다.[877]

조조가 (反 董卓) 義兵을 일으키자, 조휴는 성명을 바꾸고 荊州(형주)를 거쳐 사잇길로 북쪽으로 돌아와 조조를 만났다. 조조는 측근들에게 "이 사람은 우리 집안의 千里駒(천리구, 千里馬)이다."[878]라고 말했고, 아들 曹丕(조비)와 함께 기거하게 하면서 아들처럼 대우했다. 조휴는 조조를 따라 정벌에 나섰고 虎豹騎의 宿衛(숙위)를 대행했다.

劉備가 부장 吳蘭(오란)을 보내 (武都郡) 下辯縣(하변현, 下辨縣)[879]에 주둔케 하자, 조조는 曹洪(조홍)을 보내 정벌케 했는데, 조휴는 騎都尉가 되어 조홍의 군사 업무를 도왔다. 이때 조조가 조휴에게 말했다.

"네가 비록 參軍이지만 실제로는 장수이어야 한다."

조홍도 조조의 명령을 듣고 관련 권한을 조휴에게 위임하였다. 유비는 張飛(장비)[880]를 보내 固山(고산)에 주둔케 하여 조홍 군사의

---

877 조휴의 祖父가 일찍이 吳郡 태수를 역임했었다. 吳郡 治所는, 今 江蘇省 杭州市.

878 千里駒는 뛰어난 후손을 지칭하는 말. 《三國演義》 第56回 〈曹操大宴銅雀臺孔明三氣周公瑾〉에서는 조조가 동작대에서 戰袍를 상으로 내걸고 활쏘기 시합을 하는데 맨 먼저 曹休가 나와 붉은 과녁을 맞히자, 조조가 "此吾家千里駒也!"라고 말했다.

879 이때가 建安 22년(서기 217)이었다. 吳蘭(오란, ?-218年)은 본래 益州牧 劉璋(유장)의 부하였다가 유비의 부장이 되었다. (武都郡) 下辯縣(하변현, 下辨)은 武都郡의 治所 縣名. 今 甘肅省 남부 隴南市 成縣.

880 張飛(장비, ?-221년, 字 益德, 《三國演義》에서는 翼德), 幽州 涿郡(今 河北省 保定市 관할 涿州市) 출신. 關羽와 함께 '萬人敵'으로 칭송받았다. 蜀漢의 追謚는 桓侯(환후), 關羽, 馬超, 黃忠, 趙雲과 함께 입전. 《蜀書》 6권, 〈關張馬黃趙傳〉에 입전.

배후를 차단하려고 했다. 여러 사람의 의논이 결정을 내리지 못했는데 조휴가 말했다.

"적이 우리의 배후 통로를 차단하려 한다면 응당 伏兵으로 몰래 진격해 합니다. 지금 적이 먼저 虛張聲勢(허장성세)로 나오는 것은 적이 후방 차단이 불가능하기 때문입니다. 그들 군사가 모이기 전에 서둘러 적장 오란을 격파한다면 장비는 저절로 도주할 것입니다."

조홍은 조휴의 의견에 따라 오란을 공격하여 대파하자 장비 역시 도주하였다.

조조는 漢中郡을 평정하였고, 모든 군사는 長安으로 돌아오자 조휴는 中領軍이 되었다. 文帝가 제위에 오르자, 조휴는 領軍將軍이 되었고 그간의 공적으로 東陽亭侯가 되었다. 夏侯惇(하후돈)이 죽자, 조휴는 鎭南將軍이 되었고, 부절을 받고 군사 제반 업무를 감독하였는데, 황제는 조휴와 이별하면서 수레에서 내려와 손을 잡아준 뒤에 떠나갔다.

孫權(손권)이 장수를 보내 (九江郡) 歷陽縣(역양현)[881]에 주둔했는데 조휴가 부임하여 적을 격파하였고, 또 별도의 부대로 長江을 건너, 적병의 蕪湖(무호) 군영 수천 채를 불태웠다. 조휴는 征東將軍으로 승진하였고, 揚州刺史를 겸임하였으며, 安陽鄕侯로 작위가 올랐다.

| 原文 |

帝征孫權, 以休爲征東大將軍, 假黃鉞, 督張遼等及諸州郡

881 今 安徽省 東部, 長江 하류 서북안 馬鞍山市 관할의 和縣.

二十餘軍, 擊權大將呂範等於洞浦, 破之. 拜揚州牧. 明帝卽位, 進封長平侯.

吳將審德屯皖, 休擊破之, 斬德首, 吳將韓綜,翟丹等前後率衆詣休降. 增邑四百, 並前二千五百戶, 遷大司馬, 都督揚州如故.

太和二年, 帝爲二道征吳, 遣司馬宣王從漢水下, 休督諸軍向尋陽. 賊將僞降, 休深入, 戰不利, 退還宿石亭. 軍夜驚, 士卒亂, 棄甲兵輜重甚多. 休上書謝罪, 帝遣屯騎校尉楊曁慰諭, 禮賜益隆. 休因此癰發背薨, 諡曰壯侯. 子肇嗣.

❙ 국역 ❙

文帝가 손권을 원정하면서, 曹休를 征東大將軍에 임명하고 黃鉞(황월)을 내려주고, 張遼(장료) 등 장군과 여러 州郡의 군사 20개 군영을 감독케 하여, 손권의 대장인 呂範(여범)[882] 등을 洞浦(동포)란 곳에서 격파하였다. 이에 조휴는 揚州牧을 제수 받았다. 明帝가 즉위한 뒤에 長平侯가 되었다.

吳의 장군 審德(심덕)이 (廬江郡) 皖縣(환현)[883]에 주둔하자, 조휴

882 呂範(여범, ?-228年, 字 子衡) - 東吳의 주요 장수. 본래 汝南郡 출신, 壽春(수춘)에 피난했다가 孫策을 만났고 나중에 東吳의 大司馬를 역임하였다. 여범이 젊었을 때 여남군의 縣吏였는데, 동향의 부자 劉氏의 미인 딸에게 청혼했다. 그러나 유씨는 여범이 가난하기에 대답을 하지 않았다. 이에 여범이 말했다. "당신은 이 呂子衡이 영원히 빈궁할 것이라고 생각합니까?" 그 말에 유씨는 딸을 여범에게 출가시켰다. 본서 (吳書) 11권, 〈朱治朱然呂範朱桓傳〉에 입전.

883 今 安徽省 서남부, 皖河(환하) 상류 安慶市 관할 潛山縣(잠산현).

가 격파하고 심덕을 참수하자, 吳將인 韓綜(한종), 翟丹(적단) 등이 조휴를 찾아와 투항하였다. 이에 조휴는 식읍 4백 호를 늘려 받아 이전과 합하여 2,500호가 되었으며, 大司馬로 승진하여 전과 같이 揚州牧으로 감독했다.

(明帝) 太和 2년(서기 228)에 明帝는 두 길로 나누어 東吳를 정벌케 하면서 사마의는 漢水를 따라 長江으로 진격하였고, 조휴는 대군을 감독하며 (廬江郡) 尋陽縣(심양현)[884]으로 진군하였다. 이에 적장이 거짓으로 투항하자, 조휴는 깊숙이 전진하여 전황이 크게 불리하였으며 겨우 石亭(석정)으로 퇴각했다. 야간에 적의 기습으로 사졸이 혼란에 빠져 병기와 장비를 버리고 도주하였다. 이에 조휴는 상서하여 사죄하였는데, 명제는 屯騎校尉인 楊暨(양기)를 보내 위무하면서 예물을 더욱 많이 하사하였다. 그러나 이 때문에 조휴는 등에 惡瘡(악창, 癰은 악창 옹)이 나서 죽었다. 시호는 壯侯(장후)였다. 아들 曹肇(조조)가 뒤를 이었다.

▌原文▐

肇有當世才度, 爲散騎常侍,屯騎校尉. 明帝寢疾, 方與燕王宇等屬以後事. 帝意尋變, 詔肇以侯歸第. 正始中薨. 追贈衛將軍. 子興嗣. 初, 文帝分休戶三百封肇弟纂爲列侯, 後爲殄吳將軍, 薨, 追贈前將軍.

884 廬江郡 尋陽縣(심양현)은 湖北省 黃岡市 관할 長江 북안 黃梅縣. 湖北, 安徽, 江西 三省의 交界.

| 국역 |

曹肇(조조)는 政事에 능력이 뛰어났는데 散騎常侍와 屯騎校尉를 역임했다. 明帝는 병석에 눕자, 곧 曹肇(조조)와 燕王인 曹宇(조우)[885] 등을 불러 후사를 부탁했다. 그러나 명제는 마음이 변해 曹肇(조조)에게 侯爵(후작)으로 자택에서 대기케 하였다. 曹肇(조조)는 正始 연간에 죽었다. 衛將軍을 追贈했다. 아들 曹興(조흥)이 뒤를 이었다. 그전에 文帝는 曹休의 식읍 3백 호를 나누어 曹肇(조조)의 동생 曹纂(조찬)을 열후에 봉했으며, 조찬은 뒷날 東吳의 장수에게 죽었는데 前將軍을 추증했다.

❻ 曹眞

| 原文 |

曹眞字子丹, 太祖族子也. 太祖起兵, 眞父邵募徒衆, 爲州郡所殺. 太祖哀眞少孤, 收養與諸子同, 使與文帝共止. 常獵, 爲虎所逐, 顧射虎, 應聲而倒. 太祖壯其鷙勇, 使將虎豹騎. 討靈丘賊, 拔之, 封靈壽亭侯. 以偏將軍將兵擊劉備別將於下辯, 破之, 拜中堅將軍. 從至長安, 領中領軍.

是時, 夏侯淵沒於陽平, 太祖憂之. 以眞爲征蜀護軍, 督徐

885 曹宇(조우, ?-278년, 字 彭祖) - 曹操와 環夫人의 所生, 曹沖, 曹據와 同胞 兄弟, 魏 마지막 황제(元帝) 曹奐(조환)의 생부.

晃等破劉備別將高詳於陽平. 太祖自至漢中, 拔出諸軍, 使眞至武都迎曹洪等還屯陳倉.

文帝卽王位, 以眞爲鎭西將軍, 假節都督雍,涼州諸軍事. 錄前後功, 進封東鄕侯. 張進等反於酒泉, 眞遣費曜討破之, 斬進等. 黃初三年還京都, 以眞爲上軍大將軍, 都督中外諸軍事, 假節鉞. 與夏侯尙等征孫權, 擊牛渚屯, 破之. 轉拜中軍大將軍, 加給事中.

七年, 文帝寢疾, 眞與陳群,司馬宣王等受遺詔輔政. 明帝卽位, 進封邵陵侯, 遷大將軍.

| 국역 |

曹眞(조진)[886]의 字는 子丹(자단)으로, 조조의 집안 조카 항렬이다. 조조가 起兵할 때, 曹眞의 부친 曹邵(조소)는 병졸을 모집하다가 지방에서 피살되었다. 조조는 어린 나이에 부친을 여읜 조진을 애달피 여겨 데려다 양육하며 다른 아들과 똑같이 대우하였으며 文帝(조비)와 기거를 함께 하였다.

언젠가 사냥 중에 호랑이에게 쫓기었는데, 조진은 호랑이를 되돌아보며 화살을 날리자 시위 소리와 함께 호랑이가 쓰러졌다. 조조

886 曹眞(조진, ?-231년, 字 子丹) - 曹魏名將, 曹操의 族子. 그 부친이 조조를 위해 모병하다가 피살되었다. 조조의 특별한 신임을 받았다. 대장군, 大司馬 역임. 그 아들 曹爽(조상)이 사마의에게 兵權을 빼앗기며 曹氏 일족은 모두 허수아비가 되었다.《三國演義》에서는 제갈량의 조롱 편지를 받고 화병으로 죽는 인물로 묘사 되었다.《魏書》9권, 〈諸夏侯曹傳〉에 입전.

는 조진의 용맹을 장하게 여겨 조진이 虎豹騎(호표기)를 통솔하게 하였다.

조진은 靈丘(영구)의 도적 무리를 평정하였고 靈壽亭侯에 봉해졌다. 조진은 偏將軍으로 군사를 거느리고 劉備(유비)의 別將을 (武都郡) 下辯縣(하변현, 下辨縣)에서 격파하였고 中堅將軍(중견장군)이 되었다. 조진은 조조를 수행하여 장안에 돌아왔고 中領軍을 거느렸다.

이때 夏侯淵(하후연)이 陽平關(양평관)에서 전사하자[887] 조조는 후임을 걱정하였다. 조조는 조진을 征蜀護軍으로 임명하여 徐晃(서황) 등을 감독하면서 劉備의 別將인 高詳(고상)을 陽平關에서 격파하였다. 조조가 漢中에서 도착하여 모든 군사를 출동시켰는데, 조진으로 하여금 武都郡에 가서 曹洪(조홍) 등을 맞이하여 陳倉(진창)으로 돌아와 주둔하였다.

文帝가 제위에 오른 뒤에 조진은 鎭西將軍이 되어 부절을 받아 雍州(옹주)와 涼州 일대의 모든 군사를 총 지휘하게 하였다. 조진은 그간의 공적으로 東鄉侯(동향후)에 봉해졌다.

張進(장진) 등이 酒泉郡에서 반역하자, 조진은 費曜(비요) 등을 보내 토벌케 하여 장진 등을 참수하였다.

(文帝) 黃初 3년(222년)에 京都(낙양)으로 돌아왔는데, 조진은 上軍大將軍이 되어 중앙과 지방의 모든 군사업무를 총괄하였고 符節(부절)과 斧鉞(부월)을 받았다. 조진은 夏侯尙(하후상) 등과 함께 孫權을 정벌하면서 牛渚(우저)란 곳의 주둔군을 격파하였다. 조진은 中

---

887 建安 23년(218년), 陽平關(陽安關)은 今 陝西省 漢中市 勉縣에 위치.

軍大將軍을 제수 받았고 給事中(급사중)의 加官을 받았다.

黃初 7년(서기 226), 文帝가 병석에 눕자, 조진과 陳群(진군)과 司馬宣王(司馬懿) 등은 문제의 유조를 받고 정사를 보필하였다. 明帝가 즉위하자, 邵陵侯(소릉후)로 작위가 올랐으며 大將軍으로 승진하였다.

| 原文 |

諸葛亮圍祁山, 南安,天水,安定三郡反應亮. 帝遣眞督諸軍軍郿, 遣張郃擊亮將馬謖, 大破之. 安定民楊條等略吏民保月支城, 眞進軍圍之. 條謂其衆曰, "大將軍自來, 吾願早降耳." 遂自縛出. 三郡皆平.

眞以亮懲於祁山, 後出必從陳倉, 乃使將軍郝昭,王生守陳倉, 治其城. 明年春, 亮果圍陳倉, 已有備而不能克. 增邑, 並前二千九百戶.

四年, 朝洛陽, 遷大司馬, 賜劍履上殿, 入朝不趨. 眞以'蜀連出侵邊境, 宜遂伐之. 數道倂入, 可大克也.' 帝從其計. 眞當發西討, 帝親臨送. 眞以八月發長安, 從子午道南入. 司馬宣王泝漢水, 當會南鄭. 諸軍或從斜谷道, 或從武威入. 會大霖雨三十餘日, 或棧道斷絶, 詔眞還軍.

| 국역 |

諸葛亮(제갈량)이 祁山(기산)[888]을 포위하자(明帝 太和 2년, 서기 228), 南安,[889] 天水, 安定 3개 郡 지역이 반기를 들고 제갈량에 호응하였다. 이에 명제는 조진에게 모든 군사를 거느리고 (右扶風의) 郿縣(미현)에 주둔케 하였고, (조진은) 張郃(장합)을 보내 제갈량의 부장인 馬謖(마속)[890]을 공격하여 대파하였다.

安定郡의 백성인 楊條(양조) 등이 관리와 백성을 협박하여 月支城(월지성)을 점거하자, 조진이 군사를 보내 포위했다. 이에 양조가 그 무리들에게 말했다.

"大將軍이 직접 온다면 나는 지금이라도 투항하겠다."

그러면서 제 몸을 결박하고 나왔다. 3개 군은 모두 평정되었다.

조진은 제갈량이 祁山(기산)의 패전을 거울삼아 다음에는 틀림없이 陳倉(진창)[891]을 통해 공격할 것이라 예상하면서, 곧 장군인 郝昭(학소), 王生(왕생) 등을 시켜 陳倉(진창)을 수비케 하며 성곽을 보수케 하였다. 그 다음 해 봄, 제갈량은 예상대로 진창을 포위하였지만 이미 대비하고 있어 이길 수가 없었다. 조진은 식읍을 늘려 받아 모두 2,900호가 되었다.

---

888 祁山(기산)은 諸葛亮의 북벌 중 '六出祁山' 한 곳. 今 甘肅省 남단 隴南市 관할 禮縣(예현). 天水郡과 漢中郡을 연결하는 요충지. 山 정상에 武侯祠(무후사)가 있다.

889 南安郡은 後漢 靈帝 中平五年(188年) 설치했다가 建安 19년(서기 214)에 폐군하여 隴西郡에 병합되었다.

890 馬謖(마속, 190-228年, 字 幼常)은 荊州 襄陽 宜城人(今 湖北 宜城), 侍中인 馬良의 아우. '泣斬馬謖(읍참마속)' 의 주인공. 《蜀書》 〈董劉馬陳董呂傳〉에 입전.

891 陳倉(진창)은 右扶風의 縣名. 今 陝西省 서남부 寶鷄市 陳倉區. 渭水 북안.

(明帝 太和) 4년(서기 230), 조진은 洛陽에 入朝하여 大司馬로 승진했으며, 칼을 차고 신발을 신은 채 전각에 오를 수 있으며, 입조하여 종종걸음을 치지 않아도 된다는 특권을 받았다. 조진은 "蜀이 연이어 변경을 침략하지만 그때마다 토벌해야 합니다. 우리가 여러 갈래 길로 나누어 진격하면 크게 이길 수 있습니다."라고 말했다.

명제는 조진의 의견을 따랐다.

조진이 서쪽 원정을 출발할 때, 명제는 친히 나와 전송했다. 조진은 8월에 長安을 출발하여 子午道[892]를 통과하여 남쪽으로 진입하려고 했다. 司馬懿(사마의)는 漢水를 거슬러 올라와 南鄭縣(남정현)에서 만나기로 하였다. 여러 부대는 斜谷道(사곡도)를 경유하거나 武威郡(무위군)으로 진입하였다 그러나 마침 큰 장마가 30여 일간 계속되어 棧道(잔도)가 끊어진 곳도 있어 조진에게 조서를 내려 회군케 하였다.

| 原文 |

眞少與宗人曹遵,鄕人朱贊並事太祖. 遵,贊早亡, 眞愍之, 乞分所食邑封遵,贊子.

892 子午道(子午谷) – 남북 약 330km, 今 陝西省 長安 서남 옛 漢中郡 褒中縣의 山中에서 시작하여 남쪽 陝西省 남부 安康市 관할 石泉縣에 이르는 길. 王莽(왕망) 시대에 개통된 길로, 북방 출구를 '子口' 남방 출구를 午口라 부른다. 子午谷은 절벽에 가설한 수없이 많은 棧道(잔도)를 통과해야 蜀에 들어갈 수 있다. 蜀漢 丞相 諸葛亮의 1차 북벌 시 이 길을 이용했고 曹魏 大將 曹眞이 伐蜀 할 때 이 길을 이용했으나 大雨를 만나 잔도가 많이 끊겨 절반쯤 진군하다가 회군했다.

詔曰,「大司馬有叔向撫孤之仁, 篤晏平久要之分. 君子成人之美, 聽分眞邑賜遵,贊子爵關內侯, 各百戶.」

眞每征行, 與將士同勞苦, 軍賞不足, 輒以家財班賜, 士卒皆願爲用. 眞病還洛陽, 帝自幸其第省疾. 眞薨, 謚曰元侯. 子爽嗣.

帝追思眞功, 詔曰,「大司馬蹈履忠節, 佐命二祖, 內不恃親戚之寵, 外不驕白屋之士, 可謂能持盈守位, 勞謙其德者也. 其悉封眞五子羲,訓,則,彥,皚皆爲列侯.」

初, 文帝分眞邑二百戶, 封眞弟彬爲列侯.

| 국역 |

曹眞은 젊어서부터 宗人인 曹遵(조준)과 鄕人인 朱贊(주찬)과 함께 조조를 섬겼다. 그러나 조준과 주찬은 일찍 죽었기에 조진은 그를 애달프게 여겨 자신의 식읍을 조준과 주찬의 아들에게 나눠 주어 책봉 받게 해달라고 상주하였다. 이에 (명제가) 조서를 내렸다.

「大司馬는 叔向(숙향)[893]의 고아를 돌보는 인자함과 晏平(안평, 晏嬰, 晏子)[894]의 옛 약속을 지키는 돈독한 뜻을 갖고 있다. 君子는 成人

893 叔向(숙향, 기원전 6세기)은 姬姓에 羊舌氏, 名은 肹(힐), 字는 叔向. 晉의 公族으로 晉 悼公, 晉平公, 昭公의 三世를 섬긴 정치가. 숙향과 (齊) 晏嬰(안영), (鄭) 子産은 모두 동시대 인물이며 외교가로 유명했다.

894 晏嬰(안영, 前 578 – 500년, 字 仲) – 謚平, 晏平仲, 晏子라 불림. 齊國의 명재상. 《史記 · 管晏列傳》 참고.

之美하나니,[895] 조진이 식읍을 조준과 주찬의 아들에게 분배하려는 주청을 허락하여 관내후에 봉하며 식읍은 각각 1백 호로 한다.」

조진은 원정을 나갈 때마다 장졸과 노고를 같이했고 軍賞이 부족하면 집의 자산을 갖다가 나눠주었기에 사졸이 모두 조진에게 등용되기를 바랐다. 조진이 병에 걸려 낙양으로 돌아오자 명제가 직접 집으로 찾아가 문병하였다. 조진은 죽자, 시호는 元侯이었다. 아들 曹爽(조상)이 뒤를 이었다.

명제는 조진의 공적을 추념하여 조서를 내렸다.

「大司馬(曹眞)는 忠節를 지켜 二祖를 섬겼으며, 안으로는 황가의 친척의 총애를 자랑하지 않았고, 밖으로는 출신이 한미한 士人에게도 교만하지 않았으며 가히 기본 업무를 충실히 수행하면서도 겸양의 미덕을 지켰다. 조진의 다섯 아들 羲, 訓, 則, 彦(언), 皚(애) 모두를 열후에 봉하기 바란다.」

그전에 文帝는 조진의 식읍 2백 호를 나눠 조진의 아우 曹彬(조빈)을 열후에 봉했었다.

❼ 曹爽

| 原文 |

爽字昭伯, 少以宗室謹重, 明帝在東宮, 甚親愛之. 及卽位, 爲散騎侍郎, 累遷城門校尉, 加散騎常侍, 轉武衛將軍, 寵待

895《論語 顔淵》子曰, "君子成人之美, 不成人之惡. 小人反是."

有殊. 帝寢疾, 乃引爽入臥內, 拜大將軍, 假節鉞, 都督中外諸軍事, 錄尙書事, 與太尉司馬宣王並受遺詔輔少主.

明帝崩, 齊王卽位, 加爽侍中, 改封武安侯, 邑萬二千戶, 賜劍履上殿, 入朝不趨, 贊拜不名.

丁謐畫策, 使爽白天子, 發詔轉宣王爲太傅, 外以名號尊之, 內欲令尙書奏事, 先來由己, 得制其輕重也. 爽弟羲爲中領軍, 訓武衛將軍, 彦散騎常侍侍講, 其餘諸弟, 皆以列侯侍從, 出入禁闥, 貴寵莫盛焉.

南陽何晏, 鄧颺, 李勝, 沛國丁謐, 東平畢軌咸有聲名, 進趣於時, 明帝以其浮華, 皆抑黜之. 及爽秉政, 乃復進敘, 任爲腹心. 颺等欲令爽立威名於天下, 勸使伐蜀, 爽從其言, 宣王止之不能禁. 正始五年, 爽乃西至長安, 大發卒六七萬人, 從駱谷入.

是時, 關中及氐, 羌轉輸不能供, 牛馬騾驢多死, 民夷號泣道路. 入谷行數百里, 賊因山爲固, 兵不得進. 爽參軍楊偉爲爽陳形勢, 宜急還, 不然將敗. 颺與偉爭於爽前, 偉曰, "颺, 勝將敗國家事, 可斬也." 爽不悅, 乃引軍還.

| 국역 |

(曹眞의 長男) 曹爽(조상)의 字는 昭伯(소백)으로, 젊어서부터 宗室로서 행실이 근엄 신중하여 東宮 시절의 明帝가 아주 친애하였

다. 명제가 즉위하자, 조상은 散騎侍郎을 역임한 뒤 여러 번 승진하여 城門校尉가 되었는데 散騎常侍[896]를 加官으로 받았으며, 武衛將軍이 되는 등 총애와 대우가 특별하였다. 명제는 병석에 누워, 조상을 침전으로 불러 大將軍을 제수하고 부절과 부월을 내려주고, 중앙과 지방의 모든 軍事를 지휘하고 尙書事도 감독하게 하였으며, 太尉인 사마의와 함께 少主를 보필하라는 遺詔를 받았다.

명제가 붕어하고 齊王(曹芳)이 즉위하였는데(서기 239년), 조상은 가관으로 侍中이 되었고, 작위는 武安侯로 식읍은 12,000호였으며 칼을 차고 신발을 신은 채 전각에 오르며 조정에서 종종걸음을(趨步, 추보) 치지 않고, 入朝拜禮하면서 이름을 아뢰지 않아도 된다는 특권을 하사 받았다.

丁謐(정밀)[897]이 방책을 꾸며, 조상으로 하여금 천자에게 아뢰어 조서로, 司馬懿(사마의)를 太傅(태부)에 임명하였는데, 이는 겉으로는 관직을 높인 것이지만, 안으로는 정밀이 尙書로 정사에 관하여 먼저 상주할 수 있게 하여 조정의 정사를 장악하려는 뜻이었다.

曹爽(조상)의 동생 曹羲(조희)는 中領軍, 曹訓(조훈)은 武衛將軍, 曹彦(조언)은 散騎常侍 겸 侍講이 되었고, 그 외 다른 형제들도 모두 列侯나 侍從으로 궁궐 안에 출입하여 고귀한 지위와 총애가 극성하였다.

896 散騎常侍(산기상시) – 황제 출행 시 측근 호위와 侍從 역할, 表文과 상주문을 관리. 질록 比二千石.

897 丁謐(정밀, ?–249년, 字 彦靖) – 後漢末 典軍校尉 丁斐(정비)의 아들. 沛國人. 尙書로 재직, 大將軍 曹爽(조상의) 黨羽.

南陽郡의 何晏(하안),[898] 鄧颺(등양), 李勝(이승), 그리고 沛國(패국) 출신의 丁謐(정밀), 東平郡의 畢軌(필궤) 등이 모두 이름을 날리며 그 이전에 관직에 들어왔었지만 명제는 이들이 浮華(부화)하다고 모두 눌러 퇴출시켰다.

그런데 조상이 정사를 총괄하면서 다시 그들을 등용하여 腹心(복심)으로 삼았다. 등양 등은 조상의 威名(위명)을 천하에 떨치게 하려고 蜀國 정벌을 권유했고, 조상은 그들 건의를 수용했는데 사마의가 제지하였지만 못하게 할 수가 없었다.

(曹芳의) 正始 5년(서기 244), 조상은 서쪽 長安에 와서 장졸 6, 7만 명을 駱谷(낙곡)[899]을 거쳐 남진케 하였다. 이때 關中(관중) 지역과 氐族(저족)과 羌族(강족)의 군량과 장비 운반이 제대로 이루어지지 않았고, 牛馬와 나귀가 많이 죽었고 백성들은 길에서 통곡을 했다. 계곡을 지나는 수백 리 길에 험산에 숨은 산적 때문에 장졸이 나아갈 수가 없었다.

조상의 參軍인 楊偉(양위)는 조상에게 상황을 설명하면서 응당 빨리 회군하지 않으면 곧 패망할 것이라고 말했다. 그러면서 등양과

898 何晏(하안, 195?–249년, 字 平叔) – 南陽郡 宛縣(今 河南省 南陽市) 출신. 후한 말 大將軍 何進(하진)의 손자. 淸談 玄學家, 魏晉玄學의 대표자. 王弼(왕필)과 함께 '王何'로 병칭. 高平陵之變에서 曹爽(조상) 등과 함께 사마의에게 피살되었다. 하안의 모친 尹氏가 曹操의 첩이었기에 조조의 저택에서 성장하였다. 何晏은 생김새가 당당하고 살결이 몹시 흰 미남이었다. 文帝가 분을 발라 그런 줄 알고 일부러 더운 여름에 뜨거운 떡국을 먹게 하여 땀을 흘리게 한 뒤 수건으로 닦게 했더니 더욱 얼굴색이 희었다는 이야기가《世說新語 容止》에 실려 있다.

899 駱谷(낙곡)은, 일명 儻駱道(당락도). 관중에서 秦嶺 산맥을 넘어 漢中을 통해 巴蜀에 들어갈 수 있는 교통로.

양위는 조상 앞에서 논쟁했는데 양위가 말했다.

"鄧颺(등양)과 李勝(이승)은 국정을 망치려 하니 참수해야 합니다."

조상은 싫어했지만 군사를 이끌고 돌아왔다.

| 原文 |

初, 爽以宣王年德並高, 恒父事之, 不敢專行. 及晏等進用, 咸共推戴, 說爽以權重不宜委之於人. 乃以晏,颺,謐爲尙書, 晏典選擧, 軌司隷校尉, 勝河南尹, 諸事希復由宣王. 宣王遂稱疾避爽.

晏等專政, 共分割洛陽,野王典農部桑田數百頃, 及壞湯沐地以爲産業, 承勢竊取官物, 因緣求欲州郡. 有司望風, 莫敢忤旨. 晏等與廷尉盧毓素有不平, 因毓吏微過, 深文致毓法, 使主者先收毓印綬, 然後奏聞. 其作威如此. 爽飮食車服, 擬於乘輿, 尙方珍玩, 充牣其家, 妻妾盈後庭, 又私取先帝才人七八人, 及將吏,師工,鼓吹,良家子女三十三人, 皆以爲伎樂.

詐作詔書, 發才人五十七人送鄴臺, 使先帝婕妤敎習爲伎. 擅取太樂樂器, 武庫禁兵. 作窟室, 綺疏四周, 數與晏等會其中, 飮酒作樂. 羲深以爲大憂, 數諫止之. 又著書三篇, 陳驕淫盈溢之致禍敗, 辭旨甚切, 不敢斥爽, 託戒諸弟以示爽. 爽知其爲己發也, 甚不悅. 羲或時以諫喩不納, 涕泣而起. 宣王密爲之備.

九年冬, 李勝出爲荊州刺史, 往詣宣王. 宣王稱疾困篤, 示以羸形. 勝不能覺, 謂之信然.

| 국역 |

그전에, 曹爽(조상)은 司馬懿(사마의)가 나이가 많고 德望도 높아 늘 부친처럼 모셨기에 정사를 마음대로 처리할 수도 없었다. 이제 何晏(하안) 등을 등용하자 그들은 모두 조상을 받들면서 막중한 권한을 다른 사람에게 위임해서는 안 된다고 설득했다.

그리하여 하안, 등양, 이밀 등은 尙書가 되었는데, 특히 하안은 관리 선발(選擧)을 담당했고, 畢軌(필궤)는 司隷校尉(사예교위), 李勝(이승)은 河南尹이 되면서 사마의를 경유하는 政務가 거의 없었다. 이에 사마의도 병을 핑계로 조상을 회피하였다.

하안 등이 專政하면서, 여러 사람은 洛陽과 野王縣(야왕현)[900]의 典農部 관할 桑田(상전) 수백 頃(경)을 나눠가졌으며, (황실의) 湯沐地(탕목지)를 자신들 재산으로 처분하였고, 권세를 이용하여 官物을 절취하였으며 州郡에 많은 물자를 요구하였다. 담당 관원은 권세에 추종하며 감히 뜻을 거스르는 자가 없었다.

하안 등은 廷尉인 盧毓(노육)과 평소에 사이가 안 좋았는데, 노육 수하 관리의 작은 과오를 가지고 법률 조항을 왜곡하여 노육의 죄를 엮었는데, 먼저 노육의 인수를 압수한 뒤에 이를 (황제에게) 상

900 河內郡의 野王縣, 今 河南省 북부 焦作市 관할 沁陽市.

주하였다. 그들의 위세가 이와 같았다.

또 조상의 음식과 수레나 복색은 거의 황제와 같았으며 尙方(상방)[901]에서 제조하는 진기한 물품으로 집안을 꾸몄고, 後庭에는 처첩이 가득했으며, 또 先帝의 才人 7, 8명을 몰래 데려가서 將吏나 악공, 樂隊 및 良家子女 33인을 뽑아 歌舞 藝人으로 만들었다.

이들은 詔書(조서)를 위조하여, 才人 57명을 鄴臺(업대)에 보내 先帝의 婕妤(첩여)를 데려다가 그들에게 가무를 가르치게 하였다. 또 황실의 악기와 武庫의 어용 兵器를 제멋대로 절취하였다. 그들이 만든 窟室(굴실) 사방에 비단을 둘러치고 하안 등을 불러 그 안에서 음주하고 作樂하였다.

(曹爽의 동생) 曹羲(조희)는 이를 크게 우려하며 여러 번 제지하였다. 또 교만과 사치가 넘쳐나면 재앙을 초래한다는 글 三篇을 지었는데, 문사가 아주 절실하였고, 조상에게 직접 말할 수가 없어 다른 동생에게 보여 조상에게 말하도록 시켰다.

조상은 그런 글이 자신 때문에 지었다는 것을 알고 몹시 싫어하였다. 또 조희가 빗대어 충간하는 말을 조상이 받아들이지 않자 조희는 눈물을 흘린 적도 많았다. 이러는 동안 사마의는 은밀히 일을 꾸몄다.

(正始) 9년(서기 248) 겨울, 李勝(이승)이 荊州刺史로 부임하면서 사마의를 찾아갔다. 사마의는 병이 위중하다며 병들어 초췌한 모습으로 만나주었다. 그러나 이승은 그 뜻을 알지 못하고 사실이라고 믿었다.

---

901 尙方(상방)은 궁중에 필요한 각종 생활용구 공급 담당 부서.

| 原文 |

十年正月, 車駕朝高平陵, 爽兄弟皆從. 宣王部勒兵馬, 先據武庫, 遂出屯洛水浮橋.

奏爽曰,

「臣昔從遼東還, 先帝詔陛下, 秦王及臣升御床, 把臣臂, 深以後事爲念. 臣言 '二祖亦屬臣以後事, 爲念此自陛下所見, 無所憂苦. 萬一有不如意, 臣當以死奉明詔'. 黃門令董箕等, 才人侍疾者, 皆所聞知. 今大將軍爽背棄顧命, 敗亂國典, 內則僭擬, 外專威權. 破壞諸營, 盡據禁兵, 群官要職, 皆置所親. 殿中宿衛, 歷世舊人皆復斥出, 欲置新人以樹私計. 根據槃互, 縱恣日甚. 外旣如此, 又以黃門張當爲都監, 專共交關, 看察至尊, 候伺神器, 離間二宮, 傷害骨肉. 天下洶洶, 人懷危懼, 陛下但爲寄坐, 豈得久安! 此非先帝詔陛下及臣升御床之本意也. 臣雖朽邁, 敢忘枉言? 昔趙高極意, 秦氏以滅, 呂, 霍早斷, 漢祚永世. 此乃陛下之大鑒, 臣受命之時也. 太尉臣濟,尙書令臣孚等, 皆以爽爲有無君之心, 兄弟不宜典兵宿衛, 奏永寧宮. 皇太后令敕臣如奏施行. 臣輒敕主者及黃門令罷爽,羲,訓吏兵, 以侯就第, 不得逗留以稽車駕, 敢有稽留, 便以軍法從事. 臣輒力疾, 將兵屯洛水浮橋, 伺察非常.」

| 국역 |

(曹芳의 正始) 10년(서기 249, 嘉平 원년) 정월, 車駕가(皇帝) 高平陵(고평릉)[902]에 참배하는데, 曹爽(조상)의 형제 모두가 수행하였다.[903] 이에 사마의는 병마를 지휘하여 먼저 武庫를 점거한 뒤에, 궁을 나가 洛水의 浮橋(부교) 주변에 진을 쳤다. 그리고 황제에게 상주하여 조상을 고발하였다.

「臣은 전날 遼東 정벌에서 돌아와서, 폐하와 秦王(曹爽)과 臣이 함께 御床에 다가가 先帝(明帝)의 조서를 받았는데, 先帝께서는 저의 팔을, 어깨를 사후의 일에 대하여 심심한 부탁을 하셨습니다. '二祖(武帝, 文帝) 역시 저에게 뒷일을 부탁하셨는데 그 일을 폐하께서도 직접 보셨으며 걱정하실 일이 아니었습니다. 만에 하나 뜻과 다른 일이 있다면 저는 죽음으로 폐하의 명을 받들겠습니다.' 라고 저는 말씀드렸습니다. 이는 黃門令인 董箕(동기)나 선제의 병환을 시중들던 才人들도 다 들어 알고 있습니다.

그런데 지금 대장군 曹爽(조상)은 선제의 顧命(고명)을 따르지 않

902 高平陵은 明帝의 능. 황제의 고평릉 참배에 曹爽의 일족이 모두 수행했는데 司馬懿는 낙양 성문을 봉쇄한 뒤에 (明帝의 두 번째 황후인) 皇太后 郭氏(곽씨)를 협박하여 조상 일족의 군권을 박탈하고, 조상 일족을 주살하였다. 司馬懿는 曹魏의 전권을 장악했으며, 曹芳은 완전한 傀儡(괴뢰) 황제가 되었으며, 이 고평릉의 變으로 曹氏 일족은 완전 몰락했고, 서기 265년까지 나머지 기간은 司馬氏의 개국 준비 기간이 되었다.

903 曹爽 형제가 한꺼번에 성 밖에 나가는 일을 두고 桓範(환범)이 말했다. "萬機를 총람하고 禁兵을 장악하고 있으면서 동시에 성을 나가는 일은 옳지 않습니다. 만약 성문을 막는다면 누가 다시 들어올 수 있겠습니까?" 이에 조상은 "누가 감히 그럴 수 있겠는가?"라고 말하면서 한꺼번에 나가지는 않고 각각 따로따로 모두가 出城했다.

고 나라의 법제를 어지럽히며, 안으로는 참람한 짓을 범하고 밖으로는 멋대로 위세를 부리고 있습니다. 각 군영을 파괴하고 황실의 兵器를 멋대로 점유하였으며 백관 중 주요 직책을 모두 친밀한 자로 채웠습니다. 궁전의 宿衛(숙위)나 선대 황제를 모신 옛 신하를 모두 배척하였고 사적인 이득을 채우려 新人을 심었습니다. 요직을 서로 연결시켜 차지하고 방자한 행동은 날마다 심해졌습니다. 이미 외직도 이와 같으며, 또 黃門인 張當(장당)을 都監(도감)으로 삼아, 안팎이 모두 한 통속이 되어 지존의 동태를 감시하고 神器(帝位)를 넘겨다보면서 황제와 太后를 이간시키고 황실 간 골육의 정을 해치고 있습니다.

이에 천하가 洶洶(흉흉)하고 백성이 두려워 떨고 있지만 폐하께서는 자리만 지키시니, 어찌 영구히 평안할 수 있겠습니까! 이는 先帝께서 폐하 및 저를 침상으로 불러 부탁하신 본뜻이 아닙니다. 臣이 비록 늙고 쇠약하지만 어찌 감히 그른 말을 올리겠습니까?

옛날 (秦 二世의 환관) 趙高(조고)의 방자한 짓 때문에 秦나라가 멸망했고, (前漢의) 呂氏(呂后)와 霍光(곽광) 일족을 일찍 제거하였기에 漢의 천명은 그래도 오래 지속될 수 있었습니다. 이는 폐하께서 크게 살펴야할 일이며 제가 遺命을 받았던 일입니다. 太尉인 臣 張濟(장제), 尙書令인 臣 司馬孚(사마부)[904] 등은 모두 조상의 주군을 무시하는 마음(無君之心)을 알고 있으며, 그들 형제가 禁軍을 장악하여 황궁을 숙위해서는 안 된다고 생각하여 이미 永寧宮(太后宮)

904 원문의 濟와 孚(부)는 張濟와 司馬孚로 인명이다. 신하가 황제에게 올리는 글에 신하의 姓을 기재할 수 없지만 국역에서는 이해를 위해 姓名을 다 기록했다.

에 상주하였습니다. 皇太后께서도 저에게 상주한 그대로 실천하라고 명령하셨습니다. 臣은 즉시 실무 담당자와 黃門令에게 통보하여 조상, 조희, 조훈 관직과 軍權을 박탈하였으니, 조상 등은 列侯의 신분으로 자택에 돌아가야 하고 환궁하시는 황제의 주변에 머물 수 없으니, 만약 머물러 있다면 즉시 軍法대로 처리할 것입니다. 臣은 억지로 병든 몸으로 군사를 거느리고 洛水의 浮橋 근처에 주둔하며 비상사태에 대비하고 있습니다.」

┃原文┃

爽得宣王奏事, 不通, 迫窘不知所爲. 大司農沛國桓範聞兵起, 不應太后召, 矯詔開平昌門, 拔取劍戟, 略將門候, 南奔爽. 宣王知, 曰, "範畫策, 爽必不能用範計."

範說爽使車駕幸許昌, 招外兵. 爽兄弟猶豫未決, 範重謂羲曰, "當今日, 卿門戶求貧賤復可得乎? 且匹夫持質一人, 尙欲望活, 今卿與天子相隨, 令於天下, 誰敢不應者?" 羲猶不能納.

侍中許允,尙書陳泰說爽, 使早自歸罪. 爽於是遣允,泰詣宣王, 歸罪請死, 乃通宣王奏事. 遂免爽兄弟, 以侯還第.

┃국역┃

曹爽(조상)은 사마의의 상주문을 받고, 이를 황제에게는 알리지 않으면서 사태가 급박한데도 어찌할 바를 몰랐다. 大司農인 沛國

(패국)사람 桓範(환범)[905]은 사마의가 거병했다는 소식을 듣고, 太后의 소환에도 응하지 않고 가짜 조서로 平昌門을 열게 한 뒤에 칼과 창을 들고 성문 수장을 납치하여 남쪽으로 조상에게 달려갔다.

사마의는 이를 알고 말했다.

"환범이 책략을 마련하겠지만 조상은 틀림없이 환범의 계책을 따르지 않을 것이다."

환범은 조상에게 황제를 데리고 許昌(허창)으로 가서 外兵을 소집하라고 건의하였다. 그러나 조상의 형제들은 猶豫(유예)하며 결정짓지 못하자, 환범이 거듭 조상에게 말했다.

"오늘 이 같은 상황에서 卿의 집안에서 빈천하게 살겠다 한들 살 수 있겠습니까? 또 필부일지라도 인질로 잡히면 살기를 바라는데, 지금 경은 천자를 모시고서 명을 내린다면 누가 감히 불응하겠습니까?"

그런데도 曹羲(조희)조차도 환범의 건의를 받아들이지 못했다. 조상은 侍中인 許允(허윤), 尙書인 陳泰(진태) 등을 사마의에게 보내 죄를 자청한 다음에야, 사마의의 상주를 황제에 올렸다. 조상 형제들은 관직을 내놓고 자택으로 돌아가 대기하였다.(高平陵의 變)

905 桓範(환범, ?-249年, 字 元則)은 曹魏의 大司農을 역임했는데, 별칭이 '智囊(지낭)' 이었다. 환범이 曹爽에게 달려간 사실을 알고 사마의가 蔣濟(장제)에게 말했다. "智囊이 가 버렸다." 이에 장제가 말했다. "환범이 지낭이지만, 늙은 말(曹爽)은 구유에 남은 콩이 먹고 싶어, 조상은 끝내 채용하지 못할 것입니다." 조상은 호위 군사를 해산하면서 말했다. "나는 富家翁(부가옹)으로 그냥 살 수 있을 것이다." 이에 환범이 통곡하며 말했다. "曹子丹(曹眞)은 착한 사람이었으나 당신 형제와 같은 송아지를 낳았구나! 오늘 당신들이 멸족에 내가 연좌될 것이니 어찌하겠는가!" 결국 환범도 멸족되었다.

| 原文 |

初, 張當私以所擇才人張,何等與爽. 疑其有姦, 收當治罪. 當陳爽與晏等陰謀反逆, 並先習兵, 須三月中欲發. 於是收晏等下獄.

會公卿朝臣廷議, 以爲"《春秋》之義, '君親無將, 將而必誅'. 爽以支屬, 世蒙殊寵, 親受先帝握手遺詔, 託以天下, 而包藏禍心, 蔑棄顧命, 乃與晏,颺及當等謀圖神器, 範黨同罪人, 皆爲大逆不道."

於是收爽,羲,訓,晏,颺,謐,軌,勝,範,當等, 皆伏誅, 夷三族. 嘉平中, 紹功臣世, 封眞族孫熙爲新昌亭侯, 邑三百戶, 以奉眞後.

| 국역 |

그전에, (환관) 張當(장당)은 은밀히 才人인 張氏(장씨), 何氏(하씨) 등을 골라 조상에게 보냈었다. (고평릉의 변 이후에 有司가) 여기에 어떤 농간이 있을까 의심하며 장당을 잡아 치죄하였다. 그러자 장당은 조상이 何晏(하안) 등과 함께 반역을 모의했으며, 먼저 군사 훈련을 시킨 다음에 3월 중순 경에 거사하기로 했다고 진술하였다. 이에 하안 등을 잡아 하옥했다.

공경과 朝臣을 모아서 이를 논의하였는데, "《春秋》의 대의로도 '주군과 부친에게 반역할 수 없으니 만약 반역한다면 필히 주살해야 한다.'[906]고 하였습니다. 조상은 황실의 支屬으로 여러 대에 걸쳐 특별한 총애를 받았고, 先帝께서 손을 잡고 친히 遺詔를 내려 천하를 부탁하였는데도, 내심에 반역하는 마음을 품고 顧命(고명)을 저버리면서, 결국 何晏, 鄧颺(등양) 및 張當 등과 神器(帝位)를 절취할 일을 도모하였으며, 桓範(환범)도 죄인들과 같은 무리이니 모두 대역무도의 죄를 범했습니다." 라고 하였다.

이에 曹爽(조상), 曹羲(조희), 何晏(하안), 鄧颺(등양), 丁謐(정밀), 畢軌(필궤), 李勝, 桓範(환범), 張當(장당) 등이 모두 처형되었고 三族을 멸하였다.[907] 그 뒤, 嘉平(가평) 연간(서기 249 – 254)에, 공신의 후손을 이어 봉하면서(紹封) 曹眞의 族孫(족손)인 曹熙(조희)를 新昌亭侯에 봉하였고 식읍 3백 호를 주어 조진의 제사를 받들게 하였다.

| 原文 |

晏, 何進孫也. 母尹氏, 爲太祖夫人. 晏長於宮省, 又尙公

906 '君親無將, 將而必誅' 의 君親은 主君과 父親. 將은 逆亂(역란), 반역하다.《漢書 叔孫通傳》에 '人臣無將' 이란 말이 있다.

907 曹爽의 사촌 동생 曹文叔(조문숙)의 아내는 夏侯寧(하후령)의 딸인데, 일찍 과부가 되고 자식도 없었다. 그녀를 친정에서 개가시키려 하자 문숙의 처는 이를 거부하며 자신의 코를 잘라버렸다. 주위 사람들이 그녀에게 물었다. "인생살이가 약한 풀잎 위에 얹힌 가벼운 먼지 같거늘, 어찌 이런 고생을 스스로 겪어야 하는가? 더군다나 曹氏 일가가 司馬氏에게 몰살당하여 아무도 남은 사람이 없거늘, 누구를 위해 수절하려는가?" 이에 문숙의 처 하후씨가 말했다. "어진 자는 성쇠에 따라 절개를 고치지 아니하고(仁者不以盛衰改節), 의로운 사람은 존망에 따라 마음을 바꾸지 않는다(義者不以存亡易心)고 들었습니다. 조씨들이 융성할 때에도 일생을 바치려 했거늘, 하물며 지금 이 가문을 어찌 버릴 수 있겠습니까? 제가 어찌 금수와 같은 짓을 하겠습니까?" 이 말을 전해 들은 사마의는 문숙의 아내에게 조씨의 제사를 지내도록 허용했다. – 皇甫謐(황보밀)《列女傳》.《三國演義》107회〈魏主歸政司馬氏 姜維兵敗牛頭山〉.

主, 少以才秀知名, 好老莊言. 作〈道德論〉及諸文賦著述凡數十篇.

| 국역 |

何晏(하안)[908]은 何進(하진)의 손자이다. 모친 尹氏가 조조의 夫人(妾)이었다. 하안은 궁궐에서 성장하였고, 또 公主를 맞이했으며 젊어서도 才秀로 이름이 알려졌고 老子와 莊子의 글을 좋아하였다. 〈道德論〉[909]을 저술하였고 많은 文과 賦(부) 수십 편을 저술하였다.

❽ 夏侯尙

| 原文 |

夏侯尙字伯仁, 淵從子也. 文帝與之親友. 太祖定冀州, 尙

908 何晏(하안, 195 ?-249년, 字 平叔) - 南陽郡 宛縣 출신. 후한 말 大將軍 何進(하진)의 손자. 曹操의 婿養子, 三國 시대 玄學 大家. 王弼(왕필)과 함께 '王何' 로 통칭. 高平陵의 變 이후 조상이 실권하면서 처형되었다. 조조가 司空으로 있을 때, 하안의 모친을 첩으로 맞이하였기에 조조의 집에서 성장하였는데, 하안의 복장이 다른 공자들과 똑같아 曹조의 미움을 받았는데 조비는 하안을 늘 '假子' 라 불러 구분했다고 한다. 하안은 평소에 호색하였는데 文帝와 明帝 때 겨우 冗官(용관)이 되었다가 正始 연간에 曹爽의 편에 붙어 나중에 侍中尙書가 되었다. 하안은 미남이었다. '傅粉何郞' 이란 말은 美男子를 지칭하는 말이다.

909 《道德論》은 《老子道德經》에 대한 주석이다. 何晏이 이를 완성한 뒤에 王弼(왕필)의 주석이 너무 정밀한 것을 보고 자신의 주석을 《道德二論》으로 서명을 바꿨다는 이야기가 《世說新語 文學》에 있다.

爲軍司馬, 將騎從征伐, 後爲五官將文學. 魏國初建, 遷黃門侍郎. 代郡胡叛, 遣鄢陵侯彰征討之, 以尙參彰軍事, 定代地, 還.

太祖崩於洛陽, 尙持節, 奉梓宮還鄴. 並錄前功, 封平陵亭侯, 拜散騎常侍, 遷中領軍. 文帝踐阼, 更封平陵鄉侯, 遷征南將軍, 領荊州刺史, 假節都督南方諸軍事.

尙奏, 「劉備別軍在上庸, 山道險難, 彼不我虞, 若以奇兵潛行, 出其不意, 則獨克之勢也.」

遂勒諸軍擊破上庸, 平三郡九縣, 遷征南大將軍. 孫權雖稱藩, 尙益脩攻討之備, 權後果有貳心.

黃初三年, 車駕幸宛, 使尙率諸軍與曹眞共圍江陵. 權將諸葛瑾與尙軍對江, 瑾渡入江中渚, 而分水軍於江中. 尙夜多持油船, 將步騎萬餘人, 於下流潛渡, 攻瑾諸軍, 夾江燒其舟船, 水陸並攻, 破之. 城未拔, 會大疫, 詔敕尙引諸軍還. 益封六百戶, 並前千九百戶, 假鉞, 進爲牧.

荊州殘荒, 外接蠻夷, 而與吳阻漢水爲境, 舊民多居江南. 尙自上庸通道, 西行七百餘里, 山民蠻夷多服從者, 五六年間, 降附數千家.

五年, 徙封昌陵鄉侯. 尙有愛妾嬖倖, 寵奪適室, 適室, 曹氏女也, 故文帝遣人絞殺之. 尙悲感, 發病恍惚, 旣葬埋妾, 不勝思見, 復出視之. 文帝聞而恚之曰, "杜襲之輕薄尙, 良有以也.” 然以舊臣, 恩寵不衰. 六年, 尙疾篤, 還京都, 帝數臨幸, 執手涕泣. 尙薨, 諡曰悼侯. 子玄嗣. 又分尙戶三百, 賜尙弟子奉爵關內侯.

| 국역 |

夏侯尙(하후상)[910]의 字는 伯仁(백인)으로, 夏侯淵(하후연)의 조카였다. 文帝(曹丕)와 하후상은 가까이 지냈다. 조조가 冀州를 평정할 때, 하후상은 軍의 司馬로 기병을 거느리고 정벌에 수행하였으며, 뒷날 五官將文學[911]을 역임했다. 魏國이 건국되자, 黃門侍郎으로 승진했다. 代郡[912]의 이민족이 반기를 들자, 鄢陵侯(언릉후)인 曹彰(조창)을 보내 토벌했는데 하후상은 조창의 군사 업무를 담당했고 代郡 땅을 평정하고서 돌아왔다.

조조가 낙양에서 죽자, 하후상을 부절을 가지고 조조의 梓宮(재궁)[913]을 鄴縣(업현)으로 운구하였으며, 그간의 공적에 의거 平陵亭侯가 되었고, 散騎常侍를 제수 받았다가 이어 中領軍으로 승진하였다.

910 夏侯尙(하후상, ?-226년, 字 伯仁) - 曹魏의 武將, 曹丕의 重臣, 荊州牧과 征南大將軍 역임.

911 五官將文學은 五官中郎將의 속관. 오관중랑장은 후한 光祿勳(中二千石, 皇帝宿衛, 宮殿門戶 경비 총책)의 속관으로 질록 比二千石의 五官中郎將, 左,右中郎將, 虎賁中郎將. 羽林中郎將 등을 두었다. 五官中郎將의 속관으로는 五官中郎(比6백석). 五官侍郎(比4백석), 五官郎中(比3백석) 등이 있었는데 정원은 없고, 황제호위와 궁궐경비를 담당하였다.

912 幽州刺史 관할 代郡의 치소는 高柳縣. 今 山西省 북쪽 끝 大同市 관할 陽高縣.

913 梓宮(재궁)은 천자의 棺. 가래나무(梓)로 만들었다. 죽은 황제.

文帝가 제위에 오르자 하후상은 다시 平陵鄉侯에 봉해졌으며, 征南將軍으로 승진하였고, 荊州刺史를 겸임하며 부절을 받아 남방의 모든 군사 업무를 감독하였다. 이에 하후상이 상주하였다.

「劉備가 별동부대를 거느리고 上庸郡(상용군)[914]에 진출했는데, 山道가 험난하여 적은 우리의 침입을 대비하지 않고 있으니, 만약 우리가 몰래 접근하여 기습 공격을 가하면 크게 이길 수 있습니다.」

하후상은 여러 군사를 편성하여 上庸郡(상용군)을 공격하였고, 근처 三郡의 九縣을 점거하여 征南大將軍으로 승진하였다.

孫權이 비록 藩臣(번신)을 자칭하였지만, 하후상은 더욱 더 토벌을 준비했는데, 뒷날 손권은 예상대로 두 마음을 품었다.

黃初 3년(서기 222), 황제가 (南陽郡) 宛縣에 행차하여, 하후상으로 하여금 여러 군사를 거느리고 曹眞(조진)과 함께 江陵(강릉)을 포위 공격케 하였다. 손권의 부장인 諸葛瑾(제갈근)[915]과 하후상의 군사는 長江을 사이에 두고 대치하였는데, 제갈근의 군사가 長江 중

914 上庸郡(상용군)은 漢 獻帝 建安 연간에 漢中郡을 분할하여 설치한 군. 治所는 上庸縣, 今 湖北省 서북쪽 十堰市(십언시) 관할 竹山縣.

915 諸葛氏는 山東 琅琊郡(낭야군, 今 山東省 남부의 臨沂市) 지역의 명문이었다. 제갈량의 부친 諸葛珪(제갈규)는 泰山郡丞(태산군승)이었는데 제갈량이 어렸을 때 일찍 죽었다. 숙부 諸葛玄(제갈현)은 豫章太守(예장태수)를 지냈는데, 나중에 형주목의 劉表와 교분이 있어 형주로 이주하였는데, 제갈량은 동생 諸葛均(제갈균)과 함께 숙부를 따라 왔다. 숙부 제갈현이 죽자, 제갈량은 남양군 襄陽의 융중(隆中, 臥龍崗)에서 농사를 지으며 살고 있었다. 제갈량의 친형인 諸葛瑾(제갈근, 字 子瑜)은 吳의 孫權을 섬겼고, 諸葛亮은 蜀 劉備를 섬겼으며, 四寸 諸葛誕(제갈탄)은 魏에서 벼슬을 살았다. 그래서 당시 사람들은 蜀漢은 용을 얻었고(臥龍), 東吳는 범(虎)을 얻었으며, 曹魏는 개(狗)를 얻었다고 말했다.《世說新語 品藻》.《三國演義》에서 유비가 三顧草廬(삼고초려)할 때 집에 있던 諸葛均은 제갈량 바로 아래 동생으로 隆中에 머물다가 蜀漢 建立한 뒤에 出仕하여 長水校尉를 지냈다.

간의 섬을 차지하고 수군을 나눠 주둔하였다. 이에 하후상은 밤에 기름을 실은 배와 보병과 기병 1만여 명을 거느리고 하류에서 강을 건너 제갈근의 군영을 기습하여 그들 배를 모두 소각하며 수륙으로 공격하여 격파하였다. 적의 성을 점령하지는 못했는데, 마침 전염병이 크게 유행하자 조서로 하후상의 군사를 철수시켰다. 하후상은 식읍을 더 받아 종전과 합하여 1,900호가 되었으며 부월을 받았고 형주목으로 승진하였다.

荊州 지역은 피폐한데다가 밖으로는 蠻夷(만이)와 연접하였으며 吳와는 漢水로 경계했는데, 옛 백성들은 한수 이남에도 많이 거주하였다. 하후상은 上庸郡(상용군)에서 서쪽으로 7백여 리에 달하는 길을 내었는데, 산악지대의 이민족으로 복속하는 자가 5, 6년 사이에 수천 호나 되었다.

(黃初) 5년(서기 224), 하후상은 昌陵鄕侯로 옮겨 봉해졌다. 하후상에게는 몹시 아끼고 사랑하는 애첩이 嫡室(적실)의 총애를 빼앗고 있었는데, 적실은 曹氏 여인이었기에 文帝가 사람을 보내 하후상의 애첩을 絞殺(교살)하였다. 하후상은 슬픔으로 병이 나서 제정신을 잃었는데 애첩을 매장했지만 보고 싶은 생각을 견디지 못하고 다시 파내어 부둥켜 안고 통곡하였다. 文帝는 이를 알고서 화를 내며 말했다.

"杜襲(두습)[916]이 하후상을 경박하다고 했는데 정말 그러하구나!"

그렇지만 하후상은 舊臣이기에 은총은 줄지 않았다.

916 杜襲(두습)은 일찍부터 하후상을 '有益之友가 아니다'라며 무시하였다. 杜襲(두습)은《魏書》23권,〈和常楊杜趙裴傳〉에 입전.

(黃初) 6년, 하후상의 병이 위독하자 낙양으로 돌아왔고 문제는 여러 번 행차하여 손을 잡고 눈물을 흘렸다. 하후상이 죽었는데 시호는 悼侯(도후)였다. 아들 夏侯玄(하후현)이 계승했다. 또 하후상의 식읍 3백 호를 나누어 하후상의 동생의 아들인 夏侯奉(하후봉)을 관내후에 봉했다.

❾ 夏侯玄

| 原文 |

玄字太初. 少知名, 弱冠爲散騎黃門侍郎. 嘗進見, 與皇后弟毛曾並坐, 玄恥之, 不悅形之於色. 明帝恨之, 左遷爲羽林監. 正始初, 曹爽輔政. 玄, 爽之姑子也. 累遷散騎常侍,中護軍.

| 국역 |

夏侯玄(하후현)[917]의 字는 太初(태초)이다. 젊어 이름이 알려졌고 弱冠(약관)에 散騎黃門侍郎이 되었다. 일찍이 황제를 알현하는 자리에서 皇后의 동생인 毛曾(모증)과 한 자리에 앉게 되었는데 하후

917 夏侯玄(하후현, 209 - 254, 字 泰初, 一作 太初) - 夏侯尙의 아들, 하후현의 아내 李惠姑(이혜고)는 道敎에서 女眞仙으로 숭배된다. 모친 德陽鄕主는 曹眞의 여동생이니 曹爽과 夏侯玄은 내외종 형제였다. 하후현은 玄學(현학)의 대가로 알려졌다. 司馬師에게 멸족 당했다.

현이 창피하게 생각하여 싫은 표정이 역력했다. 명제가 이를 미워하여 羽林監으로 좌천시켰다. (齊王 曹芳)의 正始 초년에 曹爽(조상)이 정사를 보필하였다. 하후현은 曹爽(조상) 고모의 아들이었다. 여러 번 승진하여 散騎常侍 겸 中護軍이 되었다.

| 原文 |

太傅司馬宣王問以時事, 玄議以爲,

「夫官才用人, 國之柄也, 故銓衡專於臺閣, 上之分也. 孝行存乎閭巷, 優劣任之鄕人, 下之敍也. 夫欲淸敎審選, 在明其分敍, 不使相涉而已. 何者? 上過其分, 則恐所由之不本, 而干勢馳騖之路開. 下逾其敍, 則恐天爵之外通, 而機權之門多矣. 夫天爵下通, 是庶人議柄也. 機權多門, 是紛亂之原也.

自州郡中正品度官才之來, 有年載矣, 緬緬紛紛, 未聞整齊, 豈非分敍參錯, 各失其要之所由哉! 若令中正但考行倫輩, 倫輩當行均, 斯可官矣. 何者? 夫孝行著於家門, 豈不忠恪於在官乎? 仁恕稱於九族, 豈不達於爲政乎? 義斷行於鄕黨, 豈不堪於事任乎?

三者之類, 取於中正, 雖不處其官名, 斯任官可知矣. 行有大小, 比有高下, 則所任之流, 亦渙然明別矣. 奚必使中正干銓衡之機於下, 而執機柄者有所委仗於上, 上下交侵, 以生紛錯哉? 且臺閣臨下, 考功校否, 衆職之屬, 各有官長, 旦夕相考, 莫究於此. 閭閻之議, 以意裁處, 而使匠宰失位, 衆人驅駭, 欲風俗淸靜, 其可得乎?

天臺縣遠, 衆所絶意. 所得至者, 更在側近, 孰不脩飾以要所求? 所求有路, 則脩己家門者, 已不如自達於鄕黨矣. 自達鄕黨者, 已不如自求之於州邦矣. 苟開之有路, 而患其飾眞離本, 雖復嚴責中正, 督以刑罰, 猶無益也. 豈若使各帥其分, 官長則各以其屬能否獻之臺閣, 臺閣則據官長能否之第, 參以鄕閭德行之次, 擬其倫比, 勿使偏頗. 中正則唯考其行跡, 別其高下, 審定輩類, 勿使升降.

臺閣總之, 如其所簡, 或有參錯, 則其責負自在有司. 官長所第, 中正輩擬, 比隨次率而用之, 如其不稱, 責負在外. 然則內外相參, 得失有所, 互相形檢, 孰能相飾? 斯則人心定而事理得, 庶可以靜風俗而審官才矣.」

| 국역 |

太傅(태부)인 司馬宣王(사마의)이 夏侯玄(하후현)에게 국정에 관하여 묻자, 하후현은 의견을 제시하였다.

「재능 있는 인재의 임용은 국가의 근본이기에 관리의 銓衡(전형)은 臺閣(尙書臺)에서 전담하는데, 이는 상위의 직분입니다. 鄕里에서 효도하고 덕행을 실천하는 인재를 고르고, 그 우열을 평판하는 일은 하위 (중정관) 책임입니다. 대체로 淸明하게 敎化하고 신중하게 선발하여 상하에서 그 직분을 분명하게 구분하되 서로 간섭해서는 안 됩니다. 왜 그렇겠습니까? 위에서 그 직분의 한계를 넘는다면 인재 선발이 근본 목적에 벗어날 수 있으며 권세에 의한 간섭이나 청탁하려는 사람들이 大路에 가득할 것입니다. 하위 중정관 평판이 그 직분을 벗어난다면 조정의 작위가 지방에 영향을 끼쳐 권문세족이 많이 선발될 것입니다. 조정의 작위가 지방 인재 평가에 통한다면, 이는 서민이 조정의 인사에 관여하는 것과 같습니다. 인재 선발 담당 기관이 많다면 이는 분란의 근원입니다.

본래 州郡에서 中正官이 인재의 능력을 품평하는 제도[918]의 근원은 오래되었지만, 그간 혼란으로 상하에서 시행상의 여러 가지 착오와 각종 규정이 준수되지 못한 경우가 어찌 많지 않았겠습니까! 가령 中正官이 인재의 품행을 평가한다면 천거된 인재의 품행이 균등해야 하고 그런 자를 관원에 임용해야 합니다. 왜 그렇겠습니까? 가문에서 효행을 제대로 실천한 사람이라면 어찌 관직에서 충성을

918 中正官品度官才는 魏의 九品中正制, 또는 九品官人法으로 이는 魏晉南北朝 시기에 중앙정부의 官員 選拔制度로 前漢 武帝 때 인재를 살펴 천거하는 이른바 察擧制(찰거제)를 曹魏에서 개선한 제도이다. 後漢 延康 元年(서기 220年, 黃初 元年)에 吏部尙書인 陳群(진군, 陳羣)의 건의로 시작되었다. 漢代에는 지방에서 천거한 인재를 중앙에서 對策이라는 전형고시를 부과하는 일종의 고시제도였다. 후한 말에 사회적 혼란이 심하여 천거와 고시를 시행할 수 없고 그간 누적된 여러 폐단을 바로잡고자 曹魏에서는 九品中正制에 의거 인재를 선발하였다. 지방에서는 二品 이상의 고관을 역임한 중정관이 인재의 가문과 行狀(才幹, 道德), 鄕品(中正鑑定) 등을 고려하여 州郡의 인재를 九品(上上～下下)으로 구분하여 천거하는 제도이다. 이 제도는 魏에서 그대로 西晉으로 이어졌다. 그런데 이런 천거 권한을 가진 大中正이나 小中正이 귀족이기에 귀족자제를 천거하게 되어 결과적으로 서진 이후에 '上品에 無寒門하고 下品에 無世族하다.'는 남북조 시대의 문벌귀족사회 성립의 바탕이 되었다.

다하지 않겠습니까? 仁德과 忠恕(충서)로 九族의 칭송을 받았다면 그런 사람이 어찌 政事의 이치를 모르겠습니까? 향리에서 매사를 대의에 의거 처리했다면 그런 사람에게 어찌 직무를 못 맡기겠습니까?

이상 3가지 경우는 中正官의 천거를 거쳤지만, 관직의 수행여부는 일단 직무를 맡겨보아야 알 수 있습니다. 德行에 大小가 다르고, 등급 평가에 高下가 있으니 천거된 인재의 차등은 분명히 있어야 합니다. 어찌 아래에서 평가한 중정관의 전형결과를 중앙에서 가진 선발 기능에 그대로 적용하여 상하의 임무가 뒤섞여 분란을 만들 이유가 있겠습니까? 또 상서대에서 수행할 관원의 실적과 능력 평가나 여러 기관에서 매일 평가할 일도 이와 같을 것입니다. 民間(閭閻, 여염)의 評議가 개인의 뜻에 따라 처리되고 인재선발을 주관할 관원이 그 직무를 제대로 수행하지 못하여 많은 사람들이 놀랠 정도라면 풍속을 바로잡으려 해도 바로잡을 수 있겠습니까?

尙書臺(天臺)가 高高하게 멀다면 衆人의 뜻이 통하지 않습니다. 뜻을 이룬 자는 그 측근에 있던 자이니 누군들 자신을 꾸며 얻으려 하지 않겠습니까? 얻을 수 있는 길이 있다면 가문에서 행실을 바로 닦는 자라도 향당에서 아는 사람을 찾아 부탁하는 것만 못할 것입니다. 향리에서 천거된 자는 주군에서 요로에 부탁하는 자만 못할 것입니다. 이런 식으로 관직 진출에 길이 열린다면 외면을 그럴싸하게 꾸며 근본에서 멀어질 것이니, 비록 중정관을 엄격히 책망하고 형벌로 감독한다 하여도 아무 실익이 없을 것입니다. 만약 각 관원이 그 직분을 다하고, 각 官長은 그 관속의 유능 여부를 상서대에 통보하여, 상서대에서는 관장의 보고 내용에 근거를 두고 향당의 덕행을 참고로 하여 무리 중 석차를 산정한다면 아마 치우침이 없을 것입니다. 中正官은 다만 그 행적을 살펴 그 高下를 구별할 뿐, 인재를 분류하거나 승진이나 강등을 결정할 수 없습니다.

인재 평가는 상서대에서 총괄하되 그 선발에 혹 착오가 있을 수 있겠지만 그 감독은 소속 관서에서 수행해야 합니다. 각 官長이 평가한 등급이나 중정관이 평정한 결과를 가지고 상서대에서 정한 기준에 따라 평가한다면 꼭 맞지는 않더라도 그 책임을 외부에 있습니다. 이렇게 되면 내, 외부에서 함께 평가에 참여하여 그 득실이 있더라도 함께 검증할 수 있으니, 누가 거짓을 꾸며댈 수 있겠습니까? 이렇게 된다면 민심도 안정될 것이고 합리적 업무처리로 풍속을 바로잡을 수 있으며, 바른 인재를 얻어 관직에 임용할 수 있을 것입니다.」

|原文|

又以爲

「古之建官, 所以濟育群生, 統理民物也, 故爲之君長以司牧之. 司牧之主, 欲一而專, 一則官任定而上下安, 專則職業脩而事不煩. 夫事簡業脩, 上下相安而不治者, 未之有也. 先王建萬國, 雖其詳未可得而究, 然分疆畫界, 各守土境, 則非重累羈絆之體也. 下考殷,周五等之敘, 徒有小大貴賤之差, 亦無君官臣民而有二統互相牽制者也.

夫官統不一, 則職業不脩, 職業不脩, 則事何得而簡? 事之不簡, 則民何得而靜? 民之不靜, 則邪惡並興, 而姦僞滋長矣. 先王達其如此, 故專其職司而一其統業. 始自秦世, 不師聖道, 私以御職, 姦以待下, 懼宰官之不脩, 立監牧以董之, 畏督監之容曲, 設司察以糾之. 宰牧相累, 監察相司, 人懷異心, 上下殊務. 漢承其緒, 莫能匡改. 魏室之隆, 日不暇及, 五等之典, 雖難卒復, 可粗立儀准以一治制.

今之長吏, 皆君吏民, 橫重以郡守, 累以刺史. 若郡所攝, 唯在大較, 則與州同, 無爲再重. 宜省郡守, 但任刺史. 刺史職存則監察不廢, 郡吏萬數, 還親農業, 以省煩費, 豐財殖穀, 一也.

大縣之才, 皆堪郡守, 是非之訟, 每生意異, 順從則安, 直己則爭. 夫和羹之美, 在於合異, 上下之益, 在能相濟, 順從乃安. 此琴瑟一聲也, 盪而除之, 則官省事簡, 二也.

又幹郡之吏, 職監諸縣, 營護黨親, 鄉邑舊故, 如有不副. 而因公掣頓, 民之困弊, 咎生於此, 若皆併合, 則亂原自塞, 三也.

今承衰弊, 民人彫落, 賢才鮮少, 任事者寡, 郡縣良吏, 往往非一, 郡受縣成, 其劇在下. 而吏之上選, 郡當先足, 此爲親民之吏, 專得底下, 吏者民命. 而常頑鄙, 今如並之, 吏多選清良者造職, 大化宣流, 民物獲寧, 四也.

制使萬戶之縣, 名之郡守, 五千以上, 名之都尉, 千戶以下, 令長如故, 自長以上, 考課遷用, 轉以能升, 所牧亦增. 此進才效功之敍也, 若經制一定, 則官才有次, 治功齊明, 五也.

若省郡守, 縣皆徑達, 事不擁隔, 官無留滯, 三代之風, 雖未可必, 簡一之化, 庶幾可致, 便民省費, 在於此矣.」

| 국역 |

하후현이 또 말했다.

「옛날에 백성을 구제하고 양육하며 백성과 물자를 관리하기 위하여 관직을 마련하여 각 君長이 백성을 다스리게 하였습니다. 통치의 근본은 관직의 劃一(획일)과 專門(전문)이니, 획일화되면 관직이 안정되고 상하가 평온하며, 전문화 되면 업무가 숙련되고 번잡하지 않습니다. 대개 간결하고 숙련된 업무로 상하가 모두 평온하며 다스리지 못할 것이 없습니다. 그래서 先王이 萬國을 세워 다스리게 하더라도 제대로 다스리지 못하는 경우가 있지만, 지역을 분할하였기에 각자 영역만 지킨다면 상하가 중첩되게 통제하는 일은 없을 것입니다. 예로부터 殷(은)과 周(주)의 五等 작위의 서열은 다만 大小와 貴賤의 차이이지, 주군이나 관리의 두 체계가 서로 견제하는 상황은 아니었습니다.

대체로 관직의 명령이 통일되지 않는다면 업무가 제대로 수행되지 않고, 업무 성취가 없다면 통치가 어찌 간결 분명하겠습니까? 업무가 번잡하다면 백성이 어찌 안정되겠습니까? 백성 생활이 불안정하면 여러 사악한 일이 일어나고, 부정이나 거짓과 함께 간악과 위선은 점차 많아질 것입니다. 先王은 이런 이치를 알았기에 관직의 전문화와 통일에 힘썼습니다. 秦(진)은 聖道를 본받지 않고, 사욕으로 관직을 통제하고 奸邪한 방법으로 백성을 다스렸기에 관리가 직무에 대한 감찰제도를 마련했고, 다시 감독 직무수행을 사찰하여 통제하였습니다. 그러나 백성이 딴마음을 품었고 上下의 정무가 달랐습니다. 漢은 그 뒤끝을 이었지만 바로잡지 못했습니다. 魏室의 융성은 오래되지 않았기에 五等의 제도를 회복하지 못했지만 법도의 대략을 마련하여 통치체제를 갖추었습니다.

지금 나라의 관원은 모두 하급관리와 백성을 다스리는데 군수가 그 중간이고 그 위에 刺史(자사)가 있습니다. 업무 체제상 군수의 관할 업무는 州의 刺史(자사)와 같아 다시 중복할 필요가 없습니다. 따라서 군수의 직급을 생략하고 자사에게 맡겨도 될 것입니다. 刺史의 직무에 감찰 업무가 있으니 郡 단위의 많은 관속만큼 농민이 늘어나면 번잡한 비용을 줄일 수 있어 국가 재정이 넉넉할 것이니 이것이 첫 번째 이득일 것입니다.

큰 현을 다스릴 수 있다면 郡守(太守) 직무를 수행할 수 있고, 옳고 그른 訟事(송사)는 사안마다 (군수와 현령의 판단이) 다르지만 상급기관을 따르면 평안하고 자기주장만을 내세우면 다툼이 계속됩니다. 음식 맛의 조화는 서로 이질적인 것의 조화이듯, 상하 조직의 이견은 서로 조화를 이루되 상급 판결에 따르는 것이 편할 것입니다. 이는 琴(금)과 瑟(슬)의 조화로운 一聲으로 내는 것이니, 군수 직급을 없앤다면 업무체제가 간략해질 것이니, 이것이 두 번째 이득입니다.

또 郡의 주요 업무는 여러 현의 감독이지만 자신의 무리를 감싸며 향당의 지인의 뜻에 맞추지 않을 수 없습니다. 그래서 공무를 빙자하여 탈취하여 백성은 피폐하고 많은 폐단이 여기에서 발생하니, 만약 郡 조직을 병합한다면 혼란의 근원은 저절로 폐쇄되니, 이것이 세 번째 이득입니다.

지금 국가가 피폐하고 백성이 몰락하며, 인재는 사라지고 적임자는 부족하며, 郡縣에 良吏가 없고, 군수의 치적은 현에서 이뤄지기에 번잡한 일은 모두 현으로 미루게 됩니다. 또 현에서 인재를 선발하여 위로 보내면 군에서 우선 등용하나 백성을 직접 상대하는 관리는, 곧 백성의 목숨입니다. 늘 완고 비루한 관리만 현에 남지만 군현 조직이 하나로 통합되면 유능한 관리가 백성을 상대하게 되어 교화가 널리 이뤄지고 백성이 평안할 것이니, 이것이 네 번째 이득입니다.

제도상 1만 호의 현의 현령을 군수라 칭하고, 5천 호 이상의 縣長을 都尉, 1천 호 이하는 지금처럼 縣長이라 하여 縣長 이상에 대하여 考課 제도를 적용하여 상부로 발탁한다면 관할 호구도 늘어날 것입니다. 이는 인재의 임용과 발탁의 효과이며, 일정한 제도를 운영하여 관원의 등차가 분명하여 행정의 효과가 드러날 것이니, 이것이 다섯 번째 이득입니다.

만약 군수직제를 폐지하면 현에서 직접 보고가 되어 업무의 공백이 없어지고 치적을 거둔 관리는 승진에 정체가 없을 것이니, 三代의 순미한 기풍이 꼭 이루어지지 못하더라도 행정의 간소화는 이룰 것이니, 백성은 평안하고 비용은 절감할 수 있을 것입니다.」

❙原文❙

又以爲,

「文質之更用, 猶四時之迭興也. 王者體天理物, 必因弊而濟通之, 時彌質則文之以禮, 時泰侈則救之以質. 今承百王之末, 秦漢餘流, 世俗彌文, 宜大改之以易民望.

今科制自公,列侯以下, 位從大將軍以上, 皆得服綾錦,羅綺,紈素,金銀餙鏤之物, 自是以下, 雜采之服, 通於賤人. 雖上下等級, 各示有差, 然朝臣之制, 已得侔至尊矣, 玄黃之采, 已得通於下矣. 欲使市不鬻華麗之色, 商不通難得之貨, 工不作彫刻之物, 不可得也.

是故宜大理其本, 準度古法, 文質之宜, 取其中則, 以爲禮度. 車輿服章, 皆從質樸, 禁除末俗華麗之事, 使幹朝之家, 有位之室, 不復有錦綺之飾, 無兼采之服, 纖巧之物, 自上以下, 至於樸素之差, 示有等級而已, 勿使過一二之覺.

若夫功德之賜, 上恩所特加, 皆表之有司, 然後服用之. 夫上之化下, 猶風之靡草. 樸素之敎興於本朝, 則彌侈之心自消於下矣.」

❙국역❙

夏侯玄이 또 의견을 말했다.

「文과 質(질)의 代用은 사계절의 순환과 같습니다. 王者는 上天의 운행을 본떠 만물을 다스리기에 폐단이 있다면 필히 변화를 추구하고, 시류가 지나치고 질박하다면 예를 행하여 문채를 증진합니다. 지금 百代 군왕의 뒤를 이어, 또 秦과 漢의 영향으로 세속이 지나치게 文彩(문채)를 꾸미고 있으니, 응당 백성의 의식을 바로잡아주어야 합니다.

지금 법률 제도상 공경이나 열후 이하, 관위로는 대장군 이상은 모두 각종 비단 의복을 입고 금은 장식을 패용할 수 있지만, 그 이하에서도 여러 채색의 복장을 천인까지 착용하고 있습니다. 비록 상하 등급 간 각각의 의미가 다르다지만, 朝臣의 법제도 至尊(지존)에 상응하며, 黑色(玄)과 황색은 하층민까지 널리 사용되고 있습니다. 시장에서 화려한 채색을 팔지 못하게 하고, 얻기 어려운 물화의 교역을 금지시키거나, 工匠은 조각한 물건을 만들지 못하게 할 수도 없습니다.

이 때문에 사회기풍의 본질을 다스려 옛 법도를 준수하게 하고 적절한 文과 質의 中正을 취하여 禮度로 정해야 합니다. 수레나 복장도 질박한 제도를 모두가 따르고 화려한 末俗을 금지시켜야 하고, 조정에 근무하는 관리나 작위를 가진 가문에서도 비단 장식을 하지 않고, 여러 가지 색채의 옷이나 섬세한 섬유직물을 사용하지 않아야 위에서 아래까지 질박의 차이로 등급을 구별하게 하며 한두 등급 간의 차별은 없어야 할 것입니다.

만약 유공자에게 상을 내리더라도 皇上 은택의 특별한 하사품임을 관원들에게 널리 알린 뒤에 복용토록 해야 합니다. 위에서 아래를 교화하는 것은 마치 바람이 풀을 눕게 하는 것과 같습니다. 소박한 교화가 本朝에서 일어난다면 사치하려는 마음은 아래에서 저절로 사라질 것입니다.」

❙原文❙

宣王報書曰,

「審官擇人, 除重官, 改服制, 皆大善. 禮鄕閭本行, 朝廷考事, 大指如所示. 而中間一相承習, 卒不能改. 秦時無刺史, 但有郡守長吏. 漢家雖有刺史, 奉六條而已, 故刺史稱傳車, 其吏言從事, 居無常治, 吏不成臣, 其後轉更爲官司耳. 昔賈誼亦患服制, 漢文雖身服弋綈, 猶不能使上下如意. 恐此三事, 當待賢能然後了耳.」

❙국역❙

司馬 宣王(司馬懿)이 답신을 보내왔다.

「관직 설치와 인재의 선별, 중첩된 관직 폐지, 복제의 개정 등은 모두 좋은 의견입니다. 禮制에 따라 향리에서 덕행을 품평하고 朝廷에서 치적을 평가하는 大義는 말씀하신 그대로가 좋을 것입니다. 그리고 그런 과정에서 습성이 굳어지면 끝내 고치기 어려울 것입니다. 본래 秦에서는 刺史(자사)를 두지 않았고, 다만 郡守나 縣官 뿐이었습니다. 漢에서 처음 刺史를 두었지만[919] 6개 조항의 보고뿐이

919 前漢 武帝는 전국 郡國(京師 부근 7郡 제외)을 나누어 冀州, 幽州, 幷州, 朔

었기에 자사를 傳車(전거)라고 불렀고 그 소속 관리는 從事라고 하였는데 일정한 治所가 없었으며 자사의 속관은 늘 소속된 자도 아니었는데 나중에 정식 관부를 설치하였습니다. 옛날에 賈誼(가의)도 복식과 거마제도의 개선을 논했으며, 漢 文帝는 거친 흑색 비단의 옷을 입었지만 상하 모두가 뜻대로 되지 않았습니다. 아마 이 세 가지 일은 보다 현명한 인재를 기다려야 할 것 같습니다.」

| 原文 |

玄又書曰,「漢文雖身衣弋綈, 而不革正法度, 內外有僭擬之服, 寵臣受無限之賜, 由是觀之, 似指立在身之名, 非篤齊治制之意也.

今公侯命世作宰, 追蹤上古, 將隆至治, 抑末正本, 若制定於上, 則化行於衆矣. 夫當宜改之時, 留殷勤之心, 令發之日, 下之應也猶響尋聲耳, 猶垂謙謙, 曰 '待賢能', 此伊周不正殷姬之典也. 竊未喩焉.」

方, 凉州, 交趾(교지), 益州, 荊州, 揚州, 豫州, 兗州(연주), 徐州, 靑州의 13주로 나누고 각각 刺史 1인을 파견하였다. 13州는 監察하는 지역 구분이지 행정 단위가 아니다. 무제 征和 4년(前 89)에 경사 부근 7개 군에 司隷校尉를 설치하여 보통 14자사부로 통칭. 다시 成帝 綏和 원년(前 8)에 州에 牧(刺史를 개칭)을 두어 州는 정식 행정구역이 되었다. 자사는 매년 8월에 관할 군현을 순찰하며 6개 조항에 대하여 관리에 대한 조사와 치적을 확인하고 지역 호족을 감찰하고 연말에 어사대부의 속관인 御史中丞에게 그 내용을 보고하였다. 秩祿은 6백석으로 太守의 질록 二千石보다 훨씬 낮았으나 직분이 監督이기에 그 권한이 강대하였다.

| 국역 |

夏侯玄이 다시 서신을 보냈다.

「漢 文帝가 거친 비단의 옷을 입었지만 바른 법도로 개혁하지 않았기에 중앙에나 지방에 참월한 복장이 성행하였고, 寵臣에게는 끝도 없이 하사품을 주었으니, 이를 본다면 자신의 명성을 세우려 했지만, 세상을 바로잡으려는 뜻은 없었습니다.

지금 공경이나 제후로 세상에 이름이 알려진 대신일지라도 옛 법도를 따르며 바른 정치를 융성케 하고, 말단을 억제하고 근본을 바로 세우려는 사람이 있어 위에서 예법을 제정하면 민중에 대한 교화가 이뤄질 것입니다. 불합리한 제도를 응당 바꿔야 할 시기에 진정으로 추진할 마음이 있어야 하며, 법령을 공표 시행하는 날 아래에서 마치 메아리처럼 響應(향응)해야 합니다. 겸손한 뜻으로 '현능한 인재를 기다린다' 는 말은 마치 伊尹(이윤)과 周公(주공) 같은 사람이 殷과 周의 제도를 바로잡지 않는다는 뜻과 같으니 저로서는 이해가 되지 않습니다.」

| 原文 |

頃之, 爲征西將軍, 假節都督雍,涼州諸軍事. 與曹爽共興駱谷之役, 時人譏之. 爽誅, 徵玄爲大鴻臚, 數年徙太常. 玄以爽抑絀, 內不得意. 中書令李豐雖宿爲大將軍司馬景王所親待, 然私心在玄, 遂結皇后父光祿大夫張緝, 謀欲以玄輔政. 豐既內握權柄, 子尙公主, 又與緝俱馮翊人, 故緝信之.

豐陰令弟兗州刺史翼求入朝, 欲使將兵入, 並力起. 會翼求朝, 不聽.

嘉平六年二月, 當拜貴人, 豐等欲因御臨軒, 諸門有陛兵, 誅大將軍, 以玄代之, 以緝爲驃騎將軍. 豐密語黃門監蘇鑠, 永寧署令樂敦, 冗從僕射劉賢等曰, "卿諸人居內, 多有不法, 大將軍嚴毅, 累以爲言, 張當可以爲誡." 鑠等皆許以從命.

大將軍微聞其謀, 請豐相見, 豐不知而往, 卽殺之. 事下有司, 收玄,緝,鑠,敦,賢等送廷尉. 廷尉鍾毓奏,

「豐等謀迫脅至尊, 擅誅冢宰, 大逆無道, 請論如法.」

於是會公卿朝臣廷尉議, 咸以爲 "豐等各受殊寵, 典綜機密, 緝承外戚椒房之尊, 玄備世臣, 並居列位, 而包藏禍心, 構圖凶逆, 交關閹豎, 授以奸計, 畏憚天威, 不敢顯謀, 乃欲要君脅上, 肆其詐虐, 謀誅良輔, 擅相建立, 將以傾覆京室, 顚危社稷. 毓所正皆如科律, 報毓施行."

詔書, 「齊長公主, 先帝遺愛, 原其三子死命.」

於是豐,玄,緝,敦,賢等皆夷三族, 其餘親屬徙樂浪郡. 玄格量弘濟, 臨斬東市, 顔色不變, 擧動自若, 時年四十六. 正元中, 紹功臣世, 封尙從孫本爲昌陵亭侯, 邑三百戶, 以奉尙後.

| 국역 |

얼마 후, (夏侯玄은) 征西將軍이 되었고, 부절을 받고 雍州(옹주)

와 涼州의 모든 軍事를 감독하였다. 曹爽(조상)과 함께 駱谷(낙곡)의 戰役에 참여했지만 (실패하여) 당시 사람들의 조롱을 받았다. 조상이 주살된 뒤에 하후현은 조정의 부름을 받아 大鴻臚(대홍려)가 되었다가 몇 년 뒤에 太常이 되었다.

하후현은 曹爽(조상)과의 관계로 배척을 받아 내심으로 뜻을 펼 수가 없었다. 中書令[920]인 李豐(이풍)은 비록 오랫동안 大將軍 司馬景王(司馬師)의 厚待를 받았지만 마음으로는 하후현과 통했는데, 나중에 皇后의 부친인 光祿大夫 張緝(장집)과 함께 하후현이 조정 정사를 주관토록 책모를 꾸몄다. 이풍은 이미 중서령으로 조정의 실권을 장악했고 아들은 공주와 결혼했으며, 또 장집과는 고향이 左馮翊(좌풍익)으로 같았기에 장집이 신임하였다. 이풍은 은밀히 동생인 兗州(연주) 刺史 李翼(이익)을 입조케 하여 이익으로 하여금 군사를 거느리고 들어와 함께 봉기할 계획이었다. 그러나 이익의 입조는 허락받지 못했다.

(曹芳) 嘉平(가평) 6년(서기 254) 2월, 貴人을 책봉할 때, 李豐(이풍) 등은 황제가 大殿에 임하여 平臺에 오를 때 각 출입문에 있는 衛士로 大將軍을 죽이고 하후현으로 대신케 하고, 장집이 驃騎將軍을 맡을 계획이었다. 이풍은 이를 黃門監인 蘇鑠(소삭)과 永寧署令인 樂敦(악돈), 冗從僕射(용종복야)인 劉賢(유현) 등에게 은밀히 일러주며 말했다.

"여러분은 지금 궁내에 근무하면서 여러 불법을 저질렀는데, 대

920 조조가 처음에 秘書令을 설치했는데, 조비는 이를 中書令으로 개칭하였다. 中書監과 中書令이 中書省의 핵심으로 주요 기밀문서를 관장케 했으며 질록은 1천석이었다.

장군이 몹시 엄격한 분이라 여러 번 말씀하시니 (환관) 張當(장당)의 일을 거울삼아 조심토록 하라."

이에 소삭 등은 모두 명대로 따르기로 했다.

大將軍은 은밀히 그런 모의를 알고 이풍을 불렀는데, 이풍은 영문을 모르고 대장군에게 가자 대장군은 즉석에서 이풍을 죽여버렸다. 이 사건은 담당 관원에 넘겨졌고, 결국 하후현, 장집, 소삭, 악돈, 유현 등을 모두 체포해 廷尉(정위)에 넘겨졌다. 이에 정위인 鍾毓(종육)[921]이 상주하였다.

「李豐 등은 지존을 협박하고 멋대로 輔政 대신을 주살하려 했던 대역무도한 죄인이니 법대로 판결코자 합니다.」

이에 公卿과 朝臣과 廷尉가 논의하였는데 모두가 같은 뜻이었다.

"이풍은 조정의 특별한 은총을 받으며 국가 기밀업무를 담당하였고, 張緝(장집)은 황후의 친속으로 존중을 받았으며, 夏侯玄(하후현)은 대대로 有功한 대신으로 모두 열후의 지위에 있으면서 속으로는 험악한 用心으로 흉악한 반역을 획책하였고 환관과 연결하여 간계를 일러주어 황상의 天威(천위)를 해치려고 음모를 숨기고 방자한 거짓으로 충량한 조정대신을 해치려 했으며, 멋대로 자리를 차지하여 황실을 전복하고 사직을 뒤엎으려 했습니다. 종육이 판정한 죄행이 모두 법에 맞으니 종육의 의견대로 시행하여야 합니다."

이에 조서를 내렸다.

「(李豐의 妻) 齊長公主는 先帝의 혈육이니 그 세 명의 아들은 처

921 鍾毓(종육, 210?-263년, 字 稚叔) – 毓은 기를 육. 潁川 長社人. 曹魏 太傅 鍾繇(종요)의 아들, 蜀漢을 멸망시킨 鍾會(종회)의 兄. 《魏書》 13권, 〈鍾繇華歆王朗傳〉에 입전.

형을 용서하라.」

이에 이풍, 하후현, 장집, 악돈, 유현 등은 모두 삼족을 멸하였고 그 외 다른 친속은 樂浪郡으로 이주시켰다. 하후현은 품격과 국량이 활달하였는데, 東市에서 참수당할 때도 안색이 변하지 않았고 행동거지가 평소와 같았으며, 그때 나이 46세였다.

(曹髦의) 正元 연간(서기 254－255)에, 공신의 후손을 이어 봉하면서 夏侯尙(하후상)의 종손인 夏侯本(하후본)을 昌陵亭侯에 봉했고 3백 호 식읍으로 하후상의 제사를 받들게 했다.

| 原文 |

初, 中領軍高陽許允與豐,玄親善. 先是有詐作尺一詔書, 以玄爲大將軍, 允爲太尉, 共錄尙書事. 有何人天未明乘馬以詔版付允門吏, 曰"有詔!" 因便馳走. 允卽投書燒之, 不以開呈司馬景王. 後豐等事覺, 徙允爲鎭北將軍, 假節督河北諸軍事. 未發, 以放散官物, 收付廷尉, 徙樂浪, 道死.

| 국역 |

그전에, 中領軍인 (河間國) 高陽縣 사람 許允(허윤)[922]은 李豐, 夏侯玄과 친했었다.

922 許允(허윤, ?－254년, 字 士宗)은 曹魏의 大臣으로 冀州 河間國 高陽縣(今 河北省 保定市 관할 高陽縣) 사람. 허윤의 아내는 너무나 못생긴 여인이었다. 결혼식 뒤에 허윤은 신방에 들어가질 않았다. 많은 사람이 이를 걱정하였다.

이보다 앞서 어떤 사람이 '하후현을 大將軍에, 허윤을 太尉에 임명하며 함께 尙書事를 감독케 한다.'는 1尺1寸의 조서를 위조하여 보냈다. 어떤 자가 날이 채 밝기도 전에 말을 타고 달려와 조서의 목편을 허윤의 집 문지기에 주며 "詔書입니다!" 하고서는 그냥 달아났다.

허윤은 즉시 가짜 조서를 불태우고 司馬景王(司馬師)에게 알리지도 않았다. 뒷날 이풍 등의 사건이 일어난 뒤에 허윤을 옮겨 鎭北將軍에 임명했고, 부절을 내려 河北의 모든 군사업무를 감독케 하였다. 그러나 출발하기 전에 官物을 무단 전용했다는 죄목으로 정위에게 소환 당했고, 樂浪郡으로 이주하다가 도중에 죽었다.

‖原文‖

清河王經亦與允俱稱冀州名士. 甘露中爲尙書, 坐高貴鄉公事誅. 始經爲郡守, 經母謂經曰, "汝田家子, 今仕至二千

어느 날 허윤에게 손님이 왔다고 하자, 아내가 누구인가 알아보게 하였다. 시녀가 桓範(환범)이라고 하자, 허윤의 부인은 "걱정할 것 없다. 환범이 잘 타이를 것이다."라고 말했다. 환범은 허윤을 타일렀다. 허윤이 신방에 들어왔으나 아내 얼굴을 보고서는 그냥 나가려 했다. 허윤의 부인이 옷깃을 붙잡았다. 그러자 허윤이 물었다. "여인의 四德(班昭의 〈女誡〉에 婦德, 婦言, 婦容, 婦工을 말함)이 있다는데, 부인은 몇 가지를 갖추었소?"라고 물었다. 부인은 "내게 모자란 것은 용모뿐이요. 그런데 선비는 백 가지 행실이 있다는데, 낭군은 몇 가지를 갖추셨습니까?" 그러자 허윤은 "나는 다 갖추었소."라고 말했다. 이에 부인이 말했다. "무릇 百行 중에 德行이 으뜸입니다. 낭군은 色을 좋아하면서 德을 좋아하지 않는데, 어찌 다 갖추었다고 말씀하십니까?" 이에 허윤은 부끄러워했고 이후 서로 공경하고 사랑하였다.《世說新語 賢媛》.

石, 物太過不祥, 可以止矣." 經不能從, 歷二州刺史, 司隸校尉, 終以致敗. 允友人同郡崔贊, 亦嘗以處世太盛戒允云.

| 국역 |

淸河國(청하국) 사람 王經(왕경)은 許允(허윤)과 함께 冀州(기주)의 名士였다. (曹髦의) 甘露 연간(서기 256 – 260)에 尙書가 되었는데, 高貴鄕公(曹髦, 조모)의 사안에 연루되어 처형되었다. 처음에 왕경이 군수가 되었을 때 왕경의 모친이 왕경에게 말했다.

"너는 농부의 아들인데 출사하여 이천석 태수에 올랐지만, 모든 일이 지나치면 상서롭지 못하니 멈출 때가 되었다."

그러나 왕경은 모친의 말을 따르지 않았고, 2개 州의 자사와 司隸校尉(사예교위)를 역임했지만 결국 패망하였다.[923] 허윤의 友人인 同郡의 崔贊(최찬) 역시 처세가 너무 빠르면 재앙을 불러온다고 허윤을 훈계했었다.

| 原文 |

評曰, 夏侯,曹氏, 世爲婚姻, 故惇,淵,仁,洪,休,尙,眞等並以

923 조위의 曹髦(조모)가 사마소를 공격할 때, 王經(왕경)은 曹髦편에 섰기에 사마소에 잡혀 모친과 함께 처형되었다. 왕경은 처형 전에 어머니 앞에 눈물을 흘리며 말했다. "어머니 말씀을 안 들어 이 지경이 되었습니다." 이에 그 어머니는 안색을 바꾸지도 않고 웃으며 말했다. "사람이 누군들 안 죽느냐? 너는 사람의 아들로 효도를 다 했고 신하로서 충성을 다했다. 효도하고 충성했으니, 네가 내게 무슨 걱정을 끼쳤느냐?"《世說新語 賢媛》.

親舊肺腑, 貴重於時, 左右勳業, 咸有效勞. 爽德薄位尊, 沈溺盈溢, 此固《大易》所著, 道家所忌也.

玄以規格局度, 世稱其名, 然與曹爽中外繾綣. 榮位如斯, 曾未聞匡弼其非, 援致良才. 擧茲以論, 焉能免之乎!

| 국역 |

陳壽의 評論 : 夏侯氏와 曹氏는 대대로 혼인을 했기에 夏侯惇(하후돈), 夏侯淵(하후연), 曹仁(조인), 曹洪(조홍), 曹休(조휴), 夏侯尙(하후상), 曹眞(조진) 등은 모두 친척관계이거나 살붙이로 그 시절에 고귀한 지위에 막중한 권력을 행사했고, 측근으로 공을 세웠고, 또 개국의 대업을 성취하였다. 그러나 曹爽(조상)은 덕행도 없이 지위만 높았고 주색에 빠지고 교만은 흘러 넘쳤으니, 이는 진실로《大易 / 周易》에도 분명한 경고가 있고 道家에서도 꺼리는 것이었다.

夏侯玄(하후현)은 그 기개와 풍모와 도량으로 그 시대에 칭송을 들을 정도가 되었지만, 曹爽(조상)과는 내외종간으로 하나로 얽혔었다. 영예와 지위가 그처럼 높았지만 자신들의 잘못을 바로잡으려 애쓰거나 인재를 끌어 모으지도 않았다. 이런 쪽으로 의논한다면 재앙을 어찌 면할 수 있겠는가?

原文譯註

正史 三國志(一) [魏書 1]
정사 삼국지

초판 인쇄 2019년 8월 13일
초판 발행 2019년 8월 23일

역 주 | 진기환
발행자 | 김동구
디자인 | 이명숙 · 양철민
발행처 | 명문당(1923. 10. 1 창립)
주 소 | 서울시 종로구 윤보선길 61(안국동)
우체국 010579-01-000682
전 화 | 02)733-3039, 734-4798(영), 733-4748(편)
팩 스 | 02)734-9209
Homepage | www.myungmundang.net
E-mail | mmdbook1@hanmail.net
등 록 | 1977. 11. 19. 제1~148호

ISBN 979-11-90155-10-6 (04900)
ISBN 979-11-90155-09-0 (세트)
30,000원

* 낙장 및 파본은 교환해 드립니다.
* 불허복제